JOHANNES BARNICK · VOM SINN DES GANZEN

JOHANNES BARNICK

Vom Sinn des Ganzen

Die Logik des Schicksals als Schlüssel
zur nachabendländischen Weltzeit

Novalis Verlag

Novalis Verlag, CH-8201 Schaffhausen
Einband und Umschlaggestaltung: Ingrid Barnick
Satz und Druck: Meier + Cie AG Schaffhausen
ISBN 3-7214-0090-9

Ingrid Barnick gewidmet

Wenn nicht mehr Zahlen und Figuren
Sind Schlüssel aller Kreaturen,
Wenn die, so singen oder küssen,
Mehr als die Tiefgelehrten wissen,
Wenn sich die Welt ins freie Leben
Und in die Welt wird zurückbegeben,
Wenn dann sich wieder Licht und Schatten
Zu echter Klarheit werden gatten
Und man in Märchen und Gedichten
Erkennt die wahren Weltgeschichten,
Dann fliegt vor einem geheimen Wort
Das ganze verkehrte Wesen fort.

Novalis

Vorwort

Die folgenden Überlegungen handeln, wie ihre Überschrift anzeigt, vom Sinn des Ganzen. Sie bemühen sich also um eine Frage, die im neuzeitlichen Bewußtsein seit langem verpönt und verdrängt wird, weil sie wissenschaftlich unlösbar sei, und die dennoch die Frage der Fragen bleibt.

Vor hartnäckigen Denkschwierigkeiten geschieht es immer wieder einmal, daß der Erkenntnisdrang schließlich ermüdet. Und dann gilt leicht als unlösbar, was tatsächlich nur ungelöst ist. So offenbar auch in unserem Fall. Die Frage nach dem Sinn des Ganzen ist nämlich keineswegs etwa als wissenschaftlich unlösbar erwiesen. Das neuzeitliche Denken hat sich um einen solchen Beweis nicht einmal irgendwann ernsthaft bemüht. Es wähnte sich stets dieser Mühe enthoben, weil es seinen mechanistischen, letztlich nominalistischen Ansatz, der allerdings keine Lösung erhoffen ließ, für den wissenschaftlichen Ansatz schlechthin hielt, wofür es indessen gleichfalls einen Beweis nie erbrachte. In Wahrheit vermochte es also immer nur zu versichern, daß seine Möglichkeiten zu einer Lösung der Frage nicht führen, was hinwiederum eines Beweises, da ohnedies klar, nicht bedurfte.

Eine Frage kann ungelöst und dennoch von höchstem Range sein. Für den Durstenden in der Wüste ist die Kenntnis des rettenden Brunnens von außerordentlichem Belang, gleichviel ob er sie besitzt oder nicht. Und überhaupt erinnert es an die Parabel von dem Fuchs und den sauren Trauben, wenn eine Frage einfach nur deshalb, weil man ihr nicht beikommt, für unlösbar erklärt und damit faktisch beiseite getan wird. Gemeinhin verschmäht das moderne Denken denn auch derartige Ausflüchte; man kennt klassische Grenzprobleme, die dem Forschergeist seit Jahrhunderten trotzen und ihn eben damit nur zu immer neuen Anläufen reizen. Wenn das neuzeitliche Bewußtsein in der Frage nach dem Sinn des Ganzen minder heroisch verfährt, so verrät sich darin allerdings eine ungewöhnliche Hilflosigkeit, ohne daß dem auslösenden Bezug hierdurch jedoch etwas anderes als die Sonderstellung bescheinigt würde.

Die Frage nach dem Sinn des Ganzen ist tatsächlich so dringlich wie unbewältigt. Das geistig-sittliche Chaos der Gegenwart hängt ja mit ihrer Ungelöstheit direkt und engstens zusammen. Denn der Mensch empfängt nicht, wie das Tier, seinen Sinn aus einer Instinktgrundlage, der er nur fraglos zu folgen brauchte. Er muß um den Sinn seines Wesens und damit um das, was er soll, vielmehr wissen. Das aber setzt voraus, daß er auch um den Sinn des Ganzen weiß. Sinn nämlich läßt sich nicht stückeln. Ist also das Ganze, das All, etwa ein universaler Unsinn, so gleicht jeder besondere Sinn im Umkreis menschlichen Lebens und Wirkens jenem Hause, das auf den Sand gebaut ist und das daher im ganzen nicht trägt, wie sinnreich-tragfähig auch immer seine Stockwerke konstruiert sein mögen.

Hat das Ganze, das All, einen Sinn? Wenn ja, so stellt der Gewinn dieser Kenntnis offenbar einen Vorgang dar, der mit den entsprechenden Auffassungen des Abendlandes von Grund auf bricht, um damit in einen neuen, nachabendländischen Zustand des Weltbewußtseins überzuleiten. Das Buch wird zeigen, daß dem so ist. Und das also wird bedeuten, daß z w e i Ereignisse, ein rein theoretischer Umschwung von zeitlos allgemeiner Geltung und ein zeitlicher, geschichtlicher Vorgang, sich in Tateinheit miteinander vollziehen. Diesem Gefälle des Vorhabens entsprechen Ober- und Untertitel: Das Buch handelt erstens v o m S i n n d e s G a n z e n, wie sich dieser aus einer berichtigten Logik, einer Logik des Schicksals nämlich statt des scheinbaren dinghaften Seins, apriorisch als die Wahrheit ergibt. Zweitens aber fungiert das Buch, eben indem es dergestalt das Abendland vom Kalkül her beseitigt, a l s S c h l ü s s e l z u r n a c h a b e n d l ä n d i s c h e n W e l t z e i t. Gerade von seinem Ideengrund her ist es nicht zuletzt auch ein politisches Buch.

Der Untertitel ist jüngeren Datums, wogegen «Vom Sinn des Ganzen» bereits seit langem, seit einem Menschenalter, als Haupttitel feststeht. Denn das Buch ist das Lebenswerk des Verfassers. Es geht zurück auf eine spontane Eingebung während eines Berliner Lazarettaufenthaltes im Herbst 1943. Ein Stück Mörtel, in einer Grunewaldvilla vom letzten Luftangriff her unordentlicherweise auf dem Tisch der Loggia liegengeblieben, wirkte dabei ähnlich auslösend wie einst für Newton der vom Baume fallende Apfel, jedoch mit ganz anderer Konsequenz. Materie – ein Denkfehler! Das war die bestürzende, schier wahnwitzig anmutende und dennoch zwingende Erkenntnis, die da plötzlich wie ein Blitz einschlug. Denn sie traf den Verfasser unvorbereitet. Er hatte vor seiner Militärzeit zwar hauptsächlich Philosophie studiert, aber von keinem der Standpunkte, die sich ihm dabei geboten hatten, gab es einen Weg zu dem neuen Ansatz. Und erst recht gab es keinen «Königsweg». Um jene blitzhafte Einsicht lag zunächst bedrückende Dunkelheit. Daß der bloßgelegte Fehler, so unauffällig wie fundamental, die abstrakte Logik und die konkrete Weltorientierung in gleich entscheidender Weise betraf, stand allerdings im vorhinein fest, wie auch die Mehrdeutigkeit des Haupttitels (je nachdem ob als Ganzes irgendein prospektiv geordneter Einzelgegenstand oder aber das All fungiert) dem Weg vom Schlüsselgedanken zum Ziel im vorhinein seltsam genau entsprach. Nicht jedoch war deshalb auch schon im einzelnen klar, was es mit der Korrektur auf sich habe und welchen geschichtlichen Stellenwert dieser Umschwung sich selbst zuerkennen müsse. Vielmehr begann angesichts solcher Fragen eine mühsam weitläufige Denkarbeit.

In anfangs nicht erwartetem Maße wuchs die Problematik zusammen mit dem Bemühen um sie, so daß jeder Einzelerfolg die endgültige Meisterung zunächst nur noch weiter hinausschob. Das verlieh den einschlägigen Entwürfen der fünfziger und sechziger Jahre die sonderbare Eigenschaft, sich eben durch ihre Fixierung jeweils auch schon selbst überholt zu haben. Mehr und mehr war der Verfasser genötigt, sich in verschiedenste Fachgebiete erst eigens einzuarbeiten, um der Allgemeinheit des Anliegens wenigstens skizzenhaft auch im Besonderen zu genügen. Daß von den Systemmodellen, die philosophiehistorisch zur Wahl standen, keines in diesem Fall paßte, stellte ein weiteres, rein formales und doch prinzipielles Hindernis dar. Gleichwohl und gerade deshalb waren alle Bücher des Verfassers, die in jenen Jahrzehnten erschienen, letztlich spezielle Vorstudien zu dem in die Ferne gerückten Gesamtziel.

Wie sich die Verknotungen schließlich lösten, wäre nicht ganz leicht zu sagen. Es gelang dem Kinde auch diesmal nicht, mit der Muschel das Meer auszuschöpfen. Aber jedenfalls liegt der Gedankenzug, den die Überschrift ankündigt, nunmehr in seiner Gesamtvalenz wie seiner strukturgebotenen Form vor, wenn auch im Umfang allzu knapp, ewig inadäquat, gegenüber dem «Meer».

Hochburg, im Frühjahr 1981   Johannes Barnick

Inhalt

I. Materie – ein Denkfehler

1. Fortschritt im Zwielicht. Die offene Frage.

Die Zeit ist zwielichtig geworden. Sie schreitet fort – aber wohin? Wir sollten es erkundet haben, ehe wir uns zur Aktion entschließen.

Vom Abendland her in weltweitem Fortschritt ist nach wie vor der Materialismus. Er ist es gleichermaßen in der Theorie und der Praxis, als «methodischer» und als ethischer. Und zwischen beiden Erscheinungsformen ist die Kluft nicht so tief, wie oftmals geglaubt wird. Eins folgt hier vielmehr aus dem anderen. Hat der theoretische Materialismus recht, stellt also das materielle Ding, die kartesische *res extensa,* die «ausgedehnte Sache», in der Tat den Normalfall realer Gegenständlichkeit dar, so ist die entsprechende Sachlichkeit auch als menschliche Haltung angemessen und sogar geboten. Der Sache schuldet man keine Ehrfurcht; man darf sie nach freiem Ermessen verändern. Der theoretische Materialismus führt damit zu einer Einstellung, in der «sachlich» so viel wie «technisch» bedeutet. Der Materialist wird zum Ingenieur. Die sachliche, technische Absicht bleibt jedoch auf die Dingwelt, die «Natur» der Physik, nicht beschränkt, sie ergreift vielmehr auch die geschichtliche Ordnung, die Bereiche um Staat und Gesellschaft. Liberalismus und Sozialismus tun das auf gegenläufige Weise und sind sich in der Grundhaltung, eben der «Sachlichkeit», trotzdem einig; hier wie dort gesellt sich zum Ingenieur der Demagoge, zum Konstrukteur der Maschine der Techniker des Machtapparates.

Was nicht in die allgemeine Versachlichung eingeht, eben weil es sie erzeugt und betreibt, ist allein das Ich, das Bewußtsein des Menschen. Und der Mensch ist sich darüber klar, denn sein Bewußtsein ist Selbstbewußtsein – und sein Materialismus also ist infolgedessen ein

Dualismus. So wiederum bereits seit Descartes; die *res cogitans* steht als das schlechthin Andere der *res extensa* gegenüber. Das stärkt den Zug zur Versachlichung noch, denn es bedeutet Enthemmung. Der Mensch wird zum einzigen Sinnträger in einer sonst sinnleeren Welt. Er empfängt von niemandem ein Gesetz. Stirner hat in seinem Buche «Der Einzige und sein Eigentum» mit der Formel «Mir geht nichts über Mich» nur laut und damit zynisch geäußert, was vom Ansatz her ohnehin nahelag und denn auch von vornherein, etwa seit Spinoza und Hobbes, auf diskretere Weise anklang.

Dieser Materialismus gilt noch immer als fortschrittlich und schreitet ja in der Tat, wie gesagt, nach wie vor in weltweitem Umfang fort. Schon das sichert ihm Beifall; in den niederen Rängen des Zeitbewußtseins ist «fortschrittlich» und «gut» dasselbe. Dennoch mehren sich seit langem, seit Rousseau, auch schon Stimmen wachsenden Unbehagens. Zusammen mit dem Materialismus und beklemmend genau an ihn angefügt schreitet ja noch etwas anderes, ein Katastrophentrend, weltweit fort. Immer drängender wird daher die Frage, ob nicht aller technische Aufbau im ganzen Zerstörung bedeute und aller spezialistische Sinn sich zu generellem Unsinn summiere. Seitdem herrscht Zwielicht; wat den eenen sin «Fortschritt», is den annern sin «Untergang». Rousseaus eigentliche Entdeckung, von ihm selbst freilich nicht so gesehen, hatte auf diesen Punkt schon gezielt: Fortschreiten ist noch kein Argument! Es kann als indifferentes Strömen genau so gut Unheil wie Heil erbringen. Ein Wahn kann fortschreiten wie eine Wahrheit. Aber nur um diese oder um jenen, um eins von beidem, kann es sich jeweils handeln. So mithin auch beim Materialismus. Und daraus also ergibt sich die Frage.

Die üblichen Zeitanalysen kranken an vorweggenommener Wertung; diese scheint ebenso unvermeidlich wie der standpunktliche Subjektivismus und stößt deshalb kaum auf Beanstandung. Dabei übersieht man, daß eine im Ernst objektive Beurteilung durchaus möglich wird, falls man nur überhaupt bezüglich der Objektivität, der «Außenwelt» jenseits des Bewußtseins, zu einer klaren Entscheidung gelangt. Die Lage ist also im Grunde recht einfach: Der Materialismus weiß sich einer materiellen Welt gegenüber. Hat er damit recht, so ist er die angemessene Haltung. Irrt er, so ist er fehl am Platze. Hier also haben wir anzusetzen.

Man wird einwenden, unsere Frage sei längst entschieden oder einer Entscheidung gar nicht bedürftig. Denn selbstverständlich sei die Welt, in der Hauptsache wenigstens, materiell; kein vernünftiger Mensch werde das bezweifeln; und auch die Philosophie, sonst heillos zerstritten, sei sich seit Hegels Sturz wenigstens an diesem Punkte einig, die Neuhegelianer nicht ausgenommen.

Letzterem wird man zustimmen müssen, nur liegt darin noch kein Beweis. Der gesunde Menschenverstand, der sich schlicht auf die Sinneserfahrung verläßt, macht es sich damit denn doch allzu leicht. Er war auch gegen Kopernikus, als dieser statt der Erde die Sonne in den Mittelpunkt rückte. Und auch damals hatte das Bündnis von sinnlicher Evidenz und gesundem Menschenverstand obendrein noch den Segen der Autoritäten. Dergleichen also darf nicht beirren. Die Frage bleibt somit auf dem Tapet und bedeutet, wie sich versteht, eo ipso einen Verdacht: Sind Zahlen und Figuren etwa, nach der Ahnung des Dichters, nicht Schlüssel aller Kreaturen, ist vielmehr die Wirklichkeit, dem Anschein zum Trotz, eine immaterielle, so schwindet in der Tat das ganze verkehrte Wesen, nun ja als ein solches durchschaut, zusammen mit seiner Prämisse und schreiten wir fort auf ganz anderer Bahn.

2. Die Irrealität der Menge (Erste Aussortierung).

Die Annahme einer Materie gründet sich auf die Sinneserfahrung, die uns räumliche Dinge gibt. Denn damit gibt es auch einen raumerfüllenden Stoff, eben die Materie, da sonst aus den räumlichen Dingen bloße räumliche Phänomene, Einheiten des Bewußtseins ohne objektive Substrate, würden. So der übliche Schluß, der also ganz und gar davon abhängt, daß auf die Sinneserfahrung, die Quelle des vortheoretischen Meinens, auch in theoretischer Hinsicht Verlaß sei. Hier liegt mithin das Problem. Bleibt nämlich die Glaubwürdigkeit der Sinneserfahrung dahingestellt, so läßt sich auch neutraler und damit richtiger sagen: Falls es die räumlichen Dinge gibt, so gibt es auch eine Materie; andernfalls jedoch ist die Auskunft beide Male negativ. Und das also ist jetzt zu überprüfen.

Nehmen wir als Beispiel einen schlichten Feldstein am Wegesrand. An seiner Materialität scheint vernünftigerweise kein Zweifel möglich. Der Augenschein für sich allein allerdings könnte täuschen, doch geht die Sinneserfahrung weiter. Leistet etwa der Feldstein dem Fuß, der versehentlich gegen ihn stößt, einen schmerzlich deutlichen Widerstand oder dient er erfolgreich zum Einschlagen einer Fensterscheibe, so hält der gesunde Menschenverstand die Realitätsfrage für entschieden, weil ein Ding, das gar nicht da ist, ein Phantom, sich nicht dergestalt zu bewähren vermöchte.

Dieser Standpunkt genügt für den Hausgebrauch, wo es ja auf die eigentliche, theoretische Wahrheit nicht unbedingt ankommt. Eigentümlicherweise aber gibt sich auch die Logik und überhaupt die Wissenschaft der Neuzeit, die empirische wie die deduktive, mit jener Auffassung zufrieden. Daß das Abstraktum, das scholastische *universale,* nur im Bewußtsein als Begriff, als Setzung des Denkens, statt auch in der Realität, der «Außenwelt», seinen Ort hat, das weiß man seit dem Nominalismus. Um so mehr aber scheint sich daraufhin jedenfalls für das Konkretum, das räumliche Einzelding, etwa für unseren Feldstein, die Realität von selbst zu verstehen, sofern sich nur die Konkretheit durch Widerstandsleistung bestätigen läßt.

Diese Beweisführung ist von fast erschreckender Fahrlässigkeit. Der Widerstand, der geleistet wird, kann ja von vielen Gegenständen genau so gut wie von nur einem einzigen stammen. Und vollends die «Konkretheit» in des Wortes originaler Bedeutung, die Festigkeit des Zusammenhanges, verbietet geradezu für den Grund des Widerstandes die Einheit, denn miteinander zusammenzuhängen – fest oder locker – vermag nur Vieles. Ob also wirklich e i n Gegenstand und zwar der allein gemeinte, eben der Feldstein, das räumliche Ding, vom Realitätsbeweis partizipiere, ist hier vollkommen offen geblieben.

Das aber wiegt um so schwerer, als es mit dieser gegenständlichen Einheit auch sonst schon durchaus nicht zum besten bestellt ist. Wir leben ja nicht mehr im Mittelalter, wo das Ding aus prinzipiellen Gründen, unabhängig vom Befund, im vorhinein als *ens unum,* als seiend Eines, gegolten hatte. Vorhanden als dieser Feldstein ist vielmehr nach dem nüchternen Wissensstand der Physik wie der Philosophie allein die von Descartes als *res extensa* bezeichnete Masse, deren Wesen sich in der räumlichen Ausgedehntheit und eo ipso der Vielheit erschöpft. Deutlicher gesagt also ist der Feldstein ein Gegenstand, welcher ein Gegenstand gar nicht ist! Und das hinwiederum kann offenbar, wenn wir so konsequent verfahren, wie die Logik es nun einmal verlangt, lediglich überhaupt bedeuten, daß es ihn nicht gibt. Mit der Einheit fehlt ihm die Realität. Trotz augenscheinlicher Konkretheit und geleistetem Widerstand ist er als bloße Menge ein bloßer Schein. Dasselbe gilt, wie sich versteht, für jedes räumlich ausgedehnte, vermeintlich materielle Ding. Und es gilt damit für die Materie selbst: Ihre Annahme ist ein Irrtum.

Man kann einzuwenden versuchen, der Schluß vom Fehlen der Einheit auf das Fehlen der Realität beziehe sich nur auf das Ding «als solches» und sei daher praktisch belanglos. Der paradigmatische Feldstein etwa ist tatsächlich nur eine Menge, eine pure mineralische Masse; und so sei es allerdings klar, daß der subjektiven Einheit des Meinens, die in den Wörtern «dieser Stein» zum Ausdruck kommt, als objektives Relat keine Einheit, sondern nur eben jene Masse, eine pure Vielheit, entspricht. Dieser Stein besitzt daher als solcher, das heißt eben als die mit «dieser Stein» bezeichnete Einheit, in der Tat keine Realität. Das aber sei gerade deshalb belanglos, weil wir mit der Rede von diesem Stein eine derartige reale Einheit auch gar nicht meinen; eingeräumt wurde ja eben schon, daß uns nicht mehr wie im Mittelalter das räumliche Ding als *ens unum* gilt. Vorhanden als dieser Stein ist vielmehr, wie gesagt, allein die Masse der Partikel und damit die Vielheit. Die aber ist es nach wie vor. Daß der Stein keine Einheit und daher als solcher auch keine Realität besitzt, das, so würde der Einwand schließen, hat an dem realen Befund, der als dieser Stein lediglich gemeint war, also nicht das geringste geändert.

Dieser Schluß ist nicht unbedingt falsch. Soll mit ihm nur nochmals bekräftigt sein, daß an demselben intentionalen Ort, wo das Bewußtsein einen Gegenstand, diesen Stein, sich gegenüber zu haben wähnte, immerhin viele Gegenstände statt jenes freilich allein zur Debatte stehenden vorhanden sind und man sie aus praktischen Gründen weiter wie bisher wird bezeichnen dürfen, so gibt es daran nichts auszusetzen. Es geht ja nicht um den vielheitlichen Befund und auch nicht um dessen sprachliche Etikettierung, sondern noch immer einzig und allein um einen Gegenstand: diesen Stein. Und sofern der Schluß also sagen will, dieser Stein sei trotz fehlender Einheit nicht zwar als solcher, wohl aber im schlichten Verstande real, so läuft das auf den Versuch hinaus, den problematischen Gegenstand an der Wirkung seines Gemeintseins vorbei trotzdem noch zu meinen. Die Einräumung für den «Stein als solchen» war dann nur ein logisches Scheinmanöver, dessen angeblichen Erfolg, den Ausschluß der gegenständlichen Einheit, der subjektive Gedanke durch die erneute Intention, jedoch ohne erneute Berücksichtigung, längst schon wieder aufhob! Daß das nicht angeht und der darauf errichtete Schluß nicht trägt, bedarf keiner Worte. Interessant ist jedoch die Unscheinbarkeit des gleichwohl so groben Denkfehlers, dem wir hier offenbar auf der Spur sind.

Descartes hatte, wie sich zu zeigen beginnt, mit seinem Zweifel nur allzu recht: Die räumlichen Dinge, welche die Sinneserfahrung dem Bewußtsein zu geben scheint, sind in der Tat nicht vorhanden, sind bloße Täuschung. Einen allmächtigen bösen Geist mit entsprechender tückischer Absicht braucht man deshalb freilich nicht zu bemühen. Vielmehr narrt das Denken sich selbst; es verwechselt gleichsam das eigene Echo mit dem Klang einer fremden Stimme. Indem sich der subjektive Gedanke auf das räumliche Sinnesfeld richtet und ihm ein Teil desselben, um beim Beispiel zu bleiben, diesen Stein bedeutet, hat er die Bedeutung «Stein», die wie jede Bedeutung eine logische Einheit darstellt, auf die gemeinte Vielheit bereits projiziert und deren gegenständliche Einheit eben damit überhaupt erst erzeugt. Und er hat damit überhaupt den Gegenstand erst erzeugt! Denn dieser, wenn man so sagen darf, steht und fällt mit seiner Einheit. Die Annahme, daß er absolut nicht-eins, eine pure Vielheit, zu sein vermöchte, ist logisch unvollziehbar, denn sie sagt bereits selbst, daß ein Gegenstand an dem gemeinten Ort gar nicht da ist, sondern die Einheit des Meinens es mit vielen Gegenständen zu tun hat.

Ist dieser Stein im Sinne des Einwandes nur ein vielheitlicher Befund, dessen objektive Nicht-Einheit also ausdrücklich anerkannt wird, so hat der subjektive Gedanke damit noch durchaus nicht etwa das Kunststück fertiggebracht, sich an sich selbst und dem verwandelnden eigenen Beitrag vorbei der puren Realität zu bemächtigen. Er hat sich diesem Ziel nicht einmal irgendwie genähert, denn es ist so schlechterdings unerreichbar wie der Sprung über den eigenen Schatten. «Dieser vielheitliche Befund» ist nun ja ganz ebenso wie bisher «dieser Stein» die der sinnlichen Mannigfaltigkeit zuerkannte Bedeutung: Die Bedeutungen haben nur gewechselt; anderes war gar nicht möglich, wenn überhaupt weiter gedacht werden sollte. Und die neue Bedeutung leistet in der relevanten Hinsicht nicht im mindesten weniger als die alte; von dieser wie von jener her wird die Nicht-Einheit erst zur Einheit. Man kann der Verwandlung sprachlich entgehen und etwa statt von diesem vielheitlichen Befund von diesen vielen Partikeln reden. Logisch gesehen jedoch bleibt mit der Diesheit die Einheit auch dabei völlig unverändert. Und spricht man endlich statt von diesen vielen Partikeln einfach bloß noch von vielen Partikeln, so sind auch sie bei gewahrter Identität des Bezuges trotzdem weiter gemeint als diese und bleibt also wiederum alles beim alten.

Sogar unsere Einräumung, es seien dort, wo das Bewußtsein den Stein suchte, immerhin viele Gegenstände statt jenes gemeinten vorhanden, hatte mithin genau genommen die tückisch unscheinbare Verwandlung nur abermals vollzogen: Auch mit den «vielen Gegenständen» hatte der Gedanke die Einheit, die er damit theoretisch verneinte, dennoch praktisch erneut auf die Sinnesgegebenheit projiziert. Wieder schien damit dem intentionalen Hergang auf der objektiven Seite etwas zu entsprechen und also letztlich eben doch ein Gegenstand, ein allerdings nicht-einer, sich im Ausgedehntsein erschöpfender. In Wahrheit aber entspricht jener intentionalen Einheit, die ursprünglich als dieser Stein jenseits des Denkens wie des Bewußtseins zu liegen schien, auf der objektiven Seite nicht etwas, sondern nichts. Die Intention ging ins Leere. Der Stein, mit dem man Fensterscheiben zerschmettern kann, ist dennoch weder ein echtes Ding, ein realer Gegenstand, noch auch nur im Sinne Kants eine ehrliche, logisch solide gebaute Erscheinung, sondern purer Schein, «eine Nicht-Einheit», ein Selbstwiderspruch wie hölzernes Eisen.

3. Menge und Ganzes in Erster und Zweiter Setzung.

Wir denken auf jeden Fall unvermeidlich in Einheiten und sind gerade deswegen nahezu blind für die Vielheit, die Nicht-Einheit, des so Geeinten. Wie König Midas alles, was er ergriff, unter den Händen zu Gold wurde, so wird uns alles, was wir logisch ergreifen, eben durch diesen Zugriff zur Einheit. Darin liegt eine doppelte Tücke: Daß wir stets unvermeidlich in Einheiten denken, trübt den Blick für die echten kaum weniger als für die scheinbaren, so wie einem Menschen mit grüner Brille in seiner subjektiv durchweg grünen Welt gerade darum das objektive Grün kaum noch auffällt.

Das bestimmt unsere weiteren Fragen: Sie gelten der echten objektiven Einheit, dem wahren Gegenstand, und damit korrespondierend der Logik, die den üblichen Fehler vermeidet. Zusammen mit der Materie wird ja nicht etwa, absurderweise, die Realität überhaupt, die «Außenwelt» jenseits des Bewußtseins, geleugnet. Sollte im vorigen Abschnitt zunächst dieser Eindruck entstanden sein, so wäre die bezeichnete Tücke, die Verwischung des wichtigsten Unterschiedes, auch darin schon wieder wirksam geworden. Denn das gerade wird gemeinhin verkannt: Ein Gegenstand kann sehr wohl real sein, also jenseits meines Bewußtseins in der «Außenwelt» existieren, ohne deshalb auch jenseits des Denkens, also «materiell», existieren zu müssen. Unser Feldstein am Wegesrand freilich ist hierfür nicht mehr paradigmatisch. Bereits bei jedem Tisch oder Stuhl aber, jedem Gebild von Menschenhand, ist die Räumlichkeit eine intentionale u n d r e a l e Setzung des Denkens. Und das so entstandene Ding ist daraufhin, wie wir es ausdrücken wollen, keine Menge, sondern ein Ganzes: Es ist keine p u r e räumliche Vielheit. Die Teile miteinander haben hier vielmehr e i n e Bedeutung und zwar, wohlgemerkt, auch a n s i c h , vom Tischler her, statt nur, wie beim Feldstein, für mein Bewußtsein.

Damit erst entsteht ein ernsthafter Realitätskontakt. Der Gedanke als Setzer der Einheit, als Ordner, befindet sich beim Ganzen auf b e i d e n Seiten der räumlichen Vielheit: nämlich a u c h a u f d e r o b j e k t i v e n statt nur, wie bei der Menge, auf der subjektiven, «intentionalen». Er fungiert beim Ganzen, mit anderen Worten, in der logischen Grundbeziehung zwischen dem Gegenstand und dem subjektiven Gedanken an ihn auch als Gegenstand. Mit dieser Situation hatte Aristoteles nicht gerechnet; denn gerade das Gegenüber von Gedanke und Gegenstand, das ihm fraglos und grundlegend schien, bleibt hier auf der Strecke. Und daraufhin erst geht es «logisch» zu. Daraufhin nämlich erst wird ein Gegenstand, der wirklich ein Gegenstand ist, zum Ziel des gegenständlichen Denkens.

Wir stehen vor einer Alternative. Jedes Ding der naiven Entgegensetzung und damit der Platonischen «Meinung», der *doxa*, stellt entweder eine Menge oder aber ein Ganzes dar. Das heißt die objektive Setzung kann nur entweder fehlen oder aber ebenfalls und dann zeitlich wie logisch primär, als realer Ursprung, vorhanden sein. Niemals hingegen ist es möglich, daß die objektive Setzung – gleichzeitig und in derselben Hinsicht – irgendeinem Gegenstand auf der Welt nicht eignet und doch auch nicht fehlt. Außer Menge und Ganzem gibt es also nichts Drittes; ihr Gegensatz ist kontradiktorisch.

Und abermals kontradiktorisch sind die relevanten Möglichkeiten der Logik: Sie kann den Gegensatz ignorieren oder bemerken.

Im ersten Fall bleibt es einfach bei der naiven Entgegensetzung, die gleichermaßen bei Menge und Ganzem das Fehlen oder Vorhandensein der objektiven Setzung subjektiv überblendet. Es bleibt, mit anderen Worten, ununterschieden hier wie dort beim Denken räumlicher Dinge, womit sich auf beiden Geleisen der Weg in den Materialismus auftut. Das ist seit Aristoteles die Anlage und das Schicksal der abendländischen Logik. Zwischen unserem für die Menge paradigmatischen Feldstein und anderseits unserem Tisch, einem Artefakt und damit einem Ganzen, sieht die traditionelle Ontologie keinen allzu grundsätzlichen Unterschied. Das objektive Erdachtsein des Tisches blieb natürlich nicht unbemerkt. Es bekundet sich auch für die Tradition in einer besonderen, allen Teilen gemeinsamen Ordnung, eben der Ganzheit, die dem Feldstein fehlt. Das bedeutete indes nicht allzu viel, solange der Tisch wie der Stein primär als ein materielles Ding galt. Die Ganzheit schien zu dieser Hauptsache nur überformend hinzuzukommen, und nur diese Überformung, nicht der Gegenstand überhaupt, schien über das Gemachtsein auf ein Erdachtsein zurückzugehen. Der Unterschied zählte also nur ontologisch, nicht aber auch logisch. Die Logik blieb vielmehr bei der naiven Entgegensetzung. Und diese bezeichnen wir fortan als Erste Setzung, womit wir sie in zwei Hinsichten charakterisieren: Sie ist die im vortheoretischen Meinen jeweils bereits geschehene, also die dem Vollzuge nach erste, aber deshalb offenbar nicht auch, wie man bisher glaubte, die einzige.

Die Lage im relevanten Zusammenhang hat sich ja inzwischen komplex verändert: logisch wie gegenstandstheoretisch und deshalb für das Ganze wie für die Menge. Um die Realität eines räumlichen Gegenstandes, die Glaubwürdigkeit «einer Nicht-Einheit», steht es offenbar nicht im mindesten besser, wenn es sich statt um «diesen Stein» nunmehr um «diesen Tisch» handelt. Mit dieser wie mit jener Bedeutung hat das Denken beim Ordnen der Vielheit eben damit erst selbst die Einheit erzeugt. Das allerdings ist beim Tisch eine doppelsinnige Feststellung. Denn seine Bedeutung als Tisch und damit seine Einheit wurde ihm, anders als dem Stein, nicht erst subjektiv durch das Meinen, sondern obendrein auch schon objektiv durch den Tischler, der ihn plante und fertigte, zugefügt. Bei diesem Planen und Fertigen handelt es sich ja ebenso wie beim Meinen, und sogar im ursprünglichen Verstande, um Denken als Ordnen der Vielheit und eo ipso Setzen der Einheit. Der Tisch ist also doppelt gesetzt. Seine Räumlichkeit steht gleichsam als die gemeinsame Projektionsfläche zwischen zwei finalen «Lichtkegeln», einem bewußtseinsimmanenten und einem außenweltlich-realen. Geht der subjektive Gedanke von der Entgegensetzung des Dinges namens Tisch zum Setzen dieser Setzung über, also zu einer Zweiten Setzung, so kommt es folglich nicht, wie beim Stein als der Menge, zu einem bloßen logischen Kurzschluß. Statt auf sich selber zurückzufallen, gelangt der subjektive Gedanke hier vielmehr über die Entgegensetzung wie über ein Sprungbrett zu deren objektiver Setzung. Hier also kommt Einheit zu Einheit. Über «eine Nicht-Einheit» kommt die Einheit des Meinens zu einer nun allen Ernstes bewußtseinstranszendenten, realen, und eben deshalb nicht auch gedankentranszendenten, nicht auch materiellen, gegenständlichen Einheit.

Im Gegensatz zum Stein, so kann man dafür auch sagen, ist der Tisch als solcher real! Das gilt nun aber wirklich nur für «diesen

Tisch», also für die Bedeutung «Tisch» als die durch das Ordnen der Vielheit gesetzte Einheit. Dagegen erleidet, wie schon gestreift, das zunächst als dieser Tisch gemeinte Ding, das räumliche Ganze der Ersten Setzung, natürlich kein irgendwie besseres Schicksal als der Stein und damit die Menge. Insofern könnte man versucht sein, einschränkend zu erklären, der Tisch sei nur als solcher real. Soll das indessen gegenüber der uneingeschränkten Erklärung eine Veränderung darstellen, so hätte man damit lediglich nochmals, jetzt mit anderer Absicht als vorher, am Meinen vorbei zu meinen versucht und die Heraushebung der Bedeutung, die das Sprechen vom Tisch «als solchem» bezweckt, zum Scheinmanöver entwertet. Es wäre derselbe Fehler, den neuere Denker zuweilen begehen, wenn sie im Anschluß an gewisse Überlegungen aus Kants «Kritik der Urteilskraft» mit resigniertem Kopfschütteln feststellen, daß wir sogar beim Artefakt, dem Gebild von Menschenhand, nur seine Zweckbestimmtheit, Heideggers «Zuhandensein», eigentlich kennten. In Wahrheit kennen wir damit schon alles, was es an dem betreffenden intentionalen Ort kennenzulernen überhaupt gibt. Und der Tisch also teilt sich zwar selbstverständlich nicht in seiner speziellen Eigenschaft als Artefakt, wohl aber in seiner generellen als Ganzes mit dem Stein am Wegesrand als der Menge in die paradigmatische Geltung für alle räumlichen Dinge, alle Gegenstände der Ersten Setzung.

Das Verhältnis von Erster und Zweiter Setzung ist nun aber, wie schon erwähnt, nochmals ein kontradiktorisches. Die logische Quelle der räumlichen Einheit kann ja in jedem erdenklichen Fall nur entweder naiv projiziert oder als Projektion berücksichtigt werden, das heißt die Zweite Setzung kann unterbleiben oder erfolgen. Es kann in derselben Hinsicht niemals beides zugleich oder keins von beidem geschehen sein; auch hier also gibt es nichts Drittes. Bei der Ersten und Zweiten Setzung von Menge und Ganzem handelt es sich mithin um eine doppelte Dichotomie: zwei Zerteilungen überschneiden einander derart, daß beidemal jenseits der Alternativen keine weitere Möglichkeit bleibt. Und man hat also, positiv ausgedrückt, mit den Kontradiktionen von Menge und Ganzem sowie Erster und Zweiter Setzung schlechterdings alle Beziehungen, die zwischen Gedanke und Gegenstand überhaupt möglich sind, definiert.

Wird die Erste Setzung naiv vollzogen und damit verabsolutiert, so bedeutet das allgemein, beim Ganzen wie bei der Menge, daß der Gegenstand nicht nur intentional, sondern auch substantiell vom Gedanken an ihn unterschieden wird. Die Erste Setzung, so kann man kurz sagen, ist Denken von Nicht-Denken.

Kommt es zur Zweiten Setzung, so bedeutet das wiederum allgemein, daß der Gegenstand nur noch intentional, nicht aber auch noch substantiell vom Gedanken an ihn unterschieden wird. Die Zweite Setzung ist Denken von Denken.

Das indes hat bei der Menge den ausschließlich negativen Sinn, daß der subjektive Gedanke zu sich selbst als dem alleinigen Schöpfer des Gegenstandes zurückkehrt: Die Menge ist purer Schein.

Eine echte Erfüllung der Intention gibt es nur in dem letzten Viertel der doppelten Dichotomie: bei der Zweiten Setzung des Ganzen. Hier erscheint in der Räumlichkeit, in der allen Teilen gemeinsamen Ordnung, ein objektiver Gedanke. Das Ganze ist daher kein purer Schein, sondern in einem engeren, richtigeren Wortverstande als dem von Kant geprägten eine Erscheinung. Die Zweite Setzung, der Übergang zum Denken von Denken, hat daher in diesem Fall den positiven Sinn, daß der subjektive Gedanke über die Erscheinung zum erscheinenden objektiven Gedanken als dem wahren Gegenstand vorstößt. Die Entlarvung der Vielheit und die Findung der echten Einheit vollziehen sich parallel, wie wenn ein Wolkenfeld, das über einer Bergkette gleich einem Meeresspiegel gleißte, sich plötzlich lichtet – und nun erst erkennt man tief unter dem Dunst die Tiefen, jedoch auch die Höhen.

4. Amphilogische Identität. Das unterschiedliche Verhältnis des Gedankens und des Denkens zur Zeit.

Das Selbstverständnis des Denkens wird durch die veränderte Lage nicht minder gründlich gewandelt als das Wissen um die Realität. Mit dem materiellen Ding verliert auch sein Korrelat, der Begriff, seine traditionelle Bedeutung. Daß die Beziehung von Gedanke und Gegenstand in Wahrheit, bei der Zweiten Setzung des Ganzen als der einzigen echten Erfüllung der Intention, eine Beziehung von Denken und Denken ist, das stellt uns eben nicht nur im objektiven Weltverständnis, sondern genau so im Formalen, in der reinen Logik, vor eine gründlich veränderte Lage.

Bei unserem für das Ganze paradigmatischen Tisch etwa ist die Bedeutung «Tisch», die zunächst dem Tischler anläßlich der Fertigung als Leitgedanke vorschwebte und die nunmehr vom Strahl des Meinens auf den fertigen Tisch gerichtet wird, beide Male dieselbe. Sie ist, mit anderen Worten, beide Male e i n e Bedeutung, eben «Tisch». Da es sich bei dieser Bedeutung im Rahmen der Zweiten Setzung nicht nur wie in der Tradition um die B e d e u t u n g des Gegenstandes, sondern zugleich um den G e g e n s t a n d handelt, verhält es sich also dergestalt, daß der subjektive Gedanke, der sich auf den Gegenstand richtet, damit auch schon dieser Gegenstand i s t. Dieser Gegenstand wird hier also n i c h t e i g e n t l i c h «b e g r i f f e n»: Er wird nicht im Bewußtsein durch Logisches vertreten, sondern ist hier regelrecht anwesend, ist herbeizitiert wie ein Geist, was mit dem objektiven Umstand, daß sein Wesen ein geistiges ist, ja auch innigst zusammenhängt.

Das räumliche Ding, das normale Konkretum der tradionellen Logik, kann aus zwei korrespondierenden Gründen auf keinen Fall im Bewußtsein substantiell anwesend sein. Erstens paßt es sozusagen in das Bewußtsein nicht hinein, weil diesem die drei Dimensionen, die dafür erforderlich wären, nun einmal fehlen. Zweitens und vor allem aber kann es sich ohnehin nicht verdoppeln, ohne seine Identität einzubüßen. Das eben macht ja seine traditionell verstandene Konkretheit und reale Wirklichkeit aus, daß es sich im Unterschied zu den idealen Gegenständen, den abstrakten Gedankendingen, nur an ein und demselben Ort gleichzeitig aufzuhalten vermag. Von beiden Aspekten her ging die Unmöglichkeit seiner substantiellen Anwesenheit im Bewußtsein, wie man sieht, letztlich darauf zurück, d a ß h i e r B e w u ß t s e i n s t r a n s z e n d e n z o d e r R e a l i t ä t m i t G e d a n k e n t r a n s z e n d e n z o d e r M a t e r i a l i t ä t i n e i n s f i e l. Auch hier schon war, mit anderen Worten, das «formale» logische Verhalten von der objektiven Entsprechung viel stärker abhängig, als man ahnte; nur die vermeintliche Selbstverständlichkeit der «sachlichen» Voraussetzung verschleierte mit dem Spezifischen des Verhältnisses auch die Abhängigkeit überhaupt. Jetzt ist der reale, bewußtseinstranszendente Gegenstand ein Gedanke. Es macht daher keine Schwierigkeit aus, daß er gleich den Gedankendingen der Tradition bei unversehrter Identität «allgemein» sein, also zur selben Zeit an mehreren Orten anwesend sein kann. Es macht erst recht keine Schwierigkeit aus, daß sich von diesen Orten der eine im Bewußtsein befindet; das traditionelle Gedankending befindet sich allemal nur im Bewußtsein. Diesen an sich sattsam bekannten Verhältnissen kommt jetzt lediglich deshalb ein radikal neuer Sinn zu, weil wir nun eben nicht ein bloßes Gedankending vor uns haben, sondern in diesem Fall der Gedanke zugleich der reale Gegenstand ist, so daß von den beiden Orten seiner simultanen Gegenwart der eine zwar im Bewußtsein, der andere jedoch in der Außenwelt liegt.

Die Beziehung von Gedanke und Gegenstand ist daher in dem neuen Rahmen nicht mehr die von Begriff und Etwas. Wenn laut Rickert zum Modell des logischen Gegenstandes grundsätzlich das «leere Etwas»[1] gehört, so trifft das für die traditionelle Logik, die von Aristoteles herrührt, auch durchaus zu. Nicht bloß substantiell, sondern auch formallogisch ist der Gegenstand hier nach dem Gebot der Ersten Setzung vom Denken an ihn unterschieden: Er gelangt nicht selber in das Bewußtsein – diese Möglichkeit wirkt hier absurd –, vielmehr wird sein alogisches Sein im Bewußtsein durch Logisches, eben den Begriff, lediglich vertreten.

Und selbst mit dieser Vertretung hapert es am entscheidenden Punkte. *Individuum est ineffabile* – das ist von Haus aus kein tiefsinnig metaphysischer, sondern ein simpel logischer Satz. Er betont vom Gegenständlichen her, daß auch der «konkrete» Begriff dies immer nur der Intention nach ist. Wie in der Nacht alle Katzen grau sind, so sind in struktureller Hinsicht alle Begriffe «abstrakt». Und gerade für den konkreten ist das die fast paradoxe Schwäche: als Gruppe von Prädikaten, von Logischem und damit Allgemeinem, bleibt er ewig wie durch einen Abgrund vom intendierten Konkretum geschieden; je näher er diesem zu rücken sucht, je mehr sein Inhalt also auf Kosten seines Umfanges zunimmt, um so deutlicher wird im Grunde nur, daß er lediglich in zuletzt hoffnungsloser, grotesker Häufung M e r k m a l e des Gegenstandes, jedoch niemals dessen Eigenheit, die *haecceitas* des Duns Scotus, erreichen kann.

Und sogar die Merkmalsbestimmung bleibt notwendig eine uneigentliche. Es verhält sich ja keineswegs so, daß etwa die Bedeutung «rot» und die reale Röte eines konkreten Gegenstandes einander wirklich «gleichen». Das Verhältnis zwischen beiden bezeichnet man als Adäquatheit, was im ursprünglichen Wortverstande allerdings so viel wie Gleichheit heißt, jedoch üblicherweise behutsam unklar mit Entsprechung, Übereinstimmung oder Angemessenheit übersetzt wird. Denn in Wahrheit sind, wie nicht erst Kant, sondern bereits Occam gewußt hat, die Begriffe keine Abbilder, sondern bloße supponierende Zeichen; sie umrätseln eine verborgene Welt, stoßen niemals zum Eigentlichen der Dinge vor. Das neuzeitliche Bewußtsein sah in dieser Kalamität ein allgemeines Problem des Erkennens, das nur der Einfalt früherer Zeiten noch nicht deutlich gewesen sei. Tatsächlich aber handelt es sich um das geradezu normale Spätprodukt eines b e s t i m m t e n logischen Gebarens, nämlich eben jenes seit Aristoteles für das Abendland typischen Verabsolutierens der Ersten Setzung, dem von vornherein die «begriffliche» Haltung notwendig entsprach und damit nach genügender reflektiver Aufhellung auch das Desaster.

Mit der Umstellung auf die Zweite Setzung hat sich die neuzeitliche Erkenntniskalamität denn auch sozusagen auf Anhieb bereits erledigt. Nicht Etwas wird nur «adäquat» begriffen, sondern der Gegenstand, der selbst Gedanke ist, wird vom Gedanken, der ihn meint, unmittelbar vergegenwärtigt. Das neue Grundverhältnis zwischen Gedanke und Gegenstand ist mithin das ihrer I d e n t i t ä t. Sie sind, mit anderen Worten, b e i d e   e i n   u n d   d a s s e l b e.

Trotzdem bleiben sie positionell gesondert. Sie stehen einander gegenüber als die beiden Relate der Meinungsbeziehung. Zunächst verhält es sich ja so, daß der Gedanke auch jetzt, wie zuvor als Begriff, im Bewußtsein den Gegenstand meint und insofern schon von sich selbst unterscheidet. Der Gegenstand allerdings ist nunmehr auch seinerseits ein Gedanke oder vielmehr sogar derselbe wie der meinend auf ihn gerichtete. Damit also wird umgekehrt der Gedanke zum Gegenstand und zwar, dem Inhalt nach, auch der meinende im Bewußtsein. Die Identität bleibt folglich sozusagen eine gespannte; sie ist die von weiterhin positionell Grundverschiedenem.

Aus der traditionellen Logik gibt es für dies Verhältnis kein Beispiel. Hier können sich zwei Gegenstände, wenn sie als identisch erfaßt sind, nicht positionell voneinander sondern; das heißt sie können nicht wirklich zwei sein, sondern lediglich können sich zwei Bezeichnungen, als Synonyme, auf einen Gegenstand unterschiedlich beziehen. Die «Identifizierung» beseitigt hier somit nur den Irrtum der gegenständlichen Zweiheit; wird etwa festgestellt, Friedrich Wilhelm I. von Preußen und der Vater Friedrichs des Großen seien miteinander identisch, so ist damit eben nur gesagt, daß es sich nicht, gemäß dem verbalen Anschein, um zwei verschiedene Personen, sondern um ein und dieselbe handelt. Die Identität stellt also nur richtig. Sie schafft nichts im konstruktiven Sinne. Nunmehr dagegen tut sie gerade dies.

Von der Identität zwischen Gedanke und Gegenstand geht ja offenbar für die Logik, für ihr formales Selbstverständnis wie für ihr Leistungsprinzip, ein mächtiger Strukturimpuls aus, der ihren bisherigen Sinn und Aufbau als Dinglogik und Begriffslogik am entscheidenen Teile aufhebt. Die Identität, die das bewirkt, bildet damit einen Sonderfall, den wir deshalb als einen solchen auch terminologisch zu kennzeichnen haben. Im Anschluß an griechisch *amphi* für «beiderseits» sowie *logos* für «Denken» sprechen wir deshalb hier von amphilogischer Identität oder auch einfach von Amphilogie. Der Repräsentant dieses Zustandes ist mithin ein Amphilog; er ist ein amphilogischer Gegenstand oder auch, wenn man so will, ein amphilogischer Gedanke, wie wir es je nach Bedarf gleichermaßen ausdrücken können, weil ja gerade der Umstand, daß sich diese beiden hier nicht unterscheiden, durch den Terminus hervorgekehrt wird.

Konkretes und Allgemeines gehören im Zeichen der amphilogischen Identität ebenso selbstverständlich zusammen, wie sie in der traditionellen Logik voneinander geschieden sind. Weil der amphilogische Gegenstand ein Gedanke ist, besitzt er die Allgemeinheit, die jedem Gedanken eignet. Weil er anderseits einen Begriff weder selber darstellt noch zu subjektiver Vertretung benötigt, ist er im Gegensatz zum traditionellen Allgemeinbegriff oder -gegenstand trotz seiner Allgemeinheit konkret, sofern mit diesem Ausdruck nur das Gegenteil der Abstraktheit gemeint ist.

Der Begriff ist im Zeichen der amphilogischen Identität nicht etwa nur entbehrlich, sondern geradezu unanwendbar. Die Bedeutung «Tisch» beispielsweise läßt sich ihrem objektiven und subjektiven Vorkommen zuliebe nicht irgendwie teilen oder verdoppeln; sie ist und bleibt vielmehr, wie oft und wo immer sie auftreten mag, unteilbar und unwandelbar nur sie selbst. Wir können die Unbedingtheit ihrer Vergegenwärtigung durch Begriffsbildung, also Prädikation, auf keinen Fall noch irgendwie steigern, können diese Vollkommenheit auf keinen Fall noch vollkommener machen. Handelt es sich bei dem räumlichen Ding um einen runden Tisch auf vier Beinen, so sind wir freilich – unter dem selbstverständlichen, aber methodisch und auch sachlich unerheblichen Vorbehalt der empirischen Täuschung – zu der Ansicht befugt, dem Tischler habe während der Fertigung nicht bloß überhaupt «Tisch», sondern speziell «runder Tisch auf vier Beinen» als Leitgedanke vorgeschwebt. Diese Ausweitung läßt sich, wenn man es darauf anlegt, gegebenenfalls bis in minuziöseste Einzelheiten der handwerklichen Planung fortsetzen. Aber das hat mit Prädikation nichts zu tun; damit wird vielmehr die Gedankenstruktur, die den Ursprung der Fertigung darstellt, über das Gefertigte, die Erscheinung, nach unverändertem Prinzip fortschreitend weiter freigelegt, um überall, wo dies erreicht ist, damit auch schon direkt vergegenwärtigt und also wiederum ungleich besser, als alle Prädikation es vermag, nämlich unüberbietbar vollkommen, im Bewußtsein erfaßt zu sein.

Das alles würde mißverständlich, wenn man die Differenz von Denken und Gedanke nicht sogleich mitberücksichtigte. Daß die zunächst dem Tischler während der Arbeit vorschwebende und dann vom Meinen auf das fertige Ding gelenkte Bedeutung «Tisch» beide Male dieselbe ist, das ändert ja nichts am Unterschied der Zeiten und damit der Denkvollzüge: Das Meinen liegt in der Gegenwart, die Fertigung in der Vergangenheit. Und wenn der Tischler viele Stunden zur Herstellung des Tisches brauchte und sein Denken also entsprechend lange der Bedeutung «Tisch» gleichsam unterstellt war, so kann der subjektive Nachvollzug dieses Leitgedankens trotzdem in einem Nu geschehen und auch schon vorüber sein.

Denken und Gedanke also sind immer nur unstarr verbunden. Der Tischler muß sich sogar in den Stunden, wo er den Tisch fertigt, keineswegs unablässig auf die Bedeutung «Tisch» konzentrieren. Er denkt zwischendurch noch an vieles sonst, was der Arbeit näher und ferner liegt, so wie umgekehrt die Bedeutung «Tisch» zu derselben und jeder anderen Zeit noch vielerorts sonst gedacht werden kann. Die Identität, die dem Denken vom Bewußtsein als seinem Ort her zukommt, hat also nichts zu tun mit der Identität des Gedankens, die sich dazu vielmehr gleichsam querlegt. Hieraus erwächst jener Unterschied zwischen genetischer und morphologischer Verwandtschaft, der auf irgendeine Weise in jedem Weltbezirk wiederkehrt.

Die unstarre Verbundenheit von Denken und Gedanke ist allerdings stets und notwendig vorhanden. Eins kann nie ohne das andere sein: Das Denken ist nie einfach Denken, sondern immer Denken eines Gedankens, wie anderseits ein Gedanke immer nur als ein gedachter, von Denken vergegenwärtigter, vorzukommen vermag. Das Wechselverhältnis ist unaufhebbar. Denken ohne einen Gedanken wäre ein Denken, das nichts dächte; ein Gedanke ohne Denken vollends ist eo ipso ein nicht gedachter und also nicht existierender.

Daher rührt die zuinnerst zwiespältige Beziehung zur Zeit: Der Gedanke ist ihr sowohl enthoben als auch unterworfen. Denn einerseits bleibt er immer unabänderlich er selbst, da er nach jeder Änderung eben bereits ein anderer wäre; was Husserl einmal von dem Schwanken der Bedeutungen sagte, das in Wahrheit stets nur ein Schwanken des Bedeutens sein kann[2]), gilt allgemein für den Gedanken und damit jetzt freilich nicht mehr bloß für den idealen, sondern insbesondere auch für den realen Gegenstand.

Insofern also besitzt der Gedanke in der Tat jenes zeitlose Sein, das ihm Platon einst zusprach. Anderseits handelt es sich im Grunde dabei doch eben nur um die Unfähigkeit, sich zu ändern; daß diese negative Eigenschaft eine positive, die Fähigkeit wertkonstanten realen Dauerns, irgendwie involviere, war der große Irrtum der Metaphysik. In Wahrheit ist der Gedanke hinsichtlich seiner Dauer auf die seines Vehikels, des Denkens, jeweils angewiesen. Obwohl er sich nicht zu ändern vermag, kann er entstehen und vergehen: das Denken kann ihn fassen und lassen.

Der amphilogische Gegenstand gehört in das Reich des Werdens daher ebenso wie in jenes des Seins. Er ist Gedanke nach dem Inhalt, Denken nach der Substanz und Zeitigung nach der Dimension.

5. *Bewußtseinslogik (Phänomenlogik) und Gegenstandslogik (Sinnlogik). Spontane Rücksichtnahmen der Sprache auf die Differenz beider Logiken.*

Einem möglichen Mißverständnis sei hier schon begegnet: Die Logik der Zweiten Setzung löst die der Ersten nicht vollständig ab! Das könnte natürlich schon deshalb nicht sein, weil überhaupt die Zweite Setzung jeweils durch die Erste, die naive Entgegensetzung, erst ausführbar wird, sich von dieser wie von einem Sprungbrett abschwingt.

Das ist indessen noch nicht alles; denn es hieße lediglich, daß die Erste Setzung nebst der darauf gegründeten Logik fortan nur noch als der Irrtum fungierte, der allein durch seine Beseitigung, die zur Wahrheit führt, als bloßer Anlaß, von Nutzen bleibt. Tatsächlich jedoch besitzt die Logik der Ersten Setzung auch nach der Korrektur eine durchaus positive Bedeutung, obzwar nicht mehr im traditionellen, aristotelischen Sinne. Geschehen ist es nur um ihre uneingeschränkte Geltung. Und die Logik der Zweiten Setzung gilt also gleichfalls nicht uneingeschränkt. Was wir jetzt somit zu klären haben, ist das Verhältnis der Logiken, das Prinzip ihres Zusammenwirkens.

Im vorigen Abschnitt wurde das unausdrücklich bereits beansprucht. Wir stellten etwa fest, daß amphilogische Identität, statt der klassischen Trennung von Begriff und Ding, zwischen dem Gedanken und dem realen Gegenstand das wahre Verhältnis bilde. Diese Feststellung selbst war nun aber eine begriffliche; sie war, allgemeiner gesprochen, eine Leistung begrifflichen, sich vom Gegenstand distanzierenden Denkens: ein Urteil über einen Sachverhalt. Der Logik der Ersten Setzung wurde damit am wichtigsten Punkte ihr bisheriges Recht, jedoch nach ihren eigenen Spielregeln, aberkannt.

Oder noch ein zweites, konkreteres Beispiel: Die Bedeutung «Tisch» ist ein amphilogischer Gegenstand, so war festgestellt worden. Aber wiederum hatte die Feststellung als solche mit Amphilogie nichts zu tun. Sie ist ein Urteil in Form eines Satzes; das heißt sie bezieht durch die Kopula «ist» ein Prädikat, nämlich «ein amphilogischer Gegenstand», auf das mißverständlicherweise noch immer «Subjekt» genannte Objekt des Urteils. Und als dieses fungiert «die Bedeutung ‹Tisch›». Der amphilogische Gegenstand also ist hier wieder zurückgestuft zu einem normalen Urteils«subjekt» (oder, streng genommen, sogar nur zu einem Teil desselben, da auch hier «die Bedeutung» nicht mehr dazugehört), und dies ungeachtet der Tatsache, daß ihm gerade doch seine Amphilogie, die Aufhebung der Entgegensetzung, durch das Prädikat zuerkannt wird. Aber die prädikative Leistung, die Urteilsbildung, vollzieht sich nun einmal allein und gänzlich im wahrhaft dieses Namens würdigen Subjekt des Urteils: in dem urteilenden Bewußtsein! Und dieses kann schlechterdings nicht anders, als alles ihm Bewußte, alle seine Inhalte, unterschiedslos zu objektivieren, einfach weil seine Einheit, die der transzendentalen Apperzeption im Sinne Kants, sich nur im Abstand von allem Apperzipierten, also eben «begrifflich», behaupten läßt. Die Qualität des Bewußten spielt dabei keine Rolle. So existiert etwa «hölzernes Eisen» mit Sicherheit nicht in der Außenwelt, auch nicht im Sinne der Ersten Setzung, und ist doch gerade auch schon in dem diesbezüglichen Urteil bereits ebenso deutlich objektiviert, dem Bewußtsein als Inhalt entgegengesetzt, wie der amphilogische Gegenstand «Tisch».

Das Bewußtsein besitzt, wie man sieht, zur Ersten Setzung und damit zur Begriffslogik eine Affinität. Auch im Zeichen der Zweiten Setzung und ihrer amphilogischen, also unbegrifflichen Logik wird das nicht anders. Wenn hier der subjektive Gedanke im Erfolgsfall, beim Ganzen, ein und dasselbe ist wie der Gegenstand, so folgt daraus ein entsprechender Umschwung doch nicht etwa auch für das intentionale Subjekt, das Bewußtsein des Logikers, das sich die amphilogischen Einheiten vielmehr wie alle anderen apperzipierten bis hinab zu «hölzernem Eisen» ununterschieden entgegensetzt.

Das Besondere an der neuen Lage, die Anwesenheit des Gegenstandes statt nur seines Begriffs im Bewußtsein, bleibt mithin unberücksichtigt. Urteile über eine nur subjektive oder auch objektive Bedeutung befinden sich als Urteile auf derselben Stufe; auch wenn sie beide inhaltlich wahr sind und also für ihr «Subjekt» die Objektivität im ersten Falle verneinen, im zweiten hingegen bejahen und damit auch schon identisch erfassen, geschieht gleichwohl formallogisch auch im ersten Fall eine Objektivierung, deren vordergründige Evidenz auch im zweiten Fall nicht überschritten wird. So nimmt sich etwa «Stein», die Bedeutung einer nur scheinbar realen räumlichen Menge, in dem Urteil, das diesen Sachverhalt richtig feststellt, gleichwohl nicht schlechter aus als das in die Tiefe zielende über «Tisch». Aber wohlgemerkt: Die amphilogische Identität kann im begrifflichen Denken nur formal nicht berücksichtigt werden. Sie kann es inhaltlich dennoch sehr wohl, was die Beispiele wiederum bereits dartun.

Gewiß ist hier ein Vorbehalt nötig. Die abendländische Logik hat zur Genüge bewiesen, wie stark und spontan das begriffliche Denken von seiner Form her darauf drängt, den Unterschied zwischen Bewußtseins- und Gedankentranszendenz auch inhaltlich zu beseitigen. Das natürliche Korrelat des Begriffs ist und bleibt nun einmal das räumliche Ding. Indessen ist dies Verhältnis, wie sich an unseren beiden exemplarischen Urteilen (und diesem ganzen begrifflich vorgehenden Exkurs) bereits zeigt, keineswegs unauflöslich. Die Einsicht des 2. Abschnitts, daß es die räumlichen Dinge dem Augenschein zum Trotz nicht gibt, bringt einen Sachverhalt mittels eines Urteils zum Ausdruck und gehört damit auch ihrer Form nach einwandfrei zum begrifflichen Denken, wenngleich sie dessen natürliche Grundvoraussetzung aufhebt. Darin aber liegt auch schon, daß überhaupt die Theorie, selbst wenn sie den Begriff seiner alten Rechte entkleidet, als solche gleichwohl begrifflich verfährt, den Begriff insofern rehabilitiert.

Aufgewertet werden primär die im engeren Sinne abstrakten Begriffe von den rein logischen bis zu den angewandten, den Klassifizierungen und den Zahlen. Die Rehabilitierung im neuen Rahmen reicht aber noch weiter. Wenn ernstlich gefragt werden sollte, was der Begriff denn eigens behält, nachdem es sein natürliches Korrelat, das Ding, nicht mehr gibt, so ist man durchaus nicht genötigt, ihn lediglich auf das Abstraktum und damit auf sich selbst zu verweisen. Man darf vielmehr antworten: er behält alles. Dabei ist aber selbstverständlich mit «alles» nur sein gesamter bisheriger Besitzstand gemeint; das heißt alle Gegenstände nicht «an sich», sondern «für mich», für das subjektive Bewußtsein, fallen weiter in seine Zuständigkeit.

Hierzu zählen gerade auch, ohne daß dies im Widerspruch zu den bisherigen Einsichten stünde, nach wie vor die räumlichen Dinge; als illusorische Einheiten, bloße Phänomene, sind sie für das Bewußtsein im Zeichen der Zweiten Setzung genau so wichtig, wenngleich mit gegenteiligem Sinn, wie in dem der Ersten. Es ist eben nicht bloß äußerlich, gewissermaßen arithmetisch, die «transzendentale» Einheit, um derentwillen das Subjekt von der Vielheit seiner Objekte unüberbrückbar geschieden ist. Dahinter steht ein ethischer Grund: Das Bewußtsein wird zum Subjekt durch das Richteramt der Erkenntnis, der Sonderung von Wahrheit und Irrtum. Demgegenüber verhalten seine Objekte sich passiv; diese Unterlegenheit erst vollendet ihren Objektcharakter und besiegelt damit die Trennung. In die Zuständigkeit des begrifflichen Denkens fällt somit nach wie vor nicht zuletzt auch noch die Negation, die Bestreitung. Daß der resultierende Sachverhalt hier nicht einmal mehr einen Schein von Gegenständlichkeit festhält, macht gerade den Rang dieser Möglichkeit aus. Andernfalls gäbe es für das Subjekt auch kein positives Erkennen.

Die Logik des Bewußtseins bleibt also im ganzen begrifflich. Den großen Ausnahmefall stellt allein der einzelne wahre Gegenstand dar, der kraft seiner Logizität und Anwesenheit im Bewußtsein, seiner amphilogischen Identität, eine Vertretung durch Logisches weder fordert noch auch nur erlaubt. Das ist alles andere als ein Unglück, weil in jedem derartigen Fall mehr und nicht etwa weniger, als der Begriff je erbringen könnte, an dessen Platz tritt. Eine Unstimmigkeit aber bleibt. Weil der im Ernst reale, bewußtseinstranszendente Gegenstand nicht auch gedankentranszendent ist, stehen Bewußtsein und Gegenstand einander nicht so eindeutig gegenüber, wie es seit Aristoteles schien. Als eigenständige dritte Macht wirkt auf beiden Seiten vielmehr der Gedanke, so daß die Logik des Bewußtseins zweigleisig zu operieren hat. Und zwar hat sie jeweils gerade dort, wo es für sie sozusagen heiß wird, wo sie unmittelbar zum Gegenstand vorstößt, aus ihrer begrifflichen Haltung in die der amphilogischen Identität hinüberzuschnellen, um sich anschließend auf die anfängliche unverzüglich wieder zurückzuziehen. Beides geschieht im Bewußtsein und beides gilt letztlich dem Gegenstand, doch folgt das Bewußtsein dabei nur im zweiten Fall seiner eigenen Logik, im ersten jener des Gegenstandes.

Das mag zunächst kompliziert anmuten. Tatsächlich hatte ja die Bewußtseinslogik bisher, seit Aristoteles, niemals auf eine ähnliche Weise aus ihrer Wesensform als Begriffslogik heraustreten müssen. Diese Eingleisigkeit war nun freilich, wo sie ernstlich durchgesetzt wurde, mit dem prinzipiellen Verzicht auf den Gegenstand selbst erkauft. Doch bestand sie genau besehen immer nur für die - formallogische - Theorie. Die Denkpraxis verlief anders. Sie war von jeher zweigleisig. Epos und Erzählung belegen das seit Jahrtausenden.

Die beliebten «Gänsefüßchen», die den Beginn und Schluß einer direkten Rede bezeichnen, sind ja immer auch logische Marksteine: Das Denken der geschilderten Person, das zwischen ihnen zum Ausdruck kommt, ist inhaltlich ein und dasselbe wie das berichtende des Dichters! Hier also herrscht nicht zwar ausdrücklich, aber faktisch die amphilogische Identität. Vorher und nachher dagegen, im einheitlichen «Gang der Handlung», verfährt das Denken wieder begrifflich. Nun spricht denn auch statt irgendeiner der geschilderten Personen, die sich darin ablösen, immer wieder derselbe Erzähler, das heißt nun ist es immer wieder die Identität des Bewußtseins, die sich zur Identität von Gedanke und Gegenstand erneut gewissermaßen querlegt. Erst beides miteinander ergibt die Einheit der Handlung, wobei das begriffliche Denken die Einheit und das amphilogisch identische die Handlung vorantreibt. Das letztere hat damit hier schon den Vorrang, auch wenn es als solches gar nicht erfaßt ist: Es entblößt den Nerv des Geschehens, den Widerstreit der Motive, worüber das begriffliche Denken anschließend immer nur reflektiert. Auf diese Zutat kann deshalb die Lyrik und in anderer Form auch das Schauspiel verzichten, wogegen es einen Verzicht in dem umgekehrten Sinne nicht gibt.

Denn die direkte Rede läßt sich allerdings grammatisch durch minder starke Wiedergaben der amphilogischen Identität ersetzen; im

Grenzfall muß der Leser die thematischen Hintergründe aus der stummen Handlung erraten. Dennoch bleibt das Verhältnis selbst in solchem Fall logisch ein identisches, und eine weitergehende Ausscheidung mit dem Ergebnis echter begrifflicher Eingleisigkeit ist nicht möglich, weil Motive in einer Handlung wohl unerwähnt zu bleiben, aber nicht wirklich zu fehlen vermögen. In Anlehnung an einen Ausspruch Kants möchte man daher sagen: Amphilogische Identität ohne begriffliche Umkleidung bleibt nur nackt, nur unkommentiert; Begrifflichkeit ohne Amphilog hingegen bleibt leer, bleibt Einrahmung ohne Inhalt.

Das Zusammenspiel beider Logiken ist, wie man sieht, der natürliche Vorgang. Das Bewußtsein operiert zweigleisig, ob es darum weiß oder nicht. Nur im Bann der gewaltigen materialistischen Suggestion, im Zeichen der allein apperzipierten Ersten Setzung, konnte das Abendland diese blanke Evidenz übersehen, um die Logik überhaupt als Begriffslogik zu definieren. Und die letztere also bleibt anderseits auch im Zeichen der Zweiten Setzung erhalten; die bisherige Eingleisigkeit schlägt nicht um in eine diametrale. Die prästabilierte Harmonie zwischen beiden Logiken, die faktisch von jeher gewaltet hat, wird nun vielmehr zur bewußten, theoretischen Richtschnur.

Und die Logik der Ersten Setzung behält sogar insofern den Vorrang, als sie es ist, die um beide Logiken jene theoretische Klammer legt. Auch den Verzicht auf ihren bisherigen Absolutheitsanspruch besorgt sie, wie man gesehen hat, selbst. Während sie aus einer Dinglogik im vollen ontologischen Sinne zur bloßen Phänomenlogik absinkt und gerade weil dies geschieht, weil sie selbst sich dies Schicksal antut, kommt sie als reine Begriffslogik, wie von einem Ballast befreit, neu in Vorteil. Wie in einem Akt der Selbstüberwindung begründet sie schließlich ihr Gegenteil, begrenzt sie sich zur Bewußtseinslogik relativ auf die wahre Gegenstandslogik und zur Logik zeitlosen Geltens relativ auf die Logik der Zeitigung.

6. Endogenes und exogenes Ganzes: «Wesen» und «Gerät» (Zweite Aussortierung).

Wir blicken in eine gewesene Welt. Das Ganze der Ersten Setzung, etwa der dem Gedanken als Ding entgegengesetzte Tisch, büßt seine Realität im Zuge der Zweiten Setzung ja ebenso ein wie die Menge, wenn seine Räumlichkeit auch nicht einfach als Schein durchschaut wird, sondern sich als Erscheinung, als die aristotelische Form, auf die erscheinende wahre Einheit, die objektive Setzung, bezieht.

Es gibt eben nicht etwa nur keine Mengen, sondern überhaupt keine räumlichen Dinge. Der wahre Gegenstand, das Ganze im Zeichen der Zweiten Setzung, ist stets Gedanke nach dem Inhalt und Denken nach der Substanz; seine einzige Dimension ist die Zeit oder vielmehr, wie schon genauer gesagt, die Zeitigung: die finale Verbindung zwischen dem realen logischen Ursprung und dessen räumlichem Ziel und Ende. Wie wir die Sterne stets nur in einem Zustand wahrnehmen können, dessen Vergangenheit der Laufzeit ihres von uns empfangenen Lichtes entspricht, so vermögen wir uns die wahre gegenständliche Einheit, die finale Zeitgestalt, stets nur nachträglich, über ihre Erscheinung als ihr Gewordensein, ihr Ende im Raum, zu vermitteln. Geht es um gegenwärtig Reales, so ist der Befund beim Ganzen mithin ebenso negativ wie bei der Menge.

Das gilt auf radikale Weise nun freilich doch bloß bei jenen Ganzen, deren Zeitigung passiv stattfand und die also, was dasselbe besagt, einen exogenen Ursprung besitzen. So verhält es sich beim Tisch aus der Hand des Tischlers und überhaupt bei jedem Artefakt, jedem Gebild von Menschenhand, aber desgleichen zum Beispiel auch bei Vogelnest und Ameisenhügel. Die finale Absicht und Leistung geht in allen solchen Fällen nicht vom problematischen Ganzen selbst aus, das folglich nicht «wächst», sondern nur «gemacht wird», wie schon unsere Umgangssprache es säuberlich zu unterscheiden weiß. Und es leuchtet ohne weiteres ein, daß dies exogene Ganze jeweils auf ein endogenes als auf seinen realen Ursprung zurückgeht. Das Gemachtsein des Nestes verweist auf den Vogel wie das des Tisches auf den Tischler. Und wir begegnen damit nochmals, wie schon bei Menge und Ganzem, einem kontradiktorischen Gegensatz. Jeder finale Ursprung kann sich nur entweder in der durch ihn gezeitigten Räumlichkeit oder aber nicht in ihr, sondern jenseits, befinden. Bei unveränderter Hinsicht, gewahrter Identität, kann uns niemals beides zugleich oder nichts von beidem begegnen.

Wie also die Dinge streng alternierend in Mengen und Ganze zerfallen, so wiederum die Ganzen in exogene und endogene. Tischler und Vogel sind Lebewesen; unabhängig vom spezialontologischen Einzelvorkommen bezeichnen wir daher im folgenden das endogene Ganze als «Wesen» und das exogene als dessen «Gerät». Das ist nicht biologisch verengt zu verstehen; der Ausdruck «Wesen» meint nur und schlechterdings allgemein, daß die Zeitigung allein im endogenen Ganzen, nicht auch im exogenen, anwesend ist oder vielmehr, richtiger ausgedrückt, aktiv anwest. Zu den so verstandenen Wesen gehört im Umkreis um Mensch und Vogel mithin jedes Ganze, das nicht gemacht ist, auch wenn es fachwissenschaftlich statt in die Biologie in andere Disziplinen von der Geschichte bis zur Physik und Astronomie fällt, worauf noch einzugehen sein wird.

Das Wesen im definierten Verstande, das endogene Ganze, besitzt, wie mit dem allen schon gesagt, den kosmologischen Primat. Das folgt aus seinem Begriff: Es ist unmittelbar gezeitigt, während das exogene Ganze jeweils von einem endogenen hinsichtlich seiner Zeitigung abhängt. «Möglich» im Sinne Wolffs ist eine nur aus Wesen, endogenen Ganzen, gebildete Welt, nicht indes auch eine nur aus Geräten, exogenen Ganzen, bestehende, denn widerspruchsfrei vollziehen läßt sich von beiden Annahmen allein die erste.

Das Ranggefälle wird vollends deutlich, wenn man die Zeitstrukturen vergleicht. Der für das exogene Ganze paradigmatische Tisch west nicht nur nicht selbst, sondern es west seit seiner Vollendung, wie bereits gestreift, hier überhaupt kein Selbst, auch kein transzendentes, mehr. Der Tisch steht so gesehen mit dem verendeten Wesen, dem Leichnam, auf gleicher Stufe, wogegen dem lebendigen Wesen der unvollendete, in der Werkstatt des Tischlers erst werdende Tisch insofern entspricht.

Doch ist auch das Werden als solches noch in beiden Fällen ein anderes. Die Bretter, aus denen der Tisch entsteht, streben ja nicht ihrerseits nach diesem Ziel. Sie erleiden die Fertigung nur. Der Tischler ist kein Magier, der ihnen unmittelbar seinen Willen einzuflößen vermöchte, so daß sie sich plötzlich von sich her, aus freien Stücken, zum Tisch zu verwandeln begännen. Zwischen diesem räumlichen Ende und dem logischen Ursprung liegt vielmehr eine Zeit, deren im ganzen finale Struktur im einzelnen zum Teil, sozusagen in ihrer zweiten Hälfte, mechanisch kausal strukturiert ist. Noch die Hände des Tischlers gehorchen unmittelbar seinem Willen. Fortan jedoch herrscht sture Gewalt. Die Bretter wie auch das Werkzeug «gehorchen» nicht einmal mehr im eigentlichen Verstande des Wortes. Sie wirken nicht dienend mit wie Kärrner am Bau des Königs, sondern sind bloße, passive Objekte, deren fremddienliche Benutzung nur deshalb nicht einen Willen zerbricht, weil es einen solchen hier gar nicht gibt.

Besteht der Tisch aus Eichenholz, so repräsentiert seine Feinstruktur statt seines Wesens, das es nie gab, nach wie vor jenes der Eiche. Und das ist dann sogar noch insofern günstig, als gerade dieser sichtlich heteronome Ursprung der Teile immerhin generell das Gemachtsein und damit die Ganzheit verrät. Auch daran nämlich könnte es mangeln. Setzen wir einmal den Fall, der Tisch bestehe nicht aus Holz, sondern aus Stein und zwar aus demselben Gestein wie unser seit dem 2. Abschnitt für die Menge paradigmatischer Feldstein. Und nehmen wir zusätzlich an, dieser Feldstein habe auf Grund eines wunderlichen, aber nicht einmal allzu unwahrscheinlichen Zufalls dieselbe äußere Form wie der Tisch: Wie dieser trägt auch er auf ungefügem Sockel eine einigermaßen runde, dem Anschein nach roh behauene Platte. Daß er gleichwohl gar kein «richtiger» Tisch ist, sondern «nur so aussieht», liegt lediglich an dem Fehlen eines entsprechenden finalen Ursprungs, also an Unsichtbar-Zeitlichem und obendrein Vergangenem. Dennoch ist schon das naive Bewußtsein an diesem Punkte merkwürdig genau; wo sich in einer bizarren Gebirgslandschaft ein derartiger «Tisch» findet, da wird er auch stets in seiner Seltsamkeit gewürdigt, da weckt er die Märchenstimmung des Volkes und wird er mit Recht um so mehr bewundert, je w e n i g e r er von der an sich uninteressanten Normalform eines Tisches abweicht: die spukhafte Wirkung beruht gerade darauf, daß hier k e i n e Geistererscheinung vorliegt!

Unter Umständen mag die Ähnlichkeit aber sogar dermaßen groß sein, daß sich schlechterdings nicht mehr klären läßt, ob hier denn überhaupt ein täuschender Anschein vorliegt oder ob man es nicht vielleicht doch mit einem «richtigen» Tisch zu tun hat. Es ist das Dilemma des Prähistorikers vor der problematischen Schlagmarke, durch deren sicheren Nachweis er das werkzeugähnliche Fundstück erst aus der naturwissenschaftlichen Kategorialität in die eigene hinüberzöge. So könnte es auch durchaus einmal sein, daß sich der «richtige» steinerne Tisch und der täuschend tischartig wirkende Feldstein irgendwo nebeneinander den prüfenden Blicken darbieten und doch die gründlichste Untersuchung ihren Unterschied nicht zu ermitteln weiß, und dies aus einem höchst einfachen Grunde: weil es zwischen beiden hinsichtlich dessen, was ist, in der Räumlichkeit, eben wirklich gar keinen Unterschied gibt! Der Tisch ist eben nicht einmal im eigentlichen Sinne tot; er ist nicht einmal eine Mumie, die mit ihrer noch so genauen Nachbildung im Panoptikum ja bei etwas strengerer Prüfung niemals verwechselt werden könnte.

Daß das exogene Ganze, das Gerät, nur gemacht wird, nicht wächst, engt aber auch noch jene Zeitstruktur, die im unfertigen Zustand ihm ja immerhin eignet, auf entscheidende Weise ein: Die Zeitigung selbst hat in diesem Falle nichts als ihr eigenes Ende zum Ziel! Nicht nur der Ursprung und damit das Werden als zeitlicher Vorgang, sondern auch noch dessen Sinn ist in diesem Fall exogen, dem Gefertigten fremddienlich auferlegt.

Anders beim Wesen, beim endogenen Ganzen. Das Gegenstück des Gemachtseins, das Wachsen, stellt nicht die ganze Zeitigung dar. Ist das Wesen erwachsen und ausgewachsen, hat also seine Verräumlichung ihr optimales Ausmaß erreicht, so ist es deshalb nicht schon zu Ende, sondern macht es erst seinem Namen Ehre. Denn es west nun weiter; seine wesende Zeitgestalt gelangt nun aus dem Stande des Wachsens in den eines stetigen Währens und war auf diesen Phasenwechsel bereits vom Ursprung her angelegt. Wir sagen dafür, daß es weiter lebt; und «leben» ist urverwandt mit «bleiben»; die Aussage meint also zutreffend,daß die wesende Zeitgestalt, der wahre Gegenstand, trotz des Fertiggewordenseins bleibt.

Und es ist dieselbe Zeitgestalt, welche erst wächst und nun währt und im Wachsen schon auf das Währen zielte; nur deshalb ist es vertretbar, daß wir den Ausdruck «Wesen» stringent, für die wesende Zeitgestalt, wie doch auch weiter im üblichen Sinne, für die gezeitigte Räumlichkeit, zu verwenden wagen. Auch das räumliche Lebewesen der naiven Entgegensetzung ist eben doch nicht einfach ein Ding wie der Stein oder auch der Tisch. Es besitzt vielmehr einen «Leib», das heißt seine Räumlichkeit und sein eigentliches, zeitliches Wesen sind, solange es lebt, in direkter Beziehung: Zwischen beiden besteht Kongruenz.

Geht es um gegenwärtig Reales, so ist gleichwohl der Befund auch beim endogenen Ganzen, dem Wesen, im Prinzip negativ. Der Tischler, den wir bei der Arbeit erblicken, scheint uns damit seine gute Gesundheit hinreichend unter Beweis zu stellen. Und doch könnte es immerhin sein, daß ihn gerade eben jetzt, gerade in diesem Augenblick, aus irgendeinem Grunde bereits ein jäher Tod ereilt hat, so daß der lebensvolle Anschein die Gegenwart des Lebens nur vortäuscht. Diese Möglichkeit ist sehr unwahrscheinlich und vor allem auch deshalb noch unerheblich, weil die Täuschung nicht lange vorhielte; höchstens für wenige Augenblicke könnte in der angenommenen Lage die Erscheinung lebendigen Werdens dessen Anwesenheit überdauern.

Grundsätzlich aber vermag man sich, wie das Beispiel an einem Grenzfall verdeutlicht, die wahre gegenständliche Einheit, die wesende Zeitgestalt, auch hier trotz der Kongruenz nur nachträglich, als an diesem Teil schon beendetes Werden, über ihre Erscheinung als ihr Gewordensein, ihr Ende im Raum, zu vermitteln. Nur ist die Differenz zwischen Raum und Zeit, Oberfläche und Tiefe, beim Wesen ähnlich negligierbar wie, um nochmals auf dies Beispiel zu kommen, die Verspätung wegen der Laufzeit des Lichtes bei Sonne, Mond und Planeten, in der astronomisch «nächsten» Umgebung. Und die methodische Hauptsache vollends, die amphilogische Identität, wird durch die winzige Differenz nicht etwa nur in geringem Maße, sondern überhaupt nicht beeinträchtigt. Nicht, streng genommen, dem Wesen in seiner Gegenwart und dennoch dem gegenwärtigen Wesen darf man mithin zu begegnen gewiß sein.

Weil das endogene Ganze, das Wesen, den kosmologischen Primat besitzt, weil also auch der Tisch, ohne selbst zu wesen oder gewest zu haben, dennoch auf ein Wesen, allerdings auf das des Tischlers, zurückgeht, gibt es für eine vertiefte intentionale Visiereinstellung, im Blick statt auf die Geistererscheinung nur noch auf den Geist, der erscheint, lediglich ein Gegenstandsmodell: eben das zeitlich-finale Wesen. Denn es liegt als realer Ursprung dem exogenen Ganzen wie dem endogenen zu Grunde; die Unterscheidung zwischen beiden ist letztlich ja nur eine optische: sie ist von den Erscheinungen, von den räumlichen Schauseiten her konzipiert. Trotzdem hat man auch damit bereits eine Zweite Aussortierung, nach jener der Menge, vollzogen. Immerhin leidet nämlich das exogene Ganze unter der vertieften Visiereinstellung ungleich drastischer als das endogene. Es ist ohnehin als fertiges so irreal wie die Menge. Aber auch seine Fertigung ist nicht die Bekundung eigenen Wesens. Der Tisch ist im Zeichen der Zweiten Setzung nichts anderes als ein am weitesten, über den Leib hinaus, in den Raum, den Tod, vorgetriebenes Außenwerk menschlichen Wesens, sozusagen ein extrakutanes Glied.

Die weitere Untersuchung gilt mithin vor allem dem Gegenstandsmodell, das die Aussortierungen überstand: dem Wesen in beiderlei Hinsicht, der vordergründigen wie der vertieften. Sie gilt, mit anderen Worten, dem Schicksal: dem Gesetzlichen, Notwendigen nämlich hinter den Zufälligkeiten des Werdens. Denn eben dies bedeutet die integre Gegenwart einer wesenden Zeitgestalt: Das Wesen in beiderlei Hinsicht, das endogene Ganze, ist auch zeitlich, nicht bloß räumlich, gestaltet! Ein erster Schritt zu der Optik, die sich daraus ergibt, wurde schon getan; mit der Erkenntnis des Phasenwechsels, des notwendigen Übertritts vom Wachsen zum Währen, wurde ein Teil des Schicksalsbogens bereits gesichtet. Für dessen volle Rundung fehlt jedoch, neben anderem, insbesondere noch das Schlußstück, das Ende.

Jede Gestalt ist notwendig begrenzt. Das endogene Ganze, das Wesen, als ein auch zeitlich, nicht bloß räumlich, gestaltetes ist mithin eo ipso auch zeitlich, nicht bloß räumlich, begrenzt. Statt wie Menge und exogenes Ganzes – gleich einem Holze im Fluß – in der Zeit nur blindlings zu treiben, empfängt es von ihr seine Physiognomie und also auch, wie gesagt, seine Grenze.

Dennoch ist die Zeit, hier wie stets, als solche lediglich die Dimension. Der Grund der Zeitstruktur kann mithin nicht selbst ein zeitlicher sein. Er ist im Logischen zu suchen. Und zwar wird man beim Gedanken als dem Inhalt statt beim Denken als der Substanz, beim Bestimmten nämlich statt beim Unbestimmten, zu diesem Zweck ansetzen müssen.

II. Das weltschöpferische Nein

1. Position und Negation thematisch und unthematisch.
«Tauben» und «Falken». Die Gegnerschaft zwischen Dafür und Dagegen.

Der Gedanke ist immer bestimmt. Das heißt er bedeutet nie alles, sondern hat stets eine Grenze und bedeutet nicht, was außerhalb liegt. Alles Denken ist daher Bestimmen und eo ipso Verneinen.

Das war bis zu einem gewissen Grade auch der Tradition von jeher bekannt. Wenn etwa Aristoteles vom *horismos* sprach, was man später mit *determinatio* und schließlich mit «Definition» wiedergab, so ist schon durch diese Ausdrücke, die ja sämtlich «Abgrenzung» bedeuten, von der Sprache her eingeräumt, daß auch hier das Bestimmen des Gegenstandes, obzwar nicht als dessen Setzung, sondern lediglich als Begreifen verstanden, dennoch wesentlich auf Verneinung beruht.

Daran dachte Spinoza (mindestens unter anderem), wenn er lapidar erklärte, es sei *omnis determinatio negatio.* Genau so richtig aber, wohlgemerkt, bleibt trotzdem auch das Gegenteil: Das Denken ist als Bestimmen, als *determinatio,* zunächst einmal eine *positio,* eine Setzung, im selbstverständlichen Doppelsinn von Hervorbringung und Bejahung. Denn es gibt kein Setzen, kein logisches Wirken in welcher Richtung auch immer, das damit nicht auch schon unabtrennbar sich selber und sein Ziel bejahte. Gerade erst von hier aus ist dann das Denken stets auch Verneinung. Die Grenze wäre nicht ohne den Inhalt.

Genau genommen hätte Spinoza allerdings nur erklären dürfen, alles Bestimmen sei ein unthematisches Verneinen. Und ebenso steht es um jenes Bejahen, an welchem wir im Blick auf *positio* dieselbe Allgemeinheit bemerken. Im thematischen Rahmen nämlich gibt es stets nur das Entweder-Oder. Andernfalls kollidierte man ja mit dem Satz vom verbotenen Widerspruch: A ist nicht Nicht-A! Dasselbe kann in derselben Hinsicht unmöglich zugleich sein und nicht sein, wie Aristoteles es formulierte. Das bedeutet im eigentlich logischen Sinne, daß sich das Denken jeweils nur für eins von beidem, das Ja oder das Nein, zu entscheiden vermag. Die ambivalente Beziehung liegt also offenbar davor: Sie hat mit jener Entscheidung des Denkens, seiner thematischen Ausrichtung, noch nichts zu schaffen.

Entscheiden sich in einem Reichstag angesichts einer Provokation, die mit diplomatischen Mitteln nicht mehr ehrenhaft auffangbar wäre, die «Falken» gegen den schmählichen Frieden und die «Tauben» trotz allem für ihn, so ist das thematisch ein Entweder-Oder: Position hie und Negation da! Die Fronten haben sich klar geschieden und es gibt keine Übergänge. Und doch ist die Sprache im Recht, wenn sie beide Haltungen, auch die der «Falken», als «Positionen» bezeichnet. Auch das harte Nein läßt sich ja, wie bereits anklang, nur verfechten, wenn man es eo ipso bejaht. Das heißt genauer ausgedrückt: Auch die thematische Negation stellt stets eine unthematische Position dar. Zugleich aber wird von wiederum beiden derartigen Positionen her die entgegengesetzte verneint. Nicht allein die Gegner des Friedens, sondern ebenso dessen Fürsprecher, die «Tauben», fungieren insofern als Gegner. Man weiß es aus der Geschichte und es liegt geradezu etwas Typisches darin, daß der weiche, friedliche Standpunkt von seinen Exponenten oft mit eher noch größerer Härte als der harte verteidigt wird. Und jedenfalls also stellt, um es wiederum genau auszudrücken, auch die thematische Position stets eine unthematische Negation dar.

Obendrein aber herrscht selbstverständlich jeweils auch noch das analoge Verhältnis. Bedeutet ein Gedanke thematisch bereits eine Position, so liegt darin für ihn noch kein Hinderungsgrund, auch noch im unthematischen Rahmen eine Position darzustellen statt hier etwa nur eine Negation, so wie anderseits die thematische Negation natürlich auch noch unthematisch nicht etwa bloß eine Position, sondern zugleich sozusagen nochmals eine Negation ist. Allgemein also hat man vom Denken zu sagen: Es ist immer thematisch in Bejahung und Verneinung geschieden, jedoch unthematisch beidemal beides. Beidemal herrscht, mit anderen Worten, dem unthematischen Grundbestand gegenüber zwar erstens ein konträres Verhältnis, aber zweitens doch eben auch, wie wir es schon nannten, ein analoges. Neben der Verquerung von Position und Negation steht immer auch wenngleich minder deutlich, nämlich vom Thematischen überstrahlt, ihre Gleichheit.

Mit den thematischen Überblendungseffekten hängt es zusammen, daß wir gemeinhin die unthematische Logizität kaum bemerken oder allenfalls am konträren, nicht aber am analogen Ende. Wohl nur im Witzblatt kommt es dazu, daß aufgeregte Abgeordnete allzu eifrig versichern: «Wir sind dafür, dagegen zu sein!» Das soll komisch klingen und mag auch so wirken, ist aber in Wahrheit, wie wir jetzt wissen, lediglich zu genau. Denn selbstverständlich, um es zu wiederholen, vermag man nicht zu verneinen, ohne damit nicht auch schon dies Nein zu bejahen. Nur bedarf dieser Umstand, eben weil er sich von selbst versteht, eigentlich keiner Erwähnung. Immerhin hat man ihn damit bemerkt.

Anders steht es um das Pendant: «Wir sind dafür, dafür zu sein!» Auch damit hat sich die Sprache nicht etwa tautologisch verhaspelt, sondern sich wieder nur allzu eigen jener Selbstverständlichkeit angenommen. Die zusätzliche Ungeschicktheit beruht auf dem Überblendungseffekt, an welchem es allerdings auch liegt, daß diese Stilblüte im Unterschied zu der ersteren kaum im Ernst vorkommt. Das analoge Verhältnis kann mit dem konträren in der Deutlichkeit nicht konkurrieren.

Für die unthematische Negation liegt die Chance, bemerkt zu werden, daher in der Hauptsache bei der thematischen Position. Jene Abgeordneten, die dafür sind, dagegen zu sein, könnten stattdessen auch sagen: «Wir sind dagegen, dafür zu sein!» Sofern, wie hier immer dem Beispiel zuliebe vorausgesetzt wird, allein das schroffe Für und Wider, die Kontradiktion, zur Entscheidung ansteht, ist diese neue Formulierung trotz und wegen der doppelten Schwenkung mit der alten dem Sinn nach identisch. Eigentümlicherweise aber wird man sie dennoch kaum als komisch empfinden. Sie besitzt ja eine gediegene Pointe: Die Abgeordneten negieren nicht nichts, sondern etwas auch für ihr eigenes Wissen an sich Positives, das Ja zur strittigen Entschließung. Und säuberlich getrennt ist dieser Position der Nachsatz, ihrer Negation hingegen der Vordersatz zugewiesen.

Genau so gut könnten nun also auch jene, die dafür sind, dafür zu sein, stattdessen sagen: «Wir sind dagegen, dagegen zu sein!» Auf Grund unserer Voraussetzung, des Fehlens vermittelnder Möglichkeiten, bleibt der Inhalt auch hier derselbe. Nur geht eben in diesem Fall aus einem analogen Verhältnis mittelst der doppelten Schwenkung ein wieder nur analoges hervor; und von der ursprünglichen Sprachfassung her möchte man somit zunächst erwarten, daß deren klägliches Schicksal, nicht einmal eigentlich komisch, sondern einfach nur albern und unwahrscheinlich zu wirken, sich jetzt lediglich wiederholte. Unvermuteterweise aber zeigt sich stattdessen jetzt auch hier ein Gewinn. Relativ auf die Gegner des Antrages sind ja, wie bereits festgestellt, auch dessen Befürworter G e g n e r. Und es ist deutlich allein diese unthematische Gegnerschaft, auf welche der Vordersatz der gewendeten Formulierung abzielt, während der Nachsatz genau so deutlich allein die t h e - m a t i s c h e Gegnerschaft meint.

Eingewendet könnte hier werden, daß bei der ursprünglichen Formulierung, man sei dafür, dafür zu sein, bereits dasselbe Verhältnis bestehe; auch hier liege keine Tautologie vor, sondern ziele in klarer Trennung das erste «dafür» auf die unthematische und das zweite auf die thematische Position! Ja, gewiß. Die Verschiedenheit beruht jedoch darauf, daß es für die Betonung der unthematischen Position schlechterdings keinen Grund gibt. Und dies nicht etwa bloß deshalb, weil sie auf jeden Fall vorliegt und sich also von selbst versteht; auch die unthematische Negation ist ja dergestalt selbstverständlich und nimmt sich dennoch ganz anders aus. Entscheidend ist vielmehr, daß die unthematische Position n i c h t s b e w i r k t. Sie spricht zum Ja nur nochmals ein Ja. Das kann genau so gut unterbleiben, ohne daß sich deshalb etwas ändert. Befürwortet man eine Entscheidung, so hat man eben auch den Umstand, daß man f ü r die Befürwortung eintritt, dadurch schon eindeutig kundgetan. Er bedarf also keiner Betonung. Seine Abhebung vom Thematischen mag für die Theorie gerade deshalb besonders aufschlußreich werden; für die Praxis des Denkens aber und zwar auch für die exakte ist sie ebenso unnötig wie für Athen die Einfuhr von Eulen.

Die unthematische Negation läßt sich nicht derartig beiseiteschieben, denn sie ist ausgesprochen a k t i v. Sie schneidet in den Gesamtsinn auf allermächtigste Weise, durch Verkehrung in das Gegenteil, ein. Und sie tut das, wohlgemerkt, auch beim analogen Verhältnis, dessen tautologischer Aufbau jenen «nichtssagenden» Charakter, den man erwartet, hier also plötzlich aufs gründlichste einbüßt. Ist jemand gegen eine Entscheidung, so soll das bekanntlich nicht etwa auch heißen, daß er gegen dies Dagegensein wäre! Es liegt im Wesen der Negation, in ihrem sozusagen unausrottbar störrischen Sinn, daß sich bei ihr sogar das formal analoge Verhältnis, das nachgeschirrte Zweigespann, in seiner Wirkung konträr ausnimmt.

2. Konsequenzen des Sprachgefühls. «Ja! Ich weiß, woher ich stamme!»

Wie bereits dem Verhältnis der Logiken, so auch dem um die Bestimmtheit kommt die Sprache weitgehend nach. Die unthematische Position ist deutlich in der schwächeren Stellung. Wird sie überhaupt eigens erwähnt, dann entweder nur als Stilblüte, wie bereits betrachtet, oder aber mit heimlich konträrem Einschlag.

Letzteres etwa bei Nietzsche im «Ecce homo», in seinem berühmten Bekenntnis:

> «Ja! ich weiß, woher ich stamme!
> Ungesättigt gleich der Flamme
> glühe und verzehr' ich mich.
> Licht wird alles, was ich fasse,
> Kohle alles, was ich lasse:
> Flamme bin ich sicherlich!»

Wenn wir es einmal über uns bringen, der Verzauberung zu widerstehen, die von diesem Gedichte ausgeht, um seinen Inhalt stattdessen einer nüchternen Strukturanalyse zu unterziehen, so kommt es zunächst zu einer Enttäuschung: Das «Ja!» am Anfang ist überflüssig. Es besitzt keinen gesonderten Inhalt, sondern versichert uns nur im voraus der Wahrheit jener Versicherung, die darauf folgt und nun erst kundtut, worum es sich handelt. Das ist die unnütze Redseligkeit einer unthematischen Position im Weichbild einer thematischen, also die ungeschicktere Form eines analogen Verhältnisses.

Und man wende nicht ein, daß wir jenem einzigen kleinen Wörtchen durch unsere Kritik eine allzu große Ehre erwiesen; ersetzen wir das Ja durch das nicht minder knappe Nein, so würde der Text dadurch zwar verunklart, doch erwiese sich gerade daran der neu hinzugekommene Sinn, der Protest nämlich gegen eine Bestreitung, welche vorausgegangen oder als möglich empfunden sein könnte, ohne daß der Wortlaut dies, um verstanden zu werden, entscheiden müßte. Die Negation als logische Leistung kommt eben durch den knappen Hinweis genau so vollgültig zum Ausdruck wie durch einen ausgewachsenen Satz. Nicht anders steht es um die Bejahung. Die qualitative Verschiedenheit des sprachlich wie logisch Gleichförmigen zeigt sich erst in deren Wirkungen.

Schon richtiger ist es daher, wenn man gerade umgekehrt darauf hinweist, daß eben doch auch das «Ja!» des Textes einen ähnlich eigenen Sinn besitzt, und zwar den der Bekräftigung. Es ist gegenüber der einfachen *affirmatio,* der unmittelbaren Versicherung, die besiegelnde *confirmatio,* wie sie etwa als Firmelung auf die Taufe folgt, als Nacheid auf die Aussage oder sprichwörtlich als «Amen in der Kirche» auf das gemeinsame Bekenntnis. Diese Beispiele zeigen freilich auch schon, daß die Bekräftigung ihren Ort, weil sie sonst keine Steigerung wäre, an sich nach der schlichten Versicherung hat; und dort, am Ende des Gedichtes, findet man sie durch das «sicherlich!» denn auch schon hinreichend ausgedrückt. Eigentlich also ist hier im Vergleich mit unserm Mustersatz, man sei dafür, dafür zu sein, noch Unschicklicheres geschehen: Ein pleonastisches Dreigespann hat das Zweigespann überboten! Und doch ist an dem Gedicht nichts Monströses; die unthematischen Positionen erfüllen ohne Nebenklang ihren bekräftigenden Zweck.

Das ist allein vom Ästhetischen her nicht erklärbar; auch in der edelsten Sprache bliebe ein thematisches Ja, das erst vorn und dann nochmals hinten unthematisch bejaht wird, stilistisch wie logisch ein Ärgernis. Aber so verhält es sich offenbar gar nicht oder doch nur für eine äußerliche, rein formalistische Betrachtung. Geht man dem Zusammenhang auf den Grund, so wird nämlich ein rigoroses N e i n von unthematischem Ja umrahmt. Und nur der Form nach also ist das Verhältnis analog, der Sache nach ist es konträr. Das Bekenntnis gilt der verzehrenden Flamme! Die «Position» des Bekenners ist somit, sublimierter und zugleich schroffer als bei irgendwelchen politischen «Falken», eine thematische Negation, gerichtet letztlich wie bei Novalis gegen das ganze verkehrte Wesen.

Weil nur das konträre Verhältnis zu einer ernsthaften Wirkung führt, gibt es für unser Bewußtsein oftmals auch den Umkehrschluß von einem ernstgemeinten Ausspruch auf ein konträres Verhältnis, das als solches gar nicht zum Ausdruck kommt. Das geschieht besonders gern bei der unthematischen Position, denn hier m u ß das thematische Folgeglied, wenn der Bedingung genügt sein soll, eine Negation sein; hier also ist das Sprachgefühl seiner Sache sicher. So etwa bei Cäsars *«Iacta est alea»* oder Ulrich von Huttens «Ich hab's gewagt». Beide Male handelt es sich um selbständig gewordene unthematische Positionen, die nur deshalb und insofern den Inhalt präokkupieren, als sie, wenn eine thematische P o s i t i o n ihnen folgte, der Lächerlichkeit verfielen. Da dem aber offenbar nicht so sein soll, kann sich der Leser auch ohne ausdrückliche Belehrung das Weitere ungefähr denken. Der Vorgang ist aufschlußreich, weil er erkennen läßt, in welchem erstaunlichen Umfang das Sprachgefühl, obwohl es ihm an einschlägiger theoretischer Hilfe bislang durchaus fehlte, mit der unthematisch-thematischen Anschirrung nebst deren Vorzügen wie auch Tücken vertraut ist.

Die elementarste Wirkung geht aber doch von der unthematischen Negation aus. Hier kommt es ja auf jeden Fall, unabhängig vom Inhalt, zu einem konträren Verhältnis. Dergleichen begegnet einem, wenn man erst einmal den Blick dafür hat, gewissermaßen auf Schritt und Tritt, obzwar zumeist nur dramatisch knapp, als Akzent auf gespannten Lagen. Da wird etwa das schlichte «Mut!» zum beschwörerischen «Nur Mut!» und das allzu lakonische «So!» zum gebieterischen «So und nicht anders!». Der Zuspruch oder Befehl bleibt an sich unverändert, wenn er außer seinem eigentlichen Inhalt auch die Abkehr von dessen Gegenteil noch andeutungsweise kundtut. Trotzdem wird derlei gemeinhin, anders als bei der unthematischen Position, keineswegs als Ungeschicktheit empfunden; um das «Die oder keine!» des Liebenden und das «Nix wie druff!» der todesmutigen Infanterie herrscht voller Ernst. Überall, wo eine Entscheidung nicht ganz im Alltäglichen steckenbleibt, wird ihre Kehrseite dem Bewußtsein auf eine ähnliche Weise wichtig wie dem Konquistador die Flotte, wenn er sie nach seiner Landung verbrannt hat.

3. Das Bestimmen vor der Bestimmtheit. «Im Ja und Nein bestehen alle Dinge!»

Alle in diesem Kapitel bisher verwendeten Beispiele stammen aus jenem Nahbereich, in welchem der Gedanke von jeher wissentlich den Gedanken zum Gegenstand hat, womit sich zwischen den Meinungsrelaten das Verhältnis der Identität ergibt. Ebenfalls von jeher war es hier also grundsätzlich bereits möglich, das Bezugsfeld zwischen thematischer und unthematischer Position und Negation zu erforschen. Wenn es trotzdem in dieser Hinsicht selbst für so ausgeprägt rationale Geister wie Aristoteles und Spinoza bei bloßen Ahnungen und unscharfen Anspielungen blieb, so bestätigt sich damit nur erneut, daß jedes Theorieprinzip auch der Sache nach kaum erblicken kann, was seiner inneren Form nicht gemäß ist. Und die traditionelle Logik ist nun einmal ihrer Struktur nach ganz und gar Denken von Nicht-Denken; sie ist, mit anderen Worten, angelegt auf einen Gegenstand, der mit dem Denken nur passiv zu tun hat. Das aber läuft für unsere Frage hinaus auf die Annahme von Bestimmtem, das ursächlich nicht auf Bestimmen zurückgeht. Im Banne der Ersten Setzung wirkt diese Auffassung nicht absurd, sondern überwältigend selbstverständlich. Der als materielles Ding vermeinte Normalgegenstand, etwa unser paradigmatischer Feldstein, gilt zwar stets als dieser bestimmte, aber trotzdem stets auch als gegeben: Er scheint «positiv» im Verstande von «wirklich», ohne daß ein logisches Wirken, eine positio als Setzung und eo ipso Bestimmung, kausal vorangegangen wäre.

Erst nachträglich, im Bewußtsein des Logikers und somit auch nur für dies Bewußtsein, kommt es schließlich doch noch zu einem Bestimmen, das aber auch jetzt den Gegenstand, der an sich schon dieser bestimmte sei, lediglich als einen solchen begreift. Hierdurch wird der entscheidende Irrtum mithin nicht beseitigt, sondern besiegelt. Der Gegenstand als solcher bleibt dabei ja der, der er ist, das heißt er bleibt «positiv» ohne *positio,* er sagt thematisch wie unthematisch zu seiner Welt weder Ja noch Nein. Und ihm, dem Ding der Ersten Setzung, ist dies wortwörtlich «nichts sagende» Verhalten ja auch in der Tat zwingend vorgeschrieben. Von einer grundverkehrten Prämisse her hat, mit anderen Worten, die aristotelische Logik recht, wenn sie ihrem Normalgegenstand, dem räumlichen Ding, die Fähigkeit eigenen Denkens, sei es positiv oder negativ, abspricht: Das Nichts, mit dem sie es hier dem Schein zuwider ausschließlich zu tun hat, reagiert in der fraglichen Hinsicht genau so wie das scheinbare materielle Sein! Es bleibt wie dieses passiv und stumm.

Daß die Bestimmung des Gegenstandes im Zeichen der Ersten Setzung seiner Bestimmtheit nicht, wie es sich gehört, ursächlich vorangeht, sondern erst im Denken des Logikers als ein bloßes Begreifen folgt, mußte hier, wie schon vorgemerkt, den Blick auf beide Bestimmungsformen, auch auf die positive, auf das Bestimmen überhaupt, entscheidend verstellen. Doch kam die Negation dabei auf eine sehr typische Weise noch schlechter weg als ihr Gegenteil: Sie zählte hier wirklich nur negativ. Gleich dem Aschenputtel des Märchens hatte sie die grobe Arbeit allein zu leisten, ohne auch am Ruhm beteiligt zu werden. Denn freilich, wie am Anfang des Kapitels bereits erwähnt, ist auch die *determinatio,* die «Abgrenzung» als begriffliche Sonderform des Bestimmens, zunächst und wesentlich eine *negatio,* sozusagen ein Herauspräparieren: Sie tut erst einmal weg, was der Gegenstand nicht ist und was daher nur eben für sie, die Begriffsbildung, mit hinzukommt. Der Gegenstand selbst bedarf dessen nicht, denn «positiv» im Verstande von «wirklich» ist er − dem Anschein nach − ohnedies schon.

Darin liegt, wie das sonst so törichte «positiv» immerhin unabsichtlich verrät, ein Bekenntnis zur logischen Ausgangslage: Während die positive Bestimmung wenigstens begrifflich-uneigentlich, als Affirmation, als versicherndes Urteil, zum Gegenstand vorstößt, kann die negative nicht einmal dies. Sie bringt nicht einmal das Begreifen zum

Abschluß, sondern führt am gemeinten Sein immer nur haarscharf vorbei in das Nichts. Allein die positive Bestimmung bleibt in der «Abgrenzung» übrig und hat hier sogar im begrifflichen Sinne nichts mehr mit der negativen zu schaffen! Deswegen vor dem *non* das *sic* bei Abälard und vor dem «distinkt» das «klar» bei Descartes. Gemeint ist beide Male nicht etwa ein zeitlicher, arbeitstechnisch kausaler Vorsprung, sondern gerade umgekehrt die rangmäßige Überlegenheit des am Ende erreichten Zieles gegenüber der bloßen Vorarbeit.

Im Zeichen der Zweiten Setzung bleibt vom vermeintlich Entgegengesetzten auf jeden Fall nur die Setzung übrig, die leere subjektive bei der Menge und die objektive, erfüllte beim Ganzen. Zusammen mit dem räumlichen Ding verschwindet hier also überhaupt die Erdenklichkeit eines Gegenstandes, der in der jeweils relevanten Hinsicht, subjektiv oder objektiv, nicht ursächlich auf Bestimmen zurückgeht, um trotzdem dieser bestimmte zu sein. Das gilt, wie damit ja schon gesagt, selbstverständlich auch bei allem subjektiven Setzen, um doch erst bei dem objektiven seinen eigentlichen Sinn zu entfalten. Im Zeichen der Zweiten Setzung geht ja jeder Gegenstand, und nicht etwa bloß dessen bewußtseinsimmanenter Begriff, auf Denken und also Bestimmen und also Position oder Negation ursächlich zurück.

Es liegt auf der Hand, daß sich dieser Wandel für das traditionelle Aschenputtel der Logik, die Negation, besonders positiv – in jedem Verstande des Wortes – auswirkt. Doch vollzieht sich nicht etwa ein Rollentausch. Daß die Position relativ zum Aufstieg der Negation ihren landläufigen Vorsprung einbüßt, läßt sie nicht etwa auch absolut auf entsprechende Weise in Nachteil geraten. An sich bedeutet der Wandel vielmehr für beide Grundformen des Bestimmens, wenn sich das für die positive auch weniger dramatisch auswirkt, einen entschiedenen Aufstieg zu wesentlich gleichem Range. Beide sind sie ja trotz gegensätzlicher Ladung im unthematischen Sinne beides. Beide also stehen einander als Negationen gegenüber und beide sind sie für sich Positionen.

Jakob Böhmes dunkles Wort gewinnt damit eine exakte Bedeutung: «Im Ja und Nein bestehen alle Dinge!» Es sind unübertrieben alle «Dinge», also nicht etwa bloß jene scheinbar dem Denken entgegengesetzten, die wir heute lediglich noch so bezeichnen, sondern gerade auch, wie der alte Meister es auf seine Weise sehr wohl erkannte, die eigentlichen Gegenstände, die Setzungen beider Meinungsrelate. Position und Negation erbauen miteinander, ohne die Logik zu verlassen, eben damit auch die reale Welt, die Gesamtwirklichkeit vom Atom bis zur Milchstraße und zum Menschen, und zwar überall ebenso sehr mit der unthematischen Tateinheit wie mit ihrem thematischen Gegensatz.

4. Die Umstülpung des Satzes vom ausgeschlossenen Dritten.

Jakob Böhmes Einsicht, daß im Ja und Nein alle Dinge bestehen, erinnert am wichtigsten Punkte an ein allbekanntes Axiom der Logik. Wir meinen das vom ausgeschlossenen Dritten, also in der klassischen Formel: X ist A oder X ist nicht A; es gibt nichts Drittes!

Alle «Dinge» bestehen auch hiernach durchweg aus dem Ja und dem Nein, jedenfalls soweit sie auf Denken beruhen. Darin liegt nun freilich ein Vorbehalt, der die Geltung des Satzes entscheidend einschränkt. Der Anteil des Denkens am Zustandekommen des Gegenstandes ist ja für die traditionelle Logik – jedenfalls in der einzig relevanten «formalen» Hinsicht – ein lediglich subjektiver, begrifflicher: der Gegenstand scheint an sich schon bestimmt, so daß sich Denken als Bestimmen, Bejahen und Verneinen, an ihm selbst nicht strukturierend auswirkt. Nur mithin auf die Struktur des Begreifens zielt der Satz in seiner üblichen Fassung. Soweit er damit dennoch auch über die Gegenständlichkeit selbst etwas aussagt, entspricht das nicht seinem klassischen Titel. Das Prädikat A kann dem Gegenstand X nur entweder zukommen oder fehlen; es gibt jeweils nur das Eine von beidem und also nichts Zweites. Durch die alternative Zweiheit des begriffslogisch Möglichen ist hinsichtlich des Wirklichen Eindeutigkeit involviert.

Dieser klassische Sinn des Axioms wird im Zeichen der Zweiten Setzung vernichtet. Das aber ereignet sich denn doch bemerkenswerterweise von einer Grundlage her, die in der klassischen Formel, wie am Anfang dieses Abschnitts zitiert, ebenfalls vorausgesetzt ist! Der Satz vom ausgeschlossenen Dritten, auch in seinem traditionellen Verstande, ist also nicht etwa plötzlich «falsch»; dergleichen kann bei Axiomen nicht sein; unmittelbar logisch Einsichtiges kann diese Funktion nicht plötzlich verlieren. Der Sinn eines Axioms kann sich gleichwohl radikal ändern, ja sich geradezu ins Gegenteil kehren, sofern sich nämlich wie jetzt beim Satz vom ausgeschlossenen Dritten herausstellt, daß eine spezifische Zusatzbedingung, hier die von Bestimmtem jenseits des Bestimmens, zur bisherigen Sinngebung beitrug und es folglich so rein axiomatisch, wie gemeint, bisher noch gar nicht zuging.

Das Axiom wird daher nicht einfach beseitigt; wohl aber erfährt es, in Tateinheit mit der Bloßlegung seines eigentlichen Axiomcharakters, eine Umstülpung seines bisherigen Sinnes. Daß alles Denken im Ja und Nein besteht, bedeutet nun ja auch schon apriorisch, daß schlechthin alles daraus besteht: alles Setzen und Zeitigen im Bewußtsein wie in der «Außenwelt», als Begreifen wie als finales Wesen! Beinahe ist man versucht, den damit erst recht erschlossenen Satz einfach den von der Zweiheit zu nennen. Darin läge ja ohnehin schon, daß es nicht noch etwas Drittes gibt und, was viel eher erstaunen sollte, auch nicht bloß das Erste, das schiere Ja.

5. *Identität und Widerspruch in begrifflicher und amphilogischer Geltung.*

Die Verwandlung des Satzes vom ausgeschlossenen Dritten in den Satz von der Zweiheit läßt die Axiomatik der Logik auch im übrigen nicht unberührt. Nächstbetroffen ist das zweite Axiom, der Satz vom verbotenen Widerspruch: A ist nicht Nicht-A! Das heißt im Zeichen der Zweiten Setzung, für den amphilogischen Gegenstand: Ja ist nicht Nein! Es bleibt also bei dem «Verbot»; wie A zugleich in derselben Hinsicht nicht auch Nicht-A zu sein vermag, so Ja nicht auch Nicht-Ja und Nein nicht auch Nicht-Nein.

Dergleichen versteht sich am Rande. Doch hat das Widerspruchsproblem jetzt außer der gesichteten noch eine weitere Abmessung, in welcher das «Verbot» nicht gilt. Es handelt sich um die Einsicht, daß Nicht-Ja schon Nein und Nicht-Nein schon Ja ist! Gerade auch in dieser Gewißheit wirkt sich der eigentliche, kontradiktorische Widerspruch aus, und bei diesem Auftritt ist er, wie gesagt, alles andere als «verboten». Statt die Identität zu zerstören, bewirkt er sie vielmehr gerade erst. Denn das Ja wie das Nein ist nichts als hier dem Ja und dort dem Nein gegenüber ein nochmaliges, konturierendes N e i n. Diesem Widerspruch also gebührt der Ruhm.

Damit keine Konfusion entsteht, sei an eine Feststellung des I. Kapitels erinnert: Begriffliches und amphilogisches Denken haben verschiedene Absichten und Ergebnisse, heben einander jedoch gerade wegen der Kompetenzenteilung nicht auf. Sie w i d e r s p r e c h e n einander nicht! Gerade dies hat sich ja soeben gezeigt. Die Beseitigung des Verbots für den a m p h i l o g i s c h e n Widerspruch geschah begrifflich w i d e r s p r u c h s f r e i. Und wir halten somit grundsätzlich fest: Begriffliches Denken, falls es nicht irrt, ist widerspruchsfreies Denken und ist es im Zeichen der Zweiten Setzung ebenso wie in jenem der Ersten. Von zwei kontradiktorischen Urteilen über denselben Sachverhalt ist notwendigerweise das eine wahr und das andere falsch. Das prägt weiterhin die Bewußtseinslogik, aber nicht auch die wahre Gegenstandslogik. W a s unser Urteilen nämlich erfaßt, ist nach Zerstörung des räumlichen Scheines eine Objektivität, die von dem anderen Widerspruch, dem amphilogischen, zutiefst geprägt ist! Es ist also nicht paradox, sondern exakt rational gemeint und lediglich etwas knapp ausgedrückt, wenn wir die Formulierung wagen: Den Widerspruch widerspruchsfrei zu denken, ist fortan eine Hauptaufgabe der Logik.

Am wenigsten von der Wandlung berührt wird der Satz von der Identität: A ist A! Am definitorischen Zeremoniell ändert sich selbstverständlich auch hier nichts; korrekt identifiziert ist nur, was gegen das Verbot des begrifflichen Widerspruchs nicht verstößt; nach wie vor also bleibt «A ist A» für sich tautologisch leer und wäre es daher nichtssagend ohne das heimlich dabei schon mitbemühte zweite Axiom, ohne «A ist nicht Nicht-A». Nur also das definitorische Ja, und nicht auch das Nein als Bestreitung, trägt auch weiterhin die Identifizierung. Diese gilt nun jedoch einem Gegenstand, dem ebenso gut das Nein wie das Ja im thematischen Sinne zu eignen vermag und der in beiden Fällen von dem Nein zwischen dem Ja und dem Nein, von dem amphilogischen Widerspruch als der unthematischen Negation, seine wahre Identität empfängt.

Mit den beiden klassisch verstandenen Axiombegriffen «Identität» und «Widerspruch» korrespondiert ja im amphilogischen Rahmen das Gegensatzpaar von unthematischer Position und Negation. Und ähnlich tautologisch leer wie die Identität ist hier auch die Position; sie ist bloße, automatisch mitgesetzte Bejahung zur Setzung, Zustimmung zur Bestimmtheit. Die unthematische Negation – wie ja auch der traditionelle, «verbotene» Widerspruch – ist demgegenüber die stärkere, konturierende Macht.

6. *Die eigentliche Axiomatik: Das Nein zwischen dem Ja und dem Nein.*

Zusammenfassend kann man sagen: es bleibt bei den traditionellen Axiomen! Im formalistischen Sinne ist das ohnehin eine Binsenwahrheit; denn die Axiome sind Sätze, Urteile, und gehören mithin schon deshalb auch unter dem neuen, amphilogischen Vorzeichen in die begriffliche Logik. Obendrein aber kann, wie schon gestreift, nichts auf der Welt bewirken, daß Sätze, die bisher axiomatisch einsichtig waren, plötzlich diese Valenz verlören.

Trotzdem bestätigt sich jetzt der Verdacht, der von den Denkern des Werdens seit Lao-tse und Anaximander immer wieder hartnäckig geäußert wurde: daß die Logik des wahren Gegenstandes mit dem Widerspruch anders, konstruktiver, umgehen müsse als die vordergründig begriffliche! Daß es bei den traditionellen Axiomen bleibe, ist also mit Vorbehalt zu verstehen, ja ist nicht ganz wörtlich zu nehmen: Es bleibt bei den Bedeutungskernen, die auch im dinglogischen Rahmen die Aussagen letztlich tragen, um aber durch den Spezialbezug auf eine scheinbare Seinswelt von ihrem reinen Sinn wie durch einen Fremdkörper abgelenkt zu sein.

Insofern muß auch das begriffliche Denken an die Ursprünglichkeit und damit die Allgemeinheit des Denkens sowie damit auch an die des Begreifens anders als bisher herantreten. Es hat gerade auch das Nein zu bejahen. Der Satz vom Widerspruch ist in Wahrheit der Satz von dem

Nein zwischen Ja und Nein. Und der Satz vom ausgeschlossenen Dritten oder, wie wir schon sagten, der Satz von der Zweiheit affirmiert die kontradiktorische, fugenlos dichte Beziehung, kraft derer Ja als Nicht-Nein und Nein als Nicht-Ja miteinander die Wirklichkeit ausmachen. Beide Sätze also in ihrer traditionellen Gestalt sind genau besehen schon hergeleitet. Das eigentlich Axiomatische, das nicht herleitbar sein darf, ist in ihnen bereits vorausgesetzt.

Was ist das Ja? Eben das Ja! Und was ist das Nein? Eben das Nein! Hier wie dort hört die Herleitbarkeit auf. Denn liest man etwa in Nachschlagewerken, Bejahung sei so viel wie Billigung oder Versicherung und anderseits Verneinung so viel wie Ablehnung oder Bestreitung, so sind spezielle Bedeutungen an die Plätze der generellen getreten und hat man die letzteren also nicht hergeleitet, sondern beansprucht.

Lediglich die Einsicht in das Nein zwischen dem Ja und dem Nein, in die profilierende Rolle der unthematischen Negation, ergibt einen allgemeineren, übergreifend neuen Gesichtspunkt. Dieser führt allerdings insofern nicht weiter, als er von den beiden zu begründenden Sinngehalten den einen in der Erklärung voraussetzt. Das tut der Erkenntnis jedoch keinen Abbruch, eben weil wir hier bei wahrhaft Ursprünglichem sind, das der Reduktion auf Ursprünglicheres nicht fähig ist, aber auch nicht bedarf.

7. Ja und Nein als Typenkontrast: Weiblich und Männlich, Haften und Schweifen.
Die Erste Kehre der Zensuren:
positiv für den Neintyp und negativ für den Jatyp.

In der realen Welt beweist die Negation ihre Überlegenheit insbesondere auch im thematischen Rahmen: Sie prägt den stärkeren Typus.

So treffen sich zwar im bisherigen Beispiel die jatypischen «Tauben» und die neintypischen «Falken», die Verfechter und Gegner des Friedens, als Gegner; und dieser Widerspruch, die unthematische Negation, ist der positiven Entsprechung allerdings bereits überlegen als die beide Relate ermöglichende Relation. Darüberhinaus aber wirken die «Falken», die Exponenten der thematischen Negation, denn doch noch auf ganz andere Weise gegnerisch und damit verändernd. Ihr Nein zielt auf die Vernichtung des Feindes und damit auf den Krieg, eine wagemutige Tat, wogegen das Ja der «Tauben» lediglich einer Unterlassung gilt.

Nun ist freilich die Unterlassung, falls sie vorsätzlich geschieht, ebenfalls eine Tat. Die «Tauben» werden denn auch, wenn ihnen die Wahrung des Friedens gelingt, die volle Last der Verantwortung dafür genau so zu tragen haben wie beim gegenteiligen Ausgang die «Falken». Trotzdem bleibt der Unterschied tief genug. Denn nur jene Tat, die den «Falken» vorschwebt, die Vernichtung des äußeren Feindes, erfordert einen echten, dramatisch eindeutigen Entschluß, sozusagen einen Abbruch der Brücken. Geht es indes nach dem Willen der «Tauben», so besteht die ganze Tat darin, daß am strittigen Punkt nichts getan wird. Auch das kann ein wohlüberlegter Entschluß sein. Und er muß nicht auf Mangel an Mut beruhen. Immerhin kann er darauf beruhen, mindestens unter anderem; und jedenfalls ist es natürlich, daß alle Schwäche von der Verantwortungsscheu bis zur Feigheit hier sozusagen mit unterkriecht. Aber selbst noch die ehrenvollen Motive können aus recht verschiedenen Richtungen kommen. Neben dem eigentlich-prinzipiellen Einstehen für den Frieden, dem Pazifismus aus Überzeugung, hat ja auch das Zaudern hier seinen Ort. Und auch dies noch kann mehrere Gründe haben. Denn es kann erstens einfach bedeuten, daß man überhaupt noch zu keinem Entschluß kam; auch das noch unbestimmte Verhalten, das unentschiedene Schwanken zwischen der Tat und der Unterlassung, ist ja faktisch schon eine Unterlassung. Zweitens aber kann es sich auch um ein bloß noch taktisches Zögern handeln; die «Tauben» sind dann verkappte «Falken», denen allein noch der Augenblick für das Losschlagen nicht opportun scheint. Verschiedenste Gründe also sind denkbar. Und sie können alle beteiligt sein, können trotz widerspruchsvoller Bestimmtheit motivierend zusammenfließen, was in den Entschluß der «Tauben», obwohl auch er ein bestimmter ist, ein Element der Unbestimmtheit hineinträgt, das sich dergestalt bei den «Falken» nicht findet.

Wer ja sagt, ist einverstanden. Ob er die bestehende Lage wirklich gutheißt oder nur duldet, spielt dabei keine Rolle; so oder so bleibt alles beim alten. Zur Ausübung dieser «Tat» bedarf es der physischen Anstrengung gar nicht und meistens auch der moralischen nur in einem unerheblichen Grade. Eben daher die Unbestimmtheit, die Fähigkeit zum Beherbergen vieler und widerspruchsvoller Motive: keins davon muß ernstlich ausgespielt werden.

Ein Rahmen läßt sich trotzdem erkennen. Er ist abgesteckt durch die Grenzmöglichkeiten der ehrlichen Zufriedenheit und der bloßen Schwäche. Und jede von beiden allein kann genügen; die Zufriedenheit ohne Schwäche führt bei dem Heiligen, der auf die Welt ungenötigt verzichtet, und die Schwäche ohne Zufriedenheit bei dem Heuchler, der seine Begierde angstvoll verbirgt, zu oftmals im Erscheinungsbild nicht leicht unterscheidbaren Demutsgebärden. Beides aber sind Ausnahmefälle. Die Regel ist, daß man lediglich als Anlage in sich bereitgestellt findet, was man dann auch tatsächlich braucht, und man somit, umgekehrt ausgedrückt, auf die Dauer das, was man tun kann, auch wirklich tut. Das betonte bereits Spinoza und hinsichtlich der Moralen Nietzsche.

In ihrem typischen Vorkommen, um welches es uns hier einzig geht, ist die thematische Position daher beiden Versuchungen, der Unzufriedenheit wie der Stärke, gleichermaßen entrückt. Das jatypische Subjekt bescheidet sich nicht bloß, weil es schwach ist, sondern kann sich die Schwäche leisten, weil es sich ehrlich bescheidet: es ruht. Die Grundeinstellung ist, wie man auch sagen kann, monistisch. Man widersteht nicht dem Bösen! Man nimmt die Welt hin, wie sie nun einmal ist.

Umgekehrt das alles bei der thematischen Negation. Wer nein sagt, hat eine andere Tat als nur eine Unterlassung im Sinn; er findet sich mit seiner Lage nicht ab und ist mithin sowohl wach genug, ihr Ungenügen zu ermessen, als auch stolz genug, es nicht zu ertragen. Hier also herrscht, in unserem Sprachgebrauch, Dualismus. Und bei der typischen Vorkommensweise gesellt sich zur gespannten Haltung die erforderliche Konstitution. Das neintypische Subjekt kann sich infolge seiner Stärke seine Unzufriedenheit leisten; es sieht dem Abenteuer, an das es sich wagt, gerüstet entgegen.

Der Widerstreit von neintypischem und jatypischem Verhalten ist uns allen im Grunde bekannt. Es ist der von Schweifen und Haften, von männlichem und weiblichem Wesen, von Tier und Pflanze, von Tag und Nacht und von rechts und links. Dabei folgt man nur der ohnehin üblichen Sprachregelung, wenn man allenthalben das neintypische Korrelat zuerst nennt, was natürlich bereits eine Wertung darstellt. Offenbar ist sich die vortheoretische Weltsicht in freilich physiognomisch-uneigentlicher Form über die Feststellung, mit der dieser Abschnitt begann, schon im klaren: Die thematische Negation prägt den stärkeren Typus, den in jeglichem direkten wie übertragenen Verstande «rechten». Demgegenüber erscheint das jatypische Verhalten durchweg in abwertender Belichtung; es ist das nicht so bestimmte und starke. Schon das naive Bewußtsein weiß damit der Sache nach zutreffend, wenn auch an der Pointe vorbei, um die hier vollzogene logische Kehre (die wir als die Erste bezeichnen wollen, da ihr eine andere folgen wird): Die positive Zensur unseres begrifflichen Wertens gilt der thematischen Negation wie die negative der Position, beides allerdings nicht unbedingt, sondern graduell und komparativisch, aber dies durchweg kraft axiomatischer Nötigung.

Geht der Neintyp im Leistungsvermögen dem Jatyp voran, so besteht in der zeitlichen Folge das umgekehrte Verhältnis: Der Jatyp ist jeweils zuerst auf dem Plan. Er ist es notwendig und allgemein, und zwar gerade auf Grund seiner minder bestimmten, schwächeren Konstitution. Für eine bescheidene Aufgabe ist man eher gerüstet als für eine große. Der Neintyp tritt also später hervor oder vielmehr sogar, im Rahmen des jeweiligen Gestaltplans, zuletzt. Auch bei ihm besitzt, wie damit bereits angedeutet, die erste Phase, die Frühzeit, eine jatypische Prägung. Der Jatyp steht also dem Ursprung näher; in ihm liegen beide Gestaltmöglichkeiten, so radikal sie sich später sondern, anfangs wie in einem Mutterschoß friedlich beisammen.

8. Patrinomer und matrinomer Orestes. Ihr gemeinsamer matrinomer Anlauf.

Um den Typenkontrast weiß eigentümlicherweise — und zwar erstaunlich genau — schon der uralte Mythos. So tut Orestes seine Pflicht und ist seinen Eltern ein guter Sohn, wenn er treulich zu seiner Mutter steht und die Mörderin seines Vaters erschlägt. Allerdings kann er bloß eines von beidem, denn seine Mutter Klytemnästra und die Mörderin seines Vaters Agamemnon sind miteinander identisch. Orestes steht also in einem Dilemma; er kann nur seinen Vater rächen o d e r zu seiner Mutter halten.

In der Sage erwählt er die erstere dieser Möglichkeiten. Er handelt p a t r i n o m, rächt seinen Vater an seiner Mutter und wird uns damit zum Muster männlichen, neintypischen Wesens. Daneben jedoch wird als Möglichkeit jenes m a t r i n o m e Verhalten sichtbar, für das sich der Erinnyen-Chor vergebens einsetzt: der unbedingte Respekt vor der Mutter, der die Ermordung des Vaters deshalb ungesühnt lassen muß und damit für die weibliche, jatypische Haltung repräsentativ wird. Und hier besteht wie bei den «Tauben» die ganze geforderte «Tat» der Sache nach in einer Unterlassung. Auch diese freilich besitzt moralisch, als Versäumnis der Pflicht gegenüber dem Vater, ein durchaus verantwortungsschweres Gewicht. Sonst aber läßt sie alles beim alten.

Es gehört zum seltsamen Tiefsinn der Sage, daß sie die Zuordnungen von Neintypischem und Männlichem wie von Jatypischem und Weiblichem nicht nur am springenden Punkte vornimmt, sondern in ihrer Gesamtsicht durchhält. So handelt einerseits Orestes nach seinem Entschluß zugunsten des Vaters und damit des Mannes nun auch selber extrem maskulin, viril im Verstande von männlich und mannhaft und damit, was dasselbe heißt, neintypisch; Töten ist ein Äußerstes an zornig-unwiderruflich zur Tat gewordener Negation. Der vom Erinnyen-Chor geforderte Doppelgänger hingegen, der trotz allem die Mutter schont, handelt damit wenn nicht geradezu weibisch, so jedenfalls ausgesprochen weiblich; mehr als ein unerbittlicher Austrag gelten ihm Eintracht und Ruhe, selbst wenn Stolz und Ehre darunter leiden.

Weich und feminin ist diese Haltung jedoch obendrein auch noch deshalb, weil sie sich im Grunde noch gar nicht festlegt. Sie braucht nicht einmal für sich selbst schon unbedingt einzustehen, sondern kann sogar ihr patrinomes Gegenteil als Möglichkeit in sich bejahen, und auch dies noch mit durchaus unterschiedlichem Hintersinn, nämlich entweder allen Ernstes oder auch als bloße Ausrede mit dann in Wahrheit nur zusätzlich beruhigendem Erfolg. Also eine sehr weite, sehr beweglich bleibende «Tat». Alles ist hier im Grunde noch möglich: Der matrinome Orestes trennt sich nicht so rigoros wie der patrinome vom All des Möglichen. Das ist an seiner Unbestimmtheit die positive Kehrseite, die heimliche Stärke an seiner Schwachheit.

Und daran partizipiert nun eigentümlicherweise zunächst auch der patrinome Orestes! Seine Tat ist zwar durchaus bestimmt; hat er einmal die Mutter erschlagen, so kann er das nie wieder rückgängig machen. Vor dieser Tat jedoch war auch für ihn noch alles möglich. Das von der mutigen Schwester Elektra aus dem Mordhaus gerettete Kind, das an einem fernen Königshof aufwuchs, war schwerlich schon in der Lage, sich auf den furchtbaren Racheplan bereits endgültig festzulegen. Doch kommt es darauf nicht einmal an. Denn auch der festeste Tatvorsatz ist noch nicht die Tat, ist noch nicht wie diese irreversibel; ist die Tat nur erst möglich, so ist es aus verschiedensten Gründen vielmehr auch noch ihre Unterlassung.

Auch der patrinome Orestes, welchen die Sage einzig kennt, oder vielmehr, richtiger ausgedrückt, der nachmals patrinome besaß also in jener Frühzeit, ob er wollte oder nicht, noch jene Bergung im Unbestimmten, durch deren Verlust er sich erst von seinem Widerpart abheben sollte. Er war faktisch mithin noch der letztere, war aus dem matrinomen Orestes sozusagen noch nicht herausgewachsen.

9. Der Phasenkontrast. Jatypische Frühzeit und neintypische Spätzeit. «Kindchenschema» und Perfektion.

Zum Typenkontrast kommt der Phasenkontrast. Der Jatyp steht der Jugend spezifisch nahe und ebenso der Neintyp, wie wir noch zeigen werden, dem Alter. Der Typenkontrast zieht sich somit gewissermaßen schräg von eigentlich Typischem, Gestalthaftem, zu Entwicklungshaftem. Damit hängt es zusammen, daß die Frau kindhafter bleibt als der Mann. Nur dieser nämlich kann und muß, weil er den Neintyp repräsentiert, die neintypische Phase, die Spätzeit, radikal nutzen. Die Frau als jatypisches Wesen hingegen kommt auch als Erwachsene vom jugendlichen Habitus, dem der jatypischen Phase, nie völlig los, wenn sie sich auch im ganzen nun ebenfalls dem Neintyp nähert.

Daher die Parallelität zwischen der Beschützerrolle des Mannes der ostentativ so gesehenen «kleinen Frau» gegenüber und anderseits jenem Pflegetrieb, welchen das «Kindchenschema» nicht bloß dem menschlichen Kind gegenüber beim Erwachsenen gemeinhin auslöst; Gegenstand dieser Neigung ist b e i d e Male der Jatyp. Daher auch umgekehrt noch bei manchen höheren Tieren wie etwa dem Zahnkarpfen *Xyphophorus helleri,* dem Schwertträger, die Verwandlung älterer Weibchen in Männchen, eine Ausweitung also des Phasenwechsels zum Typenwechsel.

Trotzdem hat man davon auszugehen, daß das jatypische Wesen ebenso wie das neintypische jeweils eine unthematische Position und also b e s t i m m t ist. In einem allgemeinsten Verstande hat man es sogar beide Male mit p e r f e k t Bestimmtem zu tun. Es kann uns ja nie und nirgends ein konkretes Ganzes begegnen, ohne daß an seinem Teile der Zeitweg vom Urbild zum Abbild, eben die Konkretisierung, nicht bereits lückenlos bis ans räumliche Ende zurückgelegt wäre. Das aber setzt auch schon für die Planung eine entsprechend lückenlose und insofern perfekte Bestimmtheit, vom Gesamtentwurf bis ins Detail, voraus. Hier also, bei den Ontogenesen, ergibt sich kein Unterschied. Im Zusammenhang geht es außerdem aber auch noch um jene engere Perfektheit, die man gern eigens als P e r f e k t i o n bezeichnet: um eine nicht einfach nur lückenlose, sondern obendrein optimale Bestimmtheit. Sie besitzt jeweils einen Sonderrang, weil mit ihrer Ontogenese auch der p h y l o - g e n e t i s c h e Zeitweg bis ans räumliche Ende zurückgelegt ist; sie erzeugt und bedeutet, mit anderen Worten, jeweils notwendigerweise den Schluß des g e s a m t e n urbildlich hierauf gerichteten Werdens.

Das Beste läßt sich ja nicht mehr verbessern. Wäre es sofort erreicht, so liefe an diesem Teil überhaupt keine Phylogenese an. Tatsächlich aber verhält es sich so, wie es der Volksmund denn auch mit Recht ohne Einschränkung feststellt: Aller Anfang ist schwer, und erst die Übung macht den Meister! Jeweils erst nach Anläufen und Versuchen, nach lehrreichen Rückschlägen und wirksameren neuen Vorstößen kommt es endlich zur Perfektion, womit das darauf gerichtete Werden unweigerlich sein Ziel und zugleich sein Ende erreicht hat, wie es die lateinische Sprache im Doppelsinn des Wortes *finis* unüberbietbar treffend ausdrückt.

Auch die archaische Lösung hat jeweils schon den Zeitweg vom Urbild zum Abbild bis zum Ende zurückgelegt und besitzt also gerade vom Ziel her gesehen bereits die Bestimmtheit der optimalen. So war der Archäopteryx, der freilich nur erst unbehilflich über kurze Strecken zu flattern vermochte, gleichwohl schon ein echter Vogel, wie auch der von den Gebrüdern Wright entwickelte Aeroplan, trotz ähnlich minimaler Leistung, gleichwohl schon ein echtes Motorflugzeug war. Hinsichtlich des Gestaltzieles also besitzt die archaische Lösung g e n a u dieselbe Bestimmtheit wie die perfektionierte; sie tut es ex definitione, weil andernfalls, nach dem Ausfall jener leitmotivischen Identität, eben auch schon gar nicht mehr wirklich Archaisches und Perfektioniertes, zwei Zustände e i n e r Entwicklung, gegeben wären. Daß die beiderseitige Bestimmtheit dann doch nur u n g e f ä h r dieselbe ist, liegt mithin allein an dem unterschiedlich bewältigten W e g vom Urbild zum Abbild.

Auch beim archaischen Ganzen ist das Planungssystem bereits zweckmäßig, denn sonst hätte es nicht zum Ziele geführt. Doch sind die Mittel dem Zweck noch nicht dergestalt angemessen, daß sie ein souveränes Verfügen erlauben. Zwischen dem Wollen und dem Vollbringen liegt vielmehr noch eine schmerzliche Kluft. Materialschwierigkeiten aus den Eigengesetzen der angeformten Mengen von Ganzen schlagen noch überall durch, zwingen auf sämtlichen Höhenlagen der Fertigung noch zu zweckwidrigen Kompromissen, unrationellen Behelfslösungen oder improvisierten Rückgriffen auf erprobte ältere Formzustände wie beim Wrightschen Doppeldecker auf das Gleitflugzeug und beim Archäopteryx auf das Reptil.

So wird der Zeitweg vom Urbild zum Abbild zwar schon bis zum räumlichen Ende durchmessen, doch ist die neue Gestalt eigentlich nur erst im ganzen fertig, im Prinzip und im Schema, aber nicht auch schon in den Einzelheiten. Hier gebricht es vielmehr noch an fast all und jedem. Das Leistungsvermögen bleibt daher dicht an der Untergrenze des Möglichen, und aus zwingenden Einsparungsgründen gilt dasselbe auch für den räumlichen Umfang. Die archaische Gestalt ist also klein, weich und zart und zugleich auf fast widerspruchsvolle Weise doch auch schwerfällig und unbehilflich. So war der Archäopteryx ein ungeschickter Flieger und obendrein nur von Taubengröße, und nicht anders stand es mutatis mutandis um die ersten Aeroplane.

Umgekehrt Entsprechendes gilt für den perfektionierten Zustand. Bei seiner optimalen Bestimmtheit handelt es sich wieder vor allem um das Verhältnis der Mittel zum Zweck, den Zeitweg vom Urbild zum Abbild. Das Planungssystem ist nunmehr statt bloß zeitlich auch logisch perfekt; die Fertigung selbst wurde fertig. Dem entspricht das Ergebnis. Es ist freilich dafür gesorgt, daß die Bäume nicht in den Himmel wachsen; wie das archaische Ganze beruht auch das perfektionierte grundsätzlich auf einem Kompromiß zwischen Erwünschtem und Ausführbarem. Doch ist der Leitgedanke jetzt auch im einzelnen, in den Mitteln, dermaßen weitgehend Herr der Lage, daß sich die Rücksichtnahme nur noch in der Meisterschaft materialgerechten Verhaltens statt als morphologische Einbuße auswirkt. Die perfektionierte Gestalt ist daher, gemessen an der archaischen, größer und obendrein ihrer Größe in einem höheren Grade mächtig, massiver und zugleich freier gegliedert, härter im Nehmen wie im Geben. Sie steht damit zum Neintyp in einer ähnlichen Beziehung wie die archaische zum Jatyp.

10. Vom Schönen. Der harmonische Formzustand
zwischen archaischer Unform und perfektionierter Zweckform.

Der Gestaltweg vom Kinde her führt allerdings auch zur Frau statt allein zum Manne. Die jatypische Möglichkeit also bleibt hier nicht im phasischen Rahmen, bleibt nicht bloße Frühform, sondern gelangt nach dem Phasenwechsel als etwas eigentlich Typisches an ein selbständiges Ziel und Ende. Sie ist mithin nicht nur archaisch im Verstande von unvollkommen und vorläuferhaft, sondern enthält, wie man schließen muß, einen gestalthaften Eigenwert, der sich auf dem Wege zur Perfektion, zur neintypischen Vollendung, v e r l i e r t. Und die letztere also ist nicht so eindeutig überlegen, wie es bis jetzt vielleicht scheinen mochte. Sie ist nicht d i e optimale Lösung.

Für den Gewinn wird ein Preis entrichtet. Und zwar handelt es sich noch immer um die unthematische Negation und deren an sich durchaus positive gestaltschöpferische Bedeutung, an der sich nun die Kehrseite zeigt. *Omnis determinatio negatio!* Das gilt nicht nur für die Gestalt überhaupt, die sich auch im archaischen Zustand trotz verhältnismäßiger Unbestimmtheit doch schon unwiderruflich vom All des Möglichen getrennt hat; es gilt vielmehr im Anschluß daran immer wieder genau so für jede b e s t i m m t e r e Lösung. Immer entspricht dem Gewinn ein Ausfall. Und das bedeutet teilweise zwar einfach nur den Ersatz von Archaischem, Mangelhaftem durch Tauglicheres und zuletzt Optimales; daneben jedoch steht von vornherein der Verzicht auf an sich ebenfalls optimale, aber mit der gewählten Entwicklung kollidierende Möglichkeiten, die dabei trotzdem optimal bleiben und unter diametralem Verzicht ihren eigenen Entwicklungsweg nehmen.

Der Fortschritt von der archaischen Unbestimmtheit zur perfektionierten Bestimmtheit hat daher jeweils explosiven Charakter. Er führt vom Allgemeinen zum Spezialisierten und damit von der Einheit zur Vielheit. Das bedeutet zunehmenden morphologischen Reichtum in sogar zwiefacher Hinsicht: Die Gestaltenfülle im ganzen wächst und obendrein erhöht sich die Qualität jeder Einzelgestalt. Dem entspricht indes eine gleichfalls zwiefache Differenzierung: Jede Gestalt entfernt sich immer weiter von jeder anderen und alle miteinander entfernen sich immer weiter von ihrer gemeinsamen Grundform. Und die letztere also wird nirgends verwirklicht; ihre Allgemeinheit geht vielmehr auf jedem Steigerungswege gleichermaßen verloren. Das verleiht dem archaischen Zustand eine merkwürdige Überlegenheit: Er steht der heilen Urgestalt am nächsten! Die verhältnismäßige Unbestimmtheit ist also nicht bloß ein Mangel, ist nicht bloß fehlende Bestimmtheit, sondern ebenso sehr ein Vorzug. Was an Speziellem unerreicht bleibt, das kommt dem Allgemeinen zugute.

Das aber heißt physiognomisch, daß es jeweils neben der Stärke als ein zweites Gestaltziel die Schönheit gibt. Der perfektionierte Zustand bedeutet, verglichen mit dem ursprünglichen, ja nicht bloß eine Vereinseitigung und Verengung, sondern in gewisser Hinsicht geradezu eine Verzerrung. Sein optimales Leistungsvermögen beruht auf optimalem Angepaßtsein an eine spezifische Umwelt. Das heißt ein morphologisch fremder Faktor, der Zweck, wirkt hier an der Gestaltung entscheidend mit. Er führt kein Willkürregiment, sondern nimmt auf die reine Möglichkeit Rücksicht. Die perfektionierte Gestalt ist gewissermaßen die zwischen beidem, Fremdem und Eigenem, gezogene Gleichung. Aber eben auch das heißt bereits, daß sie sich nicht mehr frei aus sich selbst bestimmt. Die errungene äußere Sachherrschaft ist morphologisch ein Akt des Gehorsams, der Unterwerfung unter den Sachzwang. Die Souveränität des Gestaltsinnes geht verloren. Und sie also stellt den Wert dar, der im anderen Falle, beim Jatyp, erhalten bleibt. Um den hohen Preis des Verzichtes auf Stärke und Mobilität wird der Weg in die Differenzierung vermieden. Die Gestalt bewahrt sich mit der Ursprünglichkeit die Allgemeinheit; sie bleibt unverzerrt und also, wie man das positiv ausdrückt, harmonisch. Das ist nur sinnvoll als Haltung eines mit sich selbst und der Welt grundsätzlich einigen, ruhenden Wesens. Der harmonische Formzustand also steht zur jatypischen Entscheidung in demselben Verhältnis wie der perfektionierte zur neintypischen.

Daher der Gestaltweg vom Kinde auch zur Frau statt allein zum Manne beziehungsweise, abstrakt gesprochen, der Übertritt beider Tendenzen, auch der jatypischen, in die zweite phasische Halbzeit. Und nur für die letztere Vorkommensweise, die jatypische nach dem Phasenwechsel, sei fortan der Ausdruck «harmonisch» verwendet, wogegen wir «archaisch» fortan auf die erste phasische Halbzeit, die Frühform, in demselben Sinne beschränken. In archaischer Verfassung befindet sich also das Kind, der Knabe ebenso wie das Mädchen, während die Frau für den harmonischen Zustand in derselben Weise repräsentativ ist wie der Mann für den perfektionierten.

Das bedeutet, wie sich versteht, eine bloße nominaldefinitorische Trennung, die nur um der Deutlichkeit willen geschieht. Denn selbstverständlich halten wir fest, daß die Unbestimmtheit und also der frühzeitliche, archaische Einschlag es ist, kraft dessen sich die beiden jatypischen Formzustände letztlich gleichermaßen als die weniger differenzierten, in höherem Maße harmonischen von dem dritten, neintypischen abheben. Trotzdem besitzt die Ausdruckstrennung auch der Sache nach ihren Grund. Denn es macht einen Unterschied, ob man beim Verzicht auf die Perfektion der Not gehorcht oder dem eigenen Triebe, ob man nicht so kann oder nicht so will. Dies kennzeichnet den harmonischen und jenes den archaischen Zustand. Das qualitative Höchstmaß an Unbestimmtheit, um es einmal so auszudrücken, deckt sich also nicht mit dem quantitativen. Denn dieses kann nirgendwo sonst so beträchtlich sein wie ganz am Anfang; nie wieder ist ein Mensch so sehr ein Mensch überhaupt wie unmittelbar nach seiner Geburt. Diese Allheitlichkeit jedoch geht zu weit; sie kann nicht dauern, ist kein eigentliches Gestaltziel. Der schicksallos schlummernde Säugling bietet habituell zwar ein Bild der vollkommensten Ruhe; morphologisch aber herrscht Aufbruchsstimmung, drängt schon alles von jenem Frieden zu dessen geradem Gegenteil fort, was bald auch im Erscheinungsbild an höchst disharmonischen Schüben, stoßweisen Zeiten der Fülle und Streckung und des Trotzens und Fragens, erkennbar wird.

Diesen Weg in das andere, neintypisch dominierte Lager geht zunächst auch die jatypisch thematisierte Gestalt. Auch sie kann nicht anders als wachsen. So wird auch das pubertierende Mädchen vorübergehend eckig und schwierig. Nur verfolgt die jatypisch thematisierte Gestalt diesen Weg nicht bis an sein Ende. Sie entgeht dem einen Extrem, ohne dem anderen zu verfallen. Der perfektionierte Formzustand beruht ja, wie festgestellt, ebenso wie der archaische, wenngleich in gegenteiligem Sinne, gewissermaßen konvex statt konkav, auf einem Kompromiß der reinen Möglichkeit mit dem Sachzwang. Die harmonische Lösung hingegen ist an sich zwar gleichfalls ein Kompromiß, der nun jedoch zwischen jenen die Absicht verfremdenden Kompromissen einen beide Beschränkungen aneinander beschränkenden Mittelweg findet. So bleibt die erwachsene Frau hinter der Durchbestimmtheit des Mannes und der Allheitlichkeit des Kindes gleichermaßen zurück. Auch von letzterer, von der Unbestimmtheit, bewahrt sie sich ja nur einen

Rest. Der aber ist auf neue Art kostbar. Anders als bei der an sich ungleich größeren Unbestimmtheit des Kindes handelt es sich ja nunmehr um ein aus eigenstem Antrieb erwähltes, in die Dauerform aufgenommenes Gut. Selbst was sich daran noch an unverändert Archaischem findet, ist dies doch nur in formaler Hinsicht, weil auch hier statt des archaischen Grundes, des Unvermögens, eine souveräne Entscheidung waltet, die im gereiften Zusammenhang auch dem alten Formelement einen neuen, freieren Sinn verleiht.

Es ist der Gestaltweg vom Niedlichen zum Lieblichen, von der amorphen Weichheit des Kindes zur harmonischen Weichheit, zur Schönheit. Denn das Kind wirkt eher komisch als schön, freilich auf eine rührende Weise, was die Sprache durch Wörter wie drollig und tapsig bezeichnet; die Haltung des Betrachters ist von Verachtung und Spott nicht gar so weit entfernt, nur daß in der dumpfen Unform eben doch die Allheit, die heilige Macht des Werdens, mitempfunden und anerkannt wird. Schönheit hingegen ist ein Ausdruck morphologischer Freiheit, der verhältnismäßigen Freiheit von der konkaven wie von der konvexen Beeinträchtigung durch den Sachzwang. Oder wie man dafür kurz sagen kann: Schönheit ist morphologische Güte.

Das führt unter negativem Vorzeichen den perfektionierten Formzustand mit dem archaischen zusammen. Der wehrhafte Mann ist vom hilflosen Kind und vom wohlgefälligen Kindchenschema morphologisch tiefer getrennt als die Frau; mit seinen scharfen und harten Konturen wirkt er weder sympathisch noch komisch, sondern achtunggebietend und letztlich bedrohlich. Eben deswegen aber ist auch er nicht eigentlich schön. Dies wenigstens verbindet ihn mit seinem freundlicheren Gegenteil. Die extreme Steigerung führt jedenfalls hier zu demselben Effekt wie die extreme Unfertigkeit.

Anderseits entfernt sich der harmonische Formzustand vom archaischen doch kaum weniger weit als der perfektionierte. Er legt den Weg zur Durchbestimmtheit lediglich, wie schon bemerkt, nicht bis ans äußerste Ende zurück und, wie wir jetzt noch hinzufügen müssen, auch nicht ganz in demselben Sinne. Schon beim Heranwachsen wird der Vereinseitigung widerstanden, indem alle Tendenzen der Urgestalt möglichst gleichmäßig gefördert werden, was indes auch für alle einen gleichmäßigen Nachteil bedeutet; keine kommt radikal zum Zuge, weil eben das nur auf Kosten aller übrigen zu erfolgen vermöchte. Trotzdem nimmt auch auf diesem Wege die Lebenstüchtigkeit zu. Der harmonische Formzustand ist, wie sich gerade hieran besonders zeigt, nicht etwa bloß ein Kompromiß, sondern stellt neben dem perfektionierten ein echtes zweites Optimum dar. Erreicht ist nicht optimale Stärke auf Grund maximaler Bestimmtheit, aber immerhin eine gleichfalls mit der Bestimmtheit versöhnte und damit optimale statt maximale Allheitlichkeit.

Dabei kann die Ursache der Differenzierung, die Unvereinbarkeit von vielen möglichen Spezialisierungen, nicht positiv überwunden werden. Daß die harmonische Entwicklung an allen Strebungen ansatzweise und an keiner unbedingt teilnimmt, trägt ein Element der Verschwommenheit, letztlich der Unlogik, in sie hinein. Das aber ist im Rahmen der jatypischen Disposition nicht so sehr ein Mangel als vielmehr ein die äußere Schwäche erheblich kompensierender Vorteil. Die durchweg nicht endgültig fertigen, nicht radikal durchbestimmten und folglich noch bestimmbaren, noch entwicklungsfähigen inneren Gegensätze fungieren als eine Formreserve. Der harmonische Zustand gewinnt dadurch eine seltsam aktive, resistente Weichheit. Er kann elastisch operieren, kann nachgeben und ausweichen, um anderswo nochmals zu beginnen, während dem perfektionierten Zustand in einer ernstlichen Krise außer Sieg und Untergang keine Wahl bleibt, eben weil die Perfektion, die vollendete Durchbestimmtheit, jene Reserve aufgezehrt hat. Daher ist das sprichwörtlich schwache Geschlecht deutlich widerstandsfähiger als das starke. Daher auch kann sich die Frau dem Manne zuliebe erstaunlich wandeln, sich in schlichtem und vornehmem Rahmen, neben dem zarten Gelehrten und dem rauhen Obristen, dem Rechner und dem Künstler, gleichermaßen als Gattin bewähren.

11. Die Zweite, dem Werden geltende Kehre.
Die paradoxe Stärke des Schwachen.

«Was nicht ist, es kann noch werden,» heißt es einmal bei Uhland. Nur was nicht ist, noch nicht fertiggeworden ist, so darf man ergänzen, kann noch werden, sich noch entwickeln. Und hier also liegt der Vorteil beim Jatyp, hier zeigt sich überhaupt die paradoxe Stärke des Schwachen.

Das stellt uns vor eine Zweite Kehre. Denn man wird sich vom 7. Abschnitt her noch jener Kehre des wertenden Urteils erinnern, die wir als die Erste bezeichneten. In ihr ging das prädikative «negativ» (n) an die thematische Position (P), während das prädikative «positiv» (p) der thematischen Negation (N) galt, also formelhaft im Zusammenhang:

$$nP/pN$$

Die Kleinschreibung der beiden Anfangsbuchstaben symbolisiert ihre prädikative, begriffliche Herkunft; es handelt sich ja um zwei Urteile, zwei Einheiten der Bewußtseinslogik. Das darauf folgende P und N hingegen zeigt durch die Großschreibung an, daß es sich beim beurteilten Gegenstand jeweils um einen solchen der Zweiten Setzung und damit um ein Amphilog handelt. Der Schrägbalken schließlich bezeichnet die Korrelation beider Urteile: Weil die beiderseitige Wertung sich komparativisch versteht (also wie wenn Hinz für größer als Kunz und Kunz für kleiner als Hinz gilt), würde jedes für sich allein schon genügen.

Denn das Urteil nP will natürlich nicht sagen, daß die thematische Position, der Jatyp, schlechthin untüchtig sei; desgleichen ist mit pN nicht gemeint, daß die thematische Negation, der Neintyp, einen Superlativ an Stärke, eine absolute Macht, darstelle. Beide Zensuren stünden beziehungslos nebeneinander, so daß nicht schon die eine die andere involvierte; und obendrein, wie sich versteht, wären beide der Sache nach Unfug. Tatsächlich vielmehr kann nP nur vernünftigerweise bedeuten, daß der Jatyp der schwächere Teil ist – und der Neintyp infolgedessen, da es Drittes nicht gibt, der stärkere. Das ausdrückliche pN ist für die letztere Einsicht mithin nicht vonnöten oder macht umgekehrt nP entbehrlich. Trotzdem handelt es sich um z w e i Zensuren und man tut also nicht des Guten zu viel, wenn man sie nebeneinander anführt.

Dies also nochmals zur Ersten Kehre. Nun jedoch blicken wir statt auf das «Sein», das Gewordensein, auf das Werden und damit statt auf das landläufig so genannte «Wesen» auf das eigentliche, logisch-zeitliche. Und hier bezieht sich das prädikative «positiv» (p) auf die thematische Position (P), die sonst schwächere jatypische Haltung, und das «negativ» (n) auf die Negation (N), also:

$$pP/nN$$

Der Ersten Kehre gegenüber wirkt das wie eine Berichtigung. Prädikat und Thematik entsprechen einander nunmehr; das Ärgernis ihres Widerstreits ist durch die nochmalige Umkehr getilgt. Doch sind tatsächlich, wie sich versteht, beide Aussagen gleich richtig; der Widerspruch folgt aus den Hinsichten.

Auch sind beide Aussagen gleich allgemein; die Aufwertung durch die Zweite Kehre gilt infolgedessen b e i d e n jatypischen Formzuständen, dem archaischen wie dem harmonischen. Hier begegnet man allerdings wieder jener internen Unterscheidung, die sich schon angesichts der Allheitlichkeit zeigte: Das Maximum liegt beim archaischen und das Optimum beim harmonischen Zustand. So ist an und für sich beim Kinde zusammen mit der Unbestimmtheit die Potenz des Werdens am größten. Aber sie ist eben allzu groß und strebt daher von sich selber weg, drängt hin zu ihrem Gegenteil, dem fertigen Gewordensein, wie ein Schiffbrüchiger zur Küste; und dies Werden also bleibt der Gestalt immanent, es führt nicht über diese hinaus zu Neuem. Das letztere Vermögen eignet vielmehr allein der Frau. Der harmonische Formzustand ist trotz des sichtbaren Ruhens m o r p h o l o g i s c h der unruhigere. Sein Verhältnis zum perfektionierten ist auch hier ein diametrales.

Das alles, um es zu wiederholen, versteht sich lediglich komparativisch. So bleiben bekanntlich bei b e i d e n Geschlechtern die Zellen der Keimbahn undifferenziert, eben weil das Werden, das die Gestalt transzendieren soll, nicht in bereits Bestimmtem, Gewordenem ansetzen könnte. Aus demselben Grunde verläuft die Evolution entgegen der Annahme Darwins nirgends über die fittesten Formen, die als phylogenetische Sackgassen vielmehr schließlich einfach wieder verschwinden wie die Saurier und die Mammute, während Zwerge plötzlich das Rennen machen, deren einzige Stärke in ihrer bisherigen Schwäche, dem Fehlen der Spezialisiertheit, besteht.

In der Geistesgeschichte entspricht dem der exzeptionelle Vorrang des Kranken vor dem Gesunden, der «Pfahl im Fleisch» des Apostels Paulus. *Mens sana in corpore sano* ist eine dürftige Halbwahrheit. Sie gilt für den tüchtigen Durchschnitt und damit in der Tat für die Römer, von denen das Sprichwort stammt, oder heute etwa für die Angelsachsen, während die großen Erneuerungen nie von derartigen Siegern ausgehen, sondern von Gescheiterten wie einst den Griechen und heute den Deutschen.

III. Tod und Liebe

1. Begrifflicher und amphilogischer Schluß.

Der Satz vom ausgeschlossenen Dritten in seinem umgestülpten Sinne, der Satz von der amphilogischen Zweiheit, strukturiert alles eigentliche, thematisch erhebliche Werden, alles Wechseln also von Phasen und Typen. Weil es Drittes nicht gibt, kann in beiden Bereichen stets nur auf eine Position eine Negation folgen und umgekehrt. Das Werden also vollzieht sich periodisch und zwar in doppelter Rhythmik, als Wechsel eben von Phasen und Typen.

Und es ist logisches Werden. Im Zeichen der Zweiten Setzung steht auch das apriorisch fest. Jeweils also folgt nicht nur auf eine Position, sondern auch aus einer solchen die Negation und umgekehrt. Das Folgen ist zeitlich und logisch zugleich. So verhält es sich mutatis mutandis ja auch in der Tradition, in der klassischen Lehre vom Schluß und insbesondere vom Syllogismus. Auch hier ist, wie bereits an der doppelten Ausdrucksweise erkenntlich, die Voraussetzung jeweils zeitlich Antezedenz und logisch Prämisse, desgleichen das Ergebnis Konsequenz und Konklusion.

In der traditionellen Logik ereignet sich nun freilich das zeitliche wie das logische Folgen allein im intentionalen Bewußtsein. Nur hier, im Denken des Logikers, und nicht etwa auch an sich, nicht im gemeinten Sachverhalt selbst, ist der Schluß ein auch zeitlicher statt bloß logischer Vorgang und ist namentlich seine Konsequenz auch im ersteren Sinne ein Abschluß, ein Ende; und nur hier statt auch in der Realität wirkt die Voraussetzung, die Prämisse, als aktive Urheberin der Erschließung! Bedingung für die Schlüssigkeit wie bereits für das einfache Urteil und den grammatischen Satz ist in der objektiven Hinsicht im Gegenteil gerade die Gleichzeitigkeit, denn sonst ginge es in den Urteilen, die den Syllogismus ergeben, nicht mehr um ein und dieselbe Lage, wäre es um die Identität geschehen. Ganz und gar auf dieser aber beruht hier die logische Kraft des Folgens, die deshalb auf der gegenständlichen Seite in der Tat kein Werden zu dulden vermag, sondern sich allein an das Sein hält.

Daß es dann trotzdem, wenigstens im Bewußtsein des Schließenden, zu einer Erkenntnisbewegung, einem zeitlichen Vorgang, kommt, beruht auf dem beiden Prämissen gleichermaßen eigenen M, dem Mittelbegriff, zu welchem S und P, die Außenbegriffe, die als Subjekt und Prädikat des Endurteils kopuliert werden sollen, in verschiedenartigen Implikationsverhältnissen stehen. Eben deswegen das Erfordernis z w e i e r Prämissen - der Sache nach auch im sogenannten unmittelbaren Schluß, der bloß die eine von beiden, weil sie sich apriorisch versteht, ausdrucksmäßig beiseiteläßt.

Der Syllogismus verfährt genau. Er vermerkt beide Prämissen und hebt damit das Erschließungsprinzip, die Bewegung um den Mittelbegriff, auch sprachlich und semantisch hervor. Das hat seit Aristoteles zu einem umfangreichen System der Schlußfiguren und -regeln geführt, mit dem man sich hier nicht aufhalten muß. Nur an die charakteristische Darstellungsweise sei kurz erinnert. So pflegt man etwa die erste der drei ursprünglichen Figuren dergestalt zu symbolisieren:

$$M \text{ ist } P$$
$$S \text{ ist } M$$
$$\overline{\phantom{S \text{ ist } M}}$$
$$S \text{ ist } P$$

Das ergibt dann etwa bei *darii,* im dritten Modus, das altbeliebte Beispiel:

$$\text{Jeder Mensch ist sterblich}$$
$$\text{Gajus ist ein Mensch}$$
$$\overline{\phantom{\text{Jeder Mensch ist sterblich}}}$$
$$\text{Gajus ist sterblich}$$

Anders beim Schluß im Zeichen der Zweiten Setzung. Hier gibt es keinen Mittelbegriff. Dieser kann hier schon deshalb nicht auftreten, weil es sich nun überhaupt um keinen begrifflichen Vorgang, sondern um einen realen, im Bewußtsein amphilogisch vergegenwärtigten, handelt. Vor allem aber eignet das Folgen, das zeitliche Nacheinander, hier den beteiligten Größen an sich, so daß P und N als Symbole für die amphilogische Position und Negation, für Ja und Nein, vollauf genügen. Von diesen ist, da es Drittes nicht gibt, die eine jeweils die Prämisse und die andere die Konsequenz, wenn man an diesen beiden Ausdrücken festhält. Und überhaupt also hat man es hier, wie damit schon gesagt, nur immer mit einer Prämisse zu tun.

In der unthematischen und damit allgemeinsten Hinsicht entspricht dem denn auch eine einzige Schlußfigur. Nach und aus jedweder Bestimmtheit, jeder unthematischen Position, vermag im eigentlichen Verstande, nämlich als etwas thematisch Neues, allein das Gegenteil, die unthematische Negation, zu folgen. Dient weiter, wie in den klassischen Schlüssen, der Querstrich als Symbol für die Schwelle zwischen Prämisse und Konsequenz, so schreiben wir jetzt also generell $\frac{P}{N}$.

Die Allheitlichkeit dieser Schlußfigur ist indes, wie gesagt, erkauft mit ihrer thematischen Indifferenz. Die Prämisse P muß nicht unbedingt eine thematische Position, sondern kann genau so gut eine thematische Negation kennzeichnen. Soll die Thematik wenigstens im allgemeinsten Rahmen, im Zusammenhang um die Zweiheit, mitberücksichtigt werden, so bedarf es folglich zweier Figuren. Nunmehr kann ja als Prämisse genau so gut die Negation wie die Position auftreten und daraufhin als Konsequenz, in umkehrender Entsprechung, die Position wie die Negation. Als Symbol ergibt sich daraus im ersten Falle $\frac{N}{P}$ und im zweiten abermals, der Grundformel äußerlich gleichend, aber mit neuem, engerem Inhalt $\frac{P}{N}$.

Da es Drittes nicht gibt, können sich diese beiden Schlüsse, falls sich die Lage im ganzen nicht ändert, nur unentwegt wechselnd ereignen. Denn man wird sich erinnern: nicht bloß die Bejahung des Friedens seitens der «Tauben», die thematische Position, sondern ebenso deren Negation, die Haltung der «Falken», ist eine unthematische *positio,* eine Setzung, im selbstverständlichen Doppelsinn der Hervorbringung und Bejahung. Und mit der Konsequenz des Schlusses, der unthematischen Negation, verhält es sich analog.

Wie also auf die Position eine Negation folgt, so auf diese wiederum eine Position und so fort. Wäre das freilich die ganze Wahrheit, so liefe das Werden nur endlos im Kreise; einfach bloß das, was vorher schon war, wäre es nachher abermals. Die Steigerung, die Entwicklung im höheren Sinne, fehlte. Daß und warum es sie gleichwohl gibt, werden weitere Kapitel erhellen. Zunächst bleiben wir bei der Urtatsache, die sich trotz jenes Vorbehalts deutlich und allgemein durchsetzt: Von der Wellenbewegung des Lichtes reicht die Exemplarik über die Rhythmen erdgeschichtlichen und kulturgeschichtlichen Werdens bis zum Folgen der Generationen. Aufschlußreich ist hier das Wort «Enkel»; es bedeutet so viel wie «kleiner Ahn» und will also zum Ausdruck bringen, daß im Sohn der Großvater statt des Vaters nicht zwar ungesteigert-identisch, aber doch typenhaft wiederkehrt. Dieser Zusammenhang muß in alten Zeiten, als man nur im winzigen Stammesverband zu heiraten pflegte und deshalb mit dem Ahnenschwund auch die Bündelung der Erbanlagen sehr groß war, ungleich auffälliger gewesen sein als immerhin auch heute noch.

Im Zeichen der Zweiten Setzung stellt also nicht die Identität, sondern gerade umgekehrt der Widerspruch, die unthematische Negation, das Prinzip der Schlüssigkeit dar. Der Gegenstand, dessen unthematische Position hierbei als Prämisse auftritt, gerät damit in ein seltsames Licht: Er verneint, wenn es zum Schluß kommt, sich selbst; er begeht damit eine Selbstwiderlegung, die im Rahmen der Umstände einem Selbstmord beklemmend nahekommt. Denn zweierlei steht von ihm fest: In nichts anderem als in seiner unthematischen Position und damit seinem thematischen Wesen, in niemandem als in ihm selbst, hat der amphilogische Schluß seinen spezifischen logischen Grund. Obendrein aber liegt auch der zeitliche Ursprung, die Vollstreckung des Urteils, allein bei ihm, dem Gegenstand. Das Wesen, das schließt, opfert damit sich selbst.

2. Die Tragik der Bestimmtheit. Nochmals Orestes: Die Tötung der Mutter als Pflicht und als todeswürdiger Frevel.

Um es noch einmal hervorzuheben: der Widerspruch motiviert das Schließen immer nur bei dem primären Werden, bei dem nämlich von eigentlich Neuem. Das sekundäre Werden, das allein in der Entfaltung bereits vorhandener, dabei identisch bleibender thematischer Möglichkeiten besteht und also auf ein bloßes thematisches Dauern hinausläuft, ist selbstverständlich nicht gemeint. Thematisch neu aber ist, da es Drittes nicht gibt, jeweils nur nach dem Ja das Nein und umgekehrt. Eben daraus ergibt sich die amphilogische Schlüssigkeit. Sie erklärt bis jetzt allerdings nur formell, daß es für den Fall des primären Werdens, des Übergangs zu thematisch Neuem, nur den Umschlag in das Gegenteil, in die unthematische Negation, gibt. Sie läßt hingegen noch offen, warum es überhaupt immer wieder zu diesem Umschlagen kommt. Warum, so kann man fragen, setzt sich die amphilogische Identität, die unthematische Position, nicht vielmehr gerade auch darin durch, daß jedes Wesen das, was es ist, auch konsequent bleibt? Warum besteht, mit anderen Worten, die amphilogische Konsequenz nicht gerade umgekehrt im Beharren auf der Identität, der einmal bezogenen Position, statt in deren schließlicher Preisgabe?

Die Endlichkeit in der Zeit erteilt uns dazu keine Auskunft, sondern ist analog erklärungsbedürftig. Denn warum besitzt sie Gesetzescharakter? Warum also ist nach dem logischen Schluß, dem thematischen Umschlag ins Gegenteil, auch noch der zeitliche Schluß, der Tod, als eine Notwendigkeit vorgesehen? Aus der räumlichen Endlichkeit ergibt sich kein hinreichender Grund. Über die kausale Abhängigkeit in der Dingwelt erklärt sich daraus vielmehr allein der zufällige zeitliche Schluß, nur gewissermaßen der Tod als Panne und nicht als innere Grenze.

Eine andere Endlichkeit gibt den Ausschlag. Und sie entspringt demselben Axiom, das für den Zusammenhang auch bisher schon am allermeisten beansprucht wurde: dem vom ausgeschlossenen Dritten im umgestülpten Verstande. Weil es allein das Ja und das Nein gibt, kann nirgendwo in Logik und Welt irgendetwas Bestimmtes weder Position noch Negation sein, sondern immer nur dies oder jenes. Aber eben nur dies oder jenes. Nicht anders «ausgeschlossen» als das Weder-Noch ist das Sowohl-Alsauch.

Das gilt freilich wieder nur für Bestimmtes. Es gilt, mit anderen Worten, nicht für die Möglichkeit des Bestimmens, die vielmehr gerade umgekehrt beides, das Nein wie das Ja, und damit, weil es Drittes nicht gibt, auch schon Alles, mütterlich in ihrem Schoße birgt. Als etwas Bestimmtes verwirklicht, gleichsam aus dem Mutterschoße entlassen, wird jedoch immer nur eines von beidem, das Nein oder das Ja, niemals weniger und niemals mehr. Gestaltung ist Vereinseitigung. Die Allheit selbst kommt insofern niemals zu ihrem Recht. Sie ist in jedem Falle der Ursprung und wird doch in keinem Falle verwirklicht, sondern stets gerade durch das Verwirklichte, durch ihr eigenes Kind, auch schon an diesem Teile vernichtet.

Jeder gestalthafte Aufstieg ist so gesehen ein Frevel wie der des Orestes, ein Töten der Mutter. Und wir sind damit jetzt bei der anderen, düsteren Seite des mythischen Hergangs. Im vorigen Kapitel hatten wir feststellen dürfen, daß Orestes seine Pflicht tut und seinen Eltern ein guter Sohn ist, wenn er treulich zu seiner Mutter steht und die Mörderin seines Vaters erschlägt; nur befindet er sich in einem Dilemma, denn seine Mutter und die Mörderin seines Vaters sind miteinander identisch: Klytemnästra ist beides. Und Orestes kann also nur seinen Vater rächen oder zu seiner Mutter halten. Wie er beidemal seine Pflicht tut, so verletzt er sie also auch beidemal. Ob er die Mörderin tötet oder den Mord ungesühnt läßt - das eine wie das andere ist Frevel, hier am Vater und dort an der Mutter. Und entsetzlicherweise gibt es nichts Drittes. Orestes kann sich nicht nicht entscheiden, denn auch damit verzichtete er auf die Sühne und optierte er also de facto wiederum bereits für die Mutter.

Das Verhängnis ist unauflösbar. So sieht es, nebenbei bemerkt, im Grunde doch wohl auch Äschylus. Am Ausgang seiner Trilogie mag allerdings der Eindruck entstehen, als habe Orestes, indem er seine Mutter erschlug, um seinen Vater zu rächen, ein letztlich doch nur minderes Rechtsgut um eines höheren willen verletzt und also in einer Lage, die ihm eindeutig gut zu handeln verbot, immerhin das eindeutig bessere

Teil, das kleinere Übel, erwählt. Der Erinnyen-Chor, der es anders sieht, wird indessen nicht widerlegt; nur durch einen Gewaltakt des Himmels kommt es zu guter Letzt trotzdem für den vom Wahnsinn gepeinigten Muttermörder zum Freispruch.

In ihrer ältesten Fassung war die Sage mutmaßlich strenger. Hier konnte sich der Frevler wohl einzig durch seinen Untergang mit dem beleidigten All versöhnen. Vorausgesetzt muß ja gewesen sein, daß sich beidemal, in der patrinomen und der matrinomen Entscheidung, das Verhältnis von Recht und Unrecht wesentlich g l e i c h t. Sonst nämlich bestünde ein errechenbar rationaler Ausweg, eben der über das kleinere Übel, und wäre also die Lage des Helden zwar juristisch und menschlich schwierig, aber nicht mehr eigentlich tragisch. Und jedenfalls ist der Mythos in der literarischen Fassung wie gewiß erst recht in der älteren nicht im Besitz einer Goldwaage, die den Schuldgehalt beider Tatmöglichkeiten haargenau gegeneinanderstellte. Im Grunde also bleibt es dabei: Orestes frevelt und scheitert, ob er nun seiner Sohnespflicht an der Mutter oder am Vater nachkommt.

In der l o g i s c h e n Endlichkeit liegt, wie man sieht, die tiefere Bedingung für die Kontradiktorik des amphilogischen Schlusses. Die Lage des bestimmten Wesens ist wie die des Orestes t r a g i s c h : Je bestimmter sich die Gestalt erhebt, um so gründlicher zerstört sie an diesem Teile die Allheit. Darauf steht als Sühne der Untergang, der logische Schluß auf den Gegensatz und der zeitliche Schluß als das eigene Ende. Zwischen beiden aber liegt notwendig eine Differenz.

Und auch diese ist wieder doppelt bedingt. Denn sie versteht sich erstens rein zeitlich: Den logischen Schluß vollzieht, wie bereits gestreift, das Wesen selbst, was es nur v o r seinem eigenen Ende, seinem zeitlichen Schluß, auszuführen vermag. Damit aber gehorcht es nicht dem Urteil einer himmlischen Macht, sondern nur seiner eigensten Absicht. Der logische Schluß ist ja s e i n Erzeugnis, und zwar eben nicht nur im zeitlichen, sondern zweitens und vornehmlich auch im eigentlich logischen Sinne: Die Erzeugung des Gegenteils folgt ja aus seinem eigenen Scheitern. Sie ist die aus dem Irrtum gezogene Lehre und rechtfertigt die Vereinseitigung damit nachträglich vor dem All.

Hätte sich Orestes wie Ajas, und aus ernsterem Grund, nach der Tat selbst das Leben genommen, so hätte er den Mord an der Mutter wie vorher jenen am Vater gerächt und damit all seiner Pflicht genügt, sich aus eigener Kraft vor dem All entsühnt. Entsprechend verfährt das schließende Wesen: Es heiligt sich durch seinen Untergang. Daher die letztlich sakrale Einheit von Hingabe und Hochgefühl bei aller Zeugung.

3. Recht und Unrecht des Entstehens.
Zeugen und Sterben – logisches und zeitliches Schließen.

Mephisto, Goethes nachdenklicher Teufel, hat recht: «Alles, was entsteht, ist wert, daß es zu Grunde geht!» Warum dann nicht aber sogleich das Nichts? Warum entsteht überhaupt erst das Wesen, wenn am Ende dann doch nichts anderes als der doppelsinnige Schluß, die Erzeugung des Gegenteils und der Tod, sein ganzer Erfolg ist? Die Frage verkennt den Widerspruch. Das Wesen ist nicht eindeutig im Unrecht wie freilich auch nicht eindeutig im Recht. Es besitzt vielmehr einen Anteil an beidem, und erst aus dem Recht ergibt sich das Unrecht.

Alles, was entsteht, ist zunächst eben doch wert, daß es entsteht. Sonst nämlich wäre es nicht entstanden. Im Zeichen der Zweiten Setzung kann es sich bei dem Entstandenen ja immer nur um ein Ganzes handeln und somit um etwas final Gezeitigtes, etwas Erstrebtes. Erstrebt aber wird nur Erstrebenswertes. Aus irgendeinem Grunde also muß das Wesen, bevor es entstand, seinem Erzeuger als ein das Streben lohnender Wert vorgekommen sein und zwar als ein solcher, an dem es mangelte. Denn nur Fehlendes, nicht mit Erfolg schon Erstrebtes, läßt sich noch erstreben. Und wir kennen bereits den Mangel: Das thematische Gegenteil hatte gefehlt! Wir kennen damit auch den Grund der Zeugung. Er liegt in der Vereinseitigung des bisherigen, älteren Wesens. Dies also ist hier wert, daß es zu Grunde geht, ist im Unrecht. Das neue Wesen hingegen erweist sich hier als entstehenswert. Es hat die Allheit auf seiner Seite, denn es verkörpert den Gegensatz, an dem es mangelt: es ergänzt.

Der Widerspruch jedoch bleibt, wie in all dem ja schon zum Ausdruck kommt. Auch das neue Wesen ist lediglich relativ im Recht, relativ eben auf seinen Gegensatz, und dies allerdings in doppelter, typen- und phasenhafter Hinsicht.

Denn erstens kehrt es sich überhaupt gegen das bisherige, ältere Wesen, das heißt es ist thematisch-typenhaft eine Position nach der Negation oder umgekehrt. So folgte auf die jatypische, innerlich ruhende Antike das neintypische, moralistisch gespannte Abendland, während die Zukunft wieder einer jatypischen Kultur gehört, die sich im Umbruch der Logik, in der neuen Einheit von Gedanke und Gegenstand, bereits ähnlich abzuzeichnen beginnt wie einst in der Attischen Philosophie, im Übergang von der Schau zum Begriff, bereits das spätere Abendland.

Wir gehen darauf sogleich näher ein. Zuvor aber noch ein Blick auf die zweite, phasenhafte Bedeutung: Unabhängig von der thematischen Lage führt der zeugerische Schluß auf jeden Fall aus spätzeitlicher Perfektion, radikaler Vereinseitigung, zu amorpher frühzeitlicher Weichheit, verhältnismäßiger Unbestimmtheit. Insofern also ist er immer ein Sieg der Allheit, das heißt er ist es auch dann, wenn das neue Wesen thematisch die neintypische Richtung einschlägt, die an sich von der Allheit entschieden wegstrebt.

Der Frühzeit als solcher eignet eine jatypische Tendenz, wie wir im letzten Kapitel schon klärten und jetzt mit den Stichwörtern «Kindchenschema» und «matrinom» kurz ins Gedächtnis zurückrufen. Daher ähneln sich nicht bloß, wie bereits Vico erkannte, die geschichtlichen Frühzeiten untereinander; vielmehr besteht zwischen ihnen und den jatypischen Hochkulturen, zwischen Phasenhaftem und Typenhaftem, abermals dieselbe Verwandtschaft. So gibt es seit Novalis die Vermutung, daß das hernach von Guardini auch schon so bezeichnete nachneuzeitliche Bewußtsein wieder mit «katholischen» Zügen an das Mittelalter erinnern dürfte. «Katholisch müssen wir doch alle wieder einmal werden», erkannte sogar der alte Moltke mit seiner nüchternen Klugheit[1]. Mehr noch, wir werden in abzusehender Zukunft, wenn diese Ausdrucksweise erlaubt ist, katholischer als damals sein; das heißt das neue Bewußtsein wird, wie die folgenden Kapitel bereits näher zeigen werden, in seiner Katholizität, seiner Denken und Welt konstruktiv versöhnenden Allheitlichkeit, die entsprechende Leistung des Mittelalters, so bewundernswert sie auch bleibt, noch wesentlich überbieten. Und das wird keinen Rückschritt, sondern einen äußersten Fortschritt bedeuten. Denn bei beiden Bewußtseinsgestalten handelt es sich nicht um Gleichrangiges. Dem abendländischen Mittelalter als einer bloßen Phase, der monistischen Frühzeit einer dualistischen Hochkultur, begegnet vielmehr als «nachneuzeitliches» Bewußtsein das überhaupt nachabendländische, das nämlich einer monistischen Hochkultur, die trotz jener habituellen Verwandtschaft ihre Vorgängerin, das Abendland, im ganzen strukturell ablöst.

Wie sich aus all dem ergibt, kann eine wesenseigene Güte jeglichem Bestimmten weder mit der Scholastik einfach zugesprochen noch mit Descartes einfach aberkannt werden. Die Wahrheit liegt vielmehr - hier ausnahmsweise einmal - in der Mitte. Sie läßt sich, wenn wir den Ausdruck «Ding» auf den wahren Gegenstand, das logisch-zeitliche Wesen, beziehen, am besten so formulieren, wie das deutsche Sprichwort es immer schon tut: Jedes Ding hat seine zwei Seiten − und zwar, wie wir hinzufügen, eine positive in Form der unthematischen Negation als der frühzeitlich relativen und allheitlichen Bedeutung und eine negative in Form der unthematischen Position, der spätzeitlichen Verabsolutierung.

Die Lage des bestimmten Wesens, unser aller Lage, ist folglich, wenn man so will, paradox: Wir leben von unserem Gegensatz und wir sterben mit unseren Feinden. So starb Rom mit Karthago, so lebt Loyola von Luther, so rettete Hitler die Demokratien und so verschlingen die Revolutionen, wenn sie gesiegt haben, ihre Kinder.

4. Sexualität als fremddienlich disponierter Sonderfall des Erotischen. Die problematische «List der Natur».

Auch die Spätzeit für sich hat ihre zwei Seiten: Der Tragik entspringt die erotische Wendung, und dies bei allem subjekthaften Wesen gemäß der Logik des Werdens. Die Liebe ist also nicht, wie es Schopenhauer unter abendländischem Vorzeichen sah, eine bloße «List der Natur», verübt an den Individuen zu heteronomem, artdienlichem Zwecke, und damit überhaupt eine bloße, an die Sexualität geknüpfte Besonderheit des organischen Lebens. Vielmehr verhält es sich umgekehrt: Die Besonderheit liegt allein in jener biotischen Koppelung, die der erotischen Wendung im Interesse des Artwesens einen noch zu erörternden heteronomen Zug verleiht, so daß sie sich gerade hier, im Bereich der «List», nicht so rein wie anderswo durchsetzen kann. Primär und elementar geht es in der sexuellen Liebe um den geschlechtlichen Partner; das Kind als das wahre Ergebnis kann genau so gut unerwünscht wie erwünscht sein; es gibt heute noch primitive Völker, die den ursächlichen Zusammenhang von Zeugungsakt und Geburt nicht kennen.

Trotzdem hat die «List» ihre Grenzen. Das Artwesen käme nicht zum Ziel, wenn es der erotischen Wendung ihren eigentlichen Sinn völlig raubte; es muß sie gewähren lassen, um sie benutzen zu können. Die «List» geht denn auch keineswegs so weit, wie Schopenhauer es offenbar meinte: Nicht ein von Grund auf anderes Ziel ersetzt vordergründig täuschend das wahre, vielmehr wird dieses durch jenes immerhin symbolisiert. Denn ob der zeugerische Schluß nun thematisch-typenhaft von der Position zur Negation oder entgegengesetzt verläuft, so stellt er doch unthematisch - und damit auf jeden Fall - etwas wie einen Phasenwechsel mit umgekehrtem Vorzeichen dar, einen Übergang von der Spätzeit zur Frühzeit. Die aber ist als solche, wie genugsam erörtert, auf jeden Fall jatypisch thematisiert. Es ist in diesem engeren, phasenhaften Verstande mithin stets die thematische Position, die Unbestimmtheit als Schwäche und zugleich als Erlöstheit des Werdens, die der thematischen Negation, der perfektionierten Bestimmtheit und eo ipso Vereinseitigung, zum andern Male den Rang abläuft.

Die Wendung erreicht ihren Gipfel im Ei, im Keim und im Kind und damit, physiognomisch gesehen, im archaischen Formzustand, eben dem der Frühe. Auch der harmonische, weibliche Formzustand aber weist bereits in dieselbe Richtung, womit er die Wendung signalisiert. So beginnt hier der Kontakt des Gewordenen mit dem Werden; die Begegnung erfolgt als Begattung, als Vereinigung der Geschlechter. Es ist ein Spiel mit verteilten Rollen. Männliches und weibliches Wesen stehen dabei zeitlich nebeneinander, doch repräsentiert das weibliche gleichwohl schon die Zukunft: Es empfängt die Lehre, verhält sich wie der Schüler zum Lehrer.

Wenn die Ehefrau im altrömischen Recht als die älteste Tochter des Ehemanns galt, war das werdelogisch korrekt gedacht. Der Mann fungiert nicht zwar chronologisch, aber wesenhaft als der Ältere. Er verkörpert die Spätzeit, die sich aus der Schuld der Vereinseitigung, aus dem perfektionierten Formzustand, eine Lehre gezogen hat. Seine Lage ist daher als die prononciert tragische auch die spezifisch erotische: Er drängt aus der Weite des Schweifens zum Schluß, mit dem er sein eigenes Wesen verläßt. Er wird angezogen vom Weibe wie die Fülle vom Vakuum, welchem die weibliche Scheide denn auch genau so symbolisch entspricht wie anderseits das männliche Glied jener zeugerischen Beladenheit. Die «List» ist ein treulicher Indikator.

Das versteht sich, wie alles im Zusammenhang um den Typenkontrast, komparativisch und graduell. Für die Biologie sind denn auch beide Geschlechter von Haus aus bisexuell disponiert. Und sie sind insbesondere am Zeugungsakt an sich gleichermaßen beteiligt; statt lediglich zu empfangen, sich passiv nehmend zu verhalten, pflegt das weibliche Wesen genau so viel Erbgut genau so spontan wie das männliche beizusteuern. Die Fachwissenschaft unterstreicht damit einen logisch evidenten Befund: Über den Phasenwechsel gelangen beide Typen zur spätzeitlichen Vereinseitigung, um sich dabei aber auch gleichermaßen vom Allgemeinen nicht völlig zu lösen. Insofern drängen beide Geschlechter, auch das weibliche, jedes für sich zum erotischen Schluß, und bei beiden, auch dem männlichen, geschieht das als interner Umschlag vom Bestimmten zum Unbestimmten, als Abgabe der Initiative an die Undifferenziertheit der Keimbahn.

Der Unterschied ist also, wie gesagt, ein nur gradueller, aber dies doch in recht drastischer Form. Das männliche Wesen kommt sozusagen von der weiteren Reise zurück – meist auch räumlich, auf jeden Fall aber konstitutionell, wegen der perfektionierten Bestimmtheit; das bedeutet reichere Fracht, aber auch größere Schwierigkeit; die Rückkehr nimmt den Charakter des Ausnahmsweisen und Plötzlichen an, wird fast zum Fall. Das weibliche Wesen dagegen ist durch den harmonischen Formzustand vor solchen Problemen weithin geschützt; es hat sich gewissermaßen von vornherein in der Nähe gehalten, was die Rückfahrt in jeder Beziehung, inhaltlich und als Akt, erleichtert.

Dieser tiefe und deutliche Gradunterschied ändert indessen nichts an der prinzipiellen Gleichartigkeit: Auch die Empfängnis ist Zeugung, ist Schluß als Abschluß und Erschließung. Zwischen der erotischen Möglichkeit und der sexuellen besteht keine wirkliche Kongruenz. Die Zeugung ist nicht unbedingt «Begattung», sofern man den Sinn dieses Ausdrucks auf die Vereinigung der organisch dafür präparierten Geschlechter einschränkt.

5. Ein Beispiel für Erotik jenseits der Sexualität: die Parthenogenese.

Für unseren Zusammenhang ist jenes Phänomen von exemplarischer Bedeutung, das man als Jungfernzeugung oder Parthenogenese bezeichnet. Beide Ausdrücke sind denkbar mißlich, weil sie bereits involvieren, daß hier e in Geschlecht, das weibliche, allein am Werke sei. Das aber ist selbst im engeren, biologischen Verstande nur richtig, wenn man ausschließlich die Funktion des Gebärens für die Geschlechtsbestimmung heranzieht und am verengten Sinn des Ausdrucks «Begattung», den wir soeben monierten, obendrein festhält.

Richtiger verführe man, wenn man das Individuum, das parthenogenetisch fungiert und so weit es das tut, funktional beiden Geschlechtern und deshalb keinem spezifisch zuweist. Die Jungfernzeugung setzt ja, wie jede Zeugung, Reife voraus. Das betreffende Individuum also hat den Phasenwechsel bereits vollzogen und befindet sich damit im Stande seiner vollendeten Durchbestimmtheit. Ob wir diese seine Verfassung als perfektioniert oder nur als harmonisch bezeichnen, ist in diesem Falle ein Streit um Worte. Denn erstens fehlt hier der andere, alternative Zustand, relativ auf welchen die Unterscheidung nur fruchtbar würde. Und zweitens wäre die Zuordnung, falls sie gleichwohl gelingt, nicht wirklich erheblich.

Selbst wenn wir uns etwa dazu entschließen, lieber doch von einem weiblichen, harmonischen Zustand zu sprechen, schon weil diesem die Ambivalenz an sich nähersteht und weil auch die Einfachheit der Formen, bei denen Parthenogenese vorkommt, eher in diese Richtung deutet, so bleibt auch das am entscheidenden Punkte belanglos. Eben darin liegt ja die Relevanz, daß beide Geschlechter, jedes für sich, zur erotischen Wendung drängen und im Prinzip dies Ziel auch erreichen.

Das parthenogenetische Individuum ist also zwar kein deutlich männliches oder weibliches Wesen, reagiert in der bezeichneten Lage aber auf jeden Fall männlich: Die phasisch neintypische und insofern männliche Haltung eignet ja dem erreichten Formzustand generell, bei der harmonischen Lösung nicht anders als bei der perfektionierten. Das aber führt als Vereinseitigung zum antinomischen Schluß, und der bedeutet unthematisch den Übergang vom Gestalteten, das sich die Lehre zog, auf die Keimbahn, die werdefähige Allheitlichkeit. Die rechtverstandene «Begattung», nämlich eben die Wendung vom Bestimmten zum Unbestimmten und damit haltungsmäßig vom Männlichen zum Weiblichen, zum Positivum der Zweiten Kehre, hat sich also auch hier ereignet. Der Vorgang ist kein sexueller, wohl aber ein erotischer.

An der Parthenogenese fällt aber doch auch noch etwas Gegenteiliges auf: Sie ist am häufigsten bei den niedrigeren animalischen Formen, um bereits bei den Insekten seltener zu werden und sich bei den Wirbeltieren nur noch ausnahmsweise zu finden. Sie steht insofern also tatsächlich, wie denn ja auch schon bemerkt, dem harmonischen Formzustand nahe, dem der Pflanze gegenüber dem Tier und des Ruhens gegenüber der Tat.

Das animalische Wesen kann offenbar nur dort, wo sich seine Entfernung vom vegetativen Haften noch in bescheidenen Grenzen hält, auf die sexuelle Trennung verzichten. Wo es die Grenze überschreitet oder auch nur dazu ansetzt, zahlt sich die Parthenogenese gewissermaßen nicht mehr recht aus. Es ist mithin der spezifisch tierhafte Zug an der Tierheit, der zur Wachheit des Schweifens, des subjekthaften Erfahrens im Raum und damit des Erschließens und Weitergebens der Lehre, des zeugerischen Verhaltens, der jetzt die Repräsentation durch ein gesondertes Wesen, eben das männliche, gebieterisch fordert, was nun aber auch die andere, an sich umfassende Möglichkeit zu analoger Besonderung bringt.

So gilt mutatis mutandis schon für die höhere Tierheit, was der biblische Schöpfungsbericht für die Menschheit feststellt, wenn ihm zunächst und eigentlich allein der Mann als Adam, als Mensch, gilt, von dem sich damit aber auch Heva, das Leben überhaupt, im Weibe gegenteilig abhebt.

6. Beginn der Sexualisierung und des Ringens um ihren erotischen Sinn. Heterogonie und Proterandrie als Indizien für die zeugerische Bedeutung des Schweifens.

Von den Übergangsformen auf dem Wege zur Sexualisierung erwähnen wir an erster Stelle die Heterogonie, die abwechslungsweise Ausnutzung beider Fortpflanzungsmöglichkeiten. Sie kommt vor bei einigen niederen Würmern, Krebstieren und Schmarotzerinsekten und spielt damit im Naturhaushalt eine nur recht bescheidene Rolle. Trotzdem ist sie grundsätzlich bedeutsam, denn sie indiziert den wahren Sinn der Sexualisierung.

Bei der Blattlaus etwa entstehen in rascher Folge die Sommertiere, die *Virgines,* aus unbefruchteten Eiern, das heißt hier genügt die interne Erschließung, die einfacher und schneller zum Ziel führt. Der Grund ist klar: die Nahrungsschwemme der guten Zeit soll maximal ausgenutzt werden. Erst im Herbst entstehen dann Männchen, wie meist allzu kurzweg erklärt wird, das heißt erst jetzt entstehen geschlechtlich differenzierte Tiere, *Sexuales,* also sowohl Männchen als auch eigentliche, konträr spezifizierte Weibchen. Das führt über jene Begattung, die gewöhnlich allein so genannt wird und die wir als die externe bezeichnen, zur Entstehung befruchteter Eier. Und der Grund ist wiederum klar: diese Eier sind widerstandsfähiger; mit ihnen rüstet sich die Art für den nahenden harten Winter. Und das also vermag offenbar nur die sexuell-externe Begattung. Sie leistet somit mehr, liefert Besseres, als die parthenogenetisch-interne.

Darin besteht das Indiz in der Hinsicht, auf die es hier ankommt. Für den Empiriker ist der Nachteil der Jungfernzeugung ja lediglich der, daß eine Neukombination der Erbeigenschaften hier ausbleibt.

Man sieht jedoch keineswegs ein, wieso das an sich schon ein Nachteil sein sollte. Denn ist das Erbgut gleichwertig, so vermag auch die Neukombination nichts daran zu ändern; ist es indessen ungleichwertig, so kann die veränderte Kombination genau so gut zur Verschlechterung wie zur Verbesserung führen, womit auf den Durchschnitt gesehen also wiederum alles beim alten bliebe. So oder so bestünde für das Artwesen zur umständlichen Eröffnung des schwierigeren Fortpflanzungsweges – über die *Sexuparae* als eine eigens veranlagte Zwischengeneration – keinerlei Anlaß. Die sonst allseits erkennbare Ökonomie des Naturhaushalts spräche vielmehr entschieden gegen einen derartigen Aufwand.

Daß es trotzdem dazu kommt, indiziert also einen anderen Grund: Die Sexualisierung bedeutet Gewinn. Und zwar geht es dabei in der Tat vor allem um das männliche Element, das freilich als Element der Bestimmtheit in jedem Fall, auch schon beim parthenogenetischen Individuum, den spätzeitlichen Schluß zieht und der Unbestimmtheit als Lehre vermacht, um indes nach der Sexualisierung, also nach seiner l e i b l i c h e n Sonderung, mittelst des daraufhin erst subjekthaft eigenen Schweifens, des Fahrens und Erfahrens, zur Erfüllung des Auftrags ungleich besser als vorher tauglich zu sein. Denn damit wird der Vorgang erst eigentlich zu dem, was er sein soll: zum Dialog zwischen Lehrer und Schüler. Die Neukombination der Gene spielt hier also zwar eine wichtige Rolle, jedoch lediglich als Mittel zum Zweck. Sie schafft jener höheren Möglichkeit Raum.

In den Zusammenhang gehört auch noch, gewissermaßen als eine ungeduldige Notlösung, die sogenannte Proterandrie, die «Zuerst-Männlichkeit», wo also die W e i b c h e n wider Erwarten einen l ä n g e r e n Gestaltweg brauchen, weil sie ungleich größer sind als die Männchen, welche dennoch durch ihr V e r h a l t e n, schweifend und draufgängerisch, ihre Männlichkeit unmißverständlich kundtun. Das kollidiert mit dem Regelfall und scheint geradezu einer Einsicht aus unserem II. Kapitel ihren Grundsatzcharakter zu rauben. Gemeinhin entspricht ja dem stärkeren, aktiven Verhalten der stärkere Körperbau, der perfektionierte Formzustand, und kommt also dessen Träger, das männliche Wesen, zuletzt ans Ziel.

Bei dem Repräsentanten der irregulären «Zuerst-Männlichkeit» handelt es sich nun freilich durchweg nur um sehr einfache Organismen, um versteckt hausende, am Boden klebende oder parasitär im Leib eines Wirtes geborgene Würmer, Schnecken und Asseln: um den demütigen Anfang der Tierheit. Hier verkörpert allein das Weibchen, haftend gleich der Pflanze und wie diese harmonisch statt perfektioniert, bereits die eigentliche Gestalt. Das männliche, schweifende Wesen kann noch nicht entsprechend bestehen, es vermag sich die Welt noch nicht zu erobern. Es erschöpft sich daher noch in der männlichen, zeugerischen Funktion. Und zu diesem Zweck reicht das Zwergentum, das der primitive Gestaltplan nur erst erlaubt, bereits aus.

Die Norm ist also nur scheinbar verkehrt. Nicht im komplexen Verstande die männliche Gestalt, sondern bloß sozusagen der ins Tierhafte transponierte Pollen geht der weiblichen Gestalt, die allein schon ausreift, ontogenetisch voran. Das Schweifen als solches hat Vorrang vor der ausgewogenen Differenzierung.

«Wenn jemand eine Reise tut, so kann er was erzählen», sagt einmal Matthias Claudius. Und das gilt also nicht bloß und erst für den Menschen, sondern für alles gesteigerte Leben, zu dem in der relevanten Hinsicht mithin bereits Blattläuse, Ringelwürmer, Schnecken und Asseln wenn schon nicht durchaus zählen, so doch zu zählen Anstalten machen.

7. *Das analoge Indiz in der Flora: Der Pollentransport*
bei den Spermatophyten.

Auch in der Pflanzenwelt, in dem stummen Reiche des Haftens, kommt es vornehmlich bei den höheren Formen, den danach benannten Spermatophyten, den Samenträgern, gleichwohl auf fast paradoxe Weise zur Sexualisierung.

Der männliche Pollen, der Blütenstaub, schweift. Die Bestäubung freilich bleibt dem Wind, dem Wasser oder auch Flugtieren überlassen; gerade bei dem Hauptvorgang also fehlt es seitens des Urhebers noch an eigentlicher Aktivität. Das stellt dem subjekthaften Einschlag kein gutes Zeugnis aus, um den wahren Sinn dieser Wendung dafür um so deutlicher zu enthüllen. Denn mindestens bei den doppelgeschlechtlichen Blüten einhäusiger Pflanzen wäre die Verlegenheit des passiven Pollentransportes vermeidbar. Hier drängt sich ja die Selbstbestäubung als einfachste Möglichkeit förmlich auf. Sie wird jedoch merkwürdig selten genutzt, wird meist vielmehr im Gegenteil durch eigens aufgerichtete Schranken, Geschlechtertrennung in der Blüte und interne Sterilität, mit auffälliger Absicht verhindert.

Es soll zur Fremdbestäubung kommen! Das Erbgut also gibt, wie man daraus nur schließen kann, nicht allein den Ausschlag. Es ist ja artkonstant, ist beim externen Pollen dasselbe wie beim internen; und der Inzest als Vermehrung der homozygoten Genpaare wirkt schädigend bekanntlich nur bei krankem Erbgut, bei gesundem dagegen steigernd, weshalb er in der Fauna, bei Mensch und Tier, nirgends strukturell blockiert und häufig sogar nahegelegt ist.

Offenbar also hat der externe Pollen außer der Erbanlage noch etwas weiteres anzubieten und diese Wirkung entscheidet: Er hat eine Reise getan, hat ein Abenteuer bestanden! Machte er dabei auch keine besonders gute Figur, so handelte es sich gleichwohl in den engen nach dieser Seite dem Pflanzenwesen gezogenen Grenzen um einen Vorgang sondergleichen: um das einzige freie Erfahren in der großen Stille des Haftens und Duldens. Der Ertrag ist für unsere Optik unregistrierbar gering. Darin liegt indes keine Minderung; unter Blinden ist der Einäugige König. Der relative Gewinn, relativ zu allen der Pflanze sonst möglichen Fortpflanzungsweisen, muß jedenfalls außerordentlich sein. Das beweist umgekehrt die erbgesunde Selbstbestäubung mit ihrem in der Regel zwar nicht genetisch geschädigten, aber merklich schwächeren Nachwuchs.

8. Subjekthafte Rebellion gegen die sexuelle Genormtheit.
«Homosexuelles» Verhalten als antisexuelle Erotik.
Wickler: «Sind wir Sünder?»

Daß die «List der Natur» dem eigentlichen, erotischen Sinn der Zeugung nicht von Grund auf gerecht wird, zeigt jene Fülle bisexueller und homosexueller Verhaltensweisen, die man heute gern unter das Kennwort «relative Sexualität» subsumiert. Wickler in seinem Buch «Sind wir Sünder?» hat sich besonders eindrucksvoll um diese Phänomene bemüht[2]. Er weist nach, daß männlicher oder weiblicher K ö r - p e r b a u das erotisch gemäße V e r h a l t e n nicht unumstößlich festlegt und daß l e t z t e r e s sich im Konfliktfall durchsetzt: «Verhalten geht vor Körperbau»[3].

Dem liegt folgende Definition, ausgedrückt für den Einzeller, aber mit allgemeiner Bedeutung, zugrunde: «Als Kennzeichen männlichen Verhaltens gilt dabei, daß die Zelle sich bewegt und aktiv zur anderen kriecht oder schwimmt; weiblich heißt diejenige Zelle, die passiv bleibt»[4]. Weiblich ist das Ja und damit das Ruhen, männlich das Nein und damit das Ändern - auf diesen objektiv logischen, aprioristischen Hintergrund läuft die Gegenüberstellung mit bemerkenswerter Klarheit hinaus.

Und beide erotischen Möglichkeiten kommen bei b e i d e n Geschlechtern vor, allerdings mit einem Vorbehalt, auf welchen Wickler nicht eingeht: Die Auftrittsweise beschränkt sich auf den t i e r i s c h e n Lebensbereich. Sie bedeutet eine Errungenschaft.

Wickler stößt freilich auch schon bei Algen und Pilzen, niedersten Pflanzen, auf relative Sexualität. In der bedeutsamsten Hinsicht bleibt das indessen unerheblich, weil sich hier immer nur sexuell u n d i f f e - r e n z i e r t e Zellen je nachdem männlich-draufgängerisch oder weiblich-fügsam verhalten. Es gibt hier, mit anderen Worten, n u r «relative Sexualität»; ein konträr vorgeprägter Körperbau, gegen den das Verhalten zu rebellieren vermöchte, ist noch gar nicht vorhanden; man befindet sich erst im Vorfeld der eigentlichen Sexualisierung. Anderseits aber besteht bei den höheren Pflanzen, den Samenträgern, aus einem gegenteiligen Grunde dieselbe Situation: Hier ist die sexuelle Aufga-

benteilung dermaßen schematisch streng durch den Körperbau vorentschieden, daß der relativen Sexualität, der Rebellion des Verhaltens,
demgegenüber kein Spielraum bleibt.

Die Austragungen des Konfliktes ereignen sich also erst beim Tier
und sind ein Symptom seiner Würde, seiner Emanzipation als Subjekt.
Daher kann die übliche Rede von relativer Sexualität nicht als sonderlich glücklich gelten. Schon rein sprachlich und terminologisch
handelt es sich hier um einen Mißgriff, den wir jedoch nicht monieren
würden, wenn in ihm nicht ein ernsterer Fehler irritierend durch-
schlüge. Man erinnere sich also ganz simpel: Gerade die nicht «relative», die vom Körperbau vielmehr im voraus festgelegte Verhaltensweise, pflegt man nach dem Ausdruck *sexus,* dem lateinischen Wort für
Geschlecht, als sexuell zu bezeichnen. Das «relativ sexuelle» Gebaren ist
also in Wahrheit antisexuell; es stellt den eigentlichen, erotischen
Geschehenssinn gegen die Abweichung wieder her.

Richtiger und doch gleichfalls nicht glücklich ist der Ausdruck «homosexuell». Die erotische Wendung läßt sich als Rebellion allerdings
immer nur dort nachweisen, wo sie sich von der sexuellen abhebt und
sich also, umgekehrt ausgedrückt, an zwei demselben *sexus* zugehörigen Wesen ereignet. Das aber ist nicht das Entscheidende. Ginge es
nämlich nur darum, daß zwei Männchen oder zwei Weibchen miteinander kopulieren, und fehlte dabei also die eigentlich erotische Spannung, so wäre der Vorgang nichts als eine törichte Nachahmung des na-
turgegeben sexuellen Aktes und damit in dem Sinne unsittlich, wie das
christliche Abendland es denn auch von jeher behauptet hat und durch
den Ausdruck «homosexuell» mithin im Grunde schon nahelegt. In
Wahrheit siegt hier aber das höhere, reine Prinzip über das von der
«List» funktionalisierte und handelt es sich also um die sittlichere
beider Vorkommensweisen.

Das ist bereits unter Einzellern «inzwischen bei vielen Arten erwiesen», wie Wickler feststellt[5]. Er verdeutlicht es an einem Musterbeispiel: «Jedes Individuum des Geißeltierchens Trichonympha ist entweder stärker weiblich oder stärker männlich differenziert, kann aber sowohl als Weibchen wie als Männchen reagieren. Ein männliches Tier
kann also gegenüber einem stärkeren Männchen die Weibchenrolle, ein

weibliches einem stärker weiblichen gegenüber die Männchenrolle spielen», und zwar beides mit zeugerischem Erfolg. «Es kann sogar vorkommen, daß drei Individuen miteinander kopulieren, wobei das mittlere als Männchen in das vorderste eindringt, zugleich aber dem letzten als Weibchen dient»[6].

Die sexuelle Aufgabenteilung ist hier also schon durchgeführt, jedoch in dermaßen unscharfen Grenzen, daß der antisexuelle Akt auch in der biologischen Wirkung mit dem sexuellen noch konkurriert. Trotzdem konkurriert auch hier schon das Individuum mit der Art. Denn der Vorgang ist nicht «homosexuell», sofern man mit diesem Ausdruck ein selbst schon wieder entsprechend fixiertes, also abwegig quasisexuelles Sonderverhalten bezeichnet, während es sich im Gegenteil um das Aufdämmern einer Befreiung handelt.

9. Antisexuelle Erotik und eo ipso Pädagogik bei höheren Säugern.

In der höheren Tierheit ist die leibliche Differenzierung bald so weit vorangetrieben, daß das Verhalten den Körperbau nicht mehr komplex umzuprägen vermag. Die biologische Konkurrenz der antisexuellen Verhaltensweise mit der sexuellen hört damit auf. Geschlechtsumwandlungen unterbleiben oder führen nicht mehr wirklich zum Ziel. Bemerkenswerterweise hört die antisexuelle Verhaltensweise deshalb aber nicht etwa überhaupt auf! Wickler weiß eindrucksvoll zu belegen, daß sie und damit in seiner Sprache die relative Sexualität sich vielmehr allenthalben auch in der höheren Tierwelt durchsetzt. Immer wieder kommt es dabei wenn nicht zur vollen Geschlechtsumwandlung, so doch zu entsprechenden Anläufen und Simulationen.

Wickler zeigt das besonders an höheren Säugern. Beim Mantelpavian etwa setzt sich die eigentliche Nötigung dermaßen machtvoll gegen die sexuelle Verengung durch, daß sogar ältere Weibchen Jungtieren gegenüber das männlich homosexuelle Verhalten, das aggressive «Aufreiten», pantomimisch vollziehen, was die Motivation auch bei den Männchen, trotz des hier drastisch echten Vollzuges, in ein neues Licht rückt. Wickler stellt daher nur eine «angebliche Homosexualität» fest[7]. Denn «von Homosexualität sollte man nur sprechen, wenn ein Individuum im rein sexuellen Zusammenhang deutlich gleichgeschlechtliche Artgenossen bevorzugt», obwohl ihm «Artgenossen anderen Geschlechts eben so leicht zugänglich sind»[8].

Und zwar scheinen besonders soziale Motive mit den sexuellen zu konkurrieren. «Nach dem eben Gesagten», erläutert Wickler denn auch, «ist schon klar, daß das Aufreiten männlicher Paviane statt homosexuelles Verhalten auch eine Rangdemonstration sein kann. Dasselbe gilt für das Aufreiten weiblicher Paviane untereinander. In den Fällen, in denen ein unterlegenes Männchen in die Rolle des Weibchens verfällt, weil diese Rolle zugleich Zeichen der Unterlegenheit ist, handelt es sich ebenfalls um eine Rangbekundung und nicht um Homosexualität»[9].

Das liefe letztlich hinaus auf die Annahme einer Alternative, die an die christlich dualistische zwischen *sarx* und *pneuma,* «Fleisch» und «Geist», auf fast komische Weise erinnert. Die «angebliche» Homosexualität, also die drastisch als Akt praktizierte, wäre hiernach ja entweder in der Tat, dem Anschein gemäß, ein lustvoller Selbstzweck oder aber im Gegenteil eine fremddienliche Pflicht, wobei dunkel bliebe, weswegen ausgerechnet die große Gebärde der Zuneigung, die Vereinigung, als Symbol der gesellschaftlichen Abgrenzung herhalten muß und diesem sinnwidrig-zusätzlichen Auftrag offenbar auch bestens genügt.

Aber es handelt sich hier eben gar nicht um ein eigentlich homosexuelles Verhalten, bei dem das Interesse also dem Artgenossen g l e i - c h e n Geschlechtes von Grund auf und eigentlich gilt. Die älteren Pavianmännchen und -weibchen sind vielmehr in der Regel auf andersgeschlechtliche Partner mindestens ebenso stark bezogen. Und ihr «angeblich homosexuelles» Verhalten gilt spezifisch j ü n g e r e n Artgenossen. Es handelt sich also um P ä d e r a s t i e.

Das zeigt gerade auch, und sogar mit abstrakter Strenge, der einzige scheinbare Ausnahmefall, wo nämlich «ein unterlegenes Männchen dem Sieger gegenüber in die Rolle des Weibchens verfällt»[10]: Es mag ebenso alt wie das Leittier sein, ist aber eben doch schwächer und deshalb dem sprichwörtlich schwachen Geschlecht und dessen harmonischem Formzustand, der dem jugendlichen verwandt bleibt, insofern strukturell zugeordnet. Durch die Rangkundgebung des Leittiers wird es darüber belehrt; seine Unterlegenheitsgeste ist die verständnisvolle Antwort. Es handelt sich also im Grunde um einen pädagogischen und eben damit erotischen Vorgang. Lehren ist Zeugen und Lernen Empfangen.

Das quasiweibliche, «kinädische» Verhalten älterer Männchen bleibt freilich ein Grenzfall wie anderseits doch auch wohl das pantomimisch männliche, aufreiterische, älterer Weibchen. Wo altes und junges Männchen einander begegnen, ist die List der Natur jedenfalls am stärksten nach dem Grundmodell hin berichtigt: Auf der einen Seite die Ballung von sexueller und phasischer Männlichkeit, auf der anderen das männliche Jungtier als habituell weibliches Wesen, das die Belehrung sucht, statt sie bloß zu dulden, und das damit im simultanen Gefälle die werdehafte Funktion übernimmt, um doch auch das sukzessive Gefälle, das der Generationen, durch seine latente Männlichkeit am entscheidenden Punkt zu verbürgen.

Wicklers «angebliche Homosexualität» steht also zu ihrem «sozialen» Sinn in einem durchaus analogen Verhältnis; hier wie dort handelt es sich um Zeugung. Der quasisexuelle leibliche Akt ist mit dem thematischen zwar nicht identisch, dient diesem jedoch erst recht nicht als verfremdetes bloßes Mittel, sondern entspricht ihm physiognomisch, als Ausdruck, in demselben genauen Verstande wie überhaupt das räumliche «Wesen» dem eigentlichen logisch-zeitlichen.

10. Der harmonische Formzustand als Station des männlichen Werdens.
Das quasiweibliche Zwischenspiel.

Die Gesellschaftsbildung bei höheren Säugern hängt engstens damit zusammen, daß der harmonische Formzustand dem perfektionierten zweimal begegnet: nicht nur im erwachsenen Weibchen, sondern ebenso im männlichen Jungtier!

Das ist durch die typologische Klärung des II. Kapitels letztlich bereits involviert und bedeutet also nur deren Ergänzung. Denn wir bemerkten dort bereits, daß sich der harmonische Formzustand in einer mittleren Lage befindet, und zwar zunächst morphologisch: Er ist beiden Beschränkungen durch den Sachzwang, der konkaven im archaischen Zustand und der konvexen im perfektionierten, gleichermaßen weitmöglichst enthoben. Eben deshalb stellt er ein Optimum eigener Art dar, ist er der eigentlich «schöne» Zustand.

Das aber rückt ihn auch zeitlich, ontogenetisch, in eine entsprechend mittlere Lage: Er folgt wie der perfektionierte auf den archaischen Zustand, bleibt diesem indessen näher und kommt deshalb früher als jener ans Ziel. Daher die schnellere weibliche Reifung. Der männliche Gestaltweg ist schwieriger und endet später, trennt sich jedoch bis zum Phasenwechsel von dem weiblichen Wege nur unerheblich. Hier wie dort wird bis dahin die konkave Verzerrung, die gemeinsame archaische Unform, durch zunehmende Bestimmtheit ersetzt, ohne daß es deshalb bereits zur perfektionierten Zweckform mit ihrer konvexen Verzerrung käme.

Ehe das letztere geschieht, in der harmonischen Mitte zwischen den extremen Beschränkungen, endet der weibliche Gestaltweg. Der männliche geht darüber hinaus, aber eben damit ist schon gesagt, daß es auch auf ihm jene Mitte gibt. Sie kann aus naheliegenden Gründen – als bloße Station statt als Ziel – der analogen weiblichen Lösung strukturell nicht völlig entsprechen. Grundsätzlich aber muß es auch in der männlichen Ontogenese immer irgendwo einen Zustand geben, wo die Entstellung durch den konkaven Sachzwang bereits zurücktritt und jene durch den konvexen noch nicht voll erreicht ist, wo also die beiden Beschränkungen einander optimal beschränken, so daß sich zwischen Unform und Zweckform, kindhafter Schwäche und männlicher Härte, die harmonische Mitte, die Schönheit, durchsetzt.

Das geschieht logischerweise, und daher an sich allgemein, mit Abstand vor dem Phasenwechsel, nämlich noch vor dem dazu ansetzenden morphologischen Endspurt, um sich freilich nur dort erkennen zu lassen, wo nicht mehr Metamorphosen, wie bei Insekten oder Amphibien, den Gestaltweg habituell unterbrechen. Noch weiter verengt sich der Kreis relevanter Wesen, wenn man das Phänomen im Zeichen seiner pädagogischen Wirksamkeit sieht. Mantelpavian und Dickhornschaf, Wicklers Beispiele, bilden Herden. Sie stehen damit dem Menschen, dem *zoon politikon,* schon recht nahe. Denn die Herde ist mehr als die Summe der sie ausmachenden Individuen; sie besitzt eine eigene Ordnung, in welcher ältere Tiere, namentlich Männchen, herrschen und führen. Anderseits ist diese Ordnung nicht alles; das in ihr lebende Einzeltier bewahrt sich sein subjekthaftes Wesen, selbst im Falle drastischer Unterwerfung.

Insofern steht die Herde hoch über dem sonst viel wirksamer durchkonstruierten Insekten«staat», bei dem man es eben doch nur mit einem körperhaft pluralistisch gegliederten Subjekt zu tun hat. Die Schaf- oder Pavianherde dagegen ist bereits eine «Gesellschaft» in des Wortes eigentlichem Verstande: sie beruht auf einem Akt der Gesellung, den jedes erwachsene Tier notfalls wieder zurücknehmen kann, um als Einzelgänger weiterzuleben und selbständig zur Begattung zu schreiten. Bienen und Ameisen können das nicht; hier kommt die subjekthafte Einheit besonders auch darin zum Ausdruck, daß es ein Sexualprivileg gibt, welches wenigen Tieren spezifisch eignet ähnlich wie im Organismus den wenigen reifen Geschlechtszellen, während die Masse der Tiere gleich den normalen Körperzellen geschlechtlich neutralisiert ist. Bei den herdenbildenden Säugern dagegen entspricht der subjekthaften Vielheit erstens die in sämtlichen Tieren wachbleibende Sexualität sowie zweitens, weil die Ordnung gelernt sein will, statt sich naturhaft von selbst zu verstehen, der erotische Zug in die «homosexuelle», das heißt antisexuell pädagogische Richtung.

Das quasiweibliche Zwischenspiel beim männlichen Jungtier kommt dieser Tendenz von der anderen Seite entgegen. Darin liegt etwas Erstaunliches. An sich ist das Phänomen ja, wie schon bemerkt, durchaus allgemein; auf schlechthin jedem Gestaltweg, der zum perfektionierten Formzustand führt, muß es jene Mitte grundsätzlich geben. Der Sinn dieser Möglichkeit aber beginnt sich erst zu später Stunde, unter hochentwickelten Säugern mit menschennaher Sozialstruktur, zu entfalten; auch scheint sich das Zwischenspiel hier erst gestalthaft durchzusetzen. Das gemahnt an das Wort Meister Eckeharts, es meine alle Natur den Menschen. Man merkt die demiurgische Absicht.

11. Gesellschaftsbildung und antisexuelle Erotik beim Menschen.
Familie und Männerbund. Das «Doppelleben» des Mannes
zwischen Natur und Übernatur und die Erbauung des mystischen Tempels.

Beim Menschen ereignet sich jene Sublimierung des Lebens über das Bewußtsein, welche wir als Geschichte bezeichnen. Die Instinktgrundlage reicht nicht mehr aus und darf das auch nicht länger, weil gerade erst dieser Ausfall die personhafte Initiative freisetzt.

Das hebt schon in den Frühkulturen, bei den sogenannten Naturvölkern, die Naturordnung radikal auf, bedeutet indes einen Sieg nicht der Willkür, sondern der Sitte als einer anderen, strengeren Ordnung. Anderseits jedoch ist die Unnatur naturhaft geplant. Vorverlegte Geburt und längere Jugendlichkeit als beim Tier erlauben ausgiebiges Lernen und gründliche soziale Dressur. Dem entspricht auf der Gegenseite, bei den Erwachsenen als den Lehrern, ein kollektiver Unterrichtsplan, der von der Natürlichkeit fortschreitend wegführt, um dafür gleichwohl von Natur her die nötige Disposition mitzubringen.

Zwischen den Geschlechtern herrscht pädagogische Arbeitsteilung; sie vermag es, weil die Automatik der Brunstzeit zugunsten einer personhaften erotischen Dauerbereitschaft gesprengt ist. Das führt im sexuellen Rahmen zur Ehe und im antisexuellen zum Aufbau politisch-öffentlicher, wesentlich männlicher Ordnungen, die mit eigenem ethischen Klima jenes der Privatbereiche an diesem Teil überwinden.

So kommt es zunächst zum Lernen des Kindes in der Familie, welche das Mädchen schließlich nur wechselt, um aus der Obhut des Vaters in die des Gatten überzutreten. Wenigstens gilt das normalerweise und solange die Ordnung gesund ist; daß die Gleichmacherei in Spätzeiten wie der heutigen auch vor den Geschlechtern nicht haltmacht, steht auf einem anderen Blatt. Die Natur freilich läßt sich nicht narren; heute wie eh und je spielt das Mädchen, solange es nicht umdressiert ist, mit Puppen statt mit Soldaten und liebt es die Kleider mehr als die Bücher.

Beim Knaben folgt dem Lernen des Kindes in der Familie das des Initianten im Männerbund. Wenigstens gilt dies wiederum als Norm in einer gesunden Ordnung. In spätzeitlichem Verfall wie heute dem des

Abendlandes führt gerade auch der Vorstoß der Frau in die öffentlichen Bezirke zur Zerstörung des Männerbundes und zu seinem Ersatz durch den ethisch belanglosen Apparat, der die Auflösung bürokratisch verwaltet, was nun anderseits auch die «homosexuellen Cliquen» unseres Zeitungsjargons, also die männerbündischen Reste, zu unangemessen trennender statt verbindender Wirkung bringt.

Einschränkend kommt etwas Zweites hinzu: Auch schon bei gesunder Ordnung kennt die Hochkultur kaum mehr d e n Männerbund, sondern nur noch besondere Bünde, Orden und Gilden von Priestern und Kriegern, Gelehrten, Handwerkern und Künstlern, die daher auch terminologisch jene universale Kennzeichnung gemeinhin nicht mehr erhalten. Damit kommt aber auch der Initiant sozusagen als solcher gar nicht mehr vor. An seine Stelle tritt je nachdem der Novize, Schüler, Kadett oder Lehrling. Entsprechendes gilt für das Männerhaus und die Einweihungsriten. Dem universalen Grundriß begegnet man nur in den Frühkulturen, bei den vermeintlichen «Wilden», wo die geringe Spezialisierung dergleichen am ehesten zuläßt und die allgemeine Bedeutung, die Initiation als Gewaltakt, als Bruch mit der Natur und zweite, geistliche Geburt, noch schaudervoll konkret erlebt wird.

Anderseits zeigt sich gerade bei den Naturvölkern eine weitere, dritte, Abweichung von der Norm: Es gibt hier – wenigstens ansatzweise – auch die Herrschaft der Frau statt des Mannes, die Gynäkokratie, und zwar nicht als Verfallserscheinung, sondern als legitime zumindest teilweise Basis einer ethisch intakten Gesellschaft. Allerdings ist das nur die Ausnahme von der Regel, zumal auch ein mutterrechtlicher Zustand noch längst kein gynäkokratischer sein muß. Gleichwohl ist allein schon bemerkenswert, daß die Möglichkeit überhaupt besteht und zwar gerade nur in den Frühkulturen. Das liegt offenbar an der Urtümlichkeit, welche den vollen Einsatz des männlichen Leistungsvermögens weder schon braucht noch auch nur gestattet, was automatisch die Gewichte zugunsten der weiblichen Sphäre verlagert und zwar im Sonderfall dergestalt, daß die Ordnung nach dieser Seite hin abkippt.

Dann herrscht jedoch die ä l t e r e Frau, die Mutter; Gynäkokratie ist Matriachat. Die Abweichung hält sich also in Grenzen. Über den Phasenwechsel führt ja der Gestaltweg, um nochmals daran zu erinnern, auch beim weiblichen, jatypischen Wesen in die männliche, neintypische Richtung. Ist der Rat der Alten also wirklich einmal ein Rat der Mütter, so herrscht die Frau folglich immerhin unter ihrem maskulinen Aspekt. Für die reine und strenge Ausformung dieser Möglichkeit findet sich jedoch weder bei den vielstrapazierten Pelasgern noch bei den Irokesen noch sonstwo ein einwandfreier Beleg. Macht und Einfluß des Männerbundes werden vielmehr in allen historisch faßlichen Fällen, wo man von Gynäkokratie spricht, durch diese in Wahrheit nur eingeschränkt, nicht beseitigt. Und selbst das, wie gesagt, ist lediglich ein Ausnahmefall.

Die Initiation der Mädchen parallel zu jener der Knaben kommt bei Naturvölkern an sich zwar häufiger vor und führt dann zu zwei parallelen Bünden, was jedoch im Ergebnis den charakteristischen Gegensatz eher verdeutlicht als verwischt. Denn allein der Männerbund pflegt den Eheschluß seiner Mitglieder geschichtsmächtig zu überdauern. Die Frau hingegen tritt, wenn sie heiratet, jedenfalls de facto aus dem etwa vorhandenen Mädchenbund aus; ihre Ehe ist zugleich ihr Beruf. Geht es ihr aber wirklich einmal um ein personhaft eigenes Auftreten im politischen und geistigen Rahmen, so bieten sich ihr die Möglichkeiten der Aspasia und der Sappho, die heroischen Anomalien des Hospitierens im Männerbund und des ernstlich eigenen Liebesbundes um den Preis der Familiengründung.

Der Mann ist für die Wanderung zwischen beiden Welten, die Präsenz in Natur und Übernatur, auf besondere Weise geeignet. Er führt im wahrsten Wortverstande ein Doppelleben, teilt seine Neigung legitim zwischen seiner Ehe und seinem Beruf und wird dadurch zu dem Mittler, in dem die beiden Sozialelemente, Familie und Männerbund, einander treffen. Nur auf Grund dieser Leistung gibt es Geschichte, kann sich die im Bewußtsein gestiftete allgemeine Ordnung über den Privategoismus der sexuellen Einzelbünde erheben, um sich gleichwohl auf diese Vielheit zu stützen wie beim Tempel das Gebälk auf die Säulen.

Der Vergleich stellt sich nicht zufällig ein, denn er dürfte an Archetypisches rühren. «Kennst du das Haus? Auf Säulen ruht sein Dach ...» Eigentümlicherweise scheint jedermann dieses Haus zu kennen. Man begegnet dem Säulentempel nicht erst in Hellas und Rom, sondern bereits am Nil und in Stonehenge. Man entdeckt ihn als magisches Inbild etwa im Bewußtsein der Freimaurer, dieser hellsichtigen Erwecker des wahren, allgemeinen Bundes unter extrem ungünstigem, christlich-abendländischem Vorzeichen.

Übrigens besitzt auch die «Loge» einen zugehörigen Sinn. Sie ist das aus der «Lodge», der Bauhütte des Mittelalters, zurückgewonnene Männerhaus, in welchem Meister und Lehrling, Initiierter und Initiant, an dem mystischen Tempel einträchtig bauen.

12. Eglintons Wiederentdeckung der Griechischen Liebe. Die «Jugendblüte» des Mannes als Naturgrundlage für den Aufstieg in die Übernatur. Oscar Wilde und das Geschrei der Böoter. «Sokrates war ein großer Erotiker.»

Man darf unübertrieben sagen: Die Menschheit wäre nicht, was sie ist und sein soll, ohne das quasiweibliche Zwischenspiel auf dem Gestaltweg des Mannes. Wird dieser Zusammenhang in einer dualistischen Hochkultur wie heute dem christlichen Abendland zugleich mißverstanden, verteufelt und mehr oder minder verschwiegen, so verändert das nicht den Sachverhalt selbst, sondern lediglich seine Deutlichkeit.

Eglinton kann denn auch die bemerkenswerte Schilderung, die zitiert werden soll, nicht beginnen, ohne sich erst einmal um die schlichte Nominaldefinition zu bemühen. «Da die gewöhnliche Umgangssprache keinerlei Wort für diese Erscheinung geprägt hat, muß ich mein Vokabular bei den Übersetzern griechischer Poesie schöpfen und hier von ‹Jugendblüte› und ‹Lebensfrühling› sprechen. Zu Beginn der Pubertät, gelegentlich kurz vor oder kurz nach dem ersten Auftreten der Schamhaare lassen sich spezifische Veränderungen an Haut und Haar lokalisieren, die zweifelsohne auf Drüsensekretionen zurückzuführen sind. Bei Jugendlichen, die nicht an Pusteln leiden, wird die Hautstruktur im Gesicht und rund um das Gesicht – in gewissem Grade sogar auf dem ganzen Körper – feiner als zuvor. Der Teint nimmt eine an die Gemälde von Renoir erinnernde Färbung an. Ein feiner farbloser

Flaum läßt die Haut noch seidiger erscheinen. Die Augenwimpern werden oft ungewöhnlich lang und hübsch gebogen. Die Lippen erscheinen sinnlich geschwungen, das Kopfhaar glänzend und üppig. Diese Jugendblüte dauert beim Knaben so lange an, bis sich der Bart und hartes Körperhaar (auf der Brust, am Bauch, auf den Schenkeln und am Steiß) entwickeln. Bei Mädchen welkt die Blüte langsamer und macht sodann dem typisch fraulichen Aspekt Platz... Die Dauer der ‹Blüte› ist sehr verschieden. Bei einigen Jugendlichen fällt sie gänzlich aus, andere verlieren sie mit dreizehn oder vierzehn Jahren. Wieder andere behalten sie bis neunzehn oder zwanzig, trotz Bartansatzes. Früher oder später wird die Haut gröber, die Färbung läßt nach, stärkere Behaarung ersetzt den Flaum, die Schönheit schwindet dahin. Für einen alten Griechen ist der Knabe dann kein Sexobjekt mehr; man erwartet von ihm, daß er seine eigene Familie gründet»[11].

In dem leiblichen Zustand spiegelt sich, hier wie stets, der seelisch-geistige. Auch in dieser Hinsicht eignet die Blüte beiden Geschlechtern, um sich jedoch wiederum allein beim männlichen als ein Zwischenspiel deutlich abzuzeichnen. Denn wenn ein Junge und ein Mädchen in ihrer Pubertät einen bedeutenden Mann anschwärmen, so versucht sich das Mädchen damit einfach nur erstmals auf der seinem Geschlecht zugewiesenen Bahn, es nimmt in seiner Phantasie seine spätere Rolle als Gattin vorweg, während der Junge vom Parallelpfad dramatisch abweicht. Beide Geschlechter empfinden in diesem Zustand «romantisch», verbinden ihren Überschwang mit Protesten gegen Elternhaus und Bürgerlichkeit. Dieser Aufruhr aber bereitet beim Mädchen letztlich doch nur einen W e c h s e l der Häuslichkeit vor; der bewunderte Mann fungiert als Phantasiegemahl, der imaginär schon den leiblichen Vater in der Rolle des Hausvaters ablöst; aller Empfindungssturm ändert nichts an dem eindimensionalen Verlauf.

Der Junge hat es schwerer. Er hat in der Pubertät ungleich schmerzlicher als das Mädchen um seine Gestaltung zu ringen und stößt entsprechend heftig mit der Autorität von Eltern und Honoratioren, mit dem Reich der Väter, zusammen. Er trotzt und ist zugleich ratlos. Um die Krise zu meistern, braucht er einen Helfer. Das aber kann nicht der Vater sein, gegen den sich vielmehr der Protest mit besonderer Schärfe zu richten pflegt, und gemeinhin auch kein Berufspädagoge, keine Respektsperson aus der Welt, gegen die sich der Werdende aufbäumt. Nur ein charismatischer Führer ist imstande, den Dienst zu leisten, und die schwärmerische Bewunderung, die ihm der Junge entgegenbringt, hat denn auch die Beziehung von dieser Seite her bereits eröffnet.

Eglinton weist mit Recht darauf hin, «daß häufig der jüngere Partner die ersten offenen Avancen macht»[12]. Das ist in Wahrheit wohl sogar die Regel, nur daß der Vorgang seiner Natur nach zu den kaum beobachtbaren gehört. Gemeinhin hat der Junge nicht dieselben Hemmungen wie das Mädchen, sondern verfährt ziemlich draufgängerisch. Sein Interesse ist ja auch ungleich größer. Er darf sich nicht damit begnügen, sein Idol von ferne auf Backfischart anzuhimmeln, sondern kann die Lebenshilfe, die er braucht, nur erhalten, wenn es wirklich zu einer Begegnung und zwar einer engen, vertraulichen kommt. Obendrein hat er Konkurrenz zu fürchten. Charismatische Führer nämlich sind selten. So kommt es leicht um einen von ihnen, wie einst um Sokrates, zum Gedränge.

«Die Liebe, die ihren Namen in diesem Jahrhundert nicht zu nennen wagt, ist dieselbe große Zuneigung eines älteren zu einem jüngeren Manne, die zwischen David und Jonathan herrschte, die Platon zur tiefsten Grundlage seiner Philosophie machte und die in Michelangelos und Shakespeares Sonetten widerklingt – eine Zuneigung, die in diesem Jahrhundert so falsch gedeutet wird, daß ich um ihretwillen hier an dieser Stelle stehe. Sie ist etwas Schönes und Feines, ist die Zuneigung in ihrer edelsten Form: ein spirituelles Band zwischen Männern, von denen der ältere geistige Gaben, der jüngere den ganzen Frohsinn, die Hoffnung und den Reiz des Lebens besitzt. Die Welt begreift nicht, daß es so etwas geben kann, und zuweilen kommt man aus diesem Grund an den Pranger.» So Oscar Wilde in dem Prozeß, der den posierenden Schöngeist wegen seiner wertvollsten Eigenschaft entwürdigte und zerbrach. Der Ausspruch ist weltberühmt und weist zutreffend darauf hin, daß sich die griechische Liebe – um sie einmal so zu nennen – unabhängig vom Lob oder Tadel der jeweiligen Moral zu allen Zeiten ereignet, und zwar stets auf den Höhen der Menschheit. Das Banausentum begreift nicht (es begriff auch im alten Griechenland nicht, auch dort erscholl das Geschrei der Böoter); es sind vielmehr die Gewaltigen und die Weisen, die Könige, Philosophen und Dichter, die sich mit dem elitären Nachwuchs zum Bau des Tempels vereinen. Wo es auch formell eine männerbündische Initiation gibt, da verhält sie sich zum konkreten Vorgang wie die Institution der Ehe zum konkreten Liebesbund der Geschlechter.

Wilde täuschte sich allerdings, wenn er lediglich seinem Jahrhundert, nicht auch seinem Jahrtausend, den Vorwurf der Verpönung machte. Das viktorianische England war — wie später nur noch das Deutschland Hitlers — allerdings besonders verständnislos, doch bezog es damit nur einen Standpunkt, welchen das christliche Abendland im Prinzip von jeher vertreten hatte, wenn es ihn auch in Regionen um Michelangelo und Shakespeare nicht faktisch hatte durchsetzen können.

Anderseits gibt zu denken, daß auch Sokrates einst der Prozeß gemacht wurde, und zwar wiederum im Blick auf das Verhältnis zur männlichen Jugend. Woran man Anstoß nahm, war in Athen freilich nicht die Erotik, um so mehr aber deren angebliche Wirkung, die Verführung der Jugend zur Gottlosigkeit, eine Verschwörung also gegen die Fundamente der Ordnung. Die Anklage war kraß im Unrecht und dennoch nicht ohne tieferen Sinn. Denn sie galt in Wahrheit nicht der Lehre, sondern dem Beispiel, galt jenem unerhörten Sokratischen Trotzen auf der Vernunft, das durch seinen bloßen Auftritt die Macht der Sitte erschütterte und die Jugend in andere Bahnen lenkte, womit letztlich wirklich bereits das große Göttersterben der Spätantike begonnen hatte.

Man sieht daraus allgemein: Wie Eros einerseits auch dort wirkt, wo man ihn dualistisch verfemt, so kommt er anderseits auch dort, wo man ihn monistisch verehrt, über seine Wirkungen leicht in Verdacht. Er stiftet Unruhe. Was die edle Jugend an dem bedeutenden Manne anzieht, ist ja weniger der als Wissensstoff bereits kodifizierte Geist, den die Schule korrekter und reichlicher bietet, als vielmehr jener schöpferisch flammende, der Gegenwart in Zukunft umschmilzt und insofern eigentlich nie ganz eines umstürzlerischen Zuges entbehrt. Daher das Mißtrauen der Tyrannen gegen die erotischen Bünde, an das Pausanias im «Gastmahl» als an eine Binsenwahrheit erinnert.

13. Sokrates und die «Selbstzerstörung der Griechen»
durch die Attische Philosophie: ein geschichtlicher Zeugungsakt!
Der gegenwärtige Parallelfall. Zeugen und Sterben der Hochkulturen.

Im Zusammenhang um Sokrates und um Platons «Gastmahl» zeigt sich
Eros indes auch noch in ganz anderer, noch mächtigerer Gestalt. Nietzsche sprach mit Recht vom «präexistenten Christentum» der Platonischen Philosophie, und er hätte die Aristotelische trotz des internen Gegensatzes wahrlich ebenso kennzeichnen dürfen. Ungeachtet der
menschlichen und auch denkerischen Verschiedenheiten, die sich größer kaum vorstellen lassen, vollbrachten Sokrates, Platon und Aristoteles doch gemeinsam, wie auf Verabredung mit verteilten Rollen, den
großen Umschwung. Sie taten es, weil die Richtung des Weges aus
dem apriorischen Grunde, den wir hier nicht noch einmal erörtern, objektiv vorgezeichnet war: Die Abkehr von der jatypischen Thematik
konnte, weil es Drittes nicht gibt, nur eine neintypische erschließen.
Alles Persönliche wurde vor dieser Hauptsache wesenlos; die jatypische
Thematik als solche traf die Entscheidung, das heißt das Subjekt, das
hier handelte, war statt irgendwelcher Menschen, irgendwelcher noch
so bedeutender Denker, H e l l a s , d i e H o c h k u l t u r , s e l b s t .

Nietzsche, dem das Ungeheuerliche des Vorgangs vor Augen stand,
sprach von einer «Selbstzerstörung der Griechen» und war auch damit
im Recht, nur daß die Griechen hierbei nicht als Individuen und auch
nicht als Volk und Gesellschaftskörper, sondern als Exponenten des
thematischen Wesens fungieren. Auch stellt die Selbstzerstörung bloß
die Kehrseite der Erschließung dar, und auch diese also, die thematische
Gründung des Abendlandes, wird damit als subjekthafte Leistung der
älteren Hochkultur deutlich. Was wir vor uns haben, ist ein geschichtlicher Zeugungsakt.

Die erotische Wendung in der geschichtlichen Dimension muß
durchaus nicht unbedingt ein erotisches Weltbewußtsein ergeben. Genau so gut ist das Gegenteil möglich; und eben dies geschah bei dem
Umschwung, den Sokrates inaugurierte. Das ältere Griechentum hatte
ja um den sakralen Sinn der Zeugung wie auch um den dunklen Hintergrund, um das Verhängnis, auf seine Weise sehr wohl gewußt und

auch Sokrates war noch persönlich, wie Nietzsche es rühmte, «ein gro-ßer Erotiker»; auch Platon beschwor noch im «Gastmahl» Eros als Schöpfer und Mittler. Strukturell aber stand dieser Aufbruch bereits im Banne des Begriffs, der dem Werden die eigene Logik entzieht und damit zwischen Ethos und Eros die abendländische Schranke errichtet.

Inzwischen allerdings, nach zwei Jahrtausenden abendländischer Weltentgötterung, schwingt das Pendel zurück und beginnt, wie Watteau es träumend vorwegnahm, ein Aufbruch nach der Insel Cythere: Der erotischen Wendung entspringt ein erotisches Weltbewußtsein! Dieser Umschwung vollzieht sich in der vorliegenden Untersuchung, die damit also wiederum, wie einst die attische Wendung, einen geschichtlichen Zeugungsakt darstellt, wenn auch diametral sowohl im Ziel als auch in der Methodik. Hilfestellung beim Aufbruch gewährt ja diesmal, das heißt seit Leibniz, nicht Eros, sondern der Begriff. Ein rationaler Vorgang, die Umbesinnung der Logik im Zeichen der Zweiten Setzung, brachte die Entscheidung.

In der attischen Selbstaufhebung des griechischen Wesens und dem heutigen Parallelereignis begegnet uns offenbar ein Gesetz. Wir formulieren es folgendermaßen: Jede Hochkultur scheidet vor ihrem Absterben einen Samen aus, der eine gegensätzliche Hochkultur thematisch begründet. Dieser Vorgang ist eine Notwendigkeit, die sich letztlich apriorisch versteht. Denn sofern wir nicht die Thematik mit dem Gesellschaftskörper, das heißt das Ganze mit seinen Teilen, im Stile Toynbees verwechseln, ist jede Hochkultur eo ipso ein subjekthaftes Wesen mit tragisch-erotischer Schicksalsgestalt. Diese tritt hier sogar wieder, trotz der unerhört vergrößerten Dimension, so rein hervor wie sonst nur am Anfang der Sexualisierung bei jenen wenigen Pflanzen und Tieren, die im unmittelbaren Anschluß an die einzige Zeugung erlöschen.

Mit der biotischen Genormtheit sind ja auch deren Folgen, Verfrühtheit und Wiederholbarkeit der erotischen Wendung, im geschichtlichen Raume entfallen; der sexuellen Aufgabenteilung entspricht nun vielmehr die zwischen siegreichen und gescheiterten Völkern als Exponenten von Tat und Sinn, die wir am Schluß des II. Kapitels bereits diesbezüglich zur Kenntnis nahmen. So zeigt sich der Geschehenskern trotz aller personhaften Willkür, aller turbulenten vordergründigen Freiheit, gerade hier in abstrakter Strenge: Wirklich erst in der Spätzeit entsteht die zeugerische Potenz. Mitten im offiziellen Fortschritt zu makaber gigantischen Spätleistungen entsteht die reinigende Idee eines neuen Anfangs, die Erschließung antinomischen Fortschritts. Daher das Janusgesicht der Gegenwart. Die Eulen der Minerva beginnen in der Dämmerung ihren Flug.

IV. Dämonen und Götter

1. Souveränes und dependentes Wesen: «Subjekt» und «Organ»
(Dritte Aussortierung).

Wir sind gezwungen, unsere schon so weit ins Besondere vorgerückte Betrachtung noch einmal zu unterbrechen, um eine gegenstandstheoretische Grundsatzentscheidung zu treffen. Und zwar handelt es sich um eine weitere, Dritte Aussortierung: um die des dependenten Wesens. Sie wurde im III. Kapitel eigentlich überall schon beansprucht. Wenn die tragisch-erotische Schicksalsgestalt dem subjekthaften Wesen zuerkannt wurde, schloß das ja stillschweigend Wesen, die keine Subjekte sind, aus – offenbar auf dem Boden einer qualifizierenden Unterteilung ähnlich der zwischen Menge und Ganzem und dann jener zwischen Gerät und Wesen, exogenem und endogenem Ganzen. Es wäre indessen mißlich gewesen, die Aussortierung voranzuschicken, weil sie sich eben erst am Vorhandensein oder Fehlen der Schicksalsgestalt zu erkennen gibt. Wir mußten also improvisieren. Und das konnten wir um so eher, als die Sprache ohnehin – bezeichnenderweise – mit dem Ausdruck «Wesen» eigentlich nur das subjekthafte meint.

Gleichwohl ist beispielsweise der Magen, der einem Lebewesen eignet, zweifellos auch noch selbst ein Wesen, ein endogenes Ganzes. Denn auch er, wie sein Eigner, ist gewachsen und nicht gemacht. Er fällt daher der Zweiten Aussortierung, der des exogenen Ganzen, eindeutig nicht zum Opfer, das heißt seine Zeitgestalt, sein wahres, verbal zu verstehendes «Wesen», endet nicht mit der Fertigung, so daß auch die im I. Kapitel erörterten Konsequenzen fehlen.

Das fertige exogene Ganze, der Tisch aus der Hand des Tischlers, entspricht modellgegenständlich der Menge und ist infolgedessen wie diese irreal. Anders der fertige Magen. Er gleicht dem Lebewesen, welchem er eignet, gerade auch darin, daß auf sein Wachsen ein Währen gefolgt ist und in dieser Form sein verbales «wesen» – und damit seine Realität – das Fertiggewordensein überdauert.

Auch kann man bei ihm wie bei seinem Eigner den Übergang vom Wachsen zum Währen als Phasenwechsel bezeichnen, jedoch dies nur noch mit strengem Vorbehalt. Denn zu dem zeugerischen Schluß, dem sich die Entwicklung vom Phasenwechsel an nähern sollte, kommt es nicht beim Magen, sondern lediglich bei seinem Eigner. Das aber kann nur bedeuten, daß überhaupt ein Phasenwechsel im eigentlichen Verstande, als Peripetie eines Schicksals, dem Magen fehlt. Ihm fehlt also insbesondere auch noch die andere Seite der Schicksalsgestalt, die spätzeitliche Tragik als Voraussetzung der erotischen Wendung. All das gibt es nur, wo sich ein Subjekt aktiv in eigener Sache, als «ontisches Zentrum» im Sinne Schelers, mit der Welt auseinandersetzt. Das aber ist dem Magen verwehrt. Er kann zwar äußerst aktiv sein, aber immer nur als «Organ», was wörtlich «Werkzeug» bedeutet, also als dependentes Wesen im Dienst des Subjektes, welchem er eignet.

Wieder wie schon bei den beiden früheren Aussortierungen ist der Unterschied kontradiktorisch: Jedes beliebige Wesen kann nur entweder unabhängig und damit ein Subjekt oder aber nicht unabhängig und also abhängig sein. Es gibt nichts Drittes, das heißt es ist ausgeschlossen, daß dasselbe Wesen zugleich in derselben Hinsicht beide Qualitäten oder auch keine von beiden besitzt. Und geht es um die Schicksalsgestalt, so zählt also von beiden Wesen nur das eigenmächtige, das Subjekt, während das dependente entfällt.

Die Dritte Aussortierung verfährt, wie man sieht, nicht so rigoros wie die beiden ersten. Sie läßt die Realität unberührt. Gleichermaßen bei beiden Wesen geht ja die Zweite Setzung vom räumlichen Phänomen, dem Ding der Ersten Setzung, auf die wesende Zeitgestalt als den wahren Gegenstand über. Beim dependenten Wesen mit seiner durchschaubaren Zweckmäßigkeit ist der Übergang sogar besonders einfach; gerade hier liegt denn auch eines jener Gebiete, wo die Bewußtseinslogik von jeher, wie jedes Lehrbuch der Splanchnologie zeigt, nicht zwar ausdrücklich, aber erfolgreich die amphilogische Identität beansprucht.

Trotzdem wird unser Wirklichkeitsbild auch noch durch die Dritte

Aussortierung in nicht unbeträchtlichem Maße beeinflußt. Jedes dependente Wesen eignet ja einem subjekthaften wenn nicht unmittelbar, so doch mittelbar. Der Magen etwa besteht aus Zellen, die also als dependente Wesen zunächst einem gleichfalls noch dependenten, aber schließlich doch mit diesem zusammen einem subjekthaften zugehören. Anders kann es nicht sein; in richtiger Analogie spricht man denn auch im geschichtlichen Rahmen von den Organen und Zellen subjekthafter Herrschaftsgebilde. Das heißt d i e W e l t b e s t e h t a u s S u b j e k t e n. Jedes Wesen, dem wir begegnen, muß ja, falls es selbst kein Subjekt ist, der Bestandteil eines Subjektes sein. Bei veränderter Hinsicht kann es unter Umständen, die wir noch zu erörtern haben, auch beides sein, jedoch nichts Drittes.

2. Allgemeine Wesen wie zunächst die biologischen Arten. Subjekte und Organe in dämonologischer Größenordnung.

Der Zusammenhang um die Dritte Aussortierung rückt in ein eigentümliches Licht, wenn man sich der im I. Kapitel bereits kurz vermerkten A l l g e m e i n h e i t des Gedankens erinnert. Diese eignet ja nicht nur dem Einzelgedanken, sondern ebenso dem Gedankengefüge, dem Planungssystem.

Jeder Tisch etwa ist «ein» Tisch, ist Exemplar der Bedeutung «Tisch». Diese Bedeutung aber wird nicht nur subjektiv, durch und für das transzendentale Bewußtsein, auf alle Tische projiziert wie «Stein» auf alle Steine; sie steht vielmehr auch objektiv, von dem jeweiligen Tischler her, hinter jedem Tisch als realer Ursprung und einheitlicher finaler Sinn seiner freilich vergangenen Zeitigung. Desgleichen ist jedes Pferd «ein» Pferd. Und auch in diesem Fall heißt das nicht, daß alle Pferde in meinem Bewußtsein unter die Bedeutung «Pferd» und deren Vervollständigung zum Begriff subsumiert werden, vielmehr ist die Bedeutung auch hier die des objektiven Gestaltplans, der sich in jedem Pferde verwirklicht, um freilich anders als beim Tisch auch noch nach der Fertigung, im erwachsenen Pferde, als logisch-zeitliches Wesen zu dauern.

Wir dürfen trotzdem weiterhin auch das einzelne Pferd als ein Wesen, ein endogenes Ganzes, bezeichnen. Diese übliche Hinsicht, die auf das Individuum geht, erfaßt jedoch, wie man sieht, einen nur recht bescheidenen vordergründigen Inhalt. In der viel wichtigeren Hinsicht ist das Einzelpferd kein Individuum, ist es vielmehr eine bloße Manifestation jenes ungleich allgemeineren Wesens, das sich daneben identisch in zahllosen anderen Pferden kundtut und dies seit undenklichen Zeiten, mindestens seit dem Alttertiär, unentwegt getan hat. Obendrein ist das einzelne Pferd aber auch noch in gleichem Sinne «ein» Säugetier und «ein» Wirbeltier, die Manifestation also von zwei noch allgemeineren Wesen, von denen zumindest das letztere ein noch ungleich höheres Alter als das allgemeine des Pferdes besitzt und die sich übrigens beide in jenem besonderen Artwesen ebenso wie im Einzeltier manifestieren.

Das gilt offenbar generell. Hinter den zunächst so bezeichneten Lebewesen, den Individuen, stehen allenthalben förmliche Hierarchien ungleich allgemeinerer Wesen mit entsprechend längerer Lebensdauer. Und auch bei ihnen handelt es sich in der Hauptsache um Subjekte. Das heißt auch ein jedes von ihnen kann, gemäß der vorangeschickten grundsätzlichen Erkenntnis, zugleich in derselben Hinsicht nur entweder selbst ein Subjekt oder als dependentes Wesen der Bestandteil eines Subjektes sein. Die Dritte Aussortierung wirkt sich hier ja ebenso wie bei den Individuen aus: Ein allgemeines Wesen, dem der Subjektcharakter fehlt, verweist damit auch schon apriorisch auf ein allgemeineres, dem er eignet.

3. Langlebige und unsterbliche Allgemeinwesen: Dämonen und Götter! Die Verkennung der Kontradiktion im antiken Mythos wie in dessen christlicher Infernalisierung.

Subjekte, die gerade deshalb, weil sie sich in vielen leibhaftigen Wesen manifestieren, selbst keine derartigen Wesen, keine Individuen, sind, bezeichnete man früher – durchaus zutreffend – als Geister. Die Germanen sprachen von Trollen, die Griechen im engeren Sinne von Nymphen und im weiteren von Dämonen.

«Wo jetzt nur, wie unsre Weisen sagen,
Seelenlos ein Feuerball sich dreht,
Lenkte damals seinen goldnen Wagen
Helios in stiller Majestät.
Diese Höhen füllten Oreaden,
Eine Dryas lebt in jenem Baum.
Aus den Urnen lieblicher Najaden
Sprang der Ströme Silberschaum.»

So Schiller in dem Gedicht, das um die Götter Griechenlands trauert und dabei zwischen diesen und den Naturdämonen der Berge, Wälder und Flüsse keinen Unterschied macht. Das war historisch zutreffend und zugleich systematisch verfehlt. Der altgriechische Polytheismus hatte in der Tat keine deutliche Grenze zwischen Göttern und Dämonen gezogen und mit dem Ausdruck *daimon* ursprünglich beide bezeichnet. Dem Mythos mit seiner Märchenstimmung und unersättlichen Personifikationstendenz stand das wohl an. Wollen wir jetzt aber nicht poetisch, sondern exakt sein, so ist die Abgrenzung unerläßlich: Sogar für das alte Hellas waren die Götter Unsterbliche, wenn man sie auch geboren sein ließ und es überhaupt mit dem Postulat ihrer Ewigkeit nicht allzu genau nahm. Dämonen dagegen, Allgemeinwesen vom Format biologischer Arten, übertreffen zwar in ihrer Lebenserwartung die ihrer Manifestationen, der Individuen, außerordentlich, sind aber gleichwohl wie diese sterblich. Der Unterschied ist also ein prinzipieller, kein gradueller. Die Dämonen stehen mit den Individuen diesseits der Schöpfung, die Götter jenseits.

Weil der griechische Mythos die Grenze nicht deutlich gezogen hatte, verfuhr das Christentum mit entgegengesetztem Vorzeichen letztlich ebenso. Das spätantike Göttersterben erstreckte sich auch auf die Dämonen; was es von ihnen übrigließ, wurde dem Satansreich zugezählt. Darin waltete freilich ein Mißverständnis. Denn mindestens in seiner Frühzeit, dem Mittelalter, hielt das christlich geprägte Abendland es dann doch wieder mit dem Allgemeinen. Die Dämonen, die es verbannte, kehrten zurück als Wesensformen wie die heidnischen Götter als Sphärenregenten, als astrologische Intelligenzen. Obwohl die abendländische Welt von der Logik her, im Zeichen der Ersten Setzung, bereits eine Welt der räumlichen Dinge und also der Individuen war, sah die Scholastik es umgekehrt; wie überhaupt möglich sei, daß es außer den Universalien auch noch die Individuen gebe, welches Prinzip dies begründe, war für sie die Frage.

Wir begegnen hier einem der Punkte, wo das nachabendländische Denken in seiner Katholizität die des Mittelalters noch übertrifft. Vom II. Kapitel her weiß man den Grund: Die jatypische Haltung verbindet alle Frühzeiten, auch die von neintypischen Kulturen, erstens untereinander und zweitens obendrein mit den jatypischen Kulturen; sie bleibt der Allheit näher als ihr neintypisches Gegenteil. Und dazu gehört offenbar hier wie dort, bei Frühzeiten wie bei ganzen analog bestimmten Kulturen, ein gutes Verhältnis zum Allgemeinen.

Freilich operierte das Mittelalter auf diesem Boden nicht sehr glücklich. Das «realistische» Verständnis des Artbegriffs als Artwesenheit stieß frühzeitig auf den Einspruch der Logik. Es war aber auch empirisch belastet, weil es Ganzheit überall unterstellen, also ebenso eine Steinheit wie eine Pferdheit annehmen mußte, was den nominalistischen Einwand entsprechend verallgemeinerte und naturwissenschaftlich teilweise fundierte. Obendrein konnte die vermeintliche Artwesenheit, die *essentia,* nicht werden. Auch im zeitenthobenen Sein entsprach sie ja dem Allgemeinbegriff, der sie als *universale reflexum* nur im Bewußtsein zu spiegeln schien, um sie in Wahrheit als seine Spiegelung zu erzeugen. Wieder also wie in der Antike war Langlebigkeit mit Unsterblichkeit praktisch gleichgesetzt, nur eingeschränkt durch Rücksichten auf das kirchliche Dogma und den Wortlaut des biblischen Schöpfungsberichtes.

4. *Das in der Tiefe unendliche Selbst. Seine Verwandlung zum Ausnahmeding namens «Seele» in der abendländischen Dinglogik. Das Problem der dämonischen Tiefenstrukturen.*

Wie alle sterblichen Subjekte ist auch jedes dämonische im Besitz einer eigenen Schicksalsgestalt. Für seine Manifestationen, die Individuen, ergibt sich daraus eine Minderung: Ihre Schicksalsgestalten sinken an diesem Teil auf das Niveau bloßer Rhythmen, eines bloßen Pulsierens, herab.

Das war im vorigen Kapitel, im Zusammenhang um die «List der Natur», bereits aufgefallen. Wo und soweit es sich bei der sexualisierten Zeugung statt um einen Schluß um «Fortpflanzung» handelt, da wirkt das Individuum eben auch schon nicht mehr in eigener Sache, sondern steht es im Dienste der Art, ist es nur noch ein Durchgangsstadium. Daß die Generationenfolge in allem höheren Leben den Typenwechsel nur undeutlich zeigt, hängt damit zusammen. Die Logik gegensätzlichen Folgens wird zwar auch schon durch die Eigenart der sexuellen Begattung verwischt, die ja immer wieder mit einer neuen erbgenetischen Kombination sozusagen nochmals von vorn beginnt. Hinzu kommt aber noch, daß die Nachwuchsgeneration ohnehin ihrer Vorgängerin niemals bis auf den Grund entgegengesetzt ist. Das meiste ist vielmehr beiden gemeinsam und wird identisch weitergegeben. Das Selbst des Einzelwesens besitzt eben nur an der Oberfläche ein individuelles Gepräge. Darunter waltet Allgemeines.

«Vom Vater hab' ich die Statur,
Des Lebens ernstes Führen,
Vom Mütterchen die Frohnatur,
Und Lust zu fabulieren.

Urahnherr war der Schönsten hold,
Das spukt so hin und wieder;
Urahnfrau liebte Schmuck und Gold,
Das zuckt wohl durch die Glieder.

Sind nun die Elemente nicht
Aus dem Komplex zu trennen,
Was ist denn an dem ganzen Wicht
Original zu nennen?»

So Goethe gut gelaunt in den Zahmen Xenien. Eigentlich aber meint er es ernst. Was er hier letztlich verneint, ist die christlich-abendländische Konzeption einer Einzelseele, die ganz dem Individuum eigne und ganz dessen Innerlichkeit ausmache, die also identisch sei mit dem Selbst.

Diese Seelenvorstellung hatte im Zeichen der Ersten Setzung die Logik auf ihrer Seite: In einer materiellen Dingwelt, in der womöglich auch die Tiere als bloße Dinge aufgefaßt werden, kann das Individuum sein dennoch immaterielles Wesen, das es unmittelbar erfährt, nur als eine Sondersubstanz begreifen, um diese freilich eben damit gleich den räumlichen Phänomenen der Struktur des Begreifens zu unterwerfen. Das Denken setzt sich also auch die Innerlichkeit als Etwas entgegen, womit es auch auf diese die Einheit des Meinens bereits projiziert hat.

Es ist derselbe Vorgang, der die räumlichen Phänomene in materielle Dinge verwandelt, nur daß die Innerlichkeit als immateriell bewußt bleibt, um sich insofern gerade auch nach der Verwandlung als ein Ausnahmeding, eine Seele, von den regulär materiellen Dingen besonders radikal abzuheben. Diese Seele gehörte damit nur und gänzlich dem Einzelmenschen. Sie war identisch mit seinem Selbst, ließ darin nicht Raum für Allgemeines.

So hatte man es bekanntlich schon, bevor der Nominalismus siegte, im Mittelalter gesehen. An diesem einzigen Punkte nämlich verhielt sich das Christentum selbst von jeher nominalistisch. Der sogenannte Kreatianismus, der jede einzelne Menschenseele von Gott direkt geschaffen sein ließ, erkannte ja damit in dieser Hinsicht ausschließlich das Individuum an, was übrigens allein schon genügte, den Weg vom Begriffsuniversalismus zu einer phänomengerechten Dämonologie zu blockieren. «Von Sokrates an: das Individuum nahm sich zu wichtig mit einem Male», sagt Nietzsche lakonisch. Tatsächlich hat ja der christlich-abendländische Personalismus – wie die materialistische

Logik und das Abendland überhaupt – seine thematische Wurzel in jenem attischen Zeugungsakt.

Der Einwand gegen die «Seele» ist allerdings ein prinzipieller. Was er dem Individuum nimmt, gibt er stattdessen nicht etwa der Art. Wie um die Einzelseele steht es vielmehr auch um die Artseele. Selbst wenn sie nicht, wie bei Aristoteles, ihr Dasein einer Hypostasierung, der Verwechselung mit dem Abstraktum, verdankt, sondern nüchtern empirische Gründe zur Vermutung des Artwesens nötigten, wie das bei Le Bon und auf andere Weise bei Driesch und Becher geschah, so beruht die Umdeutung dieses Wesens eben zur «Seele», also zur homogenen quasidinglichen Geistsubstanz, doch auch hier noch immer auf dem Grundmißverständnis der Ersten Setzung.

In Wahrheit steht ja die Art keineswegs als Allgemeinheit schlechthin dem Individuum gegenüber, vielmehr fungiert sie lediglich, wie die Biologie es ausdrückt, in dem natürlichen System als erste Einheit von vielen. Das heißt im Rahmen unserer beiden grundlagenmäßigen Korrekturen: Mit der Gattung beginnt eine Aufstufung allgemeinerer Wesen, aber auch hier gibt es nirgends die «Seele», auch hier gehört das Selbst dem jeweils intendierten Wesen niemals ausschließlich bis auf den Grund. Das Geisterreich ist hierarchisch gegliedert. Und es geht uns jetzt also um zweierlei, nämlich um die Gliederung und um die Glieder, um die Beschaffenheit jenes Reiches und um die seiner Bewohner.

Eins steht dabei von vornherein fest: Das Geisterreich ist so groß wie das All, ist nicht Lebensreich, sondern Wesensreich. Denn allenthalben gleichermaßen, auch außerhalb des organischen Lebens, führt die Zweite Setzung vom Ding zum Wesen und von dessen quasidinglicher Seele zum unauslotbaren Selbst. Auch «anorganische Natur» und «Geschichte» sind mithin Regionen des Geisterreichs, sind als mächtige Basis und edle Krönung dem dazwischenliegenden Lebensreich, dem Gesamtgegenstand der Biologie, im Range wahrlich nicht nachgestellt. Die biologische Systematik wird uns, wie damit bereits gesagt, nicht durchweg als Leitfaden dienen können. Die Treffsicherheit an der Einstiegsstelle, die Identifizierung der dämonologischen Art mit der biologischen, beruhte auf der Unbedingtheit paralleler Definitionen, die wegen der noch unmittelbaren Orientiertheit am Individuum auch im

Sachbezug praktisch nicht abweichen konnten. Dieser Vorteil des ersten Schrittes ist eo ipso unwiederholbar.

Doch wäre der Versuch, eine jede dämonologische Einheit mit einer biologischen oder sonstwie empirischen zu identifizieren, ohnehin abwegig und utopisch. Er sprengte monströs den Raum dieses Buches, verfehlte im Grunde das Thema und zwänge obendrein förmlich zu einem «Scheitern an der Natur» im Stile Hegels und Schellings. Das gewaltige Sachwissen unserer Zeit ist ja – im Sinne des nunmehrigen Erfordernisses – nicht angemessen vorsortiert; kurzerhand improvisatorisch läßt sich eine solche Lücke nicht schließen. Anderseits ist das Bedürfnis nach spezialwissenschaftlicher Hilfsorientierung gerade in diesem Kapitel besonders groß. Das geplante weitere Vordringen ins Allgemeine, in die Tiefen des Lebensreichs und den astronomischen Hintergrund, geschieht auf schwindelerregenden Wegen, denn s c h o n   d i e   P h ä n o m e n e, statt durch Erfahrung gegeben zu sein, sind hier Sache der Theorie – und zwar einer von sich her zu unserer Absicht nicht hinleitenden.

Wir haben Erfahrungswissenschaft für Erfahrung – sozusagen Eisen für Gold – zu nehmen, sofern wir nicht zulassen wollen, daß die prinzipielle Einsicht, um welche es uns an sich nur zu tun ist, jeglicher selbst nur mittelbaren Fühlung mit Anschaulichem entbehrt. Das aber schiene das größere Übel. Und es ist trotz allem nicht unvermeidbar, da sich die moderne Naturforschung mit so mancher Errungenschaft denn doch unseren Erwartungen nähert, so daß rigorose Enthaltsamkeit auch nach dieser Seite ein Unrecht schiene. So bleibt für den Fortgang dieses wie auch des folgenden Kapitels nur ein Darstellungskompromiß. Hier wie überall geht es uns eigentlich allein um ein allgemeines Strukturmodell. Wo sich dessen Illustration durch modernes Sachwissen jedoch aufdrängt und das Risiko des Irrens nicht allzu groß scheint, wagen wir unter dem Vorbehalt, daß hier etwa doch vorkommende Fehler nicht zu unseren Lasten gehen, den empiristischen Seitensprung.

5. *Dämonische Subjekte und Organe: Zeitalter und werdelogische Arten.*
Der symbolische «Strauch». Die Formexplosion als subjekthafter Aufbruch.

Die wichtigste methodische Vorfrage für die nunmehrige Absicht ist die physiognomische, die des Wiedererkennens. Auch im Inneren des Dämonenreiches kann jedes Wesen, dem wir begegnen, nur entweder ein Subjekt oder aber ein bloßes Organ sein, nicht jedoch in derselben Hinsicht beides zugleich oder keines von beidem.

Und auch Folgendes ist schon generell klar: Wie jedes Organ ein Subjekt voraussetzt, so verweist jedes Subjekt auf ein nächstallgemeines Organ. Denn sein Selbst ist unendlich, ist letztlich das All, und gehört ihm daher nie bis auf den Grund. Es ist deshalb stets erstens durch Allgemeineres bestimmt. Es kann aber zweitens diese Bestimmtheit nicht wiederum einem Subjekt verdanken, weil das der Definition widerspräche.

Jedes Subjekt ist ja von der Forderung her gewissermaßen ein Souverän, nämlich ein independentes Wesen. Und es ist unmöglich, daß wirkliche Souveräne einem Souverän wirklich unterstehen. Vielmehr kann es in dieser Behauptung immer nur mit dem e i n e n «wirklich», dem ersten oder dem zweiten, seine rechte Bewandtnis haben, wogegen für das andere richtig «scheinbar» und «nominell» stehen müßte oder auch, bei der zweiten Erwähnung, «taktisch». So bleibt nur übrig, was wir schon sagten: daß als nächstallgemeines Wesen hinter jedem Subjekt ein Organ steht wie hinter jedem Organ ein Subjekt.

Bei der Frage, was das konkret bedeutet, stößt man auf eine Schwierigkeit. Die Orientierungshilfen seitens der räumlichen Nahsicht lassen uns nun ja weitgehend im Stich. Auch im Zeichen der Zweiten Setzung hatten wir uns bisher noch an sie gehalten. Wohl war das räumliche Individuum, das Wesen im Sinne der Ersten Setzung, hier zur bloßen Erscheinung geworden; diese aber hatte uns weiterhin den Weg zum eigentlichen, erscheinenden Wesen direkt gewiesen. Zwischen räumlicher und logisch-zeitlicher Einheit herrschte, mit anderen Worten, immerhin noch K o n g r u e n z. Jetzt ist es damit vorbei. Der Einstieg in das Dämonenreich nimmt beim räumlichen Individuum und zwar beim s u b j e k t h a f t e n seinen Anfang.

Räumliche Individuen sind selbstverständlich auch bloße Organe wie etwa der Magen. Aber zwischen ihnen, also etwa zwischen zwei Mägen, gibt es kein unmittelbares Folgen (das gerade macht ja, wie schon geklärt, ihre Dependenz aus) und damit auch keinen Rückbezug auf ein nächstallgemeines Wesen, das ein solches Folgen unmittelbar zu steuern hätte. Dieser Rückbezug, vom Individuum auf die Art, beginnt vielmehr erst dort, wo verschiedene Individuen über erotische Akte, als eigentliche Generationen, einander unmittelbar folgen, also bei den Subjekten der räumlichen Nahsicht. Jedes allgemeinere Wesen besteht insofern durchweg aus Subjekten. Diese sind hier die kleinste Einheit wie die Zellen im räumlichen Leib, und das also unabhängig davon, ob man es bei dem dämonischen «Leib», der jeweils interessiert, mit dem eines Subjektes oder eines bloßen Organs zu tun hat.

Worin sich gleichwohl Subjekt und Organ auch im Dämonenreich unterscheiden, wird hier mithin zur zentralen Frage. Im Prinzipiellen herrscht Klarheit: Nur das Subjekt zeugt, nur hier also folgt auf den älteren Leib gleichartig-unmittelbar ein neuer. Was aber bedeutet das nach dem Ende der bislang hilfreichen Kongruenz zwischen räumlichem und logisch-zeitlichem Wesen? Die Gestalt des Allgemeinwesens, des subjekthaften wie des dependenten, ist das, was sich bei den Individuen als deren Folge oder Entwicklung gerade von der «konkreten» Gestalt unterscheidet. Unanschaulich-Zeitliches also bildet hier die «Verkörperung» des Subjektes wie des Organs. Die Entwicklung der Gestalt wird zur Gestalt der Entwicklung.

Man hat indessen zu unterscheiden: Die reine Zeitlichkeit des Wesens, das lineare Nacheinander, gilt für seine Struktur, seinen Leib, denn doch nicht in derselben Weise wie für seine Substanz. Die letztere ist durchweg Denken als Setzen der Einheit und Ordnen der Vielheit; gerade das aber heißt auch schon, daß es doch eben die Vielheit, die Räumlichkeit, jeweils prospektiv, urbildlich vorwegnehmend, in sich enthält. Und das heißt in der Dimensionenfrage: Logisch und damit eindimensional, eben nur zeitlich, ist durchweg die Substanz; Planen ist Denken. Die Struktur des Planes aber ist bereits dem Abbild entsprechend verzweigt. Und das konkrete Werden bedeutet, daß die «Zweige» gleichzeitig wachsen: Das Nacheinander steht nebeneinander und das Wesen in seiner Gänze also ist im bezeichneten Sinne, thematisch und morphologisch, ein raumzeitliches, vierdimensionales.

Das alles versteht sich im Grunde von selbst. Es gilt gleichsinnig ja auch schon für das räumliche Individuum, nur daß man die Übertragung auf das dämonische Wesen, weil hier die Anschauung nicht mehr so unmittelbar wie dort hilft, eigens hervorzuheben hat. Wir halten es daher ausdrücklich fest: Jede Gestalt der räumlichen Nahsicht, jede neue Generation also in jenem Folgen von Subjekten, das die Gestalt des Dämons ausmacht, ist thematisch und strukturell e i n n e u e r A u s - b r u c h v o n « Z w e i g e n ». Das Folgen selbst erscheint dann als der die einzelnen Formexplosionen tragende und verbindende «Stamm». Was sich damit im ganzen – als räumliches Symbol für Raumzeitliches – bereits ergibt, ist das Bild der Pflanze, besonders des Baumes, mit dem rhythmischen Wechsel von Engung und Weitung, von axialem Aufstieg und radial ausquerender Sprossung.

Jede Formexplosion, jede synchronisierte Ausbildung also eines Leibes im ganzen und seiner Organe, geht auf einen erotischen Akt und damit auf ein Subjekt zurück. Und im dämonologischen Rahmen sind wir damit bereits bei dem Kriterium angelangt, welches das Subjekt vom bloßen Organ unterscheidet: Wo plötzlich ein Schwarm neuer Typen aufbricht, um sich in verschiedensten Richtungen räumlich auszudehnen und morphologisch zu spezialisieren, da wächst ein neuer dämonischer Leib und verrät sich darin die Handschrift eines neuen Synchronisators, eines neuen Subjektes.

Das dämonische Subjekt überragt seine Organe also nicht etwa z e i t l i c h in einem wesentlichen Umfang. Seine Überlegenheit gründet sich vielmehr auf die r ä u m l i c h e Komponente des raumzeitlichen Zusammenhanges, auf das Nebeneinander des Nacheinanders. Auch dies wie beim Individuum, wo ja gleichfalls im embryonalen Werden der subjekthafte Leib vor seinen Organen keinen wesentlichen Vorsprung besitzt. Und auch hier reicht die Analogie noch weiter: Auch beim räumlichen Individuum, etwa bei einem Menschen, sind Organe wie Herz, Magen und Lunge nicht etwa jedes für sich dieser Mensch im Kleinen; sie sind vielmehr differenziert, das heißt sie dienen gleichzeitig, aber nicht deshalb auch gleichartig dem subjekthaft übergeordneten Sinn.

So auch im dämonologischen Rahmen: Die Synchronisation bedeutet, daß unter gemeinsamem Vorzeichen Ungleichartiges gleichzeitig anläuft. Hier also ist das Nebeneinander thematisch und morphologisch, in Gestaltplan und Zeitgestalt, dem Nacheinander ebenbürtig. Ein gleichartiges Nacheinander gibt es im dämonischen Leib erst bei jedem einzelnen seiner Organe. Erst hier, mit anderen Worten, gehören die Subjekte, in deren Generationenfolge sich jedes dämonische Wesen verkörpert, zu derselben Art. Und diese also, wie damit ja schon gesagt, fungiert hier als Organ. Der dämonische Leib im ganzen ist somit jeweils ein «Strauch» von Arten, die sich nach einer Formexplosion von ihrer Wurzel wie auch voneinander nach verschiedenen Seiten entfernen.

In den letzten Sätzen ist der Begriff «Art», wie man wohl schon bemerkt hat, inhaltlich geweitet. Er bezieht sich auch weiterhin auf die biologische Art, die nun jedoch nur noch einen Spezialfall, einen unter unzähligen, darstellt. Andere, größere Einheiten aus der biologischen Systematik, obendrein aber auch solche aus der Geschichte und der «unbelebten» Natur, fallen jetzt gleichfalls unter den Begriff. Auf eine Katalogisierung vermag und braucht man sich nicht einzulassen. Es genügt das festgestellte Prinzip: Als Art im werdelogischen Sinne fungiert jede einzelne, differenzierte Folge von einer Formexplosion her, jeder «Zweig» also an einem «Strauch».

Diese allgemeine dämonologische Definition des Organs korrespondiert mit der des Subjektes, die damit gleichfalls schon geleistet ist: Jeder «Strauch», jeder radiale Ausbruch von einer Formexplosion her, indiziert als Leib im ganzen einen subjekthaften Träger. Der Akzent liegt hier auf der Gleichzeitigkeit des Geschehens, auf der Synchronisiertheit der «Zweige». Im biologischen Rahmen gehört hierher folglich schon jede eigentliche Mutation, jede Veränderung also nicht bloß, wie bei Degenerationen, einiger weniger Merkmale, sondern – nach komplexem Formsprung – eines ganzen Merkmalsgefüges. Offenbar aber reicht die Skala auch hier wieder zu viel Größerem wie den Erdzeitaltern, und auch die «Zeitalter» der Geschichte, wie die Hochkulturen und ihre «Epochen», fallen deutlich in diese Rubrik.

6. Die axiale Verbindung der Formexplosionen als dämonologisches Gegenstück zur ontogenetischen Keimbahn. Der «Zweig» als «Stamm».

Der Gestaltweg von «Strauch» und «Zweig», von Subjekt und Organ im dämonologischen Rahmen, besitzt bis auf eine einzige Hinsicht, auf die wir sogleich zurückkommen werden, dieselbe Struktur. Das folgt aus der Definition: Wie das räumliche Individuum befindet sich auch der Dämon – gleich welchen Ranges – diesseits der Schöpfung. Er ist langlebig, aber nicht unsterblich. Er besitzt mithin jeweils in der Zeit einen Anfang wie auch ein Ende. Und der Gestaltweg dazwischen kann auch hier nur jenem entsprechen, den wir im II. Kapitel bereits generell dargestellt haben: Er führt vom Kleinen zum Großen, vom zwergenhaft Schwachen und Weichen, Allheitlich-Unbestimmten, zum Festen, Starken und Starren, zum Endgültigen und zum Ende.

Dies also beim «Strauch» wie beim «Zweig». Obendrein steht auch schon fest, daß die Lebensdauer beim einzelnen «Zweig» – in der Regel – etwa ebenso lang wie beim «Strauch» ist. Dieser besteht ja wesentlich eben aus seinen einzelnen «Zweigen». Allerdings besteht er nicht n u r aus ihnen. Vielmehr sind wir hier bei der spezifischen Differenz. Auch sie folgt an sich aus der Definition: Nur beim Subjekt gibt es logisches Enden als Schließen und damit als Zeugen, nur bei ihm also schreitet das Werden über das Ende des Leibes hinaus, wogegen es für das Organ als einzigen Schluß nur den Tod gibt.

Das heißt im dämonologischen Rahmen, also für unseren «Strauch»: Er setzt sich nicht bloß aus den «Zweigen» zusammen, sondern zwischen ihrer Verästelung liegt jeweils eine axiale Mitte, die am sonstigen Todesschicksal des Leibes wie seiner Organe nicht teilhat. Im biologisch-ontogenetischen Rahmen ist sie identisch mit der Keimbahn, deren Zellen sich nicht differenzieren, sondern von Zeugung zu Zeugung die Verkörperungen durchlaufen. Wir wüßten im Zeichen der Werdelogik auch dann grundsätzlich um dies Phänomen, wenn die Naturwissenschaft es inzwischen nicht aposteriorisch ermittelt hätte. Die Keimbahn ist ja nur ein Spezialfall; etwas ihr Analoges gibt es notwendigerweise überall im Dämonenreich, wo man einem Subjekt begegnet, einfach weil eben die Möglichkeit dieses den Leib transzendierenden

Werdens ein Wesen erst zu einem Subjekt macht. Das Symbol des Baumes verdeutlicht sich damit: Was zunächst nur im «Strauch» als dessen axiale Mitte erscheint, ist in Wahrheit, im Blick auf das Folgen von subjekthaften Generationen, der diese verbindende «Stamm», an dem jeder einzelne «Strauch» der ursprünglichen Sicht einen neuen Auszweigungsschub bedeutet.

In alldem liegt eine Präzisierung und zugleich Relativierung von vorher zu einfach Festgestelltem. Wir meinen jene Gleichartigkeit, durch welche sich das Folgen bei der werdelogischen Art, beim «Zweig», von jenem beim «Strauch» unterscheide. Sie verträgt sich offenbar schlecht mit dem Umstand, daß eben doch auch der «Zweig» als ein endliches Wesen die verschiedenen Lebensalter, also ungleiche Formzustände, durchläuft. Gleichartig oder vielmehr sogar, genauer gesagt, identisch ist hier mithin nur der Grundplan, der als Achse des Werdens die sonst ungleichen Auszweigungsschübe verbindet.

Relativ auf diesen internen Wandel fungiert, mit anderen Worten, der bisherige «Zweig» als «Stamm». Seine einzelnen Formzustände haben mithin als Subjekte und die verbindenden Mutationen als Zeugungsakte zu gelten. Da wir im Zusammenhang um die Vierheit ohnehin auf diese Frage noch einmal gründlich eingehen werden, begnügen wir uns hier mit der evidenten Feststellung, daß jeder komplexe Formsprung, jeder Ansatz also zu einem neuen «Strauch», damit den Subjektcharakter seines Bewegers auch schon involviert, – daß es sich so mithin verhalten muß. Dann aber ist auch umgekehrt der ursprünglich so betrachtete «Stamm» des «Baumes» bei reziprok veränderter Sicht lediglich ein «Zweig»; gerade auch er besteht ja aus Subjekten und kann also selber ein solches nicht sein. Auch er ist mithin ein Organ im dämonologischen Sinne, das heißt eben ein «Zweig», eine werdelogische Art, sofern nur der Betrachter den sehr viel mächtigeren «Strauch», dessen Existenz damit ebenfalls schon involviert ist, in seine Optik miteinbezieht.

Relativiert ist damit nicht etwa die Unterscheidung von Subjekt und Organ. Wohl aber liegt darin, daß im Inneren des Dämonenreiches, zwischen Einzelwesen und All, jedes Organ je nach der Optik als «Stamm» oder als bloßer «Zweig» fungiert und entsprechend jedes

Subjekt als ganzer Auszweigungsschub respektive «Strauch» oder als bloßer Formzustand eines einzelnen «Zweiges». Oder kürzer gesagt: es gibt an dämonischen Wesen nur Zeitalter und Arten.

Daß dieser einfache Grundgegensatz bisher nie recht deutlich wurde, hat viele und ganz verschiedene Gründe. Dem Problem als solchem war man bisher ja nie auf die Spur gekommen, auch nicht im vorneuzeitlich-dämonologischen Denken. Zudem ist gerade das Wichtigste, das positionelle Wechselspiel beider Einheiten, ein gewaltiges Denkhindernis. Daß hier Unabhängiges auf Abhängiges in demselben Maße jeweils zurückgeht wie umgekehrt, hat ohne den werdelogischen Hauptschlüssel in der Tat nicht einleuchten können.

Hinzu kommen die immensen Verschiedenheiten des Auftritts bezüglich des kosmischen Ortes wie dann obendrein noch der Dimension. Schon deshalb sind viele Erscheinungsformen des Zeitalters wie der Art zwar bekannt, aber von Sprache und Denkgepflogenheit her bereits eigens und abweichend festgelegt. Daß Gewaltigstes wie die Äonenfolge nur als eine werdelogische «Art» und anderseits Geringstes wie das ephemere Frühstadium einer biologischen Art als ein «Zeitalter» einzustufen sei, mag auf methodisch grundlosen und doch verständlichen Widerstand stoßen. Änderte man solchen Vorkommensweisen zuliebe jedoch die Terminologie – was nicht schwierig wäre –, so käme es dafür anderswo zu analogen Protesten. Das Sprachgefühl bleibt bei der räumlichen Nahsicht und damit beim Speziellen; und die moderne Naturwissenschaft hat hieraus sogar ihr Prinzip entwickelt. Unser «generalistischer» Ansatz hat um so strenger auf der Kennzeichnung dessen, was sich in der Erscheinungen Flucht jeweils als das Identische und zugleich Wesentliche behauptet, auch ausdrucksmäßig zu bestehen.

7. Sonderverhältnisse an der dämonologischen Einstiegsstelle vom Individuum zur biologischen Art. Generationen und Mutationen.

Eigentümlicherweise ist gerade jene Art, mit der diese Überlegung begann, nämlich die biologische, in gewisser Hinsicht ein Ausnahmefall.

Wie jede werdelogische Art verkörpert sie sich in Subjekten, und dies sogar auf doppelte Weise: Die Generationenfolge, also die sukzessive Vielheit, wird durch eine simultane, die der Population, jeweils machtvoll ergänzt.

Eben deshalb verhält es sich hier jedoch nicht so, daß jedes einzelne dieser Subjekte, jedes räumliche Individuum also, auch schon einen neuen Formzustand, ein neues «Zeitalter», des betreffenden Artwesens darstellte. Verhielte es sich dergestalt, so wäre das Leben der Art nur sehr kurz, wäre es nach wenigen Generationen, nach so wenigen nämlich wie möglichen Lebensaltern, notwendigerweise schon wieder zu Ende. Dem jedoch ist nicht so. Die «List der Natur» weiß das zu verhindern; sie weiß durch immer neue erbgenetische Kombinationen neue und andere Individuen in sprudelnder Fülle hervorzubringen, ohne darum doch auch schon den Formzustand im ganzen zu ändern. Hier also handelt es sich um ein gleichartiges Folgen o h n e unsere vorherige Einschränkung. Was identisch durchhält, ist ja nicht allein die axiale Mitte im sonstigen Wandel der Formzustände, sondern ist eben, wie gesagt, der Formzustand überhaupt.

Dabei bleibt es freilich nicht dauernd. Irgendwann kommt vielmehr der Augenblick, wo sich über eine Mutation eben doch auch der Formzustand selbst verändert. Dabei kann es sich um ein degeneratives oder umweltbedingtes Abweichen handeln, das dann mit der inneren Logik des Gestaltweges nicht zusammenhängt und unter Umständen nur einen Bruchteil der Erbeigenschaften betrifft. Davon sehen wir hier jedoch ab. Wir denken nur an die Mutation, die als ein synchronisierter Vorgang für das Artwesen im ganzen einen neuen Formzustand herstellt. Und erst hier, im Unterschied zum Ablauf bloßer Generationen, erfährt die Gleichartigkeit des Folgens nun auch bei der biologischen Art die vorher erörterte Einschränkung: Nur der morphologische Grundplan ist auch im neuen Formzustand noch derselbe wie im alten. Im übrigen sind beide ungleich, und dies auf konstruktive Weise: Das Artwesen ist auf seinem Gestaltweg damit einen Schritt weitergekommen. Und anschließend wieder wie vorher ein u n e i n g e s c h r ä n k t gleichartiges Folgen, wieder nämlich ein solches von räumlichen Individuen, bloßen Exemplaren.

Streng genommen also fungiert als nächste Einheit im natürlichen System, und insofern als biologische Art, immer nur der Formzustand seit der jeweils letzten Mutation. So wird es auch häufig gesehen; oft aber legt der gleichartige Grundplan im sonstigen Wandel der Zustände einen geweiteten Artbegriff nahe. Daher seit Linné so mancher Definitionskonflikt, daher vor allem auch die Verlegenheitslösung der «Unterart», die sich streng genommen von der Definition her verbietet, um von den «Arten» Darwins, bloßen Zuchtrassen und Varietäten, hier ganz zu schweigen.

Weil das strenge Kriterium fehlte, beruhte die Einordnung im Zweifelsfall nur allzu oft auf dem perspektivischen Vorrang der Ähnlichkeit oder Unähnlichkeit, also letztlich auf einer Ermessensfrage. Demgegenüber sei nochmals betont: Die nächste Einheit des Systems ist der Formzustand zwischen zwei Mutationen! Will man den biologischen Artbegriff weiter fassen, so darf man ihn definitorisch an jener Bedingung nicht mehr verankern. Oder eben, wenn man sie beibehält, eine sehr viel engere Fassung.

Das aber braucht uns hier nicht zu kümmern. Stattdessen sehen wir uns vor einer anderen Schwierigkeit: Der Formzustand zwischen zwei Mutationen ist ein «Zeitalter» und damit ein Subjekt. Das heißt er ist im werdelogischen Sinne, wie die Biologie sich dazu auch immer stellen mag, keine Art! Hier bleibt es vielmehr dabei, daß als Art, das heißt je nach Optik als «Zweig» oder «Stamm», weiterhin jene Folge von Formzuständen mit identischem Grundplan fungiert, welcher auch die Biologie regulärerweise den Artcharakter zuerkennt. Und von dieser Art steht damit fest, daß sie sich in zwei kategorial streng getrennten Folgen von Subjekten verkörpert!

Das sind erstens die Formzustände und zweitens die Individuen. Neben dem Ablauf der Mutationen steht der ungleich raschere wie auch morphologisch flachere der bloßen Generationen. Und beim räumlichen Individuum handelt es sich somit um ein Subjekt, das anomalerweise statt auf einem Organ auf einem anderen Subjekt, dem entsprechenden Formzustand, morphologisch beruht. Das Ausnahmsweise dieser Beziehung erklärt sich aus der Sonderlage an der dämonologischen Einstiegsstelle: Das räumliche Individuum überhaupt ist der

Ausnahmefall, den das gesamte Dämonenreich mit allen seinen internen Rängen und Möglichkeiten einmütig erstrebt und zugleich – auch der Gesetzlichkeit nach – von sich abhebt.

Die nächstallgemeinen Wesen stehen bereits in diesem Sog. Wie der Leib des räumlichen Individuums keinen Strauch divergierenden Folgens, des Folgens mithin von Subjekten, mehr darstellt, so ist auch der bedingende Formzustand nicht mehr derartig ausgezweigt, sondern schon unmittelbar-konzentrisch jener Verräumlichung zugeordnet. Bis zur biologischen Gattung hin gilt in loserer Form noch dasselbe. Erst im allgemeineren Rahmen wird die räumliche Gestalt auch als Leitbild durch die der Entwicklung endgültig ersetzt.

Gleichwohl hebt strukturell nur das räumliche Individuum selbst – und nicht auch der sich konisch zu ihm hin verengende Hintergrund – die sonstige Ordnung des Werdens auf. Schon hinter dem ersten uns begegnenden dämonischen Wesen, dem Formzustand, steht als nächstallgemeines der Erwartung gemäß die fundamental gleichartige Folge und nimmt also der gesetzliche Wechsel von Subjekt und Organ, «Strauch» und «Zweig», bereits seinen Anfang.

Für das Innere des Dämonenreiches hat man mit dem vertrauten Unterschied zwischen neuen Formzuständen und bloßen neuen Exemplaren, zwischen Mutationen und Generationen, daher vollends nicht mehr zu rechnen. Die nach der Tiefe hin gewaltig anwachsenden Zeiten sind nicht zusätzlich bedingt, sondern bleiben ermöglicht durch das *principium individuationis,* wie man es sehr wohl nennen kann: durch den einmaligen Erstreckungsgewinn an der räumlichen Oberfläche nebst dessen Multiplizierungen.

8. Beispiel einer Formexplosion und Schicksalsgestalt nach Dacqué: Aufstieg und Untergang eines Erdzeitalters und seiner Arten.

Die wohl beste Schilderung des Gestaltweges von «Zweig» und «Strauch», ebenso knapp wie eindrucksvoll, findet sich bei Edgar Dacqué. Wir zitieren sie mit leichten Kürzungen und schalten Kommentierendes ein, wo es nottut. Insbesondere nämlich die Frage, warum die Entwicklungen so verlaufen, wie sie es tun, bleibt im zitierten Text weithin offen. Dacqué spricht mehrfach von «Gesetzen» phylogenetischen Werdens, obwohl er streng genommen nur von Geschehenskonstanten, hartnäckigen Regeln, sprechen dürfte. Er stellt eigentlich ja nur Tatsachen fest. Die Gesetzlichkeit als solche zu fassen bleibt hier wie stets eine Sache der Logik.

«Sobald eine neue Organisation, eine neue Grundgestalt in einem neuen Erdzeitalter erschien, kam sie nicht als ideale Urform, sondern sie kam in Form angepaßter, greifbarer Arten, oft sofort in explosiver Fülle»[1]. Gewiß. Notwendigerweise ist bereits die «Urform» eine bestimmte, eine in Wesen aus Fleisch und Blut leibhaftig manifestierte; unbestimmt ist sie nur relativ auf die künftige Durchbestimmtheit, welche auch den Rest der ursprünglichen Allheitlichkeit beseitigt. Und notwendigerweise also ist das Abstoßen dieses Restes, das verschiedene Endstände zuläßt, explosive Fülle hervorbringt, der unmittelbar folgende Schritt.

«Im festgegebenen Rahmen einer eigenen Grundorganisation, die ein neuer konstruktiver Grundgedanke organischer Darstellung ist, beginnt der neue Typus zuerst mit primitiven Gestaltungen seines Bauplanes. Der Ausdruck ‹primitiv› bezieht sich hier nur auf den Grad der biologischen Anpassung an die Umwelt. Ob es ein an sich hochorganisierter Typus, wie das Säugetier, oder ein an sich nieder organisierter, wie das Mollusk, ist: innerhalb eines jeden solchen Grundtypus sind die ersterschienenen Arten stets in der Darstellung ihrer Formpotenzen wenig entwickelt und ausgeprägt, so wie etwa die ersten Maschinen plumper, primitiver, eben unentwickelter waren als die späteren und heutigen; aber jede Maschine, ob Lokomotive oder Motor, ist ein eigener Grundtypus»[2].

Dacqué kommt, wie man sieht, dem werdelogischen Hauptnenner hier von sich her besonders nahe, wie denn auch am parallelen Ort im II. Kapitel auf Phylogenetisches stärker als sonstwo verwiesen wurde. Semantisch deckt sich Dacqués «primitiv», in dieser Sicht jedenfalls, deutlich mit unserem «archaisch». Und sogar der Vergleich des biotischen Gestaltwegs mit dem der Maschine liegt offenbar dermaßen nahe, daß er sich hier wie dort gewissermaßen von selber einstellt. Wir erinnern uns an das II. Kapitel: Auch die archaische Lösung hat jeweils schon den Zeitweg vom Urbild zum Abbild bis an das Ende zurückgelegt und besitzt also gerade vom Ziel her gesehen bereits die Bestimmtheit der optimalen. So war der Archäopteryx, der freilich nur erst unbehilflich über kurze Strecken zu flattern vermochte, gleichwohl schon ein echter Vogel, wie auch der von den Gebrüdern Wright entwickelte Aeroplan, trotz ähnlich minimaler Leistung, gleichwohl schon ein echtes Motorflugzeug war. Hinsichtlich des Gestaltzieles also besitzt die archaische Lösung g e n a u dieselbe Bestimmtheit wie die perfektionierte; sie tut es ex definitione, weil andernfalls, nach dem Ausfall jener leitmotivischen Identität, eben auch schon gar nicht mehr wirklich Archaisches und Perfektioniertes, zwei Zustände e i n e r Entwicklung, gegeben wären.

Und weiter mit Dacqué: «Dann beginnt durch Ausprägung neuer Arten die Entfaltung. Und diese Entfaltung ist nicht ein ideelles Bild, sondern durch Artenbildung werden neue Lebensplätze erobert, neue Lebensmöglichkeiten in der allgemeinen Umwelt erschlossen. Die Schaffung der mannigfaltigen Arten geschieht als Ausbildung oder Erweiterung und Differenzierung von Körperformen und Organen, mittels deren die Grundform sich mit ihren verschiedenartigen Repräsentanten in neue Bezirke hineinschiebt und den Kampf ums Dasein um ihrer eigenen, nach außen gewendeten Formdarstellung willen aufnimmt. Je nachdem bewährt sie sich in diesem Kampf oder sie wird übertroffen und muß sich auf engeren Raum zurückziehen oder untergehen. Diese für jegliche Grundform unausweichliche Notwendigkeit der natürlichen Entfaltung ist das ‹Gesetz der Spezialisation›»[3].

Gewiß, aber warum so große Worte wie «unausweichliche Notwendigkeit» und «Gesetz»? Warum dafür nicht einfach «undurchbrochene Regel»? Dacqué weiß es nicht, aber ahnt es; er besitzt nicht den logischen Zugang, ist diesem jedoch auch hier auf der Spur.

Er versucht sich mit einer Begründung: «Es werden durch die physische Selbstdarstellung vom Primitivzustand des Typus her immer eigenartigere Spezialisierungen geschaffen, es werden technisch vollkommenere Leistungen im Kampf ums Dasein damit erzielt; es kommt zu Bestanpassungen in mannigfachster Richtung, zu Spitzenleistungen und Rekorden – und das eben ist das Bild der entwicklungsmäßigen Artenreihen bei allen organischen Typen zu allen Zeiten. Es ist Formenbildung, die vom Primitiven innerhalb einer Grundgestalt zum Fortgeschrittenen innerhalb derselben Grundgestalt geht. Man könnte es auch enthusiastisch als Gestaltungsfreude der Natur ansprechen, wenn es nicht eben doch der Ausdruck fürchterlichsten Zwanges zu sich selbst, echtester paradiesvertriebener Dämonie der Selbstentfaltung und Eigenvollendung wäre. Der Fortschritt nach außen hat seine herrliche Seite, er hat auch den Aspekt des Unterganges in sich. So ist er Symbol des gebrochenen Paradieses»[4].

Soweit erst einmal das Zitat. Seine beiden letzten Sätze gehören zu jenen (nicht eben wenigen), die man wegen ihres religiösen Tonfalls Dacqué so häufig verübelt hat. Wir hätten sie unterdrücken können. Aber offenbar meint Dacqué, wenn er vom Paradies spricht, nicht den mythischen Garten Eden mit dem ersten Menschenpaar und der Schlange auf dem Baum der Erkenntnis; offenbar denkt er vielmehr auch hier an etwas erdgeschichtlich Konkretes, wobei nur, weil das exakte Denken nicht in vollem Umfang der Ahnung nachkommt, auch die Ausdrucksweise unexakt bleibt.

Was als Grund der «unausweichlichen Notwendigkeit» ist denn ermittelt? Warum tendiert «bei allen organischen Typen zu allen Zeiten» die Formenbildung «vom Primitiven zum Fortgeschrittenen innerhalb derselben Grundgestalt»? Bei dem Terminus «Bestanpassung» geht es Dacqué deutlich, jetzt in unserer Sprache, um jene engere Perfektheit, die man eigens als Perfektion bezeichnet: um eine nicht einfach nur lückenlose, sondern obendrein optimale Bestimmtheit! Tatsächlich erklärt sich hieraus bereits in einer fundamentalen Hinsicht die «unausweichliche Notwendigkeit»: Schon der archaische Zustand zielt auf den perfektionierten. Bereits der Anfang des Zeitweges gewinnt erst vom Endstand her seinen Sinn!

Warum aber kommt es statt, wie es sich eigentlich gehörte, zur superlativisch einzigen Bestanpassung zu mehreren verschiedenen «in mannigfachster Richtung»? Es kann sich um Himmelsrichtungen handeln, um Anpassungen an verschiedene Räume. Das aber reicht bekanntlich nicht; auch in ein und derselben Umwelt nimmt die Spezialisation, wie Dacqué sehr wohl weiß, ihren unerbittlichen Fortgang. Der eigentliche Grund nämlich liegt in der Bestimmtheit selbst, im integralen Verengungseffekt.

Dazu abermals unser II. Kapitel: Immer entspricht dem Gewinn ein Ausfall. Und das bedeutet teilweise zwar einfach nur den Ersatz von Archaischem, Mangelhaftem durch Tauglicheres und zuletzt Optimales; daneben jedoch steht von vornherein der Verzicht auf an sich ebenfalls optimale, aber mit der gewählten Entwicklung kollidierende Möglichkeiten, die indes trotzdem optimal bleiben und unter diametralem Verzicht ihren eigenen Entwicklungsweg nehmen. Der Fortschritt von der archaischen Unbestimmtheit zur perfektionierten Bestimmtheit hat daher jeweils explosiven Charakter. Er führt vom Allgemeinen zum Spezialisierten und damit von der Einheit zur Vielheit.

Was aber geht dabei verloren? Eben angesichts dieser Frage beginnt Dacqués «religiöser» Tonfall. Wenn ihm der Pluralismus des Endstandes als «Ausdruck fürchterlichsten Zwanges zu sich selbst, echtester paradiesvertriebener Dämonie der Selbstentfaltung und Eigenvollendung» erscheint, so mag man zunächst nur verwundert fragen, wieso das eine Begründung sein soll. Selbstentfaltung und Eigenvollendung, das heißt der natürliche Eigenwille, auf gattungshaft allgemeiner Basis, – was ist daran zwanghaft und fürchterlich, was an dieser Herrlichkeit beschwört den Aspekt des Unterganges? Hier nun bei Dacqué die Chiffre «Paradies». Sie steht für Allheitlichkeit. Diese nämlich ist es, die sich mit der Unbestimmtheit, dem archaischen Zustand, unwiderruflich verliert. Aus ihr also sind die perfektionierten Formen bei aller vergrößerten Daseinsmacht bereits samt und sonders «vertrieben». Sie sind morphologische Sackgassen; was auf sie wartet, ist nur noch das Ende.

«Denn sehen wir nur, was weiter geschieht. Nicht immer machen die Spezialisierungen Halt, wenn sie eine bestmögliche Lebens- und Rekordform erreicht haben. Sie drängen weiter, sie schieben oder stürmen darüber hinaus, sie bilden um des Bildes willen, sie übertreiben, sie überbilden. Und was zuvor der Anlage und dem Willen nach günstige Form für die Eroberung von Lebensraum und Lebensmöglichkeiten war oder sein sollte, das wird nun Selbstbelastung, Selbstverzerrung, bringt Tod und Untergang. Die Beispiele dafür sind in der Erdgeschichte zahlreich. Nur selten verharren Grundgestalten in einem nicht in solche Extreme gehenden bestangepaßten Stadium. Das aber bedeutet, daß sie sich, auch ohne neue Eroberungen in der Umwelt zu erreichen, in bestimmter Lebensart halten und in gleichförmiger Weise nur noch fortpflanzen; sie er-leben sich nicht mehr. Geht es aber, sich steigernd, weiter und ist ihnen Lebenszeit genug gelassen, so endet es in Selbstübertreibung, Selbstübersättigung. Am Ende steht die innere Leere. Denn die Gestaltungspotenzen sind erschöpft, und nichts kann die einstige Jugendkraft und -freiheit wiederbringen. Dann schlagen sie äußerlich wohl auch zurück in Formen, den Ahnenbildern ähnlich, aber das sind ermüdete, nicht mehr zukunftsträchtige Gestaltungen»[5].

Soweit das Zitat. Gemessen am vorangegangenen sagt es im Grunde nichts Neues und sagt es namentlich uns nichts Neues. Das Wichtigste verstünde sich auch ohne empirische Hilfe von selbst. Die Arten und Artenreihen als Organe des dämonischen Leibes entsprechen auch in ihrem Zeitweg dem der individuellen Organe; wie diese gehen auch sie lediglich dem zeitlichen Schluß entgegen, nicht aber auch dem thematischen: Es führt kein Weg über sie hinaus! Er tut es ja gerade auch dann nicht, wenn sie sich weiter gleichförmig nur noch fortpflanzen und so, also ohne inneres Werden, in spätere Zeiten hinüberretten, worauf wir im nächsten Kapitel noch einmal zurückkommen werden.

Und das alles heißt logisch-generell: Die Perfektion ist das Ende. Dazu nochmals das II. Kapitel: Aus demselben Grunde verläuft die Evolution entgegen der Annahme Darwins nirgends über die fittesten Formen, die als phylogenetische Sackgassen vielmehr schließlich einfach wieder verschwinden wie die Saurier und die Mammute, während Zwerge plötzlich das Rennen machen, deren einzige Stärke in ihrer bisherigen Schwäche, dem Fehlen der Spezialisiertheit, besteht.

9. Die Alternative zum Darwinismus.

Von der Logik des Werdens her versteht sich die phylogenetische Entwicklungsstruktur apriorisch; und apriorisch also ist der Darwinismus hierdurch widerlegt. Wenn wir trotzdem an dieser Stelle darüber noch einige Worte verlieren, so aus einem nicht mehr logischen Grunde. Der Darwinismus nämlich gehört, wie Lothar Gottlieb Tirala es dankenswert lichtvoll gezeigt hat, zu den wissenschaftlichen Massenpsychosen. Diese aber bedürfen stets auch noch des psychologischen statt bloß des logischen Widerstandes.

Dazu Tirala selbst, mit leichter Kürzung: «Darwin hat uns gelehrt, ohne sich viel um die Begriffsbestimmung des Wortes ‹Art› Gedanken zu machen, daß die Entwicklung des Tierreichs von niederen zu höheren Arten fortschreitet durch den Kampf ums Dasein und durch geschlechtliche Zuchtwahl. Doch hat er dafür nicht eine einzige Beobachtung beibringen können. Ich konnte auf Grund neuer Tatsachen, moderner Erkenntnisse und Experimente das Gegenteil beweisen. Der Kampf ums Dasein schafft keine neuen Arten, sondern ist im Gegenteil ein Prinzip der Festigung der Art. Ferner: Geschlechtliche Zuchtwahl gibt es in der freien Natur kaum. Sie kommt als artenschaffendes Prinzip überhaupt nicht vor. Sobald sich ein Individuum in ein oder zwei Merkmalen weitgehend verändert und dadurch auffällt, wird es aus der Sippe vertrieben und von den Artgenossen gemieden»[6].

So weit Tirala. Er steht als Gegner Darwins in einer großen Tradition und verweist selbst auf Driesch, Jacob v. Uexküll, Johannes Reinke und Gustav Wolff. Auch Bergson, Becher, Woltereck, Oscar Feyerabend und selbstverständlich nicht zuletzt Dacqué gehören in diesen Zusammenhang. Die Reihe läßt sich beliebig verlängern. Tirala zeichnet sich aus durch den entschiedenen Sinn seines Einspruchs, den exakten Beweis der Unmöglichkeit, während ansonsten die Absurdität des darwinistischen Theorems allen Köpfen, die der Psychose widerstanden, im Grunde von jeher ohnehin klar war.

«Dieser braven Engeländer
mittelmäßige Verständer
nehmt ihr als ‹Philosophie›?
Darwin neben Goethe setzen
heißt: die Majestät verletzen –
majestatem genii!»

So bereits Nietzsche, als um Darwin noch eine Faszination war. Und ähnlich dann Spengler in seiner Prosa: «Der Darwinismus hat, so unbewußt das geschehen sein mag, die Biologie politisch wirksam gemacht. Es ist irgendwie eine demokratische Rührigkeit in den hypothetischen Urschleim gekommen, und der Kampf der Regenwürmer um ihr Dasein erteilt den zweibeinigen Schlechtweggekommenen eine gute Lehre»[7].

Der bittere Spott ist nicht unangemessen. Doch bedeutet er noch keine Korrektur, ersetzt er den Irrtum noch nicht durch die Wahrheit. Alle erwähnten Kritiker Darwins kommen bezüglich der Lebensentwicklung von der gerügten Scheinerkenntnis lediglich auf den Erkenntnisverzicht, und gerade Tirala, der sorgfältigste und zugleich kühnste, hat das ausdrücklich eingestanden. «Die Aneinanderreihung aufeinanderfolgender Stufen im Tierreich ist eine Beschreibung vorhandener Tatsachen, doch sind wir weit davon entfernt, die wahre Ursache dieser Aufeinanderfolge auch nur zu erahnen»[8].

Das ist richtig geurteilt innerhalb der neuzeitlichen Forschungsmethode, die in der realen Wirklichkeit nur individuelle Gestalten und auch diese nur als seinshaft-räumliche kennt, um damit schon auf doppelte Weise das Problem vom Ansatz her zu verfehlen. Im Zeichen der Zweiten Setzung aber geht Tiralas Bescheidung zu weit. Hier sind wir gerade am wichtigsten Punkte, über die Gestalt der Entwicklung, von der Logik her bereits unterrichtet. Wir brauchen diese generelle Kenntnis nur mit jener der zuständigen Spezialforschung zu konfrontieren, um im Rahmen des heutigen Wissensstandes – unter dem erwähnten Vorbehalt – auch im einzelnen Klarheit zu schaffen.

V. Dämonologie der Natur

1. Naturwissenschaft als «Wiederfinden» des raumzeitlichen «Baumes».
Viertakt des Werdens und progressive Beschleunigung.

Alle Naturwissenschaft, die mehr sein will als ein bloßes Beschreiben von Phänomenen, kann sich letztlich allein darauf richten, in der von ihr durchmusterten Räumlichkeit den raumzeitlichen «Baum» – und damit im Besonderen das Allgemeine – gewissermaßen wiederzufinden. Wenn Galilei einmal meinte, die Philosophie sei im Hauptbuche der Natur durchweg *scritta in lingua matematica,* so war damit freilich das Ganze als Denkmodell zugunsten der Menge bereits unterschlagen; richtig war trotzdem auch hier noch, daß allenthalben, wo überhaupt eine exakte Methode herrscht, gerade das Allgemeine, das Wichtigste, im voraus, apriorisch, feststeht und «nur» seine Aufweisung im Besonderen die Aufgabe des Sachforschers, des angeblichen Empirikers, darstellt. Im Zeichen der Zweiten Setzung gilt dies Rangverhältnis erst recht, nur daß die Mathematisierbarkeit jetzt dem räumlichen Vordergrund zugehört und sich die allgemeine Gewißheit nun wesentlich darüber hinaus auf pulsierendes Werden als die eigentliche Wirklichkeit richtet.

Die beiden wichtigsten Einheiten, die es jeweils wiederzufinden gilt, sind das Subjekt und das Organ in der dämonologischen Größenordnung, also jenseits der räumlichen Nahsicht. Als Subjekt fungiert hier das, was je nach der Optik als Zeitalter oder Formzustand einer werdelogischen Art auftritt und so oder so auch schon anvisiert wurde; kurz sprechen wir dafür jetzt auch vom Zustand. Dem steht als Organ die Zustandsfolge gegenüber, mit der ja stets im jeweiligen dämonischen «Leib» eine von mehreren synchronisierten Spezialmöglichkeiten hervorgekehrt ist.

Bekannt ist drittens auch schon der radiale Ausbruch, die Formexplosion, als Indiz für den gleichzeitigen Auftritt eines Subjektes und seiner Organe. Und schließlich wissen wir bereits, daß sich der subjekthafte Leib im Ergebnis der Formexplosion nicht erschöpft. Außer den differenzierten Organen, den expandierenden Zustandsfolgen, gibt es hier vielmehr in der Regel auch noch ein dämonisch-allgemeines, etwa phylogenetisches, Gegenstück zur ontogenetischen Keimbahn. Diese fehlt ja nur dann, wenn das Subjekt, das den Ausbruch der Zustandsfolgen hervorruft, in der nächstallgemeinen Zustandsfolge, der es seinerseits angehört, nicht schon das notwendig letzte ist, das heißt mit anderen Worten: wenn es, als Zeitalter, Lebensalter und überhaupt «Alter» betrachtet, nicht schon das der Vergreisung darstellt. Abgesehen von diesem Ausnahmefall hat man im dämonischen Leib also stets mit Subjekten zu rechnen, die an der sonstigen Differenzierung, dem radialen Ausbruch, nicht teilnehmen, um stattdessen dem nächsten dämonischen Leib bereits innerlich zugeordnet zu sein.

Daß Ausdrücke wie «Subjekt» und «Zustand» im Zusammenhang mehrschichtig, mit verschiedenen Stellenwerten, verwendet werden, ist unerläßlich. Wiche man auf Synonyme aus, so wäre das ein rein sprachlicher Trick, unter dem die Genauigkeit litte: Gerade in der Wiederkehr strukturell identischer Einheiten in verschiedener Größenordnung besteht ja das Charakteristikum dämonischer Überbauungen.

Das Bild des Baumes mag helfen, der Mehrwertigkeit ihren Stachel zu nehmen. Jeder radiale Ausbruch erscheint hier zunächst, wie bereits gestreift, als ein Strauch divergierender Zustandsfolgen, der schließlich etwa gleichzeitig abbricht; eben dies ist hier ja das Gegenstück zum individuellen Tod als ungefähr gleichzeitigem Ende eines Leibes im ganzen und seiner Organe. Es handelt sich aber um einen Baum. Der zunächst lediglich gesichtete Strauch steht mithin nicht für sich allein, ist vielmehr nur ein Verästelungsschub in einer Folge von mehreren. Und das bedeutet für ihn erstens: Jeder einzelne seiner raumzeitlichen Äste ist in sich eine Folge von Zuständen und eo ipso Subjekten, eine Generationenfolge, um doch zugleich, zusammen mit mehreren weiteren Zustandsfolgen desselben Ursprungs, im nächstallgemeinen Rahmen, also für den Baum, einen Zustand zu repräsentieren. Und daher zweitens: Der zunächst so gesichtete Strauch gruppiert sich um einen Stamm, der an dem Ende der einzelnen Äste, der besonderen Zustandsfolgen desselben Ursprungs, nicht teilhat, der vielmehr daran vorbei einem höheren Verästelungsschub analoger Bauart als axiale Mitte entgegenwächst; es ist das Analogon zur zeugerischen Potenz, die jeweils ein Individuum lediglich über die Keimbahn, vorbei am sonstigen Schicksal des Leibes, mit der folgenden Generation verbindet. Die Denk- oder richtiger Vorstellungsschwierigkeit liegt nur darin, daß im dämonologischen Rahmen bereits jedes Organ aus Subjekten besteht und sich dies ungewohnte Verhältnis auf jeder Rangstufe wiederholt.

Alle diese Elemente zum Zwecke des «Wiederfindens», des Erkennens von Strukturell-Allgemeinem in unterschiedlichen Phänomenen, sind uns mehr oder minder bereits geläufig. Hinzu kommt nun noch weiteres, was kaum je im Mittelpunkt stehen wird, aber für die diagnostische Absicht gleichwohl von einigem Gewicht ist. So liegt es nahe, die Gliederung der Zustandsfolge an der Zäsur des Phasenwechsels zu orientieren, um diesen dabei aber nochmals, in jeder seiner Halbzeiten, zu unterteilen.

Das Element von apriorischer Notwendigkeit, das dem resultierenden Geschehenstakt letztlich innewohnt, wird im Zusammenhang um die Vierheit, im VIII. Kapitel, eigens erörtert werden. Zunächst genügt, eben weil alles hier sehr einfach, nämlich sehr logisch zugeht, die schlichte Aufweisung: Vor dem Phasenwechsel erst die hilflose Kindheit und dann die stürmische Jugend, und nach der großen Zäsur zunächst die Reife und dann die Vergreisung! Es ist noch kein Meister vom Himmel gefallen; das Kind ist angewiesen auf den Schutz der Eltern, gegen die sich der Jugendliche dann auflehnt, um aus eigenen Fehlern erst wirklich zu lernen, erst wirklich zu reifen; dann als zweite Halbzeit das Altern, aber doch, nochmals unterteilt, zunächst als vollendete Reife, nicht schon als Verfall, der sich daran nun allerdings als letztes, als Vergreisung, anschließt. Auch dieser vierte Zustand ist, wie die Biologie im ontogenetischen Rahmen weiß, von vornherein eingeplant, denn auch er besitzt seinen Eigenwert. Wesentlich aber liegt der Akzent bei dem dritten Zustand, dem der Reife, welchem die beiden früheren, Kindesalter und stürmische Jugend, ja final zugeordnet sind, ohne freilich wiederum deshalb ihren Eigenwert einzubüßen. Also vier Zustände, gipfelnd im dritten! Ein weiterer physiognomischer Anhalt für die Technik des «Wiederfindens».

Zunächst aber noch etwas Prinzipielles. Wir gehen davon aus, eine jede Zustandsfolge, die diesen Namen redlich verdient, als eine gleichartige zu betrachten. Denn wäre es nicht dasselbe Substrat, das hier jeweils seine Zustände wechselt, so wäre auch überhaupt die Rede, daß hier bloße Zustände – eines offenbar gemeinsamen Trägers – einander folgten, nicht einwandfrei. Und es war denn ja auch schon im vorigen Kapitel so bei dem ausführlichen Zitat von Dacqué, daß die expandierenden Gattungen oder Arten trotz morphologischer Bereicherung und Differenzierung jeweils derselben «Grundorganisation» entstammen, schon weil von eigentlich-logischem Folgen sonst nicht mehr die Rede sein könnte. Gerade das aber heißt auch schon umgekehrt: Der thematische Vorrat nimmt zu. Er eilt – über infantile Früh- und Zwergformen und dann angreiferische Experimente – hin zur Reife, zu Bestmöglichem (und über dieses, wie freilich der Biologe seinerseits nicht ergründen kann, auch schon zum Ende, zum Artentod). Darin aber liegt grundsätzlich: Die jeweilige Zustandsfolge, verstanden im streng-viertaktigen Sinne, ist trotz fundamentaler Gleichartigkeit immer auch endbedeutsam. Die jeweils früheren Zustände, wie vornehmlich die beiden ersten und prinzipiell auch noch der dritte, sind Zunahme im Erreichten, Verbesserung in der Methodik des von vornherein angestrebten Zieles.

Das gilt durchaus allgemein. Doch wird das Zeitenverhältnis, das also zwischen thematischer und mathematischer Zeit, zwischen der Rhythmik des Folgens und der bloßen Dauer, dadurch im Dämonenreich auf eine ganz andere, ja genau entgegengesetzte Weise geprägt als bei den biotischen Einzelwesen. Jedenfalls in der Regel ist hier, beim räumlichen Individuum, der Gestaltweg vom Keim bis zur Bestform sehr kurz, während dafür die Reife, die sich im werdelogischen Schema erst nach dem Phasenwechsel als dritter Zustand ergibt, atypisch früh und langfristig erreicht wird.

Der Grund ist klar. Er besteht in der «List der Natur», in dem Willen der biologischen Art zu möglichst zahlreichen Exemplaren. Klar ist auch das Mittel zum Zweck. Wir sagten es eben bereits: Die einander folgenden Wesen sind hier lediglich Exemplare; das heißt hier handelt es sich um ein wesentlich gleichartiges Folgen, um das also von bloßen Zustandsträgern statt von jeweils neuen Formzuständen. Endbedeutsames Folgen zeigt sich hier erst bei den Mutationen; bis dahin wird, nach selber genormtem erbgenetischen Kombinationsspiel, der vorhandene morphologische Vorrat nur unverändert reproduziert. Das gestattet die Kürzung des ontogenetischen Anlaufs; bloße Wiederholungen fallen leicht. So wird der phylogenetische Anlauf zwar immer wieder nachvollzogen, aber ohne die ursprüngliche Mühe und daher auch ohne die einstige Zeit. In Tagen oder Stunden wiederholt sich die Leistung von Jahrmillionen.

Diese uns allen vertraute Rhythmik ist an der Norm gemessen nicht bloß eine Verzerrung, sondern stellt geradezu das Gegenteil des normativen Verhältnisses dar. Denn wir sagten es schon: Aller Anfang ist schwer, und erst die Übung macht den Meister! Hinsichtlich des Gestaltzieles besitzt die archaische Lösung jeweils ex definitione schon genau dieselbe Bestimmtheit wie schließlich die optimale; allein der Weg vom Urbild zum Abbild trennt die Lösungen voneinander: er windet sich zunächst mühsam und im einzelnen «unlogisch», vom Sachzwang übermächtig bestimmt, zwischen Schwierigkeiten, deren Meisterung erst gelernt sein will; doch bleibt alles einmal Erlernte hinfort als Routine verfügbar, was den späteren Anlauf erleichtert und damit den neuen Zeitweg verkürzt.

So also im Dämonenreich. Hier, das heißt in den phylogenetischen und schließlich astronomischen, kosmogonischen Hauptströmungen des Werdens, gibt es ja nicht mehr den Unterschied zwischen Mutationen und Generationen, wirklichen neuen Formzuständen und bloßen neuen Exemplaren. Hier gilt daher das Gesetz der progressiven Beschleunigung. Es ist der erdgeschichtlichen Forschung denn auch längst bekannt, ohne daß sie freilich bislang begriff, mit seiner Anerkennung faktisch bereits Dämonologie zu betreiben.

2. Fernbedeutsames Tragen. Phylogenetische «Verholzung». Subjekthaftes und dependentes Dienen.

Die progressive Beschleunigung gipfelt jeweils im optimalen Zustand der Folge, im diesbezüglichen Endstand. Doch ist dies Ziel nie das Ziel überhaupt, nie das endgültig-letzte, nie die Erfüllung der Zeiten, so wie anderseits der Anfang der dahin tendierenden Folge nie der Anfang schlechthin war. Der raumzeitliche «Baum», im Unterschied zum konkreten räumlichen, ist unendlich. Kommt das nächstallgemeine Subjekt in Sicht, so schrumpft, was bislang den Baum darstellte, zum bloßen Ast unter Ästen; und der Verästelungsschub im ganzen, der damit umrißhaft hervortritt, ist nun also wiederum nur ein einzelner Zustand in einer Folge, die über den bisherigen «Baum» in entsprechend gewaltigem Maße hinausgeht. Darin aber liegt, daß mit wachsender Allgemeinheit die Bedeutung des Tragens, des langfristig vorsorglichen Dienens, gegenüber der des Getragenseins, des freien Gipfelns, fortschreitend zunimmt.

Das führt namentlich in den tieferen, kosmogonischen Werdebezirken jeweils zu einem Phänomen, welches dem räumlichen Symbol, dem konkreten Baum, wiederum mutatis mutandis entspricht: zur Verholzung. Je höher der Baum und je größer also die Last für den Stamm, um so wichtiger hier die Zweckentfremdung und Degradierung der Pflanzenzelle zum bloßen Baustein: Die Zuordnung zu einem höheren Sinn, der auf ganze Stockwerke weiteren Werdens im voraus abhebt, wird bezahlt mit dem Verlust des bescheidenen eigenen Sinnes und der thematisch eigenen Zeit. Also morphologische «Ewigkeit» um den Preis des eigenen Schicksals. Eben nur weil die Allgemeinheit – und damit die Verfügungsgewalt über Künftiges – nach der Tiefe hin zunimmt, weil es sich also letztlich weniger um Gegenstände als um einen Gegenstand, einen unendlichen, handelt, kann die Eigenzeit überhaupt ausgeklinkt werden. Sie ist hier indes die von Subjekten, welche ja im Dämonenreich die kleinsten Einheiten darstellen. Der botanischen Verholzung entspricht daher in diesem Rahmen die pulsierende Generationenfolge, die lediglich den Charakter als Zustandsfolge eingebüßt hat. Das heißt mit anderen Worten: Jetzt und insofern erst gibt es auch hier ein durchweg, nicht bloß leitmotivisch, gleichartiges statt im ganzen endbedeutsames Folgen! Und es ist vielleicht nicht zwingend, aber verführerisch naheliegend, daß das kosmogonische Gegenstück zur Verholzung, als Überführung in die niedere Ewigkeit entselbsteten bloßen Dienens, entsprechend niedere Typen bevorzugt.

Je geringer die Durchbestimmtheit, desto größer die mögliche Fremddienlichkeit! Für die Verholzungsprodukte im direkten wie im übertragenen Sinne gilt daher in dieser Hinsicht dasselbe wie – mit gegenteiligem Wertakzent – für die Einheiten der jeweiligen Keimbahn. Einfachste Lebewesen wie etwa die Bakterien, deren eigen-endbedeutsamer Zeitweg unerdenklich lange zurückliegt, spielen trotzdem heute noch im Naturhaushalt, vornehmlich in den Ernährungsreihen, eine unausscheidbar wichtige Rolle und waren von vornherein nicht nur, aber auch dafür vorgesehen.

Entsprechendes gilt für höhere Formen. Es gilt generell für die Flora, die allerdings ohnehin auf diese jatypisch ruhende, basierend dienliche Rolle ihrem ganzen Wesen nach angelegt ist. Immerhin fällt auch hier die «Ewigkeit» längst überwundener Formen auf, vom Seetang über Flechten und Moose bis zu altertümlichen Nadelhölzern, das alles freilich strukturell oder geographisch auf Randlagen deutlich abgedrängt. Dasselbe gilt schließlich auch für die Fauna quer durch sämtliche früheren Erdzeitalter. Seit dem Tertiär gehören sogar die Reptilien, die «Kriechtiere», im Prinzip nicht anders als Würmer und Schnecken zum überalteten Formbestand. Gleichwohl währen auch sie noch fort, aber bezeichnenderweise bloß mit jenem wirklich nur kriechenden Kleinvolk von Schildkröten, Eidechsen, Schlangen und Schleichen, das auch im Erdmittelalter bereits weniger schritt als kroch, weniger herrschte als diente, wogegen die damaligen Herrscher, die Saurier, zugrunde gingen.

Man wird sich vom vorigen Kapitel her noch erinnern: «Sie er-leben sich nicht mehr», sagt Dacqué traumhaft deutlich von biotischen Grundgestalten, die sich nach der Zeit, der sie erdgeschichtlich entsprachen, weiter «in bestimmter Lebensart halten und in gleichförmiger Weise nur noch fortpflanzen». Im Banne fremddienlichen Tragens sind sie phylogenetisch verholzt, wie man dafür jetzt auch sagen kann. Und das bedeutet allerdings, daß sie als Grundgestalten, als Allgemeinwesen, sich nicht mehr «er-leben»: sich nicht mehr Gegenstand und Problem sind. Alles «Leben» in diesem morphologisch zentralen Bereich ist eben längst schon ausgelebt. Und das schlägt auch auf den Lebenssinn der Einzelwesen mindernd zurück. Von diesen sagt Dacqué daher treffend, daß sie sich nur noch fortpflanzen: Etwas prinzipiell-werdehaft Neues, dem das Folgen der Generationen im ganzen zuzustreben vermöchte, steht nicht mehr in Aussicht.

Je tiefer man in das Dämonenreich eindringt, um so wichtiger wird die Funktion des Tragens. Sie begleitet uns daher in diesem Kapitel. Deshalb über sie noch kurz ein genereller Hinweis: Sie ist eine dienende Leistung und doch nicht identisch mit der dependenten! Sie entspringt nämlich jeweils einem Subjekt. Das schließt nicht aus, daß dieses – nicht zwar an sich, aber eben als tragendes – Eigentümlichkeiten aufweisen kann, die für Organe bezeichnend sind, und dies in um so höherem Maße, je größer die getragene Last ist und je mehr sie sich damit auswirkt. Das ist dann aber bedingt durch die generelle Eigenart allen Dienens und nötigt uns um so mehr zur deutlichen begrifflichen Trennung.

Sagen wir es in einem Beispiel: Die Mutter ernährt das Kind wie der Magen den Leib. Beide also dienen. Und doch ist nur der Magen ein dependentes Wesen; nur er ist ausschließlich für diesen Dienst da, ist auch eigens zum Zweck dieses Dienstes entwickelt und zwar seitens des Leibes, der daher im ganzen – wenn auch nur unerheblich – älter ist als der Magen. Die Mutter hingegen dient zwar gleichfalls, doch ist sie die ältere. Sie hat das Kind, das sie nährt, geboren. Sie ist mithin die ontische Trägerin nicht nur des vorhandenen jungen Lebens, sondern sogar schon seiner Entstehung. Doch bedeutet das in diesem Fall nicht, wie beim Verhältnis des Leibes zum Magen, daß das entstandene Wesen lediglich ein Organ sei. Das Kind ist ein Subjekt wie die Mutter; gleichermaßen bei beiden, hier trotz des Dienens und dort trotz des Hervorgebrachtseins, ist von Dependenz keine Rede. Vor allem aber erschöpft sich die Frau, die als Mutter das Kind nährt, nicht in diesem Dienst wie der Magen in dem analogen. Sie ist nicht etwa nur hierfür konzipiert und entstanden. Sie erledigt, schon während sie das Kind stillt, und erst recht danach, noch verschiedenste andere Aufgaben, welche mit jenem Dienstverhältnis großenteils nichts zu tun haben. Sie ist eben ein Subjekt. Und trotz ihres Dienens also ist sie der unabhängige Teil. Sie könnte sich dem Dienst versagen. Die Abhängigkeit liegt hier insofern beim Kind: beim bedienten Wesen. Es muß sterben, wenn sich die Mutter rigoros, ohne für eine Amme zu sorgen, ihrer Stillpflicht entzieht. Und es ist denn ja auch in dieser Relation jener Teil, der trotz subjekthafter Anlage am ehesten einem Organ entspricht. Im Verhältnis von Leib und Magen hingegen liegt die thematische Abhängigkeit, und zwar die radikale, bei dem letzteren: bei dem dienenden Wesen. Nur hier also besteht Dependenz. Von Tragen hingegen sprechen wir, wo ein Subjekt den Dienst ausübt und durch diesen gegenüber dem Partner in der stärkeren Position ist.

Trotz des grundsätzlichen Unterschiedes gibt es, wie mit alldem ja schon gestreift, zwischen tragendem und dependentem Dienen doch auch echte Berührungspunkte. Mit dem Leib stirbt der Magen; aber auch mit dem Magen, der als Organ radikal versagt, stirbt dann jeweils der Leib. Konstitutionelle Abhängigkeit ist nie auf den dienenden Teil beschränkt, sondern greift jeweils auf den Dienstherrn über. Stirbt allerdings das Kind, so stirbt deshalb nicht auch seine Mutter. Die primär einseitige Abhängigkeit wird beim tragenden Dienen nicht so kraß zu einer wechselseitigen wie beim dependenten. Ähnlichkeiten bestehen trotzdem. Ist die Mutter säumig, so schreit der hungrige Säugling. Er fordert sein Recht. Die Mutter, die ihn daraufhin nährt, gehorcht damit seinem Willen wie wohl auch ihrem natürlichen Antrieb. Auch hier also handelt es sich, wenngleich mit unterschiedlicher Stärke, um wechselseitige Abhängigkeit. Und je lieber der Mutter ihr Dienen wird, je mehr sie sich dabei also frei fühlt, um so mehr wächst damit tatsächlich auch auf ihrer Seite die Abhängigkeit. Fühlt sie sich und handelt sie «ganz als Mutter», so heißt das nichts anderes, als daß sie einen erheblichen Teil ihrer subjekthaften Freiheit preisgibt und stattdessen dem Organ, dem bloßen «Werkzeug», nun ernstlich zu ähneln beginnt; wie dieses empfängt damit ja auch sie ihren Sinn allein von dem einzigen Zweck her.

Bis zu einem gewissen Grade ist dies Ausgreifen der Abhängigkeit vom getragenen auf den tragenden Partner ein normaler, fast unausweichlicher Vorgang. Wer aus freien Stücken ohne eigenen materiellen Nutzen einem anderen Wesen nachhaltig dient, der wird das schwerlich tun, wenn er das Objekt seiner Dienstbarkeit nicht dermaßen schätzte, daß ihm dessen Nutzen bereits des Lohnes genug ist. Auch noch eine solche Bindung entspringt subjekthafter Initiative. Nur liegt eben hier der Nexus, über den sich der Unterschied zwischen den beiden Formen des Dienens in kritischen Fällen perspektivisch wie auch objektiv verwischt.

3. Astronomisches um den Menschen.

Im astronomischen Bereich gewinnt das Phänomen des fernbedeutsamen Tragens sehr bald ein Ausmaß, dem unser Denken im einzelnen nicht mehr zu folgen vermag. Das räumliche Universum ist angelegt auf eine Lebenszeit, welche nach allem, was wir wissen, die unseres Sonnensystems um ein Vielfaches überschreitet. Dem entspricht die enorme «Verholzung», etwa die außerordentliche Langlebigkeit und Konstanz sowohl der atomaren Feinstruktur als auch der galaktischen Großformen offenbar mit der Richtung auf Fernziele, kosmogonische Überraschungen, die sich jeder Prognostik schlechthin entziehen.

Anderseits liegt gerade darin, daß wir überhaupt so zu fragen vermögen, ein markanter Ansatz zur Ortsbestimmung im kosmischen Rahmen. Denn auch damit schon beweist das Denken, daß es nicht überhaupt, aber hier und jetzt, im Ichbewußtsein des Menschen, zu seinem ewigen Ziel gelangt ist. Wie die astronomische Absicht auch immer im einzelnen aussehen mag, so ist der Gestaltweg doch jeweils ein Weg des Denkens aus der Entäußerung zu sich selbst, ein Weg mithin aus dämonischer Bindung zur Freiheit, zur Vorverlegung des Subjektcharakters ins Individuum und damit, als Gipfelfall, in die Person. Hier, über das Ichbewußtsein, kommt es zu jener Transfiguration, die sich von der bloßen «Natur» als «Geschichte» im engeren Sinne erhebt. Hier wechselt daher der Geschehenstakt. Das ungleich raschere Folgen der geschichtlichen Zeitalter relativ auf alle früheren, geologischen, erklärt sich nicht mehr von diesen her als progressive Beschleunigung, sondern beruht – als ein neuer Rhythmus – auf der unmittelbaren Selbsterfahrung und deshalb auch Selbstbewegung des Denkens. Ob sich diese eigentliche Geschichte irgendwann auf noch reinere, strengere Weise über die Natur zu erheben vermag, als es heute auf unserer Erde geschieht, darf als Möglichkeit offenbleiben oder ist wohl sogar zu unterstellen; die Ehrfurcht vor dem Denken überhaupt und vor seinem unendlichen Sinn, vor dem Allgeist, nötigt uns zu dieser Bescheidung. Evident aber ist, eben auf Grund dieser Einsicht, daß hier und jetzt, im Menschen und damit im Sonnensystem, das hohe Ziel bereits erreicht ist. Insofern behält Meister Eckehart recht mit seinem schon zitierten Ausspruch, es meine «alle Natur den Menschen». Alle Natur, will das sagen, meint auf jeden Fall das, was in unserem kosmischen Umkreis der Mensch ist.

Es geht hier ja nicht um die Biologie. Nicht der Mensch als Mensch, kann man geradezu sagen, befindet sich in der kosmischen Mitte, wohl aber jener Träger des Ichbewußtseins und der Geschichte, der sich auf Erden im Menschen darstellt. Andere Vorkommensweisen, um es zu wiederholen, sind aus prinzipiellen Gründen wahrscheinlich. Seit dem astronomischen Vorstoß erst über das Sonnensystem und dann über die Milchstraße hinaus in den tieferen Weltraum hat man denn auch schon begonnen, sich über intelligente Wesen auf anderen Sternen Gedanken zu machen. Wenn solche Erwägungen sonst zu nichts führen, so weiten sie doch den Horizont in einem grundsätzlich richtigen Sinne, um damit auch schon ein Mißverständnis, das so oft genarrt hat, beiseite zu räumen. Denn allein schon das bloße Fragen trennt den Einzelfall von der Gattung, trennt den Menschen im Sinne der Biologie von jenen in der entscheidenden Hinsicht, trotz vielleicht ganz anderer Naturgrundlage, dennoch ebenbürtigen Wesen, mit welchen man reichlich zu rechnen hat.

Das gemäße Symbol ist auch hier der Baum mit seinem Weg vom Stamm über das Geäst zur Blüte als seinem Ende und Ziel. Diesen Rang besitzt indes jede Blüte. Rückt man allein die einzige, an die das Bewußtsein sich gerade heftet, dergestalt in die Mitte, so erliegt die tiefere Wahrheit der perspektivischen Einfalt.

Es handelt sich hier, wohlgemerkt, um die einzige Orientierungshilfe, die uns bei unserem Fragen nach der Natur überhaupt, der Allheit, sozusagen vor dem Ertrinken im unendlichen Hüben und Drüben vor uns und nach uns bewahrt: Gerade dort, wo die Relativierung im Zeichen der Astronomie wie der Werdelogik dem Stolz des Menschen am meisten schmerzt, liegt in Wahrheit der einzige Fixpunkt, der uns gnoseologisch wie ethisch hilft: Jedenfalls für unser Sonnensystem fällt die Relativierung nicht ins Gewicht; jedenfalls hier und jetzt und insofern uneingeschränkt ist vielmehr der Mensch Ziel und Mitte! Damit, wenn man so sagen darf, lichtet sich die Unendlichkeit; denn so gesehen ist der kosmogonische Gestaltweg vom Ursprung zum Ziel, in seiner Unendlichkeit unerfaßlich, immerhin an dem e i n e n Hauptpunkt, seinem Ziel, in konkreter Weise bekannt. Alle Natur, so steht damit schon fest, hat vom Ursprung her gewiß nicht n u r, aber a u c h dieser Erfüllung zugestrebt. Alle «Natur» im von der «Geschichte» abgehobenen engeren Sinne, so kann man Eckeharts Ausspruch paraphrasieren, meint über den Menschen die eigentliche «Geschichte» als krönenden Endstand der bloßen «Natur».

Auch der Ursprung und der von ihm her begangene Weg wird insofern einleuchtend; das «Wiederfinden» wird profilierbar. Und sogar rein methodisch, für den Fortgang dieses Kapitels, klärt sich damit die Aufgabenstellung: Der eigentlichen Geschichte, die sich als Ziel und Ende über die bloße Natur erhebt, gilt vornehmlich unsere Aufmerksamkeit und damit, nach diesem Kapitel, fast der gesamte weitere Fortgang des Buches. Dafür beschränkt sich das vorliegende Kapitel auf die üblicherweise, im Gegensatz zur Geschichte, so genannte Natur, auf das Tragende vor dem Getragenen.

4. «Das Universum lebt!» Anzeichen für Astronomisch-Subjekthaftes
nach Bargatzky.
Die charakteristische Formexplosion seit dem Urknall.

Das vorige Kapitel begann die Darstellung naturischen Werdens im Blick auf Schicksalhaftes am Lebenslauf biologischer Arten. Das lag nahe, weil sich Dacqués diesbezügliche Schilderung für den einführenden Zweck auf besondere Weise anbot. Auch war hier hilfreich, daß sich die beiden Artbegriffe, der biologische und der generell werdelogische, dabei noch einigermaßen deckten. Und überhaupt entsprach diese Sicht dem natürlichen optischen Ansatz, dem Einstieg in das Dämonenreich von den Individuen her. Aber selbstverständlich lag darin eine Verkehrung der Optik relativ auf die Richtung des Werdens: Wir begannen bei dessen äußersten Ästen, dicht vor dem jeweiligen Ende im Raum. Wir gingen sozusagen vom Wipfel statt von der Wurzel des raumzeitlichen Baumes aus. Für das Gesamtbild, um das wir uns nunmehr bemühen, liegt die umgekehrte Gedankenfolge, die mit der Wachstumsrichtung statt gegen sie, zweifellos näher. Und so mithin verfahren wir jetzt.

Zunächst nochmals die große Einschränkung: «Der» Stamm des raumzeitlichen Baumes ist unerfaßlich. Seine Wurzel liegt in der Unendlichkeit. Was sich äußerstenfalls erfassen läßt, ist das gegenwärtige räumliche All, unser astronomisches Universum. Es ist gemessen am eigentlichen, zeitlichen All nur ein Abschnitt, ein besonderer Formzustand, der auf einen älteren, unbekannten, zurückgeht. Vielleicht nicht unbedingt, aber jedenfalls nach dem heutigen Wissensstande der Astronomie liegt hier eine Erkenntnisgrenze, die im empirischen Sinne einen weiteren deutlichen Rückgriff verhindert. Daß wir immerhin bis hierher, bis zum räumlichen Weltall, in der Ursprungsfrage einigermaßen sicher zurückgehen können, ist bereits ein gewaltiger Vorteil. Noch vor wenigen Menschenaltern wäre dergleichen undenkbar gewesen. Inzwischen, seit den zwanziger Jahren, hat sich in der Astronomie eine Weitung und zugleich Wandlung vollzogen, die der kopernikanischen an Umfang und Bedeutung reichlich entspricht und auf deren philosophische Meisterung es jetzt ankommt. Wenn es heute möglich ist, mit dem «Wiederfinden» des raumzeitlichen Baumes beim Universum zu beginnen, so danken wir das Forschern wie Hubble, Lemaitre und Ambarzumjan, um hier schon die wichtigsten Namen zu nennen.

Klar ist, daß bei unserem Unterfangen – wie überhaupt beim empirischen Wiederfinden von deduktiv Gewissem – sachliche Fehler unterlaufen können, weil entweder die Materiale der Sachforschung, auf die man angewiesen ist, Irrtümer enthielten oder beim Wiederfinden selbst, beim Deuten also der Materiale, Fehler unterliefen; es versteht sich, daß dies die eigentliche Wahrheit im ersten Fall überhaupt nicht und auch im zweiten nur akzidentell beeinträchtigt. Klar ist ferner, daß das weitere «Wiederfinden», nach dem kosmogonischen Ansatz, dessen astronomischen Umfang nicht beizubehalten vermag; der Gestaltweg wird nur verfolgt, im Bilde gesprochen, vom Stamm zu einer Blüte des raumzeitlichen Baumes; insofern bleibt jedwede Deutung, gerade auch wenn sie sachlich und zugleich tief sein will, anthropozentrisch und geozentrisch. Klar ist endlich drittens, daß man bei der Begegnung mit Objekten der Sachforschung gewiß nicht eigentlich begrifflich, aber doch «terminologisch» etliche Kompromisse mit der Gepflogenheit, der Fachsprache, kaum umgehen kann. So spricht die Astronomie häufig von «Materie», wo sie neutral von Realem, Wirklichem, Substantiellem sprechen sollte und auch nur solches im Grunde meint. Ist der hier unterlaufene Denkfehler jedoch deutlich, so ist die Beibehaltung der Konvention als das kleinere Übel vertretbar. Und damit zur Sache.

Der Beginn des astronomischen Umschwungs hat ein genaues Datum. Es ist das Jahr 1923. Damals gelangte Hubble endgültig zu der Erkenntnis, daß unsere Milchstraße nicht überhaupt «die» Galaxis ist, sondern nur eine unter sehr vielen. Am Andromedanebel hatte sich das Problem entzündet. Die optische Auflösung dieses Nebels, jedenfalls an seinen Rändern, in unzählige Fixsterne hatte schließlich zu der Einsicht geführt, daß man es hier mit nichts anderem als einer weiteren Milchstraße etwa von der Struktur und dem Umfang unserer eigenen zu tun hat. Anschließend wurden weitere «Nebel» entsprechend optisch aufgelöst und in Galaxien verwandelt. Heute weiß man, daß sage und schreibe Milliarden derartiger Milchstraßen das Weltall bevölkern, die oftmals den schon milliardenfachen Sternreichtum unserer eigenen wie auch deren Umfang noch übertreffen! Das Vorstellungsvermögen, das dem kopernikanischen Umschwung noch mühsam hatte nachkommen können, war damit endgültig überfordert. Unsere Milchstraße, vorher mehr oder minder mit dem gestirnten Himmel und dem Weltall identifiziert, war damit auf ähnliche Weise, aber noch radikaler, ihrer zentralen Stellung beraubt wie einst, durch Kopernikus, unser Planet. Sie steht seitdem ohne erkennbaren Vorzug im Milliardenheer gleichartiger «Nebel» und in einem entsprechend – ins Unermeßliche – geweiteten Weltraum.

Aber es ging nicht allein um die Weitung. Was sich von Hubble her änderte, war neben dem quantitativen Bewußtsein vor allem auch das qualitative. Nicht bloß unzählige neue Sterne, sondern neuartige Sternsysteme, kosmische Gefüge höheren Ranges, waren ja zur Kenntnis genommen worden. Die Galaxien sind laut Becker «die größten geordneten Systeme überhaupt, die wir kennen»[1]. Alle noch größeren Einheiten sind nach dem heutigen Wissensstande wieder bloße Gruppen und Häufungen. Und sehr bald begann sich zu zeigen, daß es sich bei den Galaxien, der anfänglichen Erwartung zuwider, um offene und trotzdem morphologisch konstante Systeme handelt, um Systeme also, die sich mit dem Entropiegesetz in demselben siegreichen Streit wie die biotischen Systeme, die Lebewesen, befinden.

Bargatzky hat das Erstaunliche einmal folgendermaßen zusammengefaßt (von uns leicht gekürzt): «Als typisch für den lebenden Charakter einer Galaxie können wir ansehen:

daß sie einen Stufenbau besitzt, also hierarchisch gegliedert ist: Monde, Planeten, Fixsterne, Kugelhaufen (zwischen den Spiralarmen und im Halo), offene Haufen (in den Spiralarmen);

daß sie ein offenes System darstellt, also nicht, wie man das anzunehmen scheint, ein isoliertes System oder ein geschlossenes. Sie gibt in den Weltraum sowohl Strahlung ab wie auch Materie. Sie ist auch kein offenes System, das Materie und Energie nur abgibt, sie nimmt auch beides auf;

daß sie einen ständigen Wechsel ihrer Bestandteile zeigt. Äußerer Stoffwechsel mit dem extragalaktischen Raum und innerer Stoffwechsel (interstellare Materie) bewirken auf allen hierarchischen Ebenen einen fortwährenden Substanzaustausch, wobei die Zusammensetzung der Materie laufend Veränderungen erfährt;

daß sie ihren Stoffwechsel selbst reguliert («Dynamik aufgrund eigener Systembedingungen»). Die Steuerungszentrale scheint das Kerngebiet zu sein;

daß sie sich in einem ständigen Formenwandel befindet, durch den das galaktische System erhalten und weiter ausgebaut wird. Es läuft eine ununterbrochene Kette von Schöpfungsprozessen ab, wiederum auf allen Stufen der Hierarchie (Einzelsterne, Spiralarme usw.). Die Folge ist eine immer größere Mannigfaltigkeit der inneren Organisation. Auf der höchsten Ebene reichen diese Schöpfungsprozesse von der Geburt über das Wachstum und die Alterung des ganzen Systems. Auch ihre Ursachen liegen in der Zentralregion;

daß sie sich in einem fließenden Gleichgewicht erhält. Trotz ihrer starken Dynamik bewahrt die Galaxie einen quasistationären Zustand ihrer Gestalt. Sie findet ihr Gleichgewicht nicht erst dann, wenn alle Bewegungsprozesse abgelaufen sind, wie das in unbelebten offenen Systemen der Fall ist (die nur Stoffe und Energie abgeben, aber nicht aufnehmen), sondern schon während der Prozesse, genauer gesagt: weil sie im Gange sind. Daher ist auch anzunehmen, daß die Entropie innerhalb der Galaxie nicht etwa anwächst (wie bei unbelebten Systemen), sondern sich gleichbleibt oder gar abnimmt. Die Steuerung des fließenden Gleichgewichts erfolgt ebenfalls durch den Kern;

daß sie fähig ist, sich zu vermehren. Diese Vermehrung scheint auf einem einmaligen oder wiederholten Ausstoß von Materie- und Energiemassen in den freien Raum zu beruhen. Hierdurch entstehen Kompaktkörper außerhalb der Galaxie, die zur Entwicklung neuer Sternsysteme führen. Wie schon bei der Entstehung der Muttergalaxie ist es nicht ausgeschlossen, daß hier ein Zusammenhang mit der Erscheinung der Quasare besteht»[2].

So weit Bargatzky. Mit dem allen ist für ihn nicht zwar streng bewiesen, aber machtvoll indiziert, daß es sich bei den Galaxien um Lebewesen, Organismen, handelt. Selbstverständlich hat der Begriff des Lebens dabei eine Weitung erfahren; an Leben in biologischem Sinne, protoplasmisches Leben, ist hinsichtlich der Galaxien ja nicht gedacht. Was Bargatzky in den relevanten Zusammenhängen als «Lebewesen» und «organisches Wesen» bezeichnet, ist vielmehr offenbar, nach der Terminologie dieses Buches, überhaupt das Wesen, das endogene Ganze, im Unterschied zur Menge wie auch zum exogenen Ganzen, dem Gerät.

Die modellbegriffliche Angleichung geht sogar deutlich noch einen

Schritt weiter. Gegen Ende seiner Erwägungen fragt Bargatzky bezüglich der Galaxien: «Könnte es sich bei ihnen um selbständige Organismen handeln oder nur um Glieder eines noch höheren Organismus, um Individuen oder um ‹Dividuen›?»[3] Bargatzky neigt alles in allem, ausdrücklich unter Vorbehalt, zu der ersteren Alternative. Hiernach dürfte man in den Galaxien «nicht nur organische Teilstrukturen sehen, vielmehr müssen sie als geschlossene Individuen gelten»[4]. Was diese Unterscheidung meint, ist eindeutig. Es sind die beiden Modellgegenstände der Dritten Aussortierung. Mit den Individuen, den selbständigen Organismen, und anderseits mit den bloßen «Dividuen», den Teilstrukturen, ist deutlich der Gegensatz von Subjekt und Organ, souveränem und dependentem Wesen, gemeint. Und Bargatzky ist alles in allem, ohne sich freilich streng festzulegen, der Ansicht, daß die Galaxien nicht bloß überhaupt Wesen, sondern souveräne Wesen, Subjekte, sind.

Das klingt zunächst abenteuerlich kühn. Und Bargatzky selbst betont mehrfach, daß es sich bei den Materialen, die er für seine These heranträgt, lediglich um Indizien handle, welche den Lebenscharakter der Galaxien nur wahrscheinlich zu machen, nicht aber stringent zu erweisen vermöchten. Doch sind die Indizien erstaunlich zahlreich und von erdrückend konzentrischem Sinn. Bargatzky stützt sich, als synoptischer Deuter, auf die Sachforschung ganzer astronomischer Schulen wie besonders jener von Ambarzumjan. Hier nämlich sprechen seit langem schon, was die Entstehung der Galaxien angeht, immer stärkere Argumente gegen die Kondensationstheorie, die der klassischen Astronomie von Kant und Laplace und damit letztlich von Newton her suggeriert war. Was stattdessen an Boden gewinnt, ist die Vorkörpertheorie. Danach sind die Galaxien nicht aus Gas- oder Staubwolken durch Verdichtung entstanden, sondern im Gegenteil aus dichteren Anfangsgebilden; danach führt mithin der Gestaltweg auch hier, der Logik des Werdens gemäß, vom Kleinen zum Großen statt umgekehrt. Das Problem lag also bereits in der Luft. Bargatzky besaß nur die Kühnheit, das schwierige Kind beim Namen zu nennen.

Auch von der Logik des Werdens her, also deduktiv, ist nicht streng entscheidbar, ob es sich bei den Galaxien um souveräne Wesen, Subjekte, oder lediglich um Organe handelt. In einem weiteren Sinne gibt es hier gleichwohl eine unbedingte Gewißheit, welche die These Bargatzkys des Anscheins von Abenteuerlichkeit weitgehend zu entkleiden vermag. Jedwede Wirklichkeit in jedwedem Weltbezirk besteht im Zeichen der Zweiten Setzung ja letztlich, nach den drei Aussortierungen, aus Subjekten. Selbst für den Fall, daß Bargatzky sich diagnostisch täuschte, würde das mithin nur bedeuten, daß das empirische Wiederfinden des von der Logik her Gewissen im astronomischen Rahmen eben doch, wider alles Erwarten, noch einmal revidiert werden muß, ohne daß deshalb irgendein Zweifel am schließlichen Ergebnis bestünde: Auf Subjekte stoßen wir unbedingt! Die einzelnen Galaxien wären dann bloße Organe. Eben auch damit verwiesen sie aber auf die zuständigen Subjekte, die man dann zunächst etwa in galaktischen «Gruppen» oder «Haufen» zu suchen hätte. Doch spricht wenig für einen solchen Verdacht. Vielmehr hat Bargatzky für seine Ansicht zu allem übrigen auch deren – verhältnismäßige – Einfachheit auf seiner Seite. Alles, was Ambarzumjan und seine Schule sowie unabhängig davon Forscher wie Osten-Sacken, Sandage und Zwicky an Neuem ermittelt haben, müßte fast durchweg irrig sein, damit man genötigt wäre, am astronomischen Wiederfinden der Subjekte in den Galaxien eine Korrektur vorzunehmen.

Subjekte folgen einander erotisch, sind Einzelzustände in Zustandsfolgen. Für den Subjektcharakter der Galaxien spricht daher insbesondere auch, daß man im zitierten Sinne an Muttergalaxien und galaktische Geburten, also eben an Zustandsfolgen, ernstlich zu denken vermag. Diese sind nun freilich als solche, als Folgen, dependente Wesen, Organe im dämonologischen Sinne. Sie sind, mit anderen Worten, spezialisierte Absonderungen, raumzeitliche «Zweige», eines nochmals allgemeineren, größeren dämonischen «Leibes» und damit Subjektes. Von diesem her, so steht grundsätzlich fest, müssen sie ausgegangen sein, und zwar über eine Formexplosion analog zur Differenzierung eines Keimes zum Fötus. Ist also unsere Auffassung hinsichtlich der astronomischen Großlage bis hierher zutreffend und fungieren als die Subjekte, die das Strukturbild bestimmen, hier mithin die Galaxien, so steht zweierlei apriorisch fest:

Erstens müssen sich diese Subjekte, wie in jedem derartigen Falle, als einzelne Formzustände in Zustandsfolgen befinden, die als solche keine Subjekte, sondern bloße Organe sind, um jedoch gerade damit auf ein nächstallgemeines Subjekt, einen Synchronisator, gemeinsam zurückzuverweisen.

Und zweitens muß diese Organentwicklung, wiederum hier wie in jedem Fall, mit einem radialen Ausbruch, einer Formexplosion, begonnen haben, mit einem Gegenstück astronomischen Umfangs also zur Differenzierung im Embryo und zum plötzlichen gleichzeitigen Aufbruch verschiedener biologischer Arten am Beginn eines neuen Erdzeitalters.

Und so verhält es sich in der Tat. Der *big bang,* der Urknall, entdeckt von Lemaitre, erfüllt in der zweiten Hinsicht, bezüglich der Formexplosion, die deduktive Erwartung in bemerkenswert vollkommener Weise. Anzeichen verschiedenster Herkunft, von der radioaktiven Altersbestimmung bis zum gegenwärtigen Stande der galaktischen Fluchtbewegung, deuten übereinstimmend darauf hin, daß das heutige Universum auf einen Mittelpunkt, einen überdichten Urkörper von bescheidener Größe, und dessen plötzliche Explosion zurückgeht. Und fast noch sensationeller wirkt, was sich von dieser neuen Spur her für die einzelnen Galaxien zeigte: Ihre spezifischen Anfänge stehen nur unerheblich hinter dem Anfang des Weltalls zurück, wenn man hier vom Hubbleschen Rotverschiebungsgesetz und dort, neben manchem anderen, von den Farben-Helligkeits-Diagrammen ausgeht[5]. Das hinwiederum heißt jedoch nicht, daß die Galaxien in ihren heutigen Zuständen etwa ebenso alt wie das Weltall wären. Man weiß vielmehr recht genau um galaktische Zustände, die als Protogalaxien den heutigen voranliegen und diese erst herbeigeführt haben. Und man sieht also: Was sich hier vom Alter des Universums nur unwesentlich unterscheidet, was nicht viel jünger ist als der Urknall, das sind die Zustandsfolgen und nicht die Zustände, also die Organe und nicht die Subjekte. Es sind, im Bilde des Baumes, die einzelnen raumzeitlichen Äste eines nächstallgemeinen Aufbruchs und Ausbruchs, eben des Urknalls.

Damit ist auch der ersten jener beiden Erwartungen bereits genügt.

Nochmals in aller Kürze und nun ohne Begründung: Die Galaxien sind, wenn nicht alle Anzeichen trügen, Subjekte; eben deshalb aber sind ihre Generationenfolgen als solche, als Folgen, bloße Organe im dämonologischen Sinne, bloße Manifestationen werdelogischer Arten; und nochmals eben deshalb verweisen diese auf ein nächstallgemeines Subjekt: auf das astronomische Universum. Und fast beiläufig also ergibt sich daraus eine Einsicht, die wir ihrer Bedeutung halber ausdrücklich wiederholen: Das räumliche Weltall, das astronomische Universum, ist ein Subjekt!

Auch dies in einer gewissen Hinsicht, nämlich empirisch betrachtet, nur unter der Voraussetzung, daß nicht alle Anzeichen trügen. Denn immerhin hat man erwägen können, daß sich der erstaunliche Vorrat an intergalaktischer Materie (etwa das Hundertfache der Masse von sämtlichen Galaxien zusammen) am ehesten begreifen ließe, wenn man mit einem auswärtigen Lieferanten, einem Zwillingsweltall, rechnet. Anzeichen in dieser Richtung fehlen. Und vor allem verlöre, falls es sich so verhält, das Weltall der heutigen Astronomie und desgleichen der hypothetische Zwilling zwar jeder für sich den Charakter als All, was in beiden Beziehungen aber für den Subjektcharakter nichts negativ oder auch positiv involvierte. Das heute so bezeichnete räumliche Universum wäre dann nur einfach nicht der Solitär, für welchen man es gemeinhin hält. Alles weitere jedoch bliebe offen.

Schwerer wiegt, daß sich im Universum, so weit man es bis jetzt überblickt, nichts von jener Zentralität zeigt, die man für ein Subjekt doch wohl fordern muß. Insbesondere gibt es auch, nach dem derzeitigen Wissensstand, kein deutliches Indiz für eine astronomische «Keimbahn». Diese aber müßte vorhanden sein, falls das astronomische Weltall tatsächlich, seiner Kennzeichnung ernstlich genügend, das räumliche All ist. Dann nämlich kann es, erstens, kein Organ sein, was ja definitionswidrig hieße, daß es einem größeren und gleichfalls gegenwärtigen Subjekt als bloßer Teil zugehörte; und dann kann es auch, zweitens, nicht ein Subjekt ohne Keimbahn und folglich ohne Zukunft sein, weil damit, letztlich wiederum definitionswidrig, unterstellt würde, daß mit ihm überhaupt die Zeit, die wahre Unendlichkeit, endet.

Anderseits kann, was uns heute verborgen ist, natürlich gleichwohl existieren. Vielleicht würde auch schon einiges deutlich, wenn sich die Astronomie zur physiognomischen Durchmusterung ihres gewaltigen Materials endlich einmal aufraffte. Wir sind nicht in der Lage, dem vorzugreifen. Was sich immerhin, auch beim heutigen Wissensstande, zur Frage der astronomischen Keimbahn bereits heuristisch anmerken läßt, wird noch kurz zur Sprache kommen.

Empirische Unsicherheit bleibt auf jeden Fall. Wie hoch man sie aber auch veranschlagt, so herrscht in einem weiteren Sinne, aus letztlich apriorischen Gründen, für den Subjektcharakter des räumlichen Weltalls gleichwohl absolute Gewißheit. Man kann es mit einem Satz sagen: Das räumliche Weltall kann kein Exemplar einer aussortierten Gegenstandskategorie sein! Das heißt erstens und wie schon vermerkt: Es kann kein bloßes Organ sein; denn dann wäre es gar nicht wirklich das All, sondern gehörte als Teil zum dämonischen Leib eines größeren und gleichfalls gegenwärtigen Wesens, das daraufhin erst das All darstellte und nun unbedingt, als Organbesitzer, ein Subjekt sein müßte. Es kann aber zweitens auch kein Gerät, kein exogenes Ganzes, sein, das dann ja, wie der Tisch den Tischler, einen subjekthaften und nun erst wahrhaft allheitlichen Urheber involvierte. Und es kann schließlich auch keine Menge sein, jedenfalls keine derartige, die selbst wieder nur aus Mengen und damit letztlich aus nichts bestünde oder die lediglich eine Menge von Organen oder Geräten wäre, was ja in die beiden ersten Unmöglichkeiten zurückführen würde. Möglich bleibt hier vielmehr nur das All als eine Menge von Subjekten. Und das hatten wir ja bereits gestreift: Ob das räumliche Weltall der mit diesem seinem Namen beanspruchten Einzigkeit wirklich genügt, läßt sich nicht beweisen. Genügt es ihr aber nicht, steht es vielmehr in einer Gruppe, so ist es eben gar nicht das All. Und für dieses ist die Zugehörigkeit zu einer der drei aussortierten Gegenstandskategorien dann eben doch, aus den erörterten Gründen, wiederum unmöglich.

Es bleibt also dabei: Das wahre räumliche Weltall ist ein Subjekt! Daß wir es mit dem Weltall der heutigen Astronomie nicht sicher identifizieren können, bleibt gewiß ein Schönheitsfehler. Wir halten ihn für negligierbar gering. Aber auch wenn man die Unschärfe im Herkunftsproblem ernster wertet, kann sie auf jeden Fall der zunehmenden Deutlichkeit auf dem weiteren Gestaltweg, von der Milchstraße über Sonne und Erde zum Menschen, nicht abträglich sein. Und in dieser Richtung, der gewissermaßen konkreteren, bewegt sich unsere Untersuchung.

5. Hubbles «Y» und Gamows «Großes Gedränge». Galaktische Generationenfolgen zwischen subjekthaften «Altern» unterschiedlichen kosmischen Ranges.

Das vielleicht wichtigste Argument für den Subjektcharakter der einzelnen Galaxien folgt aus dem berühmten Hubbleschen «Y», einer doppelten Unterteilung. Die Galaxien zerfallen hiernach typologisch zunächst in «elliptische» und «spiralige», wobei sich die letzteren dann noch einmal in normale Spiralen und Balkenspiralen gabeln. Die erste, wichtigere dieser Unterscheidungen läuft hinaus auf den Kontrast von Rundlichem und Gegliedertem und damit von Ja- und Neintypischem, wie er uns in der näheren Umwelt in morphologischer Verschrägung als der von Weiblichem und Männlichem sowie Frühem und Spätem entgegentritt. Dieser Kontrast aber ist, wie wir hier nicht nochmals erörtern, gerade nicht für Organe bezeichnend, bei denen ja die Spezialisierung, die Aufgabe als besonderes Mittel, die Gestaltung bestimmt; er kennzeichnet vielmehr die Subjekte, und das in jeder Größenordnung.

Für die Frage nach dem kosmischen Rang der Galaxien liegt allein schon darin ein unmißverständlicher Hinweis. Er wird eindrucksvoll ergänzt durch das analoge chemisch-feinstrukturelle Verhältnis. Seit Baade weiß man nämlich, daß zwischen den beiden hauptsächlichen Typen, dem elliptischen und dem spiraligen, und den sogenannten Populationen, den feinstrukturellen Gegebenheiten, eine auffällige Entsprechung besteht. Spezielle Untergliederungen, die inzwischen erfolgten, dürfen wir hier beiseite lassen; wir halten uns an das klassische Schema. Als «Population I» gilt hiernach die im chemischen Sinne schwerere, durch Metallhäufigkeit ausgezeichnete Qualität, die sich in den spiraligen «Armen», und insofern überhaupt in den Spiralgalaxien, besonders findet. Demgegenüber steht die «Population II», in der das leichteste Element, der Wasserstoff, radikal überwiegt; das ist erstens für die haloartigen Kerne auch der Spiralen bezeichnend und zweitens für die Ellipsen in ihrer Gänze. Der Gegensatz läßt Schattierungen und empirische Übergangsformen zu, um doch gerade in seiner Hauptsächlichkeit eine unmißverständliche Sprache zu reden: Die rundlichen Galaxien sind die weichen, die gegliederten sind die festen! Im ersteren Falle also (denn ohne lange Erklärungen darf man es so interpretieren) deckt sich jatypisches Wesen mit Unbestimmtheit, im letzteren neintypisches mit Perfektion.

Der Gegensatz von neintypischem und jatypischem Wesen und damit, physiognomisch, von Gegliedert-Festem und Rundlich-Weichem läßt, wie schon erinnernd bemerkt, zwei verschiedene Deutungen zu: als Typenkontrast und als Phasenkontrast, als Gegensatz also von Männlich und Weiblich und von Spät und Früh. Um welche von diesen Möglichkeiten es sich in der Hauptzäsur von Hubbles «Y», der zwischen Spiralen überhaupt und Ellipsen, abwechselnd oder durchgängig handelt, kann und muß hier nicht erwogen werden. Denn in beiden Fällen repräsentieren die Exponenten des jatypischen Verhaltens, die elliptischen Galaxien, dann das Werden. Und entsprechend ist der Zusammenhang zwischen dem Gewordensein und den Spiralgalaxien als den Repräsentanten der neintypischen Möglichkeit.

Eine kurze terminologische Klärung scheint in diesem Rahmen angebracht. Sie gilt dem Begriff «Exemplar». Seine populäre Bedeutung als Vorbild und Musterbeispiel, mit dem Akzent auf «Muster», braucht uns hier nicht zu kümmern. Rein logisch und vom ursprünglichen lateinischen Wortsinn her meint der Begriff einfach das Beispiel, das Allgemeines repräsentiert und dagegen selbst ein Einzelnes ist, also das Individuum im Verhältnis zur Art. Stören könnte nun aber folgendes: Die geläufige Unterscheidung zwischen neuen Formzuständen und bloßen neuen Exemplaren, zwischen Mutationen und Generationen, ist für die Schicksalslogik, wie wir festgestellt haben, nicht typisch; sie bedeutet vielmehr eine durch die List der Natur, durch den Willen der biologischen Art zu möglichster Mannigfaltigkeit, bewirkte Abwandlung und Entstellung des normativen Prozeßcharakters. Anderseits ist jetzt trotzdem klar, daß eine einzelne Galaxie, die sich in Hubbles «Y» einem bestimmten Typus einordnet, damit als dessen Exemplar fungiert. Dies ungeachtet des Umstandes, daß es sich nach allem, was wir heute wissen, bei dem galaktischen Gestaltweg, etwa dem vom Halo über den *disk* zur Spirale, um endbedeutsames Folgen statt um gleichartiges handelt. Hier also stellt jede Generation auch schon einen neuen Formzustand dar und ist demgegenüber für bloße Exemplare, gleichartige Einheiten, mithin kein Platz.

Auf diesen Exemplarbegriff ist man im Zusammenhang mit Hubbles «Y» jedoch auch gar nicht verwiesen. Denn man hat zu unterscheiden, wie wir es jedenfalls ausdrücken möchten, zwischen «genealogischen» und «typologischen» Exemplaren. Und damit ist auch schon klar: Jede einzelne Galaxie fungiert in Hubbles «Y» typologisch als ein Exemplar, was sich also nicht damit streitet, daß wir genealogische Exemplare, zusammen mit gleichartigem Folgen, in diesem kosmischen Rahmen nicht kennen.

Auch ist der typologische Exemplarcharakter auf die Einheiten im «Y» nicht beschränkt. Er erstreckt sich vielmehr generell auf das Verhältnis von Räumlich-Abbildhaftem zum Urbild. Im astronomischen Rahmen gilt er daher jeweils wie für die einzelne Galaxie, den gegenwärtigen Formzustand, so auch für den protogalaktischen Anlauf und für die Zustandsfolge im ganzen und zwar wiederum, wohlgemerkt, für die einzelne. Eine bisher pauschal geäußerte Einsicht kommt nämlich erst jetzt, im Blick auf das typologische Exemplarverhältnis, zu voller Klarheit. Die Zustandsfolge, so hatten wir festgestellt, ist als solche, als Folge, im Unterschied zu jedem einzelnen ihrer Zustände kein Subjekt, ist vielmehr bloßes Organ im dämonologischen Rahmen und dies kraft ihres Charakters als werdelogische Art. Dabei zielt der Ausdruck «Art», lateinisch *species,* auf die Spezialisiertheit der Zustandsfolge: Sie steht als eine unter vielen nach anderen Richtungen spezialisierten im Dienst des nächstallgemeinen Subjektes wie das biologische Organ in dem des Leibes. Das jedoch ändert nichts an dem internen Verhältnis der Art zu den Individuen: Hier ist sie die allgemeine. Und ebenso ist es die Zustandsfolge – allerdings nur in der Hinsicht, in der sie tatsächlich als Art fungiert, mit dieser sachlich identisch ist. Denn hier gilt es zu präzisieren, und zwar wieder im Sinne der Unterscheidung zwischen Typischem und Exemplarischem: Das erste ist die Zustandsfolge überhaupt, die Zeitgestalt, und das zweite die einzelne Zustandsfolge, die als eine unter vielen an ihrem Teile das Urbild verräumlicht. Und von diesen beiden so grundverschiedenen «Zustandsfolgen» fungiert allein die erstere, um es unnötigerweise zu sagen, als werdelogische Art.

Auf den astronomischen Zusammenhang, von dem wir ausgingen, fällt dadurch ein seltsames Licht. Geht es um die Räumlichkeit, so haben sämtliche galaktischen Zustandsfolgen, die zu einem bestimmten Typus aus Hubbles «Y» geführt haben oder jemals führen, erst alle miteinander, in ihrer Unermeßlichkeit, den Stellenwert eines Organs, eines einzigen, für das räumliche Weltall.

Der Hauptgegensatz aus dem «Y» ist übrigens bedeutsam im Zusammenhang um die Frage nach der astronomischen «Keimbahn». Wir erinnern uns: Die Keimbahn nimmt generell an der sonstigen Differenzierung nicht teil. Sie besteht vielmehr jeweils, im Verhältnis zu den Organen, aus unbestimmten Einheiten. Überhaupt als Einheiten aber fungieren im Dämonenreich generell die Subjekte und speziell in der Astronomie also, unter dem erwähnten unerheblichen Vorbehalt, die Galaxien. Und man hat somit in extrem unbestimmten Galaxien die «Keimzellen» des Universums zu suchen. Das sind die Ellipsen und zwar die kleinsten, rundlichsten und chemisch weichsten. Wo sie uns in ganzen «Nestern», auffälligen Häufungen von verhältnismäßiger Dichte, begegnen, besitzt man somit am ehesten Aussicht, in jedenfalls struktureller und dann vielleicht auch örtlicher Hinsicht (beides muß nicht zusammenfallen) die astronomische Keimbahn zu finden. Hier hätte man, mit anderen Worten, die Galaxien jener Folge zu suchen, welche an allem Durchbestimmten vorbei heute schon einem künftigen Weltall zustrebt. Ebenso bedeutsam ist anderseits, daß sich das Menschheitsschicksal, als derzeitiges Ziel des kosmischen Weges, auf einer Spiralgalaxie, eben unserer Milchstraße, zuträgt und zwar in deren spiraligem Teil als ihrem nicht bloß räumlichen, sondern auch morphologisch-finalen «Ende».

Das räumliche Universum ist also nicht etwa ein Subjekt, das sich – unausdenkbarerweise – direkt aus Subjekten, eben den Galaxien, zusammensetzte. Auch sind wir somit nicht genötigt, um einem Begriffsdilemma zu entgehen, in der einen von beiden Hinsichten den Subjektcharakter zu leugnen. Das Problem erledigt sich vielmehr, weil zwischen den beiden Rängen subjekthaften Wesens das nichtsubjekthafte Element, das Organ, der Forderung gemäß existiert, und zwar eben, wie im Dämonenreich überhaupt, in Gestalt von differenzierten Arten, unterschiedlichen Zustandsfolgen, die erst ihrerseits wieder aus Zuständen, Subjekten, eben den Galaxien, bestehen. Das entspricht exakt und im weitesten heute faßlichen Sinne dem allgemeinen Gesetz, wonach im dämonologischen Rahmen nicht nur jedes Subjekt aus Organen besteht, sondern ebenso jedes Organ aus Subjekten, die hier ja die kleinsten Einheiten bilden.

Was sich, trotz einiger Randprobleme für das empirische «Wiederfinden», hier grundsätzlich unseren Blicken eröffnet, ist der raumzeitliche «Baum» in seinem strengen, notwendigen Aufbau und im größten heute erkennbaren Ausmaß: Die Wurzel in der Unendlichkeit bleibt unserer Erkenntnis entzogen; wir erblicken somit genau genommen nur ein einzelnes Stockwerk des kosmischen Werdens, nur also einen scheinbaren «Strauch», in Wahrheit einen Verästelungsschub, statt des Baumes in seiner Gänze. Aber von hier an, das heißt vom Urknall her, nimmt das Bild an Deutlichkeit ständig zu und zwar, wie gesagt, im erwarteten Sinne.

Und sogar über den Urknall zurück, also bezüglich des zu diesem führenden axialen Aufstiegs, des tragenden «Stammes», ist man daraufhin nicht mehr ganz hilflos. Nur empirisch, nicht aber auch werdelogisch, läßt uns die Erdenklichkeit an dieser Stelle im Stich. Daß wir hier, wie Unsöld es einmal ausdrückt, «an einer naturgegebenen Erkenntnisgrenze angelangt sind»[6], trifft nicht völlig zu. Nur eine Erfahrungsgrenze liegt vor. Ein nicht ganz geringer Erkenntniswert besteht ja allein schon darin, daß auf jeden Fall vor dem Urknall, wieder laut Unsöld, «die ganze Welt (auch in thermodynamischer Hinsicht) wesentlich anders beschaffen war als heute»[7].

Bezüglich dieser Kausalität sagt Gamow einmal etwas mutiger: «Das Große Gedränge in der Frühgeschichte unseres Universums war die

Folge eines Zusammenbruchs in noch früherer Zeit»[8]. Das bleibt unerfahrbar und ist doch zwingend, und dies nicht allein im äußerlich-mechanistischen Sinne. Eine Formexplosion wie die seit dem Urknall, mit plötzlicher Weitung und weiterer Differenzierung verschiedenartiger Organe, entspricht ja im biologischen Rahmen bereits der Geburt und nicht etwa der Zeugung. Diese also muß hier wie stets, wo Subjekte einander folgen, vorangegangen sein; das heißt in einem älteren Wesen, das damit notwendig unterstellt ist, einem früheren räumlichen Weltall, muß ein logischer Schluß im doppelten Sinne, als eigener thematischer Abschluß und eo ipso Erschließung des Neuen, den Werdeprozeß eröffnet haben. Nur wann und wie das geschah, ist dunkel, weil offenbar unerfahrbar; daß es geschah, ist hingegen aus apriorischen Gründen gewiß.

Auf jeden Fall muß sich der Vorgang noch weit zurück in dem älteren Weltall, dem Elternwesen, ereignet haben. Und daher dann also das «Große Gedränge»: Von dieser Zeugung bis zur Geburt kann das heutige Universum nur in einer embryonalen Verfassung, noch ohne subjekthafte Trennung, als ein organhafter Bestandteil, dem älteren Weltall zugehört haben. Und auch noch nach dem Urknall war dies Verhältnis der Geborgenheit und Abhängigkeit gewiß nicht sogleich gänzlich abgestreift. Man darf vielmehr unterstellen, daß das astronomische Elternwesen zu der Zeit, als die Expansion des heutigen Weltalls schon anlief, zunächst ebenfalls noch existierte und zu der neuen Entwicklung rahmenhaft haltend und steuernd beitrug, um dann erst endgültig zu schwinden.

Die völlig ungewöhnlichen Druck- und Temperaturverhältnisse, die anfangs offenbar bestanden und unsere Astrophysik so zum Staunen bringen, erklären sich damit am einfachsten. Das «Große Gedränge» steht jedenfalls, wie ja auch Gamow es bereits ansieht, auf eine charakteristische Weise als Verengung zwischen zwei Weitungen. Es bezeichnet die axiale Verbindung zwischen einem in beiderlei Hinsicht zum «Schluß» gelangten radialen Ausbruch und dem dadurch erschlossenen neuen Anstieg.

Man hatte, als man auf den Urknall stieß, zunächst verschiedentlich gemeint, es habe überhaupt «der Raum» damals andere Eigenschaften als gegenwärtig besessen, doch ist das aus kategorialen Gründen auch im physikalischen Sinne unmöglich. Wenn trotzdem zunächst «wesentlich andere» physikalische Verhältnisse als nachmals herrschten, so läßt das mithin nur den Schluß zu, daß eben eine andere Größe, jenseits des Rekonstruierbaren, damals auf das Kraftfeld noch Einfluß nahm. Und nichts sonst kommt dafür in Betracht als das frühere räumliche Weltall mit seinen noch wirksamen Rahmenfunktionen.

Auch noch die «Organentwicklung», die Ausbildung der galaktischen Typen, kann ihren embryonalen Anlauf lediglich in der Geborgenheit jenes Elternwesens genommen haben. Analoges gilt für die Feinstruktur, gerade wenn sie, wie man vermutet, aus dem astronomischen Elternwesen nicht en bloc übernommen wurde. Das Periodische System der Elemente steht ja zu dem der Galaxien letztlich in demselben Verhältnis wie die Differenziertheit der Körperzellen zu jener der ausdrücklich so genannten leiblichen Organe: hier wie dort herrscht Dependenz, herrscht Dienstbarkeit für das Subjekt, aber die biotische Zelle dient doppelt, dient auch schon dem organhaften Aufbau wie das Element dem galaktischen.

Entgegen der ursprünglichen Meinung müssen denn auch die Galaxien, laut Unsöld, jedenfalls als Affinität, als protogalaktischen Drall, «ihre heutige Gestalt schon in ‹jungen Jahren› mitbekommen haben»[9]. Dazu gehörte ein rechtzeitiger, synchronisierter Aufbau der Feinstruktur, wenngleich Kompromisse beim frühesten zarten Anlauf, sozusagen Knorpel statt Knochen, natürlich möglich gewesen sein können. Und erst als das jetzige räumliche Weltall über den embryonalen und kindhaften Anfang hinaus war, nahte dann für das ältere nach dem logischen Schluß auch der zeitliche.

6. Ein spiralgalaktischer Arm
als perspektivisch zentraler Schauplatz des weiteren Aufstiegs.
Die programmierte Urzeugung. Organisches Leben als Grenzphänomen.

Unsere Milchstraße ist eine normale Spiralgalaxie. Und unser Sonnensystem befindet sich nicht, wie zunächst vermutet, im galaktischen Kern, sondern in einem Außenbereich, einem spiraligen «Arm».

Beides entspricht der werdelogischen Erwartung. Daß die Natur auf unserer Erde, mit dem Menschen und seiner Geschichte, an diesem Teile ihr Ziel erreicht hat, involviert ja für alles astronomisch Tragende, daß es seinerseits erst recht an diesem Teile schon fertig wurde, um sich mithin insofern bereits im Reiche des Gewordenseins statt des Werdens, des räumlichen Endstandes statt seiner Zeitigung, zu befinden.

Das aber ist, wie ebenfalls schon bemerkt, jeweils der dritte von vier Formzuständen, der nämlich der Reife nach Kindheit und Jugend wie anderseits vor der Vergreisung. Und eigentümlicherweise wird auch dies von der heutigen Astronomie bereits sozusagen empirisch bestätigt. Wir haben es schon gestreift: Unsere Milchstraße in ihrer heutigen, spiraligen Gestalt gilt – wie Spiralgalaxien ähnlicher Struktur überhaupt – in der Tat nach Halo und *disk,* Kugelkörper und Scheibe, als dritter Formzustand; das Alter unseres Sonnensystems beträgt demgemäß ein Drittel der seit dem Urknall und damit dem galaktischen Anlauf im ganzen verstrichenen Zeit (etwa 4,5 zu etwa 13 Milliarden von Jahren). Sollten sich diese Zeitangaben noch ändern und zwar dann mutmaßlich vergrößern, so würde das beiderteilig geschehen und somit die Relation kaum betreffen. Der Steigerungsprozeß, der uns Erdenbürger spezifisch erstrebte, kann jedenfalls nicht begonnen haben, ehe das Sonnensystem nebst tragender Spiralstruktur nicht entwickelt war, und er muß anderseits daraufhin auch schon unmittelbar, gewissermaßen in Tateinheit, angelaufen sein. Nichts sonst war ja der Sinn des astronomischen Rahmengeschehens.

Hinsichtlich der Rhythmik des Werdens liegt in alldem eine Konsequenz von grundsätzlicher Bedeutung: Die Reihe der «Erdzeitalter» im paläobiologischen Sinne muß damals, vor rund 4,5 Jahrmilliarden, bereits begonnen haben. Das heißt wir wechseln jetzt, im Bilde gesprochen, «den Baum». Ein einzelner Zweig des astronomisch unendlichen Baumes, dem bislang unser Augenmerk galt, tritt jetzt optisch an dessen Stelle. Hier wie dort ist es ja eine Frage der Perspektive, was jeweils als Zweig oder Stamm fungiert. Und hier wie dort steht der Baum, wie wir nicht nochmals erörtern müssen, als räumliches Symbol für ein raumzeitliches Geschehen, ein pulsierendes Folgen von Formzuständen. Und das sind nun also die Erdzeitalter – noch immer gewaltig in den

Dimensionen, aber doch in ihrer Folge nur ein einziger eigentlich winziger Ast des ursprünglich betrachteten kosmischen Baumes. Der optische Umstieg vergrößert, indem er näher rückt.

Man hat mit einem Einwand zu rechnen. Nicht schon die Entstehung des Sonnensystems, sondern erst die «Urzeugung», die Entstehung protoplasmischen Lebens auf der Planetenoberfläche, bedeutet nach landläufiger Meinung jenen gewaltigen Einschnitt, der die Erdzeitalter im engeren Sinne, verstanden als Stufen der Lebensentwicklung, vom astronomischen Hintergrund trennt. Denn bis hierher, bis zur Urzeugung, sei alles mechanisch-kausal zugegangen, jedenfalls wenn man mit dem Ausdruck «mechanisch» jedes nicht finale Werden bezeichnet, das also, gemessen an «entelechialer», zielbestimmter Ursächlichkeit, vom bloßen blinden Zufall regiert sei. So war es hiernach, wie bei allem astronomisch noch Größeren und Ferneren, gerade auch bei der Bildung des Sonnensystems. Eben deshalb scheint ja nach wie vor noch völlig offen und in hypothetischer Schwankung zwischen diametralen «Erklärungen», wie die Planeten und Monde dem Zentralgestirn einmal zugesellt wurden. Und selbstverständlich ist dann auch noch die große Zäsur, die Urzeugung selbst, nichts als ein in der Wirkung frappanter und in der Ursache, die ja noch «mechanisch» sein müßte, geradezu unglaublicher Zufall. Erst im Anschluß daran werde dann der Prozeß plötzlich sinnvoll oder entstünde jedenfalls, dem Dogma zum Ärgernis, dieser Anschein. Aber selbst wenn man statt an das Sonnensystem im ganzen nur an den Planeten Erde denkt, so sei alles organische Leben vom Einzeller bis zum Menschen in astronomischer Sicht bloß ein unbedeutendes Randphänomen auf der dünnen Kruste verglichen mit dem Magma, dem inneren Glutball, als der eigentlichen Realität.

An die Breschen in das materialistische Vorurteil, die von Pionieren wie Bargatzky, Fechner und Oscar Feyerabend bereits gelegt wurden, sei hier nur kurz erinnert. Im deduktiven Rahmen, das heißt im Zeichen der Zweiten Setzung, ist das Verständnis vom Ziel her, das die neuzeitlich-mechanistische Forschung so gern ausklammern möchte, allgemein evident und verschwindet insofern die Trennung von «organisch» und «anorganisch». Daher verliert auch die Frage, wie die Entwicklung organischen Lebens astronomisch ermöglicht wurde, hier an grundsätzlicher Bedeutung. Vielleicht waren mehrere Wege gangbar, aber das ist vom Ziel her, das so oder so erreicht werden sollte und denn auch wirklich erreicht worden ist, nur noch von zweitrangigem Interesse.

Vollends unrichtig, ja widersinnig ist das Argument aus dem freilich ungeheuren quantitativen Mißverhältnis zwischen den biologischen Gegenständen und jenen der Astronomie. Die qualitative Überlegenheit der räumlichen Winzigkeiten auf Planetenoberflächen wird durch jenes Argument, wenn man es recht versteht, nicht nur nicht beeinträchtigt, sondern sogar im Gegenteil unterstützt. Es geht dabei um die Trägerfunktion gerade der astronomischen Großgebilde. Betrachtet man das Weltall mit Dante als göttliche Komödie, als gleichnishaftes Schauspiel nebst dazugehöriger Bühne, so hat alle einzelne Wirklichkeit im Prinzip an beidem, an den Funktionen der Bühne wie der Schauspielerschaft, ihren Anteil; aber bei den gesteigerten und deshalb getragenen Einheiten vom Einzeller bis zum Menschen überwiegt der letztere Sinn wie anderseits der erstere bei den tragenden astronomischen. Daß Gewaltiges – auch dynamisch – aufgeboten werden mußte, um räumlich vergleichsweise Winziges, aber eben Letztes und Höchstes, hervorzubringen, ist mithin nicht irgendwie schwierig oder gar aporetisch, ist vielmehr schlecht und recht logisch.

So ergibt sich, was aufs tiefste berührt: Alle Steigerung geschieht an Grenzen! Sie geschieht «zwischen Himmel und Erde», wo diese beiden einander treffen. Das heißt dem Himmel, eigentlich dem All überhaupt, begegnet in dieser Hinsicht, beinahe definitionswidrig, gewissermaßen ein Gegen-All: das Gestirn als punktuelles Prinzip, als das Feste gegenüber der Weite. Das große Symbol der Steigerung, die hier einsetzt, ist wieder der ins Licht aufragende Baum. Die mächtigste Verwirklichung aber ersteht in der Tierheit – im Grunde allgemein und insbesondere dort, wo das Einzelwesen nicht mehr schwimmt oder kriecht, sondern steht und läuft: wo es sich steil wie der Baum und doch zugleich frei beweglich, als ein Herr seiner selbst, von der tragenden Schwere abstemmt. So vor allem schließlich beim Menschen.

In Rilkes «Sonetten an Orpheus» schwingt auf wohl einzigartige Weise die Seligkeit dieses Erlebnisses. So gleich am Anfang:

«Da stieg ein Baum. O reine Übersteigung!
O Orpheus singt! O hoher Baum im Ohr!»

Oder mit fast abstrakter Genauigkeit im XI. Sonett:

«Sieh den Himmel. Heißt kein Sternbild ‹Reiter›?
Denn dies ist uns seltsam eingeprägt:
dieser Stolz aus Erde. Und ein zweiter,
der ihn treibt und hält und den er trägt.»

Auch wenn Pico della Mirandola in seiner «Oratio de dignitate hominis» den alttestamentlichen Gott sagen läßt, er habe Adam, den Menschen, *nec coelestem neque terrenum,* weder himmlisch noch irdisch, geschaffen, so ist neben allem anderen auch einfach die räumliche, geradezu astronomische Grenzstellung gemeint und gefeiert.

Und endlich sei hier noch ein Sonderbarer erwähnt: Jakob Lorber. Auch seiner Ansicht nach wohnt der Mensch und erfüllt sich insofern das Weltschicksal in einer extremen Grenzlage. Diese Auffassung bleibt erinnerungswürdig trotz ihrer wunderlichen Umschreibung. Das Universum nämlich ist für Lorber der «große Schöpfungsmensch», der mystische *Homo Maximus;* und in dessen «kleiner linker Zehe» zeigt sich dem Seher ein «etwas rötlich glitzernder Punkt»: die astronomische Wohnstatt des Menschen[10]. Wir gingen darauf nicht ein, wenn nicht auch in dieser Ortsangabe, so kurios sie anmutet, eine merkwürdige allgemeine Bedeutsamkeit für unseren Zusammenhang läge. Denn der rötliche Punkt in der kleinen Zehe des Großmenschen ist für Lorber in Wahrheit eine gewaltige «Hülsenglobe», nämlich unsere Milchstraße; und diese ist, wie die Gattungsbezeichnung zum Ausdruck bringt, nicht etwa die einzige ihres Schlages. Lorber weiß vielmehr um unzählige, um Milliarden, von ähnlich gewaltigen «Hülsengloben», also Milchstraßen, und um eine dementsprechend ungeheure Größe des Weltraums.

Dies mehrere Menschenalter vor Hubble! Lorbers Schriften, empfunden als Diktat einer inneren Stimme, entstanden um die Mitte des 19. Jahrhunderts; das heißt sie entstanden zu einer Zeit, als die offizielle Astronomie von einem Plural der Milchstraße noch keinerlei Ahnung besaß. Nur nebenbei sei bemerkt, daß der ungelehrte Mann obendrein auch über die Weltsubstanz, die immaterielle Feinstruktur der scheinbaren materiellen Dinge, mehr wußte als irgendjemand seit Leibniz, mehr als die gesamte Physik seiner Zeit. Seine Darlegung blieb freilich unexakt und war immer wieder von Phantastischem, Abstrusem, durchwuchert. Dennoch läßt sie gerade auch im Zusammenhang um die «Hülsengloben» erkennen, wie weit sich bei entsprechender, paranormaler Begabung das Selbsterlebnis des Menschen über die eigene Leiblichkeit hinaus weiten läßt oder wie weit, umgekehrt ausgedrückt, noch Größtes, Kosmisches, in eine quasi leibliche Vergewisserung einzugehen vermag. Was uns das Teleskop in unvorstellbaren Fernen zeigt, ist gleichwohl nichts Fremdes, ist vielmehr letztlich das eigene Selbst.

Und um es also zu wiederholen: Gerade die enorme Größe der Himmelskörper spricht g e g e n ihre thematische Zentralität! Zwischen dieser, der qualitativen, und der räumlich-quantitativen besteht eben nicht bloß ein Unterschied, sondern ein strenger Gegensatz; die eine schließt die andere aus. Und es spricht also, umgekehrt ausgedrückt, für den hohen Rang des organischen Lebens, daß es sich als ein Grenzphänomen entfaltet, und dies sogar gleich in mehrfacher Hinsicht: auf einer dünnen Planetenkruste und überhaupt auf einem Planeten, einem winzigen Trabanten der Sonne, und endlich in einem spiraligen «Arm» der Milchstraße statt in ihrem Kern. W i e das Ziel, thematisch zentral und eben deshalb räumlich entlegen, von der kosmischen Absicht erreicht wurde, braucht man hier nicht zu erörtern und könnte es übrigens auch nicht. Gerade hier ist ja einer der Punkte, wo die Sachforschung uns nicht nur im Stich läßt, sondern sich regelrecht destruktiv verhält.

Ganze Schulen astronomischer Kosmogonie geben sich seit langem die größte Mühe, die Entstehung des Planetensystems auf alle nur mögliche Weise und daher sonst höchst widerspruchsvoll, aber doch immer unbedingt als n i c h t f i n a l zu erklären. Zu diesem Zwecke ist offenbar jedes Mittel recht. So sollen die Planeten irgendwann von der Sonne aus dem Weltraum «eingefangen» worden sein; oder sie hätten

sich aus einem hypothetischen Urnebel durch ungleichmäßige Verdichtung herausgebildet; oder ein mysteriöses fremdes Zentralgestirn sei
der Sonne zu nahe gekommen und habe diese damit zur Ausschleuderung der Masse, aus der dann die Planeten entstanden, veranlaßt. Also
immer bloße Gravitation, blinder Zufall. Sonst aber zwischen den
Theoremen ein eklatanter Widerspruch, zu dem sich bei jedem von ihnen intern unauflösbare Unstimmigkeiten gesellen, während sie anderseits vor der eindrucksvoll ordnungshaften Planetengruppierung – gemäß der Bode-Titiusschen Reihe – sämtlich gleichermaßen versagen.

Wir gehen darauf nicht näher ein, zumal empirische Argumente hier
niemals zwingend zu sein vermöchten. Wir bleiben vielmehr bei der
Evidenz im Zeichen der Zweiten Setzung. Wie das organische Leben im
ganzen wegen des Menschen entstand, so die Erde wegen des Lebens
und das Sonnensystem wegen der Erde! Es war ein homogener Prozeß.
Ob der galaktische Spiralarm eigens seinerseits die Planeten hinzulie-
ferte oder ihre Ausschleuderung aus der Sonne, jedoch eine absichtsvolle, bewirkte, darf mithin unerörtert bleiben. Beides scheint möglich.
Und selbstverständlich war das Ziel der so oder so inaugurierten Entwicklung damit nicht auf Anhieb erreicht. Als Ziel jedoch stand es von
vornherein fest und wurde es von den Erdzeitaltern, deren Folge damit
begann, sogleich konkret in Angriff genommen.

7. Umschlagen des Gestaltplans bei den Organismen: Vertikalität
als vollendender Gegenentwurf zur kugelhaften astralen Grundform.

Die erdgeschichtlichen Anfänge liegen empirisch im dunkeln und sind
auch deduktiv nicht erhellbar. Immerhin spricht alles, was man heute
weiß, dafür, daß die frühesten Formen einzelligen Lebens nebst ver-
mutbaren Vorstufen einen Entstehungstermin besitzen, der hinter dem
sogenannten Archaikum kaum weniger weit zurückliegt als dieses hinter der Gegenwart. Nicht sicher, aber wahrscheinlich ist daher, daß von
den Erdzeitaltern, die mit dem Sonnensystem begannen, lediglich das
erste noch gänzlich des organischen Lebens, gewissermaßen des Be-
wuchses in selbst nur einfachsten Formen, ermangelte. Die Erdoberflä-

che mußte zunächst erstarren und die Voraussetzungen des nächsten Schrittes, ein Urmeer und eine Uratmosphäre, mußten sich daraufhin erst bilden.

Mit dem eigentlichen Grenzphänomen, dem organischen Leben, siegte dann schon die Ziel- und Endform. Das änderte mit dem Sinn der Gestalt auch deren Physiognomie. Den astronomischen Anfang hatten rundliche Formen gemacht. Das entsprach dem tragenden Sinn; der steile Aufstieg an der Grenze mit seinen ganz anderen Zielen und Zwängen war hier ja erst in Vorbereitung.

Auf das räumliche Weltall in seiner Gänze läßt sich dabei freilich kaum eingehen. Die jüngste Astronomie scheint die Unsicherheiten, die hier von jeher bestanden, eher noch zu vergrößern. Unwillkürlich denkt man an Ältestes, etwa an Parmenides und seine Vorstellung von der Kugelform dessen, was ihm letztlich als das Sein galt: von der Wirklichkeit überhaupt und somit vom Universum. Darin liegt nichts Beweiskräftiges, aber gerade deshalb hat in der Tat die einfachste Form, die der Kugel und zwar in diesem Fall doch wohl der hohlen, eine paradoxe Wahrscheinlichkeit für sich. Das kosmische Tragen, das Fungieren also mehr als Bühne denn als Schauspielerschaft, überwiegt ja im Universum, falls es seiner Definition genügt, ungleich radikaler als irgendwo sonst. Auch das auffallende Fehlen jener strukturellen Zentralität, die für ein Subjekt sonst zu fordern ist, mag sich durch jene Ausnahmestellung, die Rahmenfunktion, miterklären. Fast gelangt man zu dem Verdacht, daß sich in diesem Fall ungewöhnlicherweise, anders als irgendwo sonst, die Zentralorgane am Rande befinden: in der Region der Quasare mit ihrer unheimlich lebhaften, aber sonst unbegreiflichen Aktivität. Dies jedoch wirklich nur als Verdacht.

Bei den Milchstraßen, auch den spiraligen, wie dann vollends beim Sonnensystem und ebenso beim Planeten Erde tritt die Rundlichkeit klarer hervor und zwar durchweg in dreidimensionaler, also kugelartiger Form. Diskusartig-zweidimensional ist auch in den beiden ersten Fällen nur – in etwa – die Ebene mit der hauptsächlichen Masse. Und im dritten Fall, bei unserem Planeten, besteht wieder eine strenge Verbindung zwischen der ungefähren Kugelgestalt und dem ganz nach außen, zu den Grenzen, gewendeten Sinn.

Dann aber, bei den Organismen, schlägt der Gestaltplan um. Fortan, eben wegen der Grenzlage, ist Stehen, Schreiten und freies Blicken, vertikales Verhalten, das große Ziel. Es entspricht physiognomisch der entscheidenden kosmischen Absicht, der Vorverlegung nämlich des Subjektcharakters in das Individuum und letztlich in die personhafte Freiheit. Denn Individuen, subjekthafte Einzelwesen, und nicht etwa Dämonen, sind freilich auch schon die Galaxien. Aber bei ihnen steht eben das Tragen von Freierem, von radikalen Subjekten, der diesbezüglichen eigen-unmittelbaren Ausformung noch im Wege. Ebenso dann bei dem Sonnensystem im ganzen und vollends bei dem für das große Schauspiel direkt vorbereiteten, also durchaus als «Bühne» geplanten Planeten. Erst dann und daraufhin, nach diesem gewaltig-umständlichen Anlauf, gelingt das kosmische Junktim von leiblicher Aufrichtung und Befreiung. Doch gelingt es nicht mit einem Schlage, verlangt es vielmehr mühsame Vorarbeit, was physiognomisch bedeutet, daß sich sogar die Gestaltpläne der organischen Lebewesen zunächst weiter an die Rundlichkeit halten. Erst der Mensch ist radikal aufgerichtet, erst hier also ist der Gegenentwurf zu dem astronomisch ursprünglichen voll verwirklicht.

Wenn mystische Spekulation das räumliche Weltall, weil sie es als Großen Menschen verstand, auch im physiognomischen Sinne für menschenartig hielt, so verkannte sie die Analogie: Nur und gerade mit ihrer Steilung, ihrer Abkehr von der gestirnhaften Grundform, hat die Menschengestalt astronomischen Sinn! Und umgekehrt gesehen also ist das astronomische Universum allerdings der «große Schöpfungsmensch» Lorbers, der *Homo Maximus* Swedenborgs, aber dies gerade nicht deshalb, weil es der Menschengestalt irgendwie ähnelte, sondern weil es mit rahmenhafter und also entgegengesetzter Struktur zu jener allerdings hinführt.

8. *Bleibendes astronomisches Tragen. Das Phytikum vor dem Zoikum. Wärmeperioden und «Eiszeiten» als den Lebensaufstieg umrahmender kosmischer Rhythmus.*

Die Erd- und Lebensentwicklung seit der Entstehung unseres Planeten stellt einen einheitlichen Prozeß dar. Das heißt sie ist im ganzen sowohl ein astronomischer als auch ein biologischer Vorgang; und zwar ist sie, wohlgemerkt, auch das letztere der Affinität nach v o n v o r n h e r e i n. Denn in der frühesten Erdurzeit fehlte – mit fester Kruste und Ozean – zwar auch zweifellos noch das organische Leben; doch lief die Entwicklung bereits dorthin, wie die Schicksalslogik es fordert und der Erfolg es bestätigt. Immerhin liegt darin auch schon anderseits, daß sich die Beziehung zwischen den beiden Hauptkomponenten eben wegen ihres gemeinsamen Zieles nicht dauernd gleichbleiben konnte: Wenn auch von vornherein das organische Leben angestrebt wurde, so überwog doch zunächst die terrestrisch-bioklimatische Vorbereitung und damit überhaupt die astronomische Komponente.

Etwa seit dem Kambrium, dem Beginn des immer noch aus Gewohnheit so genannten Erdaltertums, verlagerten sich die Gewichte. Die astronomische Geschehensseite bleibt wichtig, und zwar nicht bloß als umrahmend und tragend, sondern auch als gezielte, spezifische Hilfe, worauf wir noch zurückkommen werden; der Hauptakzent aber liegt jetzt bei der Steigerung des organischen Lebens. Auch verändert sich nunmehr die Rhythmik des Werdens; die weiteren Erdzeitalter, uns als einzige näher bekannt, sind nicht nur profilierter und kühner in ihrer biologischen Leistung, sondern folgen einander obendrein rascher. Das schon erwähnte Gesetz der progressiven Beschleunigung kommt erwartungsgemäß zum Zuge. Die Zeit seit dem Kambrium, dem Beginn der Beschleunigung, schätzt man auf eine reichliche halbe Milliarde von Jahren. Das ist eine beachtliche Spanne, aber doch gemessen an den mehreren Jahrmilliarden vorangegangener Erdenzeit nur etwa ein Achtel.

In diesem letzten Bruchteil der Gesamtzeit drängt sich alle höhere Entfaltung des tierischen wie des pflanzlichen Lebens, so daß ihr im Fortgang dieser Betrachtung unser Interesse beinahe ausschließlich gelten wird. Um so wichtiger ist es zunächst, über dem stürmisch gedrängten Finale die viel längere Fuge nicht zu vergessen. Daß die frühesten Erdzeitalter nach allem, was man weiß und sinnvoll anzunehmen vermag, gemessen an jenen späteren seit dem Kambrium nicht nur weniger profiliert und in langsameren Rhythmen verliefen, sondern obendrein auch sozusagen subjektiv, für den Blick des Forschers, an Deutlichkeit entscheidend verlieren, läßt die Beseitigung der Suggestion, die sich aus beiden Gründen leicht einstellt, nur um so vordringlicher werden. Und um es also richtigzustellen: Die Erdzeitalter seit dem Kambrium sind trotz objektiven wie auch perspektivischen Vorrangs nur der letzte Teil einer Zustandsfolge, welche wesenhaft gleichartig, wenn auch minder dramatisch und mit progressiver Verlängerung, bis auf den astronomischen Anfang, die Entstehung des Planeten, zurückgeht.

Es ist daher geraten, zunächst auf einige jener Umstände einzugehen, die auch in den Erdzeitaltern seit dem Kambrium, den einzig deutlich erkennbaren, eine offenbar allgemeine Werdegesetzlichkeit manifestieren, um insofern auch auf Früheres, Unerhelltes, gewisse Rückblicke zu gestatten. Dazu gehört die Unterscheidung von Erdzeitaltern «nach den Tieren» und «nach den Pflanzen», also von jeweiligem «Zoikum» und «Phytikum». Mit einem eindrucksvollen Abstand – von rund 50 Millionen von Jahren – geht das Erdzeitalter «nach den Pflanzen» dem «nach den Tieren» durchschnittlich voran, so dem Känozoikum das Neophytikum, also der faunischen Erdneuzeit die florische, und entsprechend im Erdmittelalter sowie noch einmal im Erdaltertum. Weiter zurückverfolgen, über das Kambrium hinaus, läßt sich die Verschiebung einstweilen kaum; sie kann in der allerfrühesten Zeit, als es weder Pflanze noch Tier gab, ja ohnehin nicht bestanden haben. Anders hingegen verhält es sich mit jenem allgemeineren finalursächlichen Nexus, den sie auf ihre Weise spiegelt. Die tragende Funktion der Pflanze relativ auf das Tier ist ja nur ein besonderes, bereits recht exklusives Beispiel für jene Hilfestellung der Umwelt, ohne die schon die einfachsten Entwicklungsschritte des Lebens, auch des pflanzlichen, unausführbar gewesen wären. Insofern hat der bioklimatische Umschwung von vornherein die Funktion, die später dem Phytikum zufiel, besessen. Und es ist offenbar angebracht, das letztere als Spezialfall un ter jenen ersteren zu subsumieren. Für das Tier ist die Pflanze der wichtigste Teil seiner Umwelt, seines bioklimatischen Rahmens. Dahinter aber steht jeweils, gewissermaßen als ein noch allgemeineres Phytikum, die kosmische Disposition des Planeten, wohl immer spezifisch verbunden mit der astronomischen Großlage, mit entsprechenden Reaktionen des Sonnensystems im ganzen sowie namentlich seines Zentralgestirns. Alles dient hier ja derselben Absicht.

Für den astronomischen Hintergrund der biologischen Entwicklung spricht ohnehin schon der folgende Umstand: Jedes neue Erdzeitalter seit dem sogenannten Erdaltertum begann mit einer Erwärmungsperiode. Und noch jeweils signalisierte eine drastische Abkühlung, eine «Eiszeit», die nahende Wende. So geschah es in der Oberen Kreide, so im Perm, so im ausgehenden Algonkium und so, wie man heute weiß, schon verschiedentlich in der Erdurzeit. Die moderne Sachforschung hatte es anders, gegenteilig, erwartet; sie hatte die jüngste, quartäre Eiszeit zunächst als die einzige angesehen und aus einer vermeintlichen Abkühlung der Sonne im Stile Newtons erklären wollen. Als man zur Kenntnis nehmen mußte, daß sich die Sonne erhitzt statt abkühlt, und als sich anderseits der Blick auf eine majestätische Folge gleichartiger Kältezäsuren bis in die fernste Vorzeit auftat, war man fassungslos. Was man sah und doch nicht sah, war ein raumzeitlicher «Baum»: war eine Folge von Formzuständen und damit, im dämonologischen Rahmen, subjekthaften Generationen! Ohne es auch nur zu ahnen, lieferte hier die Erdgeschichtsforschung den vielleicht wichtigsten Einzelbeitrag zum dämonologischen Grundriß des nachabendländischen Weltbewußtseins.

9. *Die kosmische Retorte im Urmeer und das mißverständliche*
«Ignoramus».
Die Urzeugung – ein «reguläres Wunder»!
Der Einzeller auf der Mitte des astronomischen Weges zum Menschen.

Es ist ein seltsamer Kontrast, bei dem sich unsere Phantasie getrost ein wenig aufhalten mag: Die allerlängste Zeit hindurch, mehrere Jahrmilliarden lang, geschah auf der Erdoberfläche an biologischen Vorgängen, tatsächlich oder dem Anschein nach, nichts. Für ein menschliches Auge, das beobachten hätte können, war die Erde hartnäckig «tot», ohne organisches Leben, weil dieses zunächst tatsächlich noch fehlte und weil später seine frühesten, einzelligen Gestalten sich gleichfalls den Blicken entzogen hätten. Die Erde war also «wüst und leer», und dies nicht nur für wenige Schöpfungstage, sondern für einen unermeßlichen Zeitraum. Und doch hätte diese Optik getrogen. Unter dem Anschein lebloser Ruhe vollzogen sich Prozesse von ebenso großer Zielsicherheit wie dramatischer Kühnheit, die alle Möglichkeiten der späteren, höheren Lebensentfaltung schon vorentschieden.

Und nur der erste dieser Schritte war noch ein rein astronomischer: Das organische Leben konnte nur im Wasser sowohl entstehen als auch zunächst überhaupt existieren; nach der Verkrustung der Erdoberfläche bestand daher der wichtigste nächste Vorgang in der Scheidung, biblisch gesprochen, des Wassers von der Feste, in der Sonderung von Urmeer und Urkontinent.

Der Vorgang hängt engstens mit einer weiteren Überraschung für die klassische Astronomie zusammen: Entgegen der ursprünglichen Meinung, aber zwingend im Zeichen der Werdelogik, verläuft auch der Gestaltweg des Himmelskörpers Erde vom Kleinen zum Großen statt umgekehrt! Und das wiederum hängt zusammen mit der von Alfred Wegener entdeckten Kontinentalverschiebung und deren revidierter Begründung. Dazu gekürzt die Erläuterung Pascual Jordans: «Daß die heutigen Schollen Afrika und Südamerika früher einmal zusammengelegen haben, ist heute nicht mehr Hypothese oder anzweifelbare Theorie, sondern es darf als schlichte, nicht mehr bezweifelbare Tatsache allen weiteren Überlegungen zugrunde gelegt werden. Aber die von Wegener noch gedachte Bewegung der sich immer weiter trennenden beiden Kontinente relativ zu ihrer Unterlage ist gar nicht vorhanden – vielmehr geschieht die laufende Abstandsvergrößerung zwischen den beiden Seiten in solcher Weise, daß längs der Atlantischen Spalte eine fortlaufende Verbreiterung des Ozeanbodens geschieht. Die Ozeane sind längs der Tiefseespalten in ständigem Wachsen begriffen.» Anderseits jedoch «ist es ausgeschlossen, daß die Verkleinerung der Kontinente durch Gebirgsfaltung einen Ausgleich geben könnte für die fortlaufende Vergrößerung der Ozeane. Deshalb werden wir zu der Folgerung gedrängt – und zwar ganz einfach von den empirischen Tatsachen aus – daß unser Planet in einem Vorgang des räumlichen Wachsens, der Expansion, begriffen ist» [11]. Der Vorgang ist sogar meßbar. Und obendrein sprechen «die Erfahrungstatsachen dafür, daß der Expansionsvorgang der Erde nichts Einzigartiges, nicht eine Besonderheit nur dieses Himmelskörpers, ist» [12].

Nachdem das Magma an der Erdoberfläche erst einmal geronnen war, bewirkte die weiter fortschreitende Expansion, daß die starre Kruste riß und als leichtere Scholle, als Kontinent, hinter dem weiteren Wachstum zurückblieb. Das Ergebnis war der Urozean. Daß sich die Bildung organischen Lebens schon vor dieser Trennung ereignet habe, ist nicht streng ausschließbar, aber unwahrscheinlich, weil sich jetzt wie später gerade erst an den Küsten, in Lagunen auf dem Schelfmeer, klimatisch wie mineralogisch jene optimalen Ausnahmebedingungen herstellen ließen, die der Steigerungsvorgang erforderte.

Noch heute entspricht die Zusammensetzung des Blutes wie ein Konzentrat der des Meerwassers. In der biologischen Anfangszeit muß die Bindung noch enger gewesen sein. Unter den Bedingungen, welche heute auf der Erdoberfläche herrschen, vermag protoplasmisches Leben als Neubildung, wie Eiweiß auf natürliche Weise, nicht mehr zu entstehen. Daß es sich anfangs anders verhielt, setzt retortenhafte Vorzugsverhältnisse aller Art voraus: Ein Schonraum zwischen Festland und Tiefsee muß ein Brackwasser enthalten haben, das praktisch eine dichte, kunstvoll bereitete Nährlösung darstellte und das von der Uratmosphäre wie von einer Brutglocke temperiert und zugleich abgeschirmt wurde. Hier ereignete sich die Urzeugung; das heißt genauer gesagt: nur hier kann sie sich ereignet haben. Denn so wenig man sonst darüber auch weiß, so steht jedenfalls negativ fest, daß weder Festland noch Atmosphäre noch auch Tiefsee und offener Ozean als Ursprungsräume in Frage kommen.

Die Modalität des Hergangs ist dunkel. Man weiß oder unterstellt nur vage, daß besonders auch chemisch in dem bioklimatischen Schonraum, der astronomischen Retorte, andere Verhältnisse als heute bestanden, so daß die molekularen Strukturen in ihren Reaktionsmöglichkeiten nicht so starr wie später festgelegt waren. Selbst wenn man das aber wirklich wüßte und selbst wenn man vor allem die Bedeutung dieser Beweglichkeit für das Gelingen der Urzeugung im einzelnen ursächlich begriffe, so wäre am entscheidenden Punkte noch nichts gewonnen. Man hätte vielmehr nur wieder einmal, mit Goethe gesprochen, die Teile in der Hand, und es fehlte nur leider das geistige Band.

Auch der einfachste Organismus ist wie jedes Ganze etwas anderes als die Summe seiner noch so fügsamen Teile. Anderseits kann kein Ganzes, das noch nicht existiert, sich selbst erstreben, sich selbst zum finalen Entstehungsgrund haben. Wenn also das mechanistische Schema vor der Urzeugung reinweg versagt, so steht doch auch das konträre, teleologische Denkmodell hier, seit dem Ende der Metaphysik, vor einer sehr ernsten Schwierigkeit. Mit dem scholastischen, ontologischen Abstraktionsverständnis verschwand ja, jedenfalls als exakte Denkmöglichkeit, sowohl die Entelechie überhaupt als auch die Möglichkeit ihrer Setzung – ohne die Mühe des Werdens – einfach nach dem Ratschluß und Willen eines jenseitigen Schöpfergottes. Die Urzeugung als der «diesseitige», innerweltliche Vorgang, als welchen man sie stattdessen nun auffaßt, blieb den Vitalisten daher letztlich ebenso mysteriös wie ihren mechanistischen Gegnern. Die Schwierigkeit löst sich erst, jedenfalls prinzipiell, im Blick auf die Dämonologie, also auf den entelechialen und dennoch «diesseitigen» Ursprung im astronomischen Hintergrund. Wenn man um den Subjektcharakter der Milchstraße nicht schon wüßte, so hätte man ihn jetzt zwingend zu fordern, einfach weil uns die Urzeugung sozusagen zwischen Skylla und Charybdis, Mechanistik und Metaphysik, keine andere Wahl läßt. Auch der Prozeß, der zur Urzeugung führte, war mithin ein «diesseitiger» Vorgang: er kostete Mühe und brauchte Zeit. Manches spricht rein empirisch für erste Anläufe und Versuche – astronomisch in Wesen und Umfang und doch bereits biologisch im Sinn –, die noch nicht gelangen. Ein Phytikum mit zeitlichem Vorsprung gab es zwar noch so wenig wie Pflanze und Tier; mit analogem Abstand aber muß die Arbeit am bioklimatischen Schonraum bereits vollendet gewesen sein, bevor sich die Mühe des Werdens auf das eigentliche Ziel konzentrierte.

Emil Du Bois-Reymonds vielzitierter Satz *Ignoramus et ignorabimus* enthält trotzdem eine schmerzliche Wahrheit. Er besitzt im Zeichen der Werdelogik, des wesentlichen Verstehens vom Ziel her, nicht mehr den radikal negativen Sinn, in dem er ursprünglich gemeint war. Anderseits involviert die Urzeugung, verstanden als «diesseitiger» Vorgang, ein kunstvoll umständliches Aufgebot an Mitteln, das zwar nimmermehr die finale Leistung im ganzen erklären, aber doch unser Wissen – auch um diese – erheblich bereichern könnte.

Ebenso allerdings steht es in Wahrheit noch um manches andere «*Ignoramus*». Du Bois-Reymond dachte bei seinem Ausspruch lediglich an die Urzeugung; er urteilte hier allzu streng und doch zugleich paradoxerweise in allen entsprechenden Fällen zu lässig. Von den übrigen genau so unerklärlichen Formsprüngen hatte er ja die älteren, die beim galaktischen Werden wie bei der begleitenden feinstrukturellen Steigerung vom Wasserstoff zu den Metallen, noch gar nicht als solche erkannt, wogegen er die späteren, etwa die zum Vielzeller und zum Wirbeltier, für schon so gut wie erklärt (nämlich bloß «noch nicht» erklärt) glaubte halten zu dürfen, worin er sich allerdings grimmig täuschte. Das «Erklären», an das er lediglich dachte, war ja das mechanistische, also das des Ganzen aus seinen Teilen. Mit der Absurdität dieses Vorhabens halten wir uns hier nicht nochmals auf; unerklärlich in d i e s e m Sinne sind und bleiben a l l e im Blickfeld stehenden Formsprünge, bleibt die Entwicklung überhaupt.

Insofern ist die Urzeugung etwas geradezu Reguläres. Wenn ihr gleichwohl eine Sonderbedeutung zukommt und sich ihre Bezeichnung, mit dem Hinweis auf die Ursprünglichkeit, in der Dimension nicht völlig vergreift, so hat das einen anderen Grund: Die Urzeugung bezeichnet den Punkt, an dem die astronomische Absicht ihren astronomischen Habitus abstreift. Von den beiden Komponenten, die allem subjekthaften Werden eignen, beginnt die des Getragenseins statt des Tragens, des Schauspiels statt der Bühne, fortan in Führung zu kommen.

Der protoplasmische Einzeller besitzt insofern, von der großen Wende des Gesamtweges her gesehen, in der Tat den Rang einer neuen Urform, von der alles Weitere ausgeht, wie alles Vorherige zu ihr hin-

führt. Er ist so gesehen das einzige Wesen, das mit den beiden Grenzmöglichkeiten, dem All und dem Menschen, bezüglich einer Sonderstellung zu konkurrieren vermag. Damit hängt es zusammen, daß alle
weitere, gemeinhin so bezeichnete Zeugung sich von der «Urzeugung»
nicht mehr trennt. Noch das Menschenwesen setzt ja bei jener verhältnismäßigen Urform immer wieder von neuem an; es kehrt im Augenblick der Empfängnis, der Verschmelzung von Ei und Samen, immer
wieder zu ihr zurück, so daß es streng genommen nur eine Metabolie
darstellt, die in habitueller Hinsicht zwischen Mensch und Einzeller
pendelt. Tiefer indes reicht der Rückschwung nicht. Was an vorange-
gangenem Werden, galaktischem wie feinstrukturellem, den Formsprung zur Zelle ermöglicht, wird aus dieser Ewigkeit seines Tragens,
seiner kosmischen Bühnenfunktion, nicht mehr aufgeschreckt.

10. Trennung von Pflanze und Tier nach dem anaerobischen Anfang.
Das Vermögen der Photosynthese – zugleich Spezialisierung
und Gegenteil einer Steigerung!
Übernahme der astronomischen Trägerfunktion und astralen Grundgestalt
durch die Pflanze. Ihre darin begründete Eignung zum Sinnbild des Werdens.

Zu den revolutionären Errungenschaften aus jenen Tagen, als die Erde
optisch noch «wüst und leer» war, gehört auch die Trennung von
Pflanze und Tier oder vielmehr die Entstehung von beiden. Die Urform organischen Lebens hatte sich nämlich noch in keiner jener zwei
Richtungen festlegen können. Die frühesten Kinder der Urzeugung
waren «Anaeroben», das heißt sie deckten ihren Energiehaushalt noch
nicht durch Atmung und Oxydation, Verbrennung, sondern stattdessen
durch Gärung. Dies Verfahren war unrentabel und stand jedem weiteren Aufstieg im Wege. Es war jedoch zunächst unumgänglich, weil es
in der Uratmosphäre anfangs freien Sauerstoff noch kaum gab. Dessen
allmähliche Speicherung war ein Werk der Pflanze, die durch diese Befreiung von der ursprünglichen Sparsamkeit über sich selbst hinaus auch
den weiteren, tierhaften Aufstieg erst ermöglichen sollte.

Unter den organischen Wesen, die der Urform heute noch nahestehen, etwa den Bakterien, gibt es nach wie vor Anaeroben. Sie sind auf parasitäre Funktionen inzwischen allerdings ausgewichen, das heißt sie suchten und fanden nach dem Ende des Urozeans als der kosmischen Retorte, auf die ihr Lebenshaushalt an sich eingestellt war, Zuflucht in den neuen Schonräumen, welche die höheren, komplizierteren Organismen in Form ihrer Leibeshöhlen und -gänge, ersatzweisen Retorten, inzwischen gewährten. Doch spiegelt sich auch noch in diesem Rückzug die Zähigkeit der ursprünglichen Haltung. Man darf sicher sein, daß ein ganzes weiteres Erdzeitalter, das an Dynamik und Ausmaß hinter dem um die Urzeugung kaum zurückstand, mit der neuen Aufgabe ausgefüllt war.

Das Geschehen war wieder, nach Planung und Durchführung, kosmischen Ranges. Wieder, analog zum Zusammenhang um die Urzeugung, ist ja klar, daß die Anaeroben, hilflose Einzeller, den Sprung in ihr strukturelles Gegenteil nicht durchführen und auch nur wünschen konnten, während anderseits die Pflanze nicht als finaler Entstehungsgrund ihrer selbst, als *causa sui,* zu wirken vermochte. Auch ging offenbar wieder eine bioklimatische Umstellung, auf letztlich astronomischer Basis, der eigentlichen Lösung thematisch-vorbereitend voraus. Ein kosmisches Subjekt, das neue Erdzeitalter im ganzen, fungierte mithin als der Urheber. Und der Schlüssel zur Lösung lag nicht auf der Hand; man mußte ihn vielmehr offenbar suchen, mußte experimentieren. Er bestand schließlich in der Photosynthese, der Fähigkeit des Pflanzenwesens zu großzügig unmittelbarem, «autotrophem» Energiegewinn mittels des Lichtes. Gleichzeitig war damit beides ermöglicht: unmittelbar die Pflanze, die sich dadurch als solche konstituierte, aber über sie nun auch gerade schon das Tier mit seiner «heterotrophen» Freiheit.

Damit ist man bereits bei dem Umstand, der den kosmisch-prospektiven Charakter des Hergangs am eindrucksvollsten unterstreicht: Die Konstitution der Pflanze durch das Vermögen der Photosynthese half entscheidend dem Aufstieg des tierhaften Wesens! Die Überwindung der ursprünglichen, anaerobischen Leistungsform bedeutete für die Pflanze selbst zwar eine markante Spezialisierung, aber nicht auch eine Steigerung. Sie war hier vielmehr alles in allem ein Abstieg, ein endgültiger Verzicht nämlich auf den eigenen weiteren Ausbau, auf den doch der Gesamtprozeß seinem kosmischen Sinn nach angelegt war. So führte der Weg aus dem Urmeer wie überhaupt aus dem Urzustand für das Tier vom Schweben zum Schweifen, für die Pflanze hingegen vom Schweben zum Haften.

Auf der erreichten höheren Stufe, die sich nur im Tier voll erfüllen konnte, lag damit fortan bei der Pflanze die Last des an sich astronomischen Tragens. Deshalb konnte sie sich vom Gestaltprinzip der Sonnensysteme und Milchstraßen, von der Rundlichkeit um den Kern, denn ja auch niemals grundsätzlich lösen. Nur das Tier vielmehr wich seitdem, seinem höheren Auftrag auch physiognomisch entsprechend, immer deutlicher von jener Urform ab. Quer durch alle weiteren Umstellungen standen der radiäre Aufbau der Pflanze und der bilaterale des Tieres fortan unversöhnlich nebeneinander, wobei man es allerdings auch — und werdelogisch primär — mit einem Nacheinander zu tun hat. Die radiärsymmetrische Form, die Rundheit, eignet ja als Ausdruck von Weichheit und Schwäche, verhältnismäßiger Unbestimmtheit und haltungsmäßiger Dependenz, an sich j e d e r Frühgestalt. Sie wird auch bei den höheren Tieren einschließlich des Menschen im embryonalen Anlauf vom befruchteten Ei zur Morula, zur einfachen Zellsymbiose, immer wieder rekapituliert, aber dann grundsätzlich verlassen, wozu sich hingegen die Pflanze auch in ihren späteren und sonst höheren, festeren Formen nie durchringt.

Mit alldem übrigens hängt es zusammen, daß immer wieder gerade die Pflanze als Symbol des Werdens benutzt wird. So geschieht es ja nicht erst in diesem Buche. «Grün ist nur des Lebens goldner Baum», erklärt schon Goethes Mephisto dem Schüler, den nicht die beschworene Assoziation, sondern lediglich das Wortspiel frappiert. Tatsächlich stellt ja der Lebensbaum nebst seinen Variationen vom Stammbaum bis zum Totempfahl ein uraltes Symbol dar. Und wenn wir inzwischen gesehen haben, daß nicht allein das Lebewesen im biologisch verengten Verstande, sondern überhaupt das logisch-zeitliche Wesen, das endogene Ganze, als Entwicklungsträger fungiert, so gebricht es auch dafür nicht an archetypischen Beipflichtungen. Insbesondere Yggdrasill, der Weltbaum und nicht Lebensbaum der Germanen, gehört in diesen Zusammenhang, desgleichen der christliche Weihnachtsbaum und der Lichtbaum der Göttin Lakschmi so wie einiges Biblische von dem gen Himmel wachsenden Babylonischen Turm bis zu den «Säulen» der Philister.

Was hilft dem Baum und damit der Pflanze zu dieser besonderen Eignung? Zweierlei kommt hier zusammen. Erstens muß ein Sinnbild, wie jedes Bild, anschaulich und daher räumlich sein. Zweitens aber entspricht das Werden im ganzen, als raumzeitlich pulsierendes Folgen, gemeinhin dieser Forderung nicht. Wir erblicken Menschen und Tiere, räumliche Individuen, und damit einzelne Generationen, Väter und Söhne, aber nicht auch die Generationenfolge. Das heißt die einzelne Verräumlichung, das Wachstum nach dem jeweiligen radialen Ausbruch, läßt sich zwar anschaulich nachvollziehen; wenigstens an diesem Teil herrscht, genauer gesagt, zwischen dem «Lebewesen» im wahren logisch-zeitlichen und im dinghaft vordergründigen Sinne, zwischen Zeitgestalt und Raumgestalt, Kongruenz; dann aber reißt der Zusammenhang ab: die axiale Mitte, welche die einzelnen Formexplosionen miteinander verbindet, bleibt unanschaubar; der Sohn ist vom Vater, der folgende radiale Ausbruch also vom älteren, als ein neues, anderes Individuum jeweils vorstellungsmäßig getrennt. Das blockiert die sinnbildliche Verwendung, um jedoch im übrigen gerade auf dem hohen Rang von Mensch und Tier zu beruhen; es gibt hier ein subjekthaftes Schweifen, das heißt es kommt hier jeweils der Tag, an dem die Raumgestalt fertiggeworden ist und bloß noch fortwährt, um eben damit der Zeitgestalt als Basis gelöster Entfaltung zu dienen. Der Pflanze fehlt dieser Aufschwung. Bei ihr gibt es, mit anderen Worten, noch kein weiteres Werden, das sich von dem bloßen Wachsen befreite. Bei ihr ist vielmehr regulärerweise auch das Folgen als solches, das durchlaufende axiale Geschehen, ein räumlicher Vorgang, ein weiteres Wachsen, wenn auch ein nach radialer Weitung, eigentlicher Verräumlichung, sich plötzlich wieder verengendes.

Die symbolhafte Eignung beruht, wie man sieht, auf dem kosmisch tragenden, eben «vegetativen» Charakter der Pflanze. Auch ihr «offener» Bauplan im Unterschied zum «geschlossenen» des Tieres muß von hier aus gesehen werden: Die Unterscheidung ist treffend und wichtig, aber doch nicht so prinzipiell, wie man üblicherweise glaubt. Bei der Gestalt der Entwicklung und der Entwicklung der Gestalt, wie immer man es nun sehen will, handelt es sich ja hier wie dort, gleichermaßen bei Pflanze und Tier, um raumzeitlich pulsierendes Folgen. Der Unterschied besteht, streng genommen, lediglich im Verräumlichungsgrad. Und immerhin bei den höchsten Pflanzen ist der Pollentransport eine Ausnahme, eine versuchsweise Grenzüberschreitung nach dem tierhaften Schweifen hin, wie es anderseits auch in der Tierheit ursprünglich nicht an Versuchen gefehlt hat, auf pflanzenhafte Weise, gewissermaßen undramatisch, nämlich eben durch bloßes Wachsen, durch Teilung und Sprossung, mit dem Danaergeschenk der Subjektivität, der Vertreibung aus dem Dämonenreich, fertig zu werden.

11. Der Sprung zum vielzelligen Organismus und Tiralas «allerwichtigste Frage»: der Widerstreit mit dem Interesse der einzelligen Substrate! Die besonderen faunischen Schwierigkeiten. Das physiognomisch Zutreffende an den «Pflanzentieren» der älteren Zoologie.

Der Sprung zum Aufbau vielzelliger Wesen kann sich nur bei Pflanze und Tier bereits gesondert ereignet haben. Und obwohl man es nicht überprüfen kann, wird man doch unterstellen dürfen, daß auf dem neuen Wege auch hier schon, wie später ausnahmslos, dem Tier die Pflanze voranging. So entsprach es ihrem tragenden Sinn, was umgekehrt auch schon involviert, daß der Sprung ihr wesentlich leichter gelang.

Die vielzellige Pflanze besitzt gegenüber der Urform keinen neuen, gesteigert subjekthaften Auftrag. Sie braucht sich von ihren einzelligen Substraten und deren schlichter Mannigfaltigkeit, vom Status der bloßen Zellkolonie, deshalb nicht so entschieden wie dann das vielzellige Tier zu entfernen. Damit hängt es ja zusammen, daß man für alle höheren Pflanzen mit der Idee einer «Urpflanze» auskommt. Bei den höheren Tieren hingegen wird die ungleich schwierigere Problematik gerade auch dadurch bekundet, daß sich sogar die Grundmodelle auf dem Steigerungswege ablösen mußten. Hier nämlich hatte sich das neue, vielzellige Wesen als etwas unbedingt Eigenes, ein Subjekt höherer Ordnung, von seinen einzelligen Substraten grundsätzlich morphologisch zu lösen, um sich die Mannigfaltigkeit also mit entsprechender Strenge unterzuordnen.

Das Unerhörte des Vorgangs liegt darin, daß er für die einzelne Zelle das Gegenteil eines Nutzens erbrachte: ihr subjekthafter Anlauf wurde vernichtet und ihre einfache Lebenserwartung obendrein neuartig bedroht! Tirala hat dem großen Staunen, das hier am Platze ist, wohl als erster Ausdruck gegeben: «Ist aber die allerwichtigste Frage überhaupt jemals gestellt oder gar beantwortet worden? Wenn die Selektion, die natürliche Zuchtwahl, das treibende Prinzip im Aufstieg der Organismen wäre, dann könnte doch nie aus den an der untersten Stufe des Lebens stehenden Einzellern, den Protisten, ein mehrzelliger Organismus entstehen. Denn während der Einzeller noch eine potentielle Unsterblichkeit besitzt, ist schon der mehrzellige Organismus dem Tode geweiht und zeit seines Lebens viel mehr gefährdet als der Einzeller. Gerade Darwins Prinzip – Überleben des Passendsten – kann zu diesem wichtigsten Schritt, vom Einzeller zum Aufbau der vielzelligen Lebewesen, nichts, aber auch gar nichts beitragen. So wird durch diesen ersten Schritt beim Aufstieg der Lebewesen Darwins Prinzip deutlich ad absurdum geführt»[13].

Jawohl, und für diesen selbstmörderischen Schritt wird obendrein, jedenfalls in der Tierheit, der bis dahin erreichte Subjektcharakter geopfert! Denn man bedenke: Jedes einzellige Tier, wie jedes Tier überhaupt, ist als solches, als Individuum, im Prinzip souverän, ist ein mindestens designiertes Subjekt gleich dem Kronprinzen in der Wiege. Diesen Rang büßt es im Vielzeller ein. Daß die Produkte der Zellteilung, statt einzeln ihres Weges zu ziehen, als Verband zusammenbleiben, verwandelt Tiere zu Teilen, Einzeller zu Zellen, degradiert Wesen ins Dependente. Das widerstreitet radikal ihrem ureigensten Interesse und ist insofern also ein absolut unverständlicher Vorgang. Zwei, vier, acht oder sechzehn aneinandergekoppelte Tiere ergeben ja noch kein neues Tier. Sie sind vielmehr einfach gehandikapt, sind ihrer eigenen Möglichkeiten ohne summarischen Ausgleich beraubt wie der unselige Rattenkönig, der sich bekanntlich aus mehreren jungen Ratten durch Verklebung ihrer Schwänze «entwickelt», um uns damit das weit und breit einzige Beispiel einer in der Tat darwinistisch erklärbaren «Evolution» darzubieten.

Natürlich läßt sich nicht ausschließen, daß auch einzellige Tiere unter Umständen derartig miteinander verkleben. Dann aber ist bereits kaum begreiflich, daß der so entstandene Zellkloß, der die ursprünglichen Tierqualitäten ohne Gegenwert absorbiert, trotzdem überhaupt weiter am Leben bleibt. Daß er, statt kümmerlich zu vegetieren, sogar floriert und gedeiht, durch weitere Teilungen fortgesetzt zunimmt und also immer monströser wird, da er im Status des Rattenkönigs ja weiter und nun erst recht verharrt, ist das reinste Wunder. Daß sich vollends dieser unglaubliche Vorgang vielmals zu derselben Zeit und etwa auch an demselben Ort zuträgt, weil der später dann schließlich doch – wunderbarerweise – daraus entstandene Vielzeller, um nicht alsbald wieder zu verschwinden, gleich als Population aufzutreten hat, verringert die ohnehin schon an Null grenzende Wahrscheinlichkeit nochmals in potenzierter Form. In all diesem Absurdismus spiegelt sich aber letztlich nur die von Grund auf verkehrte methodische Visiereinstellung. In Wahrheit ist der Zellverband zwar anfangs tatsächlich so absolut hilflos wie sein ontogenetisches Gegenstück, wie die Morula am Beginn des embryonalen Werdens; eben wie diese aber wird auch er gerade von der Wirklichkeit, auf die er vorausweist, bereits getragen. In der Zellvermehrung und -verschmelzung, die sich zunächst ganz und gar nicht rentiert, ist das werdende vielzellige Tier bereits urbildlich anwesend und am Werke. Nur von ihm her, prospektiv, besitzt ja die Mehrung, die jede einzelne Zelle gnadenlos degradiert, einen Sinn. Und das alles wieder, wie sich versteht, so wenig durch einen mühelos-plötzlichen Schöpfungsakt wie durch Zufall. Man bringt heute die Numees-Formation, die letzte Formation vor dem Kambrium, mit der Entstehung des Vielzellers in Verbindung. Jedenfalls kann wieder nur eine kosmische Initiative, und damit ein ganzes Erdzeitalter, den sonst jeder Vernunft, jedem beteiligten Interesse, widersprechenden Aufstieg durchgesetzt haben.

Und das wieder, wie man unterstellen darf, nicht ohne die Mühe des Werdens, nicht ohne Experimente, Rückschläge und neue Anläufe. So namentlich auf seiten der Tierheit, bei der sich mit dem Ehrgeiz des Zieles auch die Schwierigkeit ungemein steigern mußte. Das beweist sich noch heute an den sehr bescheidenen und zugleich seltsam zersplitterten, seltsam unsicher wirkenden Anfangserfolgen. Hiermit hängt es ja zusammen, daß man Schwämme und haftende Hohltiere zunächst für «Pflanzentiere» hielt, für Zwitterformen also zwischen pflanzenhaftem und tierhaftem Wesen. Davon ist man inzwischen längst abgerückt; die verschiedenen «Rosen» und «Nelken», die uns auf Korallenriffen entzücken, sind ungeachtet des Anscheins, an dem die Bezeichnungen festhalten, echte Tiere. Die ältere Zoologie hatte sich aber trotzdem nicht einfach geirrt. Sie erfaßte vom Habituellen her immerhin eine Analogie des Verhaltens, nämlich eben der Weichheit in jeglichem Sinne, der jatypischen Physiognomie, mit den Affinitäten zum Haften, zum radiären Gestaltplan und zur weitgehenden Beschränkung des Werdens auf das bloße Wachsen, auf das Sprossen und den Aufbau von Stöcken.

Hieraus erklärt es sich übrigens auch, warum die ältere Systematik mit den niederen Tieren so merkwürdig summarisch verfuhr, etwa wenn Linné die Wirbellosen, allein das Insekt ausgenommen, in die einzige Klasse der «Würmer» verwies. Das war eine grobe Verkennung oder sogar mehr eine Ignorierung, weil man ja die verwirrende Vielfalt, die gerade hier der Ordnung bedurfte, an sich auch damals schon weithin kannte. Dennoch scheint hierin die Andeutung einer tieferen Wahrheit zu liegen, welche sich in den späteren, genaueren Klassifikationen nicht mehr entsprechend zu spiegeln vermochte. Das Ringen mit der erdrückenden Weichheit, mit dem Habitus der Zellkolonie und insofern des «Pflanzentiers», verlieh nämlich in der Tat – auf freilich negative Weise – dem phantastischen äußeren Formenreichtum eine seltsame innere Gleichförmigkeit. Die Hürde schien lange Zeit unübersteigbar. Von den Mesozoen, die man aus naheliegenden Gründen auch als Morulatiere bezeichnet, über Schwämme, Hohltiere, Stachelhäuter und Würmer aller Kaliber bis zu Manteltieren und Urmollusken ist der morphologische Fortschritt, was das Organisationsprinzip anbetrifft, erstaunlich bescheiden, geht er im Vergleich mit der ontogenetischen

Wiederholung über den embryonalen Auftakt bis zur Gastrulation kaum hinaus.

Der gesteigerte neue Gestaltsinn hatte um seine Herrschaft naturgemäß anfangs am schwersten zu ringen. So wirkt die bizarre äußere Fülle jener altertümlichen Tierheit, ihrer gestaltstrukturellen Stagnation gegenüber, fast wie ein ablenkendes Gestikulieren. Und Linné mit seinen «Würmern» dürfte auf diesen Zusammenhang mindestens gefühlsmäßig angespielt haben. Er hätte von W e i c h t i e r e n reden sollen. Stattdessen gehört es zum Künstlerpech der zoologischen Fachsprache, daß sie seit Cuvier als Weichtier, als Mollusk, nur gerade speziell jenes Wesen bezeichnet, das den Bann der Weichheit als erstes sprengte.

1 2. Die aufkommenden Augenwesen. Kopffüßer und Insekt.
Das plötzliche Erscheinen der Fische und Chamberlins «verhüllter Ursprung».
Das Wirbeltier als designiertes Landtier und der Fisch als naher Verwandter,
nicht als Ahn, der Landwirbeltiere.

Man findet beim Kopffüßer (abgesehen vom Perlboot als der altertümlichsten Gattung) das höchste und geistigste Sinnesorgan, das Auge, bereits eindrucksvoll original entwickelt. Und überhaupt ist dies höchste Weichtier mit dem dominierenden Kopf, der zu seiner Kennzeichnung beiträgt, sowie mit dem dieser neuen Mitte streng zugeordneten Leib und dessen kühner Beweglichkeit dem Format des «Pflanzentiers» machtvoll entwachsen.

Dies allerdings eben doch nur im Rahmen der vom Meer gebotenen Möglichkeiten. Der Weg zum subjekthaft Freien und Festen führte jedoch der Idee nach von vornherein vom Wasser zum Lande. Und hier also mußte der Kopffüßer gerade wegen seiner engeren Vollkommenheit zwangsläufig versagen. Wo die Schnecke, seine nahe Verwandte, schließlich doch an dem Vormarsch teilnahm, bedeutete das den Verzicht auf die maritimen Errungenschaften und den Rückzug auf einen bescheidenen Anteil am bloßen Tragen des weiteren Aufstieges.

Daneben aber, und etwa gleichzeitig mit den höheren Weichtieren, gab es dann plötzlich das Gliedertier und namentlich den Kerf, das Insekt. Es war ebenfalls schon ein Augenwesen; im Facettenauge der Libelle erreicht das geistigste Sinnesorgan zum andern Mal, nach dem Linsenauge des Kraken, einen eigenwilligen Gipfel. Obendrein aber war das Insekt von vornherein, von seinem Gestaltprinzip her, für den Aufenthalt auf dem Festland spezifisch geeignet. Diese Befreiung war allerdings nur geglückt um den Preis einer neuen, fast unheimlichen Gefangenschaft.

Das Insekt ist ja in seinem Panzer eingeengt wie in einem Käfig. Kein anderes Tier steht ähnlich direkt und absolut unter dem Befehl seiner äußeren Form und noch dazu einer solchen, die sich der eines toten Werkzeugs, einer starren Zweckform, immer wieder beklemmend nähert, wie das sonst gerade nicht bei Subjekten, sondern allenfalls bei Organen geschieht. Daher denn auch die verzweifelte Kuriosität des «Insektenstaates» mit den fleißigen Individuen, denen die eigene Schicksalsgestalt fehlt und die trotz extremer Beweglichkeit und ursprünglicher Subjektstruktur also wieder als bloße Organe fungieren. Das ist in der höheren Tierheit lediglich unter Insekten möglich, ist nur die härteste Konsequenz aus ihrer Beugung unter die Zweckform wie anderseits freilich auch ein Versuch, aus der Not doch noch eine Tugend zu machen. Immerhin ist ja ihr «Staat» nun wirklich schlecht und recht ein S u b j e k t , allerdings bezeichnenderweise nun wieder gänzlich ohne jene allzu teuer erstandene Freiheit. Das sonderbare Subjekt ist wieder, wie Schwamm und Hohltier, ein h a f t e n d e s Wesen. Und sein «Leib» ist nicht einmal bloß weich, sondern schlechthin amorph, ein Schwirren und Wimmeln.

Wenn somit das Insekt wie das Weichtier für die Mitte der weiteren Steigerung ausfiel, so spielte es in dieser doch fortgesetzt eine bedeutsame Rolle einfach auf Grund seiner Eignung als Landtier. Bei allen folgenden Formsprüngen war es sekundierend beteiligt, ähnlich wie die Pflanze. Und auch sonst begegnet man zwischen diesen beiden einer eigentümlichen Sinnverwandtschaft, obwohl sie in der Gesamtanlage, was Habitus und Beweglichkeit angeht, die beiden äußersten Grenzfälle bilden. Dieser Gegensatz bleibt jedoch vordergründig, eben weil beim Insekt seine an sich tierhafte Anlage seiner Möglichkeit letztlich widerspricht. Daher bei ihm wie bei der Pflanze der immense Arten- und

Formenreichtum, der doch im ganzen mehr die proteushafte Umwelt mit ihren Gelegenheiten und Lücken als die eigene Notwendigkeit spiegelt. Daher auch hier wie dort die Bereitschaft zu entselbstenden Symbiosen. Besonders in der letzten Formexplosion vor dem Auftritt des Menschen, an der Wende zum Tertiär, entstand zwischen höchsten Kerfen und Pflanzen, zwischen Rüssel und Blütenstand, ein dichtes System von Verflechtungen, die oft in ihrer zweckhaften Enge abseitig und erkünstelt wirken, um dennoch beide Partner als gemeinsame Wesensmitte unlöslich aneinander zu binden. Diese wechselseitige Abhängigkeit ist nur in der einen Richtung erstaunlich: Das Insekt, das Tier, fungiert hier als Organ der Pflanze! Nochmals wie schon bei seinem «Staat» steht seine koboldhafte Freiheit nur als Chiffre für sein Gefangensein.

Mit der letzteren Überlegung haben wir allerdings dem Gang der Ereignisse vorgegriffen. Die Entstehung der Insekten liegt weit vor jener der Blütenpflanzen. Sie gehört, wie die der höheren Weichtiere, in das frühe Erdaltertum. Wir haben die präkambrischen Jahrmilliarden scheinbarer erdgeschichtlicher Unkonturiertheit inzwischen also verlassen. Wir befinden uns somit nun in der Zeit, in der – etwa neben dem Kopffüßer und wohl mit Abstand vor dem Insekt – auch jenes dritte Augenwesen, dem schließlich die Führung zufallen sollte, das Wirbeltier, in seiner Erstausprägung als Fisch bereits auf dem Plan war. «Das Erscheinen der Fische», sagt Chamberlin, «ist eines der abruptesten und dramatischsten Geschehnisse der Erdgeschichte: sie erscheinen sofort in voller Aktivität von einem verhüllten Ursprung her in breitem Zuge, angetan mit allen Waffen, und sogleich beginnt das Kampfschauspiel um Rang und Dauer»[14].

Einiges sei hier schon kurz erwähnt, was wir dann noch näher erörtern werden: Das Wirbeltier ist wie das Insekt seiner Grundorganisation nach ein Landtier. Die Gestaltung als Fisch, für das Leben im Wasser, bedeutet relativ auf den «verhüllten Ursprung», von welchem Chamberlin aus gutem Grund spricht, die Abzweigung auf ein Nebengleis, die zu diesem Zweck, als einseitige Anpassung, Grundlegendes unwiederbringlich opfert. Der Fisch ist daher kein Vorfahr von Lurch, Kriechtier und Säuger, sondern lediglich ein naher Verwandter; er ist gewissermaßen der phylogenetische Bruder des Lurchs und nicht etwa dessen Vater. Auf alldas kommen wir noch zurück. Anderseits aber besaß und nutzte doch eben auch der Fisch, trotz der Abformung, bereits auf seine Weise den Vorteil, der später überhaupt zum großen Siegeszug des Wirbeltiers entscheidend beitrug: Er besaß bereits einen i n n e - r e n Halt, ein Skelett. Er war also nicht mehr weich wie der Krake und doch auch nicht wie der Käfer in einem Panzer gefangen. Er besaß damit nach beiden Seiten den Vorteil ohne den Nachteil. Insofern ist er bereits allgemein repräsentativ für das Wirbeltier, für dessen a u s g e - w o g e n e n Aufbau, der zwischen den Möglichkeiten des Weichtiers und des Insekts geradezu als eine Synthese erscheint.

Der Ausgewogenheit des Gestaltplans sollte die der Gesamtentwicklung entsprechen. Das Wirbeltier ist gekennzeichnet durch die erstaunliche Weite seiner morphologischen Möglichkeiten, die anders als beim Insekt kaum je lückenbüßerisch wirken, sondern allermeist den Charakter freier und kühner Eroberungen nach verschiedensten Seiten besitzen. Eben das beweist ja bereits die Abformung zum Fisch. Seiner Grundorganisation nach ist das Wirbeltier, wie gesagt, ein Landtier gleich dem Insekt. Dieses aber muß, obwohl ebenfalls im Wasser entstanden, anschließend sofort auf das Festland sozusagen katapultiert worden sein wie die Libelle aus der Larve. Das Wirbeltier hat es nicht so eilig und verfährt dafür gründlicher. Es leistet sich erst einmal, eben als Fisch, ein gewaltiges Spezialunternehmen, gewaltig als Wandlung wie im Erfolg, um dann auch den Hauptvorstoß auf das Festland nicht morphologisch zu übereilen, sondern mit einer eigens konzipierten Zwischenform, der amphibischen, einzuleiten.

Erst nach dieser geduldigen Vorbereitung, die auch habituelle Anleihen bei älteren Formen zunächst nicht scheut, dann die um so stolzere Aufrichtung im leiblichen wie übertragenen Sinne. Demgegenüber meint man beim Aufstieg von Kopffüßer und Insekt geradezu etwas wie Hektik und Rivalitätsgefühl zu verspüren, so als ob man dem schon gelungenen Durchbruch zur Freiheit, wie nach einer aufschreckenden Überraschung, mit der älteren eigenen Form oder deren hastig improvisiertem Kehrbild nun doch noch den Rang abzulaufen versuchte.

13. Das Abstammungsproblem überhaupt. Cuvier und Geoffroy Saint-Hilaire.
Der jeweils v o r den Spezialisationen liegende Ahnenzusammenhang.
Mehrfacher Ansatz beim «Urdarmtier». Chamberlins «verhüllter Ursprung» –
die phylogenetische Keimbahn zwischen den organismischen Formexplosionen.

In jenem denkwürdigen Streit zwischen Cuvier und Geoffroy Saint-
Hilaire, der den greisen Goethe so faszinierte, daß die gleichzeitige Pariser Julirevolution ihm darüber verblaßte, ist alles in allem Cuvier im
Recht: Die Wirbeltiere sind nicht durch irgendwelche Verrenkungen
aus den Kopffüßern hervorgegangen, eben weil, wie Cuvier es freilich
allzu lapidar ausdrückte, kein Typus von Organismen jemals etwas anderes als bloß immer sich selbst hervorbringen kann.

Ganz richtig ist diese Feststellung nur, wenn man mit dem «Hervorbringen» allein das genealogisch direkte, nicht das kehrbildlich erschlossene, meint und anderseits mit dem «Typus» lediglich einen fertigen, durchbestimmten, wie der Kopffüßer ihn denn ja auch darstellt.
Das grundsätzlich Wahre am Standpunkt Cuviers nötigt mithin nicht
etwa zu der Hypothese, daß g a r k e i n Ahnenzusammenhang zwischen
Weichtieren und Wirbeltieren bestünde und daß man also, umgekehrt
ausgedrückt, mit m e h r e r e n Urzeugungen, so vielen nämlich wie
Grundorganisationen, zu rechnen hätte. Nicht einmal eine jeweils neue
Rückkehr zum einzelligen Urtier ist von diesem Standpunkt her, wenn
man ihn recht versteht, zwingend gefordert. Unbedingt richtig an Cuviers Ansicht ist lediglich, daß sich die Steigerung nicht, wie Geoffroy
und ebenso, hier durchaus einig, Lamarck und Darwin es unterstellten,
über spezialisierte Formen sozusagen als eine einzige Gratwanderung
vollzog, sondern daß jeder neue Gestaltplan gleichsam tief im Tal, bei
Urtümlichem, neu ansetzen mußte.

Man kann den Punkt, bis auf den die Entwicklung jeweils zurückging, im Prinzip sogar genau definieren: Er liegt jeweils v o r (und zwar
höchstwahrscheinlich d i r e k t vor) der phylogenetischen Gabelungsstelle! Jener Ahn des Wirbeltiers also, über welchen es mit dem Weichtier verwandt ist, war k e i n W e i c h t i e r. Bereits das Urmollusk, um
vom Kopffüßer ganz zu schweigen, hatte sich ja auf dem a n d e r e n
Wege, dem zunächst eingeschlagenen, von der Gabelungsstelle (die zu

dieser Funktion erst später gelangte) schon wieder entfernt. Der gemeinsame Ahn besaß mithin nur die Eigenschaften, die weder Weichtier noch Wirbeltier unterscheidend charakterisieren! Dem protozoischen Urzustand war er trotzdem wohl schon beträchtlich entwachsen; denn jedenfalls läßt sich kein Grund erkennen, weshalb der weithin schwierigste Formsprung, der zum Vielzeller überhaupt, hierbei hätte wiederholt werden sollen. Mindestens der Gestaltweg bis zur Gastrulation, bis zum Urdarmtier, brauchte nicht noch einmal begangen zu werden, kam als gesicherter Besitzstand vielmehr jedem weiteren Anstieg, in welcher Richtung auch immer, zugute.

Daß das «Urdarmtier» stammesgeschichtlich am Anfang der gesamten höheren Tierheit steht, ist denn auch, nach Victor Franz, «ohnedies die Annahme aller Forscher, die sich mit dieser Frage beschäftigten»[15]. Insofern referieren wir hier nur Bekanntes. Festzuhalten ist jetzt allerdings, daß die Gesamtentwicklung mehrfach, bei jedem neuen Gestaltplan noch einmal, etwa bis auf jenen Anfang zurückging: zurück also von so mächtigen Großtieren wie den Kopffüßern auf ein zartes larvenartiges Wesen, das allenfalls den Umfang eines Stecknadelkopfes erreichen mochte!

So wohlbegründet das auch ist, so abstrus mag es trotzdem zunächst vielleicht klingen. Logik kommt in den Zusammenhang erst, wenn man ihn auf das Allgemeine zurückführt. Wir erinnern uns deshalb: Auch das dämonische Subjekt, im Zusammenhang also ein Erdzeitalter, besteht wie jedes Subjekt nicht bloß aus differenzierten Organen, ist im Bilde gesprochen somit nicht bloß ein sich verästelnder «Strauch». Vielmehr existiert außerdem auch hier jeweils eine axiale Mitte, die den sonstigen radialen Ausbruch bereits in der Richtung zum nächsten durchläuft und überhaupt die Verästelungsschübe als «Stamm» miteinander verbindet. Das heißt es gibt auch hier etwas wie eine Keimbahn und über sie vor dem Tod die Zeugung, vor dem zeitlichen Schluß des Subjektes die Erschließung von kehrbildlichem Neuen. Zwischen den perfektionierten Formen, in denen ein Erdzeitalter sich auslebt, findet man denn auch stets, von einem bestimmten Reifegrad an, schon die ersten schüchternen Melder der noch gar nicht angebrochenen Zukunft, etwa Säuger im Trias, Kriechtiere im Perm, Lurche im Karbon. Sie sind für gewöhnlich auch habituell, ihrem frühzeitlichen Status gemäß, von weicher und winziger Konstitution, und dies rückwärts zunehmend bis zum jeweiligen «verhüllten Ursprung», der nämlich keineswegs nur bei den Fischen sondern in jedem derartigen Fall der Rückverfolgung ein Ende setzt.

Dazu nochmals Chamberlin, der im zitierten Zusammenhang folgendermaßen fortfährt: «Treten nicht auch die Amphibien in den Stegocephalen zu ihrer Zeit fertig auf den Plan, angetan mit allen ihren natürlichen Waffen? Auch das Reptil, auch das Säugetier, selbst wenn noch so viel Übergangsformen gesehen oder konstruiert werden, die doch immer wieder sich als Konvergenzen oder Zeitformenbildungen heterogener festumschriebener Typen erweisen, sobald man sie nur durchforscht hat und kennt? Die Natur zeigt immer wieder, wo sie sich uns kundgibt, daß sie unser phylogenetisch-morphologisches Prinzip nicht anerkennt, daß sie anders die Typen schuf denn auf dem Weg von morphologisch sichtbaren Stammbahnen»[16].

Der regelmäßig «verhüllte Ursprung», das Fehlen fossiler Spuren am jeweiligen Ansatz, stellt indessen selbst bereits eine Spur dar. Immerhin ist dadurch ja indiziert, daß das Urtier an Größe und Festigkeit selbst hinter den frühesten Anfangsformen der verschiedenen Spezialisationen noch außerordentlich weit zurückstand. Es übertraf sie alle, wie man dafür im Blick auf das Werden natürlich auch positiv sagen kann, an zukunftsträchtiger Weichheit, bestimmungsfähiger Unbestimmtheit! Und dies Signalement paßt aufs beste, wie sich versteht, zu dem «Urdarmtier», in welchem wir mit Franz den Beginn der gesamten höheren Tierheit erblicken. Gerade auch an dem Umstand, daß die weitere Steigerung mehrfach, bei jedem radialen Ausbruch erneut, etwa bis auf jenen Anfang zurückging, zeigt sich nunmehr die Gesetzlichkeit: Im Urdarmtier als durchgängigem Typus hat man offenbar konkret, soweit dieser Ausdruck hier einen Sinn hat, jenes phylogenetische Gegenstück zur ontogenetischen Keimbahn vor sich, das wir aus apriorischen Gründen ohnehin schon hatten annehmen müssen und das damit die darwinistische «Stammbahn», diese terrible Simplifikation, beseitigt und legitim ersetzt.

Hier nun ist nochmals daran zu erinnern, daß es im erdgeschichtlichen Werden, wie überhaupt im Dämonenreich, den vertrauten Unterschied zwischen neuen Formzuständen und bloßen neuen Exemplaren, zwischen Mutationen und Generationen, nicht gibt. Vielmehr manifestiert sich hier in jeder neuen Generation, jedem Erdzeitalter, auch schon ein neuer Formzustand; auch thematisch, nicht etwa bloß zeitlich, rückt damit das Ende der Zustandsfolge also einen Schritt näher. Und die phylogenetische Keimbahn ist in ihrem Charakter als Formreserve dann also um eben dies Stück verringert. Die bestimmungsfähige Unbestimmtheit wird, wie man geradezu sagen kann, selbst allmählich bestimmter, wenn auch, gemessen am Tempo aller Spezialisationen, unvergleichlich viel langsamer.

Der Rückgriff der Formexplosionen auf die phylogenetische Keimbahn behält daher nicht durchweg dieselbe Tiefe, sondern nimmt von Mal zu Mal ab. Dafür läßt sich natürlich auch positiv sagen, daß das Urtier, der Grund allen höheren Wachsens, allmählich auch seinerseits «wächst», an Geprägtheit zunimmt. So sieht es der Sache nach ja auch Franz, wenn er für selbstverständlich und darum für einen Consensus hält, daß das «Urdarmtier», nachdem es einmal erreicht war, die Basis der gesamten weiteren Steigerung blieb. Dasselbe unterstellt Tirala, jedenfalls unausdrücklich, für den noch früheren Formsprung zum vielzelligen Tier überhaupt. Die morphologische Gabelungsstelle, vor welcher sich das Basistier allerdings jeweils grundsätzlich befand, lag ja nicht starr fest. Sie rückte vielmehr auch ihrerseits vor. Das erlaubte auch dem Basistier selbst, dem Exponenten des Werdens, ein entsprechendes Nachrücken, eine schrittweise eigene Vorverlegung, die also zweifellos sogar an dem progressiv beschleunigten Tempo, das die Entwicklung nachgerade einschlug, auf kontrapunktische Weise teilnahm.

Das gilt also namentlich auch für die Lage vor dem plötzlichen Erscheinen der Fische. Der Formsprung zum Wirbeltier ist unter den großen Entwicklungssprüngen der letzte und zugleich kühnste. Das Wesen, das zu ihm ansetzte, mochte freilich längst schon kein schlichtes Urdarmtier mehr sein; es konnte auf Grund sonst schon erzielten Formgewinns in mancher bedeutsamen Hinsicht, etwa in der Richtung auf einen urtümlich chordatenartigen Aufbau, bereits einen Anlauf genommen haben. Der morphologische Rückgriff war trotzdem von gefährlicher Tiefe.

14. Das Urwirbeltier vor der Gabelungsstelle zu Fisch und Lurch. Westenhöfers Beispiel konträrer Anpassungsfähigkeit: der Fuß der Salamanderlarve.

Durch den «verhüllten Ursprung» ist gerade auch für das Urwirbeltier indiziert, daß es zu äußerster Weichheit und Winzigkeit, einem archaischen Habitus, noch einmal hatte zurückkehren müssen. Es war grundsätzlich für das Festland entworfen und doch zunächst gänzlich dem Wasser verhaftet. Denn der kühnste Entwurf ist der schwierigste. Er nimmt daher bei seinem Anlauf die größten Kompromisse in Kauf, um sich mit den kleinsten Erfolgen gleichwohl anfangs zufrieden zu geben.

Eben deshalb gab es hier ja sofort wieder, wenn nun auch schon weit vorverlegt, eine morphologische Gabelungsstelle. Von dem verhüllten Ursprung her liefen zwei Gestaltwege auseinander: Der erste führte unmittelbar und «in breitem Zuge» zum Fisch, zum programmwidrig-endgültig für das Wasser spezialisierten Wirbeltier; das war die in jeglicher Hinsicht «weichere», leichter erreichbare Lösung und allerdings im weiteren Sinne eben deshalb nur eine Sackgasse. Der Hauptweg tendierte hingegen zum Landtier und also zunächst zum Lurch, zum Amphibium, als der hier wiederum einfachsten Lösung. Das aber heißt für das Urwirbeltier, daß es s e l b s t, als Ausgangspunkt b e i d e r Wege, noch auf keinen von beiden festgelegt gewesen sein kann. Es war mithin k e i n F i s c h. Und genau so wenig war es ein Lurch, nur daß diese Feststellung, weil unumstritten, nicht so wie jene betont werden muß.

Ein Wirbeltier, das im Wasser lebt, muß deswegen ja noch kein Fisch sein; man denke an den Olm und den Wal. Obendrein zeigt gerade der Fisch von allen Hauptformen des Wirbeltiers die extremste Spezialisation. Nur der Vogel trennt sich von der Grundform in entgegengesetzter Richtung dann nochmals ähnlich radikal. Doch käme ja niemand auf den Gedanken, im Flügel, weil der Vogel dem Menschen zeitlich voranging, die Urform des menschlichen Arms zu erblicken; vielmehr sieht hier jeder den wahren Zusammenhang ein: der Flügel ist einem Sonderauftrag mit Strenge einseitig angepaßt und deshalb trotz des zeitlichen Vorsprungs w e i t e r als der Arm von der Grundform entfernt! Um die Flosse des Fisches aber steht es mutatis mutandis genau so. Auch hier sind die Gliedmaßen und zwar sämtliche, nicht bloß die vorderen, zugunsten einer Sonderleistung extrem spezialisiert und damit für die Gesamtentwicklung gleichsam auf ein totes Gleis abgeschoben. Das perfekte Schwimmen und Rudern war bezahlt mit wichtigsten Qualitäten des an sich in Aussicht genommenen Landtiers: mit dem Vermögen des Laufens auf festem Boden wie auch nur des sicheren Stehens ohne das tragende Wasser. Und selbstverständlich war dieser Ausfall, hier wie stets, irreversibel. Das beweisen die tropischen Lungenfische, die über ein mühsames Stelzen seit Urzeiten nicht hinausgelangen, so sehr ihnen das auch förderlich wäre.

Der Zeitweg läuft nicht zurück, Getilgtes bleibt getilgt und die Füße von Lurchen, Echsen und Säugern sind von der Flosse des Fisches mithin grundsätzlich nicht herleitbar. Eher schon wäre es umgekehrt möglich. Denn wie namentlich Westenhöfer gezeigt hat, «kann von einem Fuß wie dem der Salamanderlarve in zwei Hauptrichtungen die Entwicklung gehen. Beim Übergang zum reinen Wasserleben besteht die Tendenz der Erhaltung der Biegsamkeit in allen Abschnitten, der Umwandlung der Extremität (falls sie nicht rudimentär wird oder ganz verschwindet) in eine Art Ruder, was durch Vermehrung der distalen Knochenabschnitte geschieht. Umgekehrt geht die Tendenz beim Landaufenthalt wenigstens im allgemeinen dahin, ihre Zahl zu vermindern, den Fuß gewissermaßen zu konsolidieren, die einzelnen Knochen zu verstärken und die Hauptgelenkung auf e i n e Stelle zu beschränken, so daß über einer festaufgelegten Unterfläche einmal die Erhebung des Körpers vom Boden und dann eine scharnierartige Bewegung des Körpers nach vorn und hinten möglich ist. Diese scharnierartige Bewegungsmöglichkeit wird erreicht, indem erstens eine Anzahl Knochen miteinander verschmilzt, andere aber bis zum völligen Verlust schwinden»[17].

Was Lurch und Fisch hinsichtlich ihrer Extremitäten auf solche Weise unterscheidet, das trennt dementsprechend ihre Konstitutionen im ganzen, deren allgemeines Verhältnis sich in jenem speziellen ja nur besonders eindrucksvoll spiegelt. Trotzdem stellt sich uns das Urwirbeltier deshalb nicht etwa plötzlich als Lurch vor. Was für den Fisch gilt, den legendären Quastenflosser und seine im Zusammenhang oft bemühten fossilen Ahnen nicht ausgenommen, das gilt trotz allem ja auch für den Lurch: Beide sind schon spezialisiert und zwar im gegensätzlichen Sinne. Und das Urwirbeltier als Ausgangspunkt b e i d e r Gestaltwege kann sich daher, wie schon gesagt, noch auf keinem von beiden befunden haben. So sieht es im Grunde auch Westenhöfer, der sich ja nicht überhaupt an den Lurch, sondern lediglich an dessen Larve hält und auch dabei nur an den Salamander, den altertümlichen Schwanzlurch, denkt.

Lediglich einem larvenartig im Wasser hausenden Wesen waren, wie zu fordern ist, b e i d e Entwicklungsbahnen, auch die zum Fisch, noch unverstellt. Eben die «amphibische» Fähigkeit, die zum Umzug des fertigen Tieres aufs Land, hat mithin dem Urwirbeltier auf jeden Fall noch gefehlt. Und allein schon deshalb kann es ein «Amphibium», ein eigentlicher Lurch, noch so wenig gewesen sein wie ein Fisch. Doch stand es von beiden dem ersteren näher. Mit ihm begann jene Hauptlinie, welche zunächst, am Fisch vorbei, eben zum regulären Lurch führen sollte und dann über Echse und Säuger, an Schlange und Vogel vorbei, zum Menschen.

15. Das äquatoriale Tethysmeer als bereitgestellter kosmischer Schonraum für das hilflose Urwirbeltier.

Es gibt heute noch Schwanzlurche wie Olm und Axolotl, die den Übergang auf das Land nicht erreichen, sondern larvenartig im Wasser verbleiben und somit den Titel «Amphibium», wenn man ihn wörtlich nimmt, nicht verdienen. Sie dürften von allen rezenten Wesen dem Urwirbeltier am ähnlichsten sehen, nur daß die Fixierung der Frühform bei ihnen nicht echte Frühe anzeigt, sondern eine erzwungene Rückbildung darstellt, die sich denn auch nicht harmonisch durchsetzt, sondern mit Eigenschaften der idealtypischen Endform wie allein schon der stattlichen Größe in unausgewogenem Widerstreit liegt. Das Urwirbeltier war dagegen nach allem, was sich vermuten läßt, ein zwar sehr viel schwächeres Tier von vielleicht durchsichtiger Zartheit, wohl erst knapp an der Sichtbarkeitsgrenze, doch bestand zwischen diesem Habitus und der ja wirklich frühzeitlichen Verfassung eine vollkommene Harmonie.

Das winzige Larvenwesen bedurfte noch durchaus des tragenden Wassers und war dennoch auch diesem kraft jener Eigenschaften, die zur späteren Landform tendierten und nicht verlorengehen durften, wohl nur recht notdürftig angepaßt. Energisch zu rudern vermochte es kaum; dazu gebrach es ihm an den «Flossen». Auf offener See, gegen Strömung und Wogenprall, konnte es sich also nicht behaupten. Es war seiner Disposition nach offenbar ein im Wasser s t e h e n d e s Wesen; es ließ sich zwar nicht willenlos treiben, sondern bewegte sich zielstrebig, jedoch nicht so sehr wirklich schwimmend als vielmehr abschnellend aus dem Stand. Lediglich stilles und flaches Wasser, ein Lagunenmeer, kam somit als Lebensraum in Betracht. Und auch hier war die freie Weite gefährlich, wo ja dieselben tüchtigen Räuber, die den Ozean beherrschten, ihr Unwesen treiben mochten. Nur stehendes Wasser an ruhigen Küsten, mit entsprechend dichter Verschilfung, bot dem schlechten Schwimmer, dem Angriffswaffen fehlten, die mühelos erreichbare Nahrung, die er unbedingt brauchte, wie auch den nötigen Sichtschutz vor Feinden nebst Fluchtwegen und Verstecken. Enthält der Teich der Ammenfabel, aus dem der Storch die Kinder bringt, und etwa auch der kleine Tümpel in Rimbauds «Bateau ivre» eine Erinnerung an jenen Zustand? Unser verschollener Ahn war jedenfalls als ein heimliches Tier, ein scheues Tümpelwesen, nur möglich in dem bezeichneten Schonraum. Und das Zeitalter hatte in dieser Hinsicht denn auch wohlweislich vorgesorgt. Seit dem Kambrium, dem frühen Erdaltertum, bestand in äquatorialen Breiten das sogenannte T e t h y s m e e r. Es war ein flaches Binnenmeer zwischen je einem noch unzerlegten Nord- und Südkontinent, die es gemeinsam von Okeanos, dem Gemahl der Tethys, dem Ozean, trennten.

Den positiven Beweis dafür, daß das Urwirbeltier im Tethysmeer entstand und lebte, vermögen wir nicht zu erbringen. Der bereits gelieferte negative Beweis, aus der Unmöglichkeit einer anderweitigen Existenz, sollte aber genügen. Und wir würden streng genommen auch dessen nicht einmal bedürfen, weil sich der Zusammenhang letzten Endes von selbst versteht. Wir machen ja auch bei Mensch und Tier den anfänglichen Aufenthalt in Ei und Mutterleib, einem feuchten Schonraum, nicht zu einer offenen Frage, die man empirisch entscheiden müßte. Eben diesem Aufenthalt aber entspricht im phylogenetischen Rahmen der des Tümpelwesens im Tethysmeer. Und d i e s e r ist an sich natürlich der in jeglicher Hinsicht primäre, dem dann erst sekundär, im ontogenetischen Rahmen seit dem vollendeten Umzug aufs Land, vom Reptil an, jener zum Vergleich angeführte entspricht. Das Fruchtwasser, in dem das Embryo schwimmt, ist (und das meinen wir n i c h t metaphorisch) ein ins Individuum und aufs Trockene kunstvoll mitgenommenes Tethysmeer, wie auch die sogenannte Schafhaut, das Amnion, immer wieder die Schutzfunktion der flankierenden Urkontinente für das junge Einzelwesen erneuert.

Das Urwirbeltier hatte Feinde zu fürchten, war nicht das erste vielzellige Tier, war vielmehr ungeachtet dessen, daß es von vornherein morphologisch den höheren Typus verkörperte, zunächst Älterem unterlegen. Und darum also das Tethysmeer! Bis dahin war es nicht nötig gewesen; der gesamte warme Urozean hatte, namentlich an seinen Küsten, der archaischen Fauna als ein einziger großer Schonraum, ein ins Maritime übersetztes Schlaraffenland, zur Verfügung gestanden. Erst, wie gesagt, seit dem Auftritt selbst schon vielzelliger größerer Tiere, die Jagd auf Beute machen konnten, hatte sich das Verhältnis geändert und war zum Schutz des weiteren Werdens ein s e p a r a t e r Schonraum nötig. Nötig waren eben deshalb auch jetzt erst z w e i Kontinente, ein nördlicher und ein südlicher, statt eines anfangs wohl einzigen. Sie entstanden offenbar nicht zwar wirklich auf Grund, aber mittelst der fortschreitenden Expansion des Planeten, der sich die starre und relativ leichte ursprüngliche Erdoberfläche weiterhin nicht anpassen konnte. Auch jetzt noch ragte damit die astronomische Absicht s p e z i f i s c h in das biologische Werden hinein.

16. *Synchrones Dauern des Tethysmeers und der phylogenetischen Keimbahn bis zum Tertiär. Das Werden zwischen dem Gewordenen.*

Die Konstellation um das Tethysmeer und dessen kontinentale Flankierung hielt sich alles in allem, trotz aufschlußreicher Schwankungen, erstaunlich lange, bis ins Tertiär. Der bioklimatische Schonraum zusammen mit seinem Bewohner, dem Tümpelwesen, bewahrte also offenbar diese ganze Zeit hindurch seine Funktion. Aus dem Lurch «entwickelte» sich ja ebenso wenig die Echse wie aus dieser der Vogel und gar der Säuger. Jeder weitere, kühnere Sprung hatte vielmehr nach wie vor bei der Unbestimmtheit neu anzusetzen, also beim Urwirbeltier oder jedenfalls, da die Bestimmtheit auch hier an der Basis allmählich zunahm, noch in dessen Nähe. Und dazu bedurfte es weiter des Schonraums. Das Tethysmeer enthielt somit weiter die phylogenetische Keimbahn: Es schützte die Formreserve, die immer noch als axiale Mitte, wenn auch in zunehmender Verengung, die verschiedenen Formexplosionen, die Folge der Erdzeitalter, durchquerte.

So zerfällt der Schauplatz der Handlung, die Erdoberfläche, für den einschlägigen langen Zeitraum, vom Kambrium bis zum Alttertiär, in zwei geographisch höchst ungleiche und doch funktionell gleichwertige Teile: Hier der Schonraum, das Tethysmeer, und dort die gesamte sonstige Welt! Alles übrige nämlich, längst schon der Ozean und jetzt auch das sich bevölkernde Festland, war das Feld des Gewordenen. Hier also tummelten sich die Riesen, die den Zeiten die Physiognomie gaben und heute noch, als Leitfossilien, der Forschung in diesem Sinne dienen. Hier herrschte infolgedessen ein dramatisch diskontinuierlicher Zustand. Er begann im mittleren Erdaltertum, im Devon, mit der ersten mächtigen Landpflanzenwelt; es waren vor allem die Urfarne, zunächst als blattlose Kräuter, aber seit dem Oberdevon auch schon als baumartige Blattgewächse, dazu die Schachtelhalme in ähnlich zügigem Aufstieg, aber sie alle wie auch die Lurche, die sich daraufhin ebenfalls einstellten, noch unmittelbar an das Wasser gebunden und daher auf Küsten und Sümpfe beschränkt. Die kontinentalen Binnenräume verharrten währenddessen noch in dem wüstenhaften Zustand, an den die Grauwacke uns erinnert. Das änderte sich erst im Perm, an der Wende zum Erdmittelalter. Und wiederum waren es nun die Pflanzen, die Nadelhölzer, welche den Tieren, den Echsen, das innere Festland erschlossen. Nochmals endlich geschah dasselbe in der Oberen Kreide, an der Wende zur Erdneuzeit, wo die Laubhölzer nebst den eigentlichen, bedecktsamigen Blütenpflanzen den Warmblütern, den Säugern und Vögeln, die kostbarste Flora der kostbarsten Fauna, den Weg bahnte. Da jeder Typus in mehreren, fortschreitend reiferen, Prägungen antrat, finden sich Perioden wirklicher Ruhe nur selten. Als Gesamteindruck überwiegt vielmehr das wellenförmige Wandern, Anschwellen und Verebben der einander folgenden Populationen.

Das Tethysmeer hingegen stand im Zeichen des Werdens. Und hier also ging es ruhiger zu. Die Formreserve blieb abgeschirmt wie im ontogenetischen Rahmen die Keimbahn. Sie stellte die Verbindung mit dem weiten Feld des Gewordenseins immer wieder durch etwas wie eine Geburt her, die ein neues Gestaltprinzip in die Welt entließ, durch ein jäh explodierendes neues Erdzeitalter, um sich selbst im Anschluß daran schon wieder dem folgenden zuzukehren. Bei den Auffaltungen von Randgebirgen, die das Tethysmeer immer wieder stürmisch bedrängten und verschoben, denkt man denn auch unwillkürlich an die Preßwehen bei einer Geburt.

17. *Ende des Tethysmeers und allgemeine globale Umstellung*
    vor dem Auftritt des Menschen.

Mit dem Tethysmeer ging es, wie schon erwähnt, im Tertiär zu Ende. So darf man rundheraus sagen. Denn der Meeresboden des heutigen, ausdrücklich so genannten Mittelmeers zwischen Afrika und Europa ist zwar an einigen Stellen mit dem des Tethysmeeres identisch. Doch hat das mit struktureller Identität und dem Gesamtphänomen nichts zu tun. Die gewaltige jüngste Gebirgsfaltung, welcher Hochgebirge wie die Alpen und der Himalaja entstammen, besaß eine vollkommen neue Richtung, weg vom Äquator statt um ihn herum, und offenbar dementsprechend auch eine vollkommen neue Bedeutung, auf die wir noch zurückkommen werden.

Zudem endete mit dem Tethysmeer auch dessen kontinentale Flankierung. Besonders der alte Südkontinent brach nun endgültig auseinander. Afrika und Südamerika zählt man zu seinen Trümmern, desgleichen aber auch den Dekkan, Südindien bis zum Vindhjagebirge, sowie Australien und die Antarktis. Der ursprüngliche Nordkontinent hielt sich besser, zerfiel aber gleichfalls. Die Konstellation im ganzen zerfiel.

Der positive Sinn dieser Wandlung wird noch zu untersuchen sein, der negative hingegen ist vom Ermittelten her bereits klar: Der Schonraum endete mit seinem Auftrag! Und das wieder indiziert das Erlöschen der phylogenetischen Keimbahn. Die letzte große Formexplosion, mit den Säugern im Mittelpunkt, hatte sich denn ja auch inzwischen, um die Wende zur Erdneuzeit, bereits vollzogen. Und das Ende des Tethysmeers läßt erkennen, daß sie an sich und nicht etwa nur für uns, nicht nur perspektivisch, die letzte war.

Das Ursäugetier als der späteste Abgesandte des Tethysmeers war offenbar noch einmal ein formexplosiver Zwerg mit allen dazugehörigen Schwächen und Stärken. Es vermochte seinen Vorzug als Warmblüter zweifellos nur, wenn die Saurier im Koma lagen, systematisch zu nutzen. Und so war es vermutlich ein scheues Nachttier, das die Eier der Reptilien fraß und dem unter den rezenten Formen wohl – wie eine Karikatur – die Ratte am ehesten nahekommt. Als Möglichkeit aber enthielt es, neben einem nochmaligen radialen Ausbruch von tierhaft Spezialisiertem, auch schon die neuartig unbestimmte, zur Geschichte geöffnete steile Mitte dieses endbedeutsamen Folgens im ganzen.

VI. Der Gott Nein und die Göttin Ja

1. Unsterbliche Subjekte: Götter! Person und Gott
als diametral-extreme Steigerungsformen subjekthaften Wesens.

Ein kurzer Rückblick ist angebracht. Der Weg dieser Untersuchung hatte sich im IV. Kapitel zum letzten Male grundsätzlich gegabelt. Die Dämonen, so war dort festgestellt worden, befinden sich diesseits der Schöpfung, die Götter jenseits.

Und lediglich von den Dämonen war im weiteren dann noch die Rede gewesen, nicht jedoch von den Göttern. Erwogen wurde nicht einmal, ob das Fragen nach ihnen überhaupt einen ernsthaften Sinn haben könne. Gedanken darüber waren nicht nötig, weil der Sache nach nur die Dämonen im Mittelpunkt jener Erörterung standen; daß sie gleich den Individuen zu den sterblichen Wesen gehören, hatte die Kontrastierung mit Göttern, unsterblichen Wesen, wünschenswert erscheinen lassen, zumal im homerischen Weltbild wie überhaupt im mythischen Denken die volle Bedeutung des Gegensatzes allermeist verwischt ist. Darin lag, wie man sieht, keine inhaltliche Vorwegnahme; der heuristisch benötigte Kontrastbegriff hätte leer sein können. So viel freilich stand damit schon fest: Sollte es nach den drei Aussortierungen, nach der Schwerpunktverlagerung auf das Subjekt und dem Einstieg in das Dämonenreich, überhaupt noch weitere Gegenstände von anderer, eigener Grundstruktur geben, dann nur noch in jener einzigen der Idee nach offengebliebenen Hinsicht.

Und darum geht es nun allen Ernstes. Seit der Umstülpung des Satzes vom ausgeschlossenen Dritten, seit dem II. Kapitel also, sind wir dem Geheimnis sogar der Sache nach schon auf der Spur. Denn wirklich alle Dinge bestehen, wie wir mit Jakob Böhme dort sagten, im Ja und Nein; es gibt nichts Drittes. Alles subjekthafte Wesen also ist, in der Regel streng alternierend, jatypisch oder neintypisch geprägt. Auch in fernsten Äonen und fremdesten Lebensreichen, die uns sonst unerreichbar und unvorstellbar sein mögen, könnte uns anderes niemals begegnen. Zusammen mit dem Axiom ist das Weltgesetz apriorisch bekannt.

Darin liegt eine Konsequenz, die bereits dauernd beansprucht wurde, um doch in ihrem zentralen Gehalt noch nicht völlig deutlich geworden zu sein. Längst schon haben wir festgestellt, daß kein subjekthaftes Individuum allein oder überwiegend nur eben es selbst ist; es ist immer auch Exemplar der Art, um über diese überhaupt auf dämonische Allgemeinwesen zurückzugehen. Hinzu kommt nun aber noch jene alternative Bestimmtheit direkt durch das Axiom. So ist jeder Mensch ein subjekthaftes Wesen, und jedes Rind ist es ebenfalls; und gleich den Individuen sind die biotischen Artgestalten, die sich in jenen verkörpern, trotz viel größerer Lebenserwartung sterblich. Aber auch der Mann und der Stier, die Frau und die Kuh, sind subjekthafte Wesen. Und zwar ist dasselbe Wesen, eben das männliche, neintypische, im Mann und im Stier inkarniert, desgleichen im Hund gegenüber der Katze, im Alten gegenüber dem Jungen, im spiraligen statt elliptischen Sternsystem und der dualistisch-gespannten statt monistisch-ruhenden Hochkultur. Hier also begegnet uns ein schlechthin allgemeines, unsterbliches Wesen und somit kein Dämon, sondern ein Gott. Und entsprechend, wie mit alldem bereits gesagt, auf der Gegenseite: Zum Gotte Nein tritt die Göttin Ja.

Man wird einwenden, nicht allein schon die Unsterblichkeit überhaupt, sondern nur erst die der Person gäbe uns die Erlaubnis, ein Wesen ernstlich als Gott auszugeben. Dieser zusätzlichen Bedingung aber würden das Ja und das Nein nicht gerecht. Sie seien doch eben nur zwei Gedanken, zwei Bedeutungen im Verstande Husserls, und damit im Inkarnationsfall zwei freilich schlechthin allgemeine Kräfte. Sähe man Götter in ihnen, so sei das nichts als ein Rückfall in jene uralte Tateinheit von Vermenschlichung und Hypostasierung, von fabelnder Verdichtung in die Nähe und Höhe zugleich, die dem nicht zuletzt wohl auch danach benannten Dichter zustehen mag, aber keinesfalls dem nüchternen Denker.

Dieser selbst uralte Einwand bewegt sich in mehreren Dimensionen. In einer banalsten Hinsicht ist er natürlich im Recht: Es gibt keinen numinosen Ort, keinen Himmel oder Olymp, wo sich Götter als persönliche Wesen und überhaupt leibhaftig befänden. Das wurde jedoch auch durchaus nicht behauptet. Selbstverständlich vermag, was sich schlechthin allgemein in den leibhaftigen Wesen verkörpert, nicht obendrein auch selbst noch ein leibhaftiges Wesen zu sein. Denn das hieße unsinnigerweise, daß eine Verkörperung sich verkörpert.

Insbesondere sind die Götter also auch nicht etwa menschlich gestaltet. Von der Definition her ist das für sie ebenso ausgeschlossen wie überhaupt ein leibhaftiges Dasein. Als Israel nicht das Goldene Kalb, wie Luther ablenkend übersetzte, sondern einen goldenen Stier umtanzte, galt die Anbetung nicht dem Wesen des Rindes in dessen männlicher Erscheinung, sondern dem männlichen Wesen in der Erscheinung des Rindes. Später, im Zeichen der Baalskulte, kam darstellerisch zum Stiere der Mann; aber ein und demselben Wesen, eben dem männlichen, neintypischen, galt hier wie dort die Verehrung. Mit primitiver Vermenschlichung hatte das ebenso wenig wie mit Hypostasierung zu tun. Und es war theologisch kein gutes Zeichen, als sich die Griechen zuletzt ihre Götter wirklich allein noch in schöner Menschengestalt vorzustellen vermochten. Wenn dann freilich Xenophanes meinte, Pferde würden sich ihre Götter wohl nur in Pferdegestalt denken können, so war das trotz gegenteiliger Absicht ein letztlich gleichsinniges Symptom. Eins wie das andere indizierte, daß das spätantike Bewußtsein zu den Göttern im genauen Verstande, also zu schlechthin allgemeimen und deshalb weder menschenartig noch sonstwie leibhaftig gestalteten Wesen, bereits keinen deutlichen Zugang mehr hatte.

Richtig und zugleich irrelevant ist an dem Einwand aber auch dies: Die Götter sind tatsächlich keine Personen; der psychische Anthropomorphismus irrt ebenso kraß wie der physische! Personalität ist ein Grenzfall. Sie beruht darauf, daß der Mensch, der nur bei sich selbst diese Eigenschaft antrifft, nicht allein um die Welt, sondern auch um sein Weltbewußtsein und damit um sich selbst als «Ich» weiß. Das legt ihn auf diese Identität, auf das Ich als konstanten Ort des Bewußtseins, mit unerhörter Strenge fest, um ihm im übrigen gerade damit eine ebenso unerhörte Entschließungs- und Handlungsvariabilität, die berühmte Autonomie, zu gewähren. Abweichungen sind, sofern die Person nicht völlig zerfällt, nur ansatzweise als Krankheiten möglich, als Schizophrenie in der ersten und Monomanie in der zweiten Hinsicht. Die Norm wird davon nicht betroffen und besitzt ihren klaren kosmischen Sinn: Die Vorverlegung des Subjektcharakters ins Individuum erreicht im autonomen Ich, in der Verbindung von Ortskonstanz und Handlungsvariabilität, ihr von langer Hand angestrebtes Ziel.

Und die Person also ist das extrem singuläre Subjekt und nicht das extreme Subjekt überhaupt. Das andere Extrem ist der Gott. Er ist genau so subjekthaft zentriert, doch beruht seine Bestimmtheit auf der Identität nicht des Bewußtseins, sondern des Denkens und damit, verglichen mit der Person, auf einer in beiden Hinsichten, diametral, gegenteiligen Basis: Er ist ortsvariabel und handlungskonstant! In schlechthin jedem sterblichen Wesen vermag er sich ja zu inkarnieren, das heißt er wechselt laufend den Standort. Daß er trotzdem ein und derselbe bleibt, beruht auf seinem logischen Wesen und der daraus entspringenden Absicht. Gerade dort, wo sich die Person autonom weiß, ist er mithin unerbittlich fixiert und also in dieser wie jener Beziehung der andere Grenzfall subjekthaften Wesens.

Es klingt wie eine Blasphemie, ist freilich keineswegs so gemeint und darf, wie es sich auch anhören mag, auf jeden Fall nicht verschwiegen bleiben: Die Götter sind unfreie Wesen! Sie lassen nicht mit sich reden, können auf wechselnde Lagen nicht wechselvoll reagieren. Ihre Variabilität bezieht sich eben allein auf den Ort; wie sie im sterblichen Wesen erscheinen, so können sie es auch wieder verlassen. Der schlafende Stier ist im Grunde kein Stier mehr; das Gattungswesen hat zu diesem Zeitpunkt über das männliche Wesen gesiegt, das sich deswegen aber thematisch nicht ändert und ein schlechthin allgemeines Subjekt bleibt: Der Gott Nein also ist zurückgetreten, aber nicht etwa anderen Sinnes geworden! Das letztere vermöchte er nicht. Wie sich eine Bedeutung, nach Husserls klassischer Analyse[1], niemals irgendwie ändern kann, weil sie dann eben schon eine andere wäre, so ist auch der Gott stets nur der, der er nun einmal ist. Und er ist eben nur ein Gedanke; auch darin hat ja der Einwand, abgesehen vom mindernden «nur», durchaus recht. Das *sum qui sum* des Buches Exodus, das einen launischen Universalgott weder glaubhaft noch deutlich identifiziert, gilt um so mehr für den Gott und die Göttin.

Man kann inkarnierte Gedanken sehr wohl als Kräfte bezeichnen. Das sind dann indessen nicht «blinde» Kräfte, sondern eben logische, prospektiv steuernde und zwar im relevanten Zusammenhang jene beiden schlechthin allgemeinen, die nichts Drittes neben sich dulden. Damit aber heißt «Kraft» hier schon nichts anderes als «Subjekt». Jakob Böhmes Wort von dem Ja und Nein, worin alle «Dinge» bestehen, gewinnt ja seinen exakten Sinn, wie man sich erinnern wird, erst im Zeichen der Zweiten Setzung nebst deren aussortierender Wirkung. Bestimmt durch die eine oder andere von beiden «Kräften» ist mithin ausschließlich und schlechthin allgemein das Subjekt. Gerade also die «Kraft», das Ja oder Nein, ist das Subjekthafte an dem Subjekt! Dafür aber kann man auch, um neben dem Unterscheidenden das dennoch Gleichartige vorzukehren, mit bloßer Betonungsveränderung sagen: Die «Kraft», das Ja oder Nein, ist das subjekthafte Wesen an dem subjekthaften Wesen! Denn zunächst geht es um das letztere, um das Wesen im schlichten Verstande, sofern es Subjekt statt bloßes Organ ist; es kann ein Einzelwesen oder auch im besonderen Rahmen bereits ein Allgemeinwesen sein, ein Individuum oder ein Dämon, ist aber auf jeden Fall kein schlechthin allgemeines Wesen, um doch anderseits erst durch ein solches, durch die eine der beiden «Kräfte», seine Struktur als Subjekt zu empfangen.

In Wahrheit also hat man es hier mit zwei Subjekten zu tun. Und zwar gerät das subjekthafte Wesen im Sinne der Betonungsverschiebung, also das Wesen im schlichten Verstande, von dem die Aussage handelt, dabei in den Schatten: Seine Subjektstruktur ist entliehen; es ist eine bloße Inkarnation. Ins Licht tritt das Wesen, das sich inkarniert. Denn es stiftet damit den Subjektcharakter und erweist sich so überhaupt an dem Punkte, welchem die Aussage gilt, als das einzige wirklich subjekthafte Wesen. Obendrein vollbringt es dieselbe Leistung zu allen Zeiten an allen Orten. Es steht damit den sterblichen Wesen als ein unsterbliches gegenüber und ist doch zugleich, wie gesagt, ein Subjekt, so daß wir ihm die Bezeichnung, die die Sprache für ein solches Wesen bereithält, nicht länger vorenthalten sollten.

2. Die Gesamterscheinung von Gott und Göttin. Hölderlins «Geist der Unruh» und «Geist der Ruh». Der profiliertere Gott.

Die Götter können ihr Wesen nicht ändern. Doch liegt darin für den Gott Nein etwas auf den ersten Blick Widerspruchsvolles: Er kann das Ändern nicht ändern! Einzig in diesem besteht ja sein Wesen.

Das ist vom II. Kapitel her bereits klar: Verneinen bedeutet Verändern. Und die verneinende Tat, die ausgeführte Veränderung, kommt in diesem Zusammenhang stets erst am Schluß. Davor liegt die verneinende Absicht, die ebenfalls schon ein Ändern und sogar das eigentliche bedeutet, weil sie den zu vernichtenden Zustand im voraus an einem künftigen mißt, den sie damit als Urbild auch schon erschafft. Was die Tat wie die Absicht letztlich ermöglicht, ist diese schöpferische, bewegliche Disposition, die sich immer auch schon, wenn noch Frieden herrscht, an der Welt erprobt und bewährt.

Was man ändern will, muß man kennen. Daher überall auf den Spuren des Gottes das sonst so sinnlose Schweifen. Es beginnt nicht erst in der Krise, sondern gehört zur Disposition: Das Fahren dient der Erfahrung, der Weitung des Horizontes, als dem eigentlichen, höheren Schweifen. Von hier aus kommt es dann erst zum Nein der Absicht und schließlich der Tat. Letztere also gehört zwar dazu, steht aber am Rande statt in der Mitte. Der Krieg, den die «Falken» vom Zaune brechen, wie auch der sühnende Frevel, den der patrinome Orestes begeht, ergeben sich zwar aus dem Wesen des Gottes, um für dessen Weite und deren Mitte jedoch längst nicht so bezeichnend zu sein, wie man zunächst vielleicht annehmen möchte. Der Gott in seiner Gesamterscheinung ist mehr ein Wanderer als ein Held und mehr ein Suchender als ein Täter, womit er freilich die Tat, die exekutierte Veränderung, unabänderlich immer wieder wie der Nachen die Bugwelle vor sich aufwirft.

Hölderlin im Gedicht «Die Muße» sagt einiges auf doppelte Weise für den Zusammenhang Relevante. Er schildert unverkennbar den Gott, um doch jener Faszination zu erliegen, die von dem stürmischen Vordergrund ausgeht und die eigentliche Weite verdunkelt:

«Aber ins Mondlicht steigen herauf die zerbrochenen Säulen
Und die Tempeltore, die einst der Furchtbare traf, der geheime
Geist der Unruh, der in der Brust der Erd und der Menschen
Zürnet und gährt, der Unbezwungne, der alte Erobrer
Der die Städte, wie Lämmer, zerreißt, der einst den Olympus
Stürmte, der in den Bergen sich regt, und Flammen herauswirft,
Der die Wälder entwurzelt und durch den Ozean hinfährt
Und die Schiffe zerschlägt und doch in der ewigen Ordnung
Niemals irre dich macht, auf der Tafel deiner Gesetze
Keine Silbe verwischt, der auch dein Sohn, o Natur, ist
Mit dem Geiste der Ruh aus Einem Schoße geboren.»

In diesen wenigen Sätzen steckt eine ganze (die nachabendländische) Theologie. Hölderlin sagt hier mehr oder doch genaueres von den Göttern als im Großteil seines antikischen Werkes, wo er sie oft viel deutlicher anspricht, aber auch viel mehr den Irritationen ihrer griechischen Mythisierung erliegt.

Wir können leicht das Anschauliche ins Begriffliche übertragen, um die Konzeption zu erkennen. Hölderlins «Natur», der die Gegensätze beide entspringen, ist das All und damit, wie wir interpretieren, das Denken als die Substanz. Diese tritt jedoch niemals als solche hervor, sondern immer nur in Bestimmtem und also bereits Entgegengesetztem: im Nein zwischen dem Ja und dem Nein. Zusammen mit dem Gotte erblickt man daher auch schon die Göttin: Sie steht jenem, dem «Geist der Unruh», deutlich als «Geist der Ruh» gegenüber. Und man hat es dem Dichter zusätzlich zu danken, daß er grammatisch die Sexualisierung, diese Konzession an den biotischen Vordergrund, durch die beidemal männliche Form überwindet.

Das reinigt die Aspektierung, die dessen allerdings auch bedarf. Denn im übrigen ist der Blick auch hier gebannt von der stürmischen Wirkung, von Zorn und Zerstörung, was das Gesamtbild des Gottes entstellt. Von der eigentlichen, motivierenden Unruhe ist denn auch in dem Gedicht keine Rede; wir haben sie zu rekonstruieren, und desgleichen – erst recht – die logische Tiefe, die Gründung der Unruh im Nein, die vom Dichter zwar ahnungsvoll angedeutet, aber nicht mit voller Klarheit erfaßt wird.

Und wir holen es also nach: Der Geist der Unruh ist, wenn man die Formulierung beim Wort nimmt, von Grund auf eben geistige Unruh. In dieser also besteht der Gott. Er ist ein «Eroberer» in jeder Hinsicht, in der sublimierten nicht anders als in der elementaren, und insofern beweglich und extrem unstarr, dies jedoch in alle Ewigkeit mit der Göttern geziemenden Starre.

3. Die kontrastierenden Aspekte.
Der Gott als Wütender und Zeuger und die Göttin als Gemahlin und Mutter.
Mythologisches vom «Merkur» der Taciteischen «Germania»
bis zu Maja und Maria.

Tacitus in der «Germania» nennt als germanischen Hauptgott Merkur. Das ist im wörtlichen Sinne ein Unding. Aber gerade dem Wort, dem Namen, war das Augenmerk hier nicht gewidmet; es ging allein eben um den Gott. Die *interpretatio Romana,* die nominelle Gleichsetzung fremder Götter mit im Wesen identischen eigenen, war bei den antiken Völkern, besonders auch schon bei den Griechen, von jeher im Schwange gewesen. Tacitus hatte für seinen «Merkur» daher von seinen römischen Lesern ein Mißverständnis kaum zu befürchten; aber auch die Germanen selbst waren erwiesenermaßen auf den Namenstausch bereits eingegangen.

Man dachte in solchen Dingen damals eben wirklich noch theologisch und also nicht «mythologisch»; man wußte den Ausdruck von der Bedeutung, den folkloristischen Schmuck von dem Gotte selbst noch zu unterscheiden. Und gerade also theologisch war der Namenstausch ein exakter Vorgang, der verdeutlichte, statt zu verdunkeln. Tatsächlich ist ja Wodan, der damalige westgermanische Hauptgott, der nordische Odin, ein Ruheloser wie Merkur. Beide sind ewige Wanderer, sind als Totenführer und Meister des Zaubers dem Unheimlichen verbunden, sind mehr mächtig durch Weisheit als durch die Tat. Das allerdings gereichte dem Merkur wie dem griechischen Hermes zum Nachteil; neben den olympischen Göttern, Menschen von mythischem Großformat in der statuarischen Wonne des verewigten Augenblicks, war der Schweifende kaum mehr als ein Schemen, was ihm die Dichter schließlich durch die ironische Ernennung zum Götterboten bescheinigten. Wodan hingegen wurde zum Hauptgott und blieb gleichwohl der ewige Wanderer. Auch wenn ihm von den Skalden ein ins Nordische transponierter Olymp, Walhall in Asgard, als Residenz zugewiesen wurde, war er doch weiter in seinem Wesen der Unbehauste und Schweifende, der Wütende in Nacht und Wind und ebenso sehr der Suchende, der am Brunnen der Weisheit ein Auge verpfändet, also der Geist der Unruh auch im sublimierten Verstande, der Gott Nein in seiner Gesamterscheinung. Das ist an seiner Gestalt das wohl geradezu Beispiellose. Kein anderes Pantheon, das wir kennen, hat in ähnlich bewußter Weise statt des deutlicheren Aspektes den Gott in seiner thematischen Weite gewürdigt und inthronisiert.

In der Regel dominiert der Aspekt, der dramatische Schlußakkord. Der Wütende, der Abenteurer im groben Sinne, der alte Eroberer, sagt der Phantasie mehr als der Wanderer und gar der Weise. Selbst in der «Germania» stehen denn auch neben Merkur, ihm fast den Rang ablaufend, Herkules und Mars. Und die *interpretatio Romana* hat sich auch hier seit langem geklärt. Der Taciteische Mars ist der westgermanische Ziu, der skandinavische Tyr: der Wütende in der Schlacht, der Krieger. Ein Zustand des Gottes Wodan also fungiert hier überhaupt als der Gott; ein Aspekt hat sich emanzipiert.

Ähnlich steht es um Herkules. Mit seinem Namen meint Tacitus nach der heute vorherrschenden Ansicht den westgermanischen Donar und skandinavischen Thor, durch welchen Wodan oder Odin als Hauptgott später verdrängt werden sollte. Auch Herkules indessen ist ein ewiger Wanderer. Ihm fehlt freilich das höhere Schweifen; seine Heldentaten und Abenteuer sind großenteils Arbeiten und Räubereien. Eben deshalb ist er im ganzen kein Kriegsmann. Obwohl er auch gegen Feinde wütet, wird das für ihn doch nicht typisch; die mythische Größe seiner Gestalt liegt in der Unendlichkeit seines Weges. Die früher zuweilen erwogene Ansicht, daß er in manchem antiken Streifblick auf das germanische Pantheon, vielleicht sogar noch bei Tacitus, wie Merkur für Wodan gestanden habe, findet daran einen gewissen Rückhalt, den wir hier jedoch nicht verteidigen wollen. Steht aber Herkules für

Donar, so ist wiederum ein Aspekt isoliert und zwar mit leichter Akzentverschiebung derselbe wie bei Mars oder Ziu. Nicht unbedingt der Wütende, aber doch der wagemutige Täter, der Abenteurer im groben Sinne, der alte Eroberer, hat sich aus der Weite des Gottes Nein auch in diesem Falle gelöst. Nur reicht die Trennung weniger tief. Das verrät sich bereits in der Kostümierung, die hier also theologisch zählt.

Donar wie auch Herkules nämlich zeigen auffällig altertümliche Züge; ein primitives Werkzeug, hier die Keule und dort der Hammer, ersetzt die eigentlichen Waffen und ein Fell den Panzer wie auch das Kleid. Donar nicht anders als Herkules ist eben kein regulärer Kriegsmann. Dieser Mangel an Perfektion und Profil hängt aber bei beiden damit zusammen, daß sie von der unspezifischen Grundlage des Aspektes, von der Weite des Gottes Nein, einiges nach wie vor an sich haben. Für Herkules ist das ohnehin klar. Aber auch Donar erinnert als Tobender in Sturm und Wetter wie auch mit weiten Fahrten und hexerischen Verwandlungen noch deutlich an die Gesamterscheinung.

In den meisten Mythologien wurde dem Gotte Nein ähnlich mitgespielt wie dem Hermes oder Merkur im griechisch-römischen Pantheon. Der von der Gesamterscheinung gelöste kriegerische Aspekt verband den Vorteil der Eindeutigkeit mit dem der stärkeren Faszination. So ist es geradezu erstaunlich, daß der Wütende gleichwohl nur selten zum offiziellen Hauptgott aufrückte; denn mit voller, fast schrecklicher Klarheit geschah das, soweit wir wissen, nur zweimal: bei dem assyrischen Assur und dem aztekischen Huitzilopochtli. In der Regel konnte sich über dem Krieger ein König und Vater der Götter behaupten. Und dafür gab es mehrere Gründe. Zumeist ist der Vater auch selbst schon ein Krieger; eine genaue Trennung des Aspektes von der Gesamterscheinung liegt dem mythischen Denken ja fern. Obendrein ist der Göttervater aber doch eben vor allem ein Vater und verweist uns damit an den zweiten Aspekt, der sich von der Weite des Gottes abhebt: Neben dem Krieger steht der Erzeuger!

Beide Aspekte gehören zusammen wie Prämisse und Konklusion, und gerade auch den zweiten hat man der Sache nach ebenfalls längst schon bemerkt: Israels Tanz um das Goldene Kalb galt im Grunde, wie bereits festgestellt, dem männlichen Wesen, dem Gotte Nein, in der

Vorkommensweise des Rindes, aber offenbar nicht der Gesamterscheinung, nicht dem Wanderer, und wohl auch kaum dem Krieger. Die Bibel sagt es uns nicht, aber zweifellos war bei dem Stier, hier wie so oft, besonders an die sexuelle Potenz des männlichen Wesens gedacht. Der zeugerische Aspekt des Gottes Nein also stand im Mittelpunkt. Später, bei Israels Begegnung mit dem kanaanäischen Baalskult, war die Bibel nicht mehr so diskret; nun beginnen vielmehr jene «anstößigen Stellen», in denen von Hurerei, öffentlicher Unzucht, entrüstet gründlich die Rede ist. Es handelte sich um rituelle Prostitution im Rahmen einer, wie Buber mit Recht hervorhebt, an sich durchaus nicht obszönen, sondern eher biederen Bauernreligion. «In unzähligen Gestalten an allen fruchtbaren Plätzen des Landes umherwimmelnd, und zwar immer in Paaren, vollziehen die Baalim und Baaloth miteinander das Mysterium, durch das der Wasserguß den Erdboden stets von Neuem fruchtbar macht»[2]. Auch hier also waltet der Gott in seinem zeugerischen Aspekt, um sich nun jedoch mit dem «Goldenen Kalb» wie überhaupt dem Sinnbild nicht mehr zu begnügen, sondern unmittelbar im Akt und im Menschen auf seiner Anwesenheit zu bestehen.

Zum Baal gesellt sich damit die Baalath, zum Gotte die Göttin. Auch bei dieser indes stellt der zeugerische Aspekt nicht etwa schon die Gesamterscheinung, sondern nur eben einen Aspekt dar und zwar wiederum einen von beiden. Nach der Zeugung freilich ist sie am Zuge; der zeugerische Aspekt ist in ihrem Fall also der erste von beiden. Anschließend wird die Gattin zur Mutter. Ihr pflegt allerdings – im Mythos wie im Menschenleben – der Gatte hilfreich zur Seite zu stehen, in welchem sich damit jedoch thematisch der Schweifende, der Geist der Unruh, schon nicht mehr inkarniert. Auf den Gott Nein also wartet kein weiterer, dritter Aspekt. Die Mutter dagegen ist echt. Sie und damit die Göttin Ja läuft deshalb auch mythologisch ihrem stets hinzukomponierten, aber blasseren und oft suspekten Gatten regulärerweise den Rang ab.

So ist sie auffallend häufig, in verschiedensten Religionen und Sprachen, einfach eben die Mutter, die Maja; der erste Kindeslaut mit seiner unendlichen Zustimmung genügt ihr vollauf als Würdenname, der auch jenen ihrer Gesamterscheinung bereits geheimnisvoll intoniert.

Damit hängt es zusammen, daß die Religionswissenschaftler immer wieder der Großen Mutter begegnen, aber nie auch ernstlich dem «Großen Vater», nie also einem männlichen Hauptgott, der sich einfach durch seine Rolle als Gatte, als numinoser Ehemann, schon das Prädikat der Großheit erwürbe. Auch im Abendland seit der Aufklärung, an einem sonst entgötterten Himmel, behauptet sich einzig Maria und also der Sache nach Maja, nämlich eben die *Mater Dei,* die in ihrem zweiten Aspekt einsam triumphierende Göttin Ja. Sie ist aus der historischen Mirjam, der unehelichen galiläischen Mutter, lautlich wie im numinosen Sinne seltsam unzweideutig wiedererstanden. Der Morgenstern ist ihr denn auch heute noch so heilig wie einst der Ischtar.

4. Mythische und esoterische Sicht.
Das begrenzte Recht zur Vermenschlichung.

Den Zusammenhang um Gott und Göttin kann man natürlich auch anders, extrem unmythologisch, zur Darstellung bringen, und dann trotzdem mit demselben Ergebnis – und zwar weiter vom II. Kapitel her und deshalb ohne erneute Begründung, in andeutendem Telegrammstil.

Dann ist zunächst daran zu erinnern, daß es sich bei der Schicksalsgestalt jeweils an sich, im reinen Strukturbild, um die eines subjekthaften Wesens handelt. Nicht bloß die sexualisierte Trennung, die Konfrontierung von Gott und Göttin, sondern die Trennung überhaupt, die subjekthafte Zweiheit an Stelle der Einheit, gehört damit dem Anschein nach in den mythologischen Vordergrund. Auch die disparate Aspektbewegung ist insofern jeweils ein subjekthaft homogener Prozeß. Die Aspekte sind dessen Höhepunkte, die mithin linear aufeinander folgen, statt neben- und gegeneinander zu stehen. So ist es genau besehen auch im menschlichen wie generell im sexualisierten Wesensbereich. Der erste «männliche» Höhepunkt und damit überhaupt der erste, der des Schweifens und schließlich des Wütens, des Fahrens und eo ipso Erfahrens, ist auch hier keine ausschließlich männliche Sache; in freilich minder krasser Form geht das weibliche Wesen denselben Weg.

Jenseits der sexuellen Genormtheit zeigt sich das Strukturbild jedoch am klarsten, etwa im aggressiven Vormarsch kulminierender biotischer Arten oder spätzeitlich perfektionierter Kulturen.

Für den zweiten Höhepunkt, die Zeugung, gilt Analoges. Jetzt zieht sich das subjekthafte Wesen aus seiner Erfahrung die Lehre, und dies wiederum in seiner Gänze. Wiederum sind schon im menschlichen Rahmen, trotz der vorgegebenen Rollenverteilung, daran beide Geschlechter nicht bloß gleichermaßen, sondern auch letztlich gleichartig beteiligt: auch die Empfängnis ist Zeugung; der veränderte Modus läßt nur erkennen, daß sich die Frau mit der Selbstpreisgabe, um die es sich ja im Grunde handelt, ungleich besser abfindet als der Mann.

Der dritte und letzte Höhepunkt, der des nun wieder jatypischen Verhaltens, des kehrbildlich provozierten Werdens, ist daher ebenfalls letztlich ein Anliegen beider Geschlechter, wenngleich die Führung jetzt bei der Frau liegt. Auch hier aber wird die Geschehenslogik jenseits der Sexualisiertheit am klarsten, etwa wenn mit wandlungspotenten Zwergen von antinomisch höherem Typus ein neues Erdzeitalter beginnt oder wenn eine alternde Hochkultur, wie die abendländische heute, vor ihrem soziologischen Ende die gegensätzliche Folgekultur geistig stiftet.

Mit dem thematischen Schluß, dem zweiten «männlichen» und zugleich ersten «weiblichen» Höhepunkt, ist die Umkehr jeweils bereits geschehen, hat das ursprüngliche «männliche» Junktim von thematischer Negation und unthematischer Position, vollendeter Bestimmtheit, dem «weiblichen» von unthematischer Negation und thematischer Position, jatypischer Offenheit, bereits unwiderruflich das Feld geräumt, wenn die Folgen auch nicht sogleich sichtbar werden. Mit der Begattung von Gott und Göttin meint das mythologische Denken hinter allem romanhaften Beiwerk, das sich an diesem Punkt naheliegenderweise besonders aufdrängt, letztlich einfach den Moment dieser Umkehr, bei welcher also tatsächlich das ganze subjekthafte Wesen aus dem alten «männlichen» Gleichgewicht in das diametrale «weibliche» abkippt.

Trotzdem geht auch hier die eigentlich-theologische Wahrheit in der Mythisierung nicht einfach verloren. Gerade wenn man nämlich nicht am anthropomorphen Erscheinungsbild festhält, wenn man vielmehr mit «weiblich» und «männlich» allgemein «jatypisch» und «neintypisch» meint, so wird eben auch dadurch schon in nun sogar strengerer Form involviert, daß in schlechthin jeder Schicksalsgestalt, auch jenseits der sexuellen Genormtheit, stets jene beiden unsterblichen Wesen das Folgen der Höhepunkte bewirken. Und vor allem: sie bleiben Subjekte. Eben weil das Wesen in seiner Gänze, welchem die Schicksalsgestalt an sich eignet, ein Subjekt und nicht etwa bloß ein Organ ist (hierauf gründet sich ja diese Unterscheidung), gilt das immer auch für den Zustand, für das Subjekthafte an dem Subjekt.

Die ursprüngliche Unterscheidung des Gottes Nein von der Göttin Ja hat sich also nicht aufgelöst, sondern vertieft. Wir betrachten sie jetzt esoterisch. Und das trennt uns von dem exoterischen, mythisch anthropomorphen Verständnis ernstlich nur in einer einzigen Hinsicht: Genau genommen gehört von den drei Höhepunkten des Werdens der erste allein und spezifisch dem Gotte und der letzte allein der Göttin, während der mittlere die Grenze zwischen ihren Geltungsbereichen bezeichnet! Ihr personhaftes Nebeneinander «von der Wiege bis zur Bahre» hingegen ist vermenschlichende Illustration und also gewiß nicht die ganze Wahrheit, aber ebenso wenig nur gänzlich ein Irrtum.

Der exoterische Mythos nimmt einfach die Erscheinung und zwar die nächste, verständlichste für das in ihr erscheinende Wesen. Er verengt, um konkret sein zu können. Nur wenn der Gleichnischarakter nicht als ein solcher bewußt bleibt, erwächst daraus der naive Irrtum; in den großen Mythologien aber wurde dieser Gefahr noch jeweils begegnet, indem etwa neben den Mann der Stier trat, indem also weitere Bilder das menschliche Hauptbild ergänzten, um es damit auch schon zu bändigen, es in seine Schranken als Bild zu verweisen. Unter dieser Voraussetzung ist auch das exoterische Denken ein unverfänglich legitimes und obendrein eben das einzige, das den unendlichen Gegenstand in die nachempfindbare Nähe rückt.

5. Falsche und richtige «Hypostasen».
Die personifizierte Weisheit und der Weise im allgemeinen.
Aufstufungen der Inkarnation.

Den Aspekt eines göttlichen Wesens, der selbst als ein göttliches Wesen gedacht wird, bezeichnet man als Hypostase oder, im Blick auf die begriffliche Konstitution, als Hypostasierung. Und die letztere Kennzeichnung pflegt im modernen Bewußtsein schon mit einem Verdikt zusammenzufallen. «Hypostasieren» heißt, laut Kant, «Vorstellungen als wahre Dinge außer sich versetzen». Das bedeutet an sich noch kein Werturteil, denn das Vorgehen könnte berechtigt sein; der Akzent aber liegt heute allein noch auf dem fehlerhaften «Versetzen», dem also von bloßen «Vorstellungen».

Der Irrtum hat mit dem Erzübel der Metaphysik, dem «realistischen» Abstraktionsverständnis, deutlich eine gewisse Verwandtschaft, besitzt jedoch seinen eigenen Ursprung. Wenn etwa platonisierende Christen die Weisheit des biblischen Gottes einstmals zu einer Heiligen Weisheit, einer gottartigen Person, erhoben, so spielte dabei der Umstand, daß man überhaupt dem Abstraktum leichthin Realität zuerkannte, gewiß eine unterstützende Rolle. Immerhin aber zählt die Weisheit nicht einfach zu den Vorstellungen, denen in der Realität nichts entspräche. Solange man an der Existenz des allwissenden biblischen Gottes festhält, ist unter dieser Voraussetzung auch seine Weisheit etwas Reales, jedoch deshalb nicht auch schon eine Person.

Bleibt man in der Konkretheit, so gilt dasselbe erst recht. Weil es weise Menschen und Lehren gibt, gibt es auch die Weisheit im allgemeinen. Ihre «Vorstellung» im Bewußtsein besorgt allerdings ein Abstraktum, ein von den konkreten Aufweisungsfällen abstrahierter B e griff, was für die Realität des Begriffenen, eben für die Weisheit, jedoch durchaus keinen Einwand bedeutet. Auch die Allgemeinheit – des Gegenstandes wie des Begriffs – ändert nichts an der Realität. Gedacht ist ja im Zusammenhang nicht an die besondere Weisheit verschiedener einzelner Menschen und Lehren, sondern lediglich an das Identische, das allen Fällen gemeinsam sein muß, weil andernfalls der Terminus «Weisheit» nur ein täuschendes Äquivok darstellte, dem dann widersinnigerweise auch schon in den subsumierten Fällen ein begrifflicher Sinn überhaupt nicht entspräche.

Die Hypostasierung der Weisheit besteht insofern also zu Recht. Fehlerhaft würde sie erst, wenn sie zu einem Subjekt erhöbe, was immer nur eine Eigenschaft sein kann. Ist die Weisheit freilich die Eigenschaft von Subjekten, so verschwindet auch noch jene Fehlerquelle jedenfalls an diesem Teile und in ihrer bisherigen Unbedingtheit. Dann steht, in unserem Beispiel, statt der Weisheit d e r W e i s e zur Diskussion, und zwar wieder der Weise im allgemeinen. Es geht mit ihm begriffstheoretisch ganz ähnlich zu wie mit der Weisheit: Auch er wandelt nicht leibhaftig auf Erden und ist trotzdem nicht bloß ein Abstraktum, dem in der Realität nichts entspräche. Alle leibhaftigen Weisen, die irgendwann auf Erden wandeln, sind ja für ihn exemplarisch; er ist an ihnen allen das, was sie einschlägig subsumierbar macht, und das ist eben die Weisheit: Der Weise ist ihr Besitzer, ist begriffstheoretisch n i c h t s s o n s t. Er ist definiert von der Eigenschaft her, die nun aber nicht mehr als solche und in ihren sonstigen Vorkommensformen, als Kennzeichen von Gedanken und Lehren, sondern lediglich noch – und insofern wieder durchaus allgemein – als ein subjekthafter Zustand fungiert. Hier also erfaßt die Hypostasierung, wenn man an diesem Ausdruck festhalten will, das identisch S u b j e k t h a f t e an den Subjekten, die definitorisch hinzugehören.

Auch der Weise im allgemeinen ist allerdings k e i n e P e r s o n. Würde er für eine solche erklärt, so hätte sich freilich die Hypostasierung auch hier schon wieder analog wie im Falle der Heiligen Weisheit geirrt. Die Person ist handlungsvariabel, und das ist also auch jeder einzelne Weise; «der» Weise hingegen ist handlungskonstant und deshalb gemessen an den Personen, welche ihn repräsentieren, das ungleich enger bestimmte und dennoch gleichfalls subjekthafte Wesen. Spricht man von einer Abstraktion, die unberechtigt verdinglicht sei, so gilt das gerade nicht für «den» Weisen, sondern eher schon für «den» Mann und «den» Menschen: für die s u b s t r a t h a f t e n Subjekte.

Bei einem einzelnen Weisen wie Sokrates oder Konfuzius ist einfach ein Mann ja gar nicht vorhanden und desgleichen auch nicht einfach ein Mensch. Wollte man das behaupten, so hätte man von den beiden Genannten, von den konkreten Individuen namens Sokrates und Konfuzius, ungleich allgemeinere Eigenschaften gerade schon abstrahierend gesondert und also mit umgekehrter Tendenz den gerügten Fehler erneut begangen. Wenigstens müßte gerade das neuzeitliche Methodenbewußtsein, für dessen nominalistischen Grundsatz es ja nur Individuen gibt, dergestalt argumentieren. Wir selber sind darin toleranter, weil wir zwar nicht metaphysisch, aber auch nicht nominalistisch, sondern dämonologisch verfahren. Zwischen dem allgemeinen Begriff, der sich mit schwankendem Recht auf alles mögliche richten kann, und dem ebenfalls allgemeinen, aber gleichwohl subjekthaften Wesen, zwischen Abstraktum und Dämon, verwischt sich uns nicht mehr die Differenz.

Für den Mann als Zustand des Menschen gilt daher in einem niedrigeren und entsprechend allgemeineren Rahmen sehr wohl dasselbe wie für den Weisen. Auf jeden Fall aber gilt es erst recht im umgekehrten Sinne, nach dem Individuellen der Sokrates und Konfuzius hin: Ist schon der Mann ein Subjekt, so ist es vollends der Weise! Und Entsprechendes gilt selbstverständlich bei allen im erörterten Sinne echten, subjekthaften Hypostasen. Es gilt nicht für die Wut und die Zeugung, aber für den Wütenden und den Zeuger. Sie sind beide Aspekte des Gottes Nein, und trotzdem oder vielmehr gerade deshalb ist jeder von beiden auch selber ein Gott, ein subjekthaftes und unsterbliches Wesen. Die unvergleichlich viel kürzere Dauer ihres jeweiligen Auftritts relativ auf den der Gesamterscheinung mindert nicht ihre Ewigkeit, unterstreicht aber ihre Erhabenheit: Der Berg ist am schmalsten auf seinem Gipfel. Und Analoges, wie sich versteht, gilt für die Aspekte der Göttin Ja.

Aber noch einmal zurück zu dem Weisen. In der Art, wie wir ihn im Beispiel, bei Sokrates und Konfuzius, vom Manne trennen, liegt eine gewisse Unebenheit. Für das reine Strukturbild gibt es ja diese Trennung nicht; das neintypische Wesen, das der Ausdruck «männlich» im Grunde nur und generell meint, ist hier vielmehr das designiert «weise», nämlich eben das unruhvoll wache, das schweifende und erfahrende. Trotzdem besteht jene Trennung zu Recht und besitzt sie sogar prinzipielle Bedeutung, denn hier wie stets ist das erstrebte und visierte Ziel nicht auch schon das erreichte. Daher läßt sich kein Tier, auch kein männliches, als weise bezeichnen, wenn der Sinn dieses Ausdrucks nicht grob verfehlt wird. Auch jeder Mensch männlichen Geschlechtes ist bekanntlich nicht schon eo ipso ein Weiser, während anderseits Diotima im «Gastmahl» dem Sokrates als das weiseste Weib gilt, während sich also im menschlichen Rahmen das strukturell neintypische Wesen auch in der relevanten Hinsicht mit dem sexuell männlichen nicht einfach deckt.

Es reicht eben definitorisch noch nicht, daß ein Wesen schweifend Erfahrungen sammelt und intelligent darüber verfügt, wie es ja auch Tiere durchaus vermögen. Weisheit ist gedeutetes Wissen, ist reflexive Verwandlung des Erfahrungsmosaiks zum Gesamtbild. Sie findet sich daher nur bei Personen und im bekannten kosmischen Umkreis mithin nur beim Menschen; und auch diesem ist sie nicht naturhaft gegeben, sondern lediglich als Leistung von der Anlage her ermöglicht.

Das männliche Geschlecht hingegen ist – beim Menschen wie überall – an solche Bedingungen nicht gebunden. Und im Falle des Weisen also, bei Sokrates oder Konfuzius, ist das neintypische Wesen durch «männlich» wie auch durch «weise» bezeichnet. Doch geht ersteres auf die naturische Grundform und letzteres auf die Transposition; dies ist der geschichtliche Ausnahmefall und jenes die kosmische Regel. Neben Sokrates oder Konfuzius als dem Manne steht daher, mit Verlaub zu sagen, insofern gleichrangig der Stier; und da jedes subjekthafte Wesen, weil es Drittes nicht gibt, nur entweder zum Jatyp oder aber zum Neintyp gehören kann, reicht die exemplarische Zuständigkeit in der relevanten letzteren Hinsicht, wie natürlich auch in der ersteren, bis in die dämonische Tiefe. Auch der Mensch und der Mann befinden sich noch in diesem Rahmen, wenngleich hart an der oberen Grenze, über welcher das Reich der Geschichte beginnt. Und ganz in dem letzteren steht der Weise. Nicht daß er den Gott verkörpert, sondern daß er dies frei als ein Einzelner statt auf dämonischen Befehl als Exemplar des Artwesens tut, verleiht ihm seinen besonderen Rang.

Auch das alles gilt mutatis mutandis für die Göttin wie für den Gott und bei beiden wie für die Gesamterscheinung so auch für jeden ihrer Aspekte. Damit kommt ein Zusammenhang, der von vornherein involviert war und nun vielleicht doch überrascht, zu voller begrifflicher Klarheit: Götter und Dämonen wohnen nicht in zwei verschiedenen Reichen! Was sie trennt, ist ihr grundsätzlich verschiedenes, unsterbliches oder sterbliches, Wesen, nicht aber der Schauplatz.

Alle subjekthaften Dämonen stehen obendrein aber auch thematisch, als Inkarnationen, in einem unmittelbaren Verhältnis zu einem von beiden unsterblichen Wesen. Insofern ist das Universum gerade auch in der dämonischen Tiefe zugleich durch und durch Götterwerk. Eben das indessen b i n d e t die Götter; sie sind in demselben Maße und Sinne, in welchem sie das Dämonenreich durch ihre Anwesenheit heiligen, selber entsprechend dämonisiert. Auch die werdelogischen Arten gehören ja zu den Dämonen; sie jedoch als dependente Wesen sind nicht jatypisch oder neintypisch, sondern vom organhaften Zweck her bestimmt, um doch in pulsierendem Folgen erst die Subjekte hervorzubringen, die daher immer auch Dependentem, Räumlich-Nichtigem, zu entsprechen haben.

Die Götter sind hier die Gefangenen ihrer eigenen universalen Schöpfung. Daher freilich anderseits das ebenfalls universale Streben, den Subjektcharakter, um der Dämonenmacht zu entrinnen, ins Individuum vorzuverlegen. Autonom wird am Ziel dieses Weges zusammen mit dem Menschen der Gott.

6. Das «Do ut des» zwischen Gott und Person. Theonomie als Erfüllung der formellen Autonomie.

Mit der Beziehung von Gott und Dämon rückt auch jene von Gott und Person daraufhin, wie man sieht, in ein neues Licht. Auch in dieser Hinsicht wurde zunächst nur das Trennende deutlich: Daß Gott und Person im Rahmen dessen, was überhaupt ein Subjekt sein kann, als Extreme fungieren, weil sich in ihnen Konstanz und Variabilität von Ort und Handlung auf diametrale Weise verbinden, lag der Definition als spezifische Unterscheidung zugrunde. Und auch daran, wie am Gegenüber von Gott und Dämon, ändert sich jetzt der Sache nach nichts.

Nur erschöpft das wieder nicht die Beziehung. Daß jene beiden Extreme, gerade weil sie dies sind, einander ergänzen, kommt nun vielmehr hinzu. Die Autonomie des subjekthaften W e s e n s ist auf Grund der erörterten Lage eben auch schon die des s u b j e k t h a f t e n Wesens. Insofern darf man geradezu sagen, daß erst der Mensch den Gott zu sich selbst bringt. Oder jedenfalls ist das m ö g l i c h . So muß man behutsamer sagen, zumal das Entscheidende an der Hilfe, die der Sterbliche hier dem Unsterblichen leistet, auch in der positiven Bedeutung von jener Einschränkung direkt abhängt. Die Person stellt in dem Partnerverhältnis ja den h a n d l u n g s v a r i a b l e n Teil dar. Eben hierin, in ihrer Freiheit, liegt ihre extreme Größe und theologische Relevanz, die indessen das, was sie ist, nicht wäre, wenn sie nicht auch das Versagen als Möglichkeit in sich enthielte.

Der Mensch also m u ß dem Gotte nicht helfen. Er kann sich der Aufgabe auch entziehen. Doch trifft das dann wiederum b e i d e Partner. Denn auch dann bleibt der Mensch autonom. Die Befreiung ist irreversibel. Es gibt folglich kein «Zurück zur Natur» in jenem fundamentalen Ausmaß, das praktisch als Rückkehr zur Tierheit wieder Bergung im Kollektiven gewährte.

Die vormenschliche Natur ist nun freilich, wie gestreift, in ihrer dämonischen Tiefe, trotz der Gebundenheit im Kollektiven, ebenfalls bereits Götterwerk. Das gilt also gerade auch für das Tier. Es ist auf seine Weise vollkommen; die noch unversehrte Dämonenmacht, die intakte Instinktgrundlage, ist ebensosehr Ordnung wie Bindung. Gerade diese Vollkommenheit aber hat der Mensch unwiederbringlich verloren. Auch wenn er sich dem Gotte verweigert, gewinnt er sie deshalb nicht etwa zurück; vielmehr verzichtet er damit nur auch noch auf jene Vollkommenheit höheren Ranges, die sich statt der naturhaften von der Autonomie her grundsätzlich bietet.

Das Hilfsverhältnis von Gott und Person ist, wie sich daran zu zeigen beginnt, auf Gegenseitigkeit angelegt. Es zielt letztlich auf ein *«Do ut des».* Denn die Autonomie ist nicht selbst schon ein Wert; im Gegensatz zur schlicht vollkommenen Ordnung des Tieres stellt sie im ethischen Sinne keine positive Gegebenheit dar, sondern lediglich eine neutrale Plattform, die an inhaltlichen Entscheidungen die erbärmliche wie die hohe ermöglicht. Der abendländischen Meinung, daß der

Mensch rundweg mehr als das Tier sei, muß man deshalb widersprechen. Unter den neueren Denkern hat wohl einzig Montaigne, nach
düsteren Andeutungen zu schließen, schon bemerkt, wie es sich tatsächlich verhält: Der Mensch ist mehr o d e r w e n i g e r als das Tier! Er ist
weniger, wenn er das Hilfsverhältnis von Gott und Person seinerseits
unterbindet; denn dann fehlt ihm die transponierte, spezifische Vollkommenheit w i e o h n e h i n d i e n a t u r h a f t e, so daß er noch hinter
der Laus, der die letztere eignet, als ein Dreck, ein Banause, zurücksteht. Doch kann er auch mehr als das Tier sein, denn er allein kann den
Gott in die Freiheit und damit sich selbst in den Gott erheben. Gerade
als das autonome Wesen ist er das eigentlich t h e o n o m e: dies der Berufung und jenes der Form nach.

7. Vorrang der Göttin im Alltag und des Gottes im theonomen Alleingang. Der Hausvater als männliches Weib und die Theonomie bei Nonne und Dirne. Herr Wute und Frau Holle.

Der Gott ist handlungskonstant. Auch die an sich handlungsvariable
Person büßt daher im Inkarnationsfall ihre Beweglichkeit insofern ein.
Sie tut es um so mehr, als der Gott, den sie darstellt, natürlich stets ein
bestimmter ist. Der Gott Nein und die Göttin Ja können sich hier und
jetzt, zugleich in derselben Hinsicht, in demselben Menschen nicht inkarnieren; und das gilt wiederum bei beiden wie für ihre Gesamterscheinung so auch für jeden ihrer Aspekte. Der Mensch steht damit am
Scheidewege, und dies mehrmals auf divergierende Weise. Die inkar-
native Möglichkeit geht nicht nur auf verschiedene einander ausschlie-
ßende Ziele, sondern kennt überall auch noch Gradunterschiede.
   Den Anfang macht die sexuelle Genormtheit, die in der Regel von
vornherein den Knaben auf die Pfade des Gottes und das Mädchen auf
jene der Göttin lenkt. Das gemeinsame Hauptziel ist die Familie als die
kleinste und elementarste, der Naturordnung nächste, geschichtliche
Einheit. Die Weichenstellung also ist hier noch Sache der Dämonen,
die jedoch nicht mehr einfach befehlen. Gattenwahl und Familiengründung vollziehen sich nicht mehr automatisch. Auch hier entscheiden

vielmehr schon Personen und ist also die Natur bereits durch ihre Transposition ersetzt. Was aber durch diese repräsentiert wird, ist noch dieselbe Schicksalsgestalt wie überall sonst in der Grundform und ist somit überhaupt, statt irgendeiner exzentrischen Wendung, noch die Gänze dieser Gestalt.

Getrennt nach Geschlechtern und Lebensaltern werden alle Aspekte des Götterpaares nach- und nebeneinander verwirklicht. Gegen die handlungsvariable Person setzt sich dabei im Idealfall der handlungskonstante Gott dauernd durch. Aber er gerade bleibt hier nicht dauernd derselbe; die disparate Aspektbewegung führt daher auch bei ihren menschlichen Trägern zu entsprechend verschiedenen Inkarnationen: im Manne zum Schweifenden und dann zum Gatten, in der Frau zur Gattin und dann zur Mutter. Alle diese Aspekte sind bereits transponiert, bereits über das Ichbewußtsein in die geschichtliche Hochform verwandelt. Aber eben weil sie alle es sind, richtet sich die Bemühung des Menschen hier im unbedingten Sinne auf keinen.

Das läßt überhaupt schon erkennen, daß es der Autonomie des Menschen hier um die Autonomie des Gottes noch gar nicht wirklich zu tun ist. Die Absicht beim *Do ut des* kann ja schwanken. Die Inkarnation muß nicht Selbstzweck sein, sondern kann auch mehr oder minder (wenngleich niemals ausschließlich) vom Menschen als bloßes Mittel gemeint sein. Das letztere ist sogar die Regel. Und die Person, die den Gott darstellt, dient dann also zutiefst noch sich selbst; ja sie dient eigentlich dann sogar, da sie mit den Aspekten des Gottes auch an sich selbst das Subjekthafte wechselt, nur einfach dem menschlichen Leben.

Es ist an sich überhaupt «das» Leben, das hier ja keinen anderen Sinn als in allem subjekthaften Werden besitzt. Die personhafte Inkarnation hebt diesen Sinn freilich eigens hervor, so daß sich im Alltag das Ewige spiegelt. Ein frommer Egoismus also sucht hier letztlich die eigene Weihe. Und man darf ihn deshalb nicht tadeln. Daß sich der Mensch auf diesem Wege seines Adels als Mensch versichert (was er nicht irgendwie anders vermag), ist ein durchaus legitimer Vorgang. Mehr an numinoser Erhöhung würde die Durchschnittsnatur überfordern. Auch streiften wir schon, daß der Egoismus, der sich in solchem

Sinne verklärt, nie ein zynisch restloser sein kann. Der Gott ist also nie bloßes Mittel; der fromme Egoismus muß immer auch echt in der Frömmigkeit sein, um als Egoismus sein Ziel zu erreichen. Auf der Heiligkeit der Familie, die sich nur aus dieser Haltung ergibt, basiert zudem die geschichtliche Ordnung. Gerade der heutige Mensch, der mit seiner als Selbstzweck gesetzten und deshalb banalen Autonomie nicht allein die Natur verwüstet, sondern sich selber zu einem Unrat macht, lehrt uns wieder drastisch ermessen, was für eine Schlüsselfunktion jenem frommen Egoismus gebührt.

Das ändert nichts am theologisch Behelfsmäßigen, letztlich Unzulänglichen dieser Haltung. Auch ihrem wahren Ziel, dem Menschen, dient sie daher eigentümlicherweise nicht so konsequent, wie sie möchte. In dieser wie in jener Hinsicht bleibt die unbedingte Erfüllung, die nur einseitig möglich wäre, hier eben deshalb unverwirklicht. Die fromm egoistische Haltung im ganzen also ist «weiblich», jatypisch-harmonisierend. Trotzdem und gerade deshalb kommt auch der Gott Nein, der Schweifende und der Krieger, hier bedingtermaßen zu seinem Recht. «Vom Mädchen reißt sich stolz der Knabe ...» Erst nach der Rückkehr vom Abenteuer, über Berufswahl und Eheschluß, siegt auch im Manne der Geist der Ruh; gerade das freilich heißt aufs ganze gesehen, daß eben auch der Geist der Unruh sich dem großen Ruhen als Auftakt einfügt.

Der Gesamtzustand ist ja nicht etwa starr; das Ruhen ist Schwingen in Gegensätzen. Und in diesem Verstande also regiert hier im ganzen die Göttin Ja. Damit hängt es zusammen, daß in der atheistischen Neuzeit, im sonst allgemeinen Zerfall religiöser und menschlicher Bindungen, allein Maria als faktische Göttin und allein die Familie als Lebensordnung intakt blieb: beides spiegelt dieselbe Anwesenheit! Gerade in dieser Breitenwirkung zeigt sich aber auch schon die Schwäche. Was jedem Gott gilt, gilt keinem spezifisch. Und das schlägt auf den Menschen zurück. Die theologische Halbheit ist immer auch eine existentielle: Was sie dem Gotte verweigert, das verweigert sie auch der Person. Der theonome Endsinn des autonomen Bewußtseins wird allenthalben gestreift und eben deshalb nirgends verwirklicht.

Das ist die paradoxe Schuld der jatypisch-harmonisierenden Hal-

tung: Sie vermeidet die Schuld, die der Mensch als Preis für die theonome Vollendung, weil sie nur einem Gott gelten kann, notwendigerweise entrichten müßte! Damit ist umgekehrt schon gesagt, daß der
existentielle Mensch, der sich selbst als Person und also den Gott radikal verwirklicht, entsprechend radikal mit der harmonischen Mensch-
lichkeit, auch der weihevoll sublimierten, bricht. Er verliert sich, um
sich zu finden, wie die berühmten Paradoxe aus dem Taoteking und
der Bergpredigt es eher beschreiben als fordern und wie auch Goethes
«Stirb und werde!» es im Grunde nur lapidar feststellt.

Wie das harmonische Leben der Göttin Ja untersteht, so das theonome dem Gotte Nein. Das gilt aber wiederum ganz und eigentlich nur
für die Haltung, nicht aber ebenso ausgeprägt auch für deren inhaltliche
Erfüllung. Inkarniert wird jetzt ausschließlich ein Gott; dieser unbedingte Kontakt, der die Vereinseitigung in Kauf nimmt, ist insofern ein
neintypischer, was indes für die Frage, welchem Gotte er gilt, keine
Vorentscheidung bedeutet. Wiederum werden vielmehr die diametralen Möglichkeiten, also jetzt die Aspekte der Göttin Ja, nicht etwa einfach beiseite gelassen. Doch sind sie es nun, die sich als Elemente dem
konträren Gesamtzug, dem zur Bestimmtheit, einfügen müssen.

Das kann am wenigsten dort gelingen, wo die Unbestimmtheit am
deutlichsten vorherrscht. Die Gesamterscheinung der Göttin Ja hat
nunmehr also den mißlichsten Stand. Von ihren exklusiven Aspekten,
dem der Geliebten und jenem der Mutter, kommt immerhin ersterer in
der Dirne und letzterer in der Nonne zu gesonderter Darstellung; eben
in der Bestimmtheit, der existentiellen Ausschließlichkeit, tendieren
beide Lebensformen, so weiblich sie von Natur her sind, als Haltungen
in die männliche, theonom profilierbare Richtung.

Ihrer Bestimmtheit zuliebe verzichten Dirne und Nonne auf Eheschluß und Familiengründung, auf das Einfügen des Aspektes also in
die numinose Gesamterscheinung. Diese selbst ist nicht ähnlich aus-
drucksstark. Einzig mögliche Inkarnation ist hier ja die reguläre Hausfrau; hier gibt es, mit anderen Worten, so gut wie gar keine Differenzierung von der jatypisch-harmonisierenden Haltung. Demgegenüber
bedeutet die Dirne gewiß nicht den eindeutig höheren Typus, doch
steht sie immerhin wie die Nonne der theonomen Möglichkeit näher.

Das christliche Abendland mit seiner Verachtung der Prostitution tut also, theologisch gesehen, nicht etwa bloß des Guten zu viel, sondern verkehrt geradezu die Gewichte. «Prostitution», unbedingte Hingabe, bezeichnet ja an sich nur die freie Hervorkehrung e i n e s Aspektes, der damit auch schon der Norm widerstrebt, ohne daß dies ihn bereits abwerten müßte. Auch die Nonne und auf der männlichen Seite der Held und der einsame Neuerer sind insofern Prostituierte. Und jeder versucht sich tunlichst von seinem Beruf zu ernähren; sogar die Kommerzialisierung, die «käufliche Liebe», ist mithin noch kein grundsätzlicher Einwand. Auch spricht es nicht gegen die Möglichkeit, daß die weiblich sexuelle Prostitution in der tristen Wirklichkeit aus nur allzu naheliegenden Gründen allen Korrumpierungsgefahren besonders wehrlos ausgesetzt ist, zumal wenn sie religiös unbeschützt bleibt.

Der theonome Schwerpunkt liegt jedoch bei dem männlichen Wesen, sofern es dieser Kennzeichnung auch thematisch statt bloß sexuell gerecht wird. Der Hausvater zählt daher nicht; er gehört wie die Hausfrau noch gänzlich zum harmonisierten «Leben», fungiert gleichsam als ein männliches Weib, um jedoch auch in diesem Rahmen nur eine Nebenrolle zu spielen, so wie im christlichen Mythos Joseph und der Heilige Geist, die beiden gleich zweifelhaften Väter, mit Maria, der Mutter, an Deutlichkeit und Bedeutung durchaus nicht zu konkurrieren vermögen. Es leuchtet sogar im Gegenteil ohne nochmalige Begründung ein, daß sich die hohen, männlichen Ausprägungen der Theonomie viel weiter und entschiedener, als im weiblichen Rahmen möglich, von der Naturgrundlage entfernen. Die direkten männlichen Parallelen zur Nonne und zur Dirne, der Mönch und der Kinäde, sinken schon deshalb relativ auf die möglichen Hauptgestalten zurück. Zölibat und Prostitution sind mit negativem Akzent an der naturnahen Norm, der Ehe und der Familie, noch unmittelbar orientiert; sie sind gewissermaßen noch n a t ü r l i c h e Antithesen zur Natur, die im weiblichen Lebenshaushalt deshalb schwerer als im männlichen wiegen.

Die radikal theonomen Formen sind, wie sich daran umgekehrt zeigt, potenziert und in mehreren Hinsichten «männlich»: Sie sind es, wie ohnehin klar, in der Haltung. Sie sind es aber auch spezifisch, denn sie gelten dem Gotte Nein. Und schließlich, drittens, sind sie es in der rastlosen Geistigkeit des Bezuges, der ungenügsamen Tendenz zur Steigerung auch im gesteigerten Zustand. Bereits auf der weiblichen Seite gibt es immer Ansätze in dieser Richtung, etwa wenn sich im alten Hellas von der einfachen Dirne, obwohl man sie akzeptiert, noch die exklusive Hetäre sondert. Auf der männlichen Seite wird der Abstand größer und ein prinzipieller. Wenngleich sich die theonome Haltung bereits in ihrer Gänze von der jatypisch-harmonisierenden und insofern elementaren abhebt, spaltet sie sich jetzt also nochmals in eine relativ elementare, insofern «niedere», und eine auch demgegenüber noch «hohe», nämlich abermals sublimierte.

Wie für den Wanderer, für die Gesamterscheinung des Gottes, gilt das an sich auch für seine Aspekte, für den Wütenden und den Zeuger. Diese lassen sich allerdings beide nicht dauernd, durch ein ganzes Menschenleben, verkörpern. Gerade am zeugerischen Aspekt als dem zweiten männlichen und zugleich ersten weiblichen kommt das charakteristisch zum Ausdruck. Der Zeugungsakt ist an sich, wie schon dargetan, homogen; mit nur vordergründiger Rollenverteilung wird der erotische, logische Schluß von beiden Geschlechtern gemeinsam vollzogen. Die Auswertung der sakralen Bedeutung hängt jedoch ab von der Menschennatur; entscheidend wird damit der Umstand, daß der latenten sexuellen Dauerbereitschaft des Weibes, die sich in der Dirne verabsolutiert, beim Manne nichts dergleichen entspricht.

Zwischen dem ersten männlichen Aspekt und dem zweiten weiblichen vollends, zwischen Herrn Wute und Frau Holle, gibt es ohnehin keine Gemeinsamkeit und herrscht wiederum nur auf der weiblichen Seite ein positives Verhältnis zur Zeit. Die Sorge der Mutter um Kind und Familie repräsentiert geradezu das Währen; die berserkerhafte Wut hingegen ist kaum anders als der Zeugungsakt ein ekstatisch kurzfristiger Höhepunkt, was typenbildende Wirkungen ausschließt. Bei dem Gotte in seiner Gesamterscheinung liegt daher der theonome Schwerpunkt. Allenfalls das Warten auf Wut oder Zeugung, auf die Ekstasen von Krieg oder Liebe, kann einseitig überwiegen, was dem Wütenden oder dem Zeuger dann zwar zu spezifischem Ausdruck verhilft, aber dies eben doch nur in der Gestimmtheit des Wanderers.

8. Don Quixote und die theonome Verrücktheit.

Der theonome Mensch hört eo ipso auf, im üblichen Sinne «normal» zu sein. Er wird handlungskonstant wie der Gott, den er darstellt, und nähert sich damit verhaltensmäßig dem pathologischen Monomanen. So hat ihn besonders Cervantes gezeichnet, wenn auch nicht in voller Bewußtheit. Don Quixote ist ja nicht einfach der Narr, als der er uns offiziell vorgestellt wird. Ein erlauchter Chor von Bewunderern hat das seit langem eingesehen und immer wieder sozusagen den Helden gegen den Dichter verteidigt.

Die Ehrenrettung beginnt im Grunde freilich schon bei Cervantes selbst, der im Fortgang seiner Erzählung erst nach und nach, geradezu mit Erstaunen, zu bemerken scheint, was er schreibt. Seine Spottfigur ist in Wahrheit ein Mensch von tragischer Wesenstreue; seine Parodie wächst sich damit zum ersten eigentlichen und wohl immer noch größten Roman aus. Vollends für die Deuter von Heine bis Unamuno ist Don Quixote dann schlechthin der Edle, dessen Komik sich nur daraus ergibt, daß sich sein Objektivitätsbild mit der gemeinen Welt nicht verträgt.

Das hat jedoch einen subjekthaften Grund. Der Held ist in seinem Weltverhältnis erst so unverrückbar fixiert, nachdem er selber ein anderer wurde, was sich sogar im Namenswechsel bekundet. Der sein Leben vertrödelnde Junker hockt plötzlich nicht mehr über den Büchern, sondern fährt aus als irrender Ritter, beginnt abenteuernd zu schweifen, was uns auch schon in der Frage, welches Subjekt hier zu handeln beginnt, von vornherein jeden Zweifels enthebt. Und diese Wandlung geschieht tatsächlich; der Identitätstausch am Anfang gehört nicht auch selbst zu den Illusionen, denen er entspringt und zu denen er führt! Wie vielmehr Rüegg mit Recht betont, ist Don Quixote «ein wirklicher Ritter, ein echter, nein sogar der echteste Ritter, den es je gegeben hat oder der je literarische Gestalt gewonnen hat, ja geradezu die Seele des Rittertums»[3].

Cervantes hat in der Person seines Helden alle Vortrefflichkeiten des Kriegers und noch etliches mehr versammelt. Don Quixote zeigt sich für das Waffenhandwerk moralisch und körperlich bestens befähigt, ist aber obendrein ein Weltmann mit vollendeten Umgangsformen, verbindet eine profunde Bildung mit Güte, Takt und Humor und überrascht sogar in den Gesprächen durch tiefsinnig originale Weisheit. Auch sein Weltbezug also ist keineswegs durch und durch illusionär. Wohl verwandeln sich für sein Bewußtsein Kneipen in Kastelle, Mägde in Damen und Windmühlen in bedrohliche Riesen; der Raum dieser Sehstörung aber ist eigentümlich eng begrenzt und wird umrahmt von einer im ganzen realistischen Lagebeurteilung.

Denn man sollte es stärker beachten: Don Quixote weiß, daß er gegen den Strom schwimmt! In der Rede unter den Eichen, am Lagerfeuer der Ziegenhirten, liefert er kurz und in hymnischer Sprache eine gleichwohl geschichtstheoretisch genaue und treffende Definition: Das Goldene Weltalter ist durch das Fehlen von Geldwirtschaft, Technik und staatlicher Reglementierung eindeutig als Frühzeit gekennzeichnet und das Eiserne damit als die «Neuzeit», die abendländische Spätzeit. Und Don Quixotes Entscheidung ist klar: Seine ganze Liebe gilt dem Goldenen Weltalter, was aber gerade nicht heißt, daß er es für gegenwärtig hielte, wie er umgekehrt das Eiserne, das er ablehnt, deshalb nicht etwa verkennt. Der neuzeitliche Einheitsstaat mit seiner kahlen Bürokratie hat über den Lebensfrühling gesiegt; gerade weil Don Quixote das nüchtern begreift, protestiert er leidenschaftlich dagegen. Anderseits nämlich weiß oder ahnt er, daß auch die Spätzeit nicht ewig dauert, daß hinter der öden Fassade vielmehr die Welt der Abenteuer, der Irrungen und Verzauberungen, die düster-heroische Shakespeare-Welt, ihren nächsten Auftritt schon vorbereitet. Auch darin denkt er noch realistisch, denn wir haben ihm beizupflichten: Die Frühzeit ist zwar vergangen, steht aber in anderer Form auch bevor! Don Quixote verschätzt sich jedoch im Termin. Er hält eine noch sehr ferne Zukunft für eine unmittelbar nahende, die er durch seine Tat bereits einleiten kann und deren heilige Zeichen seiner ungeduldigen Hoffnung denn auch schon entgegenzuwachsen scheinen.

An diesem Punkt erst beginnt der Wahn. Don Quixote verkennt also nicht, wie seine klassischen Deuter es durchweg zu seiner Entschuldigung glaubten unterstellen zu müssen, als ein edler Träumer, ein verstiegener Idealist, überhaupt die Welt, sondern lediglich speziell seine Welt, die leider noch ganz und gar nichts mit jener ersehnten zu tun hat, welche er gleichwohl an sich mit Recht für die sozusagen wahrere, für die ewige Grundform nämlich, erachtet. Er ist also eigentlich nur so närrisch wie noch stets der geniale Neuerer, der sich lediglich im Anbruch der Zukunft, gerade weil er sie besser als jeder andere kennt, naheliegenderweise verschätzt und wohl sogar verschätzen soll.

Trotzdem bleibt es mysteriös, daß ein so weiser und wissender Mensch, wie er uns nach dem Willen des Dichters in Don Quixote entgegentritt, überhaupt dergestalt zu irren vermag. Das Geheimnis erklärt sich jedoch theologisch: Der Umnachtete ist ein Erhöhter; seine Verrücktheit entspricht der Entrückung. Der Junker Alonso Quixano nach dem Identitätstausch, also der Ritter Don Quixote, der Schweifende, ist ja eo ipso handlungskonstant und dies einschließlich der Lagererwartung, die sein subjekthaftes Wesen perspektivisch-objekthaft ergänzt. Weicht der Wahn, so ist dies das Ende und zwar vornehmlich, wohlgemerkt, das Ende des schweifenden Ritters, das Ende also «Don Quixotes», weshalb der Junker den Namenswechsel, der den Identitätstausch markierte, denn auch vor seinem Tode konsequenterweise zurücknimmt.

«Ich bin ein Narr gewesen, aber jetzt bin ich bei Verstande; ich bin Don Quixote von der Mancha gewesen, aber jetzt bin ich Alonso Quixano der Gute.» Der Zeitschlüssel hatte nicht gepaßt, was der Sterbende endlich begreift. Ohne dies einzige Mißverhältnis aber lag ein ganz anderes Schicksal an. Denn auch dann wäre der Entrückte zwar noch immer ver-rückt im ursprünglichen Wortverstande gewesen, einfach weil kein personaler Bezugspunkt nach dem Identitätstausch noch ganz derselbe wie vorher sein kann. Doch ist diese Verrücktheit das Gegenteil eines Handicaps. Ganz andere Gigantenkämpfe als lediglich chimärische wären daraufhin bestehbar geworden, denn in allem übrigen, wie gesagt, ist der Held der bessere Realist.

9. Napoleon – der Gott Nein nach dem Zerbrechen
der neuzeitlichen Kulturfassade.

Wenn der Zeitschlüssel paßt, ist die theonome Verrücktheit einfach die gewaltigste aller menschlichen Energien. Was das für die Umwelt bedeutet, hat uns besonders Napoleon auf unvergeßliche Weise gelehrt. Er ist in der Welt, die er antrifft, letztlich ein Fremdkörper wie Don Quixote, denn der heilige Glanz jener neuen Frühe, von welcher der irrende Ritter träumte, hat sich auch jetzt noch nicht ausgebreitet. Immerhin ist die neuzeitliche Fassade erst einmal gründlich zusammengestürzt. Wenigstens im taktischen Sinne ergibt sich damit für den Entrückten vorübergehend die Lage, die seinem subjekthaften Wesen entspricht. Und so ist er nicht lächerlich, sondern furchtbar, zerschlägt er statt einer Hammelherde ein waffenklirrendes Staatensystem.

Die numinose Handschrift aber ist wieder dieselbe wie damals. Ihren eigentümlichen Duktus erkannten denn auch schon die Zeitgenossen, nur daß das im abendländischen Rahmen, weil die theologische Deutung ausblieb, im ganzen den Zugang eher erschwerte; die hochbrisante Verbindung von Euphorie und Kalkül, die an sich des Rätsels Lösung enthielt, faszinierte nur Feinde wie Freunde mit der Blendkraft des Unrubrizierbaren.

Napoleon schien vom Monde gefallen, wie man es einmal mehr drastisch als respektvoll umschrieben hat. Taine verlagerte bloß die Ursprungsfrage, er wechselte gleichsam die Unbekannten, als er Napoleon zum Italiener und verspäteten Renaissancemenschen machte. Am ehesten war es Goethe, der dem Geheimnis auf die Spur kam, wenn er in Napoleon – mit eigens dafür konzipiertem Begriff – eine dämonische Natur sah. Wenn diese allerdings auch nicht göttlich (wie nicht menschlich und nicht teuflisch) sein sollte, so hatte die moralisierte christlich-abendländische Gottesidee der Begriffsbildung einen Streich gespielt, der ihre Wahrheit fast schon wieder aufhob. Denn die Kennzeichnung als «dämonisch» hat einen nicht dämonologischen, sondern theologischen Sinn. Und Goethe läßt daran, obgleich er vom Denkapparat seiner Zeit her den Unterschied nicht präzisieren kann, trotzdem der Sache nach keinen Zweifel, etwa wenn er bei dem Widersacher, der die «dämonische Natur» allein zu überwinden vermag, lapidar an das uralte Wort erinnert: *Nemo contra deum nisi deus ipse.* Gemeint mit dem Ausdruck «dämonisch» ist der vorchristliche *deus* und *daimon,* also der vom bloßen Dämon noch nicht deutlich getrennte, aber dafür auch von der Moralisierung noch nicht zerdeutete G o t t.

Damit hängt es zusammen, daß sich alles Moralische in lobender wie tadelnder Hinsicht, alles Verehrungswürdige wie auch Abscheuliche, an der Gestalt Napoleons so seltsam unerheblich ausnimmt: Der Gott, weil handlungskonstant, vermag nicht gut und nicht böse zu sein, und auch der Entrückte also entzieht sich damit diesem Maßstab, denn auf jeden Fall ist er als solcher n i c h t m e n s c h l i c h (hier ist der Ausdruck «dämonisch» wieder uneingeschränkt treffend) und natürlich auch eo ipso n i c h t t e u f l i s c h, weil ja auch «teuflisch», wie «menschlich», ein handlungsvariables Wesen voraussetzt.

Goethe dachte an diese Indifferenz, wenn er den «dämonischen» Menschen immer wieder einfach eine N a t u r nennt, so als ob die Person nicht mehr zählte. Tatsächlich ist diese ja abgesetzt und ein Subjekt ganz anderen Ranges, welches nicht mit sich reden läßt, verfügt über die Autonomie. Und wieder wie bei dem irrenden Ritter steht fraglos fest, um wen es sich handelt. Wieder drückt sich der Identitätstausch sogar im Wechsel des Namens aus: Napoleon statt Buonaparte! Wieder versinkt daraufhin die Heimat und beginnt das unendliche Schweifen. Mit beinahe komischer Strenge formt das wahre Subjekt sogar den alltäglichen Lebenstakt: Napoleon kann nicht stillsitzen; federnden Schritts hin- und hereilend pflegt er zu befehlen und zu diktieren; sogar nachts gibt es in der Regel, kurios folgerichtigerweise, mehrmals «Umzüge» von Zimmer zu Zimmer; auf den Wagenfahrten quer durch Europa wird ein Buch nach dem anderen gelesen und aus dem Fenster geworfen, so daß wenigstens das Bewußtsein, wenn schon der Leib es nicht kann, den euphorischen Bewegungsstil fortsetzt.

Auch das schließliche Scheitern gehört in diesen Zusammenhang und besitzt insofern also gleichfalls theologische Relevanz. Görres hat etwas davon geahnt. In der «Proklamation an die Völker Europas», die er dem besiegten Napoleon in den Mund legt, läßt er diesen vor der Abfahrt nach Elba ungeheuerlicherweise bekennen, er habe seinen

Sturz und das grausige Ende seiner Getreuen in den Eiswüsten Rußlands selber gewollt und verursacht! «Es schien mir größer, das Werk meines Lebens in verachtendem Stolze dem Untergange hinzuwerfen, als mit schwacher demütiger Nachgiebigkeit es dem Verderben zu entziehen.» In dieser mysteriösen Beichte, sonst einer gehässigen Fälschung, spürt man doch auch den unbestimmten, aber ernstgemeinten Verdacht, Napoleons eigenste Disposition habe direkter und stärker, als äußerlich erkennbar, auf seinen Untergang zugeführt.

So nämlich verhält es sich in der Tat. Denn nicht erst 1812 mit dem russischen Feldzug, sondern schon spätestens 1808 mit der Erhebung Kastiliens und dem ominösen Ausgang des Erfurter Fürstenkongresses, hat sich der Horizont verdunkelt. Alle Besonnenheit – nicht zuletzt in Napoleons eigener Brust – warnt seitdem vor weiteren Kühnheiten, rät zur Umstellung der Politik auf die Sicherung des Erreichten, empfiehlt die Abkehr vom Geiste der Unruh. Gerade das aber kann nicht geschehen. Der Entrückte ist handlungskonstant wie der Gott und bleibt also unverrückbar «ver-rückt». Daher hält er auch jetzt, wo der Zeitschlüssel nicht mehr passen will, gleichwohl in seinem Laufe nicht inne, so daß auch sein äußeres Schicksal nun also doch dem des irrenden Ritters auf gespenstische Weise zu ähneln beginnt.

Am Ende dann auch hier der offenbar charakteristische Vorgang: Mit dem Namenswechsel wird nach dem endgültigen Scheitern der Identitätstausch zurückgenommen. Auf Sankt Helena ist Napoleon, im Grunde auch vor sich selbst, wieder Bonaparte. Das zeigt sich zum Schluß sogar physiognomisch. Der Verstorbene hat, laut Aubry, «wieder das Antlitz des Ersten Konsuls»[4].

10. Massentümliche Theonomie. Sancho Pansa und die kaiserliche Garde.
Der Gott Nein als Soldat.

Napoleon und Don Quixote, jeder auf seine Weise, repräsentieren die theonome Haltung zwar für uns am weitaus prägnantesten, stehen aber doch durchaus nicht allein, was sie nämlich schon deshalb nicht können, weil ihr Zustand ansteckt. Wie der Knappe Sancho am Abenteuer des wahnvollen Helden oft genug, wider besseres Wissen und fast wider Willen, auch innerlich teilnimmt (Cervantes weiß es rührend zu schildern), so ist Napoleons Euphorie zugleich die seiner Grenadiere. Das zeigen besonders die letzten Schlachten, wo keinerlei moralische oder materielle Belohnung mehr winkt und dennoch nicht bloß weitergekämpft wird, sondern sogar die Begeisterung dabei unglaublicherweise noch zunimmt.

Das berichtet ein Augenzeuge, den Houssaye zitiert, gerade auch noch von Waterloo: «Noch niemals hatten die Leute so begeistert geschrien: ‹Es lebe der Kaiser!› Es grenzte an Wahnsinn. Die Nähe der englischen Truppen, die wir als dunkelrote Linie in ungefähr tausend Schritt Entfernung sahen, verlieh diesen Rufen etwas Feierliches und Erregendes.»[5] Das heißt das Verhalten grenzte auch im pathologischen Sinne eben an das, was es eigentlich, im theologischen Sinne, war: Die namenlosen Soldaten, die wenig Aussicht hatten, den Tag zu überleben, und die das auch wußten, teilten den seelischen Zustand des Kaisers, waren offenbar gleichfalls «ver-rückt»! Will man nicht unterstellen, daß sich der ungewöhnliche Vorgang, der numinose Identitätstausch, in ihnen allen plötzlich ohne ursächliche Querverbindung gleichzeitig zugetragen habe, so bleibt zur Erklärung auch hier nur, wie bei Sanchos Donquixotismus, das Überspringen des Wahnsinns jetzt freilich in epidemischem Ausmaß, also im Stil einer Massenpsychose. Für diese gilt ja dasselbe wie für die Monomanie: Die banale Beschreibung vom Phänomen her sagt noch nichts über den Rang, sagt nichts über den vielleicht gleichfalls banalen, aber vielleicht auch ganz anderen Ursprung, für den sich übrigens auch Le Bon in seiner klassischen Studie nicht im wertenden Sinne festlegt.

Anders als über das Bewußtsein vermag sich ein Massenwahn, welchen Ranges und Ursprungs auch immer, nicht auszubreiten. Das aber bedeutet in unserem Falle: Die Entrückung in den Gott ist erlernbar. Und dies nicht bloß, aber hauptsächlich über das konkrete menschliche Vorbild; das Lernen ist dann ein Nachahmen, und die nachgeahmte Symbolgestalt gewinnt damit die Funktion eines Mittlers. So vollbringt der wahnvolle Ritter als, wie Unamuno sagt, «Unser Herr Don Quixote», als Heiland, an seinem Knappen Sancho beispielhaft ein Erlösungswerk[6]. Nichts als der bescheidene, zunächst unwillig erfahrene Anteil an der theonomen Verrückung macht ja erst den Menschenfüßer zum Menschen, reiht Sancho in den hohen Typus auf freilich niederer Stufe ein. Und Sancho weiß das und ist dafür dankbar; daher sein verzweifeltes Schluchzen am Sterbelager seines Herrn und sein Dringen auf eine weitere Irrfahrt. Analog bei Napoleon. Trotz doppelter Verdunkelung – durch das abendländische Gottesbild und dessen aufklärerische Zersetzung – ist er seinen Soldaten deutlich ein Erlöser und Seelenführer. So weint die Garde beim Abschied wie Sancho und wünscht inbrünstig den weiteren Kampf, der doch wieder nur Not und Tod bringen könnte, was für sie jedoch eben wegen der Entrücktheit nicht zählt.

Daß durch den Mittler ein ganzes Heer, eine Masse, in den Gott entrückt wird, ist insofern ein fast regulärer Hergang, als man es dabei allgemein mit der hohen Bestimmung des Menschen zu tun hat. Die Möglichkeit steht daher jedermann, auch dem «kleinen Mann», offen; und sogar er ist auf einen Mittler dabei nicht einmal unbedingt angewiesen, wie er anderseits freilich auch mit dessen Hilfe nicht etwa unbedingt zu diesem Ziel kommt. Denn man würde terribel simplifizieren, wenn man beispielsweise für die feurige Stunde von Waterloo, an die wir mit Houssaye erinnert haben, kurzerhand unterstellen wollte, die napoleonischen Krieger seien damals wirklich ausnahmslos, und noch dazu Mann für Mann in derselben Intensität, von dem heiligen Wahnsinn ergriffen worden. Nicht auszuschließen ist vielmehr, daß es mindestens schon Einzelne gab, die der Begeisterung widerstanden, um nur noch für ihr Leben zu bangen. Der Kleinmut kam zunächst nicht zum Zuge; dafür war der Wahnsinn im ganzen zu heftig und war er also insofern doch, nach der Wirkung beurteilt, ein allgemeiner. Diese Allgemeinheit indessen ist zunächst einfach die der Massenpsychose. Sie offenbart nicht, sondern verschleiert, wo originärer Wahnsinn, um es einmal so auszudrücken, oder lediglich ephemerer waltet, wo also der theonome Mensch auch in der ungewöhnlichen Lage letztlich nur genau so «ver-rückt» wie bereits als Individuum ist oder wo wirklich erst die Psychose, die «Massenseele», ein an sich «normales» Bewußtsein vorübergehend dergestalt umprägt.

Die Symptome sind hier wie dort dieselben, was den Rangunterschied indessen nicht aufhebt. Und in freilich nicht abschätzbarem Verhältnis war der Wahnsinn von Waterloo jedenfalls aus b e i d e n Quellen gespeist. Neben der alten Garde und überhaupt den Berufskriegern kämpften ja die hastig aufgebotenen alten und jungen Bürgersoldaten, die sich zwar heldenhaft schlugen, aber damit doch nur einer Pflicht genügten. Auch sie waren plötzlich entrückt und begeistert, doch begeht man gewiß kein Unrecht, wenn man den Wahnsinn an diesem Teile als einen ephemeren betrachtet. Den originären Wahnsinn wird man hingegen am ehesten bei dem Berufskrieger suchen dürfen, falls sich nämlich in seinem Beruf eine eigentliche Berufung, eine existentielle Entscheidung, ausdrückt.

Gemessen am Bürgersoldaten, und natürlich nicht in der «bürgerlichen», sondern eben der theologischen Sicht, repräsentiert der Berufskrieger daher, mit Verlaub, den höheren Typus: den bereits theonomen nämlich im freilich einfachsten menschlichen Rahmen. Wenngleich er gern einer Fahne folgt, sich an eine große Symbolgestalt anlehnt, braucht er sich doch bei dieser nur die rechtfertigende Parole zu suchen und bedarf er im übrigen keines Mittlers; wie bei allem gnadenhaften Geschehen gibt es für seinen Wahnsinn keine ursächliche Erklärung. Gottfried Kellers «Pankraz der Schmoller» und Ernst Jüngers «Afrikanische Spiele» beschreiben, hier nach eigenem Erleben und dort mit «bürgerlicher» Distanz und dennoch liebevollem Verständnis, den unerklärlichen Ausbruch und Aufbruch: Primär ist wieder die Unruhe selbst. Das Ziel wird nachträglich untergelegt und zwar ohne persönlichen Anspruch von allgemein geschichtlichem Umfang. Gerade deswegen paßt der Zeitschlüssel stets; für den Landsknecht gibt es immer Verwendung.

11. Möglichkeiten der Beschwörung.
Kriegstanz als manipulierter Identitätstausch.
«Met Vlaandrens mannen is God en Wodan!»

Verglichen mit dem Berufskrieger hat der Bürgersoldat es schwerer. Er wäre viel lieber zu Hause geblieben, folgt statt einer Berufung dem Einberufungsbefehl des Staates; an sich gehört er ja noch in den ja-typisch-harmonisierten Bereich, untersteht er statt dem Gotte der Göttin und ist er also ein «Zivilist». Trotzdem dient er nun als Soldat, was also in seinem Falle, wenn man die Sprache genau nimmt, auch schon auf die Zwangslage hinweist: Er hat als das Gegenteil dessen, was er in Wahrheit darstellt, zu d i e n e n.

Die Schrecklichkeit dieser Selbstentfremdung ist als vorübergehend gedacht; der Bürgersoldat darf insofern hoffen, sich irgendwann auch äußerlich in den Zivilisten, der er an sich ist, wieder zurückverwandeln zu dürfen. Tatsächlich fungiert hier ja, wie erörtert, der Gott Nein lediglich als Moment der Allheit und steht der Vorgang in seiner Gänze also weiter im Zeichen der Göttin Ja. Fällt aber der Bürgersoldat in der Schlacht, so ist die Harmonisierung eitel und hat sich eben doch der Gott Nein, trotz jener grundsätzlichen Einschränkung, an diesem Teil u n b e d i n g t durchgesetzt.

Im Kriege hört nun einmal, wie man treffend sagt, die Gemütlichkeit auf und zwar wie in jeder anderen Hinsicht so gerade auch in der existentiellen. Schon im eigensten Interesse, aus nacktem Selbsterhaltungstrieb, muß der Bürgersoldat daher versuchen, sich auch innerlich, subjekthaft, vom Zivilisten zum Krieger zu wandeln. Die Entrückung, als Gnade verweigert, wird damit der Absicht nach m a n i p u l i e r t.

An dem Vorgang ist etwas Bedenkliches und zugleich Paradoxes. Einerseits fungiert der numinose Identitätstausch hier ja nicht nur nicht als ein Selbstzweck, sondern mit seiner Hilfe mag letztlich gerade sein Gegenteil, die Rückverwandlung zum Zivilisten, als wahres Ziel ins Auge gefaßt sein, während dennoch anderseits – hier wie überall – ein schlechthin unaufrichtiges *Do ut des* niemals wirksam würde, so daß sich Unreines mit Reinem auf seltsame Weise zu paaren hat. Die auslösende Zwangslage freilich ist ebenfalls schon paradox genug, und der Bürgersoldat hat sie nicht verschuldet; das ergibt zwei mildernde Umstände. Und jedenfalls wird an der Mißlichkeit offenbar nirgends Anstoß genommen.

Der manipulierte Identitätstausch ist ein uralter Menschheitsbesitz, und der dabei verwendete Ritus ist im Grunde immer wieder derselbe, was seine Effizienz unterstreicht. Bei verschiedenen alten Völkern wie heute noch bei den Primitiven kommt vor dem Kriege der Kriegstanz, der den Ernstfall pantomimisch vorwegnimmt und an ihm die Entrückkung übt. Die unerläßliche Selbstentfremdung wird durch bizarre Kriegsbemalung, Maskierung oder Verkleidung erleichtert; der Einzelmensch verschwindet und ist nur noch Jaguar oder Löwe. Der numinose Identitätstausch wird also nicht direkt, sondern über einen Umweg erstrebt: Der Tanz setzt ihn als geschehen voraus, stellt bereits den Wütenden in der Schlacht dar, um über diesen Vorgriff, vom simulierten Erfolg her, den Tänzer zu guter Letzt wirklich in den Wütenden zu verwandeln! Im Zeitalter der Militärparaden mit dem klingenden Spiel, dem archaisch symbolhaften Zeremoniell und dem statt hinter tierhaften Masken hinter denen der Technik verschwindenden Krieger besteht eigentlich wenig Anlaß, jene ältere Magie zu belächeln. Der Wahnsinn von Waterloo zeigt, was sich auch in einer entgötterten Welt auf solche Weise vermitteln läßt, sofern nur eben wirklich ein Mittler – und nicht bloß ein Regisseur – über die Äußerlichkeiten verfügt.

Neben dem Kriegstanz fehlt bei den Primitiven allerdings auch nie das Gebet, doch spielt es eine geringere Rolle. Tatsächlich kann ja der Identitätstausch nicht eigentlich erbeten werden, weil nun einmal die Götter, wie gesagt, nicht mit sich reden lassen; weil sie keine Personen sind, können sie ihr Verhalten nicht einer Bitte gemäß verändern. Trotzdem können sie reagieren, können sie also nicht bloß spontan, sondern dem Wunsche des Menschen entsprechend in Erscheinung treten und wirksam werden. Das beruht dann jedoch auf Beschwörung, weil nämlich der Mensch an den Gott, den er sich herbeiwünscht, damit auf jeden Fall überhaupt denkt. Eben damit ist folglich der Gott, der ja «nur» ein Gedanke ist, an diesem Teil bereits anwesend; er wird also nicht zwar durch eine Bitte zu einer besonderen Handlung veranlaßt, um sich dennoch so zu verhalten, als ob er der Bitte persönlich entspräche!

Am Kriegstanz als konkret geübtem, unentwegt wiederholtem und ekstatisch gesteigertem Wunsch zeigt sich das in besonderem Maße. Aber auch das Gebet ist immer wenn nicht der Absicht, so doch der Wirkung nach eine Beschwörung, eben weil auch der Betende an den Gott, der den Wunsch als Person hören und erhören soll, damit auf jeden Fall überhaupt denkt. So kann die irrige Annahme gleichwohl den gewünschten Erfolg zeitigen. Gerade auch im christlichen Abendland hat sich die Kraft des Gebetes auf dieser Basis unzählig oft, sogar in geschichtlichem Umfang, erwiesen.

> «Im Streite zur Seite ist Gott uns gestanden,
> Er wollte, es sollte das Recht siegreich sein;
> Da ward, kaum begonnen, die Schlacht schon gewonnen.
> Du, Gott, warst ja mit uns, der Sieg, er war Dein!»

Welcher Gott hatte durch seinen Beistand die Schlacht gewonnen? Für das Niederländische Dankgebet gab es hier keine Frage; nur der als Person verstandene Gott der Bibel kam in Betracht. Ihm gilt im zitierten zweiten Verse der Dank, ihm im dritten die Bitte um weitere Siege, die nicht ohne Erfolg bleiben sollte. Allerdings ist der biblische Gott hier spezifisch der «Lenker der Schlachten», also im numinosen Inhalt – ungeachtet der christlichen Form – der Gott Nein im ersten Aspekt. Eine unbewußte Instanzentrennung hielt sich an den tatsächlichen Gott, ohne den dogmatischen zu mißachten.

Im sogenannten Heidenlied von Gent, schon tief im christlichen Mittelalter, wurde die theologische Zweispurigkeit sogar noch offen artikuliert.

> «O vijand, hoe stout gij tracht wel naar der slag.
> Mer hebt acht, naar der naght komt onsen goeden dag.
> Uit Vlaandren komt gij niet, der hammer sal u slaan,
> Met Vlaandrens mannen is God en Wodan!»

Gott und Wodan! Jener der de jure, gewissermaßen der Höflichkeit halber, und dieser der de facto, aus dem gebotenen Anlaß, angerufene

Gott! Konkret herbeizitiert, beschworen, sollte und konnte nur letzterer werden; nur er ist ja selbst ein konkreter. Und konkret genug war denn auch die Hilfe, die der von «Gott» tolerierte «Wodan» den Flamen leistete, zumal sich in dem Heidenlied eine Haltung spiegelt, die eigentlich auch im formalen Sinne nicht bittet, sondern beschwört.

12. Der Gott Nein als Spielmann.
Goethes «dämonischer» Byron und der Rattenfänger von Hameln.

Nirgendwo sonst ist der theonome Mensch auf so profane Weise nützlich wie im Zusammenhang mit dem Krieg; nirgendwo sonst wird denn auch der manipulierte Identitätstausch so allgemein und gründlich versucht; und nirgendwo sonst gelingt er, wegen des elementaren Zieles, in auch nur annähernd ähnlichem Umfang. Unsere diesbezügliche Analyse klang daher vielleicht kriegerischer, als sie wirklich gemeint war; im Grunde hielten wir uns ja nur an das prägnanteste Beispiel als an das hier wie stets zur Verdeutlichung am besten taugliche.

Daß der Wanderer in der zweiten Gestimmtheit, in der des Zeugers, an beispielhafter Verwendbarkeit weit zurücksteht, braucht hier nicht nochmals erörtert zu werden. Wohl ähneln Krieg und Liebe einander gerade auch im symbolischen Zeremoniell; Tanz und Maskierung mit den Tendenzen zu befreiender Selbstentfremdung und simulierter Erfolgsvorwegnahme sind im erotischen Zusammenhang ähnlich wesentlich wie im kriegerischen und eher noch allgemeiner in Übung; gerade die uferlos weite Verbreitung wie auch das Mitwirken beider Geschlechter läßt jedoch schon erkennen, daß man sich noch durchaus im jatypisch-harmonisierten Bereich und geradezu in dessen Mitte befindet. Trotzdem gibt es auch hier den theonomen Steigerungsfall, also den in der Gestimmtheit des Wanderers dominierenden Zeuger. Das Ergebnis ist dann jene musische Haltung, die sich vom jatypisch-harmonisierten Bereich unter Umständen ähnlich dramatisch wie die kriegerische losreißen kann.

So stand etwa Lord Byron für Goethe als das andere große Beispiel einer dämonischen Natur unmittelbar neben Napoleon. Und wieder ist die Symbolgestalt nur der Gipfel in einer Skala von schlichteren analogen Typen bis hinab zum Spielmann und Bänkelsänger. Und auch hier gibt es Traditionen und Schulen mit simulierter Ekstase und selbstentfremdender Kostümierung, charakteristischen Anzeichen also für den manipulierten Identitätstausch. Die Breitenwirkung jedoch bleibt begrenzt. Im Gegensatz zum Gewappneten ist der musische Mensch, sobald er als Masse und massenwirksam hervortritt, der Gesellschaft eher verdächtig als nützlich, wie es im Altertum die Bacchanten und im Deutschland Metternichs die Gesangsvereine erfuhren und wie die Sage es an der Gestalt des Rattenfängers von Hameln verdeutlicht.

Hinzu kommen innere Schwierigkeiten. In den Gegensätzen von Sinn und Tat, von kontemplativem und aktivem Leben und, letztlich parallel dazu, von Introversion und Extraversion fällt der musische Mensch, wie auch immer sonst einzuordnen, jedenfalls in der Regel nicht unter die letztgenannten Rubriken. Schon deshalb ist seine Haltung nicht so leicht wie die kriegerische vom simulierten Erfolg her erreichbar. Auch in seiner schlichten Gestalt bleibt er ein Träumer und Einzelgänger im Stile Eichendorffs und Ibsens, ein «Taugenichts» und «Peer Gynt».

13. Der Gott Nein als Landstreicher und Bettler.
Rasputin und Jonny Appleseed. Sublimierungen bei Hamsun und Nietzsche.
«Daß aller Geist Vogel werde…»

Weder nützlich noch auch nur verdächtig ist der theonome Mensch dort, wo in ihm kein Aspekt des Gottes Nein dominiert und sich also einfach der Wanderer, die Gesamterscheinung des Gottes, an diesem Teile verwirklicht. In der modernen Arbeitswelt ist für diesen Menschen einfach kein Platz; aber auch für Kulturen und Zeiten, die ihn duldeten und zu verstehen suchten, war er immer ein schwieriger Fall. Wir denken hier nur, wohlgemerkt, an den Wanderer um des Wanderns willen, der also nicht etwa nomadisiert, nicht mit seinem dauernden Ortswechsel einer geregelten Arbeit nachgeht, obwohl er doch offenbar die vitale Eignung dafür besäße, was ja gerade sein dauerndes Wandern beweist.

Will er nicht stehlen, so muß er betteln. In der sozialen Rangordnung jedenfalls der neuzeitlichen Gesellschaft steht er, der Landstreicher, damit ganz unten, nämlich noch unter dem seßhaften Bettler, sofern dieser wirklich nicht arbeiten kann oder wenigstens diesen Anschein erweckt, wie vollends unter der Dirne, die sich von ihrem Gewerbe ja immerhin selbst zu ernähren weiß. Er tut das nicht, obwohl er es könnte. Gerade das macht ihn absolut verächtlich, und doch gereicht ihm gerade das im allerdings nicht bürgerlichen, aber theologischen Sinne zur Ehre, weil es ja nichts anderes heißt, als daß er freiwillig Armut und Ächtung um des Wanderns willen dauernd in Kauf nimmt! Damit beweist er, falls er geistig gesund ist und mit seinem Vagabundieren, wie hier immer vorausgesetzt, keinen ökonomischen Zweck verbindet, einen gewiß nicht alltäglichen moralischen Heroismus. Ohne die Unterstellung, daß sich der Identitätstausch in ihm auf schlichteste Weise vollzog, gibt es für sein Verhalten keine Erklärung. Er ist denn auch urverwandt mit dem Mönch, der in allen großen religiösen Zeiten ja gleichfalls nichts anderes als ein Wanderer aus Berufung und eo ipso ein Bettler war.

Verglichen mit den niederen Formen der beiden anderen hohen Typen, mit dem Berufskrieger und dem Spielmann, steht der Landstreicher, theologisch gesehen, eigentlich sogar obenan, eben weil sich für sein Verhalten nicht einmal Nebenmotive finden, die es, bürgerlich gesehen, wenigstens nachträglich rechtfertigten, weil vielmehr alle Menschenvernunft sich stattdessen eindeutig dagegen ausspricht. Deshalb fehlt hier praktisch die Möglichkeit wie eben auch das Motiv, den Identitätstausch zu manipulieren, ihn Unberufenen zu vermitteln, ja ihn auch nur in eigener Sache eigentlich zu wünschen und zu erbitten. Es fehlt, mit einem Wort, die Beschwörung. Das numinose Interesse richtet sich folglich nicht auf den Gott, ist auch dafür zu unabsichtlich und zweckfrei, und entspricht allerdings eben damit um so mehr und um so direkter dem Interesse des Gottes selbst.

Die Neugier des ewigen Wanderers gilt ja nicht etwa nur seinem eigenen Wesen, sondern schlechthin allem, dem All. Der Fahrende will die Welt erfahren. Und so also auch der Landstreicher als seine schlichteste Inkarnation. Er vergißt das aktive Leben über dem kontemplativen in der vortheoretischen Urform, über dem unersättlichen Schauen und Staunen. Daher ist die Frage, ob der Zeitschlüssel paßt, hier gemeinhin gegenstandslos. Gerade der Tatbeweis unterbleibt ja. Das gnadenhafte Welterlebnis wird nicht wie bei Don Quixote durch äußere Konfrontationen erschüttert, aber eben auch gar nicht donquixotesk oder napoleonisch beansprucht.

Wegen der äußeren Leistungsschwäche fehlt es an beispielhaften Gestalten. Die Stranniki der russischen Volksfrömmigkeit kommen dem Typus im abendländischen Rahmen am nächsten, um jedoch eben deshalb aus dem, was Spengler einmal treffend die russische «Brüderebene» nannte, als Einzelne wenig herauszuragen. Am ehesten tat es Rasputin, der aber auch recht weit vom Typischen abwich und nur dadurch, durch die ortsfeste politische Wirksamkeit in der Metropole, zu besonderer Profilierung gelangte. Anderseits ist der Typus kein Privileg der russischen Seele. Er findet sich auch im nüchternen Westen, wo ihn dann mönchische Spielregeln weder unterstützen noch einengen. So mag alles in allem Jonny Appleseed in Ohio der seit langem deutlichste Repräsentant überhaupt sein. Auch die verschiedenen Wanderer, Weltumsegler und Landstreicher in den Romanen Knut Hamsuns, die immer wieder wie in sanfter Trance an der Geschichte vorbeileben, sind sozusagen westliche Stranniki ohne dogmatisches Etikett.

Weil der Realitätskonflikt fehlt, kann sich die höhere Theonomie hier besonders leicht, wie mit einem Ruck, von der Grundform lösen. Es genügt ein spontaner Bewußtseinsakt, ein Aufschwung in die gespiegelte Schau, und aus dem Landstreicher wird der Weise, der in mächtigerem und hellerem Zuge, mit dem im Bewußtsein zu sich selbst gekommenen Denken, die Welt durchwandert. So beispielhaft bei Nietzsche, der die Abkehr vom Geist der Schwere, von der abendländischen Seinslogik und dem entsprechend geprägten Gelehrten, dem «theoretischen Menschen», sowohl forderte als auch vorlebte. Für Goethe wäre er zweifellos eine dämonische Natur wie Napoleon und Lord Byron gewesen. Neben den beiden Symbolgestalten in der vereinseitigt kriegerischen und musischen Richtung steht Nietzsche als die Inkarnation des Wanderers überhaupt, des Gottes in seiner Gesamterscheinung. Und er, anders als jene Getriebenen, weiß um seine Bedeutung im Zeichen der geschichtlichen Wende. «Daß alles Schwere leicht, aller Leib Tänzer, aller Geist Vogel werde», wünscht er mit seinem Zarathustra, hier also schon als ein Wegbereiter der nachabendländischen Theologie.

VII. Die Gesellschaft
als Werk der Drei Götter

1. Das Subjekt absichtsvollen Handelns und die teleokline Dreiheit.
Satz vom ausgeschlossenen Vierten.

In den abschließenden systematischen Überlegungen, in diesem und dem nächsten Kapitel, kann die Theologie auch äußerlich, anordnungsmäßig, dergestalt in den Vordergrund rücken, wie es ihrem Range gebührt. Sie ist ja apriorisch, von der Logik her, an sich unmittelbar zugänglich. Unser langer Anweg durch das gegenstandstheoretische Vorfeld stellt zwar weiterhin die Voraussetzung dar, braucht aber nicht nochmals durchschritten zu werden; wir zählen auf das Gedächtnis des Lesers. Was der Theologie, hier wie auch im nächsten Kapitel, allein darstellungsmäßig vorangehen muß, sind also lediglich jene weiteren allgemeinen Figuren der Logik, die bisher zwar schon mehrfach gestreift und sogar unausdrücklich beansprucht, aber doch noch nicht formal definiert und damit als solche begriffen wurden. Danach dann, wie gesagt, sofort die Theologie, und erst im Anschluß an diese, gewissermaßen als Explikation, alles auch noch sonstwie für die Weltstruktur Relevante.

Zunächst also zur formalen Logik. Obwohl der Satz vom ausgeschlossenen Dritten nach seiner Umstülpung im Zeichen der Zweiten Setzung genau so unbedingt gilt wie in seiner ursprünglichen Fassung, gibt es jetzt doch in mehreren Hinsichten noch weitere Figurationsmöglichkeiten. Was für die subjekthafte Haltung gilt, die nur jatypisch oder neintypisch sein kann, gilt nämlich nicht ebenso einfach für das teleokline, durch die Absicht bestimmte, Verhalten. Das unruhvolle Element, das Nein, erzeugt hier vielmehr eine Komplikation von grundsätzlicher Bedeutung, die damit in dieser Beziehung auch dem Ja eine neue Stellung zuweist.

Das Ziel der bejahenden Absicht, das Wunschziel, kann nämlich in der Gegenwart schon erreicht oder nicht schon erreicht sein. Das optativische Bejahen hat damit im ersten Fall den Sinn des bloßen Bewahrens, im zweiten dagegen den des Erschaffens. Dem optativischen Ja folgt mithin im ersteren Falle ein weiteres Ja, im letzteren dagegen ein Nein. Beide Feststellungen sind nicht wertend gemeint, sondern sind wieder nur Urteile, jetzt allerdings mit indikativischem statt mit optativischem Sinn.

Hier sogleich ein formalistischer Hinweis. Weil wir es jetzt nicht mehr mit den beiden Grundhaltungen, mit Position und Negation und damit in der Symbolsprache mit P und N zu tun haben, sondern eben mit Urteilen, allgemeinen Grundformen absichtsvollen Verhaltens, wählen wir jetzt, um Mißverständnisse auszuschließen, die Kleinschrift, also p und n. Dies wiederum gleichermaßen für das indikativische und das optativische Urteil. Ein Irrtum hinsichtlich der beiden Urteilsqualitäten ist ausgeschlossen, weil das optativische Urteil aus selbstverständlichen Gründen jeweils an erster Stelle steht. Für die bewahrende Absicht ist somit pp und für die schöpferische pn das Symbol.

Hier also begegnet man, im tiefsten Einklang mit dem Satz vom ausgeschlossenen Dritten, gleichwohl einer dritten Grundmöglichkeit. Neben der schöpferischen und der bewahrenden Absicht gibt es ja noch die zerstörerische. Und dann also steht das Nein, unser n, optativisch am Anfang; darauf folgt das indikativische Wunschziel, das wir mit p zu bezeichnen haben, weil ja nur zerstört werden kann, was schon da ist. Wir schreiben hier folglich np. An sich gäbe es auch noch nn, jedoch gewissermaßen als blindes Fenster im System; die sachliche Ausfüllung stünde im Widerspruch zu sich selbst, weil die zerstörerische Absicht dann eben, wie schon gestreift, ihren Gegenstand erst zu erschaffen hätte, mindestens in Gedanken, aber sogar realiter, sofern sie selbst real werden will, womit sie auf dem Umweg über die beiden ersten Konstellationen, über pn und pp, mithin doch wieder bei np statt bei nn angekommen wäre.

Hier also an Stelle der Zweiheit die Dreiheit! Unterscheiden wir es der Deutlichkeit halber noch einmal ausdrücklich: Jedes Subjekt kann von Geburt, der anlagemäßig-unabsichtlichen Grundhaltung nach, nur jatypisch oder neintypisch disponiert sein; es gibt nichts Drittes. Jedes Subjekt absichtsvollen Handelns dagegen kann hier und jetzt, in derselben Hinsicht, nur erschaffen, bewahren oder zerstören; es gibt nichts Viertes. Hier wie im ersten Fall kann sich auch in fernsten Welten, die uns immerdar unerreichbar bleiben, gleichwohl nie etwas anderes zutragen, einfach weil hier wie dort das Axiom es nicht anders zuläßt und zwar, wie gesagt, dasselbe Axiom. Es ist auch jetzt der Satz vom ausgeschlossenen Dritten, aus dem sich nach der Umstülpung und obendrein nun noch der differenzierten Sachbeziehung gewissermaßen der Satz vom ausgeschlossenen Vierten ergibt.

2. Erschaffer, Bewahrer, Zerstörer!
Theologische Querverbindungen zwischen dem Götterpaar und der Dreiheit.

Fragt man auch jetzt, wie schon einmal, nach dem subjekthaften Wesen aller subjekthaften Wesen, mit denen nun aber alle Subjekte absichtsvollen Handelns, Individuen wie Dämonen, gemeint sind, so gesellen sich zu dem Götterpaar, das bislang allein in Sicht kam, drei weitere ebenso allgemeine und zugleich subjekthafte Wesen, drei weitere Götter: Erschaffer, Bewahrer, Zerstörer! Mythologische Umschreibungen kümmern uns auch hier nur am Rande; aber wie uns der Gott Nein und die Göttin Ja im germanischen Pantheon als Wodan und Frija, Herr Wute und Frau Holle, wohl am prägnantesten begegnen, so die Drei Götter bei den Indern als Brahma, Wischnu und Schiwa. Das soll natürlich wieder nicht heißen, daß wir die Märchenstimmung und Personifikationstendenz, die im indischen Pantheon eher noch lebhafter als im germanischen waltet, anders als exoterisch verstünden. Die Götter lassen nicht mit sich reden; das gilt für die Dreiheit wie für die Zweiheit.

Über die Wechselbeziehungen zwischen den Götterkategorien, ein an sich unerschöpfliches Thema, hier nur das Allernötigste. Auf verschiedenen Wegen ist die Dreiheit der Zweiheit verbunden, wie es auf Grund der gemeinsamen aprioristischen Ausgangslage ja nicht anders sein kann. So dominiert der Geist der Ruh in der Göttin Ja und dem

Gotte Bewahrer, im thematisch verstandenen P und dem nunmehrigen pp, offenbar gleichermaßen. Trotzdem handelt es sich nicht etwa um Identität, was nämlich bedeuten würde, daß ein jatypisches Subjekt nur zu bewahren vermöchte, also von seiner Grundhaltung her auch als absichtsvoll handelndes unwiderruflich festgelegt wäre. Davon kann indes keine Rede sein. «Da werden Weiber zu Hyänen», sagt Schiller im Blick auf die Revolution; auch die Frau, die den Geist der Ruh anlagemäßig repräsentiert, wird in der ungewöhnlichen Lage zur Inkarnation des Gottes Zerstörer. Doch kann sich in ihr, wie einstmals in Sappho, auch der Gott Erschaffer verwirklichen. Beides freilich sind Ausnahmefälle. Von der jatypischen Grundhaltung her liegt an sich das Bewahren am nächsten; es ist das Handeln der Mutter, die für ihr Kind sorgt, der Göttin Ja im zweiten Aspekt. Die Wechselbeziehung ist also gegeben, jedoch nicht als strenge Fixierung, sondern lediglich als Affinität, gewissermaßen als Wahlverwandtschaft.

Zwischen dem Gott Zerstörer und dem Gott Nein im ersten Aspekt, zwischen np und N, waltet ein ähnliches Verhältnis. Dominiert der Wütende in der Gestimmtheit des Wanderers, so zielt die Absicht ja auf Vernichtung als den radikalsten Fall von Verneinung. Die Diagnose trifft dennoch nur zu, falls der Wütende wirklich bloß um des Vernichtens willen vernichtet; ist ihm hingegen das Zerstören lediglich ein Mittel zum Zweck, will er damit nur den lästigen Seinsschutt dem Werden zuliebe beiseiteräumen, so haben wir es in Wahrheit mit dem Gotte Erschaffer zu tun. Beidemal ist der Anschein mehr oder minder derselbe; empirisch und «behavioristisch», sozusagen von außen besehen, mag daher die Entscheidung oftmals schlechthin unmöglich sein. Sogar der Wütende selbst mag sich in dem «Labyrinth der Brust», von dem Goethe auch hier gesprochen hätte, zuweilen nicht deutlich auskennen; auch für ihn selbst mag heilige Ahnung mit dem manischen Tatensturm ununterscheidbar gemischt sein, wie beispielhaft bei Napoleon.

Das alles betrifft indes nur, wie gesagt, die Schwierigkeiten der Diagnose. Dagegen kann an sich, hier und jetzt in derselben Hinsicht, immer nur ein Gott, der Erschaffer oder der Zerstörer, am Werke sein; beide schließen einander ja aus, und es gibt keine Übergangsformen.

Trotzdem ist gewiß ein Wechselverhältnis, wenngleich wieder nur als Affinität, auch hier vorhanden. Doch führt es von Hölderlins «altem Eroberer», vom Geist der Unruh in der neintypischen Grundform, zu beiden soeben genannten Göttern, was anderseits auf deren Verwandtschaft, von der noch zu sprechen sein wird, vorausweist.

Schließlich noch, als drittes Beispiel, der Zeuger, der Gott Nein im zweiten Aspekt, relativ auf den Gott Erschaffer. Hier ist das numinose Verhältnis nicht zwar überhaupt, aber an einem wichtigsten Teilbereich deutlich das der Identität, die damit also gleich einer Achse beide Götterkategorien durchwächst. Nicht alles Erschaffen ist Zeugen, aber alles Zeugen Erschaffen. Stellt man allerdings die entscheidende Frage, die nämlich nach dem Subjekt, das zeugt und damit erschafft, so wird auch noch jene teilweise Identität weiter eingeengt. In den beiden ersten Beispielen ließ sich die Wechselbeziehung jeweils an Individuen, einzelnen Menschen, erst der Frau und dann dem Mann, einwandfrei exemplifizieren. Das kann genau so auch jetzt geschehen, sofern Erschaffen und Zeugen nicht eins sind. Was man etwa landläufig ein «Genie» nennt, ist die Person als dauernde Inkarnation des Gottes Erschaffer. So war beispielsweise Goethe bis ins Greisenalter schöpferisch; und es ist kaum ein Zufall, daß er sich auch seine männliche Kraft und erotische Ansprechbarkeit bis in seine letzten Jahre erhielt; trotzdem denkt man bei seinem «Genie», seiner Schöpferkraft, nicht an seine späten Leidenschaften oder gar seinen biologischen Nachwuchs, sondern allein an sein Alterswerk, besonders den Zweiten Teil seines «Faust». Hier also fungiert auch jetzt wieder das Individuum, eben das «Genie», im relevanten Zusammenhang als das Subjekt absichtsvollen Handelns. Aber hier eben ist das Erschaffen nicht Zeugen, auch nicht im sublimierten Verstande.

Denn man wird sich erinnern: Zeugung bedeutet in jeglicher Hinsicht, der vergeistigten wie der naturischen, das thematische Ende des ausübenden Subjektes. Die Erschließung des Neuen ist eo ipso der Abschluß des Alten; und das Erzeugnis selbst ist kein «Werk», sondern wiederum ein Subjekt. Insofern also wird hier sogar mehr als im ersteren Falle erschaffen. Gerade deshalb fällt dem Individuum, dem zeugenden Einzelwesen, nicht die wirkliche Urheberrolle zu; es gibt nur weiter, was ihm nicht gehört, ist ja selber nur ein Erzeugnis jener raum-zeitlichen Artgestalt, in welcher uns erst der Erschaffer im relevanten Rahmen begegnet.

Das heißt das Subjekt absichtsvollen Handelns, nach welchem wir fragen, ist von dem zeugenden Subjekt in diesem Fall durch den Abstand geschieden, der überhaupt das Reich der Dämonen von dem der Individuen trennt. Das gilt sogar für die Oberfläche, an der sich wirklich die Generationen, die Väter und Söhne, anlagemäßig wider-sprechen; sogar dieser Gegensatz ist ja niemals seitens des Vaters, wie das Kunstwerk seitens des Künstlers, absichtsvoll handelnd erschaffen, sondern eine Sache des Erbgangs. Und bei dem Lebensstrom in seiner Tiefe ist sogar das Artwesen immer erst dort eine Inkarnation des Got-tes Erschaffer, wo statt der neuen Generation eine neue Mutation auf-tritt. Das aber ist dann auch hier, gerade als ein echter Schluß, als ein Wandel im Formzustand statt nur in den Exemplaren, nicht mehr ein zeugerischer Vorgang im vordergründig-sexuellen Sinne.

Trotzdem im Grunde die Identität: Positiv, nicht bloß zerstörerisch, siegt das Werden über das Sein bei allem Zeugen wie allem Erschaffen. Eben deshalb anderseits auch noch die verbindende Affinität zu der Göttin Ja im ersten Aspekt; obwohl im Symbol pn das indikativische n mit dem großgeschriebenen N, mit der unthematischen Negation, for-mell nichts zu tun hat, sind beide doch der Sache nach eins, sobald das Subjekt in den von ihm veranlaßten Wandel selbst eingeht.

Für die engen Beziehungen zwischen den beiden Götterkategorien, zwischen dem Paar und den Dreien, sprechen außer den thematischen auch noch sozusagen räumliche Gründe. Man erinnere sich an den ge-genstandstheoretischen Anweg: Sterbliche und Unsterbliche wohnen nicht in verschiedenen Welten. Die Dämonen beider Kaliber und des-gleichen die Götter sind von den Individuen zwar grundsätzlich im Wesen, aber nicht deswegen auch örtlich getrennt. Überall herrscht vielmehr Kongruenz; die Subjekte überschichten einander. Das gilt be-reits für das Götterpaar relativ auf die «Natur», auf das kosmische Gei-sterreich, und analog nun auch für das Verhältnis zwischen den Götter-kategorien. Auch die ewige Dreigestalt also ist nicht etwa anderswo als das ewige Paar angesiedelt. Das Miteinanderwohnen in denselben Sub-

straten, Individuen oder Dämonen, setzt sich vielmehr fort. Nur unter-
liegen gewissermaßen die beiderseitigen Ewigkeiten einem unterschiedlichen zeitlichen Rhythmus.

Das sagt uns unbewußt und dennoch monumental schon die Bibel:
Der alttestamentliche Gott ist anlagemäßig der Geist der Unruh in kriegerischer Gestimmtheit, nämlich eben der Herr Zebaoth, was ja wörtlich «Herr der Heerscharen» heißt; er ist denn auch immer rasch bereit
zu zornig rächender Zerstörung, ist allerdings gleichwohl zunächst, im
Buche Genesis, deutlich der Gott Erschaffer, der Weltschöpfer, der jedoch am siebenten Tage zufrieden mit seinem Werke ausruht und damit nicht etwa anlagemäßig plötzlich den Geist der Ruh (denn er ist,
der er ist), wohl aber in der subjekthaften Absicht den Gott Bewahrer
repräsentiert. Der Hund, der sich nach der Hetzjagd behaglich hinter
dem Ofen wärmt, vollzieht denselben Identitätstausch wieder trotz unverändert aggressiv-neintypischer Grundhaltung. Kein Beispiel ist ja zu
banal und zu niedrig; trotz aller Dumpfheit ist schon die vormenschliche Natur auch im jetzt relevanten Sinne, hinsichtlich der ewigen Dreigestalt, bereits durch und durch Götterwerk im Kleinsten wie anderseits
auch im Größten. Auch der Formensprung, der ein neues Erdzeitalter
eröffnet, bedeutet ja für den Urheber, den subjekthaft absichtsvoll
handelnden Dämon, daß er seiner Anlage ungeachtet hier in einer
mächtigsten Weise den Gott Erschaffer repräsentiert, der dann aber
auch in diesem Fall nach gelungener Wandlung dem Gotte Bewahrer
das Regiment übergibt.

Analog im geschichtlichen Rahmen: Die Revolutionäre von gestern,
so sagt man mit Recht, sind die Konservativen von morgen! Es ist derselbe Identitätstausch bei unveränderter Grundhaltung. Diese stellt im
geschichtlichen Raume freilich selbst immer schon eine Transposition
dar, eine Steigerung nämlich der eigentlichen, naturischen Grundform
über das Ichbewußtsein ins Reich der Freiheit. Dabei allerdings besteht
noch, etwa zwischen dem Mann als der Grundform und dem Weisen
als der Transposition, ein bedingtes Entsprechungsverhältnis; die Kongruenz der Subjekte setzt sich in gelockertem, freierem Stil, nicht mehr
streng-ausnahmslos, trotzdem alles in allem noch fort.

Im Zusammenhang um die Drei Götter ist es damit endgültig vorbei; die Überschichtung geht weiter, aber nicht mehr im kongruenten Rahmen; das absichtsvolle Handeln ist nun vielmehr auch der geschichtlichen Grundhaltung gegenüber freier. Eben deshalb stehen sich Zweiheit und Dreiheit hier wie auch sonst nicht im Wege. Der Weise, gerade wenn er auch geistig derselbe bleibt, wenn er an seiner Position festhält, wechselt in jenem freieren Sinne notwendig die Identität. Er hat der älteren Weisheit, über die er hinausgeht, zu widersprechen, «polemisch» entgegenzuwirken, um die eigene zu profilieren; die unthematische Negation bahnt wie ein feuriger Mantel der Position, der Lehre, den Weg; abwechselnd nebeneinander also macht ihn seine thematisch unveränderte Grundhaltung zur Inkarnation des Zerstörers und des Erschaffers.

Das hat nichts mit theoretischem Polytheismus zu tun. Thomas von Aquin etwa, wahrlich kein Polytheist, erscheint hier trotzdem beispielhaft; in der «Summe wider die Heiden» und der «Summe der Theologie» repräsentiert er deutlich hier den Erschaffer und dort den Zerstörer. Anschließend auch bei ihm ein abermaliger Identitätstausch: Nach gewonnener Geisterschlacht wird er zur Autorität, also faktisch zur Inkarnation des Bewahrers. Seine Position, seine Lehre, bleibt dabei dieselbe, und doch ist der Positionswechsel so einschneidend wie nur möglich, eben weil sich im relevanten Sinne hinter der «Position» zweierlei, pn und pp, verbirgt.

3. Kongruente Allgegenwart von numinoser Zweiheit und Dreiheit.
Die Gemahlinnen der Drei Götter. Erinnerung an die «trimurti» der Inder.

Der Umstand, daß Zweiheit und Dreiheit sich nicht gegenseitig im Wege stehen, weist auch schon auf etwas Weiteres hin: Jedes eigentliche Subjekt (an das lediglich designierte, embryonale, wie auch das depotenzierte, etwa bewußtlose, ist nicht gedacht) stellt stets in beiden Hinsichten eine Inkarnation dar. Zunächst hinsichtlich der Zweiheit: Es kann zugleich in derselben Beziehung nur entweder ein jatypisches oder aber ein neintypisches sein, niemals jedoch etwas Drittes und auch niemals beides zusammen, wie wir hier nicht nochmals begründen müssen.

Und nun analog bezüglich der Dreiheit: Dasselbe Subjekt, ob jatypisch oder neintypisch angelegt, kann als Subjekt absichtsvollen Handelns hier und jetzt, in derselben Hinsicht, sich nur erschaffend oder bewahrend oder schließlich zerstörend verhalten. Es kann auch in diesem Fall, solange alles definitorisch mit rechten Dingen zugeht und man nicht etwa das Faktum mit der Diagnose verwechselt, nie zwei oder gar alle drei dieser Möglichkeiten wie natürlich auch nie jene vierte, die es nicht gibt, realisieren. Unter diesem Vorbehalt sind gleich dem Götterpaar auch die Drei Götter nicht bloß ewig, sondern allgegenwärtig.

Daß wir bei der Dreiheit den geschlechtlichen Gegensatz nicht wie bei der Zweiheit berücksichtigten, hängt mit der größeren Freiheit, dem weiteren Abstand von der Grundform, deutlich zusammen und erscheint vielleicht trotzdem inkonsequent. Wie nicht zwar eine strenge Verbindung, aber doch eine Affinität einerseits vom Gott Nein besonders zum Gott Zerstörer führt, so anderseits von der Göttin Ja zu dem Gott Bewahrer; und das Sprachgefühl mag daran Anstoß nehmen, daß hier die weibliche Form nicht wie dort die männliche grammatisch durchgehalten wird.

Wir erinnern jedoch auch hier an den Anweg: Die sexuelle Trennung ist vordergründig, gehört zur dämonischen «List der Natur», hat also mit reiner Theologie so wenig zu tun wie mit reiner Logik. Wo es ernstlich darauf ankam, war schon im vorigen Kapitel daher statt von dem Gotte Nein und der Göttin Ja lieber von dem Geiste der Unruh und dem Geiste der Ruh, mit Hölderlin, gesprochen worden, was nicht als Maskulinisierung, sondern als Neutralisierung, Aufhebung des grammatischen Gegensatzes, gemeint war. Dennoch wurde dort auch schon eingeräumt, daß wir dem wahren Gegensatz, dem von Jatypischem und Neintypischem, von Position und Negation, nirgendwo sonst erlebnismäßig so nahe sind wie eben beim Gegensatz der Geschlechter. Der Mythos, der sich hierauf einläßt, verfehlt deshalb nicht einfach die Wahrheit, sondern rückt diese nur um den Preis der Verengung in den Bereich der konkreten Erfahrung.

So taten wir es ja selbst schon, wenn wir die Träger von Unruh und Ruh nicht bloß korrekt als Subjekte, sondern auch der Verständlichkeit halber als Gott und Göttin bezeichneten. Entsprechend und ebenfalls nicht naiv, nicht ohne esoterischen Vorbehalt, verfährt der indische Mythos, wenn er als numinose Gattinnen dem Brahma die Saraswati, dem Wischnu die Lakschmi und dem Schiwa die Durga zur Seite stellt. Die nachabendländische Theologie wird, wenn sie einmal aus dem abstrakten Zustand in den konkreten übergeht, sich zur Volksfrömmigkeit entfaltet, mit den Göttern Erschaffer, Bewahrer und Zerstörer zweifellos nicht anders verfahren können.

Wer die nötige Phantasie hat, mag sich daran jetzt schon versuchen. Wenn etwa für Vischer in «Auch Einer» die göttliche Schöpferkraft in der Natur, also letztlich Brahma, der Gott Erschaffer, eher ein weibliches Wesen zu sein schien, so war das im Grunde bereits ein durchaus nicht ganz unernst gemeintes diesbezügliches Experiment. Wiederum aber kann dergleichen im eigentlich theologischen Sinne nur das Gegenteil der grammatischen Wirkung, eine Neutralisierung, zur Folge haben. Freilich wäre es nun die weibliche Form, die sich mit der Hervorhebung nicht etwa durchsetzt, sondern nur die männliche relativiert, um beide gleichermaßen aus der esoterischen Sicht zu entfernen.

4. Vortritt und Vorrang des Gottes Erschaffer.
Ermessensfragen um das Wertverhältnis zwischen Bewahrer und Zerstörer.

Es gibt für den Auftritt der Dreiheit offenbar eine objektive, durchaus unthematische Reihenfolge. Sie wurde im Zusammenhang mit dem Satz vom ausgeschlossenen Vierten bereits gesichtet: Am Anfang steht, bei festgehaltener Identität, stets das Erschaffen, pn. Es folgt genau so ausnahmslos stets das Bewahren, pp. Erst an dritter und letzter Stelle dann jeweils das Zerstören, np.

Dabei spielt, wie gesagt, das Thematische keine Rolle. Auch der bewahrerische oder zerstörerische Gedanke muß immer erst einmal erschaffen werden, wie anderseits auch der schöpferisch oder destruktiv dem Beharren feindliche schlechterdings nicht anders kann, als nach seiner Entstehung eben um seines Geltens willen, der Thematik zuwider, sich selbst zu bewahren. Wie es nn grundsätzlich nicht gibt, so auch in der Reihenfolge nicht das direkte Nacheinander von pn und np, dem Erschaffen und dem Zerstören. Denn eben nur deshalb richtet sich das optativische Ja auf das indikativische Nein, damit das letztere sich in das indikativische Ja verwandle, auch wenn in der tieferen Absicht etwa schon abnormerweise das optativische Nein, das Zerstören, als das eigentliche Ziel anliegt.

Es gibt eben grundsätzlich kein nn. Selbst um nur zerstört zu werden, muß der Gegenstand erst existieren, erst den Weg von pn zu pp schon durchmessen haben. Als die katholische Kirche den Modernismus verurteilen wollte, sah sich Papst Pius X. kurioser- und logischerweise genötigt, alle abgelehnten Auffassungen im Dekret «Lamentabili» und in der Enzyklika «Pascendi» erst einmal auf einen systematischen Generalnenner zu bringen, also den Weg von pn zu pp eilig und doch gründlich zurückzulegen, um den Bannspruch überhaupt fällen zu können. Immerhin war der Modernismus damals schon eine mächtige Geistesströmung; nur deshalb konnte der Umweg zur optativischen Negation so kurz sein; in Wahrheit hatte auch hier ein jahrzehntelanger Aufklärungs- oder Zersetzungsprozeß, wie man es nun bezeichnen will, die beiden ersten Stationen durchlaufen, hatte sich also bei den Modernisten der Weg vom jeweiligen Erschaffen ehrlich auf das Bewahren gerichtet. Anders kann es nicht sein. Grundsätzlich folgen somit jeweils pn, pp und np einander in dieser Reihenfolge.

Darin liegt bereits eine Wertung. Stellt man nach allgemeiner wohlbegründeter Übung die schwierigste Tat an den ersten Platz, so gibt es in unserem Fall keinen Zweifel: Dem Erschaffen gebührt unbedingt der Vorrang. Es ist das eigentliche Werden und damit auch schon das eigentliche, zutiefst erstaunliche Weltgeheimnis.

Wir denken hier, wie sich versteht, nicht an das reproduktive oder sonstwie sekundäre Erschaffen, das bloße Nachahmen oder Verbessern, sondern nur an das regelrecht produktive, das also auch im thematischen Sinne noch von keiner Vorlage ausgeht. Es entspricht seiner Definition nach stets der Leistung des biblischen Schöpfergottes, ist stets Hervorbringung aus dem Nichts. Es widerlegt daher immer aufs neue das scheinbar unwiderlegbare *ex nihilo nihil fit,* wonach also n i c h t s aus nichts werden könne. W e r d e n kann im Gegenteil alles wirklich Neue nur aus dem Nichts; sonst wäre es ja nicht wirklich neu, hätte es vielmehr vorher mindestens urbildlich schon existiert, was der Definition widerspräche.

Ein Subjekt absichtsvollen Handelns und ein Motiv für den Schöpfungsakt muß allerdings immer vorhanden sein; in dieser Hinsicht also bleibt das *ex nihilo nihil fit* im Recht und ist es ja bloß eine andere Fassung des Axioms vom zureichenden Grunde. Denkt man jedoch an den Gegenstand, den das Subjekt nicht bewahrt oder gar zerstört, sondern eben wirklich erschafft, so bleibt es bei der Erstaunlichkeit: Er war bis dahin durchaus nicht vorhanden, war es gerade auch nicht etwa als Urbild, weil das vermeintliche Erschaffen dann schon ein bloßes Abbilden wäre. Und er steht jetzt also an einem Ort, an dem sich vor diesem Schöpfungsakt in derselben intentionalen Hinsicht nichts anderes als eben nichts befand. Und das geschieht immer wieder; was im Buche Genesis als ein einmaliges Wunder erscheint, das bleibt zwar wunderbar, bleibt die hohe Tat eines Gottes, und ist trotzdem ein regulärer und fast alltäglicher Vorgang, auf den im Großen wie im Kleinen jegliches Wesen letztlich zurückgeht.

Bei der weiteren Reihenfolge, der vergleichenden Wertung von Bewahren und Zerstören, stößt man auf eine Differenz, die je nach ihrem Austrag zu verschiedenen Ergebnissen führt. Der Primat des Erschaffens ist dermaßen selbstverständlich, daß sich Zweifel oder Gefühlswiderstand demgegenüber gewiß nirgends regt. So nimmt im indischen Mythos der wenig deutliche Brahma gleichwohl vor Wischnu und Schiwa grundsätzlich den ersten Platz ein; und selbst im Christentum hat, der Seinslogik ungeachtet, der Schöpfer vor dem Erretter wie vollends vor dem Heiligen Geist oder gar dem Teufel den Vorrang. Dann kommt in Indien Wischnu und im christlichen Mythos der Heiland, also dort ausdrücklich und auch hier nicht ganz undeutlich der Bewahrer. Bevor man sich dieser Wertung anschließt, ist allerdings folgendes zu erwägen: Es macht einen Unterschied und führt zu verschiedenen Resultaten, ob das Subjekt absichtsvollen Handelns sich bewahrend oder zerstörend auf einen anderen Gegenstand oder stattdessen auf sich selbst richtet.

Denn auch das letztere kommt jetzt vor, während es vorher unmöglich war. Kein subjekthaftes Wesen vermag ja sich selbst zu erschaffen, was nämlich nichts anderes hieße, als daß es sich selber erzeugte, daß der Sohn sein eigener Vater wäre. Sehr wohl aber kann das Subjekt sich selber bewahren wie auch zerstören; letzteres, np, der Selbstmord, ist freilich nur ein Ausnahmefall, dagegen ist ersteres, pp, das Bewahren, nicht bloß die Regel, sondern die Norm, an welche sich sogar der Selbstmörder, ehe er sein Werk vollbringt und um dies überhaupt tun zu können, bis dahin grundsätzlich halten muß.

Und hier ist, wie das Beispiel schon zeigt, die Zerstörung das schwierigere Unternehmen, dem man deshalb den zweiten Platz einzuräumen hätte. Das Bewahren fällt gemeinhin leichter; hier ist unter Umständen, bei zufriedenstellender Lage, die ganze Tat eine Unterlassung. Wir werden auf die Anordnung, die sich damit ergibt, noch in anderer Hinsicht eingehen müssen; zunächst aber weisen wir sie zurück. Denn sie ist für den Zusammenhang, mit dem man es zunächst zu tun hat, letztlich irrelevant. Das zeigt sich ja schon an dem Umstand, daß wir es im selbstbezüglichen Sinne eben nur mit zwei Möglichkeiten, dem Bewahren und dem Zerstören, statt wirklich mit der Dreiheit, nach der doch gefragt wird, zu tun haben.

Normativ ist das fremdbezügliche Handeln. Nur bei ihm ist auch das Erschaffen im Spiel und zwar vorrangig als die schwierigste Leistung. Die Tat als bloße Unterlassung und mit ihr das Bewahren stünde hingegen wieder an letzter Stelle, wenn sie überhaupt in das Schema paßte. Gerade das aber ist nun nicht mehr der Fall. Die Mutter, die das Nähren des Säuglings vorsätzlich unterläßt, begeht damit einen Mord; sie bewahrt nicht, sondern zerstört. Analog verhält es sich mit der klassischen Streikparole: «Wenn dein starker Arm es will, stehen alle Räder still!» Auch hier hat die Unterlassung den unverhüllt drohenden Sinn der Zerstörung; nicht pp, sondern np ist das zuständige Symbol. Wo sich anderseits mit dem Tatverzicht kein destruktiver Vorsatz verbindet, sondern einfach Leichtsinn und Faulheit schließlich zur Katastrophe führen, hat aber wieder die Unterlassung nichts mit Bewahrung zu tun wie nun freilich auch nichts mit Zerstörung; die Absicht fehlt vielmehr überhaupt, und es paßt also keins von den drei Symbolen. Das Bewahren, pp, ist eben im relevanten, fremdbezüglichen Rahmen prinzipiell nicht bloß ein Unterlassen, sondern ein Tun im direkten Verstande: ein Pflegen.

Damit ist die Wertfrage entschieden: Das Bewahren kommt vor dem Zerstören! Es erfordert die «prometheische» Eigenschaft, die Vorbedenklichkeit, ja schon deshalb in ungleich stärkerem Maße, weil es weiter in die Zukunft hineinragt; denn es währt der Idee nach jeweils so lange, wie sein Objekt der Pflege bedarf. Dagegen ist die ganze Zukunft, um welche es dem Zerstören geht, nur das jeweils intendierte Nichts; die im Dienst dieser Absicht aufgebotene Energie, und zwar nicht bloß die physische, ist unter Umständen sehr beträchtlich, der «prometheische» Einschlag dagegen ist hier auf jeden Fall der weitaus kleinste.

Obendrein muß der Bewahrende, wenn er erfolgreich sein will, den Gegenstand seiner Absicht mehr oder minder im ganzen kennen; der Zerstörende kommt jedoch schon zum Ziel, wenn er lediglich um den «schwachen Punkt» weiß. Es ist das Ranggefälle zwischen der Mutter, die ihren Säugling erfolgreich großzieht, und der Kindsmörderin, die ihn verhungern läßt, oder zwischen dem Werkmeister, der die Maschine kundig in Gang hält, und dem Saboteur, der nur die Stelle zu wissen braucht, wo er den berühmten Sand ins Getriebe zu schütten hat. Damit hängt es zusammen, daß sich das Kleinkind zunächst im Zerbrechen seines Spielzeuges übt; hierauf nämlich versteht es sich schon, bevor es auch den höheren, eigentlich sinnvollen Umgang begreift.

Trotzdem bleibt es dabei: Gerade das Zerstören, dem wir soeben den letzten Platz in der Rangordnung angewiesen haben, steht gleichwohl dem Wütenden, dem Gotte Nein im ersten Aspekt, auf elementare Weise am nächsten. Stellt man die Wertfrage also nicht intern im Rahmen der Dreiheit, sondern von den beiden Grundhaltungen mit dem hier dominierenden Nein her, so ergibt sich ein anderes Bild. Das Bewahren kommt nun an letzter Stelle; auch in seiner vorbedenklichen Qualität, seinem Willen zur Dauer, zielt es ja auf ein bloßes Währen und hat es also insofern nichts mit dem Geist der Unruh zu tun. Aber auch das Erschaffen, trotz werdehaftem Primat, geht vom ersten Erfolg her, mit dem urbildlichen Gewinn des Neuen, stets schon unmittelbar ins Bewahren über, um sich nun fortgesetzt selber im seinshaften Sinne zu determinieren; vom ersten Schöpfungsaugenblick an wird in dem pn das indikativische n immer weiter in ein indikativisches p umgewandelt.

Nur in der Zerstörung bleibt es beim Nein; im Symbol np ist das p von Anfang an und bis zuletzt lediglich das passive Objekt, das Opfer der Absicht, wogegen das optativische n von vornherein bis zum Schluß thematisch unverändert vorherrscht. Hier also findet nicht zwar in der Qualität, wohl aber im Intensitätsgrad, der Wütende, der Geist der Unruh, seinen elementarsten, einzig ungebrochenen Ausdruck. Dann erst, am zweiten Platz, das Erschaffen und zuletzt schließlich das Bewahren.

An der internen Rangordnung zwischen den Konstellationen wird dadurch nur insofern etwas geändert, als nun die wertvollste Möglichkeit, die schöpferische, gemäß der aristotelischen Definition zwischen den Extremen die Mitte darstellt. Die Bewahrung ist zu ruhvoll, die Zerstörung hingegen zu unruhvoll, als daß daraus Neues hervorgehen könnte.

5. Naturische Analogien. Dreiheit der Aggregatzustände, der Großlandschaften seit dem Tertiär und der neumenschlichen Hauptrassen.

Die Dreiheit der Absichten spiegelt sich in drei unterschiedlichen Physiognomien. Wir erinnern abermals an den Anweg: Der Geist der Unruh, der Schweifende, ist auf extreme Weise sowohl beweglich als auch gegliedert. Der Geist der Ruh dagegen, exoterisch die Göttin Ja, ist auf genau so extreme Weise unbeweglich und ungegliedert, also haftend und rundlich. Im Grundschema um die Zweiheit, wo es Drittes nicht gibt, bedeutet das eine Alternative; im Schema um die Dreiheit dagegen hat man es wirklich nur noch mit zwei Extremen zu tun, zwischen welchen sich der Höchstwert, der schöpferische Typus, gestalthaft in der Mitte befindet.

Kosmologisch entsprechen dem zunächst die drei Aggregatzustände. Der unruhvollste, im Intensitätsgrad stärkste, ist hier jeweils der gasförmige. Hier ist alles ein ausgreiferisch gegliedertes und entsprechend bewegliches Schweifen, eben ein extrem neintypisches, «männliches», und entsprechend zerstörerisches. Dem steht als anderes Extrem der feste Zustand gegenüber; hier überwiegt extrem die Ruhe und mit ihr die rundliche, dem Haften entsprechende Grundform. Dazwischen die aristotelische Mitte in Form des flüssigen Zustandes. Hier nur gibt es ein Werden von Neuem im eigentlich-urbildlichen Verstande. Auch wo der Weg in die Freiheit, in die Autonomie des Bewußtseins, den Aufstieg auf das Festland erfordert, wird doch der flüssige Zustand, der das weitere Werden einzig ermöglicht, in den Galenischen Säften wie insbesondere dem Blut, dem Weltmeer im kleinen, sozusagen im Gepäck mitgetragen. Wo diese Reserve versiegt, muß das Leben verdorren oder erfrieren.

Dem entspricht die Geographie. Wie im feinstrukturellen Rahmen der gasförmige und der starre Zustand, so sind der tropische und der arktische im planetarischen Großformat die beiden begrenzenden Möglichkeiten. Im einfachen Blick auf die Zweiheit besteht auch hier eine Alternative, neben der es Drittes nicht gibt; dennoch handelt es sich im Sinne der Dreiheit auch hier wieder nur um Extreme, die das Beste in der Mitte umgrenzen. Dazwischen liegt ja jene Zone des auf freiere Weise bewegten Lebens, zu der wir in dieser Hinsicht außer der «gemäßigten», ausdrücklich mittleren, auch die subtropische zu zählen haben.

Diese Gesamtlage in ihrem konkreten, heutigen Sinne besteht allerdings erst seit dem Tertiär. Sie besteht, mit anderen Worten, erst seit dem Ende der Konstellation, der das äquatoriale Tethysmeer bis dahin die Physiognomie gab. Dies Ende aber indizierte, wie man sich erinnern wird, das Erlöschen der dämonologischen «Keimbahn», der erdgeschichtlichen Formreserve, mit dem letzten großen Entwicklungssprung an der Wende zur Erdneuzeit, der im wesentlichen florisch wie faunisch in den heutigen Zustand schon überlenkte. Im biologischen Sinne stand jetzt nur noch der Auftritt des Menschen bevor und damit der Übergang vom naturischen zum geschichtlichen Werden.

Daher deutlich als Vorbereitung die geographische Umstellung. Sie verlegt im ganzen den Schwerpunkt nach Norden, weg vom Äquator:

Das tropische Temperaturmaximum besitzt für den geschichtlichen Ablauf offenbar nicht mehr dieselbe Bedeutung wie bislang für den naturischen! Es wird vom Optimum zum Extrem, zu dem anderen neben dem arktischen. Dazwischen nun die thematische Mitte, die von der räumlichen des Planeten, eben der um den Äquator, damit also grundsätzlich abrückt.

Der Schwerpunkt ist allerdings wiederum die Großlandschaft um ein Mittelmeer, das von flankierenden Kontinenten gegen den Ozean abgeschirmt wird. Das aber ist jetzt das heutige, ausdrücklich so genannte «Mittelmeer» zwischen Afrika und Europa nebst den weiteren subtropischen Binnenmeeren und Senken südlich der neuen Auffaltungen von den Alpen bis zum Himalaja. Und auch dieser gewaltige neue Gebirgszug hält sich geradezu peinlich genau an die nunmehrige thematische Mitte, distanziert sich ebenso gründlich von den Tropen wie von der Arktis. Man spricht im Blick auf das Einheitliche vom eurasiatischen Hochgebirgsgürtel. Fast noch treffender wäre die Rede vom eurasiatischen «Mittelgebirge», bewußt in Parallele zum «Mittelmeer» in dieses Ausdrucks geweitetem Sinne.

Die geographische Gesamtumstellung hängt also, so kurios es zunächst vielleicht klingen mag, mit der Vorverlegung des Subjektcharakters ins Individuum direkt zusammen, nämlich eben mit dem Auftritt des Menschen und damit dem Übergang zur Geschichte! Und zwar ist es die Dreiheit, die zwischen den beiden auffällig parallelen und doch scheinbar so weit voneinander entfernten Veränderungen den inneren Zusammenhang herstellt.

Die Voraussetzung für den Beginn des neuen, geschichtlichen Werdeprozesses besteht ja darin, daß das tragende Individuum, jetzt also der Mensch, auch als Subjekt erschaffenden Handelns aufzutreten vermag. Das wurde bislang zwar nicht ignoriert, aber doch auch nicht gebührend betont. Wenn wir etwa für den biblischen Gott, der nach den sechs Schöpfungstagen zufrieden von seinem Werke ruht, und für den Hund hinter dem Ofen denselben Identitätstausch vermerkten, so war das zwar durchaus korrekt und keineswegs blasphemisch gemeint; immerhin war dabei unterschlagen, daß der Hund, wie überhaupt das biotische Einzelwesen im vormenschlichen Bereich, eben nur den Identitätstausch zwischen extremer Unruh und extremer Ruh, zwischen Zerstören und Bewahren, vorzunehmen vermag. Dem individuellen Subjekt ist erst über das Ichbewußtsein, erst also beim Menschen, auch das schöpferische Verhalten und damit die Dreiheit im ganzen möglich.

Anderseits erfordert auch das geschichtliche Werden in demselben transponierten Verstande immer mindestens noch den bloß bewahrenden Menschen. «Wenn die Könige baun, haben die Kärrner zu tun.» Das ist ein Lob für die Kärrner wie für die Könige, für die bloßen Hüter der Tradition wie für deren Urheber; wirkten nicht jeweils beide zusammen, so entstünde nie eine bleibende Ordnung. Im weiteren Sinne aber wird sogar der bloß zerstörende Mensch hier jeweils zu einer Notwendigkeit, schon weil sich das natürliche Junktim von Erschaffen und Bewahren sonst nicht zu profilieren vermöchte, erst recht aber weil dieses Junktim von sich her nicht dem thematischen Schluß, der irgendwann anliegt, zustreben könnte. «Einst wird kommen der Tag...»; das steht als Menetekel über jeder Menschenkultur, so siegesgewiß sie zunächst auch antritt, und setzt auf das Ganze gesehen die volle Mitwirkung aller drei Figurationen voraus.

Daher also der so erstaunlich radikal veränderte geographische Aufbau. Rein empirisch hat man es längst bemerkt. Zwischen den seit dem Tertiär entstandenen Großlandschaften und den drei neumenschlichen Großrassen besteht ein Entsprechungsverhältnis: Die negride Rasse entspricht dem tropischen Zustand, die mongolide dem arktischen und die europide dem mittleren! Dasselbe Verhältnis also, das die drei Aggregatzustände mit den drei Klimaten verbindet, setzt sich fort hinsichtlich der menschlichen Rassen.

6. «Männlicher» Habitus der Negriden und «weiblicher» der Mongoliden. Mittlere und «extrem menschliche» Konstitution der Europiden.

Die extrem unruhvolle Möglichkeit, feinstrukturell im gasförmigen Aggregatzustand dargestellt, kulminiert in den Tropen und prägt zugleich jene Rasse, die hier, in Afrika und Melanesien, ihre Urheimat hat: die negride, «schwarze». Wie es sich physiognomisch gehört, ist diese denn auch im Habitus extrem «männlich», extrem gegliedert und beweglich. Kennzeichnend für den reinrassigen Negriden ist die sehr schmale Wuchsform mit den auffällig langen Armen und Beinen nebst dem engen Becken auch bei den Frauen. Daher die sportlichen Rekorde immer wieder besonders und beinahe ausschließlich dort, wo die Länge der Gliedmaßen zählt, vor allem also beim Laufen und Boxen.

Anderseits weiß die Forschung längst schon um den merkwürdig «weiblichen» Habitus des mongoliden Menschen. Hier nämlich, und zwar auch beim Manne, herrschen laut Keiter «Langrumpfigkeit und Kürze der Gliedmaßen, also der Negerrasse entgegengesetzte Verhältnisse»[1]. Die Schroffheit dieses Gegensatzes hat immer wieder erstaunt und versteht sich letztlich doch apriorisch. Der Zusammenhang läßt es anders nicht zu: Dieselbe extrem ruhvolle Haltung, die auf molekularer Basis zum starren Aggregatzustand führt, prägt analog die arktische Landschaft wie auch den dieser entsprechenden Menschen. Und sie ist obendrein nun einmal zugleich, im sexuellen Nahbereich, die charakteristisch weibliche.

«Diese Wuchsverhältnisse», referiert denn auch Keiter, «waren mit ein Anlaß, die Mongolen und das Weib in eine gewisse Parallele zu stellen. Auf physiologischem Gebiet trifft diese Parallele insofern zu, als der sogenannte Grundumsatz, ein Maß des körpereigenen Stoffwechsels, beim Weibe und bei den Mongolen geringer sein soll als beim Europäer und beim Mann»[2]. Auch das versteht sich letztlich von selbst; der besondere Sinn eines Wesens zeigt sich, hier wie stets, nicht allein im Habitus, sondern prägt die Konstitution in der Tiefe wie an der Oberfläche.

Der Europide, der «Weiße», steht habituell «in der Mitte zwischen Neger und Mongolen»[3]. Er ist weder wie der letztere «weiblich», gedrungen-langrumpfig, noch wie der erstere «männlich», extrem schmalgliedrig, gebaut, was aber anderseits nicht bedeutet, daß er zwischen diesen Extremen einfach einen Mittelwert darstellt. Das tut er zwar in der Tat, doch bleibt bei dieser Feststellung, weil sie nur an den Durchschnitt denkt, etwas Charakteristisches unbeachtet. Wenn nämlich die Anthropologie davon spricht, daß im definierten Sinne, der Konstitution nach, «männlich» bei den Negriden auch das Weib und anderseits «weiblich» bei den Mongoliden auch der Mann sei, so bekundet sich darin ein Maßstab, der offenbar intern hier wie dort überhaupt keinen Sinn hat, eben weil sich im ersten Fall «männlich» und im zweiten «weiblich» gleichermaßen auf beide Geschlechter bezieht.

Der Maßstab kommt denn auch von außerhalb: Er mißt die beiden Extreme an dem europiden Verhältnis. Hier nur deckt sich das «männlich» und «weiblich» im Verstande der Konstitution mit dem Gegensatz der beiden Geschlechter; das heißt hier ist, auch im ersteren Sinne, «männlich» eben speziell der Mann und «weiblich» eben speziell das Weib. Das aber hängt zusammen mit dem werthaften Vorrang der Mitte statt jener beiden Extreme: Die europide Großrasse ist, wie man richtig gesagt hat, extrem menschlich. Die Rückbildung des Gesichtsskelettes etwa, die erst das einmalige «Menschenantlitz» hervorbringt, geht bei ihr ungleich weiter als bei Negriden und Mongoliden.

Und darin spiegelt sich wiederum nur, wie in allem Habituellen, mit symbolhafter Deutlichkeit etwas Konstitutionell-Allgemeines: Ist schon der Mensch überhaupt, laut Hennig, «unter den Säugetieren somatisch auf einfachster Stufe verblieben»[4] (die fünfstrahlige Hand etwa ist noch immer die aus fernsten Ahnenzuständen – vorbei an Flosse, Flügel, Tatze und Huf – bewahrte Urform), so ist insbesondere der Europide extrem unspezialisiert und eben deswegen «extrem menschlich». Daher bei ihm die Trennung von «männlich» und «weiblich» gemäß den Geschlechtern! Denn anderseits bedeutet der Umstand, daß sich dies Phänomen bei den beiden anderen Großrassen nicht findet, wieder nur ein körperliches Indiz, aber nun im gegenteiligen Sinne: Hier gibt es noch eine Spezialisierung! Negride und Mongolide, «Schwarze» und «Gelbe», sind von ihrer Konstitution her auf bestimmte Umwelten noch spezifisch festgelegt.

Der Zusammenhang wird besonders deutlich bei den Mongoliden, den «Gelben». Hier ist er älteren Forschern wie Linné, Blumenbach und Haeckel denn auch längst schon aufgefallen und ebenso, vor dem Anlauf einer wissenschaftlichen Anthropologie, interessierten Beobachtern wie etwa den nach der Schlacht von Poltawa in Sibirien gefangengehaltenen Schweden. Allerdings sind die «Gelben» in Wahrheit so wenig gelb wie die «Rothäute», die Indianer, rot. Die mongolide Haut zeigt eher ein ins Grünliche spielendes Grau, das heißt sie ist sehr dick, sehr «ledern», und in ihren Untergeweben mit Fettpolstern – wie die des europiden Weibes – besonders üppig ausgestattet. Zusammen mit dem niederen Grundumsatz, einer Ökonomie des Lebenshaushalts, führt das zu extremer Unempfindlichkeit gegen Kälte. So verlangt es die arktische Umwelt, auf die der mongolide Mensch trotz seiner sonst schon deutlichen neumenschlichen Qualitäten also doch eben noch spezialisiert ist. In dieselbe Richtung weist aber auch die Gesamterscheinung: je langrumpfig-gedrungener der Leib, um so geringer die Angriffsfläche für das harte nördliche Klima. Und das also gilt hier auch für den Mann, um somit beide Geschlechter auf den «weiblichen» Habitus festzulegen.

Umgekehrt bei den Negriden, den «Schwarzen». Die Bezeichnung der Hautfarbe trifft hier einigermaßen zu; «schwarz» heißt so viel wie «stark pigmentiert». So entspricht es auch hier der ursprünglichen Umwelt, in diesem Fall also den Tropen mit der gnadenlos brennenden Sonne. Das bedeutet wieder Spezialisierung; und wieder steht die Besonderheit der Hautfarbe nicht für sich allein, sondern weist als auffälligstes Symptom auf Konstitutionell-Allgemeines. Der Pigmentreichtum ist ja nicht zuletzt deshalb so wichtig, weil die negride Großrasse als einzige neumenschliche von Haus aus ohne Bekleidung auskommt. Der nackte Zustand ist ihr natürlich. Die zusätzliche Wärmehülle wäre in der Regenzeit schädlich, ansonsten aber ist sie entbehrlich; das Tropenklima nimmt seinem Menschen die entsprechende Vorsorge vollauf ab.

Und derselbe glückliche Umstand prägt wiederum die Gesamterscheinung: Das Problem der kleinstmöglichen Angriffsfläche gegen die Unbill der Witterung ist dem negriden Habitus nicht gestellt. Auch liefert die Natur fast zu jeder Jahreszeit, ohne daß es der Arbeit in nennenswertem Umfang bedürfte, einen reichlich gedeckten Tisch. So besteht für Vorsorglichkeit, mongolide Lebensökonomie und entsprechend «weibliche» Konstitution hier kein Anlaß. Alles erlaubt vielmehr ein fröhlich unbekümmertes, kaum durch Zielsetzungen beschwertes

Schweifen. Das Leben wird als ein Spiel erlebt. Dem entspricht eine «männliche» Konstitution, die jedoch gemessen am europiden Maßstab, der auch hier allein einen Sinn ergibt, einen unreifen Status verewigt; der erwachsene Negride, auch der ältere Mann, mit seinem extremen Schmalwuchs und den sehr langen Gliedmaßen wirkt wie eine fixierte Vergrößerung und Vergröberung des hager aufgeschossenen, «schlaksigen» europiden Jünglings, dem er auch seelisch, jedenfalls mit der sorglosen Grundstimmung, nähersteht als dem leiblich wie seelisch gewichtigeren europiden Manne.

In demselben Sinne «männlich» ist aber auch das negride Weib. Denn eins fügt sich hier ins andere: Im Verhältnis nicht nur zu den Europiden, sondern auch zu den Mongoliden ist das Gehirn und damit auch der Schädel des Negriden erheblich kleiner, was dem Weibe das Gebären erleichtert und trotzdem das enge Becken zuläßt.

Es liegt an der in jeder Hinsicht, geographisch wie morphologisch, mittleren Stellung des Europiden, daß er weder im tropisch-«männlichen» noch im arktisch-«weiblichen» Sinne einseitig fixiert ist. Eben deshalb ist er ja «extrem menschlich». Das Fehlen der Spezialisiertheit, der einseitigen Durchbestimmtheit, bedeutet nun einmal, wie auch hier wieder wichtig, einen keineswegs nur negativen Umstand. Unbestimmtheit ist Allheitlichkeit, ist Offenheit für das Werden. Und sie ist also jetzt, im menschlichen Rahmen, Offenheit für das geschichtliche Werden. Hier also fällt dem Europiden die zentrale Aufgabe, die der Initiative, bereits von der Konstitution her zu, was ja nichts anderes heißt, als daß pn, die schöpferische Möglichkeit, ihm spezifisch eignet.

Und daher hier also die Deckung des Konstitutionsgegensatzes mit dem der Geschlechter; von den Ausnahmen abgesehen, die notorisch die Regel bestätigen, ist «männlich» hier nur der Mann und «weiblich» hier nur das Weib. Eva ist Adams Gefährtin, die Helferin bei seinem Werke; das trifft zwar prinzipiell auch für die beiden anderen Großrassen wie schon für höhere Tiere zu, allermeist aber doch für den Europiden. Hier ist ja «Adam», also der «Mensch», auf eben extrem menschliche Weise zu dem großen Menschenwerk, dem geschichtlichen Werden, verpflichtet, so daß er die Entlastung durch «Heva», durch das «Leben», auf entsprechend extreme Weise benötigt.

Die europide Vertiefung des geschlechtlichen Gegensatzes akzentuiert ein Umstand, den die einschlägige Forschung zwar schon immer bemerkt, aber nie recht verstanden oder auch nur ernstlich zu deuten gesucht hat: Im neumenschlichen Rahmen (vom Australiden, einem altmenschlichen Rest, sehen wir hier ab) ist die europide Großrasse schlechthin «die vollbärtige Rasse»[5]. Negride wie Mongolide sind ganz oder nahezu bartlos. Und auch beim Europiden besitzt, wie sich versteht, nur der Mann einen Vollbart. Darum geht es ja gerade: Es ist der Unterschied der Geschlechter, den der Vollbart des Mannes symbolhaft herauskehrt. Und zwar geschieht das beim erwachsenen Mann; der europide Jüngling ist noch wie der negride Mann, der ihm also auch darin entspricht, mehr oder weniger bartlos.

Man erinnere sich auch hier an den Anweg, an den Bezug der weiblichen Form auf die frühe, kindhafte, wie anderseits der männlichen auf die späte. Der eigentliche Mann ist der alte. Das Gehirn, das phylogenetisch jüngste und damit menschlichste Organ, wächst offenbar bis ins hohe Alter, und zwar namentlich beim männlichen Wesen und hier wieder namentlich beim europiden. Demgemäß wächst hier auch noch der Schädel; das beweisen die Bilder bedeutender Männer, etwa Goethes oder Napoleons, aus jüngeren und älteren Jahren. Dem entspricht beim älteren Manne in der Regel ein Schwinden des Haupthaars, und es kommt also entweder zur totalen «Cäsarenglatze» oder, wohl noch typischer, zur Glatze über der Stirn, der konfuzianischen «Weisheitsbeule». Dazu paßt auf andere Weise der Vollbart. Er betont physiognomisch, als Verlängerung des Gesichtes, das Abrücken von der «weiblichen» Rundheit.

Alldem entspricht, wie sich versteht, auch hier die Farbe. Der europide Mensch ist der «Weiße». Das trifft wieder nicht ganz wörtlich, aber doch angenähert zu: Die europide Haut ist extrem pigmentarm und obendrein besonders dünn, was sie beides von der negriden wie auch der mongoliden abhebt. Daher so oft bei Aristokratien – meist ja europiden Ursprungs – das sprichwörtliche «blaue Blut», das Durch-schimmern also der Adern. Bei der sogenannten nordischen Rasse, der «am stärksten als europäid gekennzeichneten»[6], geht die Aufhellung am weitesten. Das Haar ist hier blond und die Augen sind blau, und auch das letztere bedeutet – wie bei dem «blauen Blut» – ein durch Pigment-armut bedingtes Sichtbarwerden des Hintergrundes.

Das paßt, wie Keiter meint, «mit Notwendigkeit in einen nördli-chen Lebensraum»[7]. Diese Ansicht ist weit verbreitet, wie die üblich gewordene Kennzeichnung durch das Beiwort «nordisch» schon zeigt; und tatsächlich ist ja die Rasse heute im nördlichen Europa weitaus am stärksten vertreten. Dennoch ist hier einiges problematisch. Gerade wenn man – mit der gesamten einschlägigen Forschung – in der nordi-schen Rasse die extrem europide, extrem «weiße», erblickt, so liegt darin schon wie ein Postulat, daß sie in jeder Beziehung, morpholo-gisch und geographisch, der mittleren Großrasse zugehört. Wem stattdessen das Beiwort «nordisch» in Wahrheit ausschließlich zu-kommt, braucht hier nicht nochmals erörtert zu werden: es ist eindeutig die mongolide Großrasse! Doch entstünde nur heilloser Wirrwarr, wenn wir die Sprachgewohnheit demgemäß verändern wollten; mit dem Ausdruck «nordische Rasse» bezeichnen wir also weiter, trotz prin-zipieller Beanstandung, jenen extrem «weißen» und damit extrem eu-ropiden Typus, der in Nordeuropa am häufigsten vorkommt.

Das Mißverständnis reicht jedoch tiefer. Wendet man sich von Nordeuropa nach Süden oder nach Osten, so gelangt man rasch zu Po-pulationen, in denen die «nordischen» Kennzeichen, blonde Haare und blaue Augen, nicht mehr überwiegen. Sie verschwinden allerdings auch nicht völlig; auch in Südeuropa und Nordafrika, desgleichen im Nahen Osten, in Rußland, Kaukasien, dem Hindukusch und dem Pandschab, trifft man immer wieder nicht eben selten auf «nordisch» wirkende Menschen, nur daß diese hier den Gesamteindruck nicht mehr bestim-men. Schwarzes Haar und dunkle Augen sind jetzt stattdessen die Re-gel; und doch spricht man mit Recht auch hier überall noch von Wei-ßen, von Europiden, denn die weiteren Charakteristika der europiden Großrasse wie die mittelschlanke Statur, die Gestaltdifferenz der Ge-schlechter und bei den Männern der Vollbart finden sich auch hier überall noch. Nur also die extremen, eben «nordischen» Kennzeichen sind geschwunden.

Der Begründer der exakten Vererbungslehre, der Augustinerpater Mendel, lieferte bereits um die Mitte des 19. Jahrhunderts den hier benötigten Schlüssel: Merkmale vererben sich «dominant» oder «rezessiv», das heißt im Falle der Mischung, der Chromosomenverschmelzung, pflegt sich von zwei verschiedenen Merkmalen nicht zwar für den Erbgang, wohl aber im Erscheinungsbild nur das eine durchzusetzen. Und dieses, das dominante, ist bei unterschiedlicher Pigmentierung das dunkle. Um andere Merkmale steht es anders. Dunkel im relevanten Sinne sind nun aber sowohl die Negriden als auch die Mongoliden; mindestens Haare und Augen sind ja auch bei den letzteren schwarz bis dunkelbraun, um von den Farbverhältnissen bei den ersteren ganz zu schweigen. Kommt es zu Mischungen, selbst nur leichten Ankreuzungen, so siegt also in der Regel das schwarze Haar über das blonde und das dunkle Auge über das blaue.

Die sonstige Grundausstattung des europiden Menschen hingegen wird längst nicht so drastisch verändert. Der Vollbart insbesondere wechselt zwar vom Blonden ins Schwarze, weil hierüber noch die Dominanz des dunkleren Pigments entscheidet, um jedoch als solcher erhalten zu bleiben. Verglichen mit Haar- und Augenfarbe stellt er daher ein bedeutend zuverlässigeres Leitmerkmal dar. Mit geringer Abschwächung gilt das auch für die Haut, deren Helligkeit in der Regel nur abnimmt, nicht aber verschwindet. «Die Mehrzahl der Menschen», sagt denn auch Keiter, «hat heute die hellbraune Haut der Südeuropäer, Mongolen und Indianer»[8]. Das ist richtig bis auf den Umstand, daß hier mit den «Mongolen» nicht die reinrassigen Mongoliden, sondern Chinesen, Japaner und andere Ostasiaten gemeint sind. Diese besitzen in der Tat eine ähnlich «hellbraune» Haut wie die Völker rund um das Mittelmeer sowie die meisten Indianer und überhaupt «die Mehrzahl der Menschen».

Von der heutigen Forschung wird diese Durchschnittsbefindlichkeit zumeist in ein Kaleidoskop verschiedener einzelner Rassen zerlegt, die dann je nach dem Divisionsprinzip der einen oder anderen der drei Großrassen unterstellt werden. Unverkennbar bleibt allerdings immer, daß vom extrem europiden Nordeuropa her gesehen nach Süden der negride Einfluß und nach Osten der mongolide zunimmt und es sich hier also ersichtlich von Haus aus nur um Mischrassen handelt, wenn auch unter Umständen (es ist längst nicht hinreichend untersucht) um erbgenetisch konstante. Hier sollte man mithin besser den Begriff «Rasse» überhaupt meiden; die üblichen Unterteilungen der drei Großrassen in «Unterrassen» sind denn auch durchweg mehr völkerkundlich als biologisch entworfen, erfassen ohne Rücksicht auf etwaige Erbkonstanz, ja ohne nach dieser auch nur zu fragen, einfach landschaftsgebundene habituelle Durchschnittswerte. Richtiger ist es daher, mit der neueren angelsächsischen Forschung, etwa mit Baker, schlicht deskriptiv von «Typen» und «typischen Formen» zu sprechen[9], wobei man die schwierige Theorie, die jeweils neu zu entscheidende Frage der bloß statistisch relevanten oder erbfest gewordenen Mischung, getrost dahingestellt lassen kann.

Für die drei Großrassen ist das Präfix «Groß-» mithin durchaus entbehrlich. Es ist letztlich geradezu irreführend, weil es von der Tatsache ablenkt, daß man es nur hier (im neumenschlichen Rahmen, wie sich immer versteht) überhaupt mit Rassen in des Ausdrucks vollem, biologisch genauem Verstande zu tun hat. Die simple Unterteilung des alten Blumenbach – nur in Weiße, Gelbe und Schwarze – ist insofern immer noch vorbildlich und wurde denn auch von neueren Forschern wie Haeckel, Vallois, Weinert und Eickstedt im Prinzip durchweg beibehalten.

Das heißt umgekehrt für die nordische Rasse, daß ihr der Titel «Rasse» streng genommen nicht zusteht. Sie ist allerdings auch keine «Unterrasse», keine Mischform zwischen den «Großrassen», sondern die weiße Rasse in sozusagen weißester Form. Blumenbach wählte ursprünglich als Synonym für dies «weiß» nicht «europid», sondern «kaukasisch»; er tat es auf Grund eines Mißverständnisses und doch vielleicht zugleich mit dem Spürsinn des echten Forschers. Wörtlich verstanden ist selbstverständlich auch «kaukasisch», wie jeder derartige Ausdruck, zu eng. Aber sicherlich trifft er besser als das Beiwort «nordisch», das dem «Weißen» gerade nicht wirklich zusteht. Und auch verglichen mit «europid» besitzt «kaukasisch» jedenfalls den Vorzug, besser an die mittlere Stellung der weißen Rasse zu erinnern, und dies gleich in zweierlei Hinsicht: Der Kaukasus ist eine Grenzscheide zwischen Europa und Asien; das von ihm hergeleitete Beiwort vergißt also nicht so wie «europid» den asiatischen Wohnraum der weißen Rasse, der von Kaukasien bis nach Indien, Arabien und noch weiter reicht. Obendrein liegt der Kaukasus aber auch im klimatischen Sinne zwischen Nord und Süd prononciert in der Mitte. Während Skandinavien als Urheimat der weißen Rasse so wenig möglich ist wie Sibirien (an das der verdienstvolle Eickstedt, betört von dem Ausdruck «nordisch», seltsamerweise gedacht hat), kommt der Kaukasus ernstlich in Frage, worauf wir noch kurz eingehen werden.

Daß die weißen Stämme in Daghestan und Georgien zumeist keine Indogermanen sind, darf als ein weiterer Vorteil der alten Bezeichnung gelten, weil damit dem von Gobineau suggerierten Begriffsverbund der Rasse mit einer Sprach- und Völkerfamilie, eben den Indogermanen, vom Terminus her widerstanden wird. Wieweit die von Marr aufgestellte «japhetitische» Theorie im einzelnen haltbar ist, darf hier offen bleiben; daß aber prinzipiell zumindest noch ein weiteres, älteres Urvolk, vor den Indogermanen und auch den Semiten, bereits ähnlich wie dann diese gewirkt hat, ist aus allgemeinen Erwägungen sicher, wobei noch positiv ins Gewicht fällt, daß Marr neben den Basken vor allem gewisse kaukasische Völker zu seinen Japhetiten zählt. Und jedenfalls, um noch einmal auf das engere Thema zurückzukommen, spricht auch die weiße Haut für den «kaukasischen», mittleren, Ursprung. Sie allein vermag zu erröten wie auch zu erbleichen; in dunklen Winterzeiten macht sie ihrem Namen Ehre, zeigt sie in der Tat nur ein fahles «Weiß», um indes bei starker Sonnenbestrahlung einen tiefen Bronzeton anzunehmen, der sich von helleren Varietäten der negriden Haut kaum mehr unterscheidet. Sie vermag also beides; sie erlaubt es damit dem weißen Mann, sich neben Negriden und Mongoliden in deren Heimaten zu behaupten, was also wiederum indiziert, daß man ihm keines jener beiden extremen Klimate als das ursprüngliche zuweisen darf. Auch die weiße Haut, kann man geradezu sagen, ist schon allheitlich. Sie zeigt auf ihre Weise schon genau jenen extrem menschlichen Zustand, der als Fehlen der Spezialisierung die Offenheit für das Werden bedeutet.

8. Die Urheimaten der Rassen.
Ihre Gruppierung um den «neuen» subtropischen Mittelmeergürtel.
Die Mißverständnisse um «nordisch».

Den beiden extremen Rassen entsprechen die beiden extremen Klimate. Dazwischen liegt der «neue», im Tertiär entstandene Mittelmeergürtel südlich der jungen Faltengebirge, in den Negride und Mongolide von jeher in verschiedensten Formen einstrudelten oder einsickerten, um ihren konträren Aufträgen an den Hochkulturen gerecht zu werden.

Ebenfalls in der Mitte zwischen den beiden extremen Klimaten hat man außerdem aber auch noch die dritte Urheimat, die der weißen Rasse, zu suchen. Und hier hört die sonstige Einigkeit in der einschlägigen Forschung auf; hier besteht nicht einmal Streit zwischen deutlichen Theorien, sondern herrscht fast völlige Dunkelheit. Eickstedts Sibirientheorie war von vornherein ohne empirischen Rückhalt und zählt heute nicht einmal mehr als Hypothese. Daneben steht noch immer die ältere Vermutung der Urheimat in Nordeuropa, wobei hartnäckig unterstellt wird, die weiße Rasse und speziell deren extrem aufgehellter «nordischer» Typus habe zum nordischen Klima eine positive Affinität. Gäbe es einen solchen Zusammenhang wirklich, so sollte man allerdings erwarten, daß er auch überall sonst im Norden, in Asien und Amerika, zu analogen Ergebnissen führte, was indes bekanntlich durchaus nicht der Fall ist. Die sibirischen Stämme wie auch die Eskimos in Grönland, Kanada und Alaska zeigen die «nordischen» Kennzeichen nicht, um dennoch dem nordischen Klima vorzüglich angepaßt zu sein.

Von der Regel, die sich hier abzeichnet, weicht bei Lichte besehen sogar Nordeuropa nicht wirklich ab. Man sollte es nicht vergessen: der Ausdruck «nordisch» stammt von Lapouge, der als ein Franzose aus verhältnismäßig südlicher Optik auf sein Ideal, die Germanen in Skandinavien, blickte und den hier verkörperten Typus deshalb als *race nordique* empfand. Tatsächlich drangen die Germanen aber erst spät, in geschichtlicher Zeit, aus dem südlichen Schweden nach Norden vor, wo sich trotzdem auch heute noch die Lappen – ebenso wenig «nordisch» wie Eskimos und Sibirjaken – gerade im rauhen Norden behaupten.

Bei der Suggestion um das Beiwort «nordisch» wirkt freilich auch Weltanschauliches mit. «Was mich nicht umbringt, macht mich stärker», hat einmal Nietzsche gesagt und damit einer darwinistischen Halbwahrheit den Nachdruck seiner Stimme verliehen. Die nicht zwingende, aber populäre Folgerung nämlich ist, daß sich eine starke Rasse in einer widrigen Umwelt nicht nur besser als eine schwache behaupte, sondern daraufhin sogar s t ä r k e r werde; der Kampf ums Dasein scheint zaubern zu können, scheint nicht nur als innere Auslese, Benachteiligung der Schwächeren, den bestehenden Typus zu festigen, sondern darüber hinaus, letztlich gerade umgekehrt, einen anderen Typus hervorzubringen.

Träfe das zu, so brauchte ein Züchter nur besonders harte Bedingungen, knapp über dem Existenzminimum, für seine Zöglinge zu wählen, um sie zu prächtigstem Wuchs anzuregen. Tatsächlich führt die Überforderung, die ihre Geschöpfe nur gerade «nicht umbringt», ontogenetisch wie phylogenetisch immer nur zu einem Verkümmern. Die Wahrheit an dem Nietzschezitat bringt dagegen der Volksmund von jeher schon durch die Einsicht, daß Kampf die Kräfte rege hält und erst die Übung den Meister macht, bescheidener und genauer zum Ausdruck; alles Weitere ist reiner Aberglaube. Wie jeder Züchter weiß, brauchen anspruchsvolle Typen optimale Bedingungen, während in extrem harten Lagen nur spärliche Formen gedeihen, die lediglich «stärker» sind im Ertragen.

So auch bei den Menschen und ihren Rassen. Gerade wenn man also mit Gobineau und Lapouge in der Qualitätsfrage übereinstimmt, so ist damit im Grunde bereits involviert, daß wir die Urheimat der schöpferischen Rasse nur in einer Umwelt zu suchen haben, die optimale Bedingungen bot. Involviert ist damit auch noch etwas Zweites: Das anspruchsvollste Werk kommt zuletzt, setzt die bescheideneren Werke als Vorübungen voraus; das bescheidenste macht den Anfang. Daß die negride Rasse einen weiten Vorsprung in der «genetischen Distanz» hat, daß sie also mit Abstand die älteste ist wie hingegen die europide die jüngste, nimmt daher gleichfalls nicht Wunder, sondern bestätigt nur empirisch die ohnehin involvierte Einsicht[10].

Von den drei neumenschlichen Großrassen hat es die negride – in ihrer tropischen Heimat – am leichtesten. Und sie muß es auch am leichtesten haben, weil sie sich in einer härteren Lage – ohne fremde Hilfe – schwerlich zu behaupten vermöchte. Sie braucht Vorsorge nicht zu treiben, aber sie könnte das auch nicht.

«Das Gehirn der Negriden», erläutert Felix von Bormann, «ist im Durchschnitt kleiner als das der Europiden. Seine Struktur ist einfacher – die graue Schicht ist dünner, die Hirnwindungen weniger ausgeprägt, die Insel nicht so regelmäßig versenkt. So liegt auch das durchschnittliche Niveau der Intelligenz unterhalb dem bei Europiden. Bei diesen Angaben handelt es sich um statistische Resultate. Sie überschneiden sich in bezug auf alle diese Eigenschaften, doch immer so, daß die Spitzenwerte nur bei Europiden vorkommen; demgegenüber trifft man die besonders herabgesetzten nur bei Negriden.

Die Geschichte, dazu gehören auch die Ereignisse der letzten zwanzig Jahre, bestätigt fortlaufend diese Ergebnisse der Anthropologie und Psychologie. Die Negriden haben nie ein Alphabet oder ein Rad erfunden. Höhere Kulturleistungen sind von ihnen nicht vollbracht worden. An dem Fortschritt der europiden und mongoliden Menschheit haben sie nicht teilgenommen, obwohl sie auf ihrem Kontinent die gleichen Chancen hatten wie die kulturtragenden Rassen. Seit sie als Sklaven der Ägypter bekannt wurden, erscheinen sie stets in dienender Stellung. Als Gefolgschaft haben sie sich mit den die Welt erobernden Europiden überall ausgebreitet. Sie waren nie fähig, einen dauerhaften Staat ohne fremde Hilfe zu errichten und zu erhalten»[11].

Das ist nicht mehr und nicht weniger als der sine ira et studio ermittelte objektive Befund, der im nachabendländischen Rahmen einen theologischen Sinn offenbart: Von den Drei Göttern hat sich jener, dem die bescheidenste Aufgabe zufällt, der Zerstörer, am ehesten zu seinem Werke gerüstet.

Nach Entstehungszeit wie nach Auftrag und Eignung folgt darauf die mongolide Rasse. Sie muß in ihrer «nordischen» Heimat, unter kärglichsten Umweltbedingungen, gerade jene Vorsorglichkeit, die der negride Mensch weder braucht noch besitzt, um des einfachen Überlebens willen zur zähen Dauerhaltung entfalten; und wiederum gilt, daß sie kann, was sie soll. Nach Erhebungen an amerikanischen Schulkindern aller Rassen, über die Baker referiert[12], ist der Intelligenzquotient, wie anders nicht zu erwarten, unter gleichen Umweltbedingungen bei negriden Kindern mit Abstand am niedrigsten, wogegen er bei mongoliden die europiden Werte zum Teil noch merklich übertrifft! Das klingt erstaunlicher, als es ist. Am wenigsten oder gar nicht testen läßt sich das schöpferische Vermögen, das sich der kalten Verständigkeit, die der Test verlangt, wohl oft genug sogar in den Weg stellt. So triumphiert hier der Bewahrer; er hat die Spielregeln auf seiner Seite.

9. Die europide Urheimat.
Das Buchenargument und der enträtselte Garten Eden.

Das schöpferische Vermögen steht gleich dem flüssigen Aggregatzustand in der Mitte zwischen den Extremen. Die Urheimat der europiden Rasse hat man daher ebenfalls, wie bereits gestreift, in einer mittleren Lage zu suchen. Wie die beiden extremen Regionen kommt allerdings auch die Mittelmeerzone als Entstehungsraum nicht in Betracht; sie ist der Hauptschauplatz der Geschichte und also der großen Rassenbegegnung; schon deshalb gehört sie von Haus aus keiner der drei Rassen spezifisch.

Zu den neuen Großlandschaften, die den nahenden Auftritt des Menschen im Tertiär geographisch einleiteten, zählt indes noch eine weitere, auf welche sich im Zusammenhang unser Augenmerk schon deswegen richtet: Es ist der nördlich der Mittelmeerzone aufgefaltete Hochgebirgsgürtel, der denn auch den Bedingungen, die wir aus schon erörterten Gründen als konstitutiv zu betrachten haben, allein entspricht. Er ist beträchtlich jünger als die Großlandschaften im Süden und Norden, denen die beiden anderen Rassen entstammen; das schon legt seine Beziehung zur gleichfalls jüngsten Rasse nahe. Asien nördlich des Hochgebirgsgürtels wie anderseits Afrika sind uralt, sind in sich kaum veränderte Teile der das Tethysmeer vordem flankierenden Nord- und Südkontinente; die Auffaltung von den Alpen bis zum Himalaja dagegen stellt nicht zwar in ihren Bauelementen, wohl aber als solche, in ihrer Struktur, ein im erdgeschichtlichen Sinne «neuzeitliches» Produkt dar. Die Physiognomie ist noch jünger; die großen Ströme und Stromtäler, die diese Landschaft so lebhaft gliedern, entstanden erst gegen Ende der Eiszeit, als auch der Mensch längst schon existierte.

Damit entstanden hier auch jene optimalen Bedingungen, die der anspruchsvollste Typus verlangt. An den großen Strömen und dem Meer, zu welchem sie führten, sollten die Hochkulturen erwachsen. Sie sind dem flüssigen Element damit eigentümlich verbunden, das heißt sie stehen wie räumlich so auch hinsichtlich des Aggregatzustandes jener mittleren Möglichkeit nahe, welcher obendrein anthropologisch die weiße Rasse entspricht. Das erlaubt auch für deren Urheimat bereits die Lokalisierung. Allein der tertiäre Hochgebirgsgürtel in postglazial «verflüssigtem» Zustand bot die optimalen Bedingungen, die der anspruchsvollste Typus für seinen Anlauf benötigte.

Als «optimal» sind hier freilich die Bedingungen zu verstehen, die das schöpferische Vermögen zugleich herausfordern und unterstützen, statt es durch «nordische» Kärglichkeit oder tropischen Überfluß so oder so zu vereiteln, es unmöglich oder unnötig zu machen. Und das weist eben wiederum, vom klimatischen Optimum radikal weg, auf jene flüssige Mitte hin. Bei Negriden wie auch bei Mongoliden fehlt bezeichnenderweise das positive Verhältnis zum Wasser, zu Strom und Meer, was sich in Gebaren und Schicksal auf verschiedenste Weise von jeher bekundet. In den Negersprachen etwa pflegt es für jedes Teilstück eines einheimischen Stromes, meist von einer Knickung an, einen eigenen neuen Namen zu geben, so als hätte man es mit einer Kette von stehenden Gewässern zu tun; gerade das Fließen wird nicht erlebt. Und als die Kosaken, also die Weißen, im 16. Jahrhundert das mongolide Reich Sibir eroberten, lag das wieder an dem Verhältnis zum Wasser; gute Reiter waren auch die Tataren, aber allein die Kosaken wußten obendrein die Ströme zu nutzen.

Es ist ein charakteristischer Zug. Während der Negride wie auch der Mongolide ein jeder auf seine Weise, ewig sorglos oder ewig bedrückt, einfach in seiner Weite wohnt, eignet dem Europiden ein spontaner Zug in die Ferne, der dem Zuge des Wassers zum Meere entspricht und sich denn auch hier am mächtigsten auslebt. Bringt man seelisches

Grundverhalten mit ursprünglichen Umweltbedingungen in Verbindung (folgt man insofern also der allgemeinen Gepflogenheit), so ist der schon gezogene Schluß auch von dieser Seite her evident: Nur der junge Hochgebirgsgürtel mit seinen Strömen, Tälern und wechselnden Horizonten kommt als die Urheimat der weißen Rasse in Betracht.

In dieselbe Richtung weist auch das «Buchenargument»: In allen indogermanischen Sprachen geht die Bezeichnung der Buche auf dasselbe Stammwort zurück; das indogermanische Urvolk lebte mithin in einem Raume, in welchem die Buche gedeihen konnte, was allein schon Skandinavien und überhaupt den Norden als mögliche Urheimat ausschließt. Ein gemeinsames Stammwort für «Wald» dagegen fehlt in den indogermanischen Sprachen; in der Urheimat gab es hiernach die Buche als Baum, aber nicht auch als Wald, der ja erst in der Ebene, statt in engen Tälern, aufkommen kann. Die Gesamtfolgerung liegt auf der Hand. Der Ordnung halber sei nochmals bemerkt, daß man im indogermanischen Urvolk nicht schlechterdings das Urvolk der weißen Rasse erblicken darf. Wir erinnerten schon an Marr und seine «Japhetiten». Im Alten Orient, in Ostasien und sogar im vorkolumbischen Mexiko und Peru finden sich reiche Spuren von ursprünglichen Oberschichten, welche keine Indogermanen waren, aber doch nach den typischen Leitmerkmalen zur weißen Rasse zu zählen sind; wir kommen darauf noch zurück. Aber jedenfalls auch, und nicht eben an letzter Stelle, gehört das indogermanische Urvolk, wie seine gesamte Nachfahrenschaft, zur weißen Rasse. Trotz der Einschränkung also bleibt das Buchen- und Waldargument für den Zusammenhang relevant.

Im Sagenschatz der alten Kulturvölker, und zwar nicht bloß der indogermanischen, gibt es gleichsinnige Hinweise. Weit verbreitet ist die Erinnerung an das Paradies, an den Garten Eden der Bibel, wo die Menschheit ursprünglich gewohnt habe und zwar, denn nur dann kommt Verstand in die Fabel, offenbar spezifisch die weiße Menschheit. In der Bibel werden die ersten Menschen von Gott dem Herrn persönlich, zur Strafe für ihren Sündenfall, aus dem Paradiese vertrieben; statt daß Wagemut sie in die Ferne drängte, erleiden sie nur ein trauriges Schicksal. Das ist ein fremder Zug in dem Bild, der jedoch offenbar etwas ursprünglich Wahres, die Wehmut in der Erinnerung, lediglich übertreibt; der Menschensinn ist weit genug, um dem Zug in die Ferne zu folgen und zugleich doch auch dem Idyll, das dabei verloren geht, nachzutrauern. Und immerhin sagt auch die Bibel, daß ein edler und typisch «weißer», geradezu «faustischer» Zug, der Drang nach Erkenntnis, die «Vertreibung» letztlich ausgelöst habe; ganz und gar nur passiv und trist ging es dabei also auch hiernach nicht zu.

Alles andere vollends ist charakteristisch: Es handelt sich um einen Garten; soviel wie «Garten» oder «Park» bedeutet ja «Paradies» in der altpersischen Urform. Gemeint ist also kein Wald, aber erst recht keine kahle Steppe. Der Baum spielt eine wichtige Rolle; er bietet Nahrung in Fülle, macht auch sonst den Aufenthalt angenehm und steht obendrein, wie gesagt, mit dem letztlich heroischen Grunde der Abwanderung im Zusammenhang. Die lichte Parklandschaft ist nun freilich, in der Genesis wie auch sonst zumeist, als eine Ebene vorgestellt. Ebenen in beschränktem Umfang sind indessen auch Täler, die dann allerdings voneinander durch Höhenzüge getrennt sind, um damit für den Gesamtraum das Bild der Ebene zu verbieten.

So offenbar auch bei dem Paradies. Der biblische Text weiß nichts von Bergen, läßt aber immerhin noch erahnen, daß im verschollenen Urbericht auch ein diesbezüglicher Hinweis schwerlich gefehlt haben dürfte. Ähnlich bedeutsam wie der Baum nämlich ist – auch noch in der biblischen Paradiesbeschreibung – der Strom. Und zwar erscheint er im Plural; vier Ströme werden genannt. Der «Garten» hat also gewaltigen Umfang, wird von mehreren fruchtbaren Tälern durchschnitten und besitzt somit auch die entsprechenden Höhen.

Zwei der Ströme, der Euphrat und der Hiddeqel, der Assyrien streifen soll, verweisen auf Mesopotamien. Doch ist das spätere Redaktion, die übrigens schon von den Redakteuren kaum als Lokalisierung ernstlich verstanden gewesen sein konnte, weil die beiden anderen Ströme deutlich nicht nach Mesopotamien gehören. Der Pischon, also der «Aufsprung», und der Gichon, der «Ausbruch», sind geographisch unrubrizierbar; der Pischon soll Chawila umfließen, also wohl ein Schwemmland oder Geröllfeld, und der Gichon jenes Land Kusch, das man in Afrika, Arabien und Gegenden um das Kaspische Meer gleich unverbindlich gemutmaßt hat.

Die biblischen Redakteure benutzten zweifellos Namen, mit denen sie eine klare geographische oder auch sonstige Vorstellung nicht verbanden. Soweit man in der Verschwommenheit dennoch einen Sinn meint greifen zu können, ist es erst einmal der negative, daß offenbar kein bekanntes Kulturland im Urbericht als Paradies gemeint war. Immerhin werden Pischon und Gichon zuerst, vor dem Hiddeqel und dem Euphrat, genannt, was vielleicht eine größere Nähe zum ursprünglichen Text indiziert; und einiges scheint dafür zu sprechen, daß der Bericht diese beiden Ströme, den «Aufsprung» und den «Ausbruch», östlich von Mesopotamien, also im iranischen Bergland, vermutet. Auch durch die Namen klingt ähnliches durch; als «aufspringend» und «ausbrechend», ungestüm quellend und sprudelnd, hätte man gewiß nicht Ströme bezeichnet, die ein Flachland gemächlich durchziehen. Das Paradies war ein Gebirge.

10. Anlauf zu den Hochkulturen: Begegnung und Überschichtung der Rassen in der dafür bereitgestellten Mittelmeerzone. Die durchweg weißen Oberschichten.

In der subtropischen Mittelmeerzone kam es seit der jüngeren Steinzeit immer wieder zur Begegnung der Rassen und damit, was letztlich dasselbe besagt, zur Entstehung der Hochkulturen, zur eigentlichen Geschichte.

Beides nämlich bedingt einander. Der Übergang von der frühkulturellen zur hochkulturellen Menschheitsverfassung hängt ja zuinnerst mit der Entstehung eines ständischen Gefälles zusammen. Das Phänomen der Überschichtung machte daher noch jeweils den Anfang: Nur wo der schöpferische Mensch einer Unterschicht zu befehlen vermag, wird seine Fähigkeit aktivierbar. Sonst bleibt sie bloße Möglichkeit.

Im frühkulturellen Zustand, also vor der großen Begegnung, sind die Leistungen der drei Rassen daher nicht allzu stark unterschieden: Überall scheint die sittliche Ordnung, durch die der Mensch sich zu setzen hat, noch nicht verfügbar zu sein und ist sie es faktisch daher auch noch nicht; sie bleibt mehr oder weniger unbewegt, bleibt «vorgeschichtlich» auch in dem Sinne, daß sie noch nicht, wie dann in den Hochkulturen, jeweils als Funktion einem geschichtlichen Thema entspricht.

Von den ersten Werkzeugen und dem Besitz des Feuers bis zur Institution der Ehe handelt es sich für die Frühkulturen nicht um Errungenschaften des Menschen, sondern um Geschenke der Götter; und trotz des oftmals naiven Tonfalls ist das die richtige Herleitung. Tatsächlich wären ja leibliche Besonderheiten des Menschen wie der aufrechte Gang, die Rückbildung des Gebisses und der Verlust des Haarkleides lebensfeindlich gewesen ohne den sofortigen – nicht erst irgendwann zu erfindenden – Besitz des ergänzenden Inventars. Was den magischen Menschen vom späteren trennt, ist lediglich die Bescheidung mit der einmal gespendeten Grundausstattung. Überall fehlt denn auch noch die Schrift – eben zusammen mit Inhalten, die bereits als geschichtliche eigens tradiert werden müßten.

Erst die Begegnung im Mittelmeerraum läßt zusammen mit dem sozialen Gefälle auch das geistige in Erscheinung treten. Die Einzugsformen sind mannigfaltig. Die Skala reicht von der gewaltsamen und entsprechend deutlichen «Völkerwanderung» bis zu allen möglichen Formen eines unauffälligen oder unfreiwilligen Einsickerns. Insbesondere der negride Mensch hatte keinen Anlaß, sein Schlaraffenland zu verlassen; von jeher und bis in unsere Tage pflegte er radikal unfreiwillig, auf dem Wege des Sklaventransportes, in den Begegnungsraum zu gelangen.

Die gewaltsame Landnahme im Stil der Dorischen Wanderung war dagegen von jeher für die weiße Rasse charakteristisch; sie hatte den kürzesten Anweg und wußte ihn am besten zu nutzen; nicht erst die großen Entdecker der Neuzeit, sondern bereits die Philister, die bis nach Ägypten vorstießen, und die Dorer, die Kreta eroberten, waren ausgezeichnete Seeleute. Trotzdem fehlt es sogar hier nicht an passiven Formen des Einrückens; die Mameluckenherrschaft in Kairo war ein Regiment ursprünglicher Sklaven, und nicht anders stand es im maurischen Spanien um den aus Slawen oder Sklaven (beides wurde nicht unterschieden) gebildeten Militäradel.

Die mongolide Rasse schließlich neigt ihrem Wesen gemäß zu der undramatischen Einzugsform. Wo sie einmal gewaltsam vorstieß, blieb das durchweg seltsam ergebnislos und hatten dabei europide Führer, weiße und bärtige Männer, regelmäßig den Anstoß gegeben, wovon die imposanten Bärte der meisten Osmanen und Timuriden bis zurück auf Dschingis Khan Zeugnis ablegen.

Unterschiedlich wie der Einzugsmodus ist auch das mögliche Ergebnis. Es kann wie bei Timur in bloßer Verwüstung bestehen oder sich auch, wie bei den Tataren in Rußland und China, den Großmogulen in Indien und den Türken auf dem Balkan, in fiskalischer Despotie erschöpfen. Soll allerdings eine Hochkultur auf dem Boden der anfänglichen Zerstörung entstehen, so muß die schöpferische Rasse offenbar nicht bloß durch einzelne Führer, wenige exponierte Familien, an dem Umschwung beteiligt sein, sondern durch eine führende S c h i c h t und zunächst also durch einen ganzen «Stamm», eine vollständige biologische Gruppe. Dann nur ist damit zu rechnen, daß sich die entsprechenden Rassemerkmale, etwa der Bart, allgemein als Leitbilder durchsetzen; und wo das letztere der Fall ist, da darf man also umgekehrt auf den ersteren Sachverhalt schließen, zumal wenn auch das Ergebnis, eben die Entstehung einer Hochkultur, in dieselbe Richtung weist.

So beispielsweise im alten Ägypten. «Auf eine ursprüngliche Herrschaft der Weißen deutet», wie Schwarzenberg richtig bemerkt, «auch eine Einzelheit des königlichen Zeremoniells: der – künstliche – Kinnbart. Die Afrikaner sind bartlos: also wird das aus Vorderasien ins Nilgebiet eingewanderte Volk einmal Herr über die Afrikaner gewesen sein»[13].

Ähnlich im alten China und Mesopotamien. Hier hört man nichts von künstlichen Bärten; die stattlichen Bärte der Herren von Sumer und Akkad sind echt. Immerhin wird später auch hier, etwa bei den Assyrern, der Bart durch Einknüpfungen wohl nicht nur stilisiert, sondern auch verstärkt und verlängert. Im alten China pflegte man dem erwünschten Bilde des «Alten» auch noch umgekehrt nachzuhelfen: durch Vortäuschung der «Weisheitsbeule», der Vorderglatze; die «Schande des vollen Haares» war im konfuzianischen Klima so sprichwörtlich wie das «Glück des vollen Bartes» im alten Griechenland. Anscheinend ist eben auch die natürlich altersbedingte, nicht durch Krankheit verursachte männliche Glatzenbildung ein «weißes» Leitmerkmal gleich dem Barte, mit dem sie hier ja, wie gezeigt, in einem den Gestaltsinn unterstreichenden Zusammenhang steht; und die Rasur mußte schließlich ersetzen, was die Natur nicht mehr liefern wollte und was man doch weiter als charakteristisch für den Menschen der Oberschicht ansah.

Endlich hierzu noch ein in jeder Hinsicht entlegenstes Beispiel: Auch im vorkolumbischen Amerika, in den Hochkulturen von Mexiko und Peru, trifft man auf denselben Zusammenhang. «In Bezug auf Peru», referiert Mahieu, «sind die Zeugnisse reichlich, angefangen bei Pedro Pizarro, der vermerkt, daß die Mitglieder der inkaischen Aristokratie eine weißere Haut als die Spanier und Haar von der Farbe reifen Weizens hatten. Pizarro fügt hinzu, daß die Eingeborenen weiße und blonde Menschen für ‹Kinder des Himmelsgottes› hielten. Die von Izaguirre rekopulierten alten Urkunden erwähnen bei verschiedener Gelegenheit ‹diese ungläubigen Weißen und Blonden›, ‹weiß und blond wie wir›»[14]. Sogar hier also trägt, wie in einer Hochkultur nicht anders zu erwarten, die gesamte Oberschicht, «die inkaische Aristokratie», das Gepräge der weißen Rasse. Analog in Mexiko, bei den Mayas, Tolteken und Azteken[15]. Und überall hatte, wenigstens bei den ursprünglichen Eindringlingen, auch der Bart, das deutlichste Leitmerkmal, nicht gefehlt. Die Chroniken der Tolteken etwa, hier als Beispiel für viele zitiert, lassen keinen Zweifel über das Aussehen des Eroberers Quetzalcóatl. «Alle schildern ihn uns als einen weißen Mann von hoher Statur und langem Bart ‹teils grau teils rot›, wie Diego Durán im einzelnen beschreibt»[16].

Wir erwähnen diese Fälle gerade wegen ihrer Entlegenheit, mit der sie die weitverbreitete Fabel von verschiedenen «Rassenseelen», denen die einzelnen Hochkulturen sozusagen biologisch entstammten, besonders klar widerlegen. China wie vollends Amerika gehören geographisch nicht mehr zu der tertiären Mittelmeerzone südlich des jungen Hochgebirgsgürtels. Das ursprüngliche China um den mittleren Hoangho liegt vielmehr weit nördlich, beinahe schon im Rücken der gewaltigsten Auffaltung, und Peru anderseits gehört, wenn es nach dem Breitengrad geht, in die Tropen; hier allerdings wird das heiße Klima durch die Höhenlage gemildert wie dort das kalte durch noch weiter nördliche Auffaltungen, während anderseits das geologisch echte Mittelmeer in Peru wie auch in Mexiko durch Binnenseen und anderseits in China durch die Schwemmlandschaft um den mächtigen Strom ersetzt wird.

Das Landschaftsbild also entspricht, wenngleich nicht im genetischen Sinne, auch hier der allgemeinen Erwartung; es zeigt auch hier den Vorzug der klimatisch mittleren Lage. Die räumliche Entlegenheit ist eher anthropologisch bedeutsam. Die Hochkulturen von Peru und Mexiko sind mit Abstand weiter als alle übrigen vom «Paradies» der weißen Rasse, dem eurasiatischen Hochgebirgsgürtel, entfernt; ähnliches gilt aber auch für China, da man im Himalaja, obwohl er noch geologisch dazugehört, jenes «Paradies» wohl kaum suchen darf. Hier wie dort waren daher die weißen Oberschichten offenbar von vornherein nicht so bevölkerungsstark wie in den Kulturen, die der Urheimat näher lagen.

Dafür spricht unter anderem, daß ein mongolischer Dialekt, offenbar an sich der Unterschicht eigen, zur chinesischen Hochsprache werden konnte. Ähnlich wieder in Mexiko und Peru. Wenn Mahieu darin recht hat, daß Iren und Wikinger, Kelten und Germanen also, hier die Eroberer waren und sich dieser Umstand auch noch philologisch, am Wortbestand, nachweisen läßt, so folgt doch auch daraus schon umgekehrt, daß die Sprachen der Urbevölkerung durch jene der Eroberer nicht im ganzen hatten verdrängt werden können.

11. Die Unterschichten während des Verfalls: negride Auflösung und mongolide
«Versteinerung». Verwandlung der Rassen in Stände
und naturhafte Dreischichtung der Gesellschaft.

Wo sich die Unterschicht sprachlich durchsetzt, ist das neben allem anderen immer auch theologisch bedeutsam. Immerhin war es ja in China eine mongolide Bevölkerung, die den Eroberern ihre Sprache und schließlich auch ihren Typus aufzwang. Entsprechendes gilt für das vorkolumbische Mexiko und Peru sowie namentlich auch für das alte

Ägypten; dieses lag geographisch in Afrika, war aber trotzdem anthropologisch, besonders im Delta und von der Oberschicht zunächst abgesehen, mehr ein mongolider Vorposten auf fremdem Boden als ein landschaftlich originales Gewächs. Auch hier also stand der Bewahrer, nicht der Zerstörer, dienstbar und schließlich das Erbe antretend neben dem Erschaffer.

Daher das frühzeitige Erstarren und schließliche «Versteinern» in China wie in Ägypten, das auch in Mexiko und Peru, als die Spanier kamen, schon deutlich angelaufen war. Das große Gegenbeispiel ist das römische Weltreich, also der späthellenische Universalstaat. Hier statt der Versteinerung rasche Auflösung, weil ein dunkles, überwiegend negrides Element in die schwindende alte Oberschicht nachwuchs, während die mongolide Rasse kaum vertreten gewesen war. Hier also wurde der Erschaffer von dem Zerstörer – auf d e s s e n Weise – bedient und beerbt. Aber das sind Ausnahmen. Die Regel ist, daß b e i d e nichtschöpferischen Rassen, die mongolide und die negride, sich mit unterschiedlichen Rängen und Aufgaben in der ursprünglichen Unterschicht finden. So in Indien und Iran, so im alten Mesopotamien und so heute wieder im Abendland, und zwar nicht erst nach dessen global-europäistischer Weitung.

Auch im Rom der Cäsaren übrigens hatte das mongolide Element nicht etwa völlig gefehlt. Es war, wie Bildwerke zeigen, im Händlertum merklich vertreten gewesen, ohne freilich mit dem Zuge zum Gelderwerb, zum privatwirtschaftlichen Bewahren, an der allgemeinen Verfallstendenz etwas ändern zu können oder zu wollen. Und anderseits gab es auch in Ägypten – offenbar seit ältester Zeit – das negride Element wenn auch nicht im eigentlichen, bäuerlich-bürgerlichen Volk, so doch immerhin bei den Sklaven als dem untersten Teile der Unterschicht. Auch in Altamerika und in China fehlte der dunkle Einschlag in den Unterschichten nicht völlig. Nur also der extrem ungleiche A n t e i l beider nichtschöpferischer Rassen, nicht aber das absolute Fehlen der einen oder anderen ist es, das hier Ausnahmefälle konstituiert. Es ist nicht bloß die Regel, sondern die Norm, daß sich am Aufbau der Hochkultur die Drei Götter sämtlich beteiligen.

Erobern weiße Barbaren, Söhne des Gottes Erschaffer, einen spätzeitlichen Gesellschaftskörper, der damit zur Unterschicht absinkt, so hat sich in ihm mithin jeweils vorher bereits eine andere Überschichtung ereignet: die des mongoliden Elementes über das negride. Wo schon der mongolide Einzug stammesmäßig geschlossen, mit bewahrter Sprache und Sitte, geschah (was dem negriden nie gelang), da ist die Schichtung besonders deutlich, ist sie von unbarmherziger Härte. So im alten Ägypten, wo gerade auch schon der Kleinbauer sich und seinen Beharrungswillen mit beispielloser Verachtung vom geschichtslosen Vegetieren des negriden Sklaventums abhob. Also zuunterst das Volk des Zerstörers, und darüber das des Bewahrers, wobei sich natürlich der Ausdruck «Volk» hier schon verschiedenartig liest.

Denn die negride Schicht bildet als Bestandteil der Hochkultur, anders als in ihrer Urheimat, kein nach Sprache und Sitte geordnetes Volkstum, sondern ist nur «niederes Volk», ist nur im Verein mit aller sonstigen Untüchtigkeit, Degeneriertheit und Deklassiertheit, bloßes Lumpenproletariat im Verstande von Marx. Anderseits wurde das Volk des Bewahrers, gerade auch bei ausnahmsweise erhalten gebliebenen völkischen Traditionen, inzwischen vom Volk zur herrschenden Klasse. Über beide erhebt sich, wenn es zur Völkerwanderung kommt, das Volk des Erschaffers.

Endgültig werden damit alle drei Völker zu Ständen. Die menschliche Inkarnation des Erschaffers herrscht über die des Bewahrers und mit dieser auch über die des Zerstörers. Das dunkle Lumpenproletariat, das auch in der morbiden Spätzeit einer in jeder Hinsicht «vergilbten» Oberschicht schlecht und recht diente, dient in demselben Sinne weiter, und zwar oftmals noch den bisherigen Herren, nur daß diese im ganzen, als Schicht, nunmehr, statt zu herrschen, gleichfalls – auf qualifiziertere Weise – dienen.

Sie sind besiegt; aber gerade damit gewinnt ihr Denken und Tun, das Bewahren, wieder einen geschichtlichen Sinn: Es erleichtert dem neuen und einzig rechtmäßigen Herrn, dem Erschaffer, sein Werk. «Wo die Könige baun, haben die Kärrner zu tun.» Beide brauchen einander; keiner käme für sich allein zur Erfüllung seines spezifischen Sinnes.

12. Sublimierte Inkarnationen der Dreigestalt in der Oberschicht: Priestertum, Adel und weißes Volk. Die theonome Fünfheit der Stände.

Mit der teleoklinen Dreiheit verhält es sich allerdings genau so wie mit der axiomatischen Zweiheit: neben der naturhaften Darstellung, der drei Rassen wie der beiden Geschlechter, steht die freiere, geschichtliche, die Transposition über das Bewußtsein.

So kommen im Volk des Erschaffers, nach seiner Umwandlung in den herrschenden Stand des Gesellschaftskörpers, alle drei Grundmöglichkeiten auf sublimierte Weise zum Zuge. Insbesondere also gibt es neben dem «niederen» Zerstörer, der sich im unteren Teile der Unterschicht inkarniert, auch noch einen «hohen» Zerstörer. Der Unterschied ist deutlich: Auch der Krieger zerstört, aber nicht aus Neid oder Niedertracht, auch nicht durch Feigheit und bloßes Versagen, sondern in zornig mutvollem Aufschwung; er ist gerade im Zerstören ein Edler.

Wir erwähnen diese Transpositionsmöglichkeit zuerst, weil sie auch im geschichtlichen Hergang zeitlich an erster Stelle kommt und auch später in ihrem Wertcharakter nie hinter anderem zurücksteht. Vor der Überschichtung, der Umwandlung des Barbarenvolkes in einen herrschenden Stand, gibt es ohnehin als das Leitbild, das über das bloße Fristen eines bescheidenen Lebens hinausragt, allein den Krieger; das beweist der Lieder- und Sagenschatz in allen archaischen Völkern: das Abenteuer des Geistes tritt noch nicht eigens hervor; was sich von der Gewöhnlichkeit abhebt, ist das Abenteuer des Mutes. Nach der Völkerwanderung wird aus dem Stammeskrieger der Ritter. Es ist unter den Sublimierungen, die sich nun bieten, die in jedem Sinne elementarste: die nächste und zugleich mächtigste. Damit hängt es zusammen, daß das Entsprechungsverhältnis zwischen theologischer Zweiheit und Dreiheit nirgends ähnlich eng oder doch deutlich ist wie hier: Der Hohe Zerstörer und der Gott Nein im ersten Aspekt sind im geschichtlichen Rahmen identisch.

Zwischen dem Hohen Bewahrer und der Göttin Ja im zweiten Aspekt oder vielmehr, um der Transposition ins Geschichtliche gerecht zu werden, dem Geiste der Ruh, besteht ein analoges Verhältnis. Nur sind die Konturen hier minder bestimmt, also weicher und zugleich weiter. So steht schon der Hohe Zerstörer immer auch im Zeichen des Hohen Bewahrers; der Ritter weiß sich im blutigen Streit, im mutigen Angriff, als Hüter, Verteidiger, idealer Güter. Dasselbe gilt für den Hohen Erschaffer, worauf wir noch zurückkommen werden; auch der Priester, Künstler und Gelehrte bejaht mit seinen Leistungen, so schöpferisch neu sie im einzelnen sind, die thematischen Grundlagen seiner Kultur und verhält sich insofern bewahrend, jedenfalls bis dicht an die Grenze des zuletzt unvermeidlichen «Schlusses».

Aber auch die natürliche Verkörperung der Göttin Ja im menschlichen Rahmen, die Frau, hält es, wo sie politisch mitspricht, fast ausnahmslos mit dem Hohen Bewahrer. Daher der meist konservative Effekt des oft aus gegenteiliger Absicht durchgesetzten weiblichen Stimmrechts. Auch der Mann der weißen Oberschicht aber kann den Hohen Erschaffer nicht generell repräsentieren; trotz schöpferischen Vermögens kann er es vielmehr nur ausnahmsweise, allein schon weil die Anzahl der jeweils gebotenen Themen begrenzt ist.

Begrenzt aber ist auch der Dienst im Zeichen des Hohen Zerstörers; weil der Gesellschaftskörper in dem altertümlich gesunden Zustand, an den wir hier denken, weder Technik noch Geldwirtschaft in nennenswertem Umfange kennt, sind es immer nur winzige Ritterheere, die er aufzubieten braucht und vermag. Nur die wenigsten der ursprünglichen Stammeskrieger rücken mithin in den Adel oder gar in das Priestertum auf. Die meisten bleiben auf dem Lande, verwandeln sich also in Bauern, um jedoch an der Hörigkeit des sonstigen Landvolks nicht teilzunehmen, sondern wehrhaft, frei und mündig zu bleiben.

Regen sich Stadt und Geldwirtschaft wieder, so macht es sich von selbst, daß die Nachkommen der Eroberer auch hier in die wichtigsten Stellungen einrücken und sie sich sogar streng vorbehalten: Als Patrizier, Ratsgeschlechter und ökonomisch zumeist als Kaufleute gegenüber dem Handwerk tragen sie den ständischen Hauptgegensatz, das Privileg der Erobererschicht, damit vom Lande in die Stadt. Sie sind zunächst die einzigen politisch vollberechtigten und damit eigentlichen «Bürger», das heißt sie sind in auszeichnender Bedeutung ein «Dritter Stand»: der dritte aus dem Volk des Erschaffers hervorgegangene nämlich neben dem Priestertum und dem Adel.

Das allerdings bedeutet auch schon, daß man das wehrhafte Freibauerntum diesem aristokratischen Bürgertum im Prinzip ständisch zuzurechnen oder gleichzustellen hat. Zwischen dem Großbauern und dem Patrizier ist die Kluft so tief wie überhaupt die zwischen Land und Stadt, zwischen Natural- und Geldwirtschaft; was sie beide gleichwohl gemeinsam zum dritten oberen Stand macht, ist einerseits die Urverwandtschaft mit den beiden vornehmlich herrschenden Ständen sowie umgekehrt das, was sie von diesen gleichermaßen trennt: Weder der Hohe Zerstörer noch vollends der Hohe Erschaffer hat sich in ihnen inkarniert. Nur substanzvoll unspezifisch, als Träger und Tradierer der guten Art wie der guten Sitte gehören sie gleichfalls der Oberschicht an. Das heißt schlecht und recht der Hohe Bewahrer, nur und immerhin, hat sich in ihnen verkörpert.

Daß sich unmittelbar darunter, an vierter Stelle, jener Stand anschließt, der als oberer Teil der Unterschicht gleichfalls den Bewahrer verkörpert, wenn auch nur naturhaft spontan statt geschichtlich, also relativ niedrig, stellt vom Gesellschaftlichen her wohl die ernsteste Existenzfrage jeder Hochkultur dar. Der Doppelsinn, stolz und verächtlich, in den Ausdrücken «Bauer», «Bürger» wie auch «Dritter Stand» deutet die Schwierigkeit an; gar zu leicht kann es geschehen, daß der Freibauer in der allgemeinen frühzeitlich-agrarischen Unmündigkeit wie umgekehrt der Patrizier in der ebenso allgemeinen städtischen Volksmündigkeit um sein spezifisches Wesen gebracht wird. Ob die Theologie den korrekt verstandenen «Dritten Stand» wirksam zu begründen und ethisch abzuschirmen vermag, ist daher ein Kardinalproblem jeder hochkulturellen Gesellschaftsordnung.

Im ganzen also gibt es, von der theonomen Naturanlage und ihrer Transfiguration her, fünf Stände. Vom Lumpenproletariat als dem Stande des Niederen Zerstörers ist der des Hohen, der Schwertadel, erdenklich schroff getrennt, und minder drastisch, aber genau so prinzipiell sind es dazwischen der dritte und der vierte Stand als der des Hohen und Niederen Bewahrers. Dagegen ist der Erschaffer nur in einem Stande, dem Priestertum, und also in seiner hohen Erscheinungsform spezifisch verkörpert; in der sozusagen niederen, vorgeschichtlich gegebenen ist er ja überblendet durch die hohen Darstellungen des Zerstörers und des Bewahrers.

Also im ganzen die folgende Ordnung, wenn man jeweils an erster Stelle den theologischen Sinn und an zweiter den gesellschaftlichen Ausdruck vermerkt:

Erschaffer	—	Priestertum
Hoher Zerstörer	—	Schwertadel
Hoher Bewahrer	—	Weißes Volk
Niederer Bewahrer	—	Graues Volk
Niederer Zerstörer	—	Dunkles Volk

Diese Rangordnung stellt erstens, wie gesagt, den im einzelnen variablen und doch insgesamt normativen Regelfall dar. Eben damit ist sie jedoch zweitens auch das, was sozialpolitisch sein soll. Eine gesellschaftliche Zielsetzung, die es prinzipiell anders will, ist utopisch im Sinne von naturwidrig und damit nichtig; sie verkennt, daß die Grundstruktur der Gesellschaft bereits vor jedem menschlichen Eingriff, theonom, entschieden ist und daher allenfalls die Verzerrung, nicht jedoch etwas ernstlich anderes und gar Besseres im Abweichungsfall das Ergebnis sein kann.

Das aber heißt auch schon umgekehrt: Die einzig angemessene politische Absicht kann an diesem Teile nur sein, das Götterwerk unverzerrt darzustellen, also möglichst korrekt die Tatsächlichkeit der Norm anzupassen.

13. Die altindische Kastenordnung als Beispiel.

Das christliche Abendland hat gegen den göttlichen Sinn der Stände radikaler gefrevelt als irgendeine andere Hochkultur, von der wir wissen, und dies nicht erst seit der Völkerwanderung als seinem soziologischen Anfang, sondern bereits seit der geistigen Stiftung durch die Attische Philosophie.

Mit Recht war Platon für Nietzsche der «alte typische Sozialist»; wie

mit der mathematischen Wissenschaftsgründung bereits die Naturver-
wüstung durch die moderne Technik geistig inauguriert war, so von der
Idee der Gerechtigkeit und dem «Staat», der ersten Utopie her die Suggestion, daß der Mensch auch soziologisch es besser machen könne und
solle, als die Götter es bereits taten. Dem steht die Zurechtweisung in
diesem Kapitel letztlich auf ähnliche Weise entgegen wie überhaupt die
Logik der Zweiten Setzung der verabsolutierten Ersten.

Und das bedeutet auch schon: Die Kultur der Zukunft, die im
Zeichen der Zweiten Setzung, also als eine monistische, auf das
dualistische Abendland folgt, wird den theonomen Sinn der Gesellschaft wieder ähnlich wie den der Naturordnung erkennen und
damit anerkennen. Sie wird von allen älteren Kulturen, welche
uns näher bekannt sind, auch hierin der indischen am meisten entsprechen. Auf die allgemein typologischen Gründe, die zu dieser Ansicht berechtigen, wird im nächsten Kapitel noch eingegangen; deutlich ist aber jetzt schon, daß die teleokline Dreiheit sich in keinem
anderen Pantheon ähnlich klar theologisch durchsetzt wie in dem
indischen, in der Dreigestalt nämlich, der *trimurti,* von Brahma,
Wischnu und Schiwa. Nicht erstaunen kann es schon deshalb, daß
auch das soziologische Pendant zu dieser Theologie, die fünfschichtige
Ständeordnung, nirgends ähnlich weitgehend wie in der indischen
«Kastenordnung» erreicht ist.

«Kaste» ist ein mißliches Lehnwort portugiesischen Ursprungs; das
Sanskritwort lautet *varna* und bedeutet Farbe: es sind – oder waren
doch ursprünglich – die drei verschiedenen «Farben», die drei neumenschlichen Hauptrassen, die als «Kasten» gesondert wurden. Das allerdings genügt noch nicht. Gerade auch im ursprünglichen Schema und
somit offenbar auch der Idee nach war die Ständeordnung nicht bloß,
den «Farben» gemäß, auf drei, sondern deutlich auf fünf angelegt. Die
offiziell Kastenlosen, Unberührbaren, «Parias», sind ja faktisch selbst
eine Kaste und zwar, mit gerade hier besonders krasser Zäsur, die
schlechterdings unterste. Darüber die Kaste der Schudras; mit ihrer seltsamen Zwischenlage gibt sie das eigentliche Problem auf: sie gehört
noch nicht zu der Dreiheit der «reinen» Kasten, zählt vielmehr noch
deutlich zur Unterschicht, um dennoch auch im ethischen Sinne schon

bedingt anerkannt und entsprechend betont von der untersten Gruppe getrennt zu sein.

Darüber als dritte Schicht – von unten wie von oben gezählt – die Kaste der Waischijas. Sie ist vom Wortverstand her wie auch großenteils wirklich die der Dörfler, der Bauern, und allerdings der gehobenen, respektablen. Denn sie gehört schon zu den drei reinen und nimmt hier freilich den bescheidensten Platz ein; sie entspricht also deutlich dem «Dritten Stand» der normativen Gesellschaftsordnung. Darüber als zweitobere Kaste die der Kschatrijas, der Fürsten und Krieger. Darüber endlich als Krönung der Ordnung und einzig unbedingt reine Kaste die der Brahmanen, der Priester. Sie ist im ursprünglichen, wedischen Indien auch die der Sänger, Dichter und Gelehrten, überhaupt also die der geistig schöpferischen Naturen. Dem entspricht die Standesbezeichnung, die Beziehung auf Brahma, den Gott Erschaffer. Dieser ist hier also doppelt verkörpert: anders als bei den Kriegern und Bauern, die doch gleichfalls schon «Arier», Reine, sind, die also im biotischen Sinne gleichfalls schon zum Volk des Erschaffers gehören, wird dieser durch die Brahmanen auch noch im transponierten, geschichtlich erhöhten Sinne verkörpert! Und das sagt also allgemein: Es zählt als «Kaste» in dieser Ordnung nicht bloß die Farbe, die Rasse, sondern im Obergeschoß dieser Dreiheit nochmals deren Tansfiguration.

Von der normativen Rangordnung her hat man die indische Kastenordnung also folgendermaßen zu lesen:

Erschaffer	–	Brahmana
Hoher Zerstörer	–	Kschatrija
Hoher Bewahrer	–	Waischija
Niederer Bewahrer	–	Schudra
Niederer Zerstörer	–	«Paria»

In den üblichen Darstellungen heißt es, die Kastenordnung sei von den arischen Eroberern als eine biologisch-sozialpolitische Selbstschutzmaßnahme, also aus praktischen Gründen, konzipiert und durchgesetzt worden. Ganz so einfach liegen die Dinge nicht. Für den praktisch-politischen Zweck hätte, statt der komplizierten Fünfschichtenordnung, eine grobe Zweischichtigkeit, eben die Scheidung von Herren und Knechten, die nach der Landnahme ja schon da war, dieselben Dienste geleistet. Es hätte sich dann ein Zustand ergeben etwa wie in Westeuropa nach der germanischen Völkerwanderung oder wie in Hellas nach der Dorischen Wanderung. Tatsächlich hat es sich ja auch in Indien zunächst, in den ersten Jahrhunderten nach dem Erdrutsch, so verhalten: Das soziale Gefälle zwischen der Unterschicht, also dem Gesellschaftskörper der vorangegangenen «Induskultur», und den Ariern, den Eroberern, war ein denkbar schroffes, aber auch grobes; ein ethischer Hintergrund fehlte, von der Kastenordnung war noch keine Rede.

Auffälligstes Symptom (allermeist unbemerkt): Gerade das Priestertum, der nachmals unbedingt oberste Stand, war von jener einzigen sozialen Trennwand, eben der zwischen Herren und Knechten, selbst zunächst programmwidrig zerschnitten! Der Hauspriester des arischen Fürsten pflegte selbst zu den Ariern zu gehören; die Unterschicht jedoch war in ihrer Religion nicht behindert und besaß also weiterhin ein ihren eigenen Leuten, also der späteren Schudrakaste, angehörendes Priestertum! Das ist angesichts der Überschichtung eine durchaus natürliche Lage. Genau so stand später im Abendland neben dem adligen Chorherrn der Leutpriester aus dem niederen Volk.

Das Besondere an der Entwicklung im arischen Indien ist, daß allmählich mit der Kastenordnung, als deren prononcierter Ausdruck, der absolute ständische Vorrang des gesamten Priestertums durchgesetzt wurde. Das war weder ein ungesteuerter Vorgang noch ein pragmatischer Kunstgriff, sondern entsprach einer Absicht von theologischer Tiefe. Und das Seltsamste an dieser Wendung: Das Priestertum der Unterschicht muß sie inauguriert haben! Von ihm und nicht von den neuen Herren stammte ja auch die religiöse Begründung.

Die Arier hielten nach ihrem Einzug an ihren herkömmlichen Göttern fest; nicht um die *trimurti*, sondern um den Stammesgott Indra und den Weltherrn Waruna gruppierte sich das phantastische, systemlosreichhaltige Pantheon eines kriegerischen Naturvolks. Dagegen kennt man aus Mohendscho-Daro Symbole, welche nur den Schluß gestatten, daß man hier, in der Induskultur vor dem arischen Einbruch, die *tri-*

murti wie auch manches andere, was man heute als «typisch indisch» empfindet, tatsächlich bereits konzipiert hatte.

Die thematische Weichenstellung war mithin im arischen Indien wie im germanischen Abendland, und wie anders nicht möglich, ein Werk der älteren Hochkultur. Sie ging zurück auf deren logischen Schluß als den ausgeschiedenen geistigen Samen, nur daß wir in Hellas über diesen Vorgang, über die Attische Philosophie, erfreulich genau informiert sind, während wir in der Induskultur nur über freilich eindeutige Indizien verfügen.

Obendrein ist mit Händen zu greifen, daß in Indien gerade die Bewahrer des geistigen Erbes, die Priester der Unterschicht, diesen wahren Zusammenhang absichtlich und erfolgreich verhüllten, statt ihn auf christlich-römische Weise brutal zu betonen. Weil das sozialethische Fundament, das Wissen um die Drei Götter, nicht gestiftet, sondern ewig sein sollte, mußten es gerade auch die oberen Stände, die Nachfahren der Eindringlinge, wenigstens dem Anschein nach von jeher schon besessen haben. So gab es hier keinen Traditionsbruch oder doch jedenfalls keinen ausdrücklichen, keinen Vorgang also gleich der Christianisierung und Latinisierung bei den Germanen. Die Sprache der Eroberer, nicht der Unterworfenen, wurde zur heiligen Sprache, zum «Sanskrit». Auch die arischen Götter wie namentlich Indra und Waruna, dazu Agni und Surija, wurden nicht wie Wodan und Donar beseitigt; sie behielten vielmehr, zunächst und formell jedenfalls, ihre überlieferte Stellung, um erst allmählich und auf dezente Weise, abgedrängt auf Nebenrollen oder zu bloßen Aspekten schrumpfend, den nunmehrigen Hauptgöttern Brahma, Wischnu und Schiwa zu weichen.

Der wahre Sachverhalt, der tatsächliche Traditionsbruch jenseits seines folkloristischen Gegenteils, schimmert gleichwohl überall durch. Was für den Sieg der *trimurti* gilt, gilt entsprechend für ein später so zentrales und «typisch indisches» Motiv wie das der Seelenwanderung, von dem der älteste arische Schriftbeleg, der Rigweda, ebenfalls noch nichts weiß.

Der Unterschied zwischen der arisch-brahmanischen Wendung im Indusgebiet und dann der germanisch-christlichen in Westeuropa bestand also lediglich darin, daß der Traditionsbruch, der sich in beiden Fällen für die Eroberer vollzog, hier schroff eingestanden und dort kunstvoll verschleiert wurde. Wie in der Spätantike nur das römische Reich, nicht auch die römische Kirche, dem Völkersturm erlag, so muß auch die Induskultur nur militärpolitisch und als Gesellschaftskörper, nicht aber auch als geistige Macht dem arischen Ansturm erlegen sein. Immer gab es hier denn auch ein Erinnern an die «Weisen der Vorzeit». Der legendäre Manu steht zum arischen Indien offenbar in einem Stifterverhältnis wie Platon oder Aristoteles zum germanischen Abendland.

Auch die Überbringer des Erbes während des Völkersturms, die Priester der Unterschicht, müssen sich mithin nicht zwar perspektivisch, in der stilisierten Erinnerung, aber doch tatsächlich in paralleler Lage befunden haben. Auch während der arischen Landnahme um 1500 vor Christus müssen also Initiatoren gelebt haben wie im 4. und 5. Jahrhundert nach Christus die Boethius und Augustinus: zum besiegten Gesellschaftskörper und der nunmehrigen Unterschicht also soziologisch zählend und dennoch geistig so bedeutend und auch so wirksam, so erfolgreich, wie niemand unter den Siegern.

Der Unterschied liegt auch hier wieder nur im Verhalten zur geschichtlichen Faktizität und damit in deren Anschein: Das christliche Priestertum im lateinischen Westen blieb ausdrücklich «römisch»; es wurde nicht einmal nominell und vorwendlich-mythologisch «germanisch», während sich im Indusgebiet das «trimurtische» Priestertum zügig und mit voller Absicht in ein «arisches» umwandelte – schon sehr rasch wahrscheinlich, da man den Erdrutsch erwartet hatte, in mythologischem Gebaren und folkloristischem Zungenschlag, bald aber auch in der Substanz, durch selbstzüchterische Einkreuzung in das Blut der Eroberer. Paradoxerweise kam wohl gerade der Umstand, daß es in der wirren Frühzeit die Kastenordnung noch nicht gab, ihren Stiftern und späteren Hütern hier entscheidend zugute.

14. Geschichtliches Wechselspiel der Drei Götter.
Von der Würde des Kommentierens.

Im geistigen Innenbezirk der Kulturentwicklung, den man für den privilegierten Sonderraum des Erschaffers zunächst am ehesten hält, begegnet man tatsächlich nochmals dem Wechselspiel aller Drei Götter.

Und zwar dominiert in der Frühzeit, nachdem also das Volk des Erschaffers gesiegt hat, in der exklusiven Hinsicht, um die es jetzt geht, der Bewahrer. Die Eroberer sind ja so oder so, ob man es ihnen brahmanisch verhüllt oder mit christlicher Grobheit sagt, anfangs in einer demütigen Lage. Sie haben das geistige Erbe, das der alte Gesellschaftskörper bis dahin bewahrte, erst einmal mühsam zu lernen und damit überhaupt das Bewahren zu lernen. Ihr höheres, schöpferisches Vermögen zeigt sich zunächst nur auf niedere, sozusagen brachiale Weise: als dauerndes Ringen um Macht und Beute, dauernde Folge von Fehden und Kriegen; gemessen an dem «Koma» Toynbees, dem Kirchhofsfrieden des spätzeitlichen Universalstaates, tritt das Grundsätzliche der Wandlung auch damit schon massiv hervor, nur daß sich die geistige Öde dagegen um so deutlicher abhebt. Auch die Unterschicht aber pflegt nun zu verstummen, weil der Bildungsapparat – zusammen mit Geldwirtschaft und städtischem Leben – unaufhaltsam weiter verfällt. Ein tiefer Völkerschlaf ist das Ergebnis und mag sich also zunächst noch, wie sprichwörtlich im Abendland, zum *saeculum obscurum* vertiefen.

Haben die Eroberer endlich den Elementarunterricht absolviert, so verändert auch das den Zustand nur wenig, weil es ja lediglich bedeutet, daß sie sich jetzt auch ohne Krücken, ohne Lehrmeister aus der Unterschicht, weiter auf jenes Bewahren verstehen. Gerade damit sind sie im Grunde nur noch tiefer als vordem thematisch gebunden: was ihnen bis dahin die Boethius und Augustinus oder, im wedischen Indien, analoge gelehrte «Schudras» pädagogisch aufnötigten, das ist nunmehr ihre eigenste Sache!

Trotzdem regt sich jetzt auch in der Geisteslandschaft ein schüchternes Leben. Es gibt wieder originelle Gestalten. Aber natürlich wird nur kommentiert. Die Gesamthaltung ist nun also «scholastisch»; Scotus Erigena ist im Abendland der typische Repräsentant dieser Wendung. Analoges aber muß, wie Spengler und Toynbee mit Recht betonen, für den frühzeitlichen Anlauf jeder Hochkultur unterstellt werden. Die entsprechenden altindischen Geisteszeugnisse sind verschollen (und wurden vielleicht vorsätzlich unterdrückt); daß sie, wie Spengler in seinen Analogietafeln meint, «in den ältesten Teilen der Veden enthalten» seien, ist genialer Irrtum[17]. Auch die Edda gehört nicht zur Frühscholastik.

Daß sich die schöpferische Rasse nach Landnahme und Überschichtung zunächst im geistigen Sinne jeweils bewahrend verhält, ist in mehrerer Hinsicht von allgemeiner Bedeutung. Es bestätigt einen Zusammenhang, den wir im vorigen Kapitel schon analysierten: Der Mensch wäre nicht wirklich ein Mensch, er wäre nicht autonom, wenn ihn seine Naturanlage auch im geschichtlichen Rahmen unverrückbar festlegte. Im Verhältnis zu den Drei Göttern, wie in jenem zum Götterpaar, gibt es daher verschiedene Höhenlagen; neben der naturgegebenen Haltung steht wieder, nicht unbedingt kongruent, die transponierte, im Bewußtsein gewählte.

Und gerade in diesem höheren Rahmen verhält die schöpferische Rasse sich nicht einmal nur zunächst bewahrend! Was für den scholastischen Anfang gilt, gilt nämlich auf allerdings freiere Weise für den gesamten weiteren Ablauf, sofern die entstandene Hochkultur dabei nur wirklich noch sie selbst ist, sofern sie also noch nicht thematisch, mit dem logischen Schluß, in ihr Gegenteil umschlug.

So hat im Abendland der Bruch zwischen Mittelalter und Neuzeit, wie besonders Heimsoeth[18] gezeigt hat, den Fluß der großen Themen nicht bis auf den Grund zu ändern vermocht. Der ursprüngliche Dualismus wurde zwar subjektiviert, wurde zu dem von Bewußtsein und Welt, blieb als solcher jedoch gerade damit bestehen. Selbst noch so eigenwillige und typisch neuzeitliche Denker wie Descartes und Kant hat man zuweilen, nicht bloß im Scherz, als Scholastiker aufgefaßt: Auch sie waren letztlich noch Kommentatoren, entsprachen noch in freierer Form, trotz der reflexionsphilosophischen Wendung, dem ursprünglichen dualistischen Thema, wie ja auch die aristotelische Logik dem alten metaphysischen Ansatz und nun dem subjektivistischen gleichermaßen zu Grunde lag.

Allerdings verstärkt sich jetzt die «Kritik», also die zerstörerische Tendenz. Und angesichts des nahenden «Schlusses» gibt es nun sogar, im Prinzip schon seit Leibniz, ein von der Tradition sich auch schöpferisch, nämlich kehrbildlich, lösendes Denken. Gegen den seinsfreudigen Bewahrer kommt es nachgerade zu einem Pakt der beiden werdefreudigen Götter, des Erschaffers und des Zerstörers.

Dabei bleibt es natürlich auch hier bei dem schon gesichteten Rangunterschied: Der Zerstörer kann kaum je allein operieren; selbst bei Zynikern und Nihilisten, wo das am ehesten der Fall schien, kam er ohne ein Leitbild, das über das Nein hinauswies, im Ernst nicht aus; und vollends kann er sich den Erschaffer niemals anders als allenfalls tükkisch, durch einen Trick, unterordnen.

Gleichwohl ist der Pakt unumgänglich; es gibt keinen Durchbruch zu wirklich Neuem, der damit nicht Altes zerbräche. Versperrt der Bewahrer mit lastendem Sein dem Werden den Weg und setzt er sich damit ins Unrecht, so wächst in demselben Maße das geschichtliche Recht des Zerstörers und handelt er als Gott, nicht als Teufel. Er repräsentiert dann (nicht eigentlich «stets») mit Goethes Mephisto die Kraft, die das Böse will und das Gute schafft. Denn erst daraufhin siegt der Erschaffer. Und jetzt erst, mit dem logischen Schluß, dem prinzipiellen geschichtlichen Umbruch, hört wirklich das Kommentieren auch im freieren Sinne auf – um nach dieser Wende auf dem erschlossenen neuen Grund jedoch sogleich wieder einzusetzen.

Das allermeiste, was die schöpferische Rasse geistig zu leisten vermag, hat bewahrenden Sinn. Im Grunde nur jener einzige Augenblick, wo sich Ende und Anfang, Traditionstod und Traditionsgeburt, im thematischen Schluß der Kultur begegnen, bildet die Ausnahme von der Regel. Darin liegt, wie mit alldem eigentlich schon gesagt, ein hohes Lob für die Kommentation. Sie ist von Grund auf ein Bewahren und doch eben deshalb zugleich, in der absehbaren Region, das einzig mögliche Erschaffen: Sie ist schöpferisches Bewahren.

Je mehr der Geist der Hochkultur reift, um so deutlicher wird sie sich selbst zum Gegenstand und bedarf also ein zweites Thema, das erlebte eigene Geistesgeschick, der Bewältigung durch das Bewußtsein. Das erste Thema, das Erbe der Vorzeit, verliert deshalb nicht seine Geltung, rückt aber in eine neue Beziehung. Es steht fortan nicht mehr allein; nebeneinander stehen nun vielmehr, wie sprichwörtlich in Israel, «das Gesetz und die Propheten» oder, in Hellas, Homer und die Tragiker.

Die Spannung ist eine positive; Jesaja wendet sich nicht gegen Mose und Äschylus nicht gegen Homer. Je mehr die Schicksalsgestalt aber ausreift, um so schwieriger, inhaltlich komplizierter und schließlich doch auch problematischer wird die Anpassung beider Themen und um so mehr also wächst die Anforderung an das schöpferische Vermögen, das dabei doch dem Bewahren dient. Und gerade also nur, umgekehrt ausgedrückt, der auf eine solche freiere Weise Bewahrende, der Kommentator höherer Ordnung, fungiert hier als Inkarnation des Erschaffers.

Daher in Indien, wo man diesen Zusammenhang kannte, die zweifellos von den Priestern selbst und aus tiefem Grunde gewählte Standesbezeichnung: «Brahmane», im Sanskrit *brahmana*. Die Bezeichnung des Gottes, wohlgemerkt des Erschaffers, und die seiner vornehmsten Inkarnation klangen unmißverständlich zusammen.

Das wird meist – wie zuvor auch von uns – nur kurz zur Kenntnis genommen, so als verstünde es sich von selbst. Eigentlich aber ist es erstaunlich. Die Priester sind ja – in jeder Kultur – die berufenen Hüter der Tradition, die thematisch-eigentlichen Bewahrer. Daß eben dies sie mit dem Erschaffer, mit Brahma statt mit Wischnu, auf spezifische Weise verbindet, scheint zunächst paradox und ist dies sogar in der Tat auf der abendländischen Basis. Hier, von Aristoteles her, gibt es ja keine Logik des Werdens; hier ist das jeweilige Ziel, gerade auch im Bereich des Erkennens, eben nur einfach schlechthin das Ziel und nicht damit auch schon die Provokation eines widersprechenden Werdens. Das bringt in die Erkenntnisbewegung eine eigentümliche Härte. Jede erreichte Geistesstation sieht sich als die letzte, endgültige, die ihrem Anspruch nach außer gleichförmigem Wiederholen und im voraus verurteiltem Widerspruch keine Möglichkeiten mehr offen läßt. Europas schauerliche Rechthaberei und Unduldsamkeit, die berüchtigte *rabies theologorum* leider keineswegs nur bei den Theologen, ist das sattsam bekannte traurige Resultat.

In Indien war man wissender. Daher ja schon der eigentümlich undramatische Übergang von dem wahren arischen Pantheon zu jenem um die *trimurti*. Daher später die sieben Wedanta-Systeme, die einander schroff widersprechen, um doch sämtlich als orthodox zu gelten.

Auch wo von bloßer Kommentation – selbst im höchsten und freiesten Sinne – schließlich wirklich nicht mehr die Rede sein konnte, setzte sich jene Haltung noch heilsam durch. So vornehmlich bei den Anstößen von Buddha und Mahawira her, gründlichsten Traditionsbrüchen, nebst den darauf folgenden Reaktionen. Als man erstmals im christlichen Abendland von diesen Umwälzungen vernahm, besonders vom Sieg des Buddhismus über die wedische Religion und dann der kaum minder siegreichen brahmanischen «Gegenreformation», da galt es zunächst als selbstverständlich, daß blutige Konfessionskriege damit jeweils verbunden gewesen seien. Das war, wie sich bald erwies, eine haltlose Unterstellung. Die erwähnten indischen Geistesumschwünge hatten sich im ganzen friedlich vollzogen, offenbar eng im Zusammenhang damit, daß man hier mit dem Charakter des Werdens, dem Wechselspiel der Drei Götter, vertraut war.

VIII. Viergestalt
und Allgemeines Zeitmodell

1. Die vier Zuordnungen von Subjekt und Welt.
Satz vom ausgeschlossenen Fünften.

Das Kind ist mit der Welt einig, und der reife Mensch ist es wiederum;
aber hier gibt die Erfahrung und dort gerade deren Fehlen den Ausschlag: es sind zwei recht verschiedene «Welten», denen in diesem und
jenem Bewußtsein die thematische Position gilt. Und analog bei der
Negation. Der lebenssatte Greis kehrt sich nicht bloß von jener Welt
ab, gegen die sich der Jugendliche empörte; er verneint nicht die Un-
ordnung, sondern das Ganze.

Das verwandelt insofern die Zweiheit zur Vierheit. Denn was für
die subjekthaften Haltungen gilt, das gilt nochmals, nur eben auf b e i -
d e n Seiten, für den objektiven Bezug: Wiederum regiert der Satz vom
ausgeschlossenen Dritten mit seiner im Zeichen der Zweiten Setzung
umgestülpten Funktion. Jetzt jedoch entscheidet die u n t h e m a t i s c h e
Zweiheit. Weltkonzeptionen, so möchte man meinen, gibt es in belie-
biger Anzahl; wenigstens im Kolorit und in der Betonung der Einzelheiten ist der Phantasie keine Grenze gesetzt. Das bleibt indes müßig
ohne echten Rückhalt am Gegenstand, und für diesen gilt das zitierte
Sprichwort: Jedes Ding hat seine zwei Seiten – und zwar, wie schon
ausgelegt, eine positive und eine negative, beides im unthematischen
Sinne.

Wir klärten das im II. Kapitel am Beispiel der «Falken» und «Tauben»: Position hie und Negation da! Und doch ist die Sprache im
Recht, wenn sie b e i d e Haltungen, auch die negative der «Falken», als
«Positionen» bezeichnet. Zugleich aber wird von wiederum b e i d e n derartigen Positionen her, auch von jener der «Tauben», die entgegengesetzte negiert. Im unthematischen Sinne also ist beide Male beides am

Werke. Und so steht es um jedes «Ding»: Auch die Welt überhaupt, die Gegenständlichkeit im ganzen, besitzt somit ihre «zwei Seiten».

Die Relevanz für das Bewußtsein weicht hier allerdings von jener für den Einzelgegenstand notwendig ab. Denn die Welt als Ganzes ist unerfahrbar, das heißt sie wird als ein Gegenstand vielleicht erkannt, aber niemals erlebt; wie die naive Schau hat es vielmehr auch die vertiefte Einsicht hier stets mit Gegenständen zu tun. Und diese also sind es, die im ersten Fall als unthematische Positionen, also im getrennten Gewordensein, und im zweiten stattdessen als entsprechende Negationen und damit in ihrer werdehaften Bedingtheit, ihrem Sinnzusammenhang, auftreten.

Bei den «zwei Seiten» der Welt handelt es sich, wie man sieht, um die «Raumseite» und die «Zeitseite» Spenglers. Und wir würden bei diesen Bezeichnungen bleiben, wenn sie von ihrem Urheber nicht als gleichrangig konzipiert worden wären. Da gerade das nicht zutrifft, ziehen wir es stattdessen vor, kurz von «P-Welt» und «N-Welt» zu sprechen, was die überlegene Stärke der Negation – auch im gnoseologischen Sinne und bei unthematischer Vorkommensweise – bereits anklingen läßt.

Gerade auch über das Wesentliche, über den Ursprung, entscheidet ja in jedem Fall die unthematische Negation; das Neue, wie immer thematisch beschaffen, ist kehrbildlich provoziert durch das Alte. Obwohl die Vielheit der Gegenstände, die so, als N-Welt, erfaßt wird, an sich dieselbe ist wie bei der ersten, vordergründigen Ansicht – hier wie dort handelt es sich um alle erfahrbaren Gegenstände –, geht es doch jetzt erst um die Beziehung, die sie alle miteinander verbindet, und damit um ihr ebenso allgemeines wie freilich stets nur bedingtes Recht: eben um das ihres Werdens relativ auf das Gewordene.

Der gnoseologische Vorrang der «Zeitseite» vor der «Raumseite», der N-Welt vor der P-Welt, besitzt mithin eine Affinität zu dem der Zweiten Setzung vor der Ersten, auch wenn – wie allermeist – die formallogische Kenntnis fehlt. So verhält es sich ja schon in dem Beispiel, mit welchem wir das Kapitel begannen: Der ältere Mensch, der die Welt trotz schmerzlicher Erfahrungen und gerade auch deswegen akzeptiert, denkt dabei nicht mehr an jene Welt, die dem Kinde ein glückhafter Traum und dem Jugendlichen ein Alptraum ist; er akzeptiert vielmehr überhaupt den Weltlauf, besitzt zur objektiven Geschehenslogik wenn nicht einen exakten Schlüssel, so doch einen menschlichen Zugang.

Mit dem Vorrang der N-Welt, der «Zeitseite», hängt es zusammen, daß das Weltbewußtsein tatsächlich immer nur zwischen jenen «zwei Seiten» die Wahl hat. Zunächst nämlich könnte es scheinen, als gäbe es drittens noch eine Synthese, nämlich eine «Welt überhaupt», welche beide Seiten, P-Welt und N-Welt, als Aspekte in sich enthielte. Tatsächlich jedoch ist die N-Welt auch schon jene Welt überhaupt, das heißt in der «Zeitseite» ist die «Raumseite» grundsätzlich mitenthalten, freilich nicht mehr als das wahre Sein, aber doch als das Ende der Zeit, als die jeweils letzte Etappe des Werdens.

Die N-Welt ist somit die weitere; sie begreift als Aspekt auch die P-Welt in sich, die das ihrerseits umgekehrt nicht vermag. Auch hier also geht es wieder zu wie – in den Resultaten – zwischen Erster und Zweiter Setzung: Seinslogik und Werdelogik stehen einander nicht auf gleicher Ebene gegenüber; die werdehafte Sicht ist vielmehr zugleich die allheitliche, die sich die seinshafte optisch zuordnet und nur die Verabsolutierung vermeidet. Entsprechend also auch bei der N-Welt: Mit der unthematischen Negation tritt überhaupt die Relation, die auch der unthematischen Position ihr bedingtes Recht läßt, gegen deren Vereinseitigung auf den Plan.

Die N-Welt steht allerdings, gerade als die Welt überhaupt, genetisch hinter der P-Welt zurück. Der reifere Aspekt ist hier wie immer der spätere; die Einfalt hat vor der Weisheit nicht den Vorrang, aber den Vortritt. Zuerst also kommt im logisch-zeitlichen Folgen, wie ja auch schon in Beispielen mehrfach gestreift, die P-Welt, die «Raumseite». Sie wird vom Kinde problemlos gutgeheißen und vom Jugendlichen zwar rigoros kritisiert, aber damit eher noch ernster genommen. Stellt man die thematische Möglichkeit, die beide Male divergiert, an den vorderen Platz, um ihr die unthematische, die noch dieselbe bleibt, nachzuschicken, so kommt hier erst PP und dann NP. Mit dem Traum endet noch nicht der Wahn; dem Träumer folgt der dem Wahne noch tiefer verfallene Besserer.

Dann, mit dem Phasenwechsel, der Übergang von der P-Welt zur N-Welt. In den beiden nächsten Konstellationen steht auf dem zweiten Platz also N, während auf dem vorderen P und N einander abermals folgen, also PN und NN. Worum es sich konkret handelt, ist vom Beispiel her bereits deutlich: Die beiden Haltungen des Alters, die des Gereiften und jene des Greises, Gleichmut und Abkehr, beschließen die Reihe. Ist alles gerechtfertigt durch sein Werden, so ist nichts mehr spezifisch im Recht. Und so folgt dem Rechtfertiger der Verschmäher.

Also im ganzen vier Konstellationen in notwendiger Folge:

$$PP \rightarrow NP \rightarrow PN \rightarrow NN$$

Man sieht, anders als bei den Möglichkeiten absichtsvollen Handelns fehlt hier ein «blindes Fenster im System». NN ist genau so logisch und gegenständlich fundiert wie die drei anderen Konstellationen, das heißt die thematische Negation kann sich ebenso wie ihr Gegenteil auf die N-Welt richten; diese ist ja wahrlich nicht etwa nicht da. Weitere Konstellationen freilich sind ausgeschlossen; es gibt nichts Fünftes. Diese Feststellung ist evident, denn wieder beruht sie unmittelbar auf dem Satz vom ausgeschlossenen Dritten, der sich jetzt nur auf das thematische und das unthematische Ja und Nein unterscheidend richtet. Und da es obendrein außer der Spaltung in Thematisches und Unthematisches hier keine weitere gibt, sind die Figurationsmöglichkeiten, die sich der Werdelogik eröffnen, damit im ganzen ausgeschöpft.

Es gibt also nicht etwa noch eine ähnlich aprioristische Fünfheit. Die Aristotelische «Quintessenz», die Fiktion eines mit gottartigen Eigenschaften ausgestatteten Äthers neben den vier natürlichen «Elementen» Erde, Wasser, Luft und Feuer, gehörte auch für ihren Schöpfer nicht unmittelbar in die Logik oder auch nur in die eigentliche, deduktiv gemeinte Metaphysik; sie ist naturphilosophische Zutat, Spekulation, während sich die Evidenzen der Logik eigenartigerweise auch hier in einer Vierheit, jener der Schlußfiguren, vollenden.

Das berührt um so seltsamer, als die Entsprechung auch umgekehrt gilt: Wie bereits bemerkt, hängen ja die vier Konstellationen PP, NP, PN und NN nicht bloß zeitlich, sondern auch logisch miteinander zusammen. Jede also tritt, wie damit eigentlich schon gesagt, jeweils einmal als Prämisse und zum anderen als Konsequenz auf, was insgesamt somit auch hier auf vier Schlußfiguren – freilich ganz anderen Sinnes – hinausläuft.

2. Die vier amphilogischen Schlußfiguren.

Vom Schluß im Zeichen der Zweiten Setzung (und damit praktisch von der «Entwicklung», dem inneren Aufbau der Zeit) war bereits mehrfach die Rede. Doch gelangt einiges, was bisher rahmenhaft bleiben mußte, jetzt erst zu voller Deutlichkeit.

Die Werdelogik kommt, wie vom III. Kapitel her erinnerlich, im allgemeinsten, nämlich unthematischen Sinne, mit einer einzigen Schlußfigur aus: mit $\frac{P}{N}$. Dabei bedeutet N allerdings nur einfach das jeweilige Gegenteil; stellt im thematischen Sinne also schon P eine Negation dar, so ist N in demselben engeren Sinne eine Position; und so gesehen stehen zwei Figuren, $\frac{N}{P}$ und $\frac{P}{N}$, nebeneinander.

Auch das aber ist, wie sich jetzt zeigt, noch zu einfach. P ist nie bloß P und N nie bloß N. Der Weltbezug kommt in beiden Hinsichten abermals trennend hinzu, um hier wie dort eine weitere Alternative, die Drittes ausschließt, zu statuieren: P kann nur PP oder PN sein und N nur NP oder NN. Damit aber sind wir wie einst von Aristoteles her Galen, wenngleich auf sonst ganz andere Weise, bei vier Schlußfiguren angelangt. Das thematisch aufgefaßte $\frac{P}{N}$ gibt sich jetzt alternierend als $\frac{PP}{NP}$ oder $\frac{PN}{NN}$ zu erkennen, desgleichen $\frac{N}{P}$ als $\frac{NP}{PN}$ oder $\frac{NN}{PP}$. Wie bei den Konstellationen für sich, gibt es selbstverständlich auch hier, in den Möglichkeiten der Kombination und damit des Schließens, nichts Fünftes.

Die vierte Schlußfigur, $\frac{NN}{PP}$, wirkt zunächst paradox; wir werden auf ihre Begründung noch eigens einzugehen haben. Das Prinzip der Schlüssigkeit jedenfalls ist im ganzen das längst erkundete: Der vollendeten Position folgt ihr Gegenteil; in diesem allgemeinsten Sinne bleibt es ja durchweg bei $\frac{P}{N}$ im unthematischen Verstande. Desgleichen bleibt es durchweg bei der ersten Konkretisierung, an die ebenfalls schon erinnert wurde, beim thematischen Folgen der Position auf die Negation oder umgekehrt. Auch wissen wir bereits, daß jeweils erst die Perfektion, der Zustand nach dem Phasenwechsel, zur Erschließung des Neuen führt; die kehrbildlich provozierende Wirkung beruht ja auf der Vereinseitigung, die der Sache nach mit der Perfektion eins ist; das «Unrecht der Geburt», von dem Anaximander spricht, wird erst im Endstand offenbar.

Zu all diesem längst Erkannten kam inzwischen bereits hinzu, daß sich der Weltbezug mit dem Phasenwechsel, also beim Übergang von der zweiten zur dritten Konstellation, von NP zu PN, vom naiven Anfang entfernt. Hier weicht ja die P-Welt der N-Welt; wir müssen nicht nochmals erläutern, daß dies ebenso eine Vervollkommnung wie, gegenüber dem Anfang, eine Distanzierung bedeutet. Und dazu jetzt noch etwas Letztes: Auch der thematische Übergang von der Position zur Negation, von der Ruhe zur Spannung, bedeutet stets eine Distanzierung – nun freilich nicht eigentlich gnoseologisch, um so mehr aber in der subjekthaften Haltung.

Bei der thematischen Position nämlich liegt der Akzent auf der Welt, mit der das Subjekt sich ja einig weiß. Das Nein dagegen trennt, schafft Zwietracht. Die thematische Negation also bedeutet, daß sich das Subjekt von seiner Welt innerlich sondert. Und das heißt allgemein ausgedrückt: Jede Konstellation nach der ersten, auch die zweite und vierte, nicht bloß die dritte, stellt in einer von beiden Hinsichten, relativ auf den Anfang und den von diesem her bereits durchmessenen Teil der Folge, eine weitere Distanzierung dar. Kennzeichnet man die Verschiebungen durch die Unterstreichung des jeweils Akzentuierten und charakterisiert man das Folgen, wie bei den Schlüssen, durch Untersetzung, so ergibt sich:

P<u>P</u>

<u>N</u>P

P<u>N</u>

<u>N</u>N

Die vier Schlußfiguren sind mithin gleichfalls erst voll erfaßt, wenn man dieselbe Akzentuierung auch in ihnen berücksichtigt. Wir haben dann also zu schreiben:

$$\frac{\underline{PP}}{N\underline{P}} \quad \frac{N\underline{P}}{P\underline{N}} \quad \frac{P\underline{N}}{NN} \quad \frac{NN}{\underline{PP}}$$

Um es also noch einmal zusammenzufassen: Das Prinzip der werde-logischen Schlüssigkeit beruht auf dem Schwingen der Gegensätze durch Abstoß vom jeweiligen Endstand; und doch erschöpft es sich nie in der bloßen Wiederkehr, dem Rückschwung in das drittvorige Glied; vielmehr stellt es stets eine eigentliche Entwicklung, eine Steigerung nämlich, dar, weil zwei verschiedene Gegensatzpaare den Vorgang ab-wechselnd steuern.

Das Subjekt – jedes mögliche – ist mit sich selbst ja von Grund auf uneins. Es tritt der Welt notwendig entgegen, um ihr doch unablösbar anzugehören. Daß es in der Welt nicht mehr gleichsam ertrinkt, son-dern sich von ihr verneinend trennt, um damit erst voll zu sich selbst zu kommen, bedeutet daher eine Steigerung eben in der spezifisch sub-jekthaften Richtung. Es ist die Sinnbewegung der ersten wie der dritten Figur, die den tragischen Ausgang der vorigen, der vierten oder der zweiten, also jeweils als Prämisse voraussetzt. Aber auch die subjekthaf-ten Wendungen offenbaren im Endstand ihr anaximandrisches «Un-recht», das sich jetzt jedoch an der Welt ereignet und damit nun in die-ser Richtung über die bisherige Haltung hinausführt.

Für die zweite Figur, für $\frac{NP}{PN}$, bedarf das keiner Erläuterung, um so mehr aber für die vierte. Hier, bei $\frac{NN}{PP}$, scheint sich ja – neben aller son-stigen Problematik – eben doch aufs ganze gesehen lediglich eine Wie-derkehr, der Rückschwung zur ersten Konstellation, zu vollziehen. Und in unserem Anfangsbeispiel, bei den Lebensaltern des Menschen, scheint sich nicht einmal dies zu ereignen, sondern wirkt die dritte Fi-gur, konkret gesprochen also die Wendung in das Greisenalter, über-haupt als die letzte, auf welche nur noch der Tod folgt. Die vierte Figur scheint zu fehlen.

Wir werden diesen Aspekt, so selbstverständlich er anmutet, zwar noch grundsätzlich berichtigen; aber jedenfalls ist das bisherige Beispiel für die Charakterisierung, um welche es jetzt geht, nicht durchweg repräsentativ. Es besitzt den großen Vorzug der erlebnishaften Nähe, der spezifisch menschlichen Deutlichkeit, doch spiegelt sich schon darin sein Nachteil: Das Subjekt, dessen Wandlungen wir nacherleben, ist hier ein Einzelmensch, eine Person, und ist mithin ein Wesen an der dämonologischen Einstiegsstelle von den Individuen her, was der Funktion des Beispiels nicht guttut.

Schopenhauers «List der Natur», das Streben der biologischen Art nach größtmöglicher – auch morphologischer – Mannigfaltigkeit, hat hier ja die strenge Konstellationenfolge, die eigentlich nur mögliche Vierheit, mittelst immer neuer erbgenetischer Kombinationen durcheinandergewürfelt, gebremst und verunklart. So kommt es hier zu der Unterscheidung von Mutationen und Generationen, von wirklichen neuen Formzuständen und bloßen neuen Exemplaren. Subjekte sind sie beide; gerade in dem Wunsch, von dieser Kostbarkeit ungleich mehr und Vielseitigeres hervorzubringen, als die Konstellationen im reinen Folgen ergäben, besteht ja der Grund und das Recht der «List».

Nur geht das eben auf Kosten des strengen werdelogischen Folgens. Jedes neue Exemplar ist zwar ein neues Subjekt, aber nicht deshalb auch eine neue Konstellation; daß mit dem Sohn auf den Vater etwa NP auf PP mit halbwegs geschlossenem Umriß folgt, stellt allenfalls eine Ausnahme dar. Der werdelogisch genaue Ablauf findet sich dagegen erst dort, wo mit jedem neuen «Exemplar» (das dann also ein «Individuum» im Sinne der räumlichen Nahsicht nicht mehr sein kann) auch schon ein neuer Formzustand auf den Plan tritt und somit, umgekehrt ausgedrückt, der geläufige Unterschied zwischen Mutationen und Generationen verschwindet.

Das ist in der Natur der Fall, wenn der Blick von der Größenordnung der Generationen, wie soeben eigentlich schon gesagt, in jene der Mutationen und damit überhaupt der biotischen Allgemeinwesen vordringt; und entsprechend ist es der Fall bei den analogen Großformen der Geschichte. Es ist, mit einem Wort, der schlechterdings normative Ablauf, den wir zum Zweck der Modellbildung daher hier nicht positiv kennzeichnen müssen. Die schon erbrachte Abgrenzung gegen das Individuum der räumlichen Nahsicht genügt. Im übrigen brauchen wir bei der reinen Modellbildung nicht zu fragen, welchen Rang ein Wesen einnimmt und wo in der Natur oder der Geschichte es dies tut, um es als Repräsentanten e i n e r der vier Konstellationen unter ihre Vierheit und deren Gesetzlichkeit subsumiert zu wissen.

Das alles ist vom IV. und V. Kapitel her schon bekannt. Wir wiederholen uns hier also – aber dies in demselben Sinne einer endgültigen Präzisierung, wie es überhaupt bei dem methodischen Übergang von der Zweiheit zu ihrer Potenz der Fall ist.

3. Oberstock und nächstallgemeines Untergeschoß des jeweiligen Folgens. Entwicklungsphasen als Subjekte und umgekehrt. Grundformel und perspektivische Abwandlungen des Zeitmodells.

Bei der Herstellung des allgemeinen Zeitmodells meinen wir mit PP – oder jedem anderen der vier Symbole – prinzipiell ein Wesen, von welchem folgendes feststeht: Es besitzt Allgemeinheit, ist Dämon statt Individuum, ohne daß seine Zuordnung zum PP-Typ von seiner sonstigen kosmologischen Eigenart aber irgendwie abhinge.

Darin liegt zunächst eine Schwierigkeit: Die L e b e n s a l t e r scheinen vergessen. Im Anfangsbeispiel des Kapitels hatten s i e , und nicht vier verschiedene Wesen, die vier Konstellationen repräsentiert. Hinter dem Gestaltweg von der Kindheit über Jugend und Reife zum Greisenalter hatte ein und derselbe Mensch als subjekthafter Träger gestanden.

Das hatte den Konstellationen, eben als bloßen Lebensaltern, einen d e p e n d e n t e n Anschein verliehen. Dem entsprach denn auch, wie es jedenfalls schien, die Probe auf das Exempel: Gerade das unterscheidet ja das dependente Wesen, das bloße Organ, vom Subjekt, daß es nicht im erotischen Sinne schließt. Ein neuer Magen etwa wird nicht von einem älteren Magen wie ein Sohn von seinem Vater gezeugt. Und desgleichen, könnte man argumentieren, wird auch der Jugendliche nicht von dem Kinde, das er selbst zuvor war, gezeugt; überhaupt liege hier keine Zeugung, sondern lediglich ein Wachstum vor. Die Symbolik sei daher zu eng gefaßt, wenn sie sich nur pauschal auf das Wesen bezieht, das dann nur das subjekthafte sein kann, statt auch den dependenten Fall, dessen Relevanz die Lebensalter erweisen, eigens zu berücksichtigen.

Was im Sinne der räumlichen Nahsicht zu Gunsten dieses Vorschlages spricht, ist mit ihm zusammen bereits erwähnt. Was dagegen spricht, wiegt jedoch schwerer.

Zunächst einmal: sogar im Rahmen der räumlichen Nahsicht sind die phasisch verstandenen Konstellationen, die Lebensalter, hinsichtlich des Subjektcharakters von ihrem gemeinsamen Träger, dem Menschen, nicht so prinzipiell unterschieden, wie es das Argument annimmt. Denn gewiß stellt auch überhaupt «das» Kind, «der» Jugendliche, «der» reife Mensch und «der» Greis etwas vom eigenen Sinn her Subjekthaft-Typisches statt bloß eine Abstraktion dar. Verhielte es sich anders, so gäbe es hier kein echtes Folgen und wäre das Beispiel mithin verfehlt. Auch längst vorher wurde schon deutlich, daß nicht allein jene Subjekte, welche wir zunächst allein so bezeichnen, in jatypische und neintypische geschieden sind, sondern ebenso ihre Entwicklungsphasen und zwar, was das damals noch hieß, ihre beiden hauptsächlichen: Jugend und Alter im allgemeinen, getrennt durch die Hauptzäsur in der Lebensmitte. Was jetzt hinzukam, war nur eine weitere, nochmals doppelte Unterteilung und damit die Verwandlung der Zweiheit zur erst eigentlich thematischen Vierheit.

Darin aber liegt zweitens: Weil auch das Kind ein Subjekt ist, endet es auch wie Subjekte enden, schließt es nämlich sein Wesen selbst ab und zwar durch die Erschließung von gegenteiligem Neuen. Der Jugendliche folgt darauf – nicht nur zeitlich, sondern auch logisch: nicht nur nachdem, sondern weil der Gestaltweg des Kindes zu Ende ging. Das Kind hat ihn also erzeugt – nicht wie der Vater den Sohn, nicht im sexuell verengten Verstande, aber gerade darum im eigentlich erotischen Sinne, in dem von Zeugen als logischem Schließen!

Die Fehlerquelle liegt mithin auch hier beim Individuum der räumlichen Nahsicht statt bei den Lebensaltern. Diese sind seitens des Argumentes mit einem Organ wie dem Magen zu Unrecht in Parallele gesetzt. Denn sie folgen eben als «Alter», als eigenzeitliche Einheiten, eo ipso ihrer eigenen Logik, und dies sogar in reinerer Form als die tragenden Individuen, während der Magen tatsächlich, als bloßes Organ statt als «Alter», vom Schicksal seines Trägers ohne Eigenzeit abhängt.

Der wahre Sinn aus dem Argument steht mithin zu dessen Absicht im diametralen Gegensatz: Jedes «Alter» ist ein Subjekt; auch wo die räumliche Nahsicht mit ihrer schroffen Trennung der «Gestalt» von der bloßen «Entwicklung» es anders sieht, stellt die Fähigkeit eigenen logischen Schließens das untrügliche Kriterium dar. Und im dämonologischen Rahmen gilt die Identifizierung auch uneingeschränkt nach der anderen Seite: Jedes Subjekt ist ein «Alter», ist nämlich die Verkörperung e i n e r Konstellation innerhalb der jeweiligen Folge.

Die Dependenz beruht auf dem Gesamtcharakter der Folge: obwohl sie durchweg aus Subjekten besteht, fungiert sie doch jeweils im ganzen, gewissermaßen oberstöckig, als «Organ» eines dämonischen «Leibes», der einem nächstallgemeinen Subjekt zugehört, das gleichsam untergeschossig eine Vielzahl solcher Organe trägt. Bei $\frac{NN}{PP}$, dem problematischen vierten Schluß, geht es um diese Dependenz, worauf wir noch zurückkommen werden. Zunächst aber zur Fixierung der bis jetzt gewonnenen Einsicht innerhalb unserer Formelsprache.

Wie jedes der vier Subjekte im «Oberstock» steht auch das nächstallgemeine im «Untergeschoß», auf dem jene basieren, im Zeichen e i n e r Konstellation. Jede der vier möglichen kann es sein. Ist es PP, so lautet die Formel:

$$\text{PP} \longrightarrow \text{NP} \longrightarrow \text{PN} \longrightarrow \text{NN}$$
$$\text{PP} \longrightarrow$$

Um es gleich in aller Schlichtheit zu sagen: Dies ist das ganze Zeitmodell! Wir werden die Grundformel variieren, sie auf Besonderheiten beziehen und entsprechend spezifizieren, um doch ihre Allgemeinheit damit letztlich nur zu unterstreichen. Die Welt im thematischen Grundbestand ist nicht unendlich oder, mit anderen Worten, ihre Unendlichkeit besteht in der zweimaligen Entzweiung, in dem viergestaltigen Folgen aus dem doppelten Auftritt von Ja und Nein.

Will man mit der Grundformel von dem Gegenstandsbereich, auf den sie zunächst bezogen war (welcher auch immer es sein mochte), tiefer ins Allgemeine eindringen, so liegt das Rezept auf der Hand. Man weitet damit die Perspektive, wodurch die zunächst anvisierten Einheiten sich optisch entsprechend verkleinern. Und dies auf gesetzliche Weise: Das PP im Untergeschoß der bisherigen Sicht hat dann oberstöckig wiederum als PP einzurücken.

Dies PP bleibt dabei, wie sich versteht, der Sache nach unverändert; nur eben optisch ist es geschrumpft. Und desgleichen bleibt auch die Gesamtstruktur unverändert. Denn auch als dies PP noch untergeschossig für sich allein stand, lag das doch nur am äußeren Umfang der Formel, die notwendigerweise irgendwo endet, und nicht etwa an der Sache selbst. Evident war vielmehr von vornherein, daß sich an PP auch untergeschossig die drei folgenden Konstellationen anschließen; und jetzt im nunmehrigen Oberstock, gleichsam aus der Entfernung, erblickt man die Folge im ganzen.

Wir tun des Guten vielleicht nicht zu viel, wenn wir uns die Grundformel in ihrem ursprünglichen und ihrem neuen Gegenstandsbezug nacheinander vor Augen führen, wobei das beidemal identische PP durch Unterstreichung gekennzeichnet sei. Also zunächst die ursprüngliche Lesart:

$$PP \rightarrow NP \rightarrow PN \rightarrow NN$$
$$\underline{PP} \underline{\hspace{5cm}} \rightarrow$$

Und nun dieselbe Formel nach der Weitung ins Allgemeine, welcher für PP der «Aufstieg» in den Oberstock, das heißt die optische Schrumpfung, entspricht:

$$\underline{PP} \rightarrow NP \rightarrow PN \rightarrow NN$$
$$\underline{PP} \underline{\hspace{5cm}} \rightarrow$$

Die ursprünglich oberstöckige Konstellationenfolge ist im letzteren Falle nicht mehr notiert. Sie befände sich in der neuen Lesart, wie ja auch schon in der alten, insgesamt über $\underline{PP}$, ist also mit diesem optisch geschrumpft und damit in unserem Darstellungsrahmen sozusagen unleserlich winzig geworden.

Das schließt selbstverständlich nicht aus, daß sie bei gegebenem Anlaß in einem erweiterten Rahmen, einer dann dreistufigen Anordnung, wieder eigens notiert werden könnte. Daran sind wir hier jedoch nicht interessiert, weil das den schematischen Aufbau ohne grundsätzlichen Gewinn lediglich komplizieren würde. Stattdessen geht unser Augenmerk auf das neue PP im nunmehrigen Untergeschoß. Seine Ansetzung (oder gegebenenfalls die jeder anderen Konstellation) ist evident als die des subjekthaften Trägers, den PP in der alten Optik selbst darstellt und in der neuen stattdessen voraussetzt. Das Zeitmodell ändert sich nicht, sondern lediglich die Stellenbesetzung.

Eine sinngemäß-diametrale Veränderung findet statt, wenn man mit der Grundformel, wieder von ihrem ursprünglichen Gegenstandsbezug her, weiter ins Besondere vordringen will. Das zunächst oberstöckige PP wandert dann in das Untergeschoß. Die Darstellung dürfen wir uns ersparen; sie gleicht ja – mit umgekehrtem Vorzeichen – der soeben notierten. PP vergrößert sich nun optisch. Es ist, als ob der Betrachter ihm nähergetreten sei, so daß er nun Einzelheiten, die vorher nicht deutlich wurden, bemerkt.

Über dem in das Untergeschoß versetzten PP erblickt man jetzt ja wieder, im nunmehrigen Oberstock, die gesamte Konstellationenfolge. Dies Vordringen findet erst eine Grenze an der dämonologischen Einstiegsstelle, beim räumlichen Individuum, wie umgekehrt die Vertiefung ins Allgemeine erst im zeitlichen All, im Unausdenkbaren.

Zwischen diesen beiden Enden, dem der Bestimmtheit und jenem im Raum, gibt es für das Verschiebungsprinzip keinen inneren Aufenthalt. Das heißt dasselbe Werdegesetz schlägt in sämtlichen Weltbezirken, dem naturischen wie dem geschichtlichen im Kleinen und Großen, überall durch! Nur das Bewußtsein des Logikers setzt wegen seiner Enge dem an sich unendlichen Analogie- und Verstehensprinzip, das sich daraus ergibt, schließlich stets irgendwo eine Grenze.

Das ändert nichts an der Möglichkeit. Hermann Hesse hat sie im «Glasperlenspiel» nicht zwar definiert, aber doch erahnt. Im weiteren Verlauf des Kapitels, beim Übergang zu den Beispielen, werden wir an diesem Punkt fortschreiten und wenigstens in bezeichnenden Proben ein stringentes Glasperlenspiel zelebrieren.

4. Behelfssymbole des Zeitmodells angesichts des raumzeitlichen Nebeneinanders. Sonderfunktion des vierten amphilogischen Schlusses.

Noch einmal zurück zu der Grundformel. Wir hatten sie zweistufig dargestellt, mit dem Oberstock über dem Untergeschoß. Doch war das von dem Aspekt her, mit welchem angesetzt wurde, nicht nötig und beinahe irreführend. Ein einstufiges Symbol hätte hier ebenso gute oder sogar bessere Dienste geleistet.

Denn man treibt keinen lässigen Nominalismus, wenn man betont, daß eine Zustandsfolge nicht anders als eben in ihren einzelnen Zuständen existiert. Denkt man etwa an unser Anfangsbeispiel, so verhält es sich ja nicht etwa dergestalt, daß einerseits, im Oberstock, nacheinander das Kind, der Jugendliche, der reife Mensch und der Greis auftreten und ihnen allen anderseits, im Untergeschoß, der Mensch überhaupt gegenüberstünde. Hier vielmehr, und analog in jedem entsprechenden Falle, besteht zwischen «oberstöckig» und «untergeschossig» allerdings ein begrifflicher Unterschied, aber nicht auch eine sachliche Trennung.

Natürlich werden die Lebensalter gleichwohl jeweils von d e m s e l - b e n Menschen durchlaufen: sie haben einen gemeinsamen Drall. Aber dessen Kennzeichnung wäre mit der Einstufigkeit sehr wohl vereinbar. Das PP des Untergeschosses, das Symbol also des allgemeinen Dralls, kann etwa jeweils an den Anfang gerückt sein, auf welchen, durch einen Doppelpunkt abgesetzt, die vier Konstellationen folgen. Also:

PP:PP – PP:NP – PP:PN – PP:NN

Die Umschrift mag hilfreich sein als ein vorstellungsmäßiges Regulativ, aber dies doch nur an dem einzigen Punkte, um dessentwillen wir sie formulierten. Dafür droht von ihr her ein gegenteiliger Irrtum oder wird sie jedenfalls unbrauchbar, wenn man sich jetzt wieder daran erinnert, daß immerhin die einzelnen werdelogischen Arten, die im Dämonenreich miteinander den «Leib» des subjekthaften Trägers bilden, von diesem eben doch auch der Sache nach getrennt statt bloß im Begriff unterschieden sind. Fragt man in dieser Hinsicht weiter, so kommt wieder die Grundformel zu ihrem Recht, wenngleich nun mit modifiziertem Bezuge.

Der dämonische «Leib» besteht wie der des räumlichen Individuums aus mehreren differenzierten Organen. Nur sind diese hier, wie ja auch ihr subjekthafter Träger, nicht mehr gestalthaft zusammenhängend, also nicht mehr «konkret», im Sinne der räumlichen Nahsicht. Vielmehr ist der dämonische «Leib», wie bereits geklärt, eine synchronisierte Mannigfaltigkeit von werdelogischen Arten, dependenten Zustandsfolgen, die sich wie die Organe des Individuums n e b e n e i n a n d e r entwickeln. Jede von ihnen ist der Substanz nach logisch und damit der Dimension nach zeitlich; anders vermöchte es nirgends zu sein. Der Struktur nach jedoch bilden sie insgesamt, kraft ihres Nebeneinanders, ein raumzeitlich-vierdimensionales Ganzes, eben einen «Leib». In früheren Zusammenhängen sprachen wir diesbezüglich auch von einem «Strauch», dessen «Zweige», die einzelnen arthaften Zustandsfolgen, sich nach einer Formexplosion sowohl von der axialen Mitte als auch voneinander zunehmend entfernen.

Darin liegt jetzt das Problem. Die Grundformel vermag der dreidimensionalen Räumlichkeit, der Raumtiefe, nicht gerecht zu werden. Stellt sie mit der oberstöckigen Konstellationenfolge nur noch den Gestaltweg einer einzelnen werdelogischen Art dar, wogegen es im Untergeschoß bei der ursprünglichen Lesart bleibt, so bedeutet das in unserem Bilde, daß sie vom «Strauch» nur einen einzelnen «Zweig» und dazu aber untergeschossig die axiale Mitte im ganzen erfaßt.

Sie ist jetzt mithin sozusagen nur noch ein flächenhafter Querschnitt durch den raumzeitlichen Gesamtzustand; die weiteren «Zweige» fehlen zusammen mit der räumlichen Tiefe. Auf irgendwelche Versuche, die dritte räumliche Dimension und in ihr die übrigen «Zweige» zeichnerisch-illusionär einzutragen, darf billigerweise verzichtet werden. Es genügt vollauf, daß man um den Querschnittcharakter weiß, womit man die fehlenden «Zweige» ja bereits im Geiste hinzufügt. Und im übrigen ist der Verzicht auf anspruchsweise Vollständigkeit kein zu hoher Preis für die weitere, dadurch erst ermöglichte Präzisierung.

In der ursprünglichen Lesart bedeutete jede einzelne oberstöckige Konstellation einen Zustand des untergeschossigen Subjektes, eins seiner Lebensalter im ganzen; die Sicht war so pauschal wie eben deshalb undurchformt. Jetzt, nach der Reduktion auf den bloßen Querschnitt, stellt jede einzelne Konstellation wiederum einen Zustand dar, jedoch nur den der arthaften Zustandsfolge, die hier als einzige anvisiert ist, das heißt nur den eines einzelnen «Zweiges».

Jeder dieser Zustände ist aber selbstverständlich auch in der nunmehrigen, verengten Sicht ein Subjekt; die Konstellationenfolge in der neuen Lesart bedeutet, daß auch die einzelne werdelogische Art den Gestaltweg von der Kindheit bis zum Greisenalter durchläuft. Bei den biologischen Arten, hier nur als Beispiel genommen, ist das die Entwicklung von den anfänglichen Zwergen über angreiferische und reife Lösungen bis zu den riesenhaften oder atavistischen Formen der Endzeit. Und auch hier gilt (und zwar generell, bei allen werdelogischen Arten), was an den Lebensaltern des Menschen, des Individuums, bereits dargetan wurde: Jede komplexe Mutation, jeder plötzliche Formsprung also von einer ausgelebten in die nächste Konstellation, ist ein werdelogischer Schluß und damit nicht zwar ein sexueller Akt, um so mehr aber ein erotischer im eigentlichen Verstande. Und hier wie überall ist die Fähigkeit zur Erschließung des Neuen, zur Zeugung, das Siegel auf den Subjektcharakter.

Das gilt aber, wohlgemerkt, nur eben für jeden einzelnen Zustand der werdelogischen Art und nicht etwa auch für sie selbst, nicht also auch für die Zustandsfolge in ihrer Gänze. Auf NN, das Greisenalter, folgt nicht in demselben erotischen Sinne die Kindheit wie noch auf die Reife das Greisenalter. Die vierte Konstellation ist die letzte. Auf NN folgt allein noch der Tod.

Wir sind damit, wie man sieht, auf $\frac{NN}{PP}$, den vierten Schluß, zurückgekommen. Was zunächst hier jedoch aporetisch schien, ist jetzt im Grunde bereits geklärt. Mehrere Schließende sind am Werke. Gäbe es allein die oberstöckige Zustandsfolge, so wäre allerdings das Ende des vierten und letzten Zustandes auch schon das Ende schlechthin.

Vergessen hätte man dabei jedoch das PP im Untergeschoß. Es ist gleichfalls ein sogar allgemeinerer, thematisch tragender Zustand und eo ipso ein Subjekt.

Und hier gibt es keine Schwierigkeit; hier ist der unproblematische zweite Schluß, $\frac{PP}{NP}$, jetzt gerade erst an der Reihe. Und das hier erschlossene neue Wesen, NP im Untergeschoß, braucht natürlich gleichfalls, wie jegliches, einen «Leib». Das heißt es kommt auch bei ihm, nach dem keimhaft unmerklichen Anlauf, über eine Formexplosion zur Ausbildung differenzierter «Organe», verschiedener arthafter Zustandsfolgen. Von diesen wird die Grundformel wegen ihres Querschnittcharakters auch hier nur e i n e darstellen können. Damit beginnt also, nun wieder oberstöckig, eine Zustandsfolge, die der abgelaufenen wesentlich gleicht, nur daß vom Untergeschoß her statt PP jetzt NP den thematischen Generalnenner darstellt. Die Grundformel sieht, demgemäß erweitert, also folgendermaßen aus:

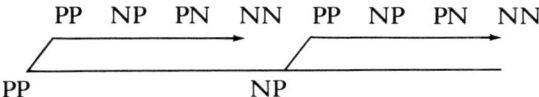

Wiederum, wie sich versteht, sind hier b e i d e Auslegungen möglich. Auch die zweite oberstöckige Folge kann erstens pauschal den Gestaltweg des u n t e r g e s c h o s s i g e n Wesens bezeichnen, so daß man sie mit diesem auch in der Symbolik zu fusionieren und Einstufigkeit zu erreichen vermöchte. Sie kann aber auch zweitens wiederum nur die Entwicklung eines bestimmten «Organs», das heißt einer werdelogischen Art, querschnitthaft gesondert herausstellen, um sich von den Pauschalzuständen des untergeschossigen Wesens – und damit überhaupt von diesem – dann auch der Sache nach abzusondern.

Für $\frac{NN}{PP}$, den vierten Schluß, bestätigt sich damit, was man eigentlich bereits weiß: Seine Konsequenz PP ist in der Tat durch seine Prämisse NN nicht in demselben Sinne logisch geleistet, spezifisch erzeugt, wie es bei den drei vorangegangenen Schlüssen mutatis mutandis der Fall war. Die Urheberschaft liegt jetzt vielmehr bei dem PP im Untergeschoß. Das Folgen im Oberstock also r e i ß t a b. Und zwar gilt das wieder bei beiden Möglichkeiten seiner Auslegung gleichermaßen: Mit dem Leib sterben etwa gleichzeitig regulärerweise auch seine Organe; ob also mit dem NN im Oberstock an den letzten Pauschalzustand des untergeschossigen Wesens oder an den entsprechenden Zustand einer besonderen Art gedacht ist, ändert bis hierher nichts am Ergebnis.

Insofern kann man geradezu sagen: $\frac{NN}{PP}$, der vierte Schluß, existiert nicht, ist unvollziehbar, und auch dies im Sinne beider Auslegungsmöglichkeiten. Das untergeschossige Schließen ereignet sich gleichfalls ja nicht etwa erst, wenn das oberstöckige NN-Alter, verstanden als Pauschalzustand, den schematisch geforderten Zeitpunkt erreicht hat. Nach dem normativen Geschehensmodell setzt die Disposition zur zeugerischen Erschließung viel früher an, nämlich unmittelbar nach dem Phasenwechsel und also, wie man jetzt präziser dafür zu sagen hat, mit dem Anfang des dritten Pauschalzustandes: mit dem PN-Alter als der Reifezeit. Und mit seinem Ende, also oberstöckig mit dem Beginn des NN-Alters, kommt es untergeschossig bereits zur Zeugung. Während sich, oberstöckig betrachtet, der letzte Zustand des bisherigen untergeschossigen Wesens, sein Greisenalter, noch eigens formiert und auslebt, ist das neue untergeschossige Wesen, NP nach PP, also ebenfalls schon vorhanden, jedoch nur erst als Keim, als Bestandteil des Elternwesens, statt selbst schon als ein Subjekt.

Gerade das gibt anderseits auch dem vierten Schluß einen Sinn. Er bleibt zwar wie sein seltsames Gegenstück in der traditionellen Logik, wie unter den Syllogismen der Galenische nach den drei Aristotelischen, deutlich in einem Abseits. Versteht man mit NN, seiner Prämisse, jedoch den vierten pauschalen Zustand, den also des untergeschossigen Wesens statt bloß den einer besonderen Art, so leitet das NN-Alter bereits im ganzen zum Neuen über. Und das eigentliche, nämlich untergeschossige Neue besteht allerdings – in unserem Beispiel – in NP, der zweiten Konstellation, welche jedoch mit PP, der ersten Konstellation, wieder oberstöckig beginnt. Insofern also doch auch zwischen NN und PP ein echtes logisches Folgen allerdings mit weither entliehener Kraft. Der Abschied fällt dem Verschmäher leicht und steht in beiderlei Hinsicht, der zur Ewigkeit wie zur folgenden Zeit, unter adventlichem Zeichen.

Damit ist die Unterscheidung von Subjekt und Organ, souveränem und dependentem Wesen, auch im dämonologischen Rahmen endgültig klar. Wir erinnern an das V. Kapitel, um wiederum nur zu präzisieren, was dort umrißhaft bereits festgestellt wurde: Jeder Zustand ist ein Subjekt, jede Zustandsfolge jedoch ein Organ. Denn die Zustände folgen einander logisch und verhalten sich also zeugerisch; eben das weist sie als Subjekte aus. Die Zustandsfolgen dagegen enden jeweils mit dem vierten Zustand, ohne daß es in dieser jeweils für die Optik oberstöckigen Höhenlage zu einer Erschließung des Neuen kommt; und sie sind, wie sich daran erweist, als solche mithin dependent, ungeachtet des Umstandes, daß sie im Folgen von Zuständen und also von Subjekten bestehen. Daß Einzelformen des endenden Wesens gleichwohl stagnierend, für sich fortan morphologisch «zeitlos», in die neue Wesenszeit, die untergeschossig anbrach, überzugehen vermögen, steht dazu nicht im Widerspruch. Es beruht auf der gleichfalls im V. Kapitel bereits analysierten Verholzungstendenz und bestätigt bei der Art, die es angeht, somit nur den dependenten Charakter.

So verhält es sich ja sogar noch beim räumlichen Individuum, wo der Gesamttod den Tod der einzelnen Zelle, des einzelnen Elementarorgans, nicht unverzüglich nach sich zieht und wo unter exzentrischen Umständen selbst qualifizierte Organe langfristig weiterzuleben vermögen. Benötigt der neue Gesamthaushalt – in stets freilich nur subalternen Bereichen, sozusagen für niedere Arbeiten, – die bisherige Dienstbarkeit weiter, so weiß er sie sich auch zu erhalten. In der Hauptsache und regulärerweise jedoch bricht der ganze oberstöckige «Strauch» etwa gleichzeitig mit dem Beginn der neuen untergeschossigen Weitung ab. Plötzlich also ein großer Artentod trotz höchster äußerer Perfektion, oft beobachtet und bestaunt, aber bislang nie ergründet.

Nichts jedoch ist hier wirklich rätselhaft. Es handelt sich hier vielmehr streng analog um denselben Vorgang, der uns in unserer näheren Lebenserfahrung durchaus nicht verwundert: Stirbt der Mensch, so sterben auch seine Glieder, nicht hingegen auch seine Kinder. Um den dämonischen «Leib», den «Strauch» der arthaften Zustandsfolgen, steht es nicht anders. Was in das neue Subjekt zeugerisch hinüberleitet, ist allein – zwischen den «Zweigen» des «Strauchs» – die axiale Mitte. Sie ist es, die in unserer letzten, erweiterten Formel den untergeschossigen Umschwung von PP zu NP bewirkt. Sie entspricht damit der Keimbahn des biotischen Einzelwesens oder analog jener phylogenetischen Formreserve, die im Tethysmeer, ihrem Schonraum, bis zum Ende der Lebensentfaltung, dem Auftritt des Menschen, erhalten blieb.

Denkt man zu dem einzelnen «Zweig», den die Grundformel einzig darstellt, die übrigen hinzu, so daß man den «Strauch» im Geiste erblickt, und kommt man im Sinne der letzten Formel, nach dem untergeschossigen Umschwung, zu einem weiteren «Strauch», der mit dem vorigen nicht direkt, sondern lediglich über die axiale Mitte verbunden ist, so ergibt sich im ganzen das Bild der Pflanze und besonders des Baumes. Wir waren schon mehrfach darauf gekommen, wiederholen also auch hier präzisierend. Und es hatte sich auch schon gezeigt, daß altertümliche Formen vom Schachtelhalm bis zum Nadelbaum den raumzeitlichen Geschehensrhythmus, den Wechsel von radialem Ausbruch und axialem Aufstieg, am genauesten räumlich zum Ausdruck bringen.

Die Logik dieses Geschehens wird jedoch jetzt erst vollkommen deutlich, um das Bild dann freilich zu transzendieren: Die Bäume wachsen nicht in den Himmel; begrenzt wie jeder radiale Ausbruch ist auch ihr axialer Aufstieg im ganzen. So an sich auch beim untergeschossigen Werden. Es ist wie jedes oberstöckige insgesamt eine Zustandsfolge und also dependent. Es endet mithin ebenfalls einmal, nach seiner NN-Zeit, ohne unmittelbare weitere Folge.

Die Unterscheidung zwischen dem Subjekt und seinen einzelnen Lebensaltern ist eben nur eine relative. Das aber ist sie auch hier. Endet die untergeschossige Folge und enthüllt sich hierin ihre Dependenz, so verweist sie damit auch schon, wie jedes Organ, auf das zuständige Subjekt und fungiert sie also als Oberstock eines weiteren, tieferen Untergeschosses. Ein tieferer Generalnenner, abermals der nächstallgemeine, übernimmt die Initiative. Und das Werden im ganzen also läuft wiederum nicht in sich selbst zurück; wiederum vielmehr steht die neue Konstellationenfolge, sonst der abgelaufenen etwa gleichend, im Zeichen thematischen Vorgerücktseins. Werden ist Steigerung gemäß dem Bewegungsprinzip seiner immanenten Vernunft.

5. Das Nebeneinander der Viergestalt und seine «spiralige» Ausfertigung.

Falls man darauf besteht, den einzelnen radialen Ausbruch, einen dreidimensionalen Prozeß, zweidimensional darzustellen, so hat man das
Symbol zu wechseln. Es bleibt dann ja keine andere Wahl, als den Vorgang sozusagen «von oben» statt «von der Seite her» zu betrachten.

Die axiale Mitte des Werdens, dargestellt in der Grundformel durch
die untergeschossige Linie, wird daraufhin zum bloßen Mittelpunkt.
Von diesem her beginnt der Ausbruch, der Gestaltweg zum «Strauch»,
etwa gleichzeitig nach verschiedenen Seiten; und nebeneinander also
durchmißt nun jeder einzelne «Zweig» sein besonderes Nacheinander.

Dieses jedoch, und damit an jedem Teile das Folgen der Konstellationen, läßt sich jetzt nicht mehr ebenfalls darstellen; gleich der axialen
Mitte erscheint nun ja auch jeder einzelne «Zweig», wegen der Betrachtung «von oben», als bloßer Punkt. Wie in der Grundformel – bei
beiden Auslegungen – um des Nacheinanders willen das Nebeneinander zu kurz kam, so muß jetzt das raumzeitliche Spezialsymbol um der
vordringlichen Räumlichkeit willen die Zeitlichkeit unberücksichtigt
lassen.

Im Zusammenhang um das allgemeine Zeitmodell besteht trotzdem
Grund zu kurzem besonderen Eingehen auf den raumzeitlichen Aspekt,
weil sich die Konstellationenfolge auch im Nebeneinander durchsetzt.
Sie tut es hier weniger streng als zuvor. Aber man bedenke: Jegliches
Werden trachtet an seinem Teil nach Vollkommenheit. Sein themati-
scher Spielraum ist stets bestimmt und damit begrenzt, zielt aber in der
Begrenztheit auf alles, und da das All in der Vierheit besteht, begegnet
man hier somit nochmals, nur jetzt eben im Nebeneinander, allen vier
Konstellationen. Diese Repräsentanz kann vom fremdgesetzlichen
Zweck her entstellt sein, und das ist wohl sogar die Regel; bei den ra-
dialen «Zweigen» handelt es sich ja um Organe.

Besonders kraß ist die Entstellung im Rahmen der räumlichen Nahsicht. Hier sind ja die Organe zunächst dem Individuum und über dieses dem Sachzwang am striktesten unterworfen, weil allein noch das
Individuum als Subjekt fungiert, wogegen den Organen hier nicht einmal mittelbar, hinsichtlich ihrer Phasen, der Subjektcharakter noch eig-

net. Trotzdem ist der relevante Grundriß auch hier, statt zu fehlen, nur eben gröblich entstellt; das astrologische Weltbild des vorneuzeitlichen Denkens, das den Menschen als Mikrokosmos verstand und daraufhin dessen Organe verschiedenen Sphärenregenten zuwies, hatte damit zweifellos zur Hauptsache des Problems, trotz reichlichen Irrens im einzelnen, einen heute verschütteten Zugang.

Eine korrekte Aufarbeitung mit umständlicher Sonderung der Spreu vom Weizen, der abergläubischen Wirrnis vom gleichwohl letztlich Wahren, ist in der hier gebotenen Kürze indes nicht möglich. Und vor allem ist sie nicht nötig. Wesentlich geht es uns hier ja um das normative Werden und also um den Zustand im Inneren des Dämonenreiches. Hier handelt es sich bei den «Zweigen» um werdelogische Arten und besteht also jedes Organ aus Subjekten. Auch hier überall herrscht gleichwohl dienstbare Zweckmäßigkeit mit synchronisierter Aufgabenteilung. Weil es aber Subjekte sind, mit denen die Differenzierung in jeder Richtung beginnt und fortgeht, kann sich das Nebeneinander der «Zweige» zugleich freier und logisch strenger im All des Möglichen unterscheiden und damit begreifen: bis zum Geviert der Konstellationen als dem Äußersten dieser Sinnerfüllung.

Hier folglich liegt jeweils – insofern – das Ziel. Das bedeutet in der Verräumlichung einen kreuzförmigen Aufbau; und dieser also bildet den idealtypisch-generellen Grundriß des «von oben» erblickten radialen Ausbruchs. Das Bild der Pflanze liegt wieder nahe, besonders hier das der «Urpflanze» Goethes, der «Idee» der Pflanze nach Schiller, mit den im doppelten Gegeneinander vom Stengel ausfächernden Blättern.

Die Konstellation, der die axiale Mitte untersteht, spielt wegen ihrer Beliebigkeit für das Spezialsymbol keine Rolle. Auch ist es selbstverständlich, daß jede werdelogische Art, jeder «Zweig» des kreuzförmigen Nebeneinanders, sämtliche Konstellationen nacheinander durchläuft und insofern am Anfang in allen vier Fällen durch PP zu kennzeichnen wäre. Das geschieht nun aber alle vier Male unter dem Vorzeichen einer jeweils anderen Konstellation: Jede werdelogische Art besitzt somit einen Spezialdrall, der sich bei ihrem weiteren Gang durch die Konstellationenfolge nicht ändert.

Das Modell bliebe indessen unvollständig, wenn nicht auch noch im Nebeneinander jedenfalls in einer einzigen Hinsicht das Nacheinander berücksichtigt würde. Die «Zweige» des radialen Ausbruchs werden vom axialen Synchronisator nämlich allerdings gleichzeitig konzipiert, aber nicht auch streng gleichzeitig ausgefertigt. Dafür ist die Mühe des Werdens zu groß. Das Einfachste kommt hier wie immer zuerst. Der «Zweig» mit PP als Spezialdrall eröffnet somit den Reigen und hat also auch in dem zeitlichen Sinne, den die Grundformel symbolisiert, vor den übrigen einen leichten Vorsprung. Von hier aus geht es weiter – auch hinsichtlich des Spezialdralls – gemäß der Konstellationenfolge, wenn auch hier die weiteren Konstellationen natürlich nicht erst aufeinander folgen.

Die Ausfertigung im ganzen schraubt sich also spiralig empor. Wenn Goethe in seiner Naturwissenschaft der vertikalen Tendenz nicht, wie eigentlich zu erwarten, eine horizontale, sondern eine spiralige gegenüberstellte, so hatte sich ihm physiognomisch, namentlich am Werden der Pflanzen, ein durchaus allgemeines Gesetz erschlossen. Wir kommen an Hand von Beispielen auch darauf noch mehrfach zurück. Aber erst einmal das Symbol. Benutzen wir ebenfalls die Spirale, um in dem Nebeneinander auch das Nacheinander nicht zu vergessen, so sieht der radiale Ausbruch «von oben» folgendermaßen aus:

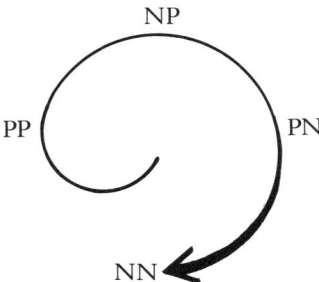

Die vier Konstellationen bezeichnen hier lediglich den jeweiligen Spezialdrall. Für die axiale Konstellation im Mittelpunkt ist auf die

Kennzeichnung, weil sie beliebig wäre, verzichtet, und ebenso auf jenes PP, das bei jedem «Zweig» unabhängig von seinem Spezialdrall, den Gestaltweg selbstverständlich eröffnet.

Mit dem idealtypischen Grundriß, den das Symbol allein darstellt, muß sich der konkrete Aufbau natürlich hier wie stets nicht in jeder Einzelheit decken. Er kann von jenem vielmehr, in unserem Zusammenhang, sogar nach z w e i Seiten abweichen. Wie beim Individuum nämlich kann ein Organ verkümmert sein oder im Ausnahmefall gänzlich fehlen, was dann in unserem Schema aus der Vier eine Drei werden läßt. Anderseits kann es in demselben vordergründigen Sinne hier aber auch Fünftes und weiteres geben, unzulängliche frühe Versuche in einer der vier Richtungen nämlich sowie Sonderausfertigungen für Lagen, die dem Formprinzip an sich nicht entsprechen, was dann den Konstellationsdrall, der an sich auch hier stets vorhanden ist, überstark an der Entfaltung hindert.

Im Aufbruch des Säugerstamms etwa ist die erste dieser Möglichkeiten durch Kloakentiere und Beuteltiere, die zweite durch Delphine und Wale wie auch die Fledermäuse verwirklicht. Die Natur hat kein Interesse daran, daß ihr Geheimnis zutage liegt. Sie schätzt im Gegenteil die Verkleidung. Daß sich dennoch auch das Spezialsymbol in der Hauptsache allermeist durchsetzt, wird sich an den Beispielen zeigen. Und soviel also zum Zeitmodell.

6. Die vier unsterblichen Subjekte Träumer, Besserer, Rechtfertiger und Verschmäher! Erinnerung an die astrologischen Sphärenregenten Venus, Mars, Jupiter und Saturn. Die Vierheit als Kreuz und Mandalagrundriß.

Da sich das s u b j e k t h a f t e Wesen aller subjekthaften W e s e n im nunmehrigen Zusammenhang, für den wir es nicht nochmals begründen, genau so streng in der Vierheit erschöpft wie unter früheren Vorzeichen in der Zweiheit und in der Dreiheit, gesellen sich vier Unsterbliche zu dem Götterpaar und der Dreigestalt. Und wir nannten sie schon bei Namen; wir sprachen schon – beiläufig konkret und doch damit bereits allgemein – von dem Träumer, dem Besserer, dem Rechtfertiger und dem Verschmäher.

Da die Namen den Sinngehalt wiedergeben und dieser inzwischen erkundet ist, sollten sie nicht befremden. Vielleicht aber tun sie das doch, denn immerhin sind sie ungewohnt. Das allerdings ließ sich nicht vermeiden; in keinem bekannten Pantheon nämlich gibt es hinsichtlich der Vier Götter ein adäquates Gegenstück zu dem Götterpaar und der Dreigestalt, zu Herrn Wute und Frau Holle sowie zu Brahma, Wischnu und Schiwa.

Das hängt deutlich damit zusammen, daß wir im Zeichen der Zweiten Setzung theologisch wie denkmethodisch zu einem Standpunkt gelangten, der bisher noch nie, auch nicht bei den Indern, erreicht war. Dennoch ist der Sachverhalt von zu universaler Bedeutung, als daß man zu erwarten hätte, ihn im bisherigen Menschheitsbewußtsein gänzlich unangesprochen zu finden. Er taucht vielmehr erstaunlich oft in verschiedensten Zeiten und Völkern auf, aber doch eben nie als solcher, sondern immer in irgendeiner seiner konkreten Vorkommensweisen, die auf Grund ihrer kaleidoskopischen Vielfalt das Prinzip mehr verkleiden als offenbaren.

Die einzige halbwegs zentrale, theologische Kennzeichnung findet sich interessanterweise, statt in einem strahlenden Pantheon, in jener inoffiziellen Religion, zu welcher sich die Astrologie, als heimliche Kompensation der offiziellen christlich-islamischen Weltentgötterung, im Mittelalter entwickelt hatte. Venus, Mars, Jupiter und Saturn als Sphärengötter, astrologische Intelligenzen, entsprechen mit dem Empfindungsgehalt, der sich für uns alle an ihre Namen noch immer heftet, am ehesten den Vier Göttern.

Gewiß wurden auch der Merkur sowie Sonne und Mond, als die drei weiteren für das technisch unbewaffnete Auge am Himmel wandelnden Gestirne, astrologisch in Pflicht genommen. Fragt man jedoch nach den Sinngehalten, die sich mit den Namen der Sterne verbanden, so bleibt es gleichwohl bei der Vierheit: Merkur steht ja eigentümlicherweise nicht bloß astronomisch, als anderer «innerer» Planet, sondern auch astrologisch der Venus nahe. Dasselbe gilt aber auch, nun freilich bloß noch astrologisch, für den Mond. Jugendliche und weibliche Züge gehen hier aus gutem Grund ineinander über; die quecksilbrige Geschäftigkeit und Verspieltheit, die Merkur entfaltet, wie auch der unberechenbar wechselhafte Charakter, der die Frau Laune zur Göttin des heillos zufälligen Weltlaufs macht, sind PP, der ersten Konstellation, von anderen Gesichtspunkten her genau so zugeordnet wie die einfach lustvolle Haltung der Venus. Nach der alten Temperamentenlehre fällt denn auch dies alles, «merkurisch» und «lunar» oder «launisch» ebenso wie «venusisch», gleichermaßen unter die Rubrik «sanguinisch». Ähnlich steht es um die Sonne im Verhältnis zum Jupiter. Soweit sich mit «solar» überhaupt eine Inhaltsempfindung verbindet, zielt sie wie bei «jovial» auf das höhere Phlegma, auf den königlich überlegenen Gleichmut und damit deutlich auf PN, auf die dritte Konstellation. Mars und Saturn schließlich sind konkurrenzlos einsame Größen mit eindeutigen Bezügen auf NP und NN, auf die zweite und vierte Konstellation. Allerdings war der Platz des Besserers im abendländischen Mittelalter bereits offiziell-theologisch durch Jesus Christus, den Heiland, besetzt, was Mars der höheren Weihen beraubte, um ihn auf die Funktionen eines derben, blutrünstigen Gewalttäters zu beschränken. Saturn hingegen repräsentierte ohne Beeinträchtigung den Verschmäher; sein einziger Konkurrent, der als Skelett vorgestellte Tod, war ja auch für das Mittelalter eine bloße Allegorie.

Die Vierheit nicht zwar als Anzahl von Göttern, aber doch als religiöses Symbol, hat ungleich weitere Verbreitung. In verschiedensten Zeiten und Völkern trifft man immer wieder auf die Verehrung des Kreuzes in allen möglichen Variationen bis zum Hakenkreuz bei Germanen und Indern, Indianern und Polynesiern, und bis zum wichtigsten Mandalagrundriß buddhistischer Meditationspraktiken. Die Deutungen schwanken, sind widerspruchsvoll und vermögen durchweg weder die weltweite Verbreitung noch die Wirksamkeit des Symbols zu erklären.

Der Galgen von Golgatha war kein Kreuz und wurde zu einem solchen von der christlichen Kunst erst nach Jahrhunderten umstilisiert. Das Symbol jedoch ist bekanntlich viel älter. Auch seine früheren und nicht christlichen Erklärungen aber vermögen nicht zu befriedigen. Die Deutung des Hakenkreuzes als Sonnenrad etwa bleibt hypothetisch und entwertete, wenn sie zuträfe, das Symbol zur Allegorie. Gar kein Sinnzusammenhang vollends ist sichtbar, wenn man mit den Indern im Hakenkreuz, dem *swastika,* ein Symbol des Glücks verehrt.

Die magische Bedeutsamkeit bleibt gleichwohl unbestreitbar und ließe sich nicht verstehen, wenn nicht ein ernstlich sinnbildlicher – statt bloß nachträglich-rationalistisch hinzukomponierter – Bezug das Zeichen mit seiner Wirkung verbände. Tatsächlich geht es hier um Einfachstes und zugleich Tiefstes: Hinter den gerade vier Balken oder Ecken von Kreuz, Hakenkreuz oder Meditationsbild braucht man einen weiteren Sinn nicht zu suchen. Die Vierheit selbst ist der Sinn des Bildes! Denn in ihr besteht die Unendlichkeit und damit das Heil. Und offenbar weiß das im Grunde jeder, verbindet die Menschheit das Bild und den Sinn bereits seit frühesten Tagen in den archaischen Tiefen ihres kollektiven Bewußtseins.

7. Numinoses an der Vierheit von Geschmäcken, Farben und Temperamenten.

Die Unendlichkeit besteht in der Vierheit. Es kann daher nicht verwundern, daß wir bereits in den nächsten erlebnishaften Bereichen, etwa denen der Sinneserfahrung, mehrmals an Situationen geraten, wo sich alles Erfaßliche in vier Möglichkeiten erschöpft.

So bereits beim Geschmack der Zunge: Die vier Grundmöglichkeiten, süß, salzig, sauer und bitter, entsprechen in dieser Reihenfolge deutlich den vier Konstellationen.

Dasselbe gilt für die Farben. Gelb, Rot, Grün und Blau, die vier «Urfarben» Herings, zeigen wieder, in dieser Reihenfolge, dieselbe Entsprechung.

Im Spektrum ist die Anordnung allerdings eine andere, die nämlich von Rot, Gelb, Grün und Blau. Das unterstreicht aber nur noch, wenn man nach dem Sinn fragt, die Analogie. Rot, im Spektrum nur andeutungsweise als Gelbrot oder Orange vertreten, stellt ja wie Blau ein Extrem dar. Gelb und Grün befinden sich in der Mitte, sind die beiden gemäßigten Möglichkeiten und entsprechen also PP und PN, den beiden ruhigen Konstellationen. Gelb und nicht Rot macht daher, wenn es um den Sinngehalt geht, den Anfang. Es ist die Farbe der Lust und des Goldes. Im komplementären Verhältnis zu Blau entspricht es der besonderen Weite und Problematik des vierten Schlusses, des Folgens von PP auf NN. Dann erst Rot als das erste Extrem; es ist die Farbe des Herrschertums und des Krieges, desgleichen des Aufruhrs; auf PP ist NP gefolgt. Grün repräsentiert dann das Phlegma, den Gleichmut; es wirkt entsprechend beruhigend. Blau schließlich ist die Farbe der Trauer und Abkehr; als das zweite der beiden Extreme, als NN-Wert nach dem PN-Wert Grün, steht es konsequenterweise am Ende.

Auch die alte Temperamentenlehre gehört, wie schon mehrfach anklang, hierher: sanguinisch, cholerisch, phlegmatisch und melancholisch entsprechen, in dieser Reihenfolge, für den Bereich der Gestimmtheit wieder den vier Konstellationen.

Besonders auch die Querverbindungen, die sich bei übertragener Rede ergeben, verdeutlichen die Gesetzlichkeit. So findet der Sanguiniker das Leben «süß»; die Welt glänzt ihm «golden». Der Choleriker dagegen «sieht rot», ist angriffisch wie das Salz; die Urfarbe, die seiner Haltung entspricht, ist auch rein physikalisch, im Spektrum, die unruhvollste. Dann das Phlegma wieder als Ruhen, aber nicht mehr als das lustvoll-naive; eher spricht man hier oft, wenngleich wohl stets mit ironischem Anklang, von einer «säuerlichen» Haltung. Dem Melancholiker schließlich erscheint die Welt düster und nächtig, also blau oder sogar schwarz, und das Leben ist ihm entsprechend «bitter». Auch physikalisch, im Spektrum, erreicht die Beweglichkeit hier ihren Tiefststand.

Bedeutsam ist aber auch umgekehrt, daß man Gelb und Rot als «warm» und anderseits Grün und Blau als «kühl» zu empfinden und zu kennzeichnen pflegt. Hier entspricht die Unterscheidung dem gegensätzlichen Bezuge erst zur P-Welt und dann zur N-Welt, der ja auch in der Konstellationenfolge jeweils einen Mittelwert und ein Extrem, vor und nach dem Phasenwechsel, zusammenbringt. Desgleichen wieder die Temperamente: «Warm», naiv engagiert, ist die sanguinische wie vollends die cholerische Haltung; die letztere ist sogar sehr warm, ist «hitzig» und «feurig». Anderseits hat schon das Phlegma ein wenn nicht geradezu kaltes, so doch kühles Verhältnis zur Welt; in der gedämpften, gleichmütigen Bejahung steckt schon ein gut Teil Resignation, gerade auf Grund der höheren Einsicht. Und die Melancholie hat dann vollends ein «kaltes», «eisiges» Weltverhältnis; die Abkühlung ist zur Abkehr, dem anderen Extrem, gesteigert.

Angebracht ist vielleicht der Hinweis, daß die alte Temperamentenlehre von der modernen Charakterkunde längst nicht so gründlich beseitigt ist, wie man oftmals meint. Wirklich überwunden, zum alten Eisen geworfen, ist die von Hippokrates und Galen stammende theoretische Grundlage, also die Erklärung der Temperamente als «Mischungen» (daher ja der Name) von kalt und warm sowie trocken und feucht. Nur die Analogie im bereits erörterten Sinne, nicht als direkte Kausalbeziehung, bleibt hieran richtig und aufschlußreich.

Auch hat die moderne Neigung zu möglichst feinen Zergliederungen zuweilen, etwa bei Guilford, auch die Vierheit der Temperamente durch eine ungleich größere Anzahl von Gestimmtheitsfaktoren ersetzt. Wo man sich indes um die Ordnung nach Hauptgesichtspunkten bemühte, da landete man doch wieder, und nun also ohne den alten metaphysischen Ballast, mehr oder minder bei der Vierheit, so zumeist in den Typologien seit Dilthey und in der Charakterkunde von Lersch.

Auch Knigges oft erwähntes, aber selten gelesenes Buch «Über den Umgang mit Menschen» baut ganz auf den Temperamenten auf und dies wieder nicht aus schulmäßiger Rücksicht, sondern nach einem bewegten Leben auf Grund einschlägiger Erfahrungen.

8. Inkarnation der Viergestalt in Katze, Hund, Rind und Pferd.

In unseren Zusammenhang gehören unter anderem auch die vier wichtigsten Haustiere: Katze, Hund, Rind und Pferd. Sie nämlich entsprechen gleichfalls, in der genannten Reihenfolge, deutlich den Temperamenten und damit den Konstellationen.

Die Katze ist sanguinisch verspielt. Sie steht astrologisch dem Merkur und der Venus nahe. Der Kultwagen der Freyja, der germanischen Venus, wurde angeblich von Luchsen, Großkatzen, gezogen. Im Mythos vollends fährt die Göttin auf einem Katzengespann durch die Lüfte.

Und mit dem weiblichen Wesen verbindet sich hier wie stets kindhaftes. Kein Haustier entfernt sich in seiner Reife dermaßen wenig vom «Kindchenschema» wie eben die Katze, bei keinem bleibt der Geschlechtsunterschied für die Physiognomie ähnlich unerheblich. Daher im Französischen das lustige Gedicht von dem mirakulösen Tier, das keine Katze sei, um dieser doch aufs Haar zu gleichen: es ist nicht *une,* sondern *un chat!* Alles zusammen also PP, die erste Konstellation.

Der Hund repräsentiert mit ähnlicher Deutlichkeit NP. Er lebt angreiferisch, steht im Zeichen der wachsamen Pflicht, ist ein ungestümer Choleriker mit grob martialischen Umgangsformen.

Das Rind ist ein ruhendes Wesen. Es entfaltet verglichen mit Katze, Hund und auch Pferd die geringste Initiative, begnügt sich beinahe pflanzenhaft mit dem einfachen Vegetieren. Es verkörpert also das niedere Phlegma und auch insofern bereits PN. Der dazugehörige Glanz des Jupiter, der überlegene Gleichmut des Rechtfertigers, scheint zu fehlen, ist tatsächlich aber gleichfalls wenigstens mit seinem Ergebnis zur Stelle.

Schematisch fällt in die dritte Konstellation ja der logische Schluß, die Zeugung. Und gerade beim Rind findet man denn auch die Position des Zeugers auf besondere Weise betont. Im niederen Phlegma nämlich erschöpft sich eigentlich doch nur das weibliche Rind, die Kuh. Schroff abgehoben davon ist der Stier, der wenigstens die erotische Seite des «jovialen» Verhaltens gesondert auslebt. Das hat ihm für den Weg, den der Gott Nein im zweiten Aspekt und eo ipso schematisch im dritten Lebensabschnitt, eben als Rechtfertiger, zurücklegt, seit den Tagen des Goldenen Kalbes, der Baale und des Minotaurus immer wieder, wie ja schon erörtert, einen markanten Symbolplatz gesichert. Und auch Jupiter war bei einschlägiger Gelegenheit, als er die Jungfrau Europa entführte, ein Stier.

Das Pferd schließlich ist, wie man treffend gesagt hat, ein perfektes Fluchttier. Das heißt sein Weltverhältnis ist wiederum ein gespanntes, jedoch nicht mehr, wie beim Hund, in einem angreiferischen Sinne. Mit seiner angstvollen Wachheit in der allseits offenen Steppe, seinem Bewußtsein der Einsamkeit und des immer drohenden Endes, gehört das Pferd zu Saturn und NN.

Hund und Pferd fungieren hier also, wie Rot und Blau bei den Farben, als die beiden Extreme nicht nur gegenüber den Mittelwerten, sondern auch untereinander. Gerade deshalb rückt anderseits auch hier, wieder wie bei den Farben, jeweils ein Mittelwert und ein Extrem sowohl vor als auch nach der Hauptscheide zusammen. Derselbe Grundsachverhalt, um dessentwillen Gelb und Rot «warm» wie anderseits Grün und Blau «kühl» sind, spiegelt sich bei den vier Tierwesen darin, daß Katze und Hund, trotz des internen Gegensatzes von Ruhe und Spannung, beide überwiegend Fleischfresser sind im Unterschied zu Rind und Pferd als ausgesprochenen Pflanzenfressern.

Die Katze ist klein wie das Kind und wohnt wie dieses im Hause. Der Hund ist durchschnittlich größer und waltet in einem weiteren Rahmen, auf dem Hof, seines zornigen Wächteramtes. Rind und Pferd sind abermals größer und befinden sich mit ihren Wesensörtern beide jenseits des Hofes. Das Rind allerdings tut es auf der Weide, in noch immer umhegten, verhältnismäßig nahen Bezirken. Das Pferd schlägt den weitesten Bogen. Nicht aus eigenen Stücken, aber vom Menschen gezwungen, dringt es bei Krieg und Reise in abenteuerliche Fernen.

Darin spiegelt sich also wieder, mit seltsamer Genauigkeit und astronomisch wie astrologisch, die Anordnung der Planeten. Auch Merkur und Venus bewegen sich ja auf engsten Bahnen um die Sonne; die Marsbahn liegt schon jenseits der Erdbahn; und noch erst viel weiter außerhalb, jenseits der Planetoiden, wandeln Jupiter und Saturn. Hier wie dort, bei den hauptsächlichen Planeten wie bei den wichtigsten Haustieren, ist die Konstellationenfolge immer auch eine Folge vom Kleinen zum Großen und vom in jeder Hinsicht, räumlich wie thematisch, engen Horizont zum weiten.

9. Schopenhauers Astrologisierung der Lebensalter.

Eine zusätzliche Querverbindung zwischen numinoser Vierheit und konkreter Erfahrung sei nicht zuletzt auch deshalb erwähnt, weil sie von einem Denker herrührt, der den Zusammenhang sonst nicht sah, der mit Theologie nichts im Sinne hatte und auch die Astrologie nicht ernst nahm.

Wir meinen den galligen Schopenhauer. In den «Aphorismen zur Lebensweisheit» stellt er immerhin folgendes fest: «Zwar ist nicht, wie die Astrologie es wollte, der Lebenslauf der Einzelnen in den Planeten vorgezeichnet; wohl aber der Lebenslauf des Menschen überhaupt, sofern jedem Alter desselben ein Planet, der Reihenfolge nach, entspricht und sein Leben demnach sukzessive von allen Planeten beherrscht wird. – Im zehnten Lebensjahr regiert Merkur. Wie dieser bewegt der Mensch sich schnell und leicht, im engsten Kreise: er ist durch Kleinigkeiten umzustimmen; aber er lernt viel und leicht, unter der Herrschaft des Gottes der Schlauheit und Beredtsamkeit. – Mit dem zwanzigsten Jahre tritt die Herrschaft der Venus ein: Liebe und Weiber haben ihn ganz im Besitze. – Im dreißigsten Lebensjahre herrscht Mars: der Mensch ist jetzt heftig, stark, kühn, kriegerisch und trotzig. – Im vierzigsten regieren die vier Planetoiden...» (Schopenhauer tut hier des Guten zu viel und zieht auch die zu seiner Zeit allein schon bekannten Kleinplaneten Ceres, Pallas, Juno und Vesta gewaltsam in seine Deutung ein). «Im fünfzigsten aber herrscht Jupiter. Schon hat der Mensch die meisten überlebt, und dem jetzigen Geschlechte fühlt er sich überlegen. Noch im vollen Genuß seiner Kraft, ist er reich an Erfahrung und Kenntnis: er hat (nach Maßgabe seiner Individualität und Lage) Autorität über alle, die ihn umgeben. Er will demnach sich nicht mehr befehlen lassen, sondern selbst befehlen. Zum Lenker und Herrscher, in seiner Sphäre, ist er jetzt am geeignetsten. So kulminiert Jupiter und mit ihm der Fünfzigjährige. – Dann aber folgt, im sechzigsten Jahre, Saturn und mit ihm die Schwere, Langsamkeit und Zähigkeit des Bleies... Zuletzt kommt Uranus: da geht es, wie es heißt, in den Himmel.»

Was nur hätte Schopenhauer getan, wenn ihm zur Zeit seiner «Aphorismen» auch schon Neptun und Pluto bekannt gewesen wären? Der logisch und zeitlich letzte, vierte Astralgott ist und bleibt jedenfalls Saturn. Auch sonst ist manches an dem zitierten Gedankengang zu beanstanden, so der unnötige Seitenhieb gegen die Astrologie und, wie bereits erwähnt, die Bemühung der Planetoiden.

Auch die Trennung von Merkur und Venus bedeutet eine Gewaltsamkeit, was wir hier wohl nicht nochmals begründen müssen. Trotzdem wird an dem Texte deutlich, daß er von jenem Denker stammt, den Goethe bei allem Vorbehalt immerhin «geistreich» und «merkwürdig» nannte. Die Gedankenverbindung zwischen den menschlichen Lebensaltern und den astrologischen Göttern bleibt auf jeden Fall ein bedeutender Wurf. Und wenn man Uranus streicht, ist am Ende der Reihenfolge sogar die Einzelbestimmung richtig: Tatsächlich folgt «im sechzigsten Jahre» und allerdings bis zum Tode Saturn dem Jupiter in der Regentschaft.

Jupiters Herrschaft allerdings beginnt nicht erst im fünfzigsten Jahre, sondern eher im vierzigsten oder gar fünfunddreißigsten und jedenfalls mit dem Phasenwechsel, der *media vitae*. Sie fällt ja zusammen mit dem intentionalen Übertritt von der P-Welt zur N-Welt, von der zweiten zur dritten Konstellation. Aber eben hier ist der Punkt, wo die Planetoiden, welche «im vierzigsten» mit ihrer Regentschaft beginnen sollten, den sonst viel klareren Grundriß verwirren.

Vor dem vierzigsten Jahre herrscht Mars; das ist wieder richtig gesehen. Nur herrscht er nicht erst seit dem dreißigsten, sondern mindestens seit dem zwanzigsten Jahre. Hier liegt Schopenhauers ernstester Fehler; hier hat er Venus angesiedelt und hier spielt also dieselbe Göttin, welche dem Menschen Schopenhauer zeitlebens so arg zu schaffen machte, auch noch dem Denker einen Streich.

Die Fehlerquelle liegt auf der Hand: Erst mit dem zwanzigsten Jahre oder eher noch etwas früher, mit dem Ende des zweiten Trotzalters und der Pubertät, beginnt die sexuelle Reife und damit das, was Schopenhauer als Liebe bezeichnet. Tatsächlich jedoch ringt der junge Mann gerade hier, im dritten Lebensjahrzehnt, um soziale Geltung und Macht, hat er also den Kampf mit der Welt aufgenommen und untersteht er eo ipso dem rechtverstandenen Mars, dem Besserer.

Wo mithin Schopenhauer die venusische Phase beginnen läßt, da geht sie in Wahrheit bereits zu Ende. Denn im eigentlichen Sinne venusisch, dem Glück des Augenblicks traumhaft hingegeben, lebt insbesondere auch schon das Kind. Lust ist ja nicht bloß sexuelle Lust. Bewundernswert bleibt trotzdem, daß der Atheist Schopenhauer den Zu-

sammenhang zwischen Lebensaltern und Göttern überhaupt einigermaßen erkannte. Auch sagt er mehr, als er weiß, wenn ihm die Regentschaft des letzten Gottes, der freilich Saturn und nicht Uranus heißt, «in
den Himmel» zu führen scheint.

So nämlich verhält es sich wirklich; wir kommen darauf alsbald
noch zurück. Und vor allem wirkt es wie ein Genieblitz, wenn Schopenhauer die erste Regentschaft, die merkurisch-venusische, nicht nach
astrologischer Regel schon bei der Geburt oder gar der Zeugung, sondern sehr viel später beginnen läßt. Auch hier tut er freilich des Guten
zu viel; denn nicht erst «im zehnten Lebensjahr», sondern allermeist
schon im zweiten, mit dem Erlernen des Sprechens und Gehens, wird
der werdende Mensch zum Subjekt. Zuvor jedenfalls war er es noch
nicht; das Embryo im Mutterleib stellt, wie wir früher schon klärten,
nur ein designiertes Subjekt dar. Und genau so steht es auch noch
nach der Geburt um den Säugling, dessen Zustand von Portmann mit
Recht als extrauterines Fötalstadium gekennzeichnet wird. Erst das
Kleinkind im zweiten Lebensjahr besitzt einen eigenen Weltbezug,
dem gemäß es sich zu verhalten beginnt, und ist damit effektiv ein
Subjekt.

Der problematische vierte Schluß, $\frac{NN}{PP}$, wird erst damit vollkommen
einsichtig. Sein oberstöckiger Auftritt erklärt, wie bereits erwähnt, nicht
die untergeschossige Wirkung. Mit seiner Konsequenz, PP, beginnt ja
oberstöckig, bei verändertem Generalnenner, die gesamte Konstellationenfolge, beginnt also, konkreter gesagt, ein anderes subjekthaftes Wesen mit seinem Gang durch die Lebensalter. Und nicht der Schluß $\frac{NN}{PP}$
also hat diese tiefere Wendung bewirkt; er hat nicht etwa das neue Wesen, das nun zum Subjekt wird, erschlossen respektive erzeugt. Darin
aber liegt überhaupt, daß die Erzeugung des Wesens nicht mit der des
Subjektes ineinsfällt. Das Wesen ist jeweils älter, und wir haben seine
Erzeugung im Schema längst schon geortet: Sie ereignet sich, falls die
«List der Natur» den Vorgang nicht gewaltsam verfrüht, immer erst
nach dem Phasenwechsel, etwa in der Mitte der zweiten Halbzeit. Hier
aber regiert, wie wir nunmehr wissen, die dritte Konstellation, hier
herrscht PN als das höhere Ruhen; die Auflehnung gegen die P-Welt
ist dem Ja zur N-Welt gewichen, und das Subjekt also zieht sich aus

dem, was es vordem leistete, jetzt die Lehre. Das führt untergeschossig zu $\frac{P}{N}$ im allgemeinen, thematisch beliebigen Sinne und zugleich, wie sich nun herausstellt, oberstöckig zu $\frac{PN}{NN}$, zum Umschwung von der jovialen zur letzten, saturnischen Konstellation. Der Same ist ausgeschieden; von jetzt an beginnt also erstens bereits die Entfaltung des neuen Wesens vom Keim zum Fötus wie zugleich aber auch zweitens, beim Elternwesen, der Weg vom thematischen Abschluß zum Abschluß überhaupt, von der Zeugung zum Tode, und eo ipso, laut Schopenhauer, «in den Himmel».

10. Der problematische vierte Schluß. Sterben als letztes Lebensziel.
Tod als Ausweitung in das Selbst.

Weil es sich bei dem vierten Lebensabschnitt des Elternwesens zugleich schon um den ersten des neuen Wesens handelt, scheint der schematische Viertakt des Folgens faktisch doch nur ein Dreitakt zu sein, scheint nämlich a u c h o b e r s t ö c k i g die erste Konstellation mit der letzten, PP mit NN, zusammenzufallen. Dieser Anschein ist jedoch irrig, eben weil er zur Voraussetzung hat, daß das neue Wesen nach seiner Erzeugung schon sogleich e f f e k t i v ein Subjekt sei, was grundsätzlich nicht der Fall ist.

Auch verhält es sich nicht etwa so, daß NN, die vierte Konstellation, im subjekthaften Untergeschoß nie erreicht wird, weil immer schon mit der dritten Konstellation, mit dem jovialen PN, der eigene thematische Abschluß sowie damit auch schon die Erschließung des Neuen vollzogen sei. Das ist gerade deshalb zu kurz gedacht, weil das oberstöckige NN die Entscheidung in der Tat nicht bewirkt, weil vielmehr das Subjekt im Untergeschoß diese Wendung in seiner Gänze vollzieht. Repräsentiert es den PN-Typ, so ist mit dem thematischen Abschluß, also bereits nach der dritten Konstellation statt erst nach der vierten, der Umschwung nach NN vollzogen. Nur ist eben das neue Wesen zunächst nicht auch schon ein Subjekt; das heißt a l s S u b j e k t existiert auch in der vierten Konstellation untergeschossig noch immer nur eines: das ältere. Es schließt, eben als PN-Typ, daher d o p p e l t mit

NN, nämlich oberstöckig wie untergeschossig, im Zeichen des Abschlusses wie der Eröffnung.

Was hat der vierte oberstöckige Schluß, $\frac{\text{NN}}{\text{PP}}$, überhaupt für eine Bedeutung, wenn nicht er es ist, der die fünfte oberstöckige Konstellation, das zweite PP dieser Folge, bewirkt, wenn vielmehr im Untergeschoß der subjekthafte Generalnenner, im anfänglichen Beispiel das dortige PP, durch s e i n e n Schluß, $\frac{\text{PP}}{\text{NP}}$, auch den oberstöckigen Ablauf von der fünften zur achten Konstellation, von PP bis NN, mitentscheidet? Wir haben es eigentlich schon gesagt. Der untergeschossige Schluß, im Beispiel eben $\frac{\text{PP}}{\text{NP}}$, bedeutet ja konkret gesprochen, daß der subjekthafte Generalnenner mit der Erschließung, der Zeugung, seines Gegensatzes thematisch e n d e t. Das geschieht im Schema, wie ebenfalls schon geklärt, nach dem Phasenwechsel in der Mitte der zweiten Halbzeit, das heißt es fällt o b e r s t ö c k i g zusammen mit $\frac{\text{PN}}{\text{NN}}$, dem dritten Schluß. Es ist der Übergang vom ersten zum zweiten Altersstil, von der Reifezeit zur Vergreisung. Nur die l e t z t e seiner vier oberstöckigen Konstellationen, NN, bleibt dem Subjekt, dem PP im Untergeschoß, daraufhin noch übrig. Endet auch sie, kommt es also oberstöckig zu $\frac{\text{NN}}{\text{PP}}$, dem vierten Schluß, so ist das nach dem thematischen Abschluß, der Zeugung, der Abschluß überhaupt, der Tod.

Bei PP als der Konsequenz dieses Schlusses handelt es sich somit, um dies noch einmal zu betonen, n i c h t um das zweite PP der oberstöckigen Folge. Trotzdem geschieht eine echte Erschließung. Allerdings ist sie im Ergebnis nicht mehr von irdischer Art, sondern führt sie direkt «in den Himmel», und dies ganz ohne den spöttischen Sinn, mit dem Schopenhauer es lediglich meinte.

Dennoch kann auch schon der Lebende, wenn seine Zeit dazu reicht, diese Wendung vollziehen; und er braucht deswegen nicht «kindisch» im verächtlichen Wortverstande zu werden. An Goethe im hohen Alter war eine erhabene Kindhaftigkeit. Gerade auf Grund der inneren Lösung wird die verschmähte Welt schließlich wieder, wie aus weiter Ferne gesehen, zum Gegenstand ungläubigen Staunens, ist im Auge des Greises der Blick des Kindes. Insofern kommt dann auch der Schluß von der vierten zur ersten Konstellation, statt stracks und nur «in den Himmel» zu führen, bereits «auf Erden» zu seinem Erfolg. Für das betreffende Erdenkind freilich, das Individuum, ist auch dies dann schon der endgültige Abschied. Um den irdischen Viertakt ist es so oder so geschehen.

Das Selbst des Einzelwesens gehört diesem ja, wie im IV. Kapitel geklärt, spezifisch nur zu einem winzigen Teile, um sich nach der Tiefe fortschreitend zu weiten und im Grunde eins mit dem All zu sein. Daher stirbt es nicht mit dem Subjekt, ist es vielmehr unsterblich, zeitlich unendlich, wie das Denken in seiner Unbestimmtheit und damit, was dasselbe besagt, wie die Substanz überhaupt und die Gottheit; bei allen diesen Bezeichnungen handelt es sich ja letztlich um Synonyme. Der Tod bedeutet somit nur, daß das Subjekt von der Oberfläche, die ihm spezifisch gehörte, verschwindet, womit es in das All, von dem es ausging, zurückkehrt oder sich, theologisch gesprochen, wieder mit der Gottheit vereinigt. Im Unterschied zum Sterben, das schmerzlich und schrecklich sein kann, ist der Tod selbst daher ein Ereignis von unbeschreiblicher Seligkeit. Das weiß man heute auch rein empirisch, weil unzählig viele Menschen, die schon einmal klinisch tot waren, es übereinstimmend so bezeugen[1]. Obendrein war es immer wieder, besonders in großen religiösen Zeiten, auch schon für Lebende so erreichbar; denn eben dies ist gemeint mit der christlichen *unio mystica,* dem indischen *samadhi* und dem *nirvana* oder *satori* bei den Buddhisten. Und stets, im vorweggenommenen wie im endgültigen Todeserlebnis, besteht das Glück gerade darin, daß sich das Subjekt von sich selbst, von der lange genug ertragenen Enge seiner Bestimmtheit, befreit. Stattdessen geht es nun in einer Welt auf, welcher allerdings ebenfalls keine Bestimmtheit mehr eignet. Das ist im Vergleich mit dem irdischen, «normalen» PP, mit dem kindhaften Lebenstraum, aber auch der einzige Unterschied. Alles andere verläuft analog. Der normalen ersten Konstellation entspricht ja auch hier im Prinzip die intentionale Verschiebung vom Subjekt auf die Welt oder doch auf den Weltgrund wie auch das Beseligende dieser Wendung. Und zu diesem PP also, um es ausdrücklich festzuhalten, führt der oberstöckige vierte Schluß.

11. Theonome Entrücktheit im Zeichen der Viergestalt. Der sakrale brahmanische Lebensviertakt. Das Denkmodell K. Ch. F. Krauses.

Auch im Rahmen der Vierheit gibt es außer dem Regelfall, der bei allen subjekthaften Wesen letztlich dieselben Strukturen zeigt, beim Menschen ausnahmsweise den theonomen Alleingang. So bleibt mancher begnadete Dichter sein Leben lang «ein ewiges Kind»; er läutert den Traum, statt ihn abzustreifen, und repräsentiert also dauernd den Träumer. Anderseits stehen die großen Erfinder oft, ohne daß es ihnen Nutzen brächte, den sie sich jedoch für die Menschheit erhoffen, bis zu ihrem letzten Stündlein im Dienste ihrer Idee und damit im Zeichen des Besserers. Drittens etwa ein Geist wie Goethe, dem alles Sehnen, alles Dringen ewige Ruh in Gott dem Herrn war, wodurch er als «Olympier», als Inkarnation des Rechtfertigers, bereits seinen Zeitgenossen erschien. Viertens endlich der Verschmäher – in Europa durch Schopenhauer angenähert repräsentiert und in Indien strenger und reiner durch Buddha und Mahawira.

Obendrein ist es aber auch möglich, daß die Folge der Lebensalter im ganzen sakral gesteigert und durchstilisiert wird. So vor allem im klassischen Indien. Obwohl man hier die Vier Götter wie auch die Werdelogik nicht kannte, wußte man doch eigentümlicherweise um die Relevanz für den höheren Menschen. Besonders dem Brahmanen, dem Priester, war eine viertaktige Bahn vorgezeichnet. Er begann als *brahmatscharin,* als geistlicher Schüler, hatte danach als *grihastha,* als Hausvater, seine Pflicht zu tun, sollte anschließend die Familie verlassen und sich im Walde als *wanaprastha,* als Einsiedler, in die Schau versenken, um schließlich als *samnjasin,* als Asket, zielbewußt seinem Tode entgegenzuleben. Ein großartiger Entwurf! Daß er der natürlichen Altersfolge im transponierten Sinne entspricht, braucht wohl nicht erst begründet zu werden. Daß er dabei g e n a u e r als die Natur ist, verdient indes einen besonderen Hinweis.

Gerade in unserem nächsten relevanten Erfahrungsbereich, bei den biotischen Einzelwesen einschließlich des Menschen, ist das Entwicklungsschema ja gröblich, aus fremdgesetzlichen Gründen, überarbeitet und entstellt. Das liegt, wie vom III. Kapitel her klar, an der dämonischen «List der Natur», am Willen des Artwesens also zu möglichst zahlreicher Nachkommenschaft. Daher hier die drastische Vorverlegung des genormten, «sexuellen» Zeugungsvermögens vom Ende des dritten Lebensviertels auf den Anfang des zweiten.

Der brahmanische Entwurf nimmt diese Unstimmigkeit hin, mindert aber ihre Bedeutung und stellt so den wahren Sinn wieder her. Am Anfang des zweiten Lebensviertels wird aus dem Schüler der Zeuger im biologischen Verstande, der Familiengründer und Hausherr. Aber damit ist das wahre Ziel noch nicht erreicht. Der Hausherr steht noch wie der Schüler diesseits der wichtigsten Lebensschwelle; auch er befindet sich noch naiv engagiert in der P-Welt, ist noch befangen im werkelnden Alltag. Zu diesem nämlich zählen hier auch noch die Funktionen als Gatte und Vater: Relativ auf den höheren und erst wahrhaft erotischen Abschluß, der dem geistigen Menschen als personhaft eigenste Möglichkeit zusteht, wird die naturisch genormte und kommandierte sexuelle Erotik zwar durchaus nicht entwertet, nicht in ihrem letztlich gleichartigen Sinn verkannt und mißachtet, aber doch als Dämonenwerk aus der wahren Zielvorstellung entfernt. Sie kann nun also nicht mehr verhindern oder auch nur verschleiern, daß sich erst in der Lebensmitte, jedenfalls für den höheren Menschen, die bedeutsamste Wendung vollzieht und die eigentliche Erfüllung anbahnt.

Der diesen Umschwung bestimmende Schluß, $\frac{NP}{PN}$, war den Indern nicht als solcher bekannt. Trotzdem wurde er durch die Verwandlung des Hausvaters in den Waldeinsiedler aufs genaueste praktiziert, trat das im schlichten Menschenleben fast unsichtbare Scharnier hier in voller, schroffer Klarheit zutage.

Dasselbe gilt für den dritten Schluß, $\frac{PN}{NN}$, und damit für den Übergang von der transponierten Zeugung, der abschließenden Bilanz des Geistes, zur vierten und letzten Konstellation. Der beschauliche Eremit wird zum heiligen Bettler, der kein Eigentum mehr besitzt oder braucht, sondern festlich seinen Tod vorbereitet.

Nirgendwo, soweit wir wissen, trifft man auf ein Lebensmodell von ähnlicher Prägnanz und Tiefe. Erinnert sei immerhin daran, daß auch die nüchtern-frommen Römer den Viertakt des Lebens ethisch betonten. Dem *infans-adulescens,* dem Kind und Heranwachsenden, folgte hier ja zunächst der *iuvenis,* der junge Mann, dem sich erst nach dem Phasenwechsel der *vir,* der reife Mann, und endlich der *senex,* der Greis, anschloß. Dabei ist von Bedeutung, daß ursprünglich erst der *vir* ein vollberechtigter Quirit war und gar erst der *senex* in den nach ihm benannten Senat kommen konnte.

Nicht unerwähnt bleibe schließlich der einzige neuere Denker, der in eigenwilliger Form und Sprache auf den relevanten Zusammenhang einging. Wir meinen Karl Christian Friedrich Krause, für den als Lebensalter erst die Kindheit oder das Keimalter kam, dann die Jugend oder das Wachsalter und nach der «Reife» als dem Zenit die Hochreife oder Gegenjugend und das Greisalter oder die Gegenkindheit.

Mit der Problematik des Schemas, vor allem wegen der Erhebung der «Reife», praktisch des Phasenwechsels, zu einem besonderen Lebensalter, wollen wir uns nicht auseinandersetzen. Wichtiger ist manches Positive, so das betonte Entsprechungsverhältnis von drittem und zweitem sowie viertem und erstem Lebensalter: von Hochreife-Gegenjugend und Jugend sowie Greisalter-Gegenkindheit und Kindheit.

Krause denkt hier deutlich an komplementäre Verhältnisse. Bei den vier der Konstellationenfolge gemäß umgruppierten Urfarben würde nach demselben Verfahren Grün als Gegenrot und Blau als Gegengelb zu bezeichnen sein. Tatsächlich besteht ja zwischen NP und PN als dem Gegensatzpaar um den Phasenwechsel ein besonders direktes antinomisches Ergänzungsverhältnis, das von Tat und Sinn im Verstande Goethes, während es bei PP und NN die Extreme sind, die einander berühren.

Daß Krause die menschlichen Lebensalter auch in den Hochkulturen, speziell im Abendland, mutatis mutandis verwirklicht sah, ist insofern ebenfalls originell, als die älteren Geschichtstheoretiker, etwa Vico und Montesquieu, bei ähnlicher Gesamtsicht gerade die Konstellationenfolge, den Viertakt, noch nicht entsprechend betonten.

Als eine Errungenschaft endlich darf auch Krauses geschichtliches Lageverständnis gelten: Wirklich ist ja das Abendland freilich nicht erst seit Krause, sondern im Grunde bereits seit Leibniz, bei der Hochreife und Gegenjugend, der dritten Konstellation, angelangt, um sich seitdem also schon seinem Abschluß durch die Erschließung der antinomischen Folgekultur zu nähern.

12. Irritationen beim subjekthaften Individuum.
Verwischung des Lebensviertakts
zugunsten der Identität und erneute Markierung im ersten Viertel.
Die vier Phasen des Lernens und Trotzens beim Kind.

Daß sich der Lebensviertakt bei Menschen und höheren Tieren in erheblichem Maße verwischt, ist nicht bloß der negative Umstand, den wir bisher, gemessen am werdelogischen Schema, darin lediglich sahen. Auch fungiert die dämonische «List der Natur» dabei nicht als die einzige Ursache; es geht, mit anderen Worten, hier nicht nur um die Vorverlegung und fast lebenslange Erhaltung des sexuell genormten Zeugungsvermögens. Hinzu kommt vielmehr, dazu beinahe im Gegensatz, die gewollte Identität des Subjektes quer durch die verschiedenen Abschnitte.

Das gilt besonders für den Menschen: Auf Grund seiner auch vom Artwesen gewollten Selbstverfügbarkeit, seiner bedingten Autonomie, soll er eine bloße Funktion der Werdegesetzlichkeit gar nicht sein! Erst allerdings nach dem Übertritt in die zweite Konstellation, im Zeichen also des Besserers, als Eroberer seiner Welt, setzt er seine Autonomie in die Tat um, was die immanenten Konturen der Konstellationenfolge von nun an glättet.

Im ersten, venusischen Lebensabschnitt ist diese Freiheit noch nicht erreicht. Und so erblickt man wenigstens hier auch innerhalb des Lebensabschnitts nochmals den viertaktigen Ablauf. Hier wechseln ja zweimal deutlich die Zeiten des Lernens und Trotzens und parallel im leiblichen Zustand die der Fülle und Streckung.

Dieser Prozeß beginnt, etwa und in der Regel, nach dem Ende des ersten Lebensjahres und damit dem Abschluß der extrauterinen Fötalzeit. Jetzt erst ist das werdende Menschenwesen ja auf bescheidenste Art ein Subjekt. Damit folgt zunächst eine stille Zeit; aus dem Säugling ist das «Kleinkind» geworden, das sich noch in selbstverständlicher Eintracht, ohne Widerstand oder Widerspruch, an die Mutter hält. Nicht also bloß die Kindheit im ganzen, das erste der vier Lebensalter, sondern nochmals speziell dessen Anfang, das zweite und dritte Lebensjahr etwa, ist bestimmt durch PP, steht im Zeichen des Träumers oder der rechtverstandenen Venus.

Danach das erste Trotzalter. Das Kind sagt nein zu allem und jedem, kann seinen Abstand von der Welt, um den es ihm nun schon zu tun ist, auf konstruktivere Weise noch nicht betonen. In der engeren Hinsicht, die wir hier meinen, regiert nun also bereits NP, obwohl es sich als Leitmotiv eines ganzen Lebensabschnitts noch in weiter Ferne befindet. Was wir generell bereits einsahen, gilt daher schon in der engsten Hinsicht, für das erste Trotzalter, wie dann in jener weiteren: gerade auch im Zeichen von NP verhält sich das Subjekt noch naiv.

Dann die Zeit des bewußten Lernens und absichtsvollen Gehorchens, etwa vom sechsten Lebensjahr an. Das Kind verhält sich nun wieder bejahend, aber nicht mehr so unkritisch wie am Anfang; nicht ohne einen Beigeschmack von jener Resignation, die für PN, den dritten Abschnitt, allgemein charakteristisch ist, findet es sich mit dem Weltlauf ab, akzeptiert es die Herrschaft der Eltern und Lehrer. Damit wirkt es oft «altklug»; in der engeren Hinsicht, die wir hier darstellen, herrscht nun ja schon der Rechtfertiger, der astrologische Jupiter, der im weiteren Sinne erst nach dem Phasenwechsel, mit dem beginnenden Altern, das Regiment übernehmen wird. Wir sind ja noch immer beim e r s t e n , merkurisch-venusischen Gliede der Schopenhauerschen Unterteilung.

Mit der Pubertät, mit dem zweiten Trotzalter und der zweiten Strekkung, auch wenn dies beides nicht streng übereinstimmt, erscheint dann schließlich sogar schon NN, die vierte und letzte Konstellation. Ein tieferes, geweitetes Nein bezieht sich hier auf die Kindheit im ganzen; der Traum ist ausgeträumt und wird schal. Daher hier so oft die vielerörterte «Jugendschwermut»; statt des Rechtfertigers regiert erstmals der Verschmäher. Der Abschied von der Kindheit, obwohl er erstrebt wird, tut weh, ist erstmals in diesem engeren Sinne ein Vorgeschmack des schließlichen Sterbens.

13. Theologische Nachträge zur Dämonologie der Natur. Phylogenetischer Viertakt und «spiraliger» Anlauf von Katze, Hund, Rind und Pferd.

Dringt man tiefer in das Dämonenreich, zum Allgemeinen der Weltstruktur, vor, so ist evident, daß sich die Unterscheidungen von «oberstöckig» und «untergeschossig» sowie von Subjekten, komplexen Formexplosionen, und bloßen einzelnen Zustandsfolgen, werdelogischen Arten, auch hier überall wiederholen.

Der Rhythmus, in dem das geschieht, wurde anläßlich der deduktiven Darstellung schon geklärt; auch auf die besonderen Lagen, in denen zwischen konkretem und idealtypischem Ablauf eine Diskrepanz herrschen kann, müssen wir hier nicht nochmals eingehen. Und selbstverständlich beschränken wir uns, wie schon immer bei ähnlichen Klärungen, auch hier wieder auf Exemplarisches, sozusagen auf Stichproben.

Eine erschöpfende Kosmologie ist weder vom Sinn dieses Buches her nötig noch von den Materialen her möglich. Einiges läßt sich trotzdem erkennen und kam seit dem IV. Kapitel denn auch im Wichtigsten schon zur Sprache, so etwa daß die Formexplosionen im ganzen wie auch die einzelnen Zustandsfolgen jeweils mit Zwergen beginnen, um mit überspezialisierten Riesen zu enden. Es ist der Weg von PP zu NN. Hinzuzusetzen hat man jetzt nur noch, daß die Riesen den Zwergen niemals direkt folgen; dazwischen, an zweiter und dritter Stelle, stehen vielmehr jeweils zunächst angreiferische Formen, die ganze Erdteile erobern, ganze ältere Populationen vernichten, so wie anschließend optimale, die ruhevoll den Erwerb genießen. Also NP und PN, wie zu erwarten, zwischen den vorher genannten Extremen.

Der viertaktige Gesamtlauf ist deutlich. Ausnahmen könnten in diesem Fall einmal nicht die Regel bestätigen, eben weil man es gar nicht mit einer Regel, sondern mit einem Gesetz zu tun hat; das phylogenetische Werden entspricht dem ontogenetischen. Wo sich trotzdem ein anderer Anschein ergibt, kann das durch die Spärlichkeit fossiler Spuren und immer mögliche Pannen bedingt sein sowie nicht zuletzt durch das mechanistische Vorurteil, das sich nur allzu gern solcher optischen Dunkelheiten auf seine Weise deutend bemächtigt.

Also nur wenige Beispiele. Eins davon, das zoologisch nächste, wurde der Sache nach schon gestreift: In der Vierheit der wichtigsten Haustiere findet man eigentümlicherweise nicht bloß, rein morphologisch, das Nebeneinander der Konstellationen, sondern in einer gewissen Hinsicht auch ihr Nacheinander naturhaft gespiegelt. Eins greift dabei ja ins andere. Nicht einen radialen Ausbruch, den erdneuzeitlichen, im ganzen, wohl aber dessen Hauptschwerpunkt um den Menschen erblicken wir hier «von oben» im Sinne des speziellen, spiraligen Zeitsymbols.

Auffallend klein ist die Katze im durchschnittlichen Verhältnis zu Hund, Rind und Pferd. Obendrein wirkt sie archaisch unbestimmt und geschmeidig, gemahnt sie morphologisch wie im astrologischen Nebensinn noch an den Salamander. Im Unterschied zu ahnenhaften Urformen oder auch zur Ratte ist sie freilich auf ihre Weise bereits streng ausspezialisiert. Immerhin führt sie ebenfalls noch ein scheues, hauptsächlich nächtiges Leben; auch ihre «Reinlichkeit», das Zuscharren ihrer Exkremente, hat ja den Sinn der Verheimlichung. Das alles legt die Vermutung nahe, daß sie im Rahmen der höheren Säugetierformen, die am Ende der Kreidezeit antraten, die früheste Spezialisierung darstellt. Mit den Sauriern, die das Feld noch beherrschten, brauchte und vermochte die Katze sich nicht in offenem Kampfe zu messen. Ihr klassisches Revier war, wie ja auch heute noch, der undurchdringliche Busch.

Ganz anders dann schon der Hund. Er ist größer als die Katze und liebt den Angriff. Und er kann dies sein martialisches Wesen, weil es seiner Konstitution entspricht, nicht erst nachträglich erworben haben. Er besaß es vielmehr seit seiner Entstehung, was für diese allerdings indiziert, daß sie später als jene der Katze eintrat. Mit den Sauriern ließ sich, jedenfalls unter günstigen Umständen, nun bereits der Kampf aufnehmen. Anders als die Katze jagt der Hund daher im Rudel; so immerhin konnte er bereits siegen. Wieder im Unterschied zur Katze kann er allerdings nicht gut sehen; sein Ursprungsraum war nicht mehr der Busch, aber offenbar auch noch nicht die Savanne, sondern der düstere Wald, wo er die Fühlung mit seinem Rudel durch Geruchsmarken aufrechterhielt.

Gerade das friedfertige Rind braucht den schützenden Wald oder

Busch nicht mehr, sondern führt auf offenem Wiesenland sein alles in allem geruhsames Leben. Es kann allerdings seine Hörner notfalls als Angriffswaffen gebrauchen, doch genügt ihm als wichtigster Schutz der dichte Zusammenhalt in der Herde. Das spricht für einen nochmals, auch im Verhältnis zum Hunde, späteren Anfang der Spezialisierung, denn es deutet auf eine Entstehungszeit, in der die alte Hauptgefahr, seitens der fleischfressenden Riesensaurier, nicht mehr entscheidend ins Gewicht fiel, aber doch wohl auch noch nicht gänzlich fehlte. Immerhin lebte das Rind ja, wie die spreizbare Hufbildung zeigt, ursprünglich vor allem auf sumpfigem Boden, wodurch es gegen die alten wie auch die neuen Artenfeinde in mancherlei Hinsicht abgeschirmt war. Es genoß hier einen gewissen Sichtschutz, und gerade die schnellsten und mächtigsten Räuber konnten im Morast ihre Beweglichkeit nicht voll entfalten.

Erst das Pferd endlich wagte sich, wie wieder besonders die Hufbildung zeigt, auf die trocken-feste Savanne und Steppe. Offenbar brauchte es gar nicht mehr mit der alten Bedrohung zu rechnen und hatte es also den spätesten Auftritt.

Alldas ist empirisch wohl kaum beweisbar, aber evident im Sinne des speziellen, spiraligen Zeitsymbols. Die Konzeption der neuen Gestalten innerhalb einer Formexplosion ist an sich ein gleichzeitiges Ereignis; ihre konkrete Ausfertigung entspricht jedoch phylogenetisch jeweils der Ontogenese und kann sich also stets nur im Viertakt der Konstellationen vollziehen.

Dazu sogleich noch die Umkehrung als die Probe auf das Exempel: Die Hauskatze wie auch die Falbkatze, ihre wilde Vorgängerin, entspricht im Rahmen der Katzenartigen einer Frühform; der Gestaltweg führte von ihr her über Luchs und Panther zum Löwen und Tiger: vom Zwerg über Zwischenformen zum Riesen! Das andere Extrem, das Pferd, ist hingegen selbst schon der Riese, hinter dem man über Zwischenformen wie Zebra und Esel den Gestaltweg bis zurück zur fuchsähnlich kleinen Frühform noch ungefähr überblicken kann. Hund und Rind, die Verkörperungen der beiden mittleren Konstellationen, nehmen auch in der Skala des phylogenetischen Werdens mittlere Stellungen ein: der Hund etwa zwischen dem Fuchs und dem tertiären Riesenwolf sowie dem im weiteren Sinne hundeartigen Bären, das Rind zwischen kleineren Horntieren und dem Wisent, also dicht unter der oberen Grenze, fast darin schon in der Lage des Pferdes.

Die jeweiligen «Haustiere» sind optimal und endgültig in ihrer Dienlichkeit für den Menschen. Daß ihr fixiertes Nebeneinander mit ihren höchst unterschiedlichen Stellungen im naturhaften Nacheinander gleichwohl auffällig korrespondiert, ist dennoch offenbar kein Zufall. Alle vier nehmen auch hier einen ausgezeichneten Platz ein: Unter den Katzenartigen, einer PP-Konzeption der Natur, repräsentiert die Hauskatze nochmals PP, nämlich eben die Frühform. Desgleichen umgekehrt stellt das Pferd, Spätling und morphologischer Riese unter den Pferdeartigen, sozusagen ein potenziertes NN dar.

Analog bei den naturhaften Trägern der mittleren Konstellationen: beim Hund verwischt durch die proteushafte Vielfalt seiner Dienlichkeit und damit Leiblichkeit, beim Rind hingegen wegen des Stehens auf der vorletzten Stelle dicht vor dem Wisent, der dritten mithin in der dritten Konstellation, wiederum sehr prägnant.

14. Astrologisierung des erdgeschichtlichen Werdens
bei Dacqué und A. S. Strauß. Der zuletzt aus der Urform entlassene Mensch.

Nach den Beispielen aus naturischer Nähe nunmehr ein sehr fernes, das fernste der Sicht noch erreichbare. Je tiefer man ins Allgemeine vordringt, um so mehr häufen sich freilich die diagnostischen Schwierigkeiten. Trotzdem ist manches auch hier schon umrißhaft sichtbar geworden.

So steht einmal bei Edgar Dacqué, von uns leicht gekürzt, das folgende seltsam hellsichtige Wort über Rhythmus und Sinn der Formexplosionen: «In diesem erdgeschichtlichen Auftreten der Typen und Gruppen kündigen sich jeweils Wellen neuer Gestaltungsmöglichkeiten des organischen Lebens an. Ja es spiegeln sich vielleicht darin naturseelenhafte Grundprinzipien, wie sie die ursprüngliche Astrologie seit alter

Zeit als götterhafte kosmische Elemente der gestaltenden Natur schon erfaßte. Freilich ist es noch schwierig, hier zusammenhängende schlüssige Einsichten zu gewinnen; das empirische Material ist noch nicht allseitig verglichen. Aber man könnte versuchen – wir greifen nur einige auffallendere Gestaltungen heraus – etwa das Aufbrechen des vollen niederen Meerestierlebens am Anfang des Erdaltertums, sodann die unmittelbar darauffolgende äußerst üppige Entfaltung dieses Lebens in der zweiten und dritten Phase des Erdaltertums, alsdann die üppigen Floren um die Mitte desselben Zeitraumes dem die Natur aufstrebend durchdringenden Jupiterprinzip gleichzusetzen. Alsbald aber zeigt sich, stärker hervortretend, das Marsprinzip, dessen Eigenschaften sich in der Entfaltung der bewehrten, gepanzerten Amphibie und Reptile vom Ende des Erdaltertums an durch das ganze Erdmittelalter in der höheren Tierwelt geltend macht, während in der damaligen Meerestierwelt etwa die räuberischen Tintenpolypen mit ihren inneren und äußeren Schalen in mannigfachen Einzeltypen dieses Marsprinzip spiegeln, das dann, wie A. S. Strauß sagt, dem einige dieser Angaben entstammen, seinen Höhepunkt erreicht in den mit starken Knochenspitzen und Platten bestückten, teilweise riesenhaften und räuberischen Sauriern gegen Ende des Erdmittelalters. Venus und Merkur stellen sich allmählich stärker ein, und mit der Tertiärepoche, der Erdneuzeit, erscheinen dann in sehr großer Zahl nach dem ziemlich raschen Wegsterben der erdmittelalterlichen Reptile und Schalenkraken die ungemein zahlreichen Säugetiertypen als ‹gemilderte Formen› und werden zur vorherrschenden Erscheinung der höheren Tierwelt auf der Erdoberfläche. Auch der Mensch muß damals als solcher erstmalig erschienen sein, weil auch alle übrigen Säugetiertypen und Spezialstämme schon mit der frühen Tertiärphase vorhanden sind. Der Mensch aber ist die ausgeglichenste Form, was die ‹astralen› Eigenschaften betrifft, und enthält alle in diesem Sinn faßbaren Elemente und Eigenschaften in sich. Diese Gestaltungspotenzen der prägenden Naturseele finden sich wiederholt auch in der Spezialevolution einzelner Gruppen im Lauf der Zeiten, wenn sich auch für das organische Reich als Ganzes oder für einzelne Stämme zeitweise dieses oder jenes Prinzip vorherrschend geltend gemacht haben mag. So sind unverkennbare kosmische Rhythmen vorhanden, welche die Evolution des Lebens durch die Erdzeitalter begleiten und beherrschen.»[2]

So weit das Zitat. Natürlich stellt Dacqué, wie auch schon A. S. Strauß, die Anordnung auf den Kopf; denn natürlich kommt zuerst der merkurisch-venusische Abschnitt, PP als die erste Konstellation, und dann erst an dritter Stelle, nach dem martialischen Auftritt, der joviale, nach NP also PN. Der Fehler wiegt aber nicht allzu schwer und ist sogar im Gegenteil für grundsätzlich Richtiges auch seinerseits noch bezeichnend: bei Venus-Merkur wie bei Jupiter, bei PP wie bei PN, handelt es sich ja gleichermaßen um jatypisch-monistische, ruhende Haltungen. Das nimmt der Verwechselung den Stachel.

Der Hauptakzent liegt auf dem zweiten, dazwischen befindlichen Abschnitt, wo denn auch die Identifizierung eindeutig zutrifft: beim plötzlichen Erscheinen von «Mars», also von NP, gegen Ende des Erdaltertums. Dacqué hätte die bedeutsamste Einzelheit an dem, was sich hier vollzog, getrost noch etwas hervorheben können: Bei der höheren Fauna des Erdmittelalters fällt insbesondere auf, daß neben den Angriffswaffen gerade auch bei den Angreifern, den räuberischen Echsen und Kraken, auch Schutzwaffen, Panzer, Platten und Schalen, in gewaltigem Umfang entwickelt wurden. Das erlaubt nur den Schluß, daß sich die Angreifer laufend a u c h   u n t e r e i n a n d e r bekämpften! Die insgesamt friedliche Symbiose zwischen dem ganz und nur auf den Angriff ausgerichteten Raubtier und dem wehrlosen Beutetier, das sein Heil lediglich in der Flucht sucht, war offenbar noch nicht ausbalanciert, jeder kämpfte vielmehr gegen jeden. Das heißt es herrschte mutatis mutandis ein Zustand wie zwischen halbwüchsigen Rüpeln oder wie im «Faustrecht» des Spätmittelalters. Also deutlich der niedere Mars, die zweite Konstellation, NP, im grob tierhaften Rahmen.

Davor, im früheren Erdaltertum, die «äußerst üppige Entfaltung» von Floren und Faunen in den Ozeanen wie dann mehr und mehr auch schon, wenngleich noch mit amphibischem Rückbezug, auf dem Festland. Angreifer sind schon vorhanden, prägen aber nicht den Gesamtstil; denn erstens besitzen sie selbst noch nicht die furchtbaren und gesteigert subjekthaften Qualitäten der Folgezeit, und zweitens ist der Subjektcharakter auch im übrigen, bei den Beutetieren, noch nicht der-

maßen drastisch in die Individuen vorverlegt, daß sich die Einzelge-
fährdung als allgemeine Unruhe auszuwirken vermöchte. Das über-
quellende Wimmeln und Sprießen bleibt im ganzen ein seliges Träu-
men; es steht damit, wie es sich für einen solchen Anlauf gehört, im
Zeichen von PP, der ersten Konstellation, und also, astrologisch gesprochen, in dem der Venus und des Merkur. Dann, wie gesagt, der martia-
lische Abschnitt, bei dem sich, wie stets bei NP, mit der angreiferischen
Haltung, dem Ungestüm des Besserers, überhaupt der Subjektcharakter
in stärkerer Weise durchsetzt. Und da nach dann also erst «Jupiter».

Dacqué meint es eigentlich selbst so, wenn er die zahlreichen Säugetiertypen, die sich im Tertiär das Festland erobern, als «gemilderte
Formen» bezeichnet: Der Subjektcharakter ist weiter gesteigert, die
«faustrechtliche» Turbulenz aber bleibt gleichwohl überwunden. Bezeichnend gerade dafür der Umstand, daß die neuen Raubtiermodelle
fast nur noch Angriffswaffen besitzen. Man schlug nicht mehr aufeinander ein, brauchte nicht mehr die Panzerung, weil nun eben in «gemilderten Formen», vorgezeichneten Symbiosen von Raub- und Beutetieren, ein im ganzen regulierter Zustand, ein höheres Ruhen, erreicht
war. Erlegt wird Schwaches und Krankes, womit die ordnende Regie
dem Beutetier als Artwesen ebenso wie dem Raubtier dient.

Auch das Subjekt der Subjekte, das Menschenwesen, «muß damals
erstmalig erschienen sein». Die Lebensentwicklung ist also am Ziel.
Dieses, das thematische Ende, wird ja hier wie stets mit der dritten
Konstellation, mit PN als der Reife, und nicht erst mit der vierten,
nicht erst mit NN, erreicht.

Dacqué geht auf die Weiterung, die sich damit aufdrängt, nicht ein.
Gleichwohl zwingt der halbwegs deutliche Ablauf von PP bis PN zur
Annahme von ‹saturnischen› Abschnitten, NN-Zeitaltern, sowohl vor
PP als auch nach PN. In der letzteren Hinsicht, das heißt für die Zukunft, bleibt das, wie sich versteht, ein nicht irgendwie konkret ausfüll-
bares, obzwar notwendiges, Postulat. Für die Vergangenheit, über den
kambrischen Anfang des Erdaltertums zurück, gebricht es ebenfalls in
so starkem Maße an charakteristisch Erkennbarem, daß uns auch hier
nur die Forderung bleibt.

A. S. Strauß, auf den sich Dacqué ja beruft, rechnet merkwürdigerweise in der Tat mit einer Herrschaft Saturns an der Schwelle zur deutlichen Lebensentwicklung[3]. Seine Argumente sind schwach. Aber gerade wenn man ihn wie auch Dacqué darin korrigiert, daß im überschaubaren Ablauf nicht Jupiter, sondern Venus–Merkur, PP und nicht PN, den Anfang gemacht hat, so gibt man Strauß damit im übrigen recht: «Saturn», ein NN–Zeitalter, ein großes Abschiednehmen also, muß dem plötzlichen Aufstieg der uns erst vertrauten Lebensformen direkt vorangegangen sein! Was das konkret bedeuten könnte, lassen wir billigerweise offen. Prinzipiell sicher ist nur vom deduktiven Zeitmodell her, daß auch hier, wie stets, der vierte Schluß, $\frac{NN}{PP}$, mit welchem im Erdaltertum der uns erst deutliche Anlauf begann, diesen nicht von sich her bewirkt haben kann; eine ganze erdgeschichtliche Konstellationenfolge, bis zurück zu einem unsäglich fernen und unvorstellbaren ersten PP, muß vielmehr als Gesamtgrund hinter der neuen Entwicklung gestanden haben. Nichts an dieser Annahme, die gleichwohl keine bloße Mutmaßung darstellt, ist durch einschlägige Spuren belegbar. Aber mindestens an der nötigen Zeit, einigen Jahrmilliarden, hat es nicht gefehlt, auch wenn man die Verlängerung der Abschnitte nach der Vergangenheit hin, wie es sich gehört, dabei mitveranschlagt.

In den letzten zitierten Sätzen leistet sich Dacqué dann einen, wie es jedenfalls zunächst scheinen kann, etwas unmotivierten Gedankensprung. Der Mensch wird, mit Recht, für die «ausgeglichenste Form» erklärt, weil er alle «astralen» Eigenschaften in sich enthalte. Darauf folgt, wie zur Begründung, ein Hinweis auf die Möglichkeit, «diese Gestaltungspotenzen der prägenden Naturseele» fänden sich «wiederholt auch in der Spezialevolution einzelner Gruppen».

Tatsächlich ist das eine freilich recht knapp formulierte Begründung. Ein logisches Zwischenglied muß man ergänzen. Mit den «astralen» Eigenschaften oder naturseelenhaften Potenzen meint Dacqué ja deutlich, ohne es freilich exakt zu wissen, die Vier Götter und Konstellationen. Und sie finden sich nicht etwa nur «wiederholt», sondern immer und grundsätzlich auch in jeder «Spezialevolution», jedem Einzelsproß einer Formexplosion, statt bloß sukzessiv im Gesamtablauf überhaupt verwirklicht.

Das zeigten wir ja am Typenverhältnis von Katzen, Hunden, Rindern und Pferden, wo tatsächlich immer nur jeweils e i n e «astrale» Eigenschaft dominiert. Erst demgegenüber wird deutlich, was den Menschen zur «ausgeglichensten Form» macht: Er enthält alle vier Möglichkeiten und eben damit k e i n e spezifisch. Das heißt seine Steigerung, etwa auf dem Gebiet der Großhirnentwicklung, geht zwar als D i f f e r e n z i e r u n g über alles phylogenetisch Ahnenhafte, Tierhafte, außerordentlich weit hinaus, ist aber gleichwohl n i c h t Spezialisierung, nicht Festlegung in einer tierhaften Richtung, nämlich auf e i n e der Konstellationen. Vergleicht man die Lebensentwicklung im ganzen, wie wir es ja auch schon taten, mit dem Wachstum der typischen Pflanze, so verhält sich also das Werden des Menschen zur «Spezialevolution» auch noch der höchsten Säugetiere, seiner nächsten Verwandten, wie der axiale Stiel in der Mitte zu der Abfaltung nach den verschiedenen Seiten.

Damit offenbar hängt es zusammen, daß sich das ganze Tertiär hindurch keine frühmenschlichen Spuren finden: Die Konzeption der «gemilderten Formen», der ungemein zahlreichen Säugetiertypen einschließlich des Menschen, war zwar im ganzen, als Entwurf, ein simultanes Ereignis; die Ausfertigung der Einzelgestalten, die konkrete Verwirklichung, kann indes nur sukzessiv erfolgt sein. Und dabei kam logischerweise das Nächstgelegene zunächst, kam also die Abfaltung alles noch Tierhaften, Spezialisierten, gewissermaßen die Seitensprossung, vor dem entscheidend neuen, axialen Formsprung.

Niemand war bei dem Vorgang zugegen. Doch gilt das auch für die Darwinisten, die ja bei ihrer Annahme einer allmählichen Menschwerdung keine Beobachtung für sich wie obendrein indessen die Logik des Werdens gegen sich haben. Vom Modell her nämlich ist folgendes klar, auch wenn es einiges Umlernen kostet: Das Ursäugetier hat a l s A h n d e s M e n s c h e n mit Abstand am längsten weitergelebt! Es muß sich in d i e s e r Affinität noch ziemlich das ganze Tertiär hindurch morphologisch unabgewandelt in seinem Schonraum befunden haben, während es in jeder anderen Richtung, auf den Wegen also der noch tierhaften Spezialevolution, längst ensprechend mutiert und damit als solches verschwunden war.

Der Mensch muß, mit anderen Worten, im Tertiär nicht, wie Dacqué meint, bereits «als solcher» erschienen sein, nur weil auch alle übrigen Säugetiertypen dies damals schon taten. Vielmehr verharrte gerade er noch die meiste Zeit in der altertümlichen, rings um ihn her längst verlassenen Urform. Und als er sich dann wirklich in jeder Hinsicht, der übertragenen wie der wörtlichen, erhob, war das ein plötzliches Ereignis. Eine allmähliche und zunächst also halbe, gebeugte Aufrichtung ist anatomisch unmöglich, wie besonders Westenhöfer gezeigt hat[4]. Und sie wäre – obendrein und vor allem – funktional widersinnig gewesen. Der bereits zur Hand, das heißt zum Fassen von Werkzeugen, umgebildete Vorderfuß, der gleichwohl weiter – jahrtausendelang! – nur als Stütze wie vordem der Fuß dienen sollte, hätte damit einfach nur einen Leistungsrückfall und zwar einen allerschlimmsten, eine Katastrophe, bedeutet. Von vornherein vielmehr gehörte zum menschlich ausgebildeten Großhirn neben der Sprache die Hand als vornehmstes Mittel und zur letzteren wiederum das Werkzeug.

In der frühkulturellen Grundausstattung, von den fundamentalen Geräten und Waffen, Kenntnissen und Praktiken über den Besitz des Feuers bis zu den Institutionen des Männerbundes und der Ehe, handelt es sich für die Naturvölker denn auch nicht um Errungenschaften des Menschen, sondern um Geschenke der Götter. Und trotz des oftmals naiven Tonfalls ist das die richtige Herleitung! Leibliche Besonderheiten des Menschen wie der aufrechte Gang, die Rückbildung des Gebisses und der Verlust des Haarkleides wären lebensfeindlich gewesen ohne den sofortigen, nicht erst nach und nach zu erfindenden, Besitz des ergänzenden Inventars.

Der Vorgang mag ein Wunder sein, aber dann doch nur in demselben Sinne, wie wenn sich bei einem Gänseblümchen aus der fast ebenen Blattrosette der Stengel, die Achse des Wachstums, ohne Übergang plötzlich aufrichtet.

Wie die frühesten Formen des organischen Lebens sind auch die Frühkulturen nicht hinreichend erforscht, um uns für den Zusammenhang, für den Auftritt der Vierheit, geeignete Materiale zu liefern. Da wir ohnehin um Vollständigkeit nicht bemüht sind, brauchen wir daran keinen Anstoß zu nehmen.

Bei den Hochkulturen jedenfalls sind wir wieder auf festem Grund. Und von vornherein leuchtet ein, daß es selbstverständlich auch hier gilt, die Konstellationenfolge oberstöckig und untergeschossig, als Folge der Lebensalter in e i n e r Kultur und als Folge der Kulturen überhaupt, an passenden Beispielen aufzuweisen.

Und das wieder heißt in beiderlei Hinsicht, daß wir die Zweiheit abermals unterteilen. Auch bei den Hochkulturen, wie bei allen subjekthaften Wesen, trennt der Phasenwechsel Frühzeit und Spätzeit und kann das thematische Ganze nur jatypisch oder neintypisch sein. Diese beiden Halbierungen also werden nun abermals halbiert. Damit zerfällt auch hier die Frühzeit in Kindheit und Jugend, Auftritte von PP und NP, und dann die Spätzeit in solche von PN und NN, in die Zeiten der Reife und der Vergreisung. Und die einzelne Hochkultur gehört im ganzen, falls jatypisch, zu PP oder zu PN sowie hingegen, falls neintypisch, zu NP oder zu NN. Und auch die Folge der Hochkulturen ist, wie sich versteht, die der Konstellationen.

Den nächsten Demonstrationsfall stellt unsere eigene Situation dar. Und dies wieder in beiderlei Hinsicht, untergeschossig wie oberstöckig. Es gilt also erstens zu klären, wie das Abendland als die Hochkultur, der wir angehören, konstellationsmäßig überhaupt, als thematisches Ganzes, beschaffen ist; und zweitens ist dann der Lebensabschnitt, in dem diese Kultur sich heute befindet, entsprechend zu orten. Beides fällt nicht schwer, ist im Grunde ja ebenfalls schon in Sicht: Das Abendland in seiner Gänze ist neintypisch geprägt und dies in der besonderen Weise, daß es den NP-Typ repräsentiert.

Das wurde der Sache nach im I. Kapitel bereits festgestellt und vorausgesetzt: Die abendländische Grundhaltung ist nicht bloß überhaupt neintypisch, dualistisch-gespannt, sondern dies speziell in dem Sinne einer materialistischen Weltkonzeption. Dabei liegt, wie man sich erinnern wird, «Materialismus» für uns, im Zeichen der Zweiten Setzung, schon dann vor, wenn sich das Denken überhaupt die räumlichen Phänomene als Dinge und damit als eine zweite Substanz, genannt Materie, entgegensetzt, wenn es also mit dem naiven Meinen in der Ersten Setzung befangen bleibt.

Und in diesem Sinne «materialistisch» ist das Abendland generell, seit seinem attischen Ursprung. Die «aristotelische» Logik als eine typische Seinslogik, als Logik der dinghaften Ersten Setzung, strukturiert denn auch gleichermaßen alle metaphysischen wie mathematisch-induktiven Geistesstationen dieser Kultur. Hat man das erst einmal erkannt, so erfährt der schroffe, wild zerklüftete Antinomismus von Epochen und Systemen, in dem dies Bewußtsein sich auslebte, eine eigentümliche Glättung: Es war immer wieder, wie wir jetzt kurz sagen dürfen, die P-Welt, an der das abendländische Denken seine Ansätze orientierte!

Und diese Haltung also war dualistisch im tätigen Sinne. Weil die Welt im Grundbestand materiell, alogisch-räumlich, und damit an sich sinnlos, eben die P-Welt, zu sein schien, trat ihr das subjekthafte Denken nicht bloß intentional, sondern auch moralisch entgegen. Die Welt also wurde nicht unbedingt, aber doch in ihrem Zustand verneint, und dies Nein also sprach der Besserer, nicht der Verschmäher. Das heißt die zweite Konstellation, NP, liegt der abendländischen Haltung zu Grunde.

Auch das gegenwärtige Lebensalter dieser NP-Kultur läßt sich einfach und eindeutig feststellen. Der formallogische Hauptgedanke, der in diesem Buche entwickelt wird, fungiert hier als Zeuge in eigener Sache: Der Übergang des Denkens von der Ersten zur Zweiten Setzung fällt im gegenständlichen Sinne, wie wir hier nicht nochmals eigens begründen, mit dem von der P-Welt zur N-Welt zusammen. Das ist unzweideutig der vor dem Hintergrund jener NP-Kultur, die dabei als Prämisse auftritt, allein zu erwartende logische Schluß: $\frac{NP}{PN}$! Niemand als das Abendland selbst provoziert ja kehrbildlich diesen Umschwung, zieht sich aus s e i n e r Tateinheit von Perfektion und Vereinseitigung damit die geschichtliche Lehre.

Das aber ist eine Möglichkeit, für die sich erst in der Spätzeit, abendländisch gesprochen der «Neuzeit», mit der objektiven Voraussetzung das Gespür und die Neigung allmählich einstellt. Die kehrbildlich provozierende Wirkung beginnt, mit anderen Worten, erst nach dem Phasenwechsel, mit dem Auftritt also der dritten oberstöckigen Konstellation, um mit deren Ende, in der Mitte also der zweiten Halbzeit, ans Ziel zu kommen.

Dem eigentlichen, untergeschossigen Schluß, $\frac{NP}{PN}$, entspricht mithin oberstöckig, als Umschwung im Lebensabschnitt, $\frac{PN}{NN}$: Nach dem logischen Schluß in der ersteren Hinsicht steht nur der zeitliche noch bevor. Das heißt das Abendland ist an der Wende, wo der erste Altersstil ausklingt und der zweite und letzte anbricht, wo der Reifezeit die Vergreisung folgt.

NP als zweite Konstellation befindet sich grundsätzlich jeweils zwischen der ersten und der dritten, zwischen PP und PN. So also auch in unserem Beispiel. Wie soeben schon festgestellt, wird auf das Abendland als NP-Kultur eine PN-Kultur folgen; gerade diesem Umschwung gilt, wie gesagt, ohnehin das Hauptaugenmerk der vorliegenden Überlegung, deren theoretischer Grundriß insofern sich selbst zum Exempel hat.

Ähnlich deutlich erkennt man die unmittelbare Vergangenheit: Das Abendland ist der Antike gefolgt; in ihrem geistigen Abschluß, der Attischen Philosophie, hat es seinen thematischen Ursprung. Mithin muß die antike Kultur, das alte, eigentliche Hellas von Homer bis Sokrates, eine PP-Kultur gewesen sein. Und natürlich w a r sie das auch. Es scheint fast müßig, dies überhaupt zu betonen; was man als charakteristisch «antik» und «griechisch» bezeichnet, ist ja geradezu, jedenfalls im geschichtlichen Rahmen, ein Synonym für PP.

Der Ausspruch Heraklits, daß die Sonne so groß wie ein Wagenrad sei, mochte genau oder unverbindlich gemeint sein, – auf jeden Fall aber war er möglich, und dies gerade wegen des Umstandes, daß der Unterschied zwischen beschreibender und exakt ergründender Feststellung, zwischen Bild und Begriff, nicht streng ins Gewicht fiel. Man akzeptierte die räumlichen Phänomene, aber doch bloß eben als Phänomene; was nur Phänomen, bloßer Schein, oder mehr als dies, die Erscheinung von objektiv Wirklichem, sei, blieb belanglos.

Man hielt es also mit der P-Welt und eo ipso der Ersten Setzung, jedoch mit rein ästhetischer statt schon begriffslogischer Konsequenz. Das führte zu einem Subjektivismus, der sogar den Betrug und die Lüge nicht deutlich abweisen konnte, um dafür aber auch sonst allem Schein, nicht bloß dem dinghaften, offen zu sein. Auch die Faszinationen des Schönen und des Furchtbaren sowie die Grundabsichten von Krieg und Liebe gehörten damit zur P-Welt in diesem heilig naiven Sinne.

Im antiken Pantheon, als der Projektion und Überhöhung dieses Scheins, war daher seit Homer recht Unterschiedliches, eine äußerst gemischte Gesellschaft, versammelt: Es gab echte Unsterbliche, nämlich in der Tat unsterbliche Subjekte, wie Ares und Aphrodite, die eigentlich erst in der N-Welt exakt erfaßlich sein konnten, um sich stattdessen nun auf dem Olymp mit minder wahren Gestalten, personifizierten Naturgewalten und hypostasierten Begriffen, also durchaus unechten Göttern, schlecht und recht vertragen zu müssen. Hinzu kamen, um das Maß vollzumachen, sozusagen halbechte Götter wie Eros und Kairos, echte Elemente nämlich aus dem esoterischen Pantheon, jedoch in demselben esoterischen Sinne gleichwohl deshalb noch keine Subjekte, keine Götter also im strengen Verstande.

Für das exakte Denken, gerade wenn es die Theologie wieder ernst nimmt, ein unerträgliches Gemisch von Wahrem und Falschem und Tiefem und Flachem! Der Schein aber besaß überall dieselbe unmittelbare Nähe und damit in der ästhetischen Hinsicht, auf die es hier allein ankam, auch schon dieselbe Beweiskraft, dieselbe subjekthafte Evidenz unabhängig vom sonstigen Realitätsgrad. Im ganzen somit bereits, wie dann im Abendland, die P-Welt, aber ohne den Eifer des Besserers, stattdessen vielmehr rundweg, ohne Rechtfertigung, bejaht; also die erste Konstellation, PP, die Regentschaft des Träumers.

Wie mit alldem bereits gesagt, ist die Attische Philosophie, die Geistesbewegung von Sokrates über Platon zu Aristoteles, die große Wendung «vom Mythos zum Logos», wiederum im geschichtlichen Rah-

men ein untergeschossiger logischer Schluß, $\frac{PP}{NP}$. Dem heutigen gleich-
rangigen Schluß, $\frac{NP}{PN}$, ging er, wie nicht anders möglich, direkt voraus.
Mit ihm also fand die Antike wie heute mit jenem das Abendland den
eigentlich-thematischen Abschluß; mit ihm also wurde, umgekehrt ausgedrückt, die abendländische Kultur in derselben Weise erschlossen,
gezeugt, wie mit jenem heute deren kehrbildliche Nachfolgerin.

Hier wie dort freilich ist die Erschließung, die geistige Stiftung,
nicht auch schon der konkrete subjekthaft-soziologische Anfang. Hier
wie dort ist ja die Kultur, von der die Erschließung thematisch wegführt, dabei noch auf massive Weise zugegen. Denn s i e ist es, die den
Schluß bewirkt, die ihm soziologisch die Grundlage bietet. Sie ist darüber hinaus aber gerade auch thematisch hierbei noch anwesend und vi-
rulent. Nur deshalb kann sie ja als die Prämisse des Schlusses, als die
Begründung seiner dann erst wegleitenden Konsequenz, wirksam werden.

Ohne die Perfektion gäbe es auch nicht die Vereinseitigung. Im antiken Parallelfall ebenso wie im abendländischen, für den wir es schon
betonten, entspricht ja dem untergeschossigen Schluß, trotz s e i n e r in
beiden Fällen grundverschiedenen Richtung, gleichermaßen als oberstöckiger Schluß $\frac{PN}{NN}$. Das heißt noch nicht die Kultur überhaupt, sondern nur erst ihr vorletzter Abschnitt, ihre Reifezeit, geht damit zu
Ende.

16. Das Zufallsmoment in der Spätzeit. Hellenismus und Europäismus.
Der thematische Schluß als das letzte eindeutig «innere» Datum.

Das Abendland ist heute zwar nicht mehr im politischen Sinne, aber
um so mehr im thematischen noch auf dem Gipfel seiner Macht. Man
darf ja das g e o g r a p h i s c h e Abendland und damit den Kulturherd,
den «lateinischen» Westen des Erdteils Europa, nicht mit der Kultur,
die dort wurzelt, mit dem Abendland im t h e m a t i s c h e n Sinne, verwechseln.

Der Kulturherd, das Abendland als «Gesellschaftskörper» im Sinne
Toynbees, ist freilich ebenfalls noch präsent, hat jedoch in den beiden

Weltkriegen seine alte Vormachtstellung verloren. Dies freilich nicht zuletzt gerade deshalb, weil das Abendland als thematische Größe inzwischen, am Kulturherd vorbei, ein planetarisches Ausmaß erreichte. Was im 20. Jahrhundert auf Europa zurückschlug, waren europäische Praktiken und Methoden, die freilich auf fremden Kulturböden, ethisch enthemmt, ihr extensives Vermögen noch radikal hatten steigern können.

So gesehen also ist das Abendland, wie gesagt, gerade auch heute noch die stärkste und sogar einzige Macht. Der vielerörterte «Amerikanismus» wie auch dessen Umkehrung ins Kollektive, der Bolschewismus, ist in Wahrheit, genetisch, ein Europäismus. Das alte Zivilisationsgewächs, umgepflanzt auf frische Erden, hat seinen Umfang gigantisch vergrößert, aber nicht etwa seine Struktur verändert.

Und entsprechend in der Antike. Was für Europa die Weltkriege waren, war für Hellas der Peloponnesische Krieg: Auch hier begann damit der Niedergang, aber doch eben nur der politische des Kulturherdes, und dies wieder nicht zuletzt gerade deshalb, weil die Kultur als thematische Einheit und mit ihrem extensiven Vermögen jetzt erst ihren Zenit erreicht hatte. Dem heutigen Europäismus entsprach damals der Hellenismus. Denn die Makedonen, Karthager und schließlich Römer, die mit Mitteln hellenischen Ursprungs den Weltkreis jener Zeit, den Mittelmeerraum, an sich brachten, wurden damit nicht etwa selbst zu Hellenen, denen sie vielmehr den Rang abliefen, aber um so gründlicher zu Hellenisten, was mit Recht dieser Spätzeit den Namen gab. Und nicht grundsätzlich, in der Struktur, sondern lediglich in der Dimension unterschied sich der hellenistische Vormarsch von dem heutigen europäistischen. Auch hier war mithin nicht zwar der Kulturherd, um so mehr aber die Kultur, noch im äußersten Sinne lebendig und mächtig, als sich gleichwohl in Athen bereits ihr thematischer Schluß, $\frac{PP}{NP}$, vollzog.

Anders kann es nicht sein. Wie bereits angedeutet, ist das werdelogische Schema in seiner geschichtlichen Vorkommensweise, besonders im Ablauf der Hochkulturen, reiner und deutlicher als in der uns nächsten Natur, bei den einzelnen Lebewesen, verwirklicht. Der jahrhundertelange Fortbestand der Antike nach dem thematischen Schluß, geistig bis zur Christianisierung und soziologisch sogar bis zur Völkerwanderung, ist daher ein Lehrbeispiel von allgemeiner Relevanz. Besonders eindrucksvoll zeigt sich hier der Unterschied zwischen der Entstehung des Wesens überhaupt und jener seines ersten subjekthaften Auftritts.

Man halte es sich vor Augen: Volle sieben Jahrhunderte vergingen noch nach dem attischen Ursprung, bis sich das Abendland, seit der Völkerwanderung, auch leibhaftig-soziologisch, als neuer Gesellschaftskörper und damit als Subjekt, zu konstituieren begann. In dieser gewaltigen Zeitspanne war das einzige e f f e k t i v e Subjekt immer noch die Antike. Mit ihrem attischen Umschwung ins Gegenteil, also dem untergeschossig-eigentlichen $\frac{PP}{NP}$, war ja oberstöckig, hier wie stets, der dritte, vorletzte Schluß, $\frac{PN}{NN}$, zusammengefallen. Und jene sieben Jahrhunderte also standen im Zeichen von NN, das heißt sie bedeuteten die Vergreisung und eben damit doch auch, trotz nun unaufhaltsam nachlassender Kräfte wie auch verdämmernder Bewußtheit, ein immer noch subjekthaftes Leben: das einzige im relevanten Sinne.

Und anderseits existierte das Abendland während dieser Zeit zwar bereits thematisch, aber doch noch nicht als Subjekt. In der ersteren Hinsicht war es durch die attische Wendung bereits erzeugt; im untergeschossig generellen $\frac{PP}{NP}$ stellte es ja die Konsequenz dar. In der letzteren Hinsicht dagegen, als leibhafte Hochkultur statt nur als deren Affinität, begann es erst nach der Völkerwanderung; jetzt erst also vollzog sich mit $\frac{NN}{PP}$, dem oberstöckigen vierten Schluß, die offizielle Wachablösung zwischen der alten Kultur und der neuen, der Vergreisung und der Kindheit.

Was wäre geschehen, wenn das Ostgotenreich im Schicksalsjahr 375 dem Hunnenangriff widerstanden hätte? Mutmaßlich wäre die Völkerwanderung und damit der Untergang des Römischen Reiches, des spätantiken Universalstaates, dadurch beträchtlich verzögert worden. Das heißt die Zeit zwischen dem thematischen Schluß der Antike und ihrem Schluß überhaupt, ihr Greisenalter, hätte dann noch länger als «nur» jene sieben Jahrhunderte, von denen wir sprachen, gewährt.

Diese Spanne ist, wie sich daran zeigt, von der Thematik her nicht mehr streng vorgezeichnet. Die geballte Kriegsmacht der Hunnen war bekanntlich zunächst nach Osten, gegen China, gerichtet gewesen. Hier aber hatte der Kaiser Wu-ti den Angriff erfolgreich abgewehrt. Andernfalls hätte China daraufhin vielleicht ein ähnliches Schicksal wie dann Rom, und an dessen Stelle, erlitten. Für den thematischen Ablauf aber war das hier so unerheblich wie dort; es war eben lediglich noch der spätzeitliche, geschichtlich ausgelebte Gesellschaftskörper und Universalstaat, der im Westen zerbrach und im Osten standhielt.

Daß die Kultur daraufhin hier fortdauerte und dort unterging, ist mithin nur zutreffend unter einem Vorbehalt, der den Sinn der Behauptung nahezu aufhebt: nur dann nämlich, wenn man die Kultur, die thematische Einheit, eben mit dem Gesellschaftskörper und damit letztlich das Ganze mit der Summe seiner Teile verwechselt.

Und überhaupt ist dann die Lebensdauer der «Kultur» ohne innere, gesetzliche Grenze, – und dies namentlich, aus verschiedenen Gründen, besonders in ihrem NN-Zeitalter, ihrem Weg vom thematischen zum politisch-soziologischen Abschluß. Hier ist der Daseinsapparat und zwar gerade im Praktischen, Technischen und Extensiven ja auf jeden Fall am stärksten entwickelt; hier kann sich der bloße «Zivilisationsprozeß», nach Alfred Webers klassischer Unterscheidung, vom eigentlichen «Kulturprozeß» daher am ehesten lösen, um routinehaft selbständig fortzubestehen und insgesamt also zu beharren. Neigt die spätzeitliche Menschheit ohnehin, biotisch-instinkthaft, bereits zum Beharren wie im alten Ägypten und eben auch in China, so wird die Möglichkeit radikal genutzt und beginnt also eine «Versteinerung» von unbestimmt langer Dauer, wie im vorigen Kapitel bereits gestreift.

Das aber hat, um es zu wiederholen, nichts mehr mit dem thematischen Ablauf zu tun. Fragt man also nach diesem und damit nach Werden, Schicksal und Ende der eigentlichen Kultur, so gewährt gerade der äußerlich und dramatisch offenkundige, soziologische «Untergang», also der Schluß des NN-Zeitalters, keine verbindliche Handhabe.

Desto besser steht es um den Beginn des NN-Zeitalters, um den Übergang also von der Reifezeit zur Vergreisung. Diese Wende fällt ja zusammen mit dem thematischen Schluß, dem Ausscheiden des geschichtlichen Samens, und sie tut es ex definitione: eben weil und nachdem diese Ausscheidung stattfand, weicht nun die Reifezeit der Vergreisung. Und bis hierhin spielt, wie damit schon gesagt, der Zivilisationsprozeß noch keine irreführende Rolle. Hier sind wir somit jeweils noch sicher, es mit einer Station des Kulturprozesses zu tun zu haben. Auch ist die Schlußfigur unverkennbar. Im oberstöckigen Ablauf handelt es sich ja stets um $\frac{PN}{NN}$, obwohl selbstverständlich jede der vier Konstellationen im eigentlich-untergeschossigen Vorgang als Konsequenz aufzutreten vermag.

Bei dieser Identifizierung darf die übliche, folkloristische Betrachtungsweise nicht stören. Was uns durch Jahrtausende in die Vergangenheit zurück als «typisch chinesisch» oder «typisch ägyptisch» erscheint, beweist gerade durch diese Stetigkeit, daß es schon der «Versteinerung» angehört. Der kritische Punkt muß davor liegen und muß sich als ein Zustand unerhörter Bewegung von dem der nachmaligen Ruhe deutlich unterscheiden.

17. Chinas unnatürlich verlängerte Spätzeit.
Das Erstarren im Universalstaat seit Schi Huang-ti.
Lao-tse und der uneffektiv gebliebene Schluß.

China bot, bis es ab 1911 unter Sun Yat-sen in den europäistischen Sog geriet, ein Bild majestätischen Dauerns. Das war jedoch nicht von jeher so; der scheinbar typisch chinesische Zustand läßt sich nicht etwa bis in das Dämmern der grauen Vorzeit zurückverfolgen. Seine spezifischen Ursprünge liegen zwar, politisch wie geistig, außerordentlich weit zurück, um sich gleichwohl in beiden Hinsichten sehr deutlich feststellen zu lassen. Und davor, wie zu erwarten, ein ganz anderer, wildbewegter Zustand, wieder sowohl geistig als auch politisch.

Den politischen Anfang macht die Gründung des Kaiserreichs durch Schi Huang-ti im 3. Jahrhundert vor Christus, vollendet 221. Der geistige Ursprung liegt noch weiter zurück. Kung-tse, lateinisch Konfuzius, der hier als der große Stifter fungiert, lebte vom 6. zum 5. Jahrhundert vor Christus, wohl genau bis 479. Und erst seit diesen beiden Terminen dann das majestätische Dauern, im Prinzipiellen jedenfalls, bis in die jüngste Vergangenheit.

Was Schi Huang-ti durch die Gründung des Kaiserreichs abschloß, war ja *tschan-kuo,* die Zeit der «kämpfenden Staaten», in der politisch wie auch sittlich das kraß direkte Gegenteil der späteren Ordnung geherrscht hatte. Denn die Volksmassen waren mobilisiert; die unentwegten Kämpfe der Staaten wurden statt, wie ursprünglich, von kleinen adligen Aufgeboten von Millionenheeren geführt, was Verrohung und Sittenverfall allgemein nachsichgezogen hatte.

Schi Huang-ti setzte diesem Schrecken mit schrecklicher Härte ein Ende. Seine Methoden wirken auf beklemmende Weise «modern». Wie in der «Neuzeit», der abendländischen Spätzeit, wurden geschichtliche Landschaftsprofile und ständische Privilegien von einem militärisch-bürokratischen Zwangsapparat unbarmherzig eingeebnet. In besonders «moderner» Weise wurde sogar der Geist, durch die «große Bücherverbrennung» von 213 und die Hinrichtung führender Denker, brutal zum Schweigen gebracht. So herrschte wieder Ruhe und Ordnung, jedoch in keinem anderen Sinne als bald darauf, seit Augustus, in der *«pax Romana»* des Westens. Der Universalstaat war hier wie dort, nach Toynbees trefflichem Ausspruch, die Agonie, in welche sich der Gesellschaftskörper spätzeitlicher Kulturen, deren Regenerationskraft erlischt, noch in jedem Falle, von dem man weiß, geflüchtet hat[5].

Immer freilich steht wieder nach Toynbee (wie auch nach Spengler und überhaupt nach dem Consensus, der in dieser Hinsicht bis Vico zurückreicht) auch am Beginn des Kulturprozesses bereits ein Universalstaat. Er ist allerdings, weil die Geldwirtschaft fehlt, von lehnsstaatlich-föderativem statt schon bürokratisch-zentralistischem Aufbau. Es ist der Unterschied zwischen dem Mykene Agamemnons und dem Rom der Cäsaren oder zwischen dem Frankenreich Karls des Großen und dem europäistischen Weltstaat der Zukunft. Darin aber liegt schon, daß der frühzeitliche Universalstaat seiner Natur nach n i c h t d a u e r t, daß er vielmehr rasch und geradezu organisch zu der landschaftlich-ständischen Auflösung führt, die der spätzeitliche Universalstaat dann wieder und «für immer» beseitigt.

Die Frist zwischen beiden Universalismen beträgt regulär ungefähr ein Jahrtausend. Geht man im chinesischen Ablauf von der Reichsgründung durch Schi Huang-ti nochmals zeitlich entsprechend zurück, so trifft man denn auch wirklich erneut auf einen Universalstaat, der nun aber, wie zu erwarten, frühzeitlich-lehnsstaatlich organisiert und dementsprechend kurzlebig war. Es handelt sich um die Tschou-Dynastie aus dem 10. und 9. Jahrhundert vor Christus. Sie war der archaische Ordnungsschritt unmittelbar nach der Völkerwanderung, mit welcher der Kulturprozeß, hier wie stets, seinen Anfang nahm. Kriegerische Eindringlinge aus dem Westen (und also aus dem östlichen Zipfel des eurasiatischen Hochgebirgsgürtels, des «Paradieses») hatten die Vorkultur, die «Schangkultur», erobert und sich hier als Adel konstituiert. Der Rahmen ist damit abgesteckt: In dieser grauen Vorzeit, dem 1. Jahrtausend vor Christus zwischen frühem und spätem Universalstaat, haben wir alles zu suchen, was vielleicht nicht «typisch chinesisch» wirkt und gleichwohl den chinesischen Kulturprozeß, in des Ausdrucks genauem Verstande, allein ausmacht.

Alles, was sich zweitausend Jahre lang daran anschließen sollte, war ein ausklingendes NN-Zeitalter, das sich gegen diese geschichtliche Rolle freilich zäh und erfolgreich sträubte. Ihm muß ebenso oberstöckig ein PN-Zeitalter, eine Periode der Reife, als dritter, vorletzter Lebensabschnitt vorangegangen sein. Und dazwischen hat man, hier wie stets, ein dramatisches Ereignis zu suchen: $\frac{PN}{NN}$ als oberstöckigen Schluß, eben als die Wende von der Reifezeit zur Vergreisung, und damit als die Markierung des eigentlich-untergeschossigen Schlusses vom bisherigen Wesen auf das gegenteilige neue.

Das geschah, wie sich versteht, mit Abstand nach dem Phasenwechsel. Liegt dieser für den fraglichen Ablauf, vom Beginn des 10. bis zum Ausgang des 3. Jahrhunderts, etwa bei dem Jahre 600, so hat man das kritische Stadium, die Mitte der zweiten Halbzeit, um das Jahr 400 zu suchen. Tatsächlich ist das etwa die Zeit, in der das majestätische Dauern seinen geistigen Anfang nimmt. Konfuzius allerdings paßt sich hier chronologisch nicht genau ein; er lebte und starb vor dem kritischen Punkt, wenngleich nicht mehr allzu weit von ihm entfernt. In der relevanten Hinsicht steht er indessen nicht allein und vielleicht nicht einmal am ersten Platz.

Neben ihm (wie bald darauf im Westen Aristoteles neben Platon) steht vielmehr Lao-tse. Und nach heute herrschender Ansicht ist er von beiden der jüngere. Er rückt damit bereits rein chronologisch näher an den kritischen Punkt, an die Mitte der zweiten Halbzeit, heran und vollzieht denn auch den thematischen Akt, die Abkehr vom bisherigen Wesen, wohl schon deshalb rigoroser als Kung-tse.

Bei beiden ist das Denken durch schmerzliche Zeitkritik, das Leid am Gewordenen, motiviert, und beide mahnen demgegenüber zur Ehrfurcht. Aber nur bei Lao-tse richtet sich die Abkehr auf das Gewordensein der Zivilisation (wohlgemerkt der eigenen) überhaupt. Nur bei ihm ist anderseits jedes Werden als solches und, was ja dasselbe heißt, insofern alles gerechtfertigt. Soweit die oftmals dunklen Sätze im Buche von dem *tao* und dem *te,* von der zeitlichen Bahn und von ihrem Sinn, es erkennen lassen, entspricht damit recht genau an der zu erwartenden Stelle, in der Mitte der zweiten Halbzeit, dem oberstöckigen $\frac{PN}{NN}$ eigentlich-untergeschossig $\frac{NP}{PN}$, die Geburt einer werdehaften und damit allheitlichen Weltkonzeption.

Lao-tse kennt nicht die Zweite Setzung, weiß aber um die von dieser bewirkten Kehren begrifflichen Denkens, um die Stärke also des Schwachen und Kleinen sowie die Schwäche des Starken und Starren, worauf wir noch einmal zurückkommen werden. Konfuzius ging nicht so weit, vielleicht weil er als der Ältere, etwas vor dem kritischen Punkt, den ganzen Greuel der Verwüstung noch nicht überblickte. Die Kritik an der Gegenwart ist auch bei ihm das stärkste Motiv. Und doch möchte er von der geforderten Ehrfurcht auch die Tradition, das Gewordensein, nicht grundsätzlich ausnehmen. So hielt er es faktisch mit dem Bewahren. Gerade das sollte ihm vor dem an sich größeren Nebenmann den kulturpädagogischen Vorrang sichern.

Nichts hat die chinesische Intelligenz in der folgenden «Versteinerung» so liebevoll gründlich bewahrt wie jenes System des Bewahrens, das sie der konfuzianischen Weisheit, Tieferes übersehend, allein zu entnehmen gewillt war. So kam es rasch, nach der anfänglichen Entzweiung, zwischen dem Universalstaat und diesem geistigen Universalismus zu der zweitausendjährigen Einigung. Schon vor der Zeitenwende, unter der ersten Han-Dynastie, war das Bündnis perfekt und damit die Chance des Werdens verwirkt. Das NN-Zeitalter erschien nun selbst als das Ziel der Entwicklung, der es in Wahrheit den Weg versperrte. Der vierte oberstöckige Schluß, $\frac{NN}{PP}$, blieb blockiert und es kam also niemals zu der PN-Kultur, auf welche sich der Prozeß eigentlich-untergeschossig bezog. Der Gesellschaftskörper blieb, der er war; er konnte nicht sterben noch sich verwandeln.

Alles, was an sich zum Wandel drängte, erfuhr nun vielmehr eine Sinnverkehrung. Schon die «große Bücherverbrennung» war im Grunde ja dergestalt umgeschlagen; sie war, neben allem anderen, immerhin auch ein Versuch gewesen, die wachsende Traditionslast grob abzuschütteln, um jedoch aufs ganze gesehen das genaue Gegenteil zu erreichen. Denn s i e war es, die damit den Rückschlag im Zeichen der «Bambusbücher», der wiedergewonnenen Quellenkontinuität, absichtswidrig verursacht hatte. Und daraufhin erst war es so weit, daß sich keine andere Autorität fortan mit Konfuzius messen konnte!

Inzwischen wuchs an der Nordgrenze die Chinesische Mauer als der mächtigste architektonische Ausdruck eines unbedingten Beharrungswillens. Dennoch und trotz aller Abwehrsiege kam es mehrfach zu Barbareneinfällen, die also eigentlich, wie einst die Völkerwanderung am Beginn der Tschou-Zeit, eine neue geschichtliche Kindheit, nun die von Lao-tse inaugurierte, hätten soziologisch verwirklichen sollen. Der alte Gesellschaftskörper erwies sich jedoch wieder als stärker; der größte Eroberer, Dschingis-Khan, hatte ihn denn auch vernichten wollen, hatte nichts geringeres als die Ausmordung des gesamten chinesischen Volkstums geplant, was ihm ein Berater (p a r a d o x e r w e i s e ein Schüler von Lao-tse, ein Taoist, und eben doch b e z e i c h n e n d e r - w e i s e ein Chinese) indessen auszureden vermochte.

So versperrte auch hier das Gewordensein dem Werden den Weg, und die tatsächliche Wirkung war wieder das Gegenteil der notwendigen: Die Barbaren selbst überwanden mehrfach, eben indem sie die Macht an sich rissen, jene Schwächeperioden des Reiches, die ihre Erfolge ermöglicht hatten. Und falls sie nicht wieder weichen mußten, sog das chinesische Volkstum sie auf, womit sie auch biologisch den alten Gesellschaftskörper in seinem Beharrungsvermögen programmwidrigerweise stärkten.

Sogar Lao-tse selbst ist in seinem Geistesgeschick dieser Sinnverkehrung letztlich erlegen. Auch er blieb ja nicht ohne Wirkung. Der Taoismus, wie er von ihm ausging, blieb in den zwei Jahrtausenden majestätischen Dauerns immer, neben dem Konfuzianismus, der zweite geistige Hauptstrom, dem es nach wie vor mit der Ablehnung des Gewordenen, der Zivilisationskritik, voller Ernst war.

Die Lage bot dafür ja weiterhin reichlichen Anlaß. Denn das eigentliche China, das zwischen frühzeitlichem und spätzeitlichem Universalstaat im 1. Jahrtausend vor Christus, war eine NP-Kultur gewesen, eine Kultur also von der Thematik des christlichen Abendlandes. Das folgt deduktiv aus dem eigentlich-untergeschossigen Schluß, $\frac{NP}{PN}$, in der Zeit und im Zeichen der Kung-tse und Lao-tse; PN als die Konsequenz weist auf NP als die Prämisse zurück.

Aber auch rein empirisch besteht kein Zweifel. Der Chinese ist, wie man drastisch gesagt hat, der geborene Sozialist und obendrein ein Mann der Praxis, eine Inkarnation des Besserers also im politischen wie im technischen Sinne. Das geht zurück bis auf die Religion, welche Götter und mythische Urkaiser auf fast hausbacken nüchterne Art als handwerkliche «Erfinder», nach dem Nützlichkeitsstandpunkt, betrachtete. Schauerlich «abendländisch» waren dann schon vollends, wie gestreift, die Kriege der «kämpfenden Staaten» und ihres grausamen Überwinders, und dies namentlich im technischen Aufwand und im egalitären Organisationsstil.

Auch anschließend war es d i e s e Haltung, die zusammen mit dem NN-Zeitalter durch zwei Jahrtausende fortwährte und sich dabei sogar noch verstärkte. Das beweisen Erfindungen wie die des Papiers, des Buchdrucks, des Schießpulvers und der Rakete – sämtlich zu einer Zeit, wo Europa noch schlief, in China bereits vorweggenommen. Trotzdem führte das alles dann nicht zu einer Selbstzerrüttung vom Format der heutigen europäisch-europäistischen. Und hierbei kam offenbar mehr Lao-tse als Kung-tse zum Zuge.

Es war vor allem ja der Taoismus, der die endgültige Durchrationalisierung Chinas (zusammen mit einem fremdartigen Konkurrenten, dem Buddhismus) verhinderte. Die Ablehnung des Gewordenen zeitigte damit wider Willen eine stracks gegenteilige Wirkung. Denn daraufhin blieb China, trotz fortschreitender «Versteinerung», in erstaunlichem Maße sozialethisch und biologisch g e s u n d. Nicht zuletzt der große Feind des Beharrens hatte dem Beharren Vorschub geleistet.

18. Das versteinerte Ägypten und der atypische Sieg des Werdens. Echnaton und Osarsif.

Wie in China begann auch im alten Ägypten frühzeitig eine «Versteinerung» und bewies daraufhin das NN-Zeitalter, der spätzeitliche Zivilisationsprozeß, eine den thematischen Ablauf monströs übertreffende Dauer. Sonst aber weicht hier manches vom fernöstlichen Parallelfall ab. Um es kurz zusammenzufassen: Im Verhältnis zu China siegte das Gewordensein in Ägypten an sich noch radikaler. Und trotzdem oder wohl vielmehr gerade deshalb, wie bei einem Überdruck ohne Ventil, kam es hier schließlich doch zu dem Umschwung, der im Osten ausblieb: zu einem Sieg des Werdens in freilich gänzlich atypischer, brisanter Form.

Ein großer Ausbruchsversuch aus der Traditionslast ist allbekannt. Er begann im Jahre 1364 unter Amenophis IV., dem Ketzerkönig Echnaton, und trägt deutlich alle Zeichen der Abkehr vom bisherigen Wesen, was als eigentlich-untergeschossiger Schluß die Wende zum Greisenalter oberstöckig bedeuten sollte.

Der Termin liegt indessen verdächtig spät. Jahrhundertelang, seit der 18. Dynastie, gab es damals ja schon, in Gestalt des «Neuen Reiches», den spätzeitlichen Universalstaat. Und das bedeutet, wie wir an dieser Stelle nicht nochmals eigens begründen: Hier oder noch etwas früher, jedenfalls nicht erst zur Zeit Echnatons, hatte das NN-Zeitalter, die Vergreisung, schon eingesetzt!

Die Anomalie stellt uns vor ein Problem. Möglich ist auf der einen Seite, daß sich der Beginn des Universalstaates verfrüht hatte, weil das auslösende Motiv seiner Gründung, die Vertreibung der Hyksos, als eine Reizung gewirkt haben dürfte. Das kann uns aber nicht genügen. Schon unter Thutmosis I., im 16. Jahrhundert, ist das neue Weltreich in seiner Formensprache so überwältigend sicher, daß man ihm den Charakter einer Improvisation, die der Zeit merklich vorangeeilt wäre, nicht glauben mag.

Als die andere, ernstere Möglichkeit bleibt dann nur, daß Echnaton auf dem Wege, den er beschritt, nicht der erste war, daß man es vielmehr bei seinem Versuch mit einer Zweitfassung zu tun hat, während sich das verschollene Original etwa so weit v o r der Gründung des Neuen Reiches befand wie Lao-tse vor Schi Huang-ti und die Attische Philosphie vor Augustus. Induktiv beweisen läßt sich das nicht. Aber jedenfalls gab es damals, im «Mittleren Reich», mehrere Perioden der Wirren und des nicht bloß von außen, durch die Hyksos, verursachten Niedergangs, also recht deutlich eine ähnliche Lage wie in China zur Zeit der Kämpfenden Staaten und in Hellas vor und um den Peloponnesischen Krieg.

Noch anderes weist in derselben Richtung: Der eigentlich-untergeschossige Schluß ist eine e s o t e r i s c h e Leistung. Bei Echnaton trifft man dagegen schon auf die Übersetzung ins Mythische und damit auf den zweiten, exoterischen Schritt. Und noch ein weiteres Indiz: Um den Ketzerkönig ist plötzlich eine neue, naturalistische Kunst da, die in ihrem Rahmen den religiösen Abfall vom Gewordensein unterstreicht. Das kann aber nicht durch den Willen des Königs von heute auf morgen geschehen sein; der prompte Umbruch des Stilempfindens setzt vielmehr wiederum eine – mindestens untergründige – Tradition voraus, deren Ursprung ebenfalls, wie der des mythologischen Wandels, nur ein eigentlich geistiger, sozusagen abstrakter, gewesen sein kann.

Doch war die originale Leistung, wie das Fehlen aller Spuren beweist, jedenfalls zu ihrer Zeit schon genau so gründlich gescheitert, wie nun die Zweitfassung, nach einem kurzen Anfangserfolg, scheitern sollte. Der Beharrungswille war stärker. Er ging aus von den Priestern, die zudem aber das Volk und den Staat, den Gesellschaftskörper im ganzen, mehr oder minder hinter sich hatten. Das beschränkte Echnatons Leistung und Wirkung auf die typischen Möglichkeiten einer «Revolution von oben». Der Gegenstoß, kurz nach seinem Tode, führte vollends zum Sieg der «Versteinerung», so wie später im Osten die «große Bücherverbrennung», gegen ihre Absicht und dennoch logischerweise, nur den Konfuzianismus endgültig inthronisieren half.

Echnaton war gescheitert wie Lao-tse. In Ägypten wie in China ging daraufhin das NN-Zeitalter in majestätischer Dauer weiter und fand es sogar, nach dem lästigen Intermezzo, die Kraft zu einem weiteren Aufschwung, der sich in Ägypten, im Neuen Reich, vornehmlich mit den Namen und Taten der Ramessiden verbindet. Dann aber kam es hier zu einem Vorgang, für den China als Parallelfall versagt: Die Revolution wurde wiederholt, aber nun nicht von oben, sondern von unten, nicht also mit Ägyptern aus der konservativen Oberschicht, sondern mit einem Zusammenlauf von Sklaven, Sträflingen und Aussätzigen gruppiert um einen Nomadenstamm als vital tüchtigem, wehrhaftem Kern.

Der Führer allerdings war ein Ägypter von hoher und freilich zwielichtiger Herkunft. Als Sohn, wenngleich offenbar unehelicher, einer ägyptischen Prinzessin stand er dem Pharaonenhof nahe. Doch hatte er davon, soweit man sieht, keinen nützlichen Gebrauch gemacht, sondern zunächst in Heliopolis, der alten Stadt des Atun, unter dem Namen Osarsif, also «Schwert des Osiris», die Würde eines Priesters bekleidet. Nach einem Totschlag, einer Jähzornstat, war er für längere Zeit ins Ausland, in die Nomadensteppe östlich des Roten Meeres, entwichen, aber inzwischen zurückgekehrt.

Ob er wußte, daß ihn seine nunmehrige Absicht mit Echnaton, dem Ketzerkönig, über einen etwa hundertfünfzigjährigen Zeitraum verband, ist nicht aufklärbar und nicht allzu wichtig, aber angesichts seiner Bildung wahrscheinlich. Auch die Erzählung, nach der er vor der wilden Revolutionstat mit dem Pharao Auge in Auge diplomatisch verhandelt habe, wirkt angesichts seines hohen sozialen Standes nicht unglaubhaft. Er neigte jedoch, wie gestreift, zum Jähzorn; Geduld war nicht eben seine Sache. So scheiterten die Verhandlungen und nun begann die Revolution.

Osarsif war vorbereitet. Er hatte seine Eidgenossen im östlichen Nildelta an einer Stelle zusammengezogen, wo sein nomadischer Anhang ohnehin schon gezeltet hatte. Hier entstand jetzt plötzlich ein Aufruhr mit blutig «sozialer» Tendenz, mit Mord und Plünderung in den Häusern der reichen Ägypter. Als die Staatsmacht zurückschlagen wollte, waren die Rebellen jedoch bereits auf der Flucht. Das entsprach dem Plan; der Aufruhr war nur das Signal gewesen. Osarsif hatte für seine Gefolgschaft, wie Manetho über Josephus berichtet, «mit den Sitten der Ägypter in schreiendem Widerspruch stehende Gesetze erlassen»[6]. Das versteht sich; hierauf einzig kam es ja an.

Die Konsequenz des geschichtlichen Schlusses, um dessen Konkretisierung nun abermals gerungen wurde, war ja auf jeden Fall, auch wenn man ihre Thematik noch ganz beiseite läßt, das Gegenteil der Prämisse. Hierin, in der Strategie, war Osarsif mit Echnaton einig. Ganz anders war lediglich seine Taktik: Weil er begriffen hatte, daß sich die Ägypter ihrem eigensten Auftrag versagten, war er zornig folgerichtig den Bund mit den «Unreinen», wie Manetho sie kurzweg nennt, eingegangen, um nun zusammen mit diesen der versteinerten Welt zu entfliehen. Der Ausbruch in die Wüste und damit in das Werden gelang. Anders als in China kam der eigentliche Kulturprozeß in Ägypten also doch noch, wenngleich mit großer Verspätung und extrem atypisch, ans Ziel, ohne daß sich freilich das wahre Subjekt dieser Aktivität darum sonderlich kümmerte oder sich gar in seinem Beharren deshalb irgendwie hätte stören lassen.

Der Vorgang ist dermaßen einzigartig und im höchsten Sinne originell, daß die Menschheit sich seiner noch heute erinnert. Dazu trägt allerdings in beträchtlichem Maße auch noch jener Bericht bei, den die «Unreinen» selbst hinterließen: das Buch Exodus in der Bibel. Der Osarsif Manethos ist ja, erklärtermaßen, der biblische Mose, und der nomadische Kern seiner Kulturrevolution bestand aus jenen Hebräern, die damit zum Volke Israel wurden; an beiden Identifizierungen gibt es bereits für Josephus und seinen Gewährsmann mit Recht keinen Zweifel.

Verständlicherweise freilich ist der Rückbezug auf Ägypten in der israelitischen Darstellung an mehreren Punkten verdunkelt. Wie Manetho wenig Echtes und nichts Bedeutsames von den Hebräern weiß, so weiß die Bibel nur wenig von dem nicht hebräischen Teil der revolutionären Gefolgschaft. Das Volk Israel fungiert hier als der kollektive Held; immerhin wird erwähnt, daß «viel Pöbelvolk», wie Luther es übersetzt, an dem Auszug teilnahm; die Nationalkrankheit Israels, der Aussatz, gemahnte denn auch noch lange an den wahren Proporz beider Gruppen.

Vor allem aber ist Mose in der biblischen Sicht ein Hebräer. Wie schon bei Sargon von Akkad und so manchem anderen, dessen Stammbaum einer Frisierung bedurfte, spielt das verpichte Körblein im Strom, das den Säugling vondanntenträgt, auch bei Moses biblischem Ahnennachweis eine entscheidende Rolle: es verwandelt die Amme, die Hebräerin, in die leibliche Mutter.

Mose hatte diesen fiktiven Ahnentausch dringend nötig. Obwohl es sich nicht streng beweisen läßt, spricht doch alles dafür, daß nicht erst der Nationalstolz der biblischen Autoren, sondern bereits Mose selbst das «verpichte Körblein» erfunden und kolportiert hat. Er konnte sich seinen Hebräern ja nur von vornherein (oder gar nicht) als einer der Ihren empfehlen. War das auf glaubhafte Weise geschehen, so bedeutete im übrigen sein ägyptisches Kolorit, das sich ohnehin nicht retuschieren ließ, keine allzu ernste Belastung mehr. Offenbar also hat der Namenswechsel, vom priesterlichen Würdennamen auf den alten Privatnamen, mit dem nationalen Kostümwechsel nichts zu tun.

Auch «Mose», nicht anders als «Osarsif», ist ja ein ägyptisches Wort. «Wer ihn deshalb zum Ägypter machen will,» meint Buber trotzdem von Mose, «nimmt der Erzählung den Boden, auf dem sie wächst.»[7]

Das ist richtig und doch zugleich auf verwirrende Weise entstellend, eben weil man es hier mit einem doppelten «Boden» zu tun hat: Die Erzählung, die Mose zum Hebräer macht, ist eine durchsichtige Fabel und doch zugleich als Tatsache der massive Boden einer beispiellosen ideenpolitischen Leistung! Trotzdem liegt auch darin, daß Buber dies Doppelbödige des Zusammenhanges verkennt, etwas für die Geschichte, die auf diesem Boden wuchs, sogar selbst noch Charakteristisches: Das ganze Israel hatte so gedacht oder doch denken sollen! Ihm war ja der wahre, ägyptische Sinn seines Abenteuers genau so wie den Ägyptern verborgen. Was hier tatsächlich vor sich ging, war wirklich nur einem Einzigen deutlich: Nur Mose, der «Tatmann» Goethes, kannte «von Angesicht zu Angesicht», jedenfalls nach seiner Erzählung als dem einzigen Zeugnis, den jählings erwählenden und das Unerhörte befehlenden Gott!

Das gibt dem Volksschicksal, das letztlich von dieser Erzählung ausging, einen fast komischen und zugleich fast unheimlichen Zug: Israel wußte nicht, was ihm geschah. Es handelte nach einem fremden Willen; daher ja das dauernde «Murren» des Volkes, die vielen Verschwörungen und Meutereien und endlich, wie Sellin gezeigt hat[8], die Untat von Beth Peor, die Ermordung Moses und seiner Familie, die von der Erzählung natürlich ebenfalls vertuscht wird und den objektiven Geschehenssinn denn auch nicht mehr beeinflussen konnte.

Israel war nicht durch einen grundlos spontanen göttlichen Willensakt, sondern aus einem strengen geschichtlichen Grunde zum auserwählten Volk geworden, und diese Erwähltheit also galt nicht ihm selbst, sondern seiner Sendung. Was sich wirklich, jenseits der Erzählung und freilich nur mit ihrer Hilfe, vollzog, war ein in der Weltgeschichte wohl einzigartiges Experiment: eine programmierte Völkerwanderung, eine solche nämlich, die im thematischen Sinne bereits vor ihrem Beginn am Ziel war und überhaupt nur wegen der dadurch eröffneten Möglichkeit stattfand. Auf dem weiten Wege über den Sinai und durch das Ostjordanland bis in die Gebirge Ephraim und Juda trug Israel den geschichtlichen Auftrag sozusagen schon im Marschgepäck mit, statt ihn erst, wie es die Regel ist, nach der Landnahme zu empfangen.

19. Die Parallelkulturen Israel und Hellas.
Ihre thematisch-identischen Schlüsse: Bergpredigt und Attische Philosophie.

Es gehört zur Anomalie der Hergänge seit Osarsif, daß das versteinerte Ägypten sogar noch den Tod Israels, seiner Folgekultur, um viele Jahrhunderte überlebte. Das Neue Reich, Ägyptens spätzeitlicher Universalstaat, endete ja de facto erst im 7. Jahrhundert nach Christus, genau seit dem Jahre 639, mit dem siegreichen Einbruch der Araber. Zu dieser Zeit war Israel als homogener Gesellschaftskörper bereits seit Jahrhunderten ausgelöscht, seit dem tragischen Ausgang des Jüdischen Krieges und der Zerstörung Jerusalems im Jahre 70. Einen spätzeitlichen Universalstaat hatte es bis dahin noch nicht zustandegebracht; neben dem alten, vorkolumbischen Mexiko und Peru ist es daher das andere Beispiel für ein dergestalt, gewaltsam, verfrühtes Ende.

Aber natürlich hat dieser rasche Tod mit dem eigentlichen, thematisch bedingten Werden genau so wenig mehr zu schaffen wie anderseits, in Ägypten und China, die «Versteinerung». Und jener Punkt immerhin, an welchem man es noch evident mit dem Kulturprozeß zu tun hat, ist auch in Israel noch unzweideutig feststellbar: Jesus nimmt hier den Platz ein wie vordem in China Lao-tse und in Ägypten Echnaton oder Mose; die Bergpredigt ist ja deutlich die Abkehr von der Tradition und zugleich, eo ipso, die Erschließung des Gegenteils, nämlich des christlichen Abendlandes. Da wir dieses unmittelbar kennen, so ist allein schon von hier aus, thematisch rückgeblendet, auch das Wesen der Hochkulturen, die als Generationen vorangingen, einwandfrei diagnostizierbar. Wir schließen auf an schon Analysiertes: Das christliche Abendland, zu dem hier auch der Islam gehört, stellt deutlich eine NP-Kultur dar. Folglich kann das Elternwesen, Israel, nur eine PP-Kultur und Ägypten, die weitere Vorgängerin, nur eine NN-Kultur gewesen sein.

Durch unser historisches Wissen werden beide Einordnungen bestätigt. Wir können nicht ins Einzelne gehen. Aber Ägyptens mächtigstes Symbol war ein Grab: die Pyramide. Und über die totemistischen Lokalgötter siegte einheitlich und sehr früh schon der gemeinsame Totendienst, in dessen Zeichen sich besonders Osiris aus einem Vegetationsgott in einen Todesgott, und zwar einen Totenrichter, verwandelte. Also ein transzendenzbezogenes Weltbild mit dem Hauptaugenmerk auf der Person und ihrer Moral.

Und demgegenüber nun Israel: Der Tod hat neben dem Leben keinen eigenen religiösen Gehalt mehr; auch der göttliche Lohn ist ein diesseitiger, besteht hauptsächlich in hohem Alter und reichem Kindersegen; anderseits wird auch die göttliche «Rache» durchaus innerweltlich vollzogen und zwar wieder, statt nur an dem Schuldigen selbst, wesentlich an dem Nachwuchs bis in das dritte und vierte Glied, eben weil es nicht hauptsächlich um die Person geht. Für die Sadduzäer, die religiösen Legitimisten, gab es noch zur Zeit Jesu kein Fortleben nach dem Tode. Also analog wie in Hellas, der anderen grossen PP-Kultur; wie Erwin Rohde in seinem Buch «Psyche» gezeigt hat, waren die «Seelen» im Schattenreich ursprünglich, für Homer, wirklich bloße Schatten: erst nach dem Tode entstanden, schemenhaft übriggeblieben, und nur flüchtig und ohne Bewußtsein im Dunkel der Unterwelt fortvegetierend[9].

Eine Schwierigkeit besteht darin, daß man im allgemeinen recht hat, wenn man den Polytheismus für jatypische Kulturen und hingegen den Monotheismus für neintypische als bezeichnend ansieht. Bei Ägypten und Israel hat man es aber, jedenfalls vordergründig, mit dem umgekehrten Verhältnis zu tun. Die Optik trügt jedoch in der einen wie in der anderen Hinsicht. Die zahllosen ägyptischen Götter konnten verjagt, zu Paaren getrieben und kannibalisch gefressen werden. Der Volksfrömmigkeit blieben sie wichtig, und die Priesterschaft war damit einverstanden. Und gerade für NN-Kulturen ist diese Duldsamkeit charakteristisch; der Buddhismus gehört zu demselben Typus und verhielt sich von jeher entsprechend: in den Mahajana-Kirchen Ostasiens wimmelt es nur so von Göttern, die immer aus dem Inventar eines vorbuddhistischen Pantheons stammen, um entsprechend wenig zu zählen, aber doch auch nicht unterdrückt zu werden. In Ägypten war es offenbar ähnlich; besonders die vielen tierköpfigen Götter verweisen deutlich zurück auf ein magisch totemistisches Denken vor dem Aufstieg der Hochreligion, mit dem die Priester anscheinend genau so wie später, mutatis mutandis, in Tibet oder Japan verfuhren. Es gehört hier offenbar zum Prinzip, daß man die Welt und ihre Götter auf die stolzeste Weise mißachtet, indem man sie nämlich nicht einmal einer Widerlegung für würdig befindet.

Und umgekehrt in Israel. Noch in der einzigen Glanzzeit, unter Salomo, standen die Altäre der syrischen Baale in Jerusalem friedlich neben dem Tempel Jahwes. Der Zustand war nicht monotheistisch, sondern henotheistisch; nur dem geoffenbarten Eingott sollte der Fromme dienen, was die Annahme weiterer Götter für ihn jedoch nicht etwa ausschloß. Es ist dieser Zustand, den das Erste der Zehn Gebote spiegelt.

Obendrein aber hat der Eingott Jahwe auch selber noch viele Gesichter, viele widerspruchsvolle Darbietungsweisen, so daß er in Erscheinen und Wirkung hinter den Göttern Griechenlands kaum zurücksteht und den pluraletantischen Namen «Götter», *elohim,* nicht zu Unrecht trägt. Und immer ist er, gleich den Olympiern, am Weltlauf positiv interessiert. Seine «Launen» entsprechen den unberechenbar wechselnden Lagen.

So sieht es übrigens auch Buber, dem wenigstens an diesem Teil das direkt kehrbildliche Verhältnis zur ägyptischen Religion nicht entgeht: «Er, der seine stete Gegenwart, seinen steten Beistand verspricht, weigert sich, sich auf bestimmte Erscheinungsformen festzulegen; wie könnten gar die Menschen ihn zu bannen und zu beschränken sich unterfangen!... Man muß sich als den Hintergrund solcher Kundgebung Ägypten gegenwärtig halten, wo der Magier den Göttern droht, er werde, wenn sie nicht seinen Willen tun, nicht bloß ihren Namen den Dämonen verraten, sondern auch noch ihnen die Locken vom Kopfe reißen, wie man Lotosblüten aus dem Teiche zieht»[10].

Man braucht wohl nicht zu erörtern, wer von beiden, Israel oder Ägypten, hier besser um «Götter» Bescheid weiß. Ganz hellenisch und gar nicht ägyptisch wirkt schließlich auch die Verachtung des Staates; der israelitische Stammesbund in der «Richterzeit» entsprach, wie man mehrfach betont hat, der griechischen Amphiktyonie: hier wie dort kompensierte das Bündnis um den gemeinsamen Kult den vermiedenen staatlichen Apparat. Auch der einzelne große «Richter» vom Schlage Simsons und Gideons, als Held und Heiland zugleich, als charismatischer Ganzmensch, erinnert an den hellenischen Heros.

Hat man erkannt, daß Hellas, die eigentliche Antike, und Israel parallele Kulturen, PP-Kulturen nämlich, sind, so erhebt sich eine weitere Frage: Da schon die Attische Philosophie ermittelt ist als der thematische Schluß, $\frac{PP}{NP}$, der das Abendland geistig stiftete, – wieso dann nochmals, bei Jesus kehrbildlich von Israel her, wieder $\frac{PP}{NP}$, derselbe Schluß? Wurde das Abendland zweimal gezeugt? Natürlich nicht. Und das haben wir soeben eigentlich auch schon festgestellt: Die großen Wenden in Hellas und Israel beruhen auf demselben Schluß, eben auf $\frac{PP}{NP}$. Es war, mit anderen Worten, ein Schluß, der hier wie dort stattfand. Der Anschein mehrerer Zeugungsakte beruht wiederum darauf, daß die Gesellschaftskörper mit ihrem thematischen Innenbau und also mit den Kulturprozessen verwechselt werden.

Eingeräumt sei dabei sogleich, daß sich die thematische Einheit, die Identität, der beiden Parallelkulturen allein auf ihre Wurzeln, ihren PP-Charakter, beschränkt, von wo sich in beiden Fällen, wie ja bereits skizziert, recht verschiedene Ausformungen auch im thematischen Sinne ergaben. Insofern bezieht sich die übliche, grundsätzliche Trennung allerdings in der Tat nicht bloß auf den beiderseitigen «Leib», den Gesellschaftskörper, sondern auch auf die geistigen Hintergründe. Jesus brachte im einzelnen nicht bloß ein anderes Kolorit, sondern auch ganz andere Denkansätze in die geschichtliche Wende ein, als es vorher von Platon und Aristoteles her geschehen war. Es ist schwer einzusehen, wie sich ohne diesen weiteren Anstoß, das leidenschaftliche Prophetentum aus Galiläa, von der attischen Metaphysik her eine lebendige Hochreligion hätte ausbilden sollen.

Auch hätte sich anderseits ohne die von Harnack so bezeichnete Hellenisierung der christlichen Botschaft, ohne die Initiative des Paulus, das Zusammenwirken im neuen Sinne wohl nicht zwangsläufig ergeben; zu viel Verschiedenes nicht bloß im völkischen Zungenschlag, sondern doch eben auch in der Thematik, stand der Verschmelzung an sich im Wege; noch in den christologischen Definitionskonzilen des 4. und 5. Jahrhunderts lebte der Gegensatz zwischen einer «griechischen» und einer «syrischen» Religions- und damit Kulturidee unter wechselnden Vorzeichen, letztlich dogmatischen Vorwänden, immer wieder auf. Paulus hatte die Schwierigkeit aber grundsätzlich beheben und sozusagen einen Kanaldurchstich von Galiläa nach Attika vortreiben können, weil sich die Differenzen, obwohl tief genug, eben doch nicht bis auf die Wurzel erstreckten. $\frac{PP}{NP}$ bedeutete, daß es mit der edlen Einfalt des vorsokratischen Griechentums wie mit der wahlverwandten Alltagsheiligung Israels gleichermaßen zu Ende ging.

«Die Konzeption des überweltlichen Schöpfergottes», sagt Jaspers einmal dazu, «verwandelte die gesamte Welt als Schöpfung zur Kreatur. Aus der Natur schwanden die heidnischen Dämonen, aus der Welt die Götter»[11]. Diese Weltverödung akzeptierte, von Hellas wie von Judäa her, als sittlichen Faktor allein noch den Menschen, den sie damit entsprechend erhöhte. Die Haare auf seinem Haupte waren alle gezählt, wie das späte Heidentum von Stoikern und Neuplatonikern es nicht anders als Jesus bereits empfand.

20. Jesus und Mohammed.
Das vorachäische Kreta als Parallelkultur zu Ägypten.
Numinoses an der Kleiderordnung.

Parallelkulturen sind häufig. Einfach weil jedes Wesen – im geschichtlichen Rahmen wie allenthalben – von seinem Gegensatz lebt, um mit seinen Feinden zu sterben, eignet dem weltschöpferischen Nein auch in den Kulturprozessen eine simultane, spaltende Strebung jeweils neben der tieferen sukzessiven.

Das zeitlich nächste und quellenmäßig bekannteste Beispiel ist die Religions- und Kulturstiftung Mohammeds. Ihre thematische Wurzel war an sich eins mit der christlichen. $\frac{PP}{NP}$ wirkte auch hier noch von der Spätantike her als eigentlich-untergeschossiger Schluß.

Mit leichter Übertreibung hat man daher sagen können, der Islam sei im Grunde nur eine besonders eigenwillig fortentwickelte Sekte des Christentums. Das gilt aber lediglich, wohlgemerkt, für die thematische Wurzel; das verwirklichte Christentum in den Jahrhunderten seit Konstantin, als byzantinische Reichskirche, hatte hingegen eben auch schon seine düsteren Seiten verwirklicht, hatte mit der Weltverödung auch den Appell einzig an die Person bereits einseitig hervorgekehrt.

Und auch hiergegen wandte sich nun schon, wenngleich nur sekundär, der neue Prophet. Er wußte dem dualistischen Grundriß eine weltfroh monistische Nebenkonsequenz abzugewinnen. Gegen den naturfernen Priester kam wieder der mit diesem ganzmenschlich einige Krieger zum Zuge, und dies unter einem grünen Banner statt unter dem zornigen Rot, das sich für die NP-Haltung an sich gehört und vom Christentum denn auch bevorzugt war.

Wenn man den Islam als bloße Sekte in das Christentum einbezieht oder stattdessen von diesem als etwas Eigenes trennt, so ist das also beides richtig. Dies aber nicht, weil es sich hier nur um eine Frage des subjektiven Ermessens handelte, sondern weil sich die Hinsichten dabei objektiv unterscheiden: das erstere Urteil ist richtig allein für die thematische Wurzel, das letztere hingegen für die Thematik im ganzen.

«Ist es ein lebendig Wesen,
Das sich von sich selbst getrennt?
Sind es zwei, die sich erlesen,
Daß man sie als eines kennt?»

Diese Frage Goethes, dem Blatt von *Ginkgo biloba* gewidmet, stellt uns also bei Parallelkulturen vor kein Problem: Sie sind eins und zwei je nach der Hinsicht.

Und für das Verhältnis zwischen Hellas und Israel gilt insofern also dasselbe wie für das zwischen Christentum und Islam. Nur entwuchsen die letzteren beiden dem Abschluß einer Kultur, der antiken; hinter den parallelen Prozessen erblickt man hier noch unmittelbar die gemeinsame Gabelungsstelle. Hellas und Israel hingegen entsprangen zwei gleichfalls schon parallelen Kulturen: für Israel ist das Ägypten, während Hellas auf die Minoische oder Ägäische Kultur, auf das vorachäische Kreta, zurückgeht.

Wir wollen nicht zu weit ausholen, zumal Vollständigkeit nicht das Ziel sein kann. Auch gibt das vorachäische Kreta seine Geheimnisse nur zögernd preis. Deutlich ist immerhin, daß man es bei dem Seereich von Knossos, der legendären Talassokratie, mit einem politisch wie soziologisch spätzeitlichen Gebilde zu tun hat; es wurde von den Achaiern und schließlich Dorern offenbar in derselben Weise wie später Rom von den Germanen überflutet und thematisch beerbt. Und hält die Einigkeit, die an diesem Punkt herrscht, der weiteren Forschung endgültig stand, so steht damit auch schon fest, daß die Minoische Kultur, gleich dem alten Ägypten, eine NN-Kultur war; nur von einer solchen konnte ja $\frac{NN}{PP}$ als eigentlich-untergeschossiger Schluß zur folgenden PP-Kultur, dem homerischen Hellas, übergeleitet haben. Unter dem erwähnten Vorbehalt ist dieser Zusammenhang also schon zwingend.

Aber auch empirisch weist alles bereits in derselben Richtung. Neben dem schriftlichen Zeugnis, das uns noch so wenig voranbringt, steht ja hier wie immer die stumm-beredte Sprache der Sitten. Und wir benutzen den Anlaß, um auf einige Faustregeln hinzuweisen. So pflegt die Stellung der Frau in den neintypischen Kulturen stärker als in den jatypischen zu sein, weil dort anders als hier der sittliche Schwerpunkt auf der Person liegt, wovor der Gegensatz der Geschlechter als ein vermeintlich nur sexueller, rein körperlicher, zurücktritt; und gerade im vorachäischen Kreta war die Stellung der Frau so gehoben wie dann in Hellas gedrückt.

Hinzu kommt etwas scheinbar Banales: Der Unterschied in der Wertschätzung beider Geschlechter spiegelt sich zumeist in der Kleiderordnung. Dem Geschlecht in der stärkeren Stellung eignet gewöhnlich der lange Rock, das Vorrecht der Verhülltheit, während das andere Hosen trägt oder, je nach dem Klima, nackte Beine zeigt. In Ostasien wirkte es denn auch bis vor kurzem, bis zum europäistischen Umbruch, reinweg als komisch, daß bei den Europäern die Frau den langen Rock und der Mann die Hosen trägt. Gerade das aber war auch die Mode im minoischen Knossos, wie Wandgemälde und Plastiken realistisch zeigen: Während die Männer, sogar in höfischer Stellung, bis auf den Lendenschurz nackt sind, tragen die Frauen den fußlangen Rock, allerdings mit geschnürter Taille und offenen Brüsten, also in spätzeitlich koketter Verkehrung der ganz anderen ursprünglichen Absicht.

Aber auch in der Religion zeigt sich unverkennbar die gehobene Stellung der Frau. Wie im Abendland Maria, die Gottesmutter, dem neuzeitlichen Göttersterben als einzige wirklich standhielt, so auf Kreta, in offenbar gleichfalls spätzeitlich aufklärerischem Klima, eine Große Mutter.

Die Indizien besagen an sich nur, daß die Minoische Kultur überhaupt zu den neintypischen gehört; ihre deduktive Einordnung als NN-Kultur erfährt aber auch dadurch schon eine Stützung. Der Minotaurus schließlich, der Stier als sakral bevorzugtes Tier, gemahnt an den ägyptischen Stierkult. Die Parallelität der Kulturen, denen Hellas und Israel folgen sollten, mag dadurch ebenfalls indiziert sein.

21. Diagnostische Rätsel um den Alten Orient.
Babylonien und der Zoroastrismus.

Was im Alten Orient fehlt, ist eine Kultur, die sich einwandfrei als PN-Kultur identifizieren ließe und uns damit instand setzen könnte, jene PN-Kultur der Zukunft, die vom Abendland kehrbildlich provoziert wird, wie in einem Spiegelbild zu erblicken.

Am ehesten ließe sich an das alte Babylonien denken. Es gehört auf jeden Fall zu den jatypischen Kulturen; das zeigt allein schon die religiöse Würdigung des Erotischen bei deutlicher Abwertung des Personalen.

Vieles spricht jedoch dafür, daß diese Kultur es war, auf welche der Zoroastrismus als thematischer Abschluß und Erschließung des Gegenteils folgte. Die persische Kultur aber, die sich aus diesem Umschwung ergab, besaß nicht nur unverkennbar eine neintypische Thematik, sondern war speziell, wie hier aus den schriftlichen Quellen erweisbar, eine NP-Kultur, eine solche also vom Charakter des Abendlandes. Sie setzte schroff dualistisch an; und im Weltkonflikt zwischen Gut und Böse, zwischen Gott und Widergott, war der Mensch zur Parteinahme aufgerufen und war er, war also die Person, damit von entsprechend hoher Bedeutung. Hoch im Kurs stand denn auch die Wahrheit, die dabei nur als eine eindeutige, nicht tragisch widerspruchsvolle, gemeint sein konnte; sie zu sagen und gut mit Pfeilen zu schießen, war das großartig karge Gebot. Also alles in allem eine neintypisch-gespannte Haltung in dem engeren Sinne des moralisch-personalistischen Auftrags.

In dem guten und einzig eigentlichen Gott dieser Konzeption, in Ahura Masda, erkennt man denn auch so klar wie in keiner zweiten mythischen Hauptgestalt den Besserer, der hier somit, statt des Verschmähers, das Nein und also sein Nein sprach: das allein zur P-Welt, nicht zur Welt überhaupt. Der Widersacher, Ahriman, ist hingegen, wie der christlich-islamische Teufel, kein eigentlicher Gott, sondern nur sozusagen der Schatten neben dem Licht. Auch sonst erinnert hier vieles an Christentum und Islam, an das Abendland im weiteren Sinne: Das streng einsinnige Wahrheits- und Tatgebot forderte Nüchternheit überhaupt; der Rausch, das uralte Haoma-Opfer, war verpönt. Und den menschlichen Hauptbezugspunkt bildete die Person des Mittlers, zu welchem Zarathustra, wie später Jesus und Mohammed, sich selbst ernannt hatte.

Das alles läßt keinen Zweifel: Der Ansatz einer NP-Kultur tritt uns im Zoroastrismus entgegen. Er warf sich seit den Achämeniden zur mächtigsten Geistesinstanz des gesamten Alten Orients auf, wovon noch heute die Bibel, etwa im Buche Daniel, einen Abglanz bewahrt. Und schließlich in derselben Richtung noch ein letztes Indiz: Daß sich Persien nach der Eroberung durch die Araber erstaunlich rasch zum Islam bekehrte, um sich dabei – noch erstaunlicher – seine geistige Identität zu bewahren, ließe sich schlechterdings nicht verstehen, wenn der gewaltsame Umschwung die thematische Wurzel vernichtet hätte. Gerade das aber war hier so wenig wie in den christlichen Teilen des muslimischen Eroberungsraumes geschehen. Vielmehr hatte eine NP-Religion lediglich eine andere, ältere d e s s e l b e n Typs abgelöst.

Das alles ist von den schriftlichen Quellen wie besonders dem Awesta her sicher. Nicht ganz so sicher, sondern nur und immerhin höchstwahrscheinlich, ist indes der kehrbildlich unmittelbare Rückbezug vom Zoroastrismus auf Babylon. Bedenklich mag auch stimmen, daß Herodot in der Kultur des Zweistromlandes, die ihm freilich nur in spätzeitlich zeremonialisiertem Zustand entgegentrat, nicht ein thematisches Pendant zu seiner griechischen Heimat wiedererkannte und mit einem solchen Verdacht, wie es scheint, nicht einmal spielte.

Man kann also wohl nur sagen: I s t der Zoroastrismus der kehrbildliche Schluß, mit dem Babylonien thematisch ausklang, so steht von der Konsequenz her auch die Prämisse, von NP her also PP, schon fest. Die babylonische Kultur ist dann also nicht die PN-Kultur, die wir suchen, sondern tritt neben Hellas und Israel als eine dritte PP-Kultur.

Alles spricht für diese Vermutung. Und unter dem besagten Vorbehalt weitet sich dann auch hier der Ausblick: Die sumerische Kultur des 3. und 2. Jahrtausends vor Christus ist dann notwendig eine NN-Kultur, die neben Ägypten und Kreta damit gleichfalls als eine dritte tritt. Sie endete nach einer Zeit der Wirren, die noch deutlich rekonstruierbar ist, in dem spätzeitlichen Universalstaat, den man in dem durch Sargon von Akkad gegründeten Weltreich, dem Reich der vier Weltgegenden, unschwer wiedererkennt.

So sieht es auch Toynbee, der sich anschließend jedoch täuscht, wenn er annimmt, daß d i e s Reich mehrere Jahrhunderte später «von dem Amoriter Hammurapi erneuert» wurde[12]. Barbareneinbrüche lagen dazwischen; um die Identität beider Reiche ist es nicht besser bestellt als um die zwischen dem «Römischen Reich» Karls des Großen und dem «Römischen Reich» der antiken Cäsaren.

Hammurapis Reich ist der frühzeitliche Universalstaat, mit dem sich die babylonische Kultur auf dem Boden der sumerischen, aber nicht etwa mit dieser identisch, als Gesellschaftskörper zu ordnen begann. Was nun entstand, währte lange; jatypische Kulturen zeichnen sich durch Gesundheit aus. Der spätzeitliche Universalstaat, in den der babylonische Kulturprozeß auslief, wurde als «Neuassyrisches Reich» erst durch Tiglatpileser III. seit 744 vor Christus errichtet. Er kam von den Assyrern erst an die Meder und Chaldäer, um schließlich den Persern, den Achämeniden, als lachenden Erben anheimzufallen.

Daß nun der Zoroastrismus auf ähnliche Weise zur Herrschaft gelangte wie das Christentum im spätesten Rom, seit Konstantin dem Großen, stützt unsere Vermutung einer auch im thematischen Sinne unmittelbaren Beziehung.

22. Indien und die Rechtfertigung der Allheit.
Die verschleierte Diskrepanz von thematischem und biologischem Ursprung.
Der buddhistische Schluß und die wedantische Pseudomorphose.

Die einzige PN-Kultur, die sich als eine solche mit Sicherheit festlegen läßt, ist die indische. Nur hier also können wir die Kultur der Zukunft, zu der wir fortschreiten, in räumlicher und zeitlicher Ferne gleichwohl wie in einem Spiegel erblicken.

Und in wesentlichen Stücken ist das in diesem Kapitel wie im vorigen auch schon geschehen. Umrißhaft wurde damit schon klar, wie eine jatypische Kultur aussieht, wenn der Rechtfertiger statt des Träumers das Ja spricht: Er begnügt sich notwendig nicht mit sich selbst, sondern heiligt im Blick auf das Werden, auf die N-Welt, alles. Denn sein Ja macht nicht Halt vor dem Nein; es macht nirgends Halt. Die Rechtfertigung gilt auch dem Verschmäher wie vollends dem Besserer und dem Träumer; sie gilt ebenso dem Zerstörer wie dem Erschaffer und dem Bewahrer; und sie gilt schließlich, automatisch, von der Vierheit und

Dreiheit her immer auch der Zweiheit und Einheit, dem Götterpaar und der Gottheit.

Hier allein also zeichnet der Mythos, trotz folkloristischen Entgegenkommens an Adel und Unterschicht (das gerade er sich nun leisten kann!), das esoterische Pantheon nach; hier allein also gibt es die Möglichkeit, das Leben überhaupt, das des Einzelnen wie der Gesellschaft, von der Theologie her sittlich-verbindlich zu ordnen. So entsteht keine Gleichheit, aber erst recht keine Herrschaft der Willkür. Jedem Beruf, jedem Lebensalter und jedem Geschlecht ist vielmehr von der Gesamtordnung her sein besonderer Wesensort zugewiesen. Vor allem steht neben dem Priester, und gerade weil er selbst es so will, gleichermaßen geheiligt der Krieger und neben diesem Doppeladel von Sinn und Tat zunächst alle bäuerliche wie auch städtisch-geldwirtschaftliche Freiheit; mit schlichteren Funktionen ist aber auch das unmündige Volk auf den Gesamtsinn bezogen, wie nicht zuletzt sogar der Mönch, der die große Rechtfertigung verschmäht, an dieser gleichwohl objektiv teilhat.

Wir kennen diese Lebensordnung kaum und nur indizienhaft in ihrem ursprünglichen, «wedischen» Zustand. Sie ist mit dem Kastensystem der späteren, «brahmanischen» Zeit wie vollends der «hinduistischen» Gegenwart ja durchaus nicht etwa identisch, sondern hier bis zur Gefährdung ihres ursprünglichen Sinnes verhärtet und zugleich veräußerlicht. Um so bemerkenswerter, daß sie selbst noch in dieser Form dem Leben auf eine Weise diente und heute noch dient, wie keine andere Ordnung, um die man weiß, es je vermocht hat.

Mit dem allen freilich wird auch schon eine Einschränkung deutlich: Der Rechtfertiger, so sehr er beansprucht wurde, war – wie überhaupt die Vier Götter – dem indischen Bewußtsein nicht als solcher bekannt. Das Pantheon blieb unvollständig; es schloß offiziell ab mit der Dreigestalt, der *trimurti.* Denn es fehlte die Logik des Schicksals, des Werdens, oder jedenfalls war auch sie nicht als solche, theoretisch, bekannt.

Eine große Ahnung hatte hier mit visionärer Sicherheit, aber doch nicht vollständig, ausgeholfen. Wie dergleichen überhaupt sein kann, zeigt das Bewußtsein Goethes, das sich ebenfalls ganz auf das Werden bezog und dabei anschaulich-physiognomisch das Fehlen der Logik ergänzen mußte. Hier also bemerkt man den Punkt, an dem die Kultur der Zukunft ihrem indischen Gegenstück trotz wurzelhafter Identität, trotz desselben PN-Charakters, thematisch überlegen sein wird, ähnlich wie der Buddhismus als NN-Konzeption im Vergleich mit Ägypten und Kreta nach allem, was wir wissen, einen höheren Standort repräsentiert. Anders vermag es vom ewigen Sinn der Konstellationenfolge her nicht zu sein; dasselbe kehrt immer nur wieder als oberstöckige Identität auf untergeschossig veränderter, einen Schritt vorangekommener Basis.

Wie in China und mancherorts sonst erschwert auch in Indien ein überlanges NN-Zeitalter den Blick auf den wahren thematischen Umriß. Vieles, was «typisch indisch» erscheint, muß in diesem Sinne gesehen werden. Der Kulturprozeß liegt weit zurück, ist jedoch in den wichtigsten Punkten erkennbar. Er fällt etwa zusammen mit dem ältesten, «wedischen» jener drei Zeitalter, die man gemeinhin hier unterscheidet. Er umspannt, mit anderen Worten, das runde Jahrtausend von der arischen Einwanderung um 1500 vor Christus bis zu dem großen thematischen Abschluß, der als Schluß einer PN-Kultur nur $\frac{PN}{NN}$ sein konnte, um dieser Erwartung denn auch zu entsprechen: Es ist die buddhistische Religionsstiftung an der Wende vom 6. zum 5. Jahrhundert vor Christus.

Diesem wedischen Jahrtausend voraus liegt die vorarische «Induskultur», von welcher wir also rein deduktiv nun ebenfalls schon das Wichtigste wissen. Sie muß wegen der PN-Kultur, die ihr folgte, selbst eine NP-Kultur gewesen sein, eine Kultur also vom thematischen Zuschnitt des Abendlandes und Chinas, und sie muß thematisch mit $\frac{NP}{PN}$ geschlossen haben; in ihr haben wir ja den Ursprung der Kultur, die dann erst «Indien» heißt, zu suchen.

Beide Feststellungen werden durch die historische Forschung bestätigt. In den Fundorten Harappa und Mohendscho-Daro ist man auf Stadtanlagen gestoßen, die erstaunlich modern wirken, ein erstauniches Maß an technischem Können und Rationalisiertheit erkennen lassen; und während man zunächst meinte, die Induskultur habe sich räumlich – daher ja ihr Name – auf den unteren Indus, den Pandschab, beschränkt, weiß man inzwischen, daß sie mindestens auf den gesamten Norden des Subkontinents ausgedehnt war, was den hohen Stand ihres extensiv-expansiven Vermögens wiederum unterstreicht.

Anderseits stößt man bei ihr aber, wie bereits gestreift, auch schon auf religiöse Symbole, die im nachmaligen Indien zu zentraler Bedeutung gelangen sollten, so auf die *trimurti*, die Dreigestalt, auf den *swastika* als Zeichen der Vierheit und wohl auch schon auf den tanzenden Gott, den späteren Schiwa. Das aber kann nur heißen, daß der konkrete Befund auch an diesem Teil die Erwartung bestätigt: daß die Konzeption, die Indien geistig prägen sollte, auf dessen Vorgängerin in derselben Weise zurückgeht wie das Christentum auf die Antike.

Endlich muß auch die spätere Kastenordnung bereits dort und damals, in der Induskultur, konzipiert worden sein. Die übliche Ansicht ist freilich, sie rühre von den Ariern, den siegreichen Eroberern, her und zwar als ein religiös verbrämter p o l i t i s c h e r Notbehelf, womit sich die neuen Herren gegen die biotische Aufsaugung durch die Unterschicht wehrten. Tatsächlich jedoch ist die Kastenordnung, wie im vorigen Kapitel bereits gezeigt, durchaus nicht die Improvisation, die sie auf Grund jener Annahme sein müßte; vielmehr steht sie zur Idee der Dreigestalt, der *trimurti*, in einem inneren Verhältnis, so daß sie nur dort, wo auch diese aufkam, entstanden sein kann. Auch lassen die Zeugnisse aus der frühesten Zeit nach dem arischen Einbruch erkennen, daß die Eroberer an eine blutliche Abgrenzung von der Unterschicht zunächst nicht dachten, sondern Eheschlüsse mit der besiegten Intelligenz, die trotz ihrer Niederlage das Monopol des Geistes besaß, sogar suchten.

Es waren die Priester und nicht die Krieger, die schließlich aus theologisch-grundsätzlichen statt politisch-taktischen Gründen der Kastenordnung zum Siege verhalfen. Nebenbei nämlich darf man unterstellen, daß auch hier, wie später im Westen bei der Geburt des Abendlandes, nur der kriegerische Adel erst mit der Völkerwanderung ins Land gekommen war, während das Priestertum vorher, im nun erst zur Unterschicht degradierten alten Gesellschaftskörper, bereits – neben den Händlern – als Führungsschicht existiert hatte, nur daß es diese wahre Herkunft wegen der t h e m a t i s c h ganz anderen, konträren Voraussetzungen im Abendland selbstbewußt eingestand und in Indien sorgfältig verbarg.

Dann das wedische Jahrtausend bis Buddha, also bis $\frac{PN}{NN}$ als dem eigentlich-untergeschossigen Schluß, der oberstöckig hier wie stets, und in also nur zufälligem Gleichschritt, von ebenfalls $\frac{PN}{NN}$, dem Übergang von der Reifezeit zur Vergreisung, begleitet war. Das geschah, wie zu erwarten, im Zeichen der Wirren, die der «Agonie» im Sinne Toynbees vorangingen; nur etwa zweihundert Jahre später errichtete Tschandragupta den spätzeitlichen Universalstaat, der Indiens Schicksal auch äußerlich in sein Endstadium überführte. Und schon unter Tschandraguptas Enkel, dem Kaiser Asoka, der den Reichsbau politisch vollendete, wurde der Buddhismus faktisch zur Staatsreligion.

Es ist der reguläre Schritt, analog zum Sieg des Christentums unter Konstantin dem Großen und den Parallelvorgängen im Achämenidenreich und im China der ersten Han-Dynastie: Politischer und geistiger Universalismus schließen nach anfänglicher Spannung den Bund, der den spätzeitlichen Gesellschaftskörper auf seine Endgestalt festlegt. Das reguläre Ergebnis ist, daß anschließend in beiden Hinsichten, politisch wie geistig, nichts Wesentliches mehr geschieht. Die Spätkultur hat sich, wie Toynbee es einmal ausdrückt, «verpuppt», um nun in diesem Zustand auf unbestimmte Zeit zu verharren, bis über eine Völkerwanderung ein neuer Gesellschaftskörper entsteht und in diesem das geistige Erbe frei wird.

In Indien hätte das heißen müssen, daß sich nun irgendwann nach den Barbareneinbrüchen, an denen es ja nicht fehlte, von der buddhistischen Wurzel her eine neue Kultur, eine NN-Kultur, hätte bilden müssen. Das aber geschah ganz und gar nicht; der weitere Verlauf war vielmehr ein durchaus irregulärer. Bald nach dem Gipfel unter Asoka zerfiel der Universalstaat schon wieder, ohne daß ein neues Barbarentum dabei entscheidend mitgewirkt hätte. Er zerfiel aus inneren Gründen. Und mit den alten Teilgewalten gewann auch die alte Religion neuen Auftrieb. Es kam zu einer brahmanischen Gegenreformation, die den Buddhismus in seinem Ursprungsland schließlich fast völlig auslöschte, dies übrigens in gewaltloser Form, wie auch zuvor der Buddhismus seine Ausbreitung nicht etwa in christlichem Stil, blutrünstig-militant, betrieben hatte. Aber auch in dem friedlichen Ringen war das Schicksal, das der Buddhismus erlitt, ein unverdient hartes. Denn er unterlag nur, weil sich die brahmanische Restauration seinem Weltgefühl stärkstens angepaßt hatte. Das ging so weit, daß man ihren bedeutendsten Exponenten, Schankara, für einen verkappten *schunjawadin*, also «Leerheitler», das heißt für einen b u d d h i s t i s c h e n Weisen in brahmanischer Tarnung, allen Ernstes hat halten können.

Schankara ist wie Buddha ein absoluter Mönch, der die wedische Kastenordnung und die Autorität des Priesters, des Brahmanen, noch etwas schonender als Buddha, aber im Prinzip nicht minder entschieden als dieser ablehnt. Für die Wedanta-Philosophie stehen auch die Götter diesseits der Schöpfung, während sich jenseits derselben, verdächtig an das *nirwana* erinnernd, allein das gestaltlose *brahman* befindet. Auch in den großen hinduistischen Kirchen der Folgezeit, dem Schiwaismus und Wischnuismus, überwiegt der Sache nach eine monotheistische Haltung; der wedische Polytheismus wird auch hier nicht offiziell angetastet und bleibt wichtig für die Volksfrömmigkeit, um jedoch seine ursprüngliche Geltung niemals wieder zurückzuerlangen. Restauriert ist die Form um den Preis des Inhalts; der Buddhismus hatte den Kampf verloren, aber nur weil er, wie der Taoismus in China, durch seinen unausdrücklichen Einfluß die Belebung des Alten erleichtert hatte.

23. *Die «Versinterung» von Kulturprofilen heute*
im nachbuddhistischen «Osten» wie einst im «Fruchtbaren Halbmond».
Mutmaßliche Viergestalt der Kulturanläufe.
Childes «neolithische Revolution»
und die vier Ströme des Paradieses.

Seltsam großartig und zugleich zerrissen wirkt der Buddhismus in seiner geschichtlichen Gänze. Man erblickt Entwicklungen, aber keine Entwicklung. Unmittelbar nach dem Tode des Stifters hatte das thematische Auseinandertreiben begonnen. Vollends seit der brahmanischen Restauration und dem Ende des indisch-buddhistischen Kaisertums gebrach es auch äußerlich, räumlich und politisch, in jeglicher Hinsicht, an Zentralität.

Inzwischen freilich hatte ein energisches Missionieren über Indien weit hinaus eingesetzt. Und der Erfolg war nicht ausgeblieben, jedoch mit zusätzlich spaltender Wirkung. So konnte der Buddhismus in China – wie ja schon in Indien selbst – nur eine feste, endgültige Form synkretistisch anreichern und lockern, und ähnlich stand es um Korea und Japan. In Tibet und Hinterindien dagegen stieß die Mission auf urtümliche Bereitschaft. Hier zeichnet sich denn auch mehrfach ein hochkultureller Anlauf unter buddhistischem Vorzeichen ab. Überschichtungen wie die turanide in Tibet oder im Süden jene durch die Tai und die Annamiten führen verschiedentlich, über einen archaischen Universalstaat und dessen raschen Zerfall, zu einer «mittelalterlichen», also frühzeitlichen, Feudalgesellschaft, in welcher dem Buddhismus die priesterliche Funktion, die eigentliche Herrschaft, zufällt. Mehrfach folgt darauf der Phasenwechsel, der Übergang in die «Neuzeit», gekennzeichnet durch Reformationen und apparatliche Straffungen, Rationalisierungsprozesse, mit der Affinität zum anderen, spätzeitlichen Universalstaat. Was fehlt, ist der thematische Schluß. Oder mindestens wird er nirgends faßlich, weder als solcher noch in seiner Wirkung. Er hätte von der NN-Konzeption her der vierte, $\frac{NN}{PP}$, sein müssen. Wenn er etwa doch irgendwo gelang und nur die Urkunden verschollen sind, so änderte sich dadurch wenig, denn jedenfalls wäre er dann – wie der taoistische in China – geschichtlich uneffektiv geblieben. Nirgends nämlich entstand jene neue Kultur, die sich zur ausgehenden buddhistischen thematisch hätte verhalten müssen wie einstmals Hellas zu Kreta und Israel zu Ägypten.

Stattdessen entstand lediglich das, was der Europäer heute pauschal als den «Osten» bezeichnet, womit also so verschiedenes wie Indien und China nebst den beiderseitigen Subkulturen von Japan bis Siam und von Ceylon bis Tibet zusammengefaßt ist. Im Grunde allein der Buddhismus fungiert hier als das gemeinsame Band. Daß zahlreiche alte Kulturprofile dabei sozusagen versinterten, ihre Gegensätzlichkeit weithin verloren, bleibt offenbar seine einzige geschichtlich endgültige Leistung.

Den Gründen läßt sich kaum nachspüren; an urtümlichen Bereitstellungen wie auch an europidem Menschentum hatte es jedenfalls nirgends gefehlt. Wichtiger ist, daß überhaupt mit dem Buddhismus ein Folgen derartigen Ranges auslief. Der Vorgang gibt um so mehr zu denken, als er nicht der einzige seiner Art ist. Auch schon China nahm einen entsprechenden Ausgang. Vor allem aber waren die Kulturprofile in und um Mesopotamien seit der Achämenidenzeit bereits auf ganz ähnliche Weise wie danach die fernöstlichen ohne neuen Anlauf verwittert. Zoroaster blieb hier der Letzte wie dort Lao-tse und Buddha. Es war allemal gleichsam ein Tod ohne Erben, – ungleich einschneidender und düsterer somit als der bloß individuelle im lebendigen Währen der Generationen. Dem letzten, hellenistischen Auftrieb im Alten Orient, dem das endgültige Versinken folgte, entspricht denn auch heute im Osten, in und um China wie Indien, bereits gespenstisch genau das europäistische Doping.

Von den Hochkulturfolgen, die einst nebeneinander hergingen, ist im eigentlich-thematischen Sinne nur die über das Abendland noch vorhanden. Nur über sie gibt es noch eine Zukunft. Für die Mächtigkeit der Menschheitsgeschichte bedeutet das eine beispiellose Verarmung und wohl sogar noch Bedenklicheres. Alles nämlich läßt vermuten, daß die Weltgeschichte auf das Nebeneinander von vier Hochkulturfolgen, vier hauptsächlichen jedenfalls, angelegt ist.

Dafür spricht zunächst Apriorisches. Wie jede Konstellationenfolge ist auch die von Hochkulturen als solche kein Subjekt, sondern lediglich ein Organ im dämonologischen Sinne und somit eo ipso nur ein Organ neben anderen. Und dies Nebeneinander des Folgens besitzt gemäß dem werdelogischen Pendant zum *horror vacui,* dem Trachten nach möglichster Allheit, eine Affinität zu der Fünftes ausschließenden Vierheit: zum simultanen Hervortreten der Konstellationen. Das heißt man hat mit vier gleichzeitigen Hochkulturfolgen zu rechnen, die sich in ihrem Konstellationsdrall ebenso voneinander sondern wie mutatis mutandis die Grundorganisationen von Katze, Hund, Rind und Pferd.

Unregelmäßigkeiten, stagnierende Anläufe wie auch Pannen, sind im geschichtlichen Rahmen selbstverständlich genau so wie im naturischen möglich. Doch braucht uns das offenbar kaum zu kümmern. Auf jeden Fall ist ja bemerkenswert, daß das hochgeschichtliche Werden tatsächlich gerade nur in vier Großlandschaften angesetzt hat: denen um den Hoang-ho, den Indus, den Euphrat und den Nil! Unwillkürlich denkt man dabei an die vier Ströme des Paradieses, darunter immerhin ja den «Phrat».

Man wird vielleicht einwenden, die altamerikanischen Hochkulturen seien in dem Schema vergessen worden und höben es auf. Wir betonten aber schon, daß wir im Zusammenhang um die Vermutung des vierheitlichen geschichtlichen Ursprungs weder genau noch erschöpfend sein können, jedoch auch nicht müssen, da Unregelmäßigkeiten, Abzweigungen und unzulängliche Anläufe, sehr wohl möglich und sogar wahrscheinlich sind, ohne daß darin ein Einwand läge. Zudem beginnt der geschichtliche Anlauf im vorkolumbischen Amerika mit Abstand, um Jahrtausende, später als der altweltliche. Das gilt auch für den wohl ältesten, den der Mayakultur, wenn man sich statt an Märchenhaftes an das erkennbar Historische hält. Auch haben sich altweltliche, europäische Einflüsse sehr früh, Jahrhunderte vor Kolumbus, nachweislich ereignet. Die Frage des originalen Ursprungs muß also und darf getrost in dieser Hinsicht offenbleiben.

Für unsere Vermutung bedeutsam ist dagegen noch die Erinnerung an die «spiralige», nicht streng gleichzeitige, Ausfertigung gleichzeitig konzipierter «Organe». Das braucht hier nicht nochmals begründet zu werden und bedeutet im nunmehrigen Rahmen, für die vier – jedenfalls hauptsächlichen – Hochkulturfolgen, daß der PP-Drall zuerst und der NN-Drall zuletzt angelaufen sein muß. Wüßten wir also rein historisch um die Termine jener vier Aufbrüche in die eigentliche Geschichte, so wäre damit auch thematisch die in diesem Fall wichtigste Frage entschieden: Der zeitlich älteste Anfang indiziert den PP-Drall, und dann entsprechend weiter gemäß der Konstellationenfolge.

Den oberstöckigen Anfang muß freilich jedes Mal eine PP-Kultur gemacht haben. Das ist wieder vom Zeitmodell her evident, bedeutet für die konkrete Vermutung jedoch eine zusätzliche Belastung. Das historische Sachwissen ist ja in der Hinsicht, um die es jetzt geht, nicht nur unangemessen vorsortiert, sondern läßt uns nun auch rein materialmäßig mehr oder minder im Stich.

Wir tappen empirisch im Dunkeln. Nur am Hoang-ho ein gewisser Lichtblick. Die Schangkultur war aus Gründen, auf die wir hier nicht nochmals eingehen, mit Sicherheit eine PP-Kultur. Obendrein war sie an dieser Stelle vielleicht überhaupt das erste Glied des geschichtlichen Aufbruchs. Ist sie dies tatsächlich und kennten wir ihre Entstehungszeit, so stünden wir also wenigstens hier auch in der werdelogischen Hinsicht auf halbwegs verläßlichem Boden.

Schon am Indus sind wir nicht mehr so glücklich. Die älteste Hochkultur, der man hier begegnet, die vorarische Induskultur, war eindeutig eine NP-Kultur, was uns dazu zwingt, hier mit mindestens e i n e r weiteren Vorgängerin, einer PP-Kultur, unbedingt zu rechnen. Gänzlich aber verlassen uns in dieser Richtung die Spuren.

Noch erheblich mißlicher ist die Lage in den Landschaften um Euphrat und Nil. Ägypten war eine NN-Kultur; und mit einer Wahrscheinlichkeit, die an Sicherheit grenzt, war das eigentliche, vorbabylonische Sumer es gleichfalls. Und dann also hat man hier wie dort der Hochkultur, die als erste historisch faßlich wird, d r e i Vorgängerinnen voranzusetzen, damit der Forderung genügt ist, das heißt damit man der PP-Kultur, die den Anfang gemacht haben muß, im Prinzip begegnet. Das klingt selbst als Fiktion verwegen, denn was den erkennbaren Hochkulturen in beiden Fällen vorangeht, ist Vorgeschichte, schriftlose Steinzeit. Gleichwohl bleibt die Annahme zwingend. Und auch rein empirisch ist, wie sich zeigen läßt, das Dunkel nicht ganz undurchdringlich.

Erst einmal etwas Prinzipielles: «Vorgeschichte» ist ein Äquivok, mit welchem der Historiker zwei grundverschiedene Situationen, seine eigene nämlich und die seines Gegenstandes, abwechselnd und leider zumeist ohne deutliche Trennung bezeichnet. Denn zum einen kann ein Kulturraum mehr oder minder noch unentdeckt sein und sich also «vor» der e r f o r s c h t e n Geschichte, der Historiographie, befinden; zum anderen aber kann er, ob erforscht oder nicht, a n s i c h noch «vor» der Geschichte liegen, wie etwa bei den Naturvölkern oder auch in den Frühkulturen. Beides muß nicht zusammenfallen. Die Verwechslung von Erkenntniskriterium und Erkenntnisgegenstand ist zwar weitverbreitet, aber es sollte einleuchten: Was «vorgeschichtlich» ist in dem

Sinne, daß es sich wegen allzu spärlicher und noch dazu «stummer» Urkunden der historischen Erfassung entzieht, das kann gleichwohl der Sache nach bereits in die echte Geschichte, die der Hochkulturen, gehören. Daß man sich beim zeitlichen Rückgang über Ägypten und Sumer in der «Vorgeschichte» befindet, ist schon deshalb kein zwingender Einwand.

Obendrein kann eine Kultur, die bereits zur Geschichte gehört, sich trotzdem anfänglich in einem Zustand befinden, der dem objektiv vorgeschichtlichen ähnelt. Für die Verwechselung um das Äquivok «Vorgeschichte» liegt darin ein mildernder Umstand: Zwischen geschichtslosen Frühkulturen und geschichtlichen Frühzeiten kann der Unterschied, so grundsätzlich er ist, phänotypisch verschwimmen. Und damit ist um so mehr zu rechnen, je tiefer der Blick des Forschers in die Vergangenheit eindringt. Denn dann häufen sich die primitiven Züge und wächst damit die Ähnlichkeit zwischen dem in beiderlei Hinsicht «Frühen».

An sich ist es immer wieder dasselbe: Auch das neintypisch thematisierte Werden beginnt jeweils unbehilflich-archaisch und also jatypisch, mit etwas wie dem Kindchenschema. Diese Tendenz verstärkt sich im ganzen gesehen nun aber, je weiter man zeitlich zurückgeht. Denn sie gilt nicht nur für die Frühzeit jeder einzelnen Hochkultur und dann nochmals für die PP-Kultur, mit der jede Hochkulturfolge unabhängig von ihrem Konstellationsdrall beginnt, sondern desgleichen abermals für die Folge nächstallgemeiner Subjekte, auf die wir noch näher eingehen werden: Auch sie kann nur mit einer PP-Phase ansetzen und also, was hier ja dasselbe bedeutet, mit vier frühesten Hochkulturfolgen, welche daher den Frühkulturen noch in besonderem Maße ähneln, ihnen noch mehr oder minder im «vorgeschichtlichen» Habitus gleichen.

Das bedeutet für unsere Frage: Wir versteigen uns nicht hypothetisch, sondern gehorchen letztlich nur der Logik, wenn wir postulieren, daß die NN-Kulturen Sumer und Ägypten beide bereits eine «Vorgeschichte» von drei Hochkulturen hinter sich hatten. Dem entspricht erstaunlicherweise sogar der objektive Befund, sofern man diesen nur richtig «liest». Drei vorangegangene Hochkulturen – das bedeutet mindestens eine Spanne von drei Jahrtausenden, bedeutet zusammen mit den wahrscheinlichen Intervallen, oft sehr langen NN-Zeitaltern sowie «dunklen Jahrhunderten», wohl sogar eher das Doppelte.

Damit aber sind wir beim 7. oder 8. Jahrtausend vor Christus. Und dieser Zeitpunkt läßt aufhorchen. Gerade damals nämlich erlebte die Menschheit jedenfalls schon im Alten Orient, im «Fruchtbaren Halbmond», einen beispiellosen Umschwung und Aufstieg. Es ist die Wende zur Jungsteinzeit, die «neolithische Revolution» V. G. Childes. Die ausbeuterische Wirtschaft weicht plötzlich einer pflegerischen. Viehzüchter und Bauer verdrängen den Jäger. Zugleich entstehen die ersten Städte, entsteht ein leistungsfähiges Handwerk. Und überhaupt gibt es nun schon streng stilisierte soziale Schichten, besonders Priestertum und Adel zwischen dem einfachen Volk und dem Fürsten. Auch die geistige Szene belebt sich, die Zeitalter wechseln rascher und konturierter: thematisch-personhaft bewegtes Werden ersetzt das monumentale altsteinzeitliche Ruhen.

Es war, wie man treffend gesagt hat, ein Quantensprung. Und das recht genau zu dem Zeitpunkt, der bis zu den Anfängen von Sumer und Ägypten einem Ablauf von drei Hochkulturen nebst Übergängen die nötige Frist ließ. Ein bemerkenswertes Zusammentreffen! Daß auch Sumer und Ägypten noch sehr altertümliche Züge tragen, fügt sich harmonisch in das Gesamtbild. Auch sie gehörten ja noch in die erste Hochkulturfolge, waren an dieser gemessen noch bloße Spätphasen der Frühzeit. Was ihnen voranging, war notwendigerweise noch erheblich archaischer; es war jedenfalls in zivilisatorischer Hinsicht noch Steinzeit oder doch «Steinkupferzeit»: Außer der Schrift fehlte noch die Bronze sowie mehr oder minder die Geldwirtschaft.

Und auch dieser nach rückwärts immer «vorgeschichtlicher» wirkende Zustand ist nur der zu erwartende. Sumer reicht tief in das 3. Jahrtausend vor Christus zurück, übertrifft also noch Ägypten an Alter. Und dazu wiederum paßt es, daß die Jungsteinzeit gleichfalls in diesem Raume, in der Großlandschaft um den Euphrat statt um den Nil, offenbar begann: Dem höheren Alter des jüngsten Gliedes entspricht das der Folge im ganzen. Diese hätte hiernach einen PP-Drall besessen, einfach weil sie die erste war.

Man denkt dabei abermals an das Paradies. Das Menschheitsdrama begann für den biblischen wie für den babylonischen Mythos in der Großlandschaft um den Euphrat. Hier vollzog sich – letztlich offenbar historisch – die «Vertreibung» von Adam und Eva, die freilich durchaus nicht die einzige blieb, aber als die erste, als die früheste Völkerwanderung, den Gang der Geschichte einleitete. Hier traten denn auch der geschichtliche Mensch, der Gründer von Stadt und Ordnung, und der Urmensch, der Jäger der Steppe, in Gilgamesch und Enkidu einander erstmals bewußt gegenüber.

Manches bleibt hier im einzelnen hypothetisch. Daß die Jungsteinzeit in der Großlandschaft um den Euphrat begann, wird heute allgemein angenommen; und sofern es sich so verhält, besaß die Hochkulturfolge, die damit anlief, in der Tat – als die früheste – einen PP-Drall. Käme es jedoch einmal am mittleren Hoang-ho zur Auffindung einer jungsteinzeitlichen Vorgeschichte, die der Schangkultur, einer PP-Kultur, vorangegangen wäre und daraufhin sogar um v i e r Hochkulturen zurückreichen müßte, so wäre unserer Vermutung an diesem Teile der Boden entzogen. Dies jedoch, wie gesagt, nur im Akzidentellen; nur die Anpassung der historischen Daten an die Gesetzlichkeit bedürfte dann einer Revision. Die Vermutung als solche bliebe bestehen. Sie ist in ihrem aprioristischen Kern unversehrbar und liefert letztlich erst den Schlüssel zur Konzeption einer «Weltgeschichte», die diesen Namen ehrlich verdient.

24. Der Halt in der Allheit.

Betrachtet man jede Hochkulturfolge als ein Organ, so fragt man damit auch schon nach dem nächstallgemeinen Subjekt. Man hat es zweifellos zu suchen in der Geschichtlichkeit überhaupt oder, anders ausgedrückt, in der neumenschlichen Bewußtseinslage nebst dem gegenwärtigen Erdzeitalter, dem Alluvium, als kosmischem Rahmen. Doch füllt das Subjekt, nach welchem wir fragen, diesen Zeitraum nicht etwa allein gänzlich aus. Das nämlich hieße absurderweise, daß ein einziger «Strauch» von Hochkulturfolgen, also ein Nacheinander von nur einmal vier Hochkulturen (allerdings mehrfach nebeneinander), die ganze

Weltgeschichte ausmachte. Diese wäre dann längst schon wieder zu Ende; sie hätte insgesamt dann ja kürzer gewesen sein müssen als ihr bisher, seit der neolithischen Revolution, tatsächlich schon abgelaufener Teil. Auch wäre der vierte Schluß in dieser Größenordnung, etwa der von Ägypten-Kreta auf Israel-Hellas, dann schlechterdings unmöglich gewesen. Er fällt ja oberstöckig zusammen mit dem untergeschossigen Nachrücken eines neuen «Alters», einem Wechsel der Generaltendenz.

Jenes nächstfolgende Alter relativ auf die einzelne Hochkultur, nach welchem wir fragen, steht also offenbar schon in seiner Folge an zweiter Stelle. Und überhaupt trifft man somit hier im Untergeschoß, in der generellen Geschichtlichkeit, nicht anders als im Oberstock, bei den einzelnen Einheiten der Geschichte, statt auf konturlos beliebiges Fließen eben wieder auf strenges Folgen. So entspricht es dem Zeitmodell und so legt der konkrete Befund es in mancherlei Hinsicht nahe.

Die zweite untergeschossige Generaltendenz hat NP zum Thema; der Besserer tritt an die Stelle des Träumers. Das bedeutet einen grundsätzlichen Zuwachs an Wachheit und Aktivität. Und um kurz daran zu erinnern: zu dem Strauch von Hochkulturfolgen, der unter dem neuen Vorzeichen aufbricht, gehört Ägypten eindeutig noch nicht, aber offenbar schon Babylonien, ebenso Israel und dann auf eine besonders charakteristische Weise Hellas. Es ist wie ein weltgeschichtlicher Ruck. Der plötzliche Anbruch der Eisenzeit gehört deutlich in diesen Zusammenhang, desgleichen Rücksichtslosigkeit, Erfolg und Umfang des Eroberns und Kolonisierens von Assyrien, Hellas und Rom her. Auch die Ungeheuerlichkeit der Gegenwart, die technisch-apparatliche Welteinschmelzung und -einäscherung unter europäistischem Vorzeichen, läßt sich erst von jener Großlage her voll begreifen: Es handelt sich um die Darstellung der zweiten Generaltendenz in ihrer zweiten Hochkultur, um NP in der Potenzierung.

Außer der großen Bedenklichkeit, auf die wir sogleich zurückkommen werden, liegt in alldem auch Hoffnungsvolles. Gemäß dem Zeitmodell ist mit vier Generaltendenzen zu rechnen. Wir befinden uns jedoch erst, wie gesagt, in der zweiten und auch in dieser erst knapp an der Mitte, an der thematischen Umbruchstelle von dem zweiten zum dritten Glied. Grundsätzlich ist das Abendland also weder die vorletzte

Hochkultur, wie Spengler meinte, noch gar die letzte. Von dem Vorrat geschichtlichen Werdens ist erst weniger als die Hälfte seit dem jungsteinzeitlichen Aufbruch verzehrt.

Das gilt jedoch vom Zeitmodell her lediglich für die Anlage. Ihr muß die Wirklichkeit keineswegs unbedingt entsprechen. Wie vielmehr der einzelne Lebenslauf oftmals vorzeitig abbricht, statt seinen Werdevorrat voll auszuschöpfen, so könnte es unter Umständen auch dem Geschichtslauf im ganzen ergehen. Und das ist nicht etwa nur eine blasse, rein theoretische Möglichkeit, sondern ein beklemmend konkreter Argwohn. Von den vier Hochkulturfolgen, die man als die Norm zu betrachten hat, ist nur eine einzige, die vom Nil her über Hellas-Israel und das Abendland, noch im thematischen Sinne am Leben. Die Folgen vom Euphrat, vom Indus und vom Hoang-ho her dagegen sind abgebrochen. Die letzten Erschließungen – durch Zoroaster, Buddha und Lao-tse – liegen Jahrtausende weit zurück und blieben auch in den beiden ersten, geschichtlich wirksameren Fällen ohne kehrbildlich provozierende Kraft. Daß äußere Katastrophen zu diesen Ausgängen nirgends entscheidend beitrugen, ja daß sich überhaupt spezifische einzelne Gründe kaum finden, sondern sich überall eher der Eindruck undramatischer Selbstverständlichkeit – wie bei einem friedlichen Alterstod – aufdrängt, ist genau besehen durchaus nicht geeignet, die Unheimlichkeit zu verringern. Die Sorge, das große Erlöschen könne auf ähnlich lautlose Weise auch die letzte noch lebende Folge ergreifen, liegt angesichts dieser Umstände nahe. Aber auch wenn man sie nicht allzu ernst nimmt, so bedeutet doch allein schon die Tatsache, daß drei der vier Ströme aus dem Paradiese versiegt sind, eine schwere Anomalie, eine weltgeschichtliche Gleichgewichtsstörung. Der weltweit grassierende Europäismus treibt die Uniformität auf die Spitze, bereitet in gewisser Weise jedoch gerade damit auch schon einen gegenläufigen Trend vor. In den alten Kulturkörpern, die er auflöst, trifft und zerstört er zugleich jene Festungen des Beharrens, an denen sich seit Jahrtausenden so mancher Anlauf des Werdens brach.

Irgendwann wird das Spiel wieder offen sein. Und jedenfalls vom Abendland her gibt es noch ein lebendiges Folgen. Es tendiert unmittelbar, wie erörtert, zu einer quasi indischen und genauer also wedischen Lösung, einer PN-Kultur, der in weiter geschichtlicher Ferne, jedoch mit Notwendigkeit, eine quasi buddhistische Lösung, eine NN-Kultur, folgen wird.

Das ist vom Zeitmodell her sicher, um doch gerade deshalb allen sonstigen Skrupeln um die geschichtliche Zukunft einen letzten, wohl schwersten, hinzuzufügen. Denn man wird daraufhin fragen können, ob die wedische Lösung überhaupt einen haltbaren Standpunkt darstellt, wenn sich auch die nächstfolgende, quasi buddhistische, im Prinzip dem Bewußtsein bereits erschließt. Ist nicht vielmehr jene erstere damit heute, im voraus, bereits überholt? Und gibt es, falls dem so wäre, dann überhaupt noch einen Halt, rollt nicht vielmehr die Folge der Konstellationen damit überhaupt, im Sinne des Zeitmodells, ohne echtes Ziel und Resultat einfach weiter?

Gerade die Allheitlichkeit des Denkens, die solche Fragen ermöglicht, steht jenen Konsequenzen entgegen. Hier wie stets darf man ja die Vorhersage eines Ereignisses nicht mit dessen tatsächlichem Eintritt verwechseln. Einerseits bleibt es also dabei, daß die PN-Kultur, der die Zukunft gehört, irgendwann nach Jahrtausenden mit $\frac{PN}{NN}$ abschließen wird, was dann tatsächlich den Übertritt in ein quasi buddhistisches Weltgefühl darstellt. Aber gerade weil wir das wissen, das heißt weil wir diese Konstellation als eine der vier möglichen kennen, sind wir anderseits nicht imstande, sie als die einzige anzusehen und uns in diesem Sinne von der Allheit des Denkens schon wieder zu trennen.

Das nämlich wäre die Auflage für das innerlich haltlose weitere «Abrollen» der Konstellationen. Und diese Voraussetzung ist, wie man sieht, uneinlösbar. Wie es einmal geschehen soll, daß mit der Logik der Zweiten Setzung das Zeitmodell nicht mehr die Grundlage bildet, als die es soeben erarbeitet wurde, ist trotz und gerade wegen jener abstrakten Voraussicht ein konkret unerdenklicher Vorgang.

Es bleibt also bei der Problemlage. Verbindlich Erkanntes ist wie der eigene Schatten unüberspringbar. Die neue geschichtliche Bahn, die sich uns von hier aus eröffnet, ist gewiß nicht unendlich; auch sie wird einmal am Ziel sein. Zunächst aber gilt es, sie zu beschreiten.

IX. Auf dem Wege
in die nachabendländische Weltzeit

1. Die Spätzeit als Endzeit und Vorzeit.
Thetischer und antithetischer Fortschritt.

Unser Fortschritt hat zwei Gesichter, ein vorzeitliches und ein endzeit-
liches. Mit $\frac{NP}{PN}$ als dem thematischen Schluß, dem Ertrag dieses Buches,
beginnt bereits die Bewegung über das Abendland hinaus in der Richtung auf die Kultur der Zukunft. Zugleich aber entspricht, hier wie
stets, diesem eigentlich-untergeschossigen Schluß, dem geschichtlichen
Zeugungsakt, als oberstöckiger Schluß $\frac{PN}{NN}$, der Übergang von der Reifezeit zur Vergreisung; und insofern also liegt nichts Geringeres als das
letzte Viertel des Abendlandes, sein NN-Zeitalter, gleichfalls noch vor
uns.

Daher das Zwielicht und die Spannung besonders in den «theoretischen» Innenbezirken des Zeitbewußtseins, aber mehr und mehr auch
schon in der Praxis vom unsicher gewordenen Lebensgefühl jedes Einzelnen bis zur hektischen Unrast der politischen Ordnungsversuche. Es
ist letztlich derselbe Gegensatz, der in der Spätantike über Neuplatonismus, Gnosis und Urchristentum bereits dem künftigen Abendland zu-
strebte, während sich die ausgehende Kultur auch in ihrem eigenen
Rahmen geistig und politisch, von Alexandrien und von Rom her, zu
ihren legitimen Endleistungen erst noch anschickte. Also heute wie damals zwei «Fortschritte» neben- und gegeneinander. Um die Perfektion
und ihr Kehrbild, um die Gegenwart und die Zukunft, geht es der Spätzeit gleichermaßen; neben dem offiziellen, «thetischen» Ziel des Fort-
schreitens steht antithetisch das exzeptionelle.

Ein wesentlicher Unterschied zwischen beiden spätzeitlichen Prozessen besteht allerdings in ihrer Bewußtheit. Daran hatte es in der Antike gemangelt. Im «heidnischen» Athen und Rom stand man der ex-

zeptionellen Gegenströmung, die dem offiziellen Behauptungswillen mehr und mehr die Kräfte entzog, nicht nur empört und entsetzt, sondern fassungslos erstaunt gegenüber. Daher die Welle der Christenverfolgungen, die mit dem Justizmord an Sokrates, dem ersten Exponenten des «präexistenten Christentums» im Verstande Nietzsches, geradezu termingerecht eingesetzt hatte.

Aber auch auf der Gegenseite, im Christentum selbst, herrschte kein sehr viel klareres Lageverständnis. Immerhin gab es hier Ahnungen dessen, was man zugleich als das Heil ersehnte und als eine Notwendigkeit kommen fühlte. Jesus hatte von dem neuen Himmel und der neuen Erde gesprochen, in die das Menschheitsschicksal nach dem Schrecken der Gegenwart einmünden werde. Nur der Termin und die Umstände seien ungewiß, nicht aber das Ereignis als solches. Auch er selber würde dann wiederkommen, zusammen mit den Zeugen des Glaubens.

Er behielt mit diesen Voraussagen recht. Seit Diokletian und Konstantin, seit dem Sieg der christlichen Kirche, begann sich ja wirklich ein neuer Himmel, ein neuer universaler Mythos, erlösend über der Menschheit zu wölben; und seit der Völkerwanderung war auch die neue Erde, die neue soziologische Basis, bereits ergänzend hinzugekommen. Auch der Stifter und seine Zeugen kamen daraufhin wieder – in Begeisteten und heiligen Ketzern wie Franz von Assisi und Savonarola.

Man sieht indes die begriffliche Tücke: Jesus hatte den geschichtlichen Ablauf der Sache nach richtig vorhergesagt, aber eben doch nicht in adäquat geschichtlicher, sondern in «eschatologischer» Form. Was eine neue Weltzeit, eine neue Hochkultur, werden sollte, erschien damit als die Endzeit schlechthin, war der wirklichen Zeit im voraus enthoben.

So wurden die Phasen des Ablaufs, als sie eintraten, nicht als solche erkannt. Das berührt um so seltsamer, als das weitere eschatologische Schrifttum, das die Grundvorhersage stilisierte, bald auch «chiliastisch» gedacht hatte: sogar die tausendjährige Spanne, die dem thematischen Werden der Hochkulturen etwa gesetzt ist, hatte es auf seine Weise gekannt! Trotzdem waren es später nur einige geniale Sektierer wie besonders Joachim von Floris, die ernstlich auszudenken wagten, daß das tausendjährige Reich der Verheißung bereits geschichtliche Gegenwart oder doch hier und jetzt schon konkret anbrechende Zukunft sei.

Das konnte der Prognose ihren wahren Sinn nicht mehr zurückgewinnen. Selbst als das Tausendjährige Reich zu seinem – an sich wohl gleichfalls geweissagten – Ende sichtlich und schrecklich fortschritt, in der abendländischen Spätzeit, der «Neuzeit», blieb es weiter dogmatisch eingesenkt in den Goldgrund einer geschichtslosen Ferne. Bei den spätantiken Entstehungskrisen hatten die Voraussagen ohnehin nicht die Steuerungshilfe, die notgetan hätte, gewähren können.

Unsere Stärke ist heute, daß wir von der Logik des Werdens her nicht nur um den «neuen Himmel» und die «neue Erde», zu denen wir fortschreiten, grundsätzlich wissen, sondern auch um dies Fortschreiten selbst: um die Bahn, die vor uns liegt. Sie ist gegeben wie stets, aber wir können sie sehend durchschreiten; ihre Richtung läßt sich bestimmen nicht zwar im Sinne der Festlegung nach unserem Willen, immerhin aber in dem der Feststellung, der geschichtlichen Ortung.

Das gilt prospektiv wie auch retrospektiv. Denn es ist noch kein Weltbild vom Himmel gefallen; die Ansätze zu dem Umschwung, der sich heute vollzieht, liegen weit zurück, und grundsätzlich wissen wir sogar, wie weit: Mit dem Phasenwechsel des Abendlandes, seinem Übergang in die Spätzeit, die «Neuzeit», und zunächst also in sein PN-Zeitalter, muß auch die Tendenz in der neuen Richtung, die exzeptionelle Gegenströmung, bereits ihren Anfang genommen haben!

Das ist von der allgemeinen Geschehenslogik her evident. Wir begründen es deshalb hier nicht noch einmal, sondern gehen sofort zu der ebenso zwingenden Umkehrung weiter: Wo dieser neue, antithetische Fortschritt als Tendenz erstmals in Erscheinung tritt, da haben wir damit offenbar den Termin des Phasenwechsels geortet! Es ist ja die spätzeitliche Entwicklung, die Perfektion und Vereinseitigung der traditionellen Thematik, die durch ihren eigenen Fortschritt auch den gegenläufigen mitverursacht. Beide «Fortschritte» bilden von nun an ein Junktim; mit dem offiziellen und seinetwegen wächst nunmehr auch der exzeptionelle. Aber das, wohlgemerkt, erst jetzt in der Spätzeit und zunächst also im PN-Zeitalter, während bis zum Phasenwechsel ein einsinniger Geistesfluß herrschte.

2. *Cervantes und Jakob Böhme. Anfangsschwierigkeiten des antithetischen Fortschritts. Mißverständnisse von und um Leibniz.*

Die beiden ältesten Vorläufer des nachabendländischen Weltbewußtseins, von uns bereits mehrfach zu Rate gezogen, sind Cervantes und Jakob Böhme. Vico und Leibniz, an sich nicht minder bedeutsam, sind jünger und deshalb mit ihren Lebensdaten für die Terminfrage irrelevant. Der erste Teil des «Don Quixote» nun erschien 1605, dicht gefolgt, 1610, von «Aurora», der ersten Publikation Jakob Böhmes. Berücksichtigt man den Anlauf, der beiden Schöpfungen voranging, so gelangt man zu einem Termin nicht weit vor dem Jahr 1600; es ist die Zeit der Montaigne und Spinoza, die ja ebenfalls schon, wenigstens mit Einzelentdeckungen, an der Schwelle des neuen Bewußtseins stehen. Im 16. Jahrhundert also hat sich der Phasenwechsel vollzogen. Wir sagen damit insofern nichts Neues, als es sich um das Jahrhundert der Luther und Kopernikus handelt, das man immer schon so verstanden hat. Neu ist jetzt eben nur die Erkenntnis, daß b e i d e «Fortschritte» hier begannen, daß neben den großen Vollendern der traditionellen Denkmöglichkeiten auch die kehrbildlichen Beginner damals, beinahe gleichzeitig, die geschichtliche Bühne bereits betraten.

Die Gegenströmung blieb unbelichtet, weil gerade auch der offizielle Fortschritt zunächst noch e t h i s c h e Kräfte entband. Neben den extensiven Erfolgen, den sprichwörtlichen «Erfindungen und Entdeckungen», standen innerliche Errungenschaften, die ebenfalls noch den a l t e n Inhalt, nur die alten F o r m e n sprengend, vollendeten. Das PN-Zeitalter, obwohl schon spätzeitlich, ist ja das der Reife, und dies eben nicht bloß im äußeren Sinne, dem der bloßen «Zivilisation», sondern desgleichen im schöpferisch-sittlichen, dem der eigentlichen «Kultur».

So war die christliche Kirche in ihrem ursprünglichen Anspruch, als objektive Heilsanstalt, von den Reformatoren beseitigt worden. Und auch die Jesuiten hatten den Schaden nicht wirklich behoben: sie hatten den alten Formenvorrat in einem Stil durchrationalisiert, der von der weltfroh-natürlichen Kirche des Mittelalters nur das organisatorische Skelett übrigließ. So erstarrte die Schöpfung Loyolas, kaum anders als jene Luthers, rasch in dürrer Orthodoxie; mit dem Tridentiner Konzil hatte sozusagen die Talmudepoche der römischen Kirche begonnen. Gerade damit aber war anderseits, von den Reformatoren wie von ihren Gegnern her, etwas freigesetzt wie ein romfreier Mythos: Bei Shakespeare, Rembrandt, Bach und Beethoven kam das traditionelle, christliche Thema, das der personhaften Einzigkeit, erst zu freiester und zugleich tiefster Erfüllung. Mit Ausdrücken wie «Renaissance» und «Barock» bezeichnen wir dies Jubeln und Prunken des letzten und äußersten Aufschwungs.

Die kehrbildlichen Beginner hatten dieser Gewalt und Fülle, diesen Lichtgewittern und Schauern des Geistes, nichts Gleichwertiges entgegenzusetzen. Sie besaßen noch keine Tradition, ja noch nicht einmal eine Eigendeutung, und fühlten sich obendrein selbst noch zwar nicht mehr ganz zu Recht, aber doch auch nicht ganz zu Unrecht als Christen. Es wird ewig rätselhaft bleiben, wie Cervantes trotzdem die nachabendländische Theologie indirekt, vom korrelativen Menschenbild her, bereits darzustellen vermochte und wie vollends Jakob Böhme die Umstülpung des Drittensatzes ohne die nötige Grundlage, die Zweite Setzung, der Sache nach gleichwohl schon vollzog. Auch das Geschichtsbild Vicos beanspruchte bereits Kategoriales, zu dem es an dem methodischen Schlüssel, dem Zeitmodell, noch durchaus gebrach. Erst bei Leibniz entsteht der Verdacht, daß das kartesische Dingbewußtsein, von dem der offizielle Fortschritt der weiteren Neuzeit hartnäckig ausging, den wahren Gegenstand nicht erfasse. Doch wurde das deduktive Fundament dieser Sichtveränderung nicht entdeckt. Die Monadenlehre blieb, ihrem wahren Sinn zuwider, eine revidierte Ontologie, die sich vom konventionellen abendländischen Geisteshaushalt, von Newton wie von Aristoteles, nicht radikal schien lösen zu müssen.

Damit begannen die Mißverständnisse, die den weiteren Fortschritt der Gegenströmung immer wieder in seiner Richtung bedrohten und in seiner Deutlichkeit dämpften. Die exzeptionelle Entwicklung hat seit Leibniz ihren Schwerpunkt in Deutschland; doch ist diese Feststellung nur völlig richtig, wenn man sofort einschränkend hinzufügt, daß es sich um eine eigentliche, selbstbewußt-absichtsvolle Entwicklung genau genommen nicht handelte, sondern um Fehlentwicklungen in verwirrend bunter Verästelung, die nur immer wieder, einer geheimnisvoll objektiven Nötigung nachgebend, in die große Bahn erneut einlenkten.

So besonders zunächst in dem Aufschwung um Goethe und Hegel, so dann wieder bei Nietzsche und in seinem Zeichen. Leibniz erwies sich immer wieder als der geistige Ahnherr, aber eben auch im tragischen Sinne; auch die Problemverkennung, nicht bloß das Problem, ging auf ihn zurück. Daher gilt hier besonders kraß, was auch sonst freilich oft genug zutrifft: In den historischen Mißverständnissen, die das Bild des Denkers entstellen, spiegeln sich eben doch nicht zuletzt auch die systematischen, die ihm selbst unterliefen.

«Zu den großen Deutschen, zu denen unsere Zeit noch kein ihr entsprechendes neues Verhältnis gefunden hat,» bemerkt Kurt Huber, «gehört ohne Frage Leibniz. Ja, streng genommen ist noch keine deutsche Kulturepoche zur vollen Lebendigmachung dessen gelangt, was diesem eigenartigen Denker eine Lebensaufgabe gewesen war. Die Zeit, die manchmal unversehens eine andere Richtung nimmt, schreitet als Ganzes über solche Geister nicht hinaus, sondern am Kern der Gestalt und ihres Werkes vorbei – die größte Unbill, die schöpferischen Geistern widerfahren kann.

Die deutsche Aufklärung hat so an Leibniz vorbeiphilosophiert. Als Lessing, ihr gewaltigster Vertreter und erster Überwinder, den Irrtum einsah, war es zu spät. Die flache Leibniz-Systematik eines Christian Wolf war eine historische Größe geworden; noch Kant sah den ihm kongenialen Vorgänger im Wesentlichen durch die Brille dieses, gewiß nicht unverdienten, Polyhistors. Was Herder von Leibniz sich zu eigen machte, war ungleich originaler gesehen, doch zu sehr Bruchstück, um das Ganze Leibnizschen Denkens wirksam zu machen. Doch als Ferment von immer neu zeugender Kraft sind Leibnizsche Ideen durch Lessing wie durch Herder in die Gedankenwelt Goethes und der Romantiker eingegangen.

Die Wege freilich, auf denen die Denker des Deutschen Idealismus: Fichte, Schelling, Hegel, über Kant hinausgreifend, vielfach zu Leibniz zurückgefunden haben, sind nicht mehr in allem die unsrigen. Noch viel mehr mutet uns das Bild, welches die naturwissenschaftliche Philosophie des ausgehenden 19. Jahrhunderts von Leibniz entwarf, als verzeichnet an, – vollends in der gänzlich ungeschichtlichen Form, in welcher der Neukantianismus einen der größten Systematiker deutscher Metaphysik zum antimetaphysischen Transzendentalkritiker umstempelte.» [1]

Dies sonst, soweit wir wissen, mit Abstand reifste Urteil über Leibniz und dessen geschichtliche Wirkung hat nur die eine Achillesferse, daß es die Tragik des großen Denkers als eine ganz unverschuldete darstellt. Huber konnte nicht anders, denn die entscheidende Fehlerquelle, mit der Leibniz selbst sein Verhängnis bewirkte, war auch ihm noch verborgen geblieben. Das zeigt sich gerade auch an seinem Lob. Wenn er in Leibniz «einen der größten Systematiker deutscher Metaphysik» erblickt, so ist die methodische Hauptsache damit genau so verfehlt wie bei dem mit Recht abgelehnten neukantianischen Urteil.

Es geht dabei doch um Folgendes: Die Leibnizische Unterscheidung von Aggregat und Monade war im Grunde schon die von Menge und Ganzem, die also schon von nur subjektiver und auch objektiver Setzung und damit Einheit. Es handelt sich hier, mit anderen Worten, letztlich schon um eine nicht bloß «metaphysische», gegenstandstheoretische, sondern auch logische Alternative. Denn gerade auch für das Setzen, das Denken, entsteht damit eine neue Lage: in dem einen der beiden möglichen Fälle, bei der «Monade», trifft es nun sich selbst, das Setzen, auf der objektiven Seite wieder; damit aber ändert sich auch seine Form: es kann sich mit seinem Gegenstand daraufhin identifizieren; die objektive Setzung, eine Einheit des Denkens, bleibt dabei ja zugleich die «Monade», die wahre gegenständliche Einheit, als welche sie zunächst, rein «metaphysisch», in Sicht kam.

Nichts Geringeres also als die nachabendländische Logik, die mit dem materiellen Ding überhaupt die Trennung von Gedanke und Gegenstand aufhebt, stand hier sozusagen schon dicht vor der Tür! Es bedurfte nur noch eines einzigen Schrittes. Diesen indes konnte Leibniz nicht tun; ein Definitionsfehler stand ihm im Wege: Das exogene Ganze, das Gerät, das Artefakt, hatte er zu den Aggregaten gerechnet. Mehrfach bat er seinen Leser, mit ihm einen Gedankenspaziergang etwa in eine Mühle zu machen, um sich durch eigenes Anschauen zu überzeugen, daß hier nur eine Vielheit von Teilen und also nicht wirklich ein Gegenstand, nicht eine Monade, vorhanden sei. Die gewesene Einheit des Denkens, des handwerklichen Planens und Fertigens, worauf die Mühle im ganzen und eo ipso als ein Ganzes gleichwohl zurückgeht, war übersehen. Die Unterscheidung von Aggregat und Monade entsprach jener von Menge und Ganzem daher zwar ungefähr, aber nicht genau. Die logische Relevanz des Modellgegensatzes konnte folglich nicht offenbar werden, und so blieb es denn bei der «Metaphysik».

Trotzdem war Leibniz davon durchdrungen, daß die wahre, unräumliche Welt, die Monadenwelt, der Substanz nach eine geistige sei. Doch kam diese Überzeugung nun nicht zu eigentlicher, deduktiver Verbindlichkeit, sondern blieb mühsame Spekulation. Schon Wolf rückte davon wieder ab, um auch sonst an Leibniz alles ernstlich methodisch Neuartige mit pedantischer Sorgfalt zu tilgen.

3. Die Problemlage um Goethe und Hegel. Errungenschaften und Irritationen.

Keiner von den Erneuerern, auf welche Kurt Huber verweist, beseitigte die Fehlerquelle oder kam auch nur dem Punkte der möglichen Korrektur wieder ähnlich nahe wie Leibniz selbst.

Goethe war in logischen Kernfragen lässig und blieb daher, mit Verlaub zu sagen, ein naiver Hylomorphist. Zwischen Leibniz und Aristoteles, der Monade und der Entelechie, machte er keinen Unterschied, wie er auch den Modellgegensatz zwar physiognomisch bemerkte, aber nicht als Alternative erkannte. Es war diese geniale Unschärfe, die der geistesverwandte Schelling in seinen wechselnden Entwürfen zu systematisieren versuchte.

Hegel vollends war für den Modellgegensatz überhaupt, sogar im vordergründig «metaphysischen» Sinne, regelrecht blind. Damit hing es engstens zusammen, daß er mit der «Natur», mit dem mittleren Abschnitt seines Systems, trotz immer neuer Anstrengungen nicht zurechtkam. Gleichwohl besaß er erstaunlicherweise zu der logischen Relevanz des Modellgegensatzes, die ihm wegen der fehlenden Basis vollends hätte verschlossen sein müssen, einen offenbar intuitiven Zugang. Niemand außer ihm sprach es aus, daß die Logik der Zukunft auf der Identität von Gedanke und Gegenstand fuße und daß umgekehrt gerade deshalb der Gegenstand für sich durch «Nicht-Identität», durch den Widerspruch, strukturiert sei. Das blieb natürlich bloße Behauptung und war auch als solche nicht völlig deutlich, weil erst von der fehlenden Grundlage her, über die Dritte Aussortierung, eine widerspruchsfreie Widerspruchslehre, wie man es ja ausdrücken muß, stringent erstellt hätte werden können.

Stattdessen kam es nun so, daß Hegel, wie andernorts schon gestreift, dem «Begriff» den Widerspruch zumutete; das abstrakte Beweisverfahren, das die Lehre vom demiurgischen Widerspruch tragen sollte, schien sich auch selber schon in Widersprüchen fortzubewegen, um in seinen Gegenstand, die Wirklichkeit, auf fließende Weise überzugehen. Es war namentlich diese an Wahnwitz grenzende Konstruktion, die später den sachbezogenen Einzelbedenken der Naturwissenschaften den generellen Einspruch seitens der Schulphilosophie gerechterweise hinzufügte. Trotzdem bleibt der Vorgang im hohen Sinne bemerkenswert. Nirgendwo sonst im weiten Rund, weder vordem bei Leibniz noch nachmals bei Nietzsche und weder bei Goethe noch bei Fichte und Schelling, um von allen übrigen ganz zu schweigen, war objektiver Idealismus, Panlogismus, mit so kühner Unmißverständlichkeit wie bei Hegel als das wahre Bewußtsein beschworen. Auch sonst war die Goethe- und Hegelzeit, immer auf dieselbe geheimnisvoll intuitive Weise, bereits über Leibniz hinausgegangen. Ihr Hauptaugenmerk galt allenthalben der Entwicklung; es bewegte sich also schon in den höheren Stockwerken der nachabendländischen Logik. Wie das überhaupt sein konnte, da das methodische Erdgeschoß weder sicher noch auch nur deutlich war, ist ein weiteres der vielen Rätsel, die sich in diesem Zusammenhang stellen.

Man wird seltsamerweise annehmen müssen, daß sich das Zeitbewußtsein gewissermaßen unterirdisch, an seinen Exponenten vorbei, in dem Jahrhundert seit Leibniz auf seiner Bahn weiter fortbewegt hatte. Von der Monadenlehre in ihrer historischen Form gab es keinen Zugang zur Logik des Werdens. Wie die Entelechie sollte vielmehr gerade auch die Monade sich nicht eigentlich entwickeln; abgesehen vom höflichen Zugeständnis an den biblischen Schöpfungsmythos sollte sie vielmehr seinshaft, zeitlos-unwandelbar, dauern. Das hatte erst recht zur Idee einer allgemeinen Entwicklung, zur Erfassung der N-Welt, den Weg blockiert. Trotzdem zielte nun gerade hierauf alles wesentliche Suchen und Forschen.

Die Entwicklung der Gestalt, die Morphologie, war in Goethes naturwissenschaftlichen Arbeiten das wenn nicht einzige, so doch wichtigste Thema; die «Metamorphose der Pflanzen» mit den Leitgedanken der Polarität und der Steigerung nebst der Unterscheidung von Vertikal- und Spiraltendenz, von Systole und Diastole, kam gewissermaßen von außen, anschaulich-physiognomisch, dem Modell der Konstellationenfolge schon erstaunlich nahe. Hegel verfuhr wieder gröber, abstrakter, und beging dabei wieder die gröberen Fehler. Gleich an seinem eigentlichen Anfang, nachdem die «Phänomenologie des Geistes» als Systembeginn faktisch abgetan war, gleich also mit dem Auftakt zur «Wissenschaft der Logik», begeht er den entscheidenden Fehler, stellt er nämlich die Dreiheit auf den der Vierheit zukommenden Platz. Vom «Sein» über das «Nichts» führt der begriffliche Anlauf zum «Werden».

Das war nicht, wie man später gemeint hat, eine pure Willkür, sondern eine Gründung in Kategorialem. Sie leuchtet ein, sobald man den Gedanken an Sein, Nichts und Werden diesen drei «Begriffen», als zur Sache gehörend, voranstellt. Dann nämlich handelt es sich hier - in dieser Reihenfolge – um pp, np und pn, Bewahren, Zerstören und Erschaffen. Es war, mit anderen Worten, die Dreiheit absichtsvollen Handelns, auf die Hegel sich letztlich bezog. Daß er sie freilich der Entwicklung, als universaler Weltstruktur, zu Grunde legte, zeigt den fundamentalen Fehler: Die Dreiheit sollte damit fungieren wie in Wahrheit die Vierheit der Konstellationen! Das war ohne andauernd neue Gewaltsamkeiten nicht durchsetzbar. Deshalb wirkte denn auch der Hegelsche Dreitakt, das «Klappern der Begriffsmühle», im weiteren Gang des Systems, nicht bloß hinsichtlich der «Natur», großenteils so hohl, so überanstrengt und unglaubwürdig.

Trotzdem kann das auch hier die denkerische Pioniertat nur schmälern, nicht aber annullieren. Denn gerade hinsichtlich der Geschichte, wo sich Hegel besser als angesichts der «Natur» in seinem Gegenstand auskannte, sollte sich der abstrakte Dreitakt, so unmöglich er prinzipiell war, gleichwohl einigermaßen bewähren. Hier wenigstens schien die Begriffsbewegung vom Sein über das Nichts zum Werden auf echtes Folgen, das von der Thesis über die Antithesis zur Synthesis, hingesteuert zu haben.

Auch dieser Bezug ist methodisch unmöglich. Gleichwohl paßte er gut zu jenem Teil des geschichtlichen Ablaufs, auf dessen Deutung es Hegel schon aus optischen Gründen wie auch aus tieferen, denkerisch existentiellen, um des Selbstverständnisses willen, am meisten ankam: Der Geschichtsweg von Hellas über das Abendland in die Zukunft läßt sich ja wirklich als Dreitakt verstehen, als der Weg von heiliger Einfalt über den Zwist zwischen Welt und Denken hin zu ihrer Versöhnung, die damit den verlorenen Urstand auf höhere Weise zurückgewinnt.

Genauer gesagt: Im nachabendländischen Weltbewußtsein, einer PN-Konzeption, kehrt in der Tat die jatypische Möglichkeit, die in Hellas naiv, als PP-Konzeption, gesetzt war, auf überlegene Weise wieder, – nachdem und weil dazwischen eine NP-Kultur, das neintypische Abendland, als «Antithese» gewirkt hatte. Der Dreitakt bei Hegel entspricht, wie man sieht, nicht dem Geschehensmodell im ganzen, denn die NN-Konstellation, die vierte, bleibt unbemerkt; auch die drei Konstellationen aber, mit denen lediglich hantiert wird, geben für jenen Teil der Folge, auf den Hegel nur blickt, eine brauchbare Schablone ab.

Wiederum also ein Mißverständnis mit wiederum erhellender Wirkung! Ähnlich bei Schelling und in der Romantik; die Bewegung von der «Natur» über den «Geist» zur «Geistnatur» ist allenthalben das große Schema. Es war nur ein Torso des Zeitmodells, aber immerhin der bedeutsamste. Fortan wußte man um die geschichtliche Bahn.

4. «Idealismus» – Verwirrungen um ein Äquivok.

Ein Mißverständnis, das den exzeptionellen Geistesstrom zusätzlich irritierte, auf Nebenbahnen abdrängte und über diese in manchem doch auch voranbrachte, hängt zusammen mit der Doppelbedeutung von «Idealismus». Er kann als ein «objektiver» und als ein «subjektiver» gemeint sein. Den ersteren Sinn besitzt er, wie schon gestreift, etwa bei Hegel, und hier heißt Idealismus also so viel wie Panlogismus. Es ist der Standpunkt, der auch in diesem Buche, nur jetzt als ein bewiesener statt bloß proklamierter, vertreten wird. Hierbei also handelt es sich um das hauptsächliche Ziel, das der exzeptionellen Strömung von vornherein, deutlich schon seit Leibniz, als Tendenz innewohnte; das Streben zum thematischen Schluß, zu $\frac{NP}{PN}$, ist ja im objektiven Bezuge identisch mit dem Vorstoß zur N-Welt: zur «objektiv idealen» Welt.

Der subjektive Idealismus besitzt einen anderen, schlichteren Sinn. Hier geht es lediglich darum, daß der Gegenstand im Bewußtsein, also für das Erkenntnissubjekt, eo ipso ein «idealer», das heißt ein gedachter, ein logischer, ist. Daß er auch im objektiven Verstande, seiner Substanz nach, ein logischer sei, wird damit keineswegs präjudiziert. Alle objektiven Entscheidungen, die sich überhaupt anbieten, sind mit dem subjektiven Idealismus vielmehr gleichermaßen verträglich – mit einer einzigen Ausnahme: daß es nur die Materie, nicht aber auch das Denken, gäbe, ist ausgeschlossen; darin eben besteht ja der «idealistische» Einschlag auch in dieser subjektbezogenen Haltung, daß sie mit der subjektiven «Idealität» des Gegenstandes, seinem Gedachtsein im Bewußtsein, immer auch schon überhaupt den Umstand, daß es Denken gibt, unmittelbar einsieht. Der weltanschauliche Materialismus, der dies bestreitet, um nur e i n e Substanz, eben die Materie, anzunehmen, ist daraufhin also nicht mehr als wissenschaftliche Haltung möglich, fungiert nur noch als ein naiver Standpunkt. Alles übrige aber bleibt möglich.

Das heißt es bleiben d r e i Möglichkeiten: Neben dem Denken, das seiner selbst im Bewußtsein unmittelbar innewird, kann es, erstens, a u c h die Materie geben. Dann wird also den räumlichen Phänomenen ihre Dingheit, ihre Realität nicht nur jenseits des Bewußtseins, sondern ebenso jenseits des Denkens, auch weiterhin wie bisher geglaubt. Das war der Sinn, den der subjektive Idealismus anfangs überwiegend besaß. So vor allem ja schon bei Descartes, der sich einen Augenblick angstvoll fragte, ob die Welt der räumlichen Dinge etwa nur das

Blendwerk eines tückischen Dämons sei, was jedoch ein bloßer Verdacht blieb; nach einem waghalsigen begrifflichen Salto mortale, über den ontologischen Gottesbeweis zur Wahrhaftigkeit des bewiesenen Gottes, stand der Glaube an die räumlichen Dinge und damit an die Materie gleich darauf wieder so fest wie zuvor – oder doch beinahe so fest; denn der Argwohn zitterte nach, und was vorher einfach die Welt war, war und blieb fortan unwiderruflich die bloße «Außenwelt» für das Bewußtsein.

Es ist dieser erste, der Sache nach materialistische Standpunkt, an den man bei der Rede vom subjektiven Idealismus auch heute noch überwiegend denkt. Wenn sich die Philosophie der Neuzeit als «Bewußtseinsphilosophie» oder «Reflexionsphilosophie» versteht, meint sie vornehmlich d i e s e n «Idealismus». Denn fast immer soll das zugleich auch schon heißen, daß der Sache nach alles beim alten bleibe: die Dinge seien im Prinzip nunmehr zwar bloß noch Phänomene; diese ihre Idealität könne jedoch vernünftigerweise keinen Zweifel darüber aufkommen lassen, daß sie gleichwohl objektiv existieren und daß es also auch weiterhin, jenseits des Denkens wie des Bewußtseins, eine zweite Substanz, die Materie, gibt.

Das Bewußtsein bleibt also in der P-Welt. Der abendländische Dualismus wird nicht mehr naiv ontologisch verstanden; und sein «idealer» Bestandteil hat sich überdies radikal verlagert, ist aus dem himmlischen Ort, wo Platon ihn einstmals ansiedelte, in das Ich, das Subjekt, verlegt. Gerade aber o b j e k t i v und jedenfalls für die Praxis, auch die wissenschaftliche, entsteht keine Änderung. Der abendländische Materialismus kommt vielmehr gerade erst jetzt, wo Ideen und Entelechien als objektive Größen entfallen, zu strengster und düsterster Steigerung.

Die modernen Naturwissenschaften sind praktizierter Descartes. Mit ihrer ausschließlichen Beachtung von Mathematisierbarem und also Räumlichem, ihrem «methodischen Materialismus», reden sie dem Materialismus auch ontologisch das Wort und explizieren sie also letztlich d i e s e n subjektiven Idealismus. Sie tun es gerade auch darin, daß sie ihn für das objektive Forschen genau so aus dem Spiele lassen, wie er in sich, als Philosophie, es ja gleichfalls tut. Vollends ändert sich nichts an der Form des Denkens. Hier bleibt man bei Aristoteles, bei der Logik der Ersten Setzung. Nur der alte Überbau, die Abstraktionsmetaphysik, ist – mit Recht – beseitigt.

Nie zuvor war die Welt so ganz und gar nicht «ideal» wie im Anschluß an diese subjektive Idealisierung. Als Kepler in den unendlichen Raum jenseits des Planetensystems mit dem verbesserten Fernrohr vorzudringen begann, befiel ihn erstmals jenes Grauen, das den europäischen Forscher fortan nicht mehr verlassen sollte. Fühlbar wurde damit, wie Jaspers es einmal ausdrückt, «eine nie gewesene Öde des Daseins, gegen die der schärfste antike Unglaube geborgen war in der Gestaltenfülle einer nicht verlassenen mythischen Wirklichkeit»[2].

Die kartesische Subjektivierung ist an dieser Entwicklung allerdings auf doppelte Weise beteiligt. Sie radikalisierte den abendländischen Materialismus, um dennoch zugleich seine Basis, den Glauben an die räumlichen Dinge, im Prinzip erstmals erschüttert zu haben. Das bringt die zweite Möglichkeit dessen, was subjektiver Idealismus objektiv zu bedeuten vermag, bereits in Sicht: Neben dem Materialismus kann auch Agnostizismus das Korrelat sein. Dazwischen liegen Übergangsformen je nach der Stärke des Verdachtes, der schon für die zweite Möglichkeit spricht und doch die erste noch nicht entkräftet. Ohne die Bemühung Gottes und seiner Wahrhaftigkeit, letztlich eine *petitio Principii,* hätte sich ja bereits Descartes mit dem Agnostizismus abfinden müssen. Und nicht besser wäre es Locke ergangen ohne eine andere und wiederum «ontologische» Zuflucht: die zu «primären Qualitäten» als eben doch wieder Objektivem in der prinzipiell subjektivierten Dingwelt.

Auch beginnen jetzt die Versuche, den ernstlich logischen Argumenten psychologische dämpfend zur Seite zu stellen, sozusagen im Sinn einer Stimmungsmache gegen streng rationale Entscheidungen. Locke verstand nichts von Mathematik; das erleichterte ihm diese Wendung. So wird das Allerwichtigste, das Substanzproblem, zum ersten Mal bagatellisiert (eben w e i l es besonders schwierig und wohl gar aporetisch sei!); und so wird der gesunde Menschenverstand, der gerade beim Anbruch der Neuzeit mit seinem Geozentrismus eklatant Schiffbruch erlitten hatte, hinsichtlich der räumlichen Dinge praktisch zu einem Beweisersatz.

Über diese Notbrücke kommt es nochmals wie bei Descartes, wenn auch mit geringerem Nachdruck, zu einer konventionellen Entscheidung. Bei Hume geht es auch damit zu Ende. Fortan, bei ihm selbst wie dann vollends bei Kant und in ihrem Gefolge, ist allein noch fraglich, ob und in welchem Stil man sich zu dem Agnostizismus, der den Materialismus ersetzt hat, bekennt. Schonende Formulierungen gehen leichter über die Zunge. So ist die «empirische Realität», die Kant dem Wahrnehmungsding zuerkennt, eben nicht die wirkliche Realität, die ja gerade den Gegenstand jenseits seiner «empirischen», subjektimmanenten, Gegebenheit meint.

Zwischen all dem nun seit Hegel sowie der Tendenz nach bereits seit Leibniz der objektive Idealismus. Unter den drei sachlichen Standpunkten, die sich dem subjektiven Idealismus als Möglichkeiten bieten, ist er der dritte. Obendrein ist er der wahre. Das wurde freilich erst in diesem Buche bewiesen, und dabei haben wir den Ausdruck «objektiver Idealismus» bisher sorgfältig vermieden. Aus verschiedenen Gründen war Vorsicht geboten; der belastete und verschlissene Ausdruck hätte den Beweisgang nicht irgendwie fördern, um so mehr ihn aber durch Assoziationen, falsche wie richtige, erschweren können.

Nunmehr hingegen überwiegt auch hier das historische Interesse. Die Fehlerquelle ist alt, ist fast selbst schon eine klassische Größe. So läßt sich bis heute darüber streiten, was Berkeley eigentlich meinte: Hatte er mit dem *esse est percipi* nur dem subjektiven Idealismus, wie er rund um ihn her im Schwange war, zusätzlich das Wort reden wollen oder ging es ihm dabei etwa doch um einen «verstiegenen Idealismus», das heißt um einen objektiven? Wir können und müssen das nicht entscheiden; aber offenbar hat die Unschärfe bis zu einem gewissen Grade in Berkeleys Denken selbst ihren Grund; vom subjektiven Idealismus führt eben wirklich ein weiterer Weg, an Materialismus und Agnostizismus vorbei, zum objektiven Gegenstück, dem Panlogismus.

Ähnlich ist das Dilemma bei Fichte. Und das heißt hier zugleich: Ist der schwierige Philosoph hauptsächlich ein schwieriger Schüler Kants oder ein Wegbereiter Hegels? Für beides finden sich Gründe; von einer bestimmten Geistesstation her war für Fichte offenbar das Verbindende zwischen beiden Idealismen deutlicher als das Trennende.

Und wie steht es mit Schellings «transzendentalem Idealismus»? Jedermann weiß, daß der Ausdruck hier nicht mehr den Sinn hat wie einst bei Kant. Wieder waltet das Mißverständnis. Aber ganz so leichtfertig oder ahnungslos, wie später die Neukantianer meinten, hatte Schelling an Kant nicht vorbeispekuliert. Gerade im «System des transzendentalen Idealismus» geht er wieder vom Ich, vom Subjekt, aus. Und bei objektiver Würdigung des Subjektes, wozu sich Kant freilich nie entschloß, führt eben wirklich auch schon vom echten transzendentalen Idealismus, vom «kritischen» Standpunkt, über die Selbstbesinnung des Denkens, die sich damit auf jeden Fall auch ereignet, ein Weg – nicht zwingend und ausschließlich, aber doch als einer der möglichen – zu den Standpunkten Schellings und Hegels.

Und nun vollends – «Deutscher Idealismus»! Der Ausdruck gab der Epoche den Namen und zwar wieder der ganzen, also wieder ohne Ansehung dessen, was von Fall zu Fall hier jeweils «Idealismus» heißt. Kant ist hinzugerechnet wie Hegel, und desgleichen natürlich Fichte und Schelling. In einem merkwürdigen Expansionsdrang, dem man auch hier bezeichnenderweise das historische Recht weder rundweg bestreiten noch einfach zubilligen kann, reicht die Kompetenz des Ausdrucks aber einerseits noch bis auf Leibniz zurück, um anderseits auch noch vor Schopenhauer sowie, mit nachlassender Intensität, selbst vor akademischen Spätlingen wie Fechner und Dilthey nicht Halt zu machen.

Der Ausdruck stammt aus dem Geiste der Zeit, deren Fehleinschätzungen er verewigt. Dennoch ist das auch hier nicht alles. Immerhin konnte Kroner es wagen, in seinem Werke «Von Kant bis Hegel» die Entwicklung als eine innerlich logische, prozessuale Einheit zu zeichnen. Es war der Versuch und, wenn man so will, das Attentat eines Neukantianers. Kant ist hier der große Methodenlehrer, vor dem Leibniz zum bloßen Vorläufer abfällt und von dem anderseits die drei Nachkantianer ihre geschichtliche Weisung empfangen. Am Panlogismus Hegels fand, bei allem bemühten Verständnis, Kroners Darstellung ihre Grenze. Die Hegelrenaissance, die nun anlief, sparte gerade die Logik der Sache nach aus und erneuerte das System nur auf dem geistesgeschichtlichen Sektor.

Wenn Nicolai Hartmann in Hegels Logik «nichts geringeres als eine voll ausgewachsene Metaphysik», eine Logik in Anführungsstrichen, erblickte[3], so war das trotz des mutigen Tonfalls letztlich eine Verlegenheitsgeste: Metaphysiken gibt es genug; diese Logik als das jedoch, was sie sein sollte, nämlich eben als Logik, blieb ungewürdigt! Schuld daran freilich ist Hegel selbst. Er hatte seine Logik, trotz dauernd neuer Anläufe in Vorreden und Einleitungen, nie als solche, formal, definieren können; er hatte stattdessen zwischen seiner Methode und ihren Erträgen, zwischen «Logischem» gegenläufigen Sinnes, jene unnatürliche Einheit gestiftet, die im ersten Teil des Systems, vor dem Übersprung in die «Natur», tatsächlich den Anschein erwecken konnte, noch am ehesten – wenn überhaupt irgendetwas – eine Metaphysik zu sein.

Im Hintergrund steht auch hier die allgemeine Grundlagenkonfusion um den «Idealismus». Man kennt eine Äußerung Hegels, in welcher er den berühmten Satz aus der Vorrede seiner Rechtsphilosophie, wonach alles Vernünftige wirklich und alles Wirkliche vernünftig sei, mit der Bedingtheit des Wirklichen durch die Vernunft des Bewußtseins begründet, woraufhin der bekundete Idealismus, an sich ohne Zweifel der objektive, zum subjektiven verharmlost ist. Das Motiv dieses Rückzugs bleibt unklar; aber die reduzierte Deutung, obzwar ein Verrat an der wahren, hat natürlich ebenfalls einen Sinn. Vor allem zeigt sich daran also wieder die Unsicherheit der Problembewegung nebst den Fluchtlinien und Scheinperspektiven, mit denen ein feierlich inthronisierter, aber mehrdeutiger Ansatz in dieser Lage zu blenden vermochte.

5. Weiteres Terminologisches. Exkurs über Tiefen und Tücken historischen Parallelisierens.

Für unseren verbalen Verzicht auf den «Idealismus» jeglichen Sinnes hatte es reifliche Gründe gegeben. Und etwa dasselbe galt mehr oder minder für das gesamte Begriffsinventar der Goethe- und Hegelzeit: Wir übten Vorsicht, um die Skrupel und Fragen, die durch die Erinnerung an das Scheitern des großen Anlaufs zwangsläufig ausgelöst werden mußten, nicht verfrüht, vor der erst Klarheit schaffenden Lösung, bereits heraufzubeschwören. Die Hegelsche «Antithese» etwa ist längst, über Marx und die Neuhegelianer, in das gängige Vokabular aufgenommen; und anders als beim «Idealismus» ist hier stets ein klarer, identischer Bedeutungsgrund da: Gemeint ist immer das Nein, die unthematische Negation. Aber das in verschiedensten Hinsichten, subjektiven wie objektiven, und gebunden – als Mittelstück – an den unseligen Hegelschen Dreitakt. Desgleichen hätte die Einführung der Leibnizischen «Monade» w ä h r e n d der Herausarbeitung des Modellgegensatzes von Menge und Ganzem aus Gründen, die in diesem Kapitel der Sache nach schon dargetan wurden, nur zu schaden vermocht.

Aber auch für manches, was im heutigen Zeitbewußtsein eine größere Anerkennung genießt, gilt gleichwohl und gerade deshalb dasselbe. So handelt man gewiß nicht verkehrt, wenn man den Widerspruch oder kontradiktorischen Gegensatz, das Nein zwischen dem Ja und dem Nein, mit Goethe «Polarität» nennt. Ja und Nein selbst sind dann die beiden Pole und damit, im synkretistischen Sprachgebrauch der Gegenwart, *yin* und *yang*.

Solche Formulierungen stehen uns frei, nur ergeben sie keinen Gewinn an eigentlich-systematischer Einsicht. Die Bedeutung des Ausdrucks «Polarität» bringt ja erkenntnismäßig nichts zu dem hinzu, was für den kontradiktorischen Gegensatz auch dann schon feststeht, wenn man ihn eben als einen solchen, als Widerspruch, oder schlechtweg als Nein, als unthematische Negation, bezeichnet.

Alle diese Ausdrücke sind in der einzig zählenden Hinsicht sogar weiterhin ungleich deutlicher. Denn sie lassen keinen Zweifel daran, daß Position und Negation einander eben n e g i e r e n, was auch schon überhaupt besagt, daß sie sich zueinander l o g i s c h verhalten. Der Ausdruck «Polarität» hingegen ist eher geeignet, diese wichtigsten Umstände zu verschleiern; bei Goethe und im modischen Sprachgebrauch, der die griechische Urbedeutung von *polos* auf seiner Seite hat, bezeichnet er gerade auch Räumliches und sonstwie vermeintlich Alogisches, Anschaulich-Konträres. Erstens also war es d i e s e r Fehlsinn, der durch die vorzeitige Bemühung des Ausdrucks unnötig eingeschleppt worden wäre. Und zweitens hätte sich damit auch hier, wie beim «objektiven

Idealismus», für die Härte der Wahrheitsfrage eine unechte Entspannung ergeben. Der Nimbus Goethes wäre mit der Verifizierung verwechselt worden. Das übersättigte Bildungsbewußtsein hätte «romantisch» akzeptiert, was nie strenge Geltung erworben hatte, um an dessen nunmehriger strenger Geltung vermutlich gerade deshalb weiter leichthin vorbeizudenken.

Man halte es sich doch immer vor Augen: Goethes Ansicht über die Polarität wird vom neuzeitlichen Methodenbewußtsein höflich, aber entschieden abgelehnt. Denn darauf läuft es hinaus, wenn man sie gemeinhin, statt als Naturwissenschaft, als Naturphilosophie bezeichnet: sie ist, will das sagen, keine eigentlich wissenschaftliche Ansicht; sie ist es genau so wenig, jedenfalls gemäß dieser Sprachregelung, wie überhaupt die Philosophie, das heißt die Zuweisung an diese ist bereits eine dezente Abfuhr. Etwa seit der Mitte des 19. Jahrhunderts, seit dem Absturz des Methodenbewußtseins in das positivistische Chaos, hat sich nichts an diesen Verdikten geändert.

Die synkretistische Anleihe beim alten China hat es leichter. Denn sie blickt auf eine in sich ausgereifte Systembildung, die immer wieder im Gegensatz von *yin* und *yang*, Dunkel und Licht, als Großem Urbeginn, *tai ki,* ihre Mitte fand. Trotzdem war auch hier Vorsicht geboten, denn das Vergleichen hat seine Tücken. Zunächst verläuft es erwartungsgemäß: *yin* ist als der dunkle Pol zugleich der weiche, weibliche, *yang* als der lichte der männliche und feste! Dann allerdings kommt eine Überraschung. Bereits im uralten «I Ging», dem Buch der Wandlungen, steht die ungebrochene Linie, also das positive Symbol, für *kiän,* den Himmel, und damit für *yang*, wogegen *kun,* die Erde, und damit *yin* durch das negative Symbol, die gebrochene Linie, bezeichnet wird. Dabei blieb es, soweit wir wissen, auch in aller späteren, ausdrücklichen Philosophie von Taoisten und Konfuzianern. Immer findet man das Ja dem Licht und das Nein dem Dunkel zugeordnet statt umgekehrt.

Wir kennen inzwischen den Grund; und mit Betonung sei es wiederholt: wir erst kennen inzwischen den Grund! Die chinesische Weltsicht, der Goethes auch hierin merkwürdig ähnelnd, sagt sich vom Anschaulichen nicht los, so daß sie uns die beiden Pole von vornherein schon verräumlicht statt logisch-eigentlich vorführt. Es ist letztlich derselbe Fehler, den wir im III. Kapitel bereits analysierten: Die Erste Kehre bleibt unbemerkt! Ihr Ertrag erscheint als der Gegenstand selbst. So wird aus dem an sich gemeinten, sachlich einwandfreien nP/pN ein irrtümlich lapidares N/P! Was sich damit ereignet, ist in der Sprache Kants eine Hypostasierung der Prädikate. Das, worauf sie sich messend richten, scheinen sie plötzlich stattdessen zu sein; die begriffliche Wertung ist mit dem bewerteten Wesen verwechselt.

Es ist der radikalste überhaupt mögliche Fehler; denn er hält den Gegenstand, den er meint, nicht einfach bloß für einen anderen, sondern stellt an den Platz des gemeinten dessen kontradiktorisches Gegenteil. Dennoch besitzt er etwas von der Unschuld eines Naturvorgangs, weil er mit der Logik des Augenscheins, der optischen Evidenz, gar so glatt übereinstimmt. Das rückt ihn eng an die Erste Setzung. Wie diese ist denn auch er die Regel; wo er begangen wird, während sich trotzdem im übrigen ein Bewußtsein der Polarität einstellt, geschieht das daher jedenfalls nicht über jene Revolution der Logik, die den vollen Umschwung ausgelöst hätte. Das heißt in der gegenständlichen Hinsicht: die Annahme einer Materie wird nicht grundsätzlich überwunden, sondern mit Elementen besseren Wissens zu jenem Hylomorphismus verschnitten, dem man denn auch bei Goethe und Kung-tse gleichermaßen begegnet.

Diese Konfusion ist rückblickend, vom Ertrag dieses Buches her, leicht entwirrt. Jede voreilige Redseligkeit hingegen hätte uns zwischen zwei Feuer gebracht. In naturwissenschaftlicher Sicht konnte das Hantieren mit jahrtausendealten Symbolen lediglich den Eindruck verstärken, daß es sich hier, wie vermeintlich bei allem Philosophieren, nur um unverbindliche Spekulation, bloße «Begriffslyrik», statt um wissenschaftliches Denken handle.

Eigentümlicherweise aber hätte auch die Philosophie kaum sinnvoller reagiert. Sie hat den Sturz des Hegelschen Systems bislang nie verwunden und ist seitdem, laut Jaspers, «trotz scheinbarer Gegenwärtigkeit faktisch identisch mit dem Wissen von ihrer Geschichte»[4]. Da sie sich also selbst zutiefst nicht mehr ernstnimmt, ist das Etikett «philosophisch» hier gleichfalls das Gegenteil einer Empfehlung, wenn man auch mit dem Verdikt in diesem geprügelten Lager gemeinhin nicht so fröhlich wie auf der Gegenseite umspringt. Der Erkenntniswille ist dermaßen demoralisiert, daß man nicht einmal mehr die Skepsis thesenhaft ausdrücklich feststellt, sondern von dieser, hinter lehrhaften Vorwänden verschiedenster Provenienz, als von einer stillschweigenden Selbstverständlichkeit ausgeht.

Nichts an möglichen Standpunkten bleibt davon unbetroffen. Erwecken Parallelen den Anschein, es handle sich bei einer dem Anspruch nach neuen These mehr oder minder um Altbekanntes, so ist das fast schon ein Todesurteil. Ein Aspekt scheint nicht «schon einmal dagewesen» und trotzdem wahr sein zu können! Läßt sich historisch zeigen, daß irgendeine Schule ihn in der Vergangenheit schon vertrat, so gilt er bereits damit – nicht ausdrücklich, aber gefühlsmäßig – als widerlegt. Nachdem sich ganze Rudel von «Systemen» seit dem Ende der Hochscholastik in rascher Folge ablösten und verschlissen, ohne daß auch nur ein einziges wenigstens vorübergehend allgemeine Anerkennung erlangte, ist der Kurzschluß nicht unbegreiflich, aber natürlich dennoch ein Kurzschluß. Es besagt nichts hinsichtlich der Wahrheit, wenn der umstrittene Aspekt etwa unzulänglich bewiesen war. Doch muß nicht einmal diese negative Bedingung erfüllt sein. Genau so gut kann es vielmehr geschehen, daß die hinreichend bewiesene Wahrheit nur den Widerstand jener Macht, gegen welche selbst Götter vergebens kämpfen, nicht endgültig zu brechen vermochte. So erging es bekanntlich in der späten Antike dem heliozentrischen Weltbild, dem es ja auch damals schon an der zwingenden Beweiskraft nicht fehlte.

Im Blick auf die Polarität sowie damit auch auf *yin* und *yang* hat man nun gleichwohl immer wieder, ohne das «schon einmal dagewesen» als Einwand zu empfinden, die Wahrheitsfrage aufgeworfen, und zwar bezeichnenderweise von verschiedensten Einstiegstellen und Phänomenbereichen her, daher oft in exzentrischer Formulierung. Es geschah ja stets durch unabhängige Geister, die dem Wissenschaftsbegriff der Neuzeit, dem methodischen Materialismus, ohnehin ablehnend oder doch mit Vorbehalt gegenüberstanden. So unterschiedliche Denker wie Schelling, Fechner, Marx, Nietzsche, Bachofen, Langbehn, Driesch, Freud, Klages, Bergson, Dacqué, Oscar Feyerabend, C. G. Jung und Albert Schweitzer gehören in diesen Zusammenhang, dazu übrigens auch noch Spengler mit kategorialen Begriffsbildungen aus dem wenig beachteten zweiten Teil seines «Unterganges» und der auf den Spuren Goethes durchaus nüchterne und verdienstvolle Rudolf Steiner.

Der Abstand vom mechanistischen Denken und damit von der Dinglogik erschien hier allerdings häufig als Abstand überhaupt von der Logik. So hält man es hier denn gern mit Goethes problematischem Ratschlag, nichts hinter den Phänomenen zu suchen, da sie selbst schon die Lehre seien. Oder man sucht im Gegenteil nach «Tieferem» als der Logik; das wäre als Suche nach Tieferem als der Dinglogik angemessen und treffend, um stattdessen nun umgekehrt, als Entgegensetzung einer zwar nicht mehr materiellen, aber doch quasimateriellen, nämlich immer noch gedankentranszendenten Wirklichkeit, nur das unüberwundene Gelten der Dinglogik, der Ersten Setzung, zu verraten.

Bei Nietzsche, dem ärgernisfreudigsten Geist jener Gruppe, ereignet sich beides: Das Denken bleibt aphoristisch an der gleißenden Oberfläche, «mißtrauisch selbst gegen die Schicklichkeit des Beweisens», und ertrinkt gleichwohl in einer hinsichtlich ihrer Logizität nicht auf die Probe gestellten Tiefe.

> «O Mensch! Gib acht!
> Was spricht die tiefe Mitternacht?
> ‹Ich schlief, ich schlief –,
> aus tiefem Traum bin ich erwacht: –
> Die Welt ist tief,
> und tiefer als der Tag gedacht.
> Tief ist ihr Weh –,
> Lust – tiefer noch als Herzeleid:
> Weh spricht: Vergeh!
> doch alle Lust will Ewigkeit –,
> – will tiefe, tiefe Ewigkeit!›»

So das berühmte Trunkene Lied im «Zarathustra». Die wahre Lösung in der Mitte, die logische Vertiefung durch den Abschwung in eine «Lehre vom Werden», bleibt blitzhaft aufleuchtende Ahnung.

Zwischen den Motivationen aus Erster und Zweiter Setzung bringt der unsystematische große Geist es mit Recht zu keiner Entscheidung.

Im allgemeinen führt der Zug dieses Denkens jedoch eindeutig weg von der Oberfläche, ohne hinter der Logik der Phänomene auf die der Logizität zu stoßen. Als metalogische Tiefe verstanden und umworben ist die Archetypik im Unbewußten, das Objekt der danach treffend benannten Tiefenpsychologie, wie auch die analoge Symbolwelt in geschichtlicher, pelasgisch-mutterrechtlicher Ferne und überhaupt die Seele, deren Widersacher der Geist sei, sowie natürlich vollends jenes Bewußtsein höherer Welten, dessen Proklamation auf paradoxe Weise endgültig reinen Tisch macht und Klarheit über das Ziel schafft: man drängt zum Unklaren, zum «Irrationalen»; es ist letztlich noch immer, in säkularisierten Formen, Luthers Flucht vor der «Hure Vernunft» in ein «blindes» Trauen und Glauben.

Die Polarität, der man sich auf verschiedensten Wegen dabei immer wieder ahnungsvoll nähert, ist dementsprechend vorbelastet. Auch und gerade sie scheint aus jener Tiefe zu kommen und sogar aus der allertiefsten, nämlich unmittelbar aus dem Weltgrund. Sie ist deshalb, für dies Denken, im ganzen unerfaßlich und somit auch an ihrer Oberfläche, in ihrer raumzeitlichen Erscheinung, niemals restlos entschlüsselbar. Jede Rationalisierung, die ihr auf den Grund gehen will, scheint ehrfurchtslos und zugleich lächerlich, weil mit Sicherheit zum Scheitern verurteilt.

Folglich steht nicht so sehr *yang* und *yin* im Mittelpunkt dieses Denkens als vielmehr das Geheimnis um beide. Gemessen an trockener Logik, dem Ja und Nein, liegt der Meinung nach unvergleichlich viel mehr vor, ein unauslotbarer Reichtum, und zugleich doch in Wahrheit, als tatsächlich faßlicher Inhalt, unvergleichlich viel weniger. Sprächen wir nicht geheimnisvoll, unklar und scheinbar «tief» von *yang* und *yin,* sondern stattdessen etwa von D u r und M o l l, so wäre das genau so gut und sogar treffender, aufschlußreicher; «hart» und «weich» kommt ja dem Kern der Sache, dem Nein und Ja, ungleich näher als «licht» und «dunkel». Das wird man j e t z t, vom Ertrag dieses Buches her, gewiß verstehen und eine solche Umbenennung wohl auch nicht mehr als unehrerbietig empfinden. Vorher wäre es anders gewesen.

6. Die nachabendländische Weltkonzeption im Greisenalter des Abendlandes. Letztliches Zusammenfallen der Zielsetzung mit der Prognose.

Die «Tiefe», in welche einzudringen sich die Besten des Zeitalters sehnen, ist in Wahrheit die N-Welt hinter der P-Welt, ist die Logizität des Werdens hinter den scheinbar alogischen Dingen. Wir müssen das hier nicht nochmals erörtern. Das Ziel ist ja inzwischen erreicht; der Ertrag dieses Buches, die Logik der Zweiten Setzung, stellt nichts anderes dar als eben den Einstieg in jene Tiefe.

Das Gedicht des Sehers Novalis, das diesem Buche vorangestellt ist, hat damit bereits sein Tempus und seinen Verbindlichkeitsgrad geändert. Zahlen und Figuren sind nicht mehr Schlüssel aller Kreaturen! Aus dem futurisch-konditionalen Sinn ist ein perfektisch-kategorialer geworden. Und so schwindet nicht irgendwann, sondern jetzt, bereits vor einem geheimen Wort, eben vor der Einheit von Gedanke und Gegenstand als dem nunmehrigen generalmethodischen Schlüssel, das ganze verkehrte Wesen fort! So jedenfalls im Prinzip. Was freilich in dem Gedicht wie ein einziges Nu wirkt, das dem verkehrten Wesen mit einem Schlage sofort und gänzlich ein Ende setzt, das ist in Wahrheit das Ziel eines darauf gerichteten weiteren Fortschritts und zwar, wohlgemerkt, eines immer noch antithetischen.

Auch der thetische Fortschritt, der des ganzen verkehrten Wesens, geht ja einstweilen noch weiter; die Entlarvung eines Denkfehlers fällt hier wie stets noch nicht zusammen mit der praktischen Überwindung der dem Irrtum entsprungenen Fehlentwicklung. Denn um es kurz zu wiederholen: Der thematische Schluß ist nicht auch schon der zeitliche, die Zeugung ist nicht auch schon der Tod. Zwischen beiden liegt vielmehr nichts Geringeres als das letzte Viertel, das NN-Zeitalter, einer Lebenszeit überhaupt.

In der Antike war das die siebenhundertjährige Spanne von der Attischen Philosophie bis zur germanischen Völkerwanderung; die analoge Spanne, auf die man heute gefaßt zu sein hat, wird eher länger als kürzer sein. Und jedenfalls liegt sie noch vor uns. Denn gerade und genau zum gegenwärtigen Zeitpunkt, mit der in diesem Buche vollzogenen Wendung, nimmt sie erst ihren Anfang. Beides bildet ja eine Tat-

einheit. Das NN-Zeitalter des Abendlandes beginnt mit dem oberstök-
kigen Schluß $\frac{PN}{NN}$, w e i l sich $\frac{NP}{PN}$, der untergeschossig-eigentliche Schluß,
inzwischen ereignet hat. Die Kultur ist damit in ihrem thematischen
Werden, aber nicht auch schon in ihrem Währen, beendet; vielmehr
beginnt nun erst, nach ihrer Reife, ihr Greisenalter, das ja gerade auch
dem Keim der antinomischen Folgekultur die Existenzbedingungen
bietet.

Damit ist die Lagebestimmung in der wichtigsten Hinsicht bereits
vollzogen. Es bleibt auch weiterhin, auf praktisch unabsehbare Zeit, bei
der Polarisierung (jetzt darf man diesen Ausdruck benutzen) des
spätzeitlichen Geschehens. Der eigentliche Fortschritt, im Unterschied
zur bloßen Endgestaltung von thematisch Uraltem, bleibt auch weiter
ein antithetischer. Nur ist das nunmehr ein Fortschritt von der Konzeption her statt auf sie zu. Die PN-Konzeption ist als solche, eben als
Konzeption, nun ja schon erreicht. Für den antithetischen Fortschritt hat
also das zweite Tempo begonnen: Nach dem intern begrifflichen,
denkmethodischen Aufbau geht es jetzt um die Übersetzung in die soziologische Breite, um ein pädagogisches Anliegen in dieses Ausdrucks
weitestem Sinne. Die Konzeption hat zur Schule und die Schule zur
Gemeinde zu werden, und parallel dazu hat sich die esoterische Weisheit ihren exoterischen Ausdruck zu schaffen. Daß «man in Märchen
und Gedichten erkennt die wahren Weltgeschichten», ist ja wieder eine
der Weiterungen, die nun bereits greifbar und dringlich, aber deshalb
nicht auch schon verwirklicht sind.

Und alldas, wie gesagt, immer noch antithetisch, als ein Schwimmen gegen den Strom. Die Entscheidung steht heute schon fest, wie bei
jedem Zweikampf zwischen dem Sein und dem Werden. Niemand anderes als der spätzeitliche Daseinsapparat ist es ja, der durch das mon-
ströse Lasten seiner allmächtigen Perfektion dem scheinbar hilflosen
Gegenstrom automatisch den Auftrieb zuführt, den Jesus mit dem
sprengend-gewaltigen des winzigen Senfkorns verglichen hat. Oder in-
disch-mythologisch gesprochen: Wischnu wird äußerstenfalls, wenn
alle normaleren Mittel versagen, als Mannlöwe oder Löwenmann,
unerhört-unrubrizierbar, den hinter usurpierter Seinsmacht verschanz-
ten Geisterkönig zerschmettern.

Man kann die geschichtliche Zuversicht auch bescheidener ausdrükken: Der Sieg des Neuen steht fest, weil es sich dabei um einen Sieg in des Wortes vollem Verstande, um die Entscheidung in einem Kampf, zutiefst gar nicht handelt! Das nämlich setzte voraus, daß eine offene Lage besteht, in welcher der Sieg also ebenso gut der Gegenseite zufallen könnte. Und so erscheint es ja vordergründig: Altes und Neues, thetischer und antithetischer Fortschritt, scheinen auf dem Kampfplatz der Weltgeschichte gegeneinander anzutreten wie die beiden feindlichen Fahnen in Loyolas großer Vision; wem der Sieg zufällt, werde sich erst ergeben, wenn sich die Heere im Kampfe messen. Man darf und soll diesem Bilde nichts von seiner Dramatik nehmen; was wie ein Unwetter heraufzieht, ist tatsächlich ein geschichtlicher Kampf größten Stils mit allen Unberechenbarkeiten und Risiken eines solchen. Weil aber der thetische Fortschritt gerade auch durch seine Erfolge den antithetischen Fortschritt stärkt und nicht etwa auch umgekehrt, ist es d i e selbe Richtung, in der, aufs Große und Ganze gesehen, beide Fortschritte sich bewegen. Es gibt hier also keinen Sieg, sofern man daran festhält, daß er eine Entscheidung zwischen zwei möglichen bedeuten müßte. Die einzige Entscheidung, die sich hier wirklich ereignet, wird vielmehr der alten Weisheit entsprechen: *Ducunt fata volentem, nolentem trahunt!* Zum identischen Ziel wird das Schicksal den Einsichtigen führen, den Widerstrebenden jedoch zerren.

Nur in der o p t i m a l e n Gestaltung des Ablaufs, der im großen festliegt, besteht mithin die Aufgabe. Die Strategie fällt, anders ausgedrückt, mit der schlichten Prognose weitgehend zusammen. Zu klären ist also erstens, was überhaupt geschehen wird, das heißt was als Zukunft auch dann vor uns läge, wenn die PN-Konzeption nicht bestünde oder keinerlei Einfluß zu nehmen vermöchte. Und erst zweitens kommt daraufhin die Frage nach der möglichen Einflußnahme. Dabei liegt der Akzent auf dem «möglich». Wie Politik überhaupt nach Rankes bekanntem Ausspruch, ist auch Ideenpolitik die Kunst des Möglichen. Das mag eine Binsenwahrheit sein; aber wir müssen sie aussprechen, weil damit zu rechnen ist, daß die PN-Konzeption auch im Rahmen dessen, was sie wünscht und erstrebt, nicht alles von sich her bewirken kann.

7. Weiteste Prognostik: Der Menschheitsfrühling nach dem Ausgang der abendländischen Spätzeit.

Nehmen wir als Beispiel für das Zusammenfallen des Kommenden mit dem Erwünschten gleich den allergrößten Aspekt, in den sich wie in einen Rahmen alles übrige, Nähere einfügt: Das eigentliche Ziel ist die PN-Kultur der Zukunft, zu der sich die Konzeption verhält wie das Ei im Mutterleib nach der Zeugung zum später subjekthaften Wesen.

Von den zwei Betrachtungskriterien steht dazu erstens, als reine Prognose, fest: Zu dieser Kultur wird es kommen. Die Sicherheit dieser Feststellung ist nur durch Vorbehalte beschränkt, von denen wir, so ernst sie sind, hinsichtlich der Planung absehen können. Sollte etwa unser Planet in einem höllischen letzten Weltkrieg verglühen, so daß mit allem höheren Leben die gesamte Menschheit vertilgt ist, so gibt es selbstverständlich auch keine Menschheitskultur der Zukunft. Und vom Ertrag dieses Buches her ist hinzuzusetzen: Dieser Ausgang wäre, wenn er wirklich eintreten sollte, gut. Denn auch er ist dann Götterwerk, entspricht dem Ratschluß des Himmels.

Es ist wichtig, dies zu bemerken. Selbst das Furchtbarste an Unsicherheit, was über der heutigen Menschheit lastet, kann an der eigentlichen, theologischen Sicherheit, der Geborgenheit im «neuen Himmel», nichts ändern. Und sieht man ab von jener abenteuerlich äußersten Grenzmöglichkeit, so bleibt es für die Prognose bei der historischen Sicherheit. Das darf wiederum auch theologisch gemeint sein: Niemand kennt den Willen des Himmels; da jedoch die PN-Konzeption bereits existiert, wird man mutmaßen dürfen, daß auch die PN-Kultur, die damit bereits angelegt ist, entstehen soll! Dies jedenfalls ist die Voraussetzung, von der aus wir zu operieren haben.

Und dann ist prinzipiell wie auch von allen sich schon bietenden Anzeichen her damit zu rechnen, daß die abendländische Spätzeit schließlich ebenso enden wird wie vormals die antike. Einst wird kommen der Tag... Irgendwann wird der Augenblick kommen, wo der überzüchtete Daseinsapparat die Schwächung der Kulturmenschheit, die er selber verursacht und hartnäckig steigert, nicht mehr künstlich zu kompensieren vermag, wo er vielmehr selber zusammenbricht. Irgendwoher aus dem «Paradies», aus dem Hochgebirgsgürtel nördlich der Mittelmeerzone, wird es dann zu einer neuen Völkerwanderung kommen und von ihr her zum Endziel dieser Entwicklung, zum Beginn einer neuen Kultur.

Wir sind von diesem Ereignis, wie bereits geklärt, mindestens noch so weit entfernt wie einst die Schule von Athen vom Zusammenbruch des römischen Weltreichs. Die Völker, die den neuen weltgeschichtlichen Weihefrühling heraufführen werden, sind heute als solche noch gar nicht vorhanden. Sie können das nicht, weil sie dann selbst noch als letzte Reserven, etwa wie die Gallier und Illyrer im römischen Weltreich, vom Verfallsgeschehen der Spätzeit, dem europäistischen Doping, erfaßt und aufgezehrt würden.

Wenige Familien in entlegensten Gebirgstälern reichen aus, um in der gewaltigen Spanne, die dem Ereignis noch vorangeht, den Massenaufmarsch neuer Völker von bislang völlig unbekannter Art biologisch vorzubereiten. Auch dieser Teil der Prognose fußt auf theologischem Grund: Eben dazu ist ja der tertiäre Hochgebirgsgürtel, das «Paradies» mit seinen Schluchten und Flüssen, kosmogonisch konzipiert, daß immer wieder in ihm ein neuer derartiger Frühling ansetzt! Es ist, mit anderen Worten, letztlich ein Naturvorgang, mit welchem die Prognose hier rechnet. Daher unsere Sicherheit, die wie bei jedem Naturvorgang nur und immerhin feststellt, daß der prognostizierte Hergang bei normativem Verlauf mit Sicherheit eintritt. Das bedeutet ein nicht absolutes, aber doch sehr hohes Maß an Gewißheit.

Und sogar ein fast schon ins einzelne gehender Zug ist erkennbar. Wir hatten ihn bereits gestreift: Der Westteil des Hochgebirgsgürtels, von Schottland und Skandinavien über die Alpen bis zu den Karpaten, gehört so eng zu Europa, zum abendländischen Ursprungsraum, daß er sich auch dem Schicksal der abendländischen Spätzeit, dem Aufgebot und Verschleiß der letzten menschlichen Reserven, schwerlich wird entziehen können. Darin aber liegt umgekehrt, daß die nächste Völkerwanderung höchstwahrscheinlich im östlichen Teil des Gebirgszuges, vom Kaukasus bis zum Himalaja, entspringen wird.

Die Begegnungsstelle mit Europa, mit dem Gesellschaftskörper der «Vorkultur», liegt somit im südlichen Rußland, in den Landschaften nördlich und nordöstlich des Schwarzen Meeres. Hier also und nicht im weiter ermattenden Westeuropa, nicht auch im tieferen Asien, das dann längst wieder Steppe wie ehedem sein wird, hat man den Kulturherd der Zukunft zu suchen.

Das berührt insofern seltsam, als bereits Denker wie Nietzsche und Spengler letztlich analog auf «Rußland» verwiesen. Was vom konkreten geschichtlichen Rußland bis dahin noch übrig sein wird, ist natürlich eine andere Frage. Immerhin scheint nicht ausgeschlossen, daß das östliche Slawentum auch biologisch, wegen seines verspäteten Eintritts in den europäischen Teufelskreis, den Umbruch ähnlich glimpflich passieren wird wie einst das westliche Keltentum den Zusammenbruch der Antike.

Auch Hegels Wirkung unter den Slawen, keineswegs bloß über Marx, gibt zu denken.

8. Das schon setzbare neue Priestertum. Die spätantike Christianisierung
als Parallelfall und Gegenbeispiel.
Paulus und der Einbruch des Wunderbaren. Die mysteriöse Auferstehung.

Die Völkerwanderung aus den Hochgebirgen des Ostens steht unter den Ereignissen, die sich heute schon abzeichnen, als letztes, fernstes am Horizont. Durch sie erst wird, im nunmehrigen Sinne, dem «neuen Himmel» die «neue Erde», dem nachabendländischen Weltbewußtsein der gemäße Gesellschaftskörper, hinzugefügt.

Das Ereignis ist von Grund auf erwünscht, ist begrüßenswert als Erfüllung der Zeiten, gehört jedoch ohne Zweifel zu jenen, auf die das heutige Planen keinerlei Einfluß zu nehmen vermag. Das bedeutet auch für die Möglichkeiten in der Zwischenzeit, im NN-Zeitalter des Abendlandes, eine Einschränkung in wichtigster Hinsicht: Die Ständeordnung, die dem Götter- und Menschenbild der PN-Konzeption entspricht, ist nicht praktisch vorwegnehmbar, nicht mit heutigen Mitteln manipulierbar, nicht jedenfalls in ihrer Gänze. Insbesondere der Kriegeradel ist nicht absichtsvoll setzbar, sondern kann sich erst bilden, automatisch als ein Naturvorgang, durch die Eindringlinge und ihren Sieg.

Anders steht es jedoch um die Priester, um die Machthaber über das Bewußtsein. Ihre Stunde ist jetzt bereits angebrochen; von der PN-Konzeption her ist der «neue Himmel», auch massenpsychologisch, bereits in Sicht. Die biologische Verjüngung, die Urkraft des Barbaren, braucht dazu nicht abgewartet zu werden. Sie wäre eher hinderlich; der geistige Mensch ist der kranke oder doch biologisch geschwächte. Das Eroberervolk der Zukunft wird an seiner anfänglichen Robustheit erst einige Minderung hinnehmen müssen, um auch im transformierten Sinne den Gott Erschaffer darstellen zu können. So lange darf und muß man nicht warten. Die Aufgabe brennt unter den Nägeln, und an Degeneration ist kein Mangel.

Wir erwähnten bereits das indische Beispiel. Mit dem wedischen Weltbild stammten offenbar auch seine Priester, die Brahmanen, in Wahrheit aus der Vorkultur, der Induskultur, und damit aus der Dekadenz, wenn sie sich später auch aus dem arischen Adel blutlich verjüngten und den wahren Ursprung auch sonst verwischten. Es war faktisch derselbe Zusammenhang, der sich im Abendland offen kundtat, wenn sich ein zunächst auch wirklich, der Herkunft nach, «römisches» Priestertum neben den germanischen Adel stellte.

Anders kann es nicht sein; bei der Traditionsübernahme, die der Völkerwanderung folgt, kann die Aktivität nur von der Elite des alten Gesellschaftskörpers ausgehen. Auch das, wie die Überschichtung selbst, ist letztlich ein Naturvorgang, für den es keiner Begründung oder gar Rechtfertigung bedarf. Wir sind hier denn auch schon bei der Sache; der Kampf um das Bewußtsein hat vom Ertrag dieses Buches her bereits begonnen. Agitatoren wie Trotzki und Mussolini hätten bei besserer Indoktrination bereits prächtige, höchst wirksame Repräsentanten des neuen Priestertums sein können. An der Eignung fehlte es nicht wie auch nicht an der Wandlungsbereitschaft der Massen. Nur der Schlüssel war noch nicht der rechte.

Der Weg vom abstrakten zum sakralen Geist, von der Philosophenschule zum Priesterorden, ist heute glatter als manches Mal vorher. Die antike Parallele hat gerade an diesem Punkt eine Grenze. Erst sehr spät, unter Konstantin dem Großen dicht vor der Endkatastrophe, wurde das Christentum zur Staatsreligion. Und Julian Apostata, der das «Heidentum» zu erneuern suchte, war dabei in philosophischer Hinsicht vom Neuplatonismus geleitet. Hier waltete somit ein Mißverständnis. Im Neuplatonismus trat ja dasselbe Thema, das sich als Christentum kollektiv durchgesetzt hatte, gegen dieses noch einmal an, einfach weil exoterischer Mythos und esoterische Weisheit, «Religion» und «Philosophie», einander in ihrer Gemeinsamkeit, ihrer wurzelhaften Identität, nicht erkennen konnten.

Der christliche Mythos war der Attischen Philosophie, also dem «präexistenten Christentum» im Sinne Nietzsches, erst spät und gewaltsam von außen, durch Paulus, aufgedrängt worden. Und die von Harnack so genannte «Hellenisierung des Christentums» also war, andersherum gesehen, die Mythisierung nicht des eigentlich hellenischen Wesens, sondern jenes Kehrbildes, das selbst den «christlichen» Inhalt, nur eben noch «unchristlich», unmythisch-abstrakt, bereits dargestellt hatte. Mit der – beiderseitigen – Verkennung dieser «radikalen» Identität begann das Zerwürfnis, das als jenes von Glauben und Wissen, offenbarter und rationaler Wahrheit, im Abendland hartnäckig fortschwelen sollte.

Der aristotelische Universalgott war von der Methode her nur der unbewegte Erste Beweger. Die Behauptung, daß er zu denken vermöge, statt bloß zu «sein», hatte bereits einen äußersten, auf Nebengeleisen erreichten Zusatz, geradezu ein Entgegenkommen, seitens des Philosophen bedeutet. Von dieses Gedankens Blässe her führte kein Weg zu der Geborgenheit, nach der die spätantike Menschheit verzweifelt suchte. Und der Anstoß von außen, von Jesus über Paulus, der dann doch die Lawine ins Rollen brachte, hatte an rational verbindlichen Orientierungshilfen noch weniger, reinweg nichts, zu bieten. Darum ging es hier aber auch gar nicht mehr. Was die mächtige Wirkung brachte, war im Gegenteil – wie in dieser Weltstunde einzig möglich – ein Attentat auf die Ratio, eine Überrumpelung des Bewußtseins.

Vom historischen Jesus und seiner Lehre weiß Paulus in seinen Briefen befremdlich wenig zu sagen; sogar bloße Erwähnungen sind äußerst selten. Im Mittelpunkt steht der Kreuzestod, provoziert mit dem Ziel und Erfolg einer stellvertretenden Sühne zu Gunsten der gefallenen Menschheit, nebst der Auferstehung, der Überwindung des Todes, die mit wiederum allgemeiner Wirkung den Erlös für das Blutopfer bilde. Schließlich noch die Himmelfahrt als Bekräftigung der göttlichen Absicht. Wunder über Wunder! Daß die Menschheit das Unausdenkbare glaubte, kommt hinzu als ein weiteres, historisch unanfechtbares Wunder. Es ist in gewisser Weise das größte. Denn gerade in den ältesten, verläßlichsten christlichen Quellen, den synoptischen Evangelien, ist von Jesu Tod am Kreuz wie überhaupt vom Kreuz genau besehen keine Rede.

Dazu sagt Hegemann einmal (von uns leicht gekürzt) in einem saloppen Tonfall, der mit der einfachen Aufklärbarkeit des wahren Sachverhalts korrespondiert und daher nicht so ironisch gemeint sein mag, wie er vielleicht klingt: «Meines Wissens ist im griechischen Texte niemals von Kreuz, kreuzigen oder ans Kreuz nageln die Rede, sondern immer nur von Pfahl, pfählen und gelegentlich von hängen. Die Maler des eisernen Mittelalters haben uns zwar die schönen großen Zimmermannsnägel ihrer Kreuzigungsbilder lieb und wert gemacht; aber wenn ich recht unterrichtet bin, war ein Nagel zur Zeit Christi beinahe ebenso kostspielig wie ein Schuß Pulver, so daß man einen Verbrecher seiner nicht wert gehalten hätte; an den Pfahl hängen muß also anbinden bedeuten, wie man auch in Europa noch bis vor kurzem Leute an den Pranger stellte und anband. Im Altertum, oder wenigstens zur Zeit Christi, scheinen die Sträflinge nur an den Händen angebunden worden zu sein und zwar so hoch, daß die Füße den Boden nicht berührten. Wahrscheinlich ruhte dabei die Last des Körpers auf dem kleinen Querholz zwischen den Beinen, auf dem z. B. Max Klingers Kreuzigungsbild im Museum von Leipzig den Gekreuzigten rittlings darstellt. So ließ man die Sträflinge hängen, und sie lebten, wie Origenes einmal mitteilt, noch tagelang. Nach der von Professor Johannes Weiß mitgeteilten Berechnung wäre Christus sechs Stunden lang an den Pfahl gebunden gewesen; andere Gelehrte errechnen nur eine, ja nur eine halbe Stunde (so z. B. der um die Klärung dieser ganzen Angelegenheit so hoch verdiente und wahrhaft vorurteilsfreie Dr. Siegmund Linde). Daß Christus dabei ohnmächtig wurde, erklärt sich aus der Erregung der vorangegangenen achtundvierzig Stunden, die er wahrscheinlich schlaflos verbracht hat.»

452

«Wenn wir die Kreuzabnahme im Neuen Testament verfolgen»,
fährt Hegemann fort, «was finden wir anders als, in allen vier Evangelien, die Nachricht von dem reichen Joseph von Arimathia, der gleich
nachdem Christus angebunden und in Ohnmacht gefallen war, ihn
wieder abband, wegschaffte und in einer neuen Grabkammer in der
Nähe verbarg. Als die Freundinnen Christi am nächsten Morgen hinka-
men, war die Kammer leer; aber der verschwundene Christus wurde
kurz darauf von allen Jüngern und von zahlreichen Freunden wiederholt gesehen. Da Christus totgemeldet war, hielten die Jünger die
Nachricht von seinem Erscheinen für ein ‹Märlein›. Es ist beachtens-
wert, daß keiner der Jünger dies Erscheinen erwartet hatte, daß sich
keiner an die Verkündigungen des Todes und der Wiederkunft erin-
nerte, die Christus, späteren Berichten zufolge, seinen Jüngern verschiedentlich gemacht haben soll. Das Johannes-Evangelium erklärt
diese eigentümliche Vergeßlichkeit der Jünger in glaubhaftester Weise,
indem es sagt: ‹Denn sie wußten die Schrift noch nicht, daß er von den
Toten auferstehen müßte›. Als drum die Jünger Christus sahen (so meldet Lukas), ‹erschraken sie und fürchteten sich: meinten sie sähen einen
Geist. Und er sprach zu ihnen: ‹Warum kommen solche Gedanken in
eure Herzen? Sehet meine Hände und meine Füße, ich bin es selber;
fühlet mich und sehet; denn ein Geist hat nicht Fleisch und Bein, wie
ihr sehet, daß ich habe. Habt ihr hier etwas zu essen?› Und sie legten
ihm vor ein Stück vom gebratenen Fisch und Honigseim. Jesus nahm
es und aß vor ihnen›. So erzählt wörtlich der Evangelist Lukas. Was
könnte überzeugender sein? Warum sich da versteifen wollen, der
Fisch und Honig essende Christus müsse vorher gestorben sein, wie die
‹von ferne zuschauenden› Frauen geglaubt hatten. Erst im viel später
verfaßten Johannes-Evangelium erscheinen, zusammen mit dem symbolischen Lanzenstich nebst Blut und Wasser, schließlich auch Nägel-
male, in die der ungläubige Thomas seine Finger legen möchte»[5].

Eine Hinrichtung hatte nicht stattgefunden, und man darf hinzufügen: sie hatte offenbar auch gar nicht stattfinden sollen. Jesus besaß die
Sympathie des Landpflegers Pontius Pilatus; zwischen diesem – vielleicht über dessen Frau vermittelt – und Joseph von Arimathia, der
dann so prompt zu handeln wußte, ahnt man ein Einverständnis und

geradezu eine Verabredung, von welcher dann der Hauptmann des Hinrichtungskommandos nicht ausgeschlossen gewesen sein konnte.

Zu denken gibt schon der Auftakt. Die der Hinrichtung vorangehende Auspeitschung des Delinquenten pflegte, des Beispiels wegen, in der Öffentlichkeit stattzufinden. Anders die Geißelung Jesu; Lukas weiß von ihr gar nichts, und nach den anderen Evangelisten fand sie unmittelbar nach der Urteilsverkündung im Richthaus statt, ebenso gleich darauf die Verspottung. Augenzeugen aus Jesu Gefolgschaft waren mithin nicht zugegen; die Evangelien berichten hier bestenfalls nach dem Hörensagen. Hatte unter solchen Umständen eine Geißelung überhaupt stattgefunden? Man pflegte die Delinquenten, die nach der Auspeitschung kaum mehr laufen konnten, auf Bahren zum Richtplatz zu transportieren. Jesus dagegen ging den Weg selbst, brauchte aber gleichwohl das «Kreuz» nicht selber zu tragen. Man schonte ihn kavaliersmäßig.

Nach der Anbindung klagte er über Durst, bekam einen Essigtrunk, und unmittelbar darauf, nach Matthäus wie nach Johannes, trat dann auch schon der «Tod», eine Erstickungsagonie offenbar, ein. War auch das so im voraus verabredet? Obwohl allgemeine Verwunderung über das rasche Ende herrschte, entstand kein Verdacht, auch wurden Jesus nicht, wie sonst üblich, die Schenkel zerschlagen. Er blieb unversehrt, und nun handelte Joseph von Arimathia.

Nach «Begräbnis» und «Auferstehung» wurde Jesus dann zunächst von einzelnen Anhängerinnen und Jüngern, später auch von größeren Menschengruppen gesehen, besonders in Galiäa. Er hatte sich also von Jerusalem, dem Ort seiner Niederlage, verständlicherweise abgesetzt, und zwar in nördlicher Richtung.

Dann verliert sich seine Spur. Und auch das ist nur allzu verständlich. Das Todesurteil war weiter in Kraft; Jesus war also vogelfrei und daher auch in Galiläa, seiner Heimat, nicht außer Gefahr. Sicherheit verhieß nur die weitere Flucht in nördlicher und nordöstlicher Richtung: über die römischen Grenzen und die Möglichkeiten des jüdischen Zugriffs hinaus in das weite, duldsame Partherreich. Es ist der Weg, den damals so mancher Geächtete einschlug. Auch Jesus, dem keine andere Wahl blieb, muß diesen Weg genommen haben, und zwar mit Erfolg. In Srinagar zeigt man noch heute sein Grab.

Soviel zum historischen Vorgang, der das Unerhörte jedoch nicht tilgt, sondern nur in ein anderes Licht rückt. Denn wir sagten es schon: Daß man den Tod am Kreuz und die Auferstehung dem Galiläer glaubte, ist hier das eigentlich Wunderbare. Unzählige Märtyrer, «Zeugen», gingen in den nächsten Jahrhunderten für diesen Glauben in den Tod. Nur von einem gewaltigen Ausnahmemenschen, der die Steigerungsmöglichkeit der Person unmittelbar verkörperte und in paranormalen Leistungen kundtat, konnte eine solche Wirkung ausgehen. Und nur auf diesem ekstatischen Wege, nicht auf dem rationalen, konnte im spätantiken Rahmen die ersehnte große Wendung erfolgen.

Insofern hatte mit Jesus wirklich eine Auferstehung begonnen, eine solche nämlich des Menschen aus dem nichtigen Hedonismus der Spätzeit mit dem Tod als drohend sinnlosem Ende. So gesehen war also auch Paulus im Recht, wenn er dieser geschichtlichen Heilstat, sie allerdings schon ins Kosmische und damit Mythische überhöhend, sein Augenmerk ausschließlich zuwandte. Stabilisiert mit dem Wunder wurde indessen auch der von vornherein geäußerte Zweifel. Der Überhöhung entsprach der Argwohn. Jesus hatte von dem Komplott, das seine Rettung herbeiführen sollte, vermutlich keine Kenntnis besessen; und gewiß hatte er mit dem entstandenen Anschein von Tod und Auferstehung nicht im voraus auf die Wirkung gezielt, die für spätere Geschlechter von diesen Ereignissen ausging. Das heißt er hatte nicht geblufft, war kein «Betrüger». Doch gab es nun auch diesen Verdacht. Er spukte in den Gemütern von Manichäern und Katharern und klang auch in der Christenheit schon im Mittelalter verschiedentlich an.

Ob Friedrich II. von Hohenstaufen Jesus wirklich, neben Mose und Mohammed, zu den drei größten Betrügern zählte, ist nicht so wichtig wie der Umstand, daß die Zeitstimmung mit dieser Möglichkeit, statt entsetzt zurückzuweichen, vielmehr offenbar bereits rechnete. Von hier aus fraß sich das Verhängnis weiter in der schon beschriebenen Richtung. Die NP-Konzeption brauchte bis zur «Aufklärung», zur Zerstörung der Metaphysik durch die Theorie, nicht zu warten, um ihr atheistisches Ziel ansteuern zu können. Der Religionsstifter selbst hatte den

Spaltpilz, der sein Werk zuerst angreifen sollte, durch seinen beispiellosen Auftritt und dessen Wirkung miteingebracht.

Derartige Schwierigkeiten müssen sich heute nicht wiederholen. Der PN-Konzeption muß die theologische und jetzt also polytheistische Relevanz und Heilkraft nicht erst in letzter Stunde, wenn gar keine andere Wahl mehr bleibt, als ein improvisierter Zusatz von irgendwoher aufgepfropft werden. Philosophie und Theologie sind jetzt vielmehr, wie einst in Indien, von Grund auf ein und dasselbe.

Entsprechendes gilt daher auch für die beiderseitigen Repräsentanten. Zwischen dem Weisen und dem Priester gibt es nun also nicht mehr den Unterschied, der einst den stoischen Gelehrten von der Volksfrömmigkeit und den christlichen Priester von der profanen Bildung abrücken ließ. Der Zustand ist fortan vielmehr so, daß der Weise mit dem Mythos genau so direkt und legitim wie der Priester anderseits mit der Logik umgeht.

Das wird und soll an der typenhaften Differenz beider Lebensformen nichts ändern; sie ist letztlich, wie eh und je, die von «reiner» und «engagierter» Weisheit. Eben das aber heißt nun nicht mehr, daß die beiden Erkenntnisströme aus zwei verschiedenen Quellen, Vernunft und Offenbarung, entsprängen. Die Wahrheit hat keinen doppelten Boden. Lediglich in ihrem Auftritt als Theorie oder Praxis liegt hinfort noch das Trennende. Der Weg von der abstrakten Einsicht, der «Philosophie», zu ihrer mythischen Übersetzung, zur «Religion», hat somit jetzt nichts von der Schwierigkeit, die einstmals den analogen Vorgang, die spätantike Christianisierung, so äußerst lange hinauszögerte. Auch in dieser Hinsicht vielmehr spricht alles für den sofortigen Aufbruch.

9. Der Ansatz beim spätabendländischen Menschen.
Das erlernbare Glück.

Auf Grund der unausgereiften Lage, im Wettlauf mit dem thetischen Fortschritt, kann es noch nicht um die Neuordnung des Sozialgefüges im ganzen gehen, sondern lediglich um die des Einzelmenschen.

Gelingt diese, so kommt auch jene voran. Das ist die uralte Zuversicht, wenn auch nicht mehr im bisherigen, christlich-sozialistischen Stil. Was sich beim Einzelnen bessern soll, damit sich aus der summierten Wirkung auch der Gesamtzustand bessere, ist ja nicht eigentlich der moralische Wille. Der geplante Eingriff ist kein Appell, besitzt keinen imperativischen Sinn.

Allerdings trifft es zu, daß es auch dem Ganzen zugute kommt, wenn jeder vor seiner eigenen Tür kehrt. Übersehen ist bei diesem Rat, den sogar Goethe gab, jedoch zweierlei: Der Appell an den guten Willen, als summarisch-sozialethisch wirksame Möglichkeit aufgefaßt, setzt insgeheim voraus, daß die natürliche Selbstsucht, welche er überwinden möchte, eigentlich schon überwunden sei. Andernfalls nämlich fällt er ins Leere und sollte damit von vornherein rechnen.

Aber auch wenn bis hierher alles seine Richtigkeit hätte, so ist der zweite Fehler noch immer, daß sich die Sozialstruktur, einmal in Auflösung, auch aus der Summierung von noch so viel gutem Einzelwillen nicht als solche neu zu ordnen vermag. Letztlich ist auch hier – typisch abendländisch, typisch christlich und nominalistisch – die Summe mit dem Ganzen verwechselt.

Die natürliche Selbstsucht entspringt legitim dem Eigenwillen der Person wie überhaupt des Subjektes. Und sie soll also nicht, wie nur die Utopie wollen kann, in ihr Gegenteil, in Selbstlosigkeit mit kollektivistischem Vorzeichen, umschlagen. Sie soll sich nur richtig begreifen, soll das effektive Wohl des Einzelmenschen bezwecken, statt ihn durch die Setzung von Wahnzielen in die Irre zu führen und um seinen Lebenssinn zu betrügen.

Man verkennt immer wieder, was eine Binsenwahrheit sein sollte: Der natürlichen Selbstsucht geht es stets und überall nur um ein einziges Gut: um das Glück. Das versteht sich von selbst, denn es folgt aus der Definition. Glück ist zufriedengestellter Wille. Wer am Ziel seiner Wünsche ist, der ist glücklich; und wer glücklich ist, der ist am Ziel seiner Wünsche. Der Ausdruck «wunschlos glücklich» stellt letztlich eine Tautologie dar. Glück ist, wie man dafür auch sagen kann, «Selbst-Zufriedenheit» – nicht unbedingt und wesentlich in dem üblichen Verstande eitler Eigenbewunderung, jedenfalls aber in dem der bejahend erlebten Gegenwart des eigenen Wesens.

Wilhelm Buschs Lehrer Lämpel in «Max und Moritz» meint auf schlichte Weise diesen tautologischen Grundsachverhalt:

«Ach!» – spricht er – «die größte Freud'
ist doch die Zufriedenheit!»

Selbstzufriedenheit im Sinne unserer Definition ist genau besehen sogar noch mehr, ist die effektiv einzige Freude und damit allerdings auch die größte.

Schopenhauer in den «Aphorismen zur Lebensweisheit» hat es unvergeßlich gesagt: «Was uns am unmittelbarsten beglückt, ist die Heiterkeit des Sinnes: denn diese gute Eigenschaft belohnt sich augenblicklich von selbst. Wer eben fröhlich ist hat allemal Ursach es zu sein: nämlich eben diese, daß er es ist. Nichts kann so sehr, wie diese Eigenschaft, jedes andere Gut vollkommen ersetzen; während sie selbst durch nichts zu ersetzen ist. Einer sei jung, schön, reich und geehrt; so frägt sich, wenn man sein Glück beurteilen will, ob er dabei heiter sei: ist er hingegen heiter; so ist es einerlei, ob er jung oder alt, gerade oder bucklig, arm oder reich sei; er ist glücklich.

In früher Jugend machte ich einmal ein altes Buch auf, und da stand: ‹Wer viel lacht ist glücklich, und wer viel weint ist unglücklich›, – eine sehr einfältige Bemerkung, die ich aber, wegen ihrer einfachen Wahrheit doch nicht habe vergessen können, so sehr sie auch der Superlativ eines truism's ist. Dieserwegen also sollen wir der Heiterkeit, wann immer sie sich einstellt, Tür und Tor öffnen: denn sie kommt nie zur unrechten Zeit; statt daß wir oft Bedenken tragen, ihr Eingang zu gestatten, indem wir erst wissen wollen, ob wir denn auch wohl in jeder Hinsicht Ursach haben, zufrieden zu sein; oder auch, weil wir fürchten, in unsern ernsthaften Überlegungen und wichtigen Sorgen dadurch gestört zu werden: allein was wir durch diese bessern ist sehr ungewiß; hingegen ist Heiterkeit unmittelbarer Gewinn. Sie allein ist gleichsam die bare Münze des Glückes und nicht, wie alles andere, bloß der Bankzettel; weshalb nur sie unmittelbar in der Gegenwart beglückt.»

Glücklich ist, wer sich glücklich fühlt. Am tautologischen Kern dieser Einsicht kann und mag auch Schopenhauer nichts ändern. Daß nur die Heiterkeit effektiv, nämlich «unmittelbar», beglücke, ist ja letztlich wie «wunschlos glücklich» eine tautologische Formulierung. Wie die Selbstzufriedenheit im Sinne unserer Definition meint ja auch die «Heiterkeit» des Zitats nicht ein besonderes Glücksgut, sondern den Glückszustand überhaupt, wenn auch mit deutlicher Betonung des Erlebnischarakters, des Begriffenseins im Bewußtsein. Auf dem G e n i e ß e n des genußvollen Sachverhalts liegt damit der Akzent. Von der bloßen Tautologie ist die Einsicht mithin auch in dieser Form nicht sonderlich weit unterschieden. Dennoch meint sie etwas Wichtiges, ja Entscheidendes: den ins Positive gekehrten Sinn nämlich dessen, was das Sprichwort vom Unglück sagt: Was ich nicht weiß, macht mich nicht heiß! Glück will, wie der Schatz im Acker, entdeckt sein. Schopenhauers Heiterkeit ist das im Bewußtsein erglänzende Glück, das ausdrückliche Ja zum Bejahenswerten.

Mit dem unmittelbaren Verhältnis von Glück und Heiterkeit hängt es zusammen, daß Schopenhauer, was die möglichen Glücksgüter angeht, den gleichfalls unmittelbaren, nächsten, vor den mittelbaren den Vorrang einräumt. An den ersten Platz stellt er die Gesundheit. Und überhaupt zähle, was «einer ist», in der Glücksfunktion stärker als alles, was er nur «hat» oder «vorstellt». «Nun ist gewiß», heißt es daher weiter, «daß zur Heiterkeit nichts weniger beiträgt, als Reichtum, und nichts mehr, als Gesundheit: in den niedrigen, arbeitenden, zumal das Land bestellenden Klassen, sind die heitern und zufriedenen Gesichter; in den reichen und vornehmen die verdrießlichen zu Hause. Folglich sollten wir vor allem bestrebt sein, uns den hohen Grad vollkommener Gesundheit zu erhalten, als dessen Blüte die Heiterkeit sich einstellt.»

Genau genommen ist das allerdings, wie auch Schopenhauer weiß, nur die R e g e l. Auch Gesunde sind recht oft unglücklich, wie anderseits auch ein Kranker unbeschwert heiter zu sein vermag, wenn er sich über sein Leiden aus anderweitigen Gründen erhebt. Im Unterschied zum Glück als solchem und damit zur Heiterkeit ist auch die Gesundheit lediglich ein mögliches Glücksgut. Richtig bleibt trotzdem, daß leibliches Wohlbefinden dem eigentlichen Wohlbehagen, dem Glück, besonders nahesteht, daß deshalb in der Tat die bloße Gesundheit als Quell der Heiterkeit oftmals hinreicht und daß sie schließlich in dieser Hinsicht noch sehr viel häufiger hinreichen könnte, wenn sich das Bewußtsein nicht wegen weitergesteckter Ziele jener nächsten Glücksmöglichkeit verschlösse. Richtig bleibt damit auch umgekehrt, daß alles, was einer nicht «ist», sondern lediglich «hat» oder «vorstellt» wie Reichtum, Macht oder Ansehen, in der Glücksergiebigkeit deutlich zurücksteht. Wir rechnen hier mit dem Durchschnittsmenschen. Nicht jeder ist ein Achill, der den Ruhm um den Preis eines frühen Todes einem behaglichen langen Leben und insofern auch der Gesundheit vorzieht.

Der Bedürfnislose, mit wenigem zufrieden, ist alles in allem genommen der aussichtsreichste Glücksaspirant. Schopenhauers Mißtrauen gegen die Reihenfolge des üblichen Glückskataloges gilt, wie gestreift, ja vornehmlich dem Reichtum nebst dem sich aus diesem ergebenden Luxus. Und er mußte es wissen; da er selber ein reicher Mann war, kommt die Parabel vom Fuchs und den sauren Trauben als Motiv seiner Einstellung nicht in Betracht. Auch geht er keineswegs so weit, dem Reichtum die Qualität eines möglichen Glücksgutes abzuerkennen.

Ist jemand in Reichtum geboren und versteht er ihn sich zu erhalten, so wird er sich jene überdurchschnittlich hohen Lebensansprüche, die ihm dann anerzogen sein dürften, fortgesetzt befriedigen können; obendrein wird gerade er, im Unterschied zum Neureichen, zum Emporkömmling, sich zu törichtem Scheingenuß, unbekömmlichem Schwelgen und Protzen, mutmaßlich gar nicht verführen lassen; ist er obendrein noch gesund und weiß er für seinen Wohlstand eine ernstlich sinnvolle Verwendung, so steht seinem Glück nichts im Wege. Doch ist auch das schon wieder bloß noch die seltene Ausnahme von der Regel. Der Durchschnittsmensch stammt aus entbehrungsvollen oder allenfalls bescheiden auskömmlichen Verhältnissen; gegen plötzlichen Reichtum mit fast unvermeidlich schädlichen Folgen fehlt ihm die aktive Immunisierung. Daher ist ein Neureicher kaum jemals heiter, kaum jemals also effektiv glücklich. Sein vermeintlicher Glücksgewinn, Aufwand und Üppigkeit, ist selbst ein anstrengendes Geschäft und pflegt obendrein der Gesundheit zu schaden. Und überhaupt wird dieser Reichtum, wie alles Ungewohnte, Unbehagen erzeugen, um dem Glück, woher es sonst auch käme, schon damit faktisch entgegenzuwirken.

So erfährt es beispielhaft in Hagedorns nachdenklicher Fabel Johann, der muntre Seifensieder. Das Geschenk des reichen Nachbarn, ein Beutel Dukaten, macht aus dem fröhlichen armen Schlucker einen sorgenbeschwerten Rechner. Der Gesang des Seifensieders verstummt. Und eben dies hatte der Nachbar, ein Griesgram bei all seiner Prasserei, tückisch bezweckt und vorausgesehen. Die ungleiche Glücksverteilung nebst ihrem diametralen Verhältnis zum beiderteiligen Anschein entspricht insoweit ja der Regel. Ein Sonderfall liegt nur vor, weil in der Fabel beide Parteien, der Arme wie der Reiche, den Zusammenhang illusionslos begreifen und namentlich dann auch der erstere daraus die Konsequenz zieht. Johann gibt dem Reichen das Geschenk zurück

«und spricht: Herr, lehrt mich bess're Sachen
als, statt des Singens, Geld bewachen!
Nehmt Euren Beutel wieder hin
und laßt mir meinen frohen Sinn.»

Der reiche Nachbar bleibt ein Griesgram. Dabei ist er nach der Fabel offenbar, zu allem übrigen, sogar gesund. Auch hinsichtlich dessen also, was «einer ist», statt daß er es nur «hat» oder «vorstellt», darf er zufrieden sein. Trotzdem ist er nicht glücklich. Das scheint die Gleichsetzung von Glück und Zufriedenheit zu widerlegen. Tatsächlich jedoch wird sie dadurch am charakteristischen Punkte bestätigt: Der Nachbar ist mit sich selbst nicht zufrieden. Denn eben, weil er ein Griesgram ist, hat er reichlichen Anlaß, ein Griesgram zu sein! Der tautologische Grundsachverhalt tritt also abermals, jetzt mit doppelter Verneinung, hervor: Nicht glücklich ist, wer sich nicht glücklich fühlt! Alle Güter des Glückskataloges einschließlich der Gesundheit, von denen Zufriedenheit ausgehen könnte, versagen in dieser Funktion, wenn doch eben gerade die eigentliche Zufriedenheit, die Selbstzufriedenheit im definierten Verstande, nun einmal fehlt.

Das freilich bedeutet wieder bloß noch eine Ausnahme von der Regel. Die menschliche Durchschnittsnatur ist von pathologischem Lebensgram und spontanem Frohsinn etwa gleich weit entfernt, und für sie gilt daher der Sinnspruch Goethes:

«Willst du immer weiter schweifen?
Sieh, das Gute liegt so nah.
Lerne nur das Glück ergreifen,
Denn das Glück ist immer da.»

Das darf wörtlich verstanden werden: Heiterkeit, Glück, Zufriedenheit ist eigentümlicherweise l e r n b a r. Hier allerdings liegt der Punkt, wo die «Neuzeit», die abendländische Spätzeit, auf besonders schmähliche Weise versagt. Sie läßt den Menschen nicht nur im Stich, sondern stößt ihn durch ihre Beratung sogar immer noch tiefer ins Unglück. Denn sie macht ihn unzufrieden, ob sie ihn nun demagogisch direkt zum Neid, zur Unzufriedenheit, aufhetzt oder ob sie es über die Weckung seiner Begehrlichkeit tut, die ja gleichfalls die Unzufriedenheit steigert. So oder so rückt das Glück in die Ferne und ist zunehmende Verödung, heimlich wachsende Weltangst, das programmwidrige wahre Ergebnis.

Der gegenläufige Lernprozeß, schon im Sinne des antithetischen Fortschritts, hat freilich ebenfalls bereits begonnen. Er tut es in den Überlegungen dieses Kapitels und besitzt, wie die Zitate zeigen, selber bereits eine Tradition. Neben Goethe, Hagedorn und dem Schopenhauer der «Aphorismen» wäre vor allem noch Nietzsche zu nennen mit seiner eindringlichen Beachtung der «nächsten Dinge», von denen das Heil des Menschen ungleich stärker, als der maßlose Europäer glaubt, effektiv abhängt. Theorie und Praxis verbinden sich also: Zeigt der Leser Einsicht in die vorliegenden Überlegungen, so ist die Umstellung auf das Glück, das so nahe liegt, an diesem Teile bereits im Gange. Mit dem Bewußtsein verwandelt sich, hier wie stets, auch schon die geschichtliche Wirklichkeit.

Und um sogleich daran zu erinnern: Hier wie überall wird nur erstrebt, was sich ohnehin bereits anbahnt. Die Umstellung auf die nächsten Dinge ist auch objektiv, unabhängig von diesem Kapitel und dessen zitierten Gewährsmännern, jetzt schon vielschichtig angelaufen. Sie besitzt insofern, als neuartige Tendenz, bereits das Gewicht einer Tatsache. In Ost und West und quer durch alle politischen Lager geht es dem Durchschnittsmenschen heute mehr um die Sicherheit als um die Freiheit und mehr um private Lebenserfüllung als um utopische Hoffnungen. Der Schwerpunkt dieses Interesses liegt immer deutlicher bei der Gesundheit; und diese wird dabei mehr und mehr gerade auch als eine seelische und damit eben als die eigentliche, als das Wohlbefinden des Selbstes, verstanden. Nie zuvor in Europa war die Medizin ähnlich wichtig wie heute; und in ihr wiederum verlagert sich der Akzent immer stärker von der klassischen Medizin, der es allein um Leibliches und um die einzelne Krankheit geht, auf Ganzheitlich-Psychologisches, wozu neben verschiedensten Formen der Psychotherapie und Neurosenbehandlung auch schon manches Ältere bis zurück zum Mesmerismus gehört.

Es sind die vakanten Funktionen des Priesters, die der Arzt damit schlecht und recht, nolens volens, wahrnimmt. Dieser Wandel liegt im Zuge der Zeit; er ist einer der nicht vom thetischen Fortschritt suggerierten und manipulierten, er ergibt sich vielmehr spontan aus der Lage. Hier wie stets sucht der Mensch, was ihm fehlt. Die Notwendigkeit entspricht – zwingend genau – der zu wendenden Not. Weil also der ungeborgene Mensch, laut Jaspers, dem Zeitalter die Physiognomie gibt, ist Geborgenheit das entscheidende Ziel.

In beklemmend wachsendem Umfang sind auch körperliche Gebrechen nur noch die Symptome seelischer Leiden und hat die einzelne Neurose ihren wahren Ursprung im «Unbehagen an der Kultur», im unbestimmt allgemeinen Grauen. Mehr und mehr ist damit der Arzt, erklärtermaßen, überfordert. Und hier also liegt der Punkt, wo die dunkel kollektive Tendenz in die Aufgabe, die Strategie, überleitet.

10. Mögliche Bergung im All über die Theorie.
Okkultismus und nahender Mythos.
Esoterische «Übersetzungsprobleme» um Gott und Selbst.

Geborgenheit gibt es nur ganz oder gar nicht, – jedenfalls sofern sie ihren Namen ernstlich verdient, sofern es sich also um mehr als um suggerierte Betäubung oder Ablenkung handelt. Denn was zu nichts führt, hat keinen Sinn und ist vom Ausgang her selber nichtig. Und das gilt jeweils für den Sinnträger, wo er vorhanden ist, wiederum. Erst im Unendlichen kommt diese Iteration zum Stillstand.

Alle seelische Hilfe für den ungeborgenen Menschen bleibt daher unredlich oder vergeblich ohne die Bergung im All. Dieser entsprach in der abendländischen Frühzeit, nach Augustins schönem Ausspruch, jenes Ruhen in Gott, ohne welches unser Herz unruhig bleibt. Nur läßt sich das jetzt nicht mehr von der christlichen Gottesidee her bewirken; gerade das Christentum selbst war es ja, das über seine Endformen, über Occamismus und Protestantismus, in das gott- und sinnleere Weltbewußtsein der Gegenwart auslief. Heilen kann nur das Kontrarium. Es ist der nunmehrige «neue Himmel», der dem ungeborgenen Menschen die Ruhe des Herzens zurückgeben wird. Wo der spätabendländische Arzt versagt, kommt der nachabendländische Priester zum Zuge.

Was für diesen Anlauf noch fehlt, ist lediglich die Übersetzung der PN-Konzeption in die Sprache der Massen, das Gegenstück zur Mythisierung, nämlich Christianisierung, der Attischen Philosophie. Wir zeigten jedoch schon, daß diese Wendung, die in der Spätantike so schwer fiel, diesmal keine derartige Mühe macht, ja als Problem letztlich gar nicht besteht. Mit der Logik des Werdens sind die Götter bereits in Sicht.

Und auch hier deckt sich das Erstrebenswerte weitgehend mit der schlichten Prognose: Eine gewaltige okkultistische Strömung in allen Völkern und Bildungsschichten ist bereits auf dem besten Wege, sämtliche Dämme und Sperren neuzeitlicher Sachvernunft zu unterspülen. Nur die exakte Denkform und damit der verbindliche Schlüssel haben ihr bislang noch gefehlt. Trotzdem ist sie ihrer Sache sicher und kennt erstaunlich genau die Richtung. Bei aller sektenhaften Wirrnis wird sie beidem, was nottut, schon heute gerecht: Sie rückt ab vom modernen Methodenbewußtsein, ohne sich deshalb jedoch in die abendländische Frühzeit, in das Christentum, zurückentwickeln zu wollen! Die sektiererisch unreinlichen, wilden und dumpfen Formen dieses Aufbruchs sollten nicht stören; sie gehören zu großen geschichtlichen Wenden wie die Wehen zu den Geburten. Was zur neuen Geborgenheit fehlt, ist allein noch die säkulare Formel, die befreiend und klärend hinzutreten wird.

Obwohl die Übersetzung der esoterischen Weisheit ins Exoterische, Anschauliche, diesmal nicht wie einst nach dem attischen Aufbruch eine grundsätzliche Schwierigkeit darstellt, gibt es hier einiges zu bedenken. So sind die Götter eigentlich zwar Subjekte, Unsterbliche, aber keine Personen. Im Bewußtsein des Durchschnittsmenschen wird man das jedoch kaum hingehen lassen; man wird die Götter personalisieren, und hier also liegt eine Wegscheide, an welcher sich die Exoterik, die praktizierte Religion, von der Philosophie, der abstrakten Weisheit, sehr bald zu entfernen beginnen wird.

Es ist wichtig, dieser Entwicklung ein gutes Gewissen zu geben und sie eben damit seitens des Priestertums zu kontrollieren. Man wird etwa daran denken können, daß der jeweils handelnde Gott nie bloß als solcher, sozusagen nackt, hervortritt, sondern stets in Inkarnationen und also bei geschichtlichem Auftritt in Menschen. Und in jeder derartigen Tatgemeinschaft ist eigentlich die Person nur der Mensch, nicht der Gott; wird jedoch auch diesem die Personalität zuerkannt, so ist das, vor allem bei häufigem und damit typischem Auftritt, zwar nicht die strenge Wahrheit, aber auch kein ablenkender Fehler, sondern lediglich die Ignorierung einer subtilen Unterscheidung um der Anschaulichkeit und Einfachheit willen. Und im übrigen ist es dann legitimerweise so weit, daß «man in Märchen und Gedichten erkennt die wahren Weltgeschichten».

Ähnliches gilt für die Wiedergeburt. Von ihr war bisher noch gar nicht die Rede, denn im systematischen Sinne gab es dafür keinen Anlaß: eine Wiedergeburt der Seele, eine Seelenwanderung, kann es ja schon deshalb nicht geben, weil es deren Substrat, nämlich eben die Seele, die menschliche Einzelseele, nicht gibt.

Wir erinnern an schon Gesagtes: Nur die Oberfläche im geistigen wie im leiblichen Sinne, das Bewußtsein und die Gestalt, die Physiognomie, gehören jeweils dem Einzelwesen; alles «Tiefere» hingegen ist allgemein, ist Geister- und schließlich Götterwerk, Inkarnation in verschiedensten Formen. Auch bei dieser Erkenntnis aber darf und sollte man mit dem Plazet des Durchschnittsmenschen nicht rechnen. Hier wie ja auch schon dort, für sein Selbst wie für seine Götter, wird er am personalen Charakter vorstellungsmäßig festhalten. Und gelangt er auf diesem Wege zum Gedanken der Seelenwanderung und der Wiedergeburt, dann ist der Wahrheitsertrag so groß, daß der Irrtum demgegenüber verblaßt. Wäre nämlich der Mensch bis auf seinen Grund ganz und gar nur er selbst, gäbe es also die Einzelseele, so hätte es mit dem Bewußtsein der einem früheren Leben angemessenen Wiedergeburt im übrigen seine Richtigkeit. Denn wir sind, was wir sein sollen; Not und Heimsuchung, die uns etwa unschuldig treffen, sind dann nicht individuell verdient; erst recht aber sind sie nicht unverdient, und eben das bedeutet, sobald das Selbst als Seele gedacht wird, daß diese das Unglück nicht jetzt, also offenbar früher, verdient hat. Der Irrtum ist klein gegenüber der Wahrheit. Auch im alten Indien, dem klassischen Land der PN-Konzeption, waren alle Kasten von der Seelenwanderung überzeugt – mit Ausnahme der Priester, der Brahmanen, die zwar selbst die Seelenwanderung lehrten, jedoch anderseits als einzige wußten, daß das Ich nicht identisch ist mit dem Selbst.

Noch in anderen Hinsichten bietet der Seelenwanderungsmythos den bestmöglichen exoterischen Zugang, so für eine Umorientierung in der Beziehung zum Tier, zum außermenschlichen Leben, wie anderseits aber auch zum Tode, zum Altern und Sterben. Die optische Raffung ist immer die gleiche: Was vom Selbst gilt, wird für das Ich behauptet. Dann nämlich kehre tatsächlich «ich» auch in jedem nichtmenschlichen Wesen wieder und bin schlechterdings «ich» unsterblich! Für mein Selbst gilt ja beides, und zwar beidemal deshalb, weil es im tiefsten Grunde identisch ist mit dem All, das heißt weil es in seiner Gänze mein Selbst eben gerade nicht ist. Und hier liegt allerdings immer wieder die Stelle, wo das Ichbewußtsein sich sperren wird, so daß Konzessionen vertretbar werden. Das hat freilich stets eine Grenze;

die mythische Vereinfachung darf sich niemals so weit von der esoterischen Wahrheit entfernen, daß sie dieser geradewegs widerspricht.

So geht der indische Mythos zu weit, wenn er für möglich hält, daß der Mensch, nach besonders verdienstvollem Lebenswerk, sogar als ein Gott wiedergeboren zu werden vermöchte. Vorausgesetzt ist dabei nämlich, daß auch der Gott – wie Mensch, Tier und Pflanze, wie jedes sterbliche Wesen, – ein konkret vielschichtiges, in seinem Grunde mit dem All identisches Selbst besäße, um sich von jenen anderen Wesen mithin nicht grundsätzlich zu unterscheiden, sondern nur einen höheren Rang zu besitzen. Das echte Wissen um die Götter ist dann also bereits verloren; der Mythos weiß nicht mehr, wovon er redet. Die Ansicht findet sich denn auch erst in später, nachbuddhistischer Zeit, das heißt sie gehört zum NN-Zeitalter, das sich vom legitimen, wedischen Polytheismus, von der eigentlichen PN-Konzeption, innerlich bereits abgekehrt hatte, um freilich deren Formen zu konservieren. Es war bezeichnenderweise Schankara, der zutiefst vom buddhistischen Klima geprägte Wortführer dieser Spätzeit, der verkappte *schunjawadin,* der erstmals, soweit man weiß, ausdrücklich erklärte, daß die Götter – wie alle übrigen Wesen – diesseits der Schöpfung stünden. Tatsächlich stehen sie jenseits der Schöpfung.

Beweise für die exoterisch verstandene Seelenwanderung scheint der moderne Okkultismus, der Spiritismus, in reicher Fülle zu erbringen. Auch wenn man strengste Maßstäbe anlegt, ist die Anzahl protokollierter Berichte, die keinerlei ernsthaften Zweifel gestatten, überwältigend groß. So betont etwa Mattiesen in seinem Werk über «das persönliche Überleben des Todes» fast bei jedem weiteren Argumentationspunkt von neuem, daß die stattliche Auswahl einschlägiger Beispiele, die er bietet, nur einen winzigen Bruchteil der entsprechend gesicherten Fälle darstellt[6]. Keine Rede also von Aberglauben; abergläubisch ist vielmehr die dogmatisch-generelle Bestreitung seitens des offiziellen Methodenbewußtseins, das sich hier freilich in seiner Wurzel bedroht fühlt.

Trotzdem gibt es echte Probleme. So ist in der Regel der *spirit,* der «Geist», erklärtermaßen ein a n d e r e r als das Medium, durch das er sich kundtut. Es gibt indessen auch Ausnahmefälle (und sie sind selbst schon wieder so zahlreich, daß man sie kaum noch als Ausnahmen, sondern eher als Regelfälle anderer Art, zu betrachten hat), wo der Verstorbene das Medium selber, in einem früheren Dasein, zu sein behauptet. Die Kundgebungsformen sind oft so unmittelbar überzeugend, daß sie durch sich selbst, unabhängig von den Kontrollproblemen, scheinbar jeden Zweifel verbieten; so etwa wenn das Medium plötzlich, in der Trance, eine Sprache spricht, die es normalerweise nicht beherrscht und nicht einmal kennt, oder wenn es Einzelheiten aus Lebenszusammenhängen berichtet, die ihm ebenfalls nicht bekannt sein können, aber späterer Nachprüfung standhalten.

Darin erblicken dann gern gerade auch Kundige, redlich Unbefangene, den empirischen Beweis für die Annahme, daß dieselbe Seele dem Verstorbenen und dem Medium eigne und ihre «Wanderung» damit beweise. Hier jedoch haben w i r, namens des antithetischen statt des thetischen Fortschritts, gründlichst zu zweifeln. Die Skepsis gilt, um es zu betonen, nicht den medialen Berichten als solchen, nicht also insbesondere auch ihrer subjektiven Wahrhaftigkeit. Sie gilt der miteingeflossenen Deutung. Das Medium hat sich in der Trance von seinem eigenen Ich bewußtseinsmäßig getrennt; eben darin besteht ja seine «mediale» Leistung, seine Umfunktionierung nämlich zum Sprachrohr eines eo ipso anderen Ichs. Daß dieses und das eigene miteinander identisch seien, wird in den besagten Ausnahmefällen zwar subjektiv ehrlich behauptet, ist damit jedoch nicht bewiesen, ist vielmehr unbeweisbar und enthält sogar, mehr noch, einen apriorischen Selbstwiderspruch.

Das´Ich ist ein punktuelles Gebilde; es ist d i e s personale Bewußtsein und also nicht obendrein auch noch jenes. Daß ein anderes Ichbewußtsein in vielleicht längst verschollener Sprache von seinem eigenen einstigen Schicksal, meist einem sehr leidvollen oder doch dramatischen, über seine «Vermittlung», die «mediale» Person, nachträglich berichtet, das i n v o l v i e r t also schon, daß sich hier ein anderes Ich als das in der Trance befindliche kundtut! Nur ist das letztere dabei nicht so absolut selbstvergessen wie im spiritistischen Regelfall; vielmehr weiß es während des Vorgangs auch noch um das eigene Denken, und so kommt es zu der phänomengerechten und trotzdem absurden Aussage.

Allermeist sind die tüchtigen Medien nicht bloß weiblichen Geschlechtes oder doch von sehr femininer, sehr jatypischer Veranlagung, sondern obendrein Europäer, gelernte Christen. Das legt dann den Irrtum zusätzlich nahe. Er ist derselbe wie überhaupt schon beim Gedanken der «Seelen»wanderung: Wäre das Ich die Seele, gehörte also das eigene Selbst gänzlich und ausschließlich der Person, so hätte man allerdings einigen Grund, von der medialen Identität des Bewußtseins auf die der zugehörigen Personen, der beiden «Seelen», zu schließen.

Wichtiger für den Zusammenhang ist, daß sich überhaupt Verstorbene kundtun. Sie sind an mediale Hilfen dabei nicht unbedingt gebunden; die bedeutsamsten Meldungen pflegen sich vielmehr heute wie stets ohne die Vermittlung von Lebenden, spontan, zu ereignen: Der *spirit* erscheint als Gespenst, als Phantom, oder, falls ihm das nicht gelingt (denn es ist offenbar a n s t r e n g e n d , wie auch Mattiesen mehrfach betont), er m e l d e t sich wenigstens unmittelbar. Und dem üblichen Spiritismus ist also auch hier entgegenzuhalten: Was sich meldet, ist allein ein Ich, eine Person, und nicht etwa die sogenannte Seele: nicht das christlich mißverstandene Selbst. Daß sich das verstorbene S e l b s t phantomhaft wiedereinstelle oder spukhaft wieder bekunde, ist eine pure Unmöglichkeit, einfach weil es ein «v e r s t o r b e n e s Selbst» gar nicht gibt. Aber hier eben fehlte bis jetzt noch die klärende Einsicht. Es gehört zu den vornehmsten Pflichten des nachabendländischen Priestertums, daß es in dieser Hinsicht den sonst schon so begrüßenswerten Spiritismus läutert, geistig legitimiert und damit der großen Wende, dem antithetischen Fortschritt, endgültig einfügt.

Was ich bin, das bin eben nur i c h . Jedwedes andere Ichbewußtsein, das sich in Ausnahmesituationen, in Trance oder auch Traum, etwa in mir bekundet, ist ex definitione ein a n d e r e s Ich, ob ich das nun weiß oder nicht. Ist es, wie in der Regel, das eines Verstorbenen, so besteht also der ernstliche Aufschluß in der Erkenntnis, daß es offenbar nach dem Tode ein d o p p e l t e s «Überleben» gibt: Das Selbst des Menschen – wie jedes subjekthaften Wesens – ist ohnedies ewig, unsterblich, nämlich wurzelhaft eins mit dem All. Aber auch das Ichbewußtsein und damit die Person lebt offenbar weiter.

Gleichfalls ewig? Wir wissen es nicht. Und gerade für den Wissenden ist die Frage nicht von entscheidendem Rang. Wir werden erhalten, was wir verdienen; gerade auch um den Sinn des Ganzen und damit um dessen Güte brauchen wir uns ja nicht zu sorgen. Was Goethe oder jener, dem er hier seinen Namen lieh, schon 1782 noch ohne strenge Kenntnis der Werdelogik aussprechen konnte, das gilt jetzt, nach gewonnener Einsicht über «die Natur», erst recht: «Sie hat mich hereingestellt, sie wird mich auch herausführen. Ich vertraue mich ihr. Sie mag mit mir schalten. Sie wird ihr Werk nicht hassen. Ich sprach nicht von ihr. Nein, was wahr ist, und was falsch ist, alles hat sie gesprochen. Alles ist ihre Schuld, alles ihr Verdienst.»

Auch an Goethes Überzeugung, daß der bedeutende Mensch, der Heros, mit gewissermaßen größeren Überlebenschancen, einem längeren und prägnanteren Fortdauern nach dem Tode, als der Dutzendmensch rechnen darf, ist in diesem Zusammenhang zu erinnern. Auch hier nämlich kann ex definitione nur an das ichhafte Überdauern, nicht an das ohnehin evidente des Selbstes, gedacht sein. Das ergibt eine fruchtbare Schwierigkeit: Weil der Seelenwanderungsmythos trotz sonst vertieften Bewußtseins weiterhin das Ich für das Selbst nimmt, also in gemilderter Form weiterhin an der «Seele» festhält, sollten hier dem exoterischen Denken auch andere Sichtweisen eröffnet werden. Die Mythisierung ist nicht vermeidbar, ist vielmehr erwünscht; ebenso erwünscht ist es jedoch, daß sie sich an problematischen Punkten durch Ausfächerung in konträrer Richtung, Betonung von Gegensinnigem, sozusagen bändigt. Das Selbst kann beispielsweise, insofern korrekt, vom Ich, von der Person, unterschieden sein, um trotzdem als ein eigenes, letztlich als Seele, begriffen zu werden. Das ist dann wiederum nicht die ganze Wahrheit, ist wiederum Exoterik, aber jetzt aus einer anderen Optik, die den Seelenwanderungsmythos geltungshaft einschränkt.

So war es etwa im alten China, das von der Seelenwanderung nichts wußte, um dennoch oder gerade deshalb Ich und Selbst deutlich zu sondern und über ihr beiderseitiges Fortleben nach dem Tode entsprechend unterschiedliche Aussagen zu treffen. «Die beiden Prinzipien», laut Richard Wilhelm, «sind so beschaffen, daß das eine, die Körperseele, die anima (Po), hinabsinkt und das andere, das Geistnahe, der animus (Hun), hinaufsteigt. Die Elemente trennen sich, und was hinabsinkt, das gerät in den Zustand der Auflösung. Mit dem Körper löst sich auch die anima auf.»[7] Auch das aber ist kein echter Tod, sondern nur das Unspezifischwerden von Weiterem, Allgemeinerem. Denn die «Geistseele» währt auf andere Weise. «Die beiden Elemente trennen sich: das eine bleibt beim Körperlichen und das andere löst sich vom Körperlichen los, ist aber noch irgendwie mit dem Körperlichen verbunden, so daß es selbst noch eine gewisse Art von Wahrnehmung hat, daß der Tote zum Beispiel noch hört, was man in seiner Anwesenheit spricht – weshalb es in China üblich ist, in einem Totenzimmer nicht üble Worte zu reden, sondern alles so zu reden, daß es gleichsam in Gegenwart des Toten geschieht, daß er ruhig sein kann und Zeit gewinnt, um diese Loslösung vom Körperlichen zu vollziehen»[8]. Das wußten übrigens auch die Römer und äußerten es lapidar: *De mortuis nil nisi bene!*

Auch die katholische Lehre vom Fegefeuer und von der Hilfe, die der Lebende dem Verstorbenen durch fürbittendes Verhalten, freundliches Denken, telepathisch zu leisten vermag, hat hier ihren realistischen Grund. Es war das frühzeitliche und also phasisch jatypische, allheitliche Empfinden einer neintypischen Kultur, das hier um mehr und um Tieferes wußte als die Autoritäten, auf welche es sich offiziell nur berief.

11. Mögliche Bergung im All über die Erfahrung: Vertiefung der Person in das Selbst. «Im Atemholen sind zweierlei Gnaden.»

Die Verwandlung des Bewußtseins bedeutet schon eine Verwandlung des Menschen, der ja das ist, als was er sich weiß. Der Gewinn an Geborgenheit, der auf diese Weise erzielt wird, bleibt jedoch ein abstrakter, bleibt erlebnismäßig uneigentlich, wenn nicht auch noch die Erfahrung in derselben Richtung hinzukommt. Das gilt gerade auch für das Selbst. Der Europäer erlebt es nicht; er lebt gewissermaßen nach außen: in der Welt und zwar der P-Welt, der Dingwelt im Zeichen der Ersten Setzung. Nur das Bewußtsein dieser Welt und dessen Ort, das Ich, kommt als Eigenerfahrung hinzu.

Auch damit freilich wird folgerichtig ein grundsätzlich-logischer Ansatz durch die menschliche Haltung ergänzt. Der Europäer ist, wie man geradezu sagen kann, in die aristotelische Logik, der er sein geschichtliches Wesen verdankt, auch erlebnismäßig hineingewachsen. Eben dies macht ihn «ungeborgen»; eben deshalb weiß er sich selbst, sein Ich, zutiefst irrtümlich und doch erlebnishaft echt als einsam und verloren in einer sinnleeren Welt. Daß überhaupt versucht werden konnte, mit dem methodischen Materialismus Lebensvorgänge zu begreifen und also als solche wegzuerklären, wäre schlechterdings unverständlich ohne jenen haltungsmäßigen Irrtum als konkreten menschlichen Hintergrund. Ähnliches gilt für die klassisch neuzeitliche, «empirische» Psychologie; mit Recht rügte schon Nietzsche «die ungeheure Fälschung der Psychologie des bisherigen Menschen», durch welche vor allem die Psychologen psychologisch interessant werden!

Es sind die Endformen einer Haltung, die von vornherein nicht das Leben erlebte. Kommt es jetzt zur Korrektur, so wird dieselbe Beziehung im gegenläufigen Sinne wichtig: Das bloße bessere Wissen genügt nicht, solange sein Träger, der Mensch, sich nicht haltungsmäßig entsprechend verändert. Die Logik der Zweiten Setzung bleibt graue Theorie, solange sie sich nur in dem Produkt der Ersten Setzung, dem gottverlassenen Ich, als ein neuer abstrakter Inhalt befindet.

Es war besonders die Tragik Hegels, daß er in seiner menschlichen Haltung ein Europäer, ein protestantischer Christ und theoretischer Mensch, blieb, was mit den Mängeln gerade auch seiner Theorie, mit der tristen Naturferne seines sonst ahnungsvoll richtigen Denkens, eigentümlich korrespondiert. Soll ganze Arbeit geleistet werden, so gilt es die neue Logik von vornherein auch zu praktizieren, gilt es die werdelogische Tiefe hinter den räumlichen Phänomenen, das Selbst hinter dem Ich, auch zu erfahren, zu erleben, statt lediglich abstrakt zu erkennen.

Das nicht einzige, aber wichtigste Mittel auf diesem Wege bildet die Einbeziehung des Atmens in das Bewußtsein. Goethe war hier weiter als Hegel. Vernehmen wir ihn also noch einmal, zum letzten Mal in diesem Buche:

«Im Atemholen sind zweierlei Gnaden:
Die Luft einziehen, sich ihrer entladen.
Jenes bedrängt, dieses erfrischt;
So wunderbar ist das Leben gemischt.
Du danke Gott, wenn er dich preßt,
Und dank' ihm, wenn er dich wieder entläßt!»

In dem Gepreßtwerden, dem Einziehen der Luft, waltet selbstverständlich ein anderer Gott als in der Entladung, der Ausatmung. Es ist das Götterpaar Nein und Ja, es ist, mit anderen Worten, der logische wie auch kosmische und damit theologische, allgemein-subjekthafte Grundakkord, der sich hier unmittelbar in uns kundtut.

Und dem sollen wir dankend, nämlich denkend, beiwohnen! Enge und Angst sind letztlich dasselbe – in der deutschen Sprache auch etymologisch und jedenfalls in der Bedeutung. Flache Atmung und Weltangst pflegen einander wechselseitig zu fördern. Daher Goethes Abneigung gegen das «Schmauchen», das Inhalieren des Tabaks, das psychologisch wie physiologisch die Fehlwirkung kompensieren soll, um sie eben damit noch zu festigen und zu steigern.

Auch hier allerdings hat die Gegenentwicklung, die zu wünschen ist, bereits begonnen. Im okkultistischen Umbruch des kollektiven Bewußtseins geht es überall auch schon um Praktiken, die den Wandel in der theoretischen Weltsicht ergänzen und unterstreichen. Und zumeist steht dabei die Korrektur der Atmung verdienterweise im Mittelpunkt. So besonders in der weitverbreiteten, förmlich grassierenden Anlehnung an den indischen Yoga verschiedenster Schulen.

Es ist der antithetische Fortschritt, der sich hier auch hinsichtlich der Konkretheit, der menschlichen Haltung, bereits seinen Weg sucht. Trotzdem ist Vorsicht geboten. Denn rein historisch ist zwar richtig, daß die religiöse Bewertung des Atems, anders als beispielsweise der Seelenwanderungsmythos, zum originalen wedischen Indien, also zur PN-Konzeption in ihrer dortigen Grundform, gehört. Allein schon die uralte Sinnvertiefung des Ausdrucks *atman,* erst den Atem und dann das Selbst bedeutend, dürfte den legitimen Ursprung beweisen. Aller heutige Yoga ist gleichwohl ein spätes Erzeugnis; er erstrebt Spezialziele und rechnet dabei mit einem Menschen, welchem die Grundlektion, die entsprechende Haltung, seit Generationen vertraut ist.

Gerade von dieser Voraussetzung aber darf man in Europa nicht ausgehen. Noch bedenklicher muß stimmen, daß die heutigen indischen Yogaschulen sämtlich jener Restauration entstammen, die zum wedischen Polytheismus nach dem buddhistischen Abfall nur noch zeremoniell zurückfand. Was der europäische Synkretismus insofern tatsächlich übernimmt, ist in fremdartig reizvollem Kleide ein verödeter Welthorizont, der sich von dem eigenen seit der Aufklärung nicht allzu sehr unterscheidet. Daher bleibt der europäische oder amerikanische Yogi bei allem neuartigen Können das profane Produkt einer gottlosen Endzeit, gerade auch wenn er sich diese Lage auf Kosten der geistigen Redlichkeit pseudomystisch verschleiert. Weniger wäre hier mehr; hier wie so oft sollte neuer Wein nicht in alte Schläuche gegossen werden. Man halte sich also an Goethes ebenso schlichten wie tiefen und vor allem quellfrischen Rat. Was sich uns dann durch den Atem in ewiger Jugend, reiner Ewigkeit, abwechselnd offenbart, ist der Gott Nein und die Göttin Ja.

Zu warnen ist vor Gewaltsamkeiten, vor dem Streben nach raschen Erfolgen im Zeichen von Idealen wie Kontemplation und Versenkung. Der Übende sollte nicht vergessen: allein schon das angestrengte Wollen, wenngleich von der europäischen Haltung nun wegdrängend, wäre noch durchaus europäisch! Zu erstreben ist vielmehr zunächst auch hier nur, was sich, wenn man überhaupt auf den Zusammenhang aufmerksam wird, schon von selber anbahnt.

Ein- und auszuatmen ist durch die Nase statt durch den Mund und mit Unterstützung durch Bauch und Zwerchfell statt durch die Brust. Beim Einatmen als dem rascheren und auch aktiveren Vorgang, dem Start, ist die Bauchdecke ruckartig vorzuwölben. Das Ausatmen sollte langsam geschehen, wobei der Bauch sich allmählich zurückzieht. Ein Anhalten des Atems, wie östliche Praktiken es oft empfehlen, ist unnötig und scheint unratsam, jedenfalls regulärerweise und für den elementaren Beginn. Nach der tiefen, ruckartigen Einatmung geschieht die Ausatmung ja automatisch; man sollte sie nicht beschleunigen, aber ebenso wenig absichtsvoll hemmen. Das Entströmen besorgt sich von selbst; gerade hier ist daher der erwünschte Punkt, wo die Tiefatmung im ganzen automatisch zu werden beginnt. Nur am Ende der Ausatmung ist die Bauchdecke kräftig, unter Umständen mehrfach, zurückzuschnellen, um auch noch einige Residualluft aus den Lungenspitzen herauszupressen, was dann schon von selber in das Schwungholen zum neuen Einatmungsruck zwingend übergeht.

Die Atmung im ganzen verlangsamt sich damit; die Anzahl der Atemzüge sinkt von den üblichen 15 bis 20 in der Minute auf 4 bis 6. Wer liegend oder sitzend übt, sollte dabei die Froschstellung einnehmen, also die Knie spreizen und die Füße zusammenlegen, was die leibliche «Sammlung» des christlichen Beters, das Falten der Hände, auf die Gesamtleiblichkeit überträgt; das verhindert zusätzlich jenes Heben der Schultern, das die Flachatmung üblicherweise begleitet und dann obendrein noch begünstigt. Was sich daraufhin meist von selbst einstellt, ist ein konzentriertes Blicken auf einen Punkt über der Nasenwurzel, sozusagen ein Falten der Augen.

Wird das systematisch betrieben, so verlangsamt sich bald auch der Herzschlag, während sich die Leistung des Kreislaufs, wegen des kräftigeren Pulsierens von sauerstoffreicherem Blut, merklich bessert. Auch die moderne Medizin nimmt diesen Effekt seit langem zur Kenntnis. Wichtiger als die profanen Folgen, und auch diese erst voll erschließend, sind jedoch die sakralen. Nicht sofort, aber meist schon sehr bald erfährt das Bewußtsein des Übenden eine eigentümliche Wandlung. Es hört auf, sich primär an die Dinge zu halten, um außer diesen, vom eigenen Wesen, lediglich das Ich als der Dinge Spiegelung zu bemerken; es dringt vielmehr ein in jenen Bereich, der paradoxerweise bis dahin der unbekannteste war: nämlich eben in das eigene Selbst. Dieses aber ist das Selbst überhaupt, ist im Grunde das All. Die Weitung nach innen also hat die Affinität zum Unendlichen und geht somit gar nicht speziell «nach innen». Sie bewegt sich vielmehr in einer Richtung, wo die Trennung von Innen und Außen, die schmerzliche Kluft zwischen Ich und Welt, Gedanke und Gegenstand, auch erlebnismäßig beseitigt wird.

Diese tiefere Umstellung beginnt bei der Entladung, der Ausatmung. Das ist verständlich, ist logisch: Das neue Ruhen des Herzens, das Ja zur nun erst eigentlich in Erfahrung gebrachten Wirklichkeit, zur N-Welt, gilt zunächst auch hier spezifisch dem Ja, gilt spezifisch dem

Ruhen statt auch der Spannung. Damit hängt es beispielsweise zusammen, daß Swedenborg bei der frommen Lektüre erbaulicher Schriften, wie die Freunde meinten, nicht atmete; das ist physiologisch unmöglich und kann lediglich heißen, daß ein sehr langsames Ausatmen, ein unmerkliches Entströmen der Luft, natürlich immer wieder durch den Einatmungsruck unterbrochen, den heiligen Frieden begleitete oder vielmehr erst wirklich begründete. Insofern – wie ja auch als «Geisterseher» im von Kant zu Unrecht bespöttelten Sinne – gehört Swedenborg zu den Pionieren des antithetischen Fortschritts: sein thematisches Christentum beruhte effektiv-seelisch bereits auf unchristlichem Verhalten!

Analog im japanischen Zen-Buddhismus, wo der Mönch schließlich mit einem Atemzug in der Minute auskommt. Aber dergleichen wagt man kaum zu erwähnen, weil es im europäischen Rahmen leicht schon wieder als Anreiz zu sportlichen Rekorden, wenn auch jetzt sinnvolleren als bisher, aufgefaßt werden könnte. Zunächst jedoch geht es gerade darum, daß die absichtsvolle Übung des berichtigten Atmens irgendwann wieder aufhört. Sie steht unerläßlich am Anfang. Das Ziel aber ist, daß die Tiefatmung erstens zur regulären, quasi unwillkürlichen Normalatmung wird und zweitens als solche dauernd bewußt bleibt. Alles, was darüber hinausgeht, weil es unentwegt Übung erfordert und sich insofern auch unentwegt dem Lebensalltag entzieht, wäre schon wieder Spezialismus, wie er einer keimenden Frühzeit nicht zusteht, und wäre mithin auch im günstigsten Falle der zweite Schritt vor dem ersten.

Zunächst und wesentlich geht es um das Einfachste und zugleich Tiefste: um die Logizität überhaupt, die nun konkret erfahren, gelebt, statt nur theoretisch erkannt wird. Eben daher pflegt das Ruhen des Herzens, das Ja des Atmers, von der Rücksicht auf das kosmische Ja, von der Ausatmung, auf die Einatmung, auf das Nein, nach geraumer Frist jeweils überzugreifen. Denn auf beides zielt die Bewußtseinsvertiefung: Es ist die PN-Konzeption, es ist das große Ja zu dem Nein zwischen dem Ja und dem Nein und damit zu dem Ewigen, dessen sich der Übende direkt innewerdend zu bemächtigen anfängt, womit «sich wieder Licht und Schatten zu echter Klarheit werden gatten».

12. Der disparate äußere Zustand.
Die Mächterivalität als letzter technokratischer Auftrieb.
Der fehlende Universalstaat.

Zwischen Unendlichem hüben und drüben, vertieftem Bewußtsein der Welt und des Selbstes, kann das Ich auf neue Art heimisch werden und zeigt es sich darum auch schon bemüht. Insofern gehen die Hindeutungen auf das, was geschehen soll und was tatsächlich schon geschieht, sich stürmisch anbahnt, bereits wesentlich ineinander über.

Anders steht es um den Gesellschaftskörper. Seine analoge Neuordnung hängt von Ereignissen ab, die sich seitens der PN-Konzeption zwar wünschen und sicher prognostizieren, aber deshalb nicht auch herbeiführen lassen. Das gilt namentlich für den Universalstaat. Solange er fehlt, solange also die Zeit der «kämpfenden Staaten», die Mächterivalität, anhält, gelangt die veränderte Weltstimmung, selbst wenn sie im Privaten als Haltung endgültig gesiegt hat, hier noch unerbittlich an eine Grenze.

Im Zeichen der Leistungsanforderung ist das Ruhen des Herzens nach wie vor unerwünscht. Was die «kämpfenden Staaten», die rivalisierenden Großmächte, brauchen, ist vielmehr weiter der gespannte, angestrengt handelnde Mensch. Und sie sind imstande, diese Gespanntheit zu erzwingen, das Ruhen immer wieder zu stören – teils brutal befehlshaberisch, teils und mehr noch aber durch ungreifbar suggestive Mittel, einen aufputschenden Zweckoptimismus.

So herrscht hier weiter der thetische Fortschritt; neben dem offiziellen Kalkül, dem methodischen Materialismus, ist die Staatsräson seine letzte Domäne. Was vom Einzelmenschen verlangt wird, ist ja kein schlichtes, passives Gehorchen, ist vielmehr Aktivität im bisherigen, europäischen Sinne. Die Mächterivalität bedeutet, daß trotz wachsender böser Ahnung die längst schon lebensfeindliche Technik und um ihretwillen der Daseinsapparat überhaupt weiter wolkenkratzerhaft wahnwitzig ausgebaut und spezialisiert wird. Das aber hat zur Voraussetzung, daß der Mensch weiter auch haltungsmäßig ein Aktivist bleibt. Um den Apparat auch weiter spezialistisch-korrekt bedienen zu können, muß er «nolens volens», wollend trotz tiefsten Widerstrebens, darin fortfahren, das Leben «nach außen», das uneigentliche Leben im Sachbezug, in der P-Welt, zu führen. So erreicht der Zielkonflikt beider Fortschritte hier seinen letzten, dramatischen Gipfel: Während alles Echte im Menschen und damit, summarisch, in der Gesellschaft von dem ganzen verkehrten Wesen immer entschiedener weggedrängt, hält sich der Staat mehr denn je an die Logik der Ersten Setzung, der Zahlen und Figuren, und macht der grassierende Europäismus dies innerlich schon widerlegte Europa sogar jetzt erst zu einem globalen Verhängnis.

Aber es leuchtet ein: Gibt es nur noch eine Großmacht, also den Universalstaat, so hört mit der Mächterivalität auch der Zwang zum technokratisch-apparatlichen Wettrennen auf. Die Spirale braucht sich nicht weiterzuschrauben. Der Gesamtzustand kann vielmehr statisch werden und damit dem innermenschlichen Zustand auch offiziell, politisch und apparatlich, zu entsprechen beginnen.

Vor allem ist es dann so weit, daß mit gutem Gewissen die Technik abgebaut werden kann; nach der erreichten Stagnation steht auch der Rückbildung nichts mehr im Wege. Alle übrigen Argumente, die zählen, gehen ja heute schon in dieser Richtung. Und nun also wäre es so weit, daß sich auch die Staatsräson dieser Wandlung anschließen dürfte, schließlich müßte, vielleicht nach letzten Exzessen, nunmehr mühelosen Triumphen, und dann dafür um so gründlicher. Hat das nachabendländische Priestertum die Weltstimmung inzwischen im definierten Sinne verändert, so erleichtert und normalisiert das auch den politischen Umschwung. Dazwischen jedoch liegt die Schwelle: Der Kampf der Mächte muß ausgekämpft sein im wie bisher europäischen oder nunmehr europäistischen Sinne, bis sich die Wende im Universalstaat auch äußerlich durchzusetzen vermag.

Spengler und Toynbee haben betont, daß noch jede bekannte Hochkultur in den Universalstaat einmündete. Daraus folgt natürlich noch nicht, daß es auch diesmal, in der abendländischen Spätzeit, so geschehen muß. Trotzdem liegt in dieser Erwartung mehr als nur eine hohe Wahrscheinlichkeit. Denn es handelt sich um einen Automatismus: Solange in den kämpfenden Staaten noch Energien vorhanden sind, wird auch ihr Verschleiß, der Raubbau am Menschen wie an der Natur, zwangsläufig fortgesetzt, so daß eine Macht nach der anderen ausgelaugt, verblutet, zurücksinkt, bis die kleinstmögliche Anzahl, e i n e Macht, nur noch übrigbleibt. Diese Macht siegt einfach a l s d i e l e t z t e : sie hat am längsten durchgehalten, hat noch Energien ins Treffen gebracht, als die letzten Nebenbuhler erlahmten. Und damit erlischt nun also der Teufelskreis ebenso automatisch, wie er sich bisher, durch den Wettlauf mehrerer Mächte, automatisch behauptete. Und dann ist es also so weit, daß der vergreiste Gesellschaftskörper, nach Toynbees trefflicher Redeweise, der «Agonie» verfällt, sich «verpuppt». Bis zur nächsten Völkerwanderung tritt nun ja kein Kämpfer mehr an, der den spätzeitlichen Frieden, die *pax Romana* der Spätantike, noch stören könnte.

Regulärerweise entsteht der Universalstaat in der Mitte des NN-Zeitalters, in der Mitte also zwischen logischem und zeitlichem Schluß, zwischen Zeugung und Tod. Hält man sich auch hier noch einmal, wie so oft von Vico bis Toynbee, an den antiken Parallelfall, so ist damit zu rechnen, daß das spätabendländische Weltreich mit seinem Eintritt noch etwas verzieht. Dreieinhalb Jahrhunderte lagen einstmals zwischen Platon und Cäsar. Daß ein vergleichbarer Zeitraum bis zum Beginn der «Agonie» auch diesmal noch verstreichen wird, ist nicht zwingend, aber wahrscheinlich, und das auch noch aus weiteren Gründen.

Mit den beiden Weltkriegen hat, wie einst mit dem Peloponnesischen Krieg, die Periode der «kämpfenden Staaten» ja erst ihren Anfang genommen. Der Kulturherd, jetzt Europa wie einstmals Hellas, hat damit zu ermatten begonnen, und das klassische Mächtesystem, heute um Deutschland und England wie einst um Athen und Sparta gruppiert, hat seine Schwerpunktfunktion bereits eingebüßt. Die Macht wandert an die Peripherie. Was einst Makedonien, Syrakus und Karthago waren, da Rom noch nicht zählte, das sind heute vor allem die Vereinigten Staaten und Rußland – und wieder steht das «Rom», dem die Endleistung zufallen wird, offenbar noch nicht in der ersten Reihe. Wir wagen immerhin eine Vermutung: Skandinavien, wenn es sich rechtzeitig einigt, und Südafrika, wenn es die Neurose um das Rassenproblem überwindet, sind die aussichtsreichsten Bewerber.

Der Parallelismus geht aber noch weiter: Europa wie einstmals Hellas wird mit seinen eigenen Waffen besiegt. Ein gewaltiger Zivilisationsexport, heute der Europäismus wie damals der Hellenismus, hat den Aufstieg der Randmächte erst ermöglicht. Wir sprachen bereits von dem Doping, das damit heute wie einst weltweit anläuft, das ganze uralte Gesellschaftskörper noch einmal wachrüttelt, steil emporsteigen läßt, aber auch ihre letzten Reserven ethisch und biologisch verschleißt und damit ihr Ende im ganzen beschleunigt.

So erstanden in dem Jahrhundert nach dem Fall Athens und dem Scheinsieg Spartas hellenistische Großmächte wie Ägypten, Syrien und das vom Alexanderzug, aber nicht vom Zivilisationsexport verschont gebliebene Karthago. Und so hat heute der Europäismus Japan, China und Indien erfaßt. Nur ist der Prozeß hier erst angelaufen und zeigt er sich daher noch nicht oder kaum in seinen düster-endgültigen Folgen. Damit hängt es ja zusammen, daß die «Römer» unserer Spätzeit, die Gründer des Universalstaates, noch nicht als solche erkennbar sind: Das Doping muß erst seine Wirkung bis zum schrecklichen Ende getan haben, heute wie damals also muß auch die neue Garnitur von Großmächten erst verschlissen sein, damit zwischen den letzten Nationen, die dann noch politischen Willen besitzen, der letzte Kampf zu entbrennen vermag.

Solange vital tüchtige Völker in dem vom Zivilisationsexport fusionierten Gesamtraum noch nachrücken, ist allein schon deshalb der Universalstaat, falls er dennoch bereits formell gelingt, noch geschichtlich fehl am Platz und nicht von Dauer. So erging es dem Alexanderreich. Und so würde heute der Weltstaat, wenn er etwa von Nordamerika oder Rußland her schon gelänge, eine garantielose Gründung sein, einfach weil es verschiedentlich, in Skandinavien und europäischem Kolonistenland, noch unverschlissene Volkskerne gibt, die gerade erst mit dem Anlauf beginnen. Die Römer dagegen waren nach dem Sieg über Karthago und Makedonien (und nachdem sie mit gleichartigen Nachbarn, möglichen Nachfolgern, wie insbesondere den Samnitern vorher schon vorsorglich aufgeräumt hatten) im spätantiken Weltkreis schlechthin die letzten. Ihre schließliche Reichsgründung durch Pompeius und Cäsar bedeutete, daß man in militärischen Spaziergängen ein Staatensystem liquidierte, welches seinen Behauptungswillen ohnehin schon eingebüßt hatte; eine Konkursmasse nach einem Bankrott wurde übernommen. Von einer in ähnlich düsterem Sinne «ausgereiften» Gesamtlage trennen uns heute noch Menschenalter.

So weit der Parallelismus. Und doch, so hört man oft, sei das große abschließende Zukunftsereignis ein ganz und gar unvergleichliches, denn der nahende Universalstaat sei diesmal offenbar ein globaler, ein «Weltstaat» auch im wörtlichen Sinne. Das dürfte zutreffen. In der Tat hat man ja davon auszugehen, daß der alternde Kulturherd durch seinen Zivilisationsexport die Grenzen des Universalstaates, in dem sich der vergreiste Gesellschaftskörper schließlich «verpuppt», bereits absteckt. Und das ist dann heute, im Europäismus, offenbar der gesamte Globus, ein Bereich also o h n e G r e n z e n, während vom Hellenismus tatsächlich nur ein «Weltkreis», ein begrenzter Bereich, der Mittelmeerraum, erfaßt war.

Das gibt Anlaß zu neuartiger Sorge. Bei dem vom Hellenismus vorgezeichneten spätantiken «Weltstaat», dem römischen Imperium, handelte es sich, wie schon Jaspers betont hat, «um eine Welt, die einen kleinen Raum der Erdoberfläche einnahm und die Zukunft des Menschen auch noch außer sich hatte»[9]. Heute scheint diese Zukunft bedroht. Der spätabendländische Weltstaat als ein globaler, ein grenzenloser, spart damit keine Räume mehr aus, in denen sich ein Barbarentum, ein Volk des Gottes Erschaffer, für einen neuen Völkerfrühling bereitzustellen vermöchte. Anders als in der Spätantike oder je sonst zuvor würde diesmal somit alles, was zählt, vom Sog der Spätzeit erfaßt und verbraucht.

Die Befürchtung ist ernstzunehmen, ist nicht streng zu entkräften. Dennoch geht sie gemeinhin zu weit. Die Unvergleichlichkeit beider Spätphasen wird übertrieben, wenn Jaspers im Zusammenhang fortfährt: «Der handgreiflichste Unterschied gegenüber dem dritten Jahrhundert aber ist, daß damals die Technik stagnierte und zu verfallen begann, während sie heute in unerhörtem Tempo ihre unaufhaltsamen Fortschritte macht»; auch sei damals die Bevölkerung zurückgegangen, wogegen sie heute «in nie dagewesener Vervielfachung angewachsen» sei[10].

Was hier nicht stimmt, ist der Zeitvergleich. Im 3. Jahrhundert nach Christus war das spätantike NN-Zeitalter schlechthin am Ende seiner

Kräfte; auch äußerlich, biologisch und apparatlich, rückte in allgemeiner Erschöpfung das finale Stadium, der geschichtliche Tod, bereits sichtlich näher. Heute dagegen hat, wie gezeigt, das NN-Zeitalter erst angefangen: die Situation nach den Weltkriegen gleicht jener nach dem Peloponnesischen Krieg. Das heißt das 3. Jahrhundert v o r Christus ist das mit dem «heute» zu parallelisierende «damals».

Und die Vergleichbarkeit also geht immerhin beträchtlich weiter, als Jaspers gemeint hat. D a m a l s, im Jahrhundert nach dem Peloponnesischen Krieg, war noch so wenig wie heute von Anzeichen eines Zusammenbruchs, einem Stagnieren der Technik und einem Bevölkerungsschwund, die Rede. Der Hellenismus, wie heute der Europäismus, lief vielmehr gerade erst an: Die Bevölkerung wuchs, die Weltstädte blühten und der allgemeine Wohlstand nahm zu. Auch die Technik war noch in stolzem Anstieg; relativ auf die schmalere wissenschaftliche Grundlage war die Perfektion der extensiven Möglichkeiten damals ähnlich erstaunlich wie heute.

Das alles hatte jedoch keine Dauer. Wenige Menschenalter später, als Rom den Weltstaat gründete, war der Umschwung bereits im Gange: Die Bevölkerung ging n u n zurück. Ganze Großlandschaften verödeten. Der unvorstellbare Luxus einer winzigen Herrenschicht basierte auf wachsendem Massenelend. Letzte Großtaten der Feldherrnkunst wie der Architektur kontrastierten gespenstisch mit der grauen Kümmerlichkeit des wieder geschichtslos gewordenen Alltags und dem, laut Spengler, «langsamen Heraufdringen urmenschlicher Zustände» in hochzivilisierten Formen. Und nochmals nur zwei Jahrhunderte waren es dann bis zu dem von Jaspers irrtümlich der Gegenwart gleichgeordneten Zustand: dem nun auch extensiven, vitalen und technokratischen Nachlassen aller Kräfte.

Der berichtigte Zeitvergleich spricht dagegen, daß der spätabendländische Weltstaat tatsächlich die Reserven der Menschheit bis zum letzten Rest wird aufzehren können. Dazu nämlich bedarf es der beträchtlichen Dauer und Intensität; und an beidem dürfte es mangeln. Technik und Bevölkerungswachstum gehen heute, im Europäismus, an Umfang und verändernder Wirkung allerdings ungleich weiter als damals, im Hellenismus. Doch wird dem steileren Aufstieg, hier wie stets, ein tieferer Absturz entsprechen; und die Gesamtdauer also des heutigen NN-Zeitalters dürfte die des damaligen kaum übertreffen; wir deuteten das bereits an und gehen darauf sogleich nochmals ein.

Von vornherein also wird der spätabendländische Weltstaat an geschichtlicher Kurzatmigkeit leiden. Er wird schon dadurch an konsequent-linearer Strahlung bis in fernste Winkel gehindert sein. Er wird ernstere Sorgen haben. Wie die Expansionskraft eines Gases sinkt auch die eines Machtwillens mit der Entfernung vom Ausgangsort. Obendrein aber wird der spätabendländische Universalstaat ein «Weltstaat» im wörtlichen Sinne, ein effektiv globaler Staat, nur entweder für kurze Zeit, für wenige Menschenalter, oder aber von vornherein überhaupt nicht sein! Denn auch das letztere ist möglich, ist sogar wahrscheinlich. In den üblichen Ausblicken, auch den wenigen realistisch durchdachten statt zweckoptimistisch lancierten, pflegt im relevanten Zusammenhang nämlich einiges übersehen zu werden.

Wir sind damit bei einem weiteren Hergang, der sich seitens der PN-Konzeption zwar wünschen und sicher prognostizieren, aber nicht absichtsvoll herbeiführen läßt: beim Zusammenbruch des modernen Daseinsapparates nebst der diesen stützenden Technik. Zweierlei nämlich steht schon heute für das spätabendländische Schicksal mit derselben Evidenz fest: Der Weltstaat wird entstehen und der ihm an sich entsprechende Daseinsapparat wird zerfallen! Die Frage ist nur, was von beidem zuerst geschieht.

An diesem Punkt gabelt sich die Prognose und führt sie über zwei Ausblicke, die gleichermaßen möglich scheinen, erst im Endergebnis wieder zusammen.

13. Mögliche Ereignisfolgen beim spätabendländischen Niedergang.
Ehrensvärds «Nach uns die Steinzeit!»
Terminprobleme um den Eintritt des Universalstaates.

Raubbau nicht nur am Menschentum, sondern auch an der Natur, hat sich noch in jeder Spätzeit ereignet. Er folgt ja sozusagen «natürlich» aus der Verstädterung im Zusammenhang mit der Perfektion, der Steigerung und Verselbständigung ausbeuterischer Methoden. So kommt es regelmäßig, letztlich korrespondierend, zur Entwesung von Landschaften wie von Religionen, zur Ausrottung von Wäldern und bioklimatischen Symbiosen wie von Adel und Bauerntum.

Die abendländische Spätzeit bewegt sich indes ungleich radikaler als irgendeine andere, von der man weiß, auf diesem Wege des Unheils. Kahlschläge sind aufforstbar, Wüsten bewässerbar; was die abendländische Spätzeit jedoch bis zur Erschöpfung ausplündert, ist schlechterdings Unersetzliches von der Kohle bis zum Kupfer und vom Erdöl bis zum Uran. Die moderne Maschinentechnik gestattet diesen Zugriff und macht ihn zugleich, um ihres nackten Fortdauerns willen, dämonisch zwanghaft erforderlich, wobei dieses und jenes, Zwang und Können, sich spiralig steigern und potenzieren.

Weil der Daseinsapparat im ganzen vom technischen Funktionieren abhängt, läßt sich die Aufschraubung nicht immanent stoppen. Der grassierende Europäismus im Zusammenhang mit der sprichwörtlichen «Bevölkerungsexplosion» macht den europäischen Strukturnotstand zu einem globalen, macht den Raubbau zu einem Schicksal der Erde. Der Katastrophendrall ist unverkennbar. In wenigen Jahrhunderten werden die Energiereserven in einem solchen Umfang erschöpft sein, daß damit die Technik im heutigen Sinne und mit dieser der Daseinsapparat, der soziologische Kunstleib der Schulen, Fabriken, Krankenhäuser und Laboratorien, weltweit zusammenzustürzen beginnt.

Gemessen am spätantiken Abbau im 3. Jahrhundert nach Christus läßt sich leider nur, nach ungleich radikalerer Auspowerung und Kompliziertheit, ein entsprechend steilerer Absturz erwarten. Es kommt also «nach uns die Steinzeit», wie Ehrensvärd es unbequem deutlich ausdrückt und begründet[11]. Ist die Menschheit bis dahin nicht auf planmäßige, gesteuerte Weise zu einem bescheidenen Bruchteil ihrer heutigen Anzahl zusammengeschmolzen, so werden Hungerkatastrophen und Seuchen unvorstellbaren Ausmaßes, nebst entsprechenden Kriegen und Bürgerkriegen, katastrophenhaft den Abbau erzwingen.

Ehrensvärd bedauert diesen Prozeß und sucht schon heute nach Wegen, um technisch und apparatlich wenigstens Reste der Perfektion in die «Steinzeit» hinüberzuretten. Tatsächlich ist es aber so, daß dem thetischen Fortschritt dann sein letztes Stündlein geschlagen hat und der verwandelte Mensch auch noch jene Reste der «Neuzeit», die etwa konservierbar wären, aus freien Stücken preisgeben wird. Die Antithetik des Prozesses vollzieht sich ja nicht nur im Praktischen. Wie technisch-apparatlich einer Beanspruchung und Ausplünderung sondergleichen die «Steinzeit» folgt, so eben auch einem Materialismus, der die Wendung nach außen bis zum Exzeß trieb, eine welthafte Bescheidung nebst ausgleichender Verinnerlichung, für die wir den Ausdruck «Idealismus» nach den Richtigstellungen des Kapitelanfangs nicht scheuen.

Auffallend ist, daß sich der Zeitpunkt, den Ehrensvärd für das Abstürzen in die «Steinzeit» angibt, einigermaßen mit jenem deckt, an welchem man den Übergang von der Periode der «kämpfenden Staaten» zum Universalstaat ansetzen muß: Bereits in rund zweihundert Jahren werden die Energiereserven dermaßen weitgehend erschöpft sein, daß sich gerade auch der thetische Fortschritt, wo er noch regiert, hieran überwiegend ausrichten muß; dann, nach Ehrensvärd, wohl nur noch wenige Menschenalter, kaum mehr als ein Jahrhundert, bis zum endgültigen Absturz. Aus dem heute noch nicht entscheidbaren, gleichermaßen möglich wirkenden «Vortritt» der einen oder der anderen Wendung, der apparatlichen Weltkatastrophe oder der politischen Weltfusion, entsteht der gegabelte Ausblick.

Doch gibt es hier eine Einschränkung: Daß der Universalstaat erst mit Abstand nach dem Sturz in die «Steinzeit» entstehen könnte, scheint nicht ernstlich möglich. Nicht ernstlich nämlich ist zu erwarten, daß die wenigen «letzten Nationen», die dann noch den Willen zu machtpolitischem Handeln besitzen, vom Menetekel erschöpfter Vorräte und entsprechend sinkender technisch-militärischer Leistung e x a k t g l e i c h m ä ß i g erfaßt werden und sich daher ihr Antagonismus an diesem Problem nicht entzünden müßte. Zu rechnen ist vielmehr damit, daß die von den Schauern der nahenden «Steinzeit» am deutlichsten ergriffene Großmacht um des einfachen Überlebens willen einen verzweifelten letzten Krieg wagt und daß dieser, wie immer er ausgeht, in den Weltstaat unmittelbar überlenkt. Wagt sie den Verzweiflungskampf aber wider alles Erwarten nicht, so scheidet sie ohnehin aus und behauptet ihr Rivale das Feld; mit oder ohne den Ausscheidungskampf steht das Ergebnis insofern fest: e i n e r, wer auch immer, bleibt übrig, siegt so oder so.

Und dieser Endsieger dürfte nicht mehr, wie die Angelsachsen nach dem Zweiten und auch schon dem Ersten Weltkrieg, den Mächtepluralismus fahrlässig weiter gestatten. Er wird vielmehr, gründlich belehrt, auf römische Art konsequent sein. Er wird also allen übrigen Staaten weiteres Kriegführen verbieten und schon damit faktisch, wenn auch vielleicht noch nicht nominell, den Universalstaat gegründet haben.

Das heißt kurz gesagt: Der spätabendländische Weltstaat entsteht entweder in Tateinheit mit dem Sturz in die «Steinzeit» oder aber, denn auch das könnte sein, in einigem Abstand v o r h e r. Dann also zwischen den letzten Giganten, dem d i e s m a l i g e n «Rom» und «Karthago», ein letzter Weltkrieg mit noch unversehrtem apparatlichen Komfort und entsprechendem militärischen Großeinsatz auf beiden Seiten!

Unentscheidbaren Alternativen nachzugehen ist hier nicht der Ort. Aber das eine steht fest und ist wieder von prinzipiellem Belang: Nur im zweiten Fall, wenn sich also der letzte Entscheidungskrieg noch mit allem Aufwand neuzeitlicher Technik ereignet, wird es überhaupt dazu kommen, daß der spätabendländische Universalstaat wenigstens zunächst, für einige Menschenalter, globalen Umfang besitzt und also einen «Weltstaat» auch im wörtlichen Sinne darstellt.

Die Vergreisung der Spätkultur, ihr NN-Zeitalter, schreitet ja unerbittlich fort. Längst schon vor der Völkerwanderung, die endgültig ein Ende setzt, beginnt sich die zunehmende Ermattung durch Abbröckeln an den Rändern des Weltreichs, Rückzug an Grenzen, kundzutun. So ja auch, wie schon gestreift, im spätantiken Universalstaat, dem römischen Weltreich, am Oberrhein, an der unteren Donau und in Mesopotamien. Der spätabendländische Universalstaat, ungleich heftiger überfordert, wird ungleich drastischer reagieren. Nach der ersten Höchstanstrengung werden unwegsame, wirtschaftlich unergiebige Weiten, Gebirgsmassive und Urwälder, bald wieder freigegeben sein, so daß es doch wieder Grenzen gibt.

Trotzdem ist möglich, daß der Universalstaat in diesem angenommenen Fall, angesichts seines Vortritts vor der nahenden «Steinzeit», noch einmal dem Europäismus einen großen Auftritt gestattet und man mithin, analog zur Goldenen Latinität unter Augustus, dem thetischen Fortschritt noch einmal huldigt. Es wäre ein Pyrrhussieg; der Gesamtverschleiß würde nochmals beschleunigt. Kommt es zum Absturz in die «Steinzeit», so sind die Restaurationsmöglichkeiten jedenfalls endgültig erschöpft. Und die Gabelung der Eventualfälle hört damit also auf: Wer auch immer den Vortritt hatte, der Universalstaat oder die «Steinzeit», – es bedeutet beides von der nunmehrigen Wende an, daß der spätabendländische Weltstaat, wie noch ein jeder zuvor, konkrete Grenzen besitzt, was dem weiteren Wirken des Gottes Erschaffer sein Vorhaben zweifellos erleichtert.

Natürlich ist es möglich, daß im allgemeinen Ermatten vital tüchtige Reste irgendwo unausgekehrt bleiben, um sich dann wieder deutlicher abzuzeichnen. Was nach dem arabischen Erdrutsch Abessinien, das christliche Reich der Amharen, vermochte, das könnte im zu erwartenden, «steinzeitlichen» Endstand entlegenen europiden Kernen etwa in Neuseeland, an das auch Ehrensvärd diesbezüglich schon denkt, analog gelingen; was eine derartige Exklave aus ihrem Sondergeschick dann zu machen weiß, bleibt eine offene Frage, der sich nicht sinnvoll nachgehen läßt. Das Weltschicksal im großen wird sich jedenfalls – noch einmal – in Europa entscheiden. Je weiter der Verfall fortschreitet, um so mehr wird sich die Kluft zwischen geographischem und thematischem «Abendland», die der Europäismus so riesig aufriß, wieder verringern, bis beide sich wieder ungefähr gleichen, bis also der Weltstaat auf den alten Kulturherd wieder mehr oder minder beschränkt ist. Befindet sich der politische Schwerpunkt in der europäistisch-globalen Gründerzeit, also sozusagen «seit dem Zweiten Punischen Krieg», irgendwo in Übersee, etwa in Kapstadt, so liegt er nach dem «steinzeitlichen» Abbau wohl am ehesten in Wien oder Kiew, wie er sogar in der Spätantike, trotz weniger heftiger Rezession, schließlich wieder zum alten Kulturherd, von Rom nach Byzanz, zurückschwang; auch hier ändert sich durch die unterschiedliche Quantität nicht so viel, wie es zunächst scheint, am grundsätzlichen Parallelismus. Die Militärgrenze, der spätabendländische *limes,* dürfte sich zwischen Astrachan und Archangelsk einpendeln oder, auf die Dauer wahrscheinlicher, zwischen Odessa und Reval.

Der geschichtliche Weg in die Spätzeit fällt mit dem Sieg der Stadt über das Land allgemein und notwendig zusammen; und gerade der zweite spätzeitliche Abschnitt, das NN-Zeitalter, beginnt nach Spenglers und Toynbees klassischen Darlegungen mit dem endgültigen Triumph der Weltstadt, der weltstädtischen Intelligenz und Hochzivilisation. Dem ist nach wie vor beizupflichten, allerdings mit dem Vorbehalt, daß die Verstädterungskurve im weiteren Lauf des NN-Zeitalters jeweils dann bereits wieder absinkt.

Im Abendland wird sich auch dieser Vorgang schon wegen des Absturzes in die «Steinzeit», wenngleich keineswegs lediglich deshalb, auf besonders krasse Weise ereignen. Ehrensvärd schildert das folgendermaßen: «In unseren Tagen ist die allgemeine Tendenz einer Abwanderung in die Großstädte unverkennbar. Sie ist in den übervölkerten Gebieten Südostasiens und Südamerikas besonders ausgeprägt. Eine Bevölkerung, die sich bereits in einem akuten Hungerstadium befindet, wird von den Großstädten wie von einem Magneten angezogen, weil sie hofft, dort ein Auskommen zu finden und überleben zu können. Diese Tendenz dürfte bis in die Mitte des 21. Jahrhunderts anhalten – bis zu dem Zeitpunkt also, da die Hungersnot in den Großstädten allen Ernstes ihren Anfang nimmt. Von da an ist mit Massensterben, Demonstrationen und Sabotageakten aus echter Verzweiflung heraus zu rechnen. Es bedarf keiner großen Phantasie, sich auszumalen, wie es in einer Riesenstadt aussieht, wenn die Stromversorgung unterbrochen und die Lebensmittelzufuhr am Erliegen ist. Hat die Verzweiflung den Punkt erreicht, an dem die – organisierte und unorganisierte – Plünderung der zugänglichen Lebensmittelvorräte einsetzt, dann kommt es höchstwahrscheinlich zur Panik, zur Massenflucht in umgekehrter Richtung – aus den städtischen Gebieten auf das Land hinaus. Die bereits übervölkerten Gebiete erhalten nun den Zuzug hungernder Scharen, deren Schicksal sich auch durch die gezielte Verteilung von zu diesem Zeitpunkt schon drastisch begrenzten Lebensmitteln aus vielleicht existierenden Industrieländern nicht aufhalten läßt. Auf dem Höhepunkt der Schreckenszeit ist in den vielen Großstädten kein Bissen Brot zu holen. Sie liegen verlassen da, Häuser ohne Bewohner.» Man wird die Städte nur noch ausplündern und gleichsam verschrotten, weil nun jedes Stück

Buntmetall und jedes noch intakte Gerät eine kostbare Seltenheit darstellt. «Was übrigbleibt, sind die Hausskelette, manche als verwitterte Ziegelhaufen, andere noch immer aufrechte, hundert Meter hohe Betonmonumente... Eine eigentliche Neubesiedlung der Städte dürfte, zumindest in größerem Umfang, aus praktischen Gründen ausgeschlossen sein. Eine Großstadt, die nicht unterhalten wird, hat nach ein paar hundert Jahren nur noch Schrottwert, aber in einer Gesellschaft, in der strenge, zwingende Vorschriften für die Wiedergewinnung jedes einzelnen Kilos Metall bestehen, ist natürlich auch der von Bedeutung»[12].

Bereits Rathenau, vor dem Ersten Weltkrieg, und sogar schon Niebuhr, ein Zeitgenosse Goethes, erkannten diesen Entwicklungszwang. Er beruht eben nicht nur auf dem speziellen heutigen Dilemma zwischen europäistischer Aufblähung und besonders kraß auslaugender Technik, sondern hat zum Hintergrund, schon wegen der begleitenden Wandlungen des spätzeitlichen Bewußtseins selbst, eine ungleich allgemeinere, fundamentalere Zwangsläufigkeit.

Auch Babylon lag schließlich wüst, ohne wie Assur und Ninive militärisch zerstört zu sein. Und auch Rom hatte seinen Charakter als Weltstadt längst vor der Völkerwanderung auf ähnlich undramatische Weise bereits wieder eingebüßt. Und jeweils war der Bevölkerungsrest, der das Absinken der Verstädterungskurve schlecht und recht überlebt hatte, nicht nur räumlich, sondern auch seelisch aus der Stadt wieder ausgezogen; anders war es nicht möglich gewesen, aber anders wollte man es auch nicht, weil man allzu gründlich belehrt war. Der Rest ist somit, im allgemeinen Verstande Spenglers, «Fellachentum»: noch durchaus spätzeitlich und dennoch schon wieder agrarisch, dörflich, in sogar primitivster Form. Der Sache nach meint das auch Ehrensvärd für die spätabendländische Zukunft: «Auf ganz lange Sicht zeichnet sich die Gesellschaftsform des Homo sapiens recht einseitig ab: als eine Art mittelalterlicher Agrargesellschaft»[13].

Gleichwohl liegt hier eine Unstimmigkeit. Ehrensvärd bedauert die «mittelalterliche» Entwicklung. Er sieht in ihr lediglich einen Rückfall; daher sorgt er sich heute schon um die Bewahrung technischer Restfertigkeiten vom vielleicht auch in der «Steinzeit» noch herstellbaren Fahrrad bis zur Fata morgana eines Fusionsgenerators, der auf relativ einfacher, energiewirtschaftlich autarker Basis weiter funktionsfähig bleiben könnte. Das ist im Blick auf die künftige Lage eine Sorge des heutigen Menschen. Sie verkennt den Umstand, daß sich das Bewußtsein während des düsteren äußeren Hergangs nicht bloß registrierend verhalten wird. Auch der künftige Mensch also, wenn es im übrigen einmal so weit ist, wird dann nicht mehr der heutige sein, wird völlig anders als dieser auf den technischen Niederbruch reagieren. Gerade auch hier ist einer der Punkte, wo sich die spätzeitliche Menschheit dem Barbarentum, dem die Zukunft gehört, im voraus anschließt, wo sich in der Endzeit die Vorzeit durchsetzt.

14. Das Inkareich – die spätabendländische «Steinzeit» gespiegelt in der Vergangenheit.

Für absichtsvollen Verzicht auf Technik, nach dem Sinken der Verstädterungskurve, darf man im vorkolumbischen Peru, im Inkareich, das eindrucksvollste Beispiel erblicken. Und die Annahme liegt also nahe, daß eine Fehlentwicklung von etwa spätabendländischer Kraßheit hier ungefähr dieselben Reaktionen hervorrief, wie sie sich in unserer Lage für die nächsten Jahrhunderte abzeichnen.

Die Vermutung ist nicht streng beweisbar, aber durch alles Bekannte überwältigend indiziert, so daß sich ein kurzer Seitenblick lohnt. Der historische Rahmen liegt fest: Das Inkareich war ein spätes Gebilde. Davor lag das Aymarareich, zu dem sich die Inka etwa verhielten wie die Römer zu Hellas oder die Assyrer zu Babylonien. Vom Aymarareich sagt Baudin: «Es besteht kein Zweifel darüber, daß es sich hier um ein gewaltig großes Staatsgebilde handelte, da Ortsnamen der Aymara in Gebieten, die vom südamerikanischen Kontinent sehr weit entfernt sind, vorkommen; dieser Staat war zweifelsohne auch sehr wohlhabend, da die Einwohner mit den Indianern an der pazifischen Küste und den Indianern der Wälder im Osten Handel trieben, und er stand gewiß auch auf einer hohen Kulturstufe, da die Aymara-Sprache sehr reich an abstrakten Begriffen und technischen Wörtern ist und der Tiahuanacostil seinen Einfluß auf die Kunst der Küstenvölker ausübte. Wir werden vielleicht nie erfahren, durch welche Katastrophe dieser große, mächtige Staat unterging, der uns sozusagen als letztes Zeichen der Erinnerung das Sonnentor hinterlassen hat, auf dessen Schwelle für uns unverständliche Zeichen eingemeißelt sind und das, ins Leere schauend, Ruinen und Trümmer überragt»[14].

Trümmer und Ruinen, Zeugen schrecklicher Zusammenbrüche, – es ist Ehrensvärds künftige «Steinzeit» in einer fernen Vergangenheit! Und das Aymarareich überhaupt ist dann also das «Abendland», dessen Ausgangsschicksal man hier wie in einem Spiegel erblickt. W i e es endete, braucht uns nicht zu kümmern; das Ende selbst ist ja typisch, entspricht einem Automatismus auf letztlich problemlose Weise. Wichtiger ist die geschichtliche Antwort, die das Inkareich darauf gab. Gerade auch im Raubbau an Mensch und Landschaft muß das Aymarareich «abendländische» Qualitäten besessen haben. Die Inkaherrscher also verwalteten eine Konkursmasse und waren sich der Sachzwänge, die sich daraus ergaben, offenbar in hohem Maße bewußt.

Daher ihr eigentümlicher, viel erörterter «Sozialismus». Anders als der abendländische von Platon bis Marx freilich war er n i c h t ideologisch begründet, sondern deutlich ein praktischer Notbehelf, letztlich eine gigantische Sparmaßnahme. Die Ruinen- und Trümmerwelt der Vergangenheit blieb verödet, denn vor allem herrschte ja Mangel an Menschen; ein rapider Bevölkerungsschwund muß den Zusammenbruch des Aymarareiches begleitet oder verursacht haben. Gerade Menschenleben und Menschenkraft bedurften folglich der Rationierung, der wohlverstanden zweckmäßigen und eben deshalb begrenzten Nutzung. Das verlieh dem Inkaherrscher «jenen Anschein von Väterlichkeit, die manche Autoren so sehr in Erstaunen versetzt hat»[15]. Es war kalte Staatsvernunft. Gleichzeitig war derselbe Herrscher «mitleidlos und unerbittlich gegen Aufrührer, und die geringsten Vergehen wurden mit aller Strenge bestraft»[16].

Aber auch die Landschaft war ausgelaugt; fruchtbare Böden waren knapp; auch hier also mußte man rationieren. Daher die Vorratswirtschaft, die jedem das Nötigste sicherte und eben deshalb niemandem einen eigenen Zugriff erlaubte. Auch die Freiheit also war rationiert. Alles geförderte Gold und Silber gehörte formell dem Inkaherrscher und damit faktisch dem Staat, der die Vermünzung untersagte und schon damit der Geldwirtschaft, der ökonomischen Freiheit, ihre wichtigste Waffe entwand.

Auch kannte man keine Volksschule, ja man besaß nicht einmal eine Schrift. Der Chronist Montesinos behauptet allerdings seltsamerweise, daß die Indios vor der Inkazeit sehr wohl hätten lesen und schreiben können; erst ein Inkaherrscher habe dann den Gebrauch der Schriftzeichen verboten! «Eine so weise Maßnahme», meint Baudin, «ist unwahrscheinlich»[17]. Wir sind hier anderer Meinung; das Verbot ist von zwingender Logik und schon deshalb wahrscheinlich, sofern der Herrscher eine «Steinzeit», eine Ruinen- und Trümmerwelt, einen Kulturbankrott sondergleichen, auf ein quasi spätabendländisches Explosivgemisch von Freiheit und Technik kausal zurückführen mußte.

Entsprechend gewollt und geplant war denn auch offenbar noch mancher andere Atavismus. Wenn die Menschen der Inkazeit laut Baudin «auch einerseits den Begriff des Kreises kannten, da sie Sonnen und Monde zeichneten, so war ihnen die praktische Anwendung desselben für Räder, Türme und Gewölbe unbekannt»[18]. Das erscheint abstrus; näher liegt der Verdacht, daß es sich mit dem Rad genau so verhält wie mit Schule und Schrift: daß hier wie dort eine späte, leidvoll errungene Weisheit dem Übel der Perfektion an der Wurzel zu widerstehen suchte. Nach dem – vermeintlichen – Ende der Mächterivalität mochte der Inkaherrscher glauben, diese wie jene Sparmaßnahme ergreifen zu dürfen oder zu müssen.

Uns erwartet Ähnliches. Der spätabendländische Universalstaat wird wie das Inkareich, und wie noch jedes spätzeitliche Weltreich, von seiner ersten Stunde an eine Monarchie sein (wenn man den traditionsbelasteten, liberalistisch verunglimpften Ausdruck «Monarchie» vielleicht auch schamhaft vermeidet, um stattdessen etwa von der Diktatur eines Präsidenten, eines Generalsekretärs oder rundweg eines Führers zu reden). Das liegt an zwei korrespondierenden Gründen: Erstens an dem Bevölkerungswachstum, das am Beginn des NN-Zeitalters, in der weltstädtischen Hochzivilisation, seinen Höchststand erreicht. Paradoxerweise schwindet damit nämlich für den Durchschnittsbürger die Möglichkeit der politischen Einflußnahme.

Denn es waltet hier eine Zwangsläufigkeit, die der Verfasser andernorts[19] als das «Gesetz der organisationsmechanischen Reziprozität» bezeichnet und definiert hat: Je zahlreicher die Bevölkerung, um so kleiner die Anzahl der Machthaber und um so größer zwischen ihnen und dem Volk mithin das herrschaftliche Gefälle! In sehr kleinen Gemeinwesen, antiken Stadtstaaten und schweizerischen Urkantonen, ist wirkliche, nämlich «direkte» Demokratie durchaus möglich; die Anzahl der Vollbürger und die der effektiven Machtbesitzer sind einander hier im Prinzip gleich. Dieser Zustand wird jedoch, sobald das Bevölkerungswachstum einen bestimmten, noch recht geringen Grad überschritten hat, zur strukturellen Unmöglichkeit. Bereits in einer Volksversammlung von nur wenigen Tausenden ist es reinweg ausgeschlossen, daß wirklich noch jeder einzelne Wille spezifisch zur Bildung des Gesamtwillens beiträgt. Die Macht wird delegiert; die Befugnisse der Volksversammlung gehen entweder, in der «indirekten Demokratie», de jure an ein Parlament oder jedenfalls de facto an eine Führungsgruppe über; eine Minderheit also von Delegierten, Funktionären, Demagogen oder heimlichen «Drahtziehern» herrscht nun effektiv statt des Volkes.

Im spätzeitlichen Universalstaat erreicht diese Reziprozität ihren anderen Gipfel: der größtmöglichen Masse der Bürger entspricht hier die kleinstmögliche der Machthaber, ihre Verringerung nämlich auf einen. Parallel zu dieser Wandlung wächst jeweils, auch bei noch so dröhnendem gleichmacherischen Gerede, das herrschaftliche Gefälle, die «Hoheit» der wenigen Machthaber und vollends dann die des Einzigen. Dieser ist jetzt faktisch «die Majestät». Auch wenn er den Titel verschmäht und sich weiter schlicht als Bürger oder Genosse gibt, so ist er doch eben mit Abstand der Erste, ist er «gleicher als gleich» und wird er denn auch nicht zaudern, seine Völker darüber zu belehren, daß sich in seiner Person neben aller Macht auch alle Güte und Weisheit majestätisch genug vereinige. Er schafft sich damit gottartigen Rang, den er tatsächlich für seine Arbeit braucht.

So geschah es im Inkareich, und so werden die Herrscher des spätabendländischen Universalstaates es gleichfalls tun. Seit die Französische Revolution das Gegenteil ihrer Absicht bewirkte, seit sie das vernichtete Königtum durch eine wesentlich stärkere, wenngleich unausdrückliche, Monarchie ersetzte, nimmt das Wetterleuchten gerade auch dieser Zukunft kein Ende. Die zweite Bedeutsamkeit aber ist, daß der spätzeitliche Massenmensch diese seine Entmündigung selber wünscht. Er ersehnt Ordnung statt Freiheit, Geborgenheit statt Initiative. Die Universalmonarchie gibt ihm nur, was er selbst verlangt.

Dazu eine weitere Ähnlichkeit. Das Inkareich war auf hausbacken pragmatische Art «sozialistisch». Der spätabendländische Universalstaat nach dem Sturz in die «Steinzeit» und dem Absinken der Verstädterungskurve wird es gleichfalls sein, es gleichfalls notgedrungen sein müssen. Mangel an Nahrung und Notdurft, trotz grausam geschrumpfter Bevölkerung, läßt auch ihm keine andere Wahl. Wie im Inkareich – und frei nach Lenin – dürfte die Strukturformel also lauten: monarchistisch in der Form, sozialistisch im Inhalt! Beides bedingt ja einander. Die bürokratische Verteilerwirtschaft, die trotz allgemeinen Mangels jedem das Nötigste sichert und deshalb stark genug sein muß, um jeden am privaten Zugriff auf die Wirtschaftsgüter zu hindern, ist nur möglich in einem allmächtigen, ohne viel Wenn und Aber durch einen Willen gelenkten Staat.

Wenn also die Universalmonarchie bis dahin noch nicht errichtet wäre (ein irrealer Konditionalsatz), so müßte man sie nun spätestens gründen! Das Gesetz der organisationsmechanischen Reziprozität hat inzwischen allerdings ausgespielt. Die Bevölkerung ist ja rapide geschrumpft, und dieser Rückgang hält weiter an. Was die Monarchie gleichwohl immer noch unentbehrlich macht, ist nun vielmehr der Sozialismus, der Zwang zur Beaufsichtigung der Verteiler. Er besitzt, wie im Inkareich, keinen ideologischen Hintergrund und kein chiliastisches Ziel mehr. Er denkt nur an das Nächste und Nötigste. Er wird also der Sache nach auf ein «Regime der Manager» im Verstande Burnhams hinauslaufen[20]. Die Männer am «sozialistischen» Schaltwerk werden, wie die «Großohrigen» im Inkareich, keine versponnenen Träumer sein, keine weltfremden Weltverbesserer, sondern Wirtschaftsexperten und Bürokraten, nüchterne Rechner, Pragmatiker durch und durch, eben «Manager».

Und auch in dieser Hinsicht rückt, wie der Hinweis auf Burnham zeigt, das Wetterleuchten schon näher. Besonders in Gebieten und Lagen, wo bereits Hunger herrscht oder die Energiedecke knapp wird, wo sich also die «Steinzeit» schon meldet, ist auch der «managerielle» Sozialismus, unabhängig vom ideologischen Etikett, bereits im Vormarsch. Kapitalismus und Kommunismus, die Antipoden der Gegenwart, entfernen sich beide schon, wo es Ernst wird, von ihren klassischen Grundsätzen nach jener pragmatischen Mitte hin.

Der spätzeitliche Massenmensch will es, wie gesagt, insgeheim selbst nicht anders und besitzt obendrein keine Alternative. Was er damit aber letztlich will, ist die Ausschaltung seines eigenen Willens – jedenfalls in den Bereichen der Politik, der direkten Macht, wie auch der Wirtschaft. Es ist ein düsterer Ausblick. Und auch er gemahnt an das Inkareich, wo der allgemeine Zwang und die Mentalität des Einzelmenschen einander ja gleichfalls beklemmend entsprachen.

Die mysteriöse «Väterlichkeit» des Inkaherrschers ging recht weit, wirkt deshalb jedoch nur noch unheimlicher. Obwohl der Staat seine Leute schonte, obwohl er Freizeit, ausgleichende Festlichkeit, reichlich gewährte, sorgsam einplante und kunstvoll lenkte, und gerade weil er dies tat, weil er der privaten Initiative auch jenseits der Arbeitspflicht keinen Raum ließ, machte er aus der Not eine schreckliche Tugend: Der Mensch nicht bloß als Bürger, sondern als Mensch überhaupt, als Person, sollte der Kollektivierung erliegen, als solcher verschwinden, wie es denn auch tatsächlich geschah. «Der Untertan der Inka», urteilt Baudin, «war weder sittlich noch unsittlich. Sittlichkeit setzt, wie Renouvier mit Recht schreibt, eine Unabhängigkeit der Vernunft und des Willens voraus, sie ist der Ausdruck einer freien Hinnahme, einer Zucht. Eine aufgezwungene Sittlichkeit ist ein Widerspruch in sich. Das sind die Ergebnisse einer derartigen Sozialisierung. Der einfache Indianer hat seine menschliche Würde verloren. Weit davon entfernt, daß ein schematisches Tun und Handeln den Geist freigemacht hätte, wurde der Geist, der sich an den von freiem Handeln gespeisten Quellen lebendig erhalten muß, durch diese schablonenhafte Form erst recht geknechtet: In diesem geometrischen, freudelosen Reiche, wo sich alles mit der Unabänderlichkeit eines Fatums vollzog, wurde dem Indianer das Leben selbst genommen»[21].

Die Lähmung des politischen Willens, auf der das Inkareich basierte, bildete obendrein dessen Ziel. Diese Umkehrung wirkt infernalisch; jedenfalls aber lag sie für den Inkaherrscher und seine Manager, die «Großohrigen», als Versuchung außerordentlich nahe. Und auch in dieser dunkelsten Hinsicht fehlt es heute schon nicht mehr an Gleichläufigem. Der «Seeleningenieur» ist im Kommen, und dies keineswegs nur in den totalitären Regimen, die sich ausdrücklich dazu bekennen.

Anderseits liegt hier gerade deshalb die wichtigste soziale Aufgabe für das nachabendländische Priestertum. Ihm allein wird es möglich sein, zu heilen statt bloß zu betäuben.

15. Heraufdämmern des «neuen Himmels» nach dem Ende der Mächterivalität.

Aus dem vorkolumbischen Peru besitzt man von einem sozusagen «nachperuanischen» Priestertum, das in dem «geometrischen, freudelosen Reiche» eine ethische Wende zu bringen vermocht hätte, offenbar keine Kunde. Schließlich hat das Inkareich nur ungefähr zweihundert Jahre gedauert. Das ist beträchtlich weniger als, in unserer sonstigen Parallele, die Zeit von Cäsar bis Konstantin, die Zeit also von der Gründung des Weltreichs bis zum Erstrahlen des «neuen Himmels», zum nun auch öffentlichen Sieg des rettenden antithetischen Fortschritts. Den entsprechenden Ansatz im Inkareich, der gewiß vorhanden war, hatte die spanische Eroberung unwiderruflich verschüttet.

Dergleichen ist heute nicht zu befürchten. Der spätabendländische Universalstaat wird in seiner dynamischen Anfangsform, als «Weltstaat» auch im wörtlichen Sinne, schlechterdings keine Feinde besitzen. Und auch in seiner endgültigen, bescheideneren Gestalt, auf Europa zurückgesunken, dürfte er sich militärpolitisch zunächst keine Sorgen zu machen brauchen. Das europäistische Doping hat ja inzwischen sein Werk vollbracht, hat alle übrigen Machträume noch gründlicher ausgelaugt als den Kulturherd.

Innenpolitisch aber ist die Bahn inzwischen erst recht reingefegt: Der thetische Fortschritt hat ausgespielt; spätestens nach dem Sturz in die «Steinzeit» ist er nicht nur kein ernsthafter Gegner mehr, sondern ist er schlechterdings nicht mehr vorhanden. Die letzten Ingenieure wie auch die letzten «Politiker», die letzten Demagogen, hat das zornige Volk inzwischen verjagt. Man wird schwerlich Fahrräder aus dem Schrott mühsam basteln, und ein Fusionsgenerator, dessen Herstellung etwa gelang, wird dem Erdboden gleichgemacht werden, falls überhaupt noch Kundige dann an seinem Betrieb interessiert sind. Der – bisher so genannte – antithetische Fortschritt hat demgemäß seinen Charakter gewandelt; er hat sein Adjektiv eingebüßt und ist nun einfach nur d e r Fortschritt. Damit geht die Forderung auch hier in die schlichte Prognose über: Die PN-Konzeption allein ist am Zuge! Die Lage entspricht der des römischen Weltreichs von Decius bis Diokletian, wo auch das Bewußtsein des spätantiken Gesellschaftskörpers bereits zu verdämmern begann und der «neue Himmel», der christliche Mythos, machtvoll in das Vakuum eindrang.

Die einschlägigen Vorarbeiten sind um diese Zeit, wie dargetan, bereits abgeschlossen. Der Einzelmensch ist bereits verwandelt, ist sakral vertieft. Zu dem Glück, das immer da ist, besitzt er, konkret-erlebnishaft wie auch theoretisch, auf die beschriebene Weise einen verläßlichen doppelten Zugang. Über die zweierlei Gnaden im Atem hat er direkten Kontakt mit dem Selbst und also auch hierdurch schon mit dem All, mit dem Sinn des Ganzen. Schon das genügt eigentlich, um ihn gegen Leid und Fährnis des Alltags, auch gegen die nach dem Sturz in die «Steinzeit» regulär zu erwartende Armut, innerlich zu feien. Hinzu kommt aber noch zweitens, daß die PN-Konzeption ihre Übersetzung ins Exoterische, ihre Mythologisierung, in der Zwischenzeit längst erreicht hat; ernstliche Probleme wie einst auf dem Wege von Platon zu Paulus waren diesmal ja nicht zu nehmen.

Das erst verleiht dem Glückserlebnis sein exaktes Recht und gutes Gewissen. Um die «Heiterkeit» Schopenhauers in den «Aphorismen zur Lebensweisheit» war es nicht recht geheuer gewesen; sie war angesichts eines nichtigen Daseins unter einem veröten Himmel nur möglich auf Grund einer gnädigen Blindheit, sie vermochte hier also nicht mehr zu sein als eine vor dem Rang der Person kaum verantwortbare bloße Gestimmtheit. Inzwischen hat sich auch dies geändert: Um den verwandelten Menschen leuchtet nun schon jener von Mythen umstandene Horizont, den Nietzsche als erster ersehnte; und über allem, dem Selbst wie dem Weltbild, wölbt sich strahlend der «neue Himmel».

Auch die große Formel aus dem Deutschen Idealismus, die Identität von Geist und Natur, kommt jetzt bereits praktisch zum Zuge. Sie fällt in der wichtigsten Hinsicht mit der Identität von Denken und Lieben, von Schluß und Zeugung, zusammen. Und auch diese zentrale Entsprechung, die Hegel verkannte und Goethe nur ahnte, während wir sie nach den Ermittlungen dieses Buches hier nicht abermals zu begründen brauchen, ist nun schon erlebnishafter Besitz, prägt wenigstens schon den privaten Alltag. Daß die, so singen oder küssen, mehr als die Tiefgelehrten abendländischen Stiles wissen, ist inzwischen gerade von den Gelehrten, von den Trägern der PN-Konzeption, vom nachabendländischen Priestertum, nicht zuletzt für die Ungelehrten zur zentralen Lebenshilfe entfaltet.

Es ist der erste von zwei gleichermaßen notwendigen Eingriffen: Das christliche Abendland hatte jedenfalls in seiner Spätzeit, der «Neuzeit», den Krieg zum Geschäft erniedrigt und die Liebe zur Sexualität. Von diesen beiden Scheußlichkeiten ist die erste im «verpuppten» Gesellschaftskörper der fortgeschrittenen Endzeit, mangels Gelegenheit, nicht überwindbar, um so mehr aber nun schon die zweite. Auch diese Korrektur ließ sich freilich, solange die Mächterivalität dem thetischen Fortschritt noch Auftriebe gab, kaum über den privaten Lebensrahmen hinaus erreichen; sie führte also zunächst zu einer religiösen Neugründung der Ehe, einer sakralen Aufhellung also der sexuellen Erotik. Nach dem Sturz in die «Steinzeit», beim Vorstoß in öffentliche Bezirke, liegt der Akzent schon deshalb nicht ganz, aber zur betonten Hälfte auf der antisexuellen Erotik, auf der vom Christentum töricht verpönten sogenannten «Homosexualität». Ist diese sakral gerechtfertigt, so wird in großem Stile möglich, was einst die Freimaurer, an die wir diesbezüglich schon dachten, einem widrigen Zeitgeist nur mühsam und stückweise abringen konnten: Seiner Doppelpräsenz in Natur und Übernatur gemäß wird der Mann zu dem Mittler, in dem die sozialen Grundelemente, Familie und Männerbund, einander treffen. Über dem Privategoismus der sexuellen Einzelbünde, der Ehen, und auf diese gestützt erhebt sich die maskuline, eigentlich geistige Ordnung wie das Gebälk auf den Säulen. Man beginnt mit dem Bau des mystischen Tempels.

Automatisch ist es damit schon so weit, daß sich Licht und Schatten nun auch öffentlich-soziologisch in echter Klarheit können gatten: Die Frau tritt in die privaten Bezirke um Ehe und Familie, die einzelnen Säulen des Tempels, zurück, ihrem heimlichen innersten Wunsche entsprechend. Der junge Mensch – beider Geschlechter – begreift sich letztlich analog; er gewinnt als mystischer Lehrling, als Initiant, seinen rechten Sinn. Öffentliches und geistiges Leben ist wieder wesentlich Sache der Männer sowie überhaupt der Alten, der Inkarnationen des Rechtfertigers, – nicht zuletzt auch der alten Familien gegenüber den während des Aufstiegs quasi «weiblich» und «jugendlich», kompromißlerisch weich und fügsam, reagierenden neuen. Dem entspricht nun wohl auch schon die Mode: Das Vorrecht der Verhülltheit, der kaftanartige lange Rock, eignet dem Manne, während die Frau nun nicht mehr frivol, wie im Christentum, sondern theologisch korrekt verfährt, wenn sie durch das Hosenkostüm ihre Körperbezogenheit unterstreicht.

Ein bei aller Bescheidenheit, aller Armut, glückhaftes, innerlich heiteres Leben nun auch schon der Gesamtordnung ist bereits das Ergebnis, obwohl die eigentliche Verjüngung durch den Barbareneinbruch, durch das Götterbündnis von Rechtfertiger und Erschaffer, noch immer in weiten Fernen liegt. Der Prozeß dürfte sich im ganzen, nach möglichen Anfangskrisen, ohne Schwierigkeiten vollziehen. Das Regime der Manager ist an ihm ja positiv interessiert. Anders als zuvor die Diener des thetischen Fortschritts, die Technokraten, Kapitalisten und Demagogen, wünscht es sich ja den zufriedenen Menschen. Nach dem Sturz in die «Steinzeit» kommt der möglichsten Beschränkung der privaten Ansprüche, der politischen wie der wirtschaftlichen, im Programm der Planer eine Schlüsselfunktion zu. Daß der Mensch bei dem Wenigen, was er besitzt, gleichwohl ehrlich statt nur, wie im Inkareich, zwangshaft gedrillt und betäubt ein zufriedenes Leben führe, ist daher ein höchstrangiges Staatsziel, dem indessen der Staat mit eigenen Mitteln, wie sich eben im Inkareich zeigte, nicht zu genügen vermag.

Eine Interessengemeinschaft zwischen den Managern und dem

nachabendländischen Priestertum ist der gegebene, einzige Ausweg. Deshalb dürfte kein Anlaß bestehen, den Gebrauch der Schriftzeichen, wie einst in Peru, ausdrücklich zu verbieten: den Geist, der sich ohnehin schon von den nunmehr diskriminierten Zielen des thetischen Fortschritts abkehrt, braucht man nicht mundtot zu machen. Trotzdem bleibt es auch hier, im weiteren Sinne, bei der Parallele zum Inkareich: hier wie dort wird die Gesamtbevölkerung mehr oder minder ins Analphabetentum zurücksinken, ohne daß daran etwas gar so Schreckliches wäre, wie man seit der Aufklärung meistens glaubt. Der formelle Ausfall wird ja überreichlich, auf substantielle Weise, ersetzt.

Der Staat seit dem Erlöschen der Mächterivalität, der Universalstaat also, hat jedenfalls nach dem Sturz in die «Steinzeit», dem Zurücksinken auf Europa und in eine agrarische Wirtschaftsform, an der Massenproduktion von Fachleuten, Spezialisten, potentiellen Kritikern, keinerlei Interesse mehr. Er wird die Volksschule kaum direkt verbieten. Mindestens aber die obligatorische Volksschule, die er subventionieren müßte, ist in der allgemeinen Verarmung nur noch eine unnütze Kostspieligkeit. Sie jedenfalls hört nun auf. Um die Volksschule überhaupt steht es jedoch nicht erheblich besser. Sie ist jetzt ein Anachronismus. Die dürftigen Derivate spätzeitlicher Gelehrtenbildung, die sie lediglich zu vermitteln wußte, sind mit dieser Gelehrsamkeit selbst und der auf sie fixierten Wissenschaftsgläubigkeit, mit der Vulgäraufklärung des 19. Jahrhunderts, inzwischen längst und unwiderruflich auf dem Kehrichthaufen der Geschichte gelandet.

Niemand, weder der Staat noch die Priester, wird gegen dies Schulsystem einschreiten müssen. Es wird von selber wesenlos werden, und die Menschheit wird dafür dankbar sein, als erwachte sie aus einem wirren Traume.

Die Verwüstung des Daseinsapparates, an dessen Aufbau frühere Generationen jahrhundertelang gearbeitet hatten, ist ein schmerzlicher, deprimierender Vorgang. So lag denn auch über Rom, über dem spätantiken Universalstaat, seit dem 3. Jahrhundert nach Christus, seit dem offenbar gewordenen allgemeinen Verfall, eine große Trauer und Resignation. An dieser nahm vollauf die Christenheit teil, denn das Reich, auf dessen Kommen sie hoffte, würde nach der Auskunft des Stifters nicht von dieser Welt sein: es würde innerweltlich nichts retten. Es war diese konkrete Trostlosigkeit trotz überweltlicher Heilserwartung, welcher Augustinus in Hippo Regius, während sich mit dem Vandalensturm die Endkatastrophe schon abzeichnete, in seiner Schrift «De civitate Dei» herzbewegenden Ausdruck verlieh. Eine ähnlich gramvolle Stimmung wird auch in der abendländischen Endzeit schwerlich ganz ausbleiben können. Sie bahnt sich heute schon an, wo die europäischen Völker ihre bescheidene Gegenwart an ihrer grandiosen Vergangenheit messen; und sie wird zwangsläufig wachsen, wenn sich das Versiegen der Kräfte – politisch wie biologisch – nach dem Sturz in die «Steinzeit» beschleunigt fortsetzt. Nur wird man davon jetzt nicht überrascht sein, wird man vielmehr im Zeichen der Zweiten Setzung über ein Wissen verfügen, das im voraus den Sinn des Untergangs kennt, um diesem seine äußerste, «Augustinische» Schmerzlichkeit schon damit wenn nicht realiter, so doch für das Bewußtsein zu nehmen. Obendrein aber wird man daraufhin sogar der Realität nicht so passiv und hilflos ausgesetzt sein wie im spätantiken Vergleichsfall. Das Absinken aus hochzivilisierten Zuständen in primitive, gefolgt von innerer Zerrüttung und äußerer Schwäche, war für das späte Rom einfach nur ein Desaster, eine moralische Erniedrigung; daß sich damit weithin auch schon die Annäherung an Archaisches, Frühzeitliches, verband, blieb ungewürdigt, denn gerade zur gegenteiligen Wendung, zu weiterer Rationalisierung, hatte der Geistesstolz unter seinslogischem Vorzeichen seit der Attischen Philosophie gedrängt. Jetzt hingegen ist der Weg in die Frühzeit erwünscht; man erblickt ihn vor sich und will ihn mindestens schon deshalb beschreiten, weil man seine Unumgänglichkeit einsieht. Was man in dieser Richtung dem Verfall bereits abzugewinnen vermag, wird man daher würdigen und aktivieren. So kann sich der Abbau zum Umbau wandeln. Der spätabendländische «Weltstaat», auf den alten Kulturherd, den «lateinischen» Westen, mehr oder minder zurückgefallen, wird daher immerhin den Ehrgeiz entwickeln können – und deshalb auch entwickeln –, wenigstens modellhaft die Kultur der Zukunft vorwegzunehmen. Es wird Europas letzte Leistung von weltgeschichtlicher Größe sein.

16. Probleme nach dem Erlöschen der Technik. Weisheit als geschichtlicher Kompaß.

Am Aufbau des mystischen Tempels, der im übrigen nun also bereits glückt, bleibt freilich auch weiterhin noch die gesichtete große Lücke. Es fehlt das Volk des Gottes Erschaffer und damit insbesondere der Adel; er ist, wie gestreift, nicht absichtsvoll setzbar. Weiterhin also fehlt im Gebälk des Tempels das, neben dem Priestertum, wichtigste Teilstück.

Trotzdem wird sich auf längere Sicht auch hier schon einiges vorbilden lassen. Je weiter der Sturz in die «Steinzeit» zurückliegt und je mehr also Ehrensvärds «mittelalterliche Agrargesellschaft» in ihrem bescheidenen Rahmen, auf erholten Böden, wieder auskömmlich wirtschaften kann, um so weniger gibt es für die Manager noch zu tun und um so mehr also schrumpft nun ihr Einfluß.

Dagegen wird der Weltstaat mit der schwindenden Kraft, die er nur noch besitzt, hartnäckig weiter auf Ordnung bedacht sein. Ein großes Heer kann er nicht unterhalten. Aber wie im Rom der späten Cäsaren bewacht eine Prätorianergarde den Herrscher und seinen Palast, hält eine Polizeitruppe die innere Ruhe aufrecht und schützt eine kleine Armee, für die das Land seine letzten Mittel hergeben muß, die Militärgrenze zwischen Odessa und Reval.

Dem Regime der Manager also folgt nun, als letzter Akt, das der Offiziere, der Gardepräfekten und Frontkommandeure. Dies Soldatentum ist kein wirklicher Adel, hat zu diesem jedoch eine Affinität. Denn immerhin rückt damit nach unerdenklich langer Herrschaft der städtischen Intelligenz, der Kapitalisten und Technokraten wie auch noch der Manager, eine vital tüchtige Auslese auf den ersten Platz. Auch hier also tritt die Endzeit damit schon in den Advent der Frühzeit.

Und es liegt für das Priestertum nahe, diese Möglichkeit zu überziehen und nun also doch die Setzung des Adels absichtsvoll bereits zu versuchen. Mit den Mächtigen, erst den Managern und nun den Soldaten, muß es sich ja ohnehin arrangieren. Der eigentliche Antrieb wäre jedoch der sakrale: Der Auftrag, das Sozialgefüge als Götterwerk durchzubilden, gibt auch dem Willen zum Notbehelf, zur Modellkonstruktion, ein gewisses Recht. Viel allerdings von solchem Modelladel wird den entscheidenden späteren Erdrutsch, den siegreichen Barbareneinbruch, kaum überstehen. Im Einzelfall wäre das immerhin möglich, wie sich ja auch in der abendländischen Frühzeit die Kapetinger, vielleicht mit Recht, für ein romanisches Geschlecht statt für ein fränkisches ausgaben.

Dergleichen ist jedoch unerheblich; die eigentliche Fragwürdigkeit läge im angewandten Prinzip. Man verführe letztlich wider besseres Wissen und wohl nicht einmal ganz ohne Opportunismus. Die Setzung des Modelladels wäre zugleich also eine Versuchung, an der sich die Geister fast zwangsläufig schieden. Eine strenge Priesterpartei würde einer anpassungsfreudigen widersprechen. Es begänne damit schon die Entwicklung, die nun ohnehin nicht vermeidbar ist: Nach dem Erlöschen des thetischen Fortschritts und seit also d i e s e Polarität für das nachabendländische Priestertum als Selbstbestimmungsgrund ausfällt, ist die i n n e r e Polarisierung des bisher antithetischen und nunmehr einzigen Fortschritts das Gebot der Stunde.

Auch hinsichtlich der okkultistischen Strömung wird es nun verschiedene Meinungen geben. Die zunächst stärkste Hilfskraft gegen den methodischen Materialismus droht nach dessen Ende zur gefährlichsten Rivalin zu werden. Solange der thetische Fortschritt noch herrscht, ist für die PN-Konzeption auch der wüsteste Aberglaube, weil auch er die Autorität der Dingwissenschaft untergräbt, ein taktisch willkommener Bundesgenosse. Das ändert sich nach dem gemeinsamen Siege. Was das Schwärmertum an sich zieht, geht dem legitimen Mythos verloren. Das nachabendländische Priestertum wird dem nicht tatenlos zusehen dürfen; es wird freilich erst recht nicht die Hilfe des weltlichen Armes, des Staates, jemals beanspruchen. Es ist grundsätzlich duldsam, und zwar nicht zuletzt aus rechtverstandenem Egoismus.

Auch verhält es sich zum Mythos flexibel. Anders als einst im Christentum läßt die esoterische Weisheit jetzt, wenn die Optik es nahelegt, v e r s c h i e d e n e Übersetzungen ins Exoterische zu. Irgendwo jedoch gibt es eine Grenze. Und sie liegt nicht eindeutig fest. Schierer Unsinn freilich ist unvertretbar; gewiß aber wird der Taktiker den Schrullen des Sektierertums sehr viel weiter entgegenzukommen geneigt sein, als es dem Strengen zumutbar scheint. Das ist wieder ein Grund zur Polarisierung, ja zur Formierung feindlicher Schulen: Etwa wie einst im «Ritenstreit» zwischen Jesuiten und Franziskanern, aber nun nicht nur uneins über Formales, könnte sich ein «laxer» Flügel von einem kompromißlosen trennen. Diesem mag Weltklugheit als Verrat und jenem Grundsatztreue als halsstarrige Borniertheit gelten.

Mit der mechanistischen Forschungsmethode und ihren technischen Hilfsmitteln wird schließlich auch manches verschwinden, was zum Aufbau der PN-Konzeption, nach grundlagenmäßiger Richtigstellung, in positivem Sinne beitrug. Das gilt etwa für Disziplinen wie die Paläobiologie, die Mikrophysik und die Astronomie. Wir gehen hier nur auf die letztere ein, da es uns ja nur um das Beispiel zu tun ist. Nach dem Sturz in die «Steinzeit» wird es Radarschirme und Spiegelteleskope nicht lange mehr geben. Sind sie aber verschwunden, so besitzt man zu den Galaxien jenseits unserer Milchstraße keinen empirischen Zugang mehr, ja sogar unsere Milchstraße selbst wird in ihrer Struktur als Galaxie dann durch die Erfahrung nicht mehr bestätigt. Soweit das astronomische Wissen, das sich solche Tiefen des Weltalls in den jüngsten Jahrzehnten erschloß, zu den Einsichten dieses Buches und damit zur PN-Konzeption spezialwissenschaftlich beitrug, verliert sich nun also die Sicherheit. Man weiß nicht mehr, sondern glaubt höchstens noch, daß es sich entsprechend verhalte. Und man kann es nun also auch n i c h t glauben; die Einstellung wird zur Ermessensfrage.

Die ersten Astronomen, die winzige Lichtflecke als Galaxien, als Sternsysteme von oft noch unserer Milchstraße überlegener Größe, zu identifizieren genötigt waren, mochten das anfangs kaum glauben, waren wie von einem Schwindel gepackt; der Nachweis war eindeutig erbracht und blieb doch weiterhin psychologisch, für das Vorstellungsvermögen des Forschers, eine frappante Unglaublichkeit. Das hat sich im Grunde seither nicht geändert; unter dem Gewicht des Beobachtungsmaterials hat man lediglich inzwischen gelernt, die Vorstellungsfrage zu eliminieren. Fällt mit den technischen Instrumenten jedoch die Beobachtung aus, so gewinnt die natürliche Optik und damit die Unglaublichkeit zweifellos wieder entsprechend an Boden.

Aus der Beweiskette dieses Buches, der Urform der PN-Konzeption, verliert sich damit ein Aspekt, der gewiß nicht eigentlich tragend, aber doch bedeutsam genug ist. Und auch das, wie sich versteht, hat wieder polarisierende Folgen. Die Strengen werden sich weiter von der systematischen Urform nicht trennen, ohne doch verhindern zu können, daß dieser nun im Zeitbewußtsein nicht mehr die alte Verbindlichkeit zukommt. Ein taktischer Flügel anderseits wird sich auch hier um Anpassung an die veränderte Lage bemühen, und zwar, wohlgemerkt, in diesem Falle um nicht bloß taktische Anpassung! Es geht hier um die Frage der Wahrheit. Wo das Gefühl der Unglaublichkeit gegen die Autorität gesiegt hat, bleibt nun ja im System eine Lücke, die es neuartig zu schließen gilt. Anders als bei den Anpassungen an die politische Lage und die Mentalität wird hier die Weisheit selbst, wenn auch nicht in ihrem logischen Kern, zum Streitobjekt der Polarisierung.

Seltsames mag hier möglich werden. Hegels Doktorarbeit, «De orbitis planetarum», ist gegenwärtig bedeutungslos und war es tragikomischerweise bereits seit ihrem Erscheinungsjahr. Denn eben damals, in der Neujahrsnacht des Jahres 1801, entdeckte Piazzi auf der Sternwarte von Palermo den ersten Planetoiden, die Ceres, womit Hegels Konstruktion widerlegt war. In der veränderten geistigen Lage, an die wir jetzt denken, könnte es aber dennoch sein, daß Hegels Planetenlehre, schon weil sie das Vorstellungsvermögen nicht allzu sehr überfordert, mehr als die Unglaublichkeiten der späteren Astronomie überzeugt. An dem Fernrohr Galileis, das den Phasenwechsel der Venus und den Tanz der Jupitermonde dem Auge naherückt, dürfte es ja auch nach dem Sturz in die «Steinzeit» nicht fehlen. Das Alarmierende, fast Erschütternde an einer solchen Wandlung bestünde indessen darin, daß nun auch das Bewußtsein der Wahrheit selbst statt nur ihrer Verwendung – auf einem freilich winzigen Sektor – von der Polarisierung erfaßt wird! Geschichtlich wahr ist, was als wahr gilt, sich als wahr behauptet. Diese Wahrheit befände sich jetzt im Besitz der Änderungslustigen, die also mit dem gewandelten Zeitgeist hier nicht mehr bloß Kompromisse schlössen. Die Strengen, die es an sich besser wissen, hätten gleichwohl das Nachsehen.

Mit dergleichen hat man zu rechnen, denn auch weiterhin steht die Zeit nicht still. Dazu schließlich noch ein Beispiel, das nun auf die Lage nach der Völkerwanderung bereits vorauszugreifen wagt. Das Eisen und die Schmiedekunst werden auch dann noch vorhanden sein; auch das Schießpulver wird man noch kennen. Über einfache Feuerwaffen, Gewehre und Pistolen, wird also auch das Barbarentum noch verfügen. Hat es jedoch endgültig gesiegt, hat sich also zum «neuen Himmel» die «neue Erde» gesellt, so entsteht für die Priesterschaft ein Problem. Sie hat es nun in der Hand, den weiteren Gebrauch der Feuerwaffen zu unterbinden, denn sie ist nun geistig allmächtig. Nach dem ersten Wüten und Plündern sind es gerade die Barbaren, die nunmehrigen Herren, die um der nötigen Neuordnung willen, für die ihnen selbst das Konzept fehlt, alle planerischen Funktionen und damit alle indirekte, ungreifbar eigentliche Macht den Priestern übereignen. Diese sind waffenlos und gehören zunächst der Rechtsform nach zu den Besiegten, gewissermaßen zur Unterschicht; zugleich jedoch sind sie in dem großen Völkerschlaf, der nun einsetzt, auf lange Sicht die einzig Wachen. Und sie dürften nun also entscheiden können, was mit den Feuerwaffen geschieht.

Das Meiste spräche für ein Verbot; auch die einfachsten Vorderlader wären immer noch furchtbare Reste der Technik, von der die PN-Konzeption sich abkehrt. Und die Umstände würden nun gestatten, nicht bloß den Gebrauch zu verpönen, sondern auch die Herstellungsmethoden und vielleicht überhaupt die Erinnerung in Vergessenheit geraten zu lassen.

Es gäbe indessen auch Gegengründe. Die nördlich des Schwarzen Meeres nunmehr konsolidierte PN-Kultur hätte mit äußeren Feinden auf lange Sicht nicht zu rechnen. Immerhin wäre möglich, daß sich der Gebrauch der Feuerwaffen bei fernen Barbarenstämmen erhält und dies in weiterer Zukunft zu einer Katastrophe beiträgt, wie sie dem Inkareich nicht zuletzt aus ähnlich zweitrangigen Gründen von den Spaniern beigebracht wurde. Das ist eine weithergeholte Besorgnis; ungleich näher liegt eine andere. Werden die Feuerwaffen verboten, so werden sie antithetisch reizvoll. Entdeckt man sie dann etwa doch wieder, so liegt um sie eine Faszination, die sie nicht verdienen, sich sonst nicht erwürben, und beginnt damit vielleicht allgemein – horribile dictu – eine technische Renaissance.

Für manches andere Gerät aus dem einfachen technischen Grundbestand, vom Fahrrad über die Uhr bis zum Fernrohr, gilt Ähnliches wie für die Feuerwaffen: Die allzu strikte Unterdrückung könnte ihr Gegenteil bewirken! Der direkte Einwand jedoch behält gleichwohl sein volles Gewicht. Und beim besten Willen läßt sich nicht erkennen, welchem der Gegenargumente die Geschichte den Zuschlag erteilen wird. Aber offenbar ist auch hier ein Ansatz zur Ausbildung antinomischer Ziele. Er wöge um so schwerer, als in diesem Fall b e i d e Schulen, die kompromißlose wie die flexible, gut aus der Geschichte gelernt hätten.

Irgendwann nach Verwüstung und Barbarei, nach Endzeit und Völkerschlaf, werden die Geister sich wieder regen und wird die Menschheit es abermals wagen, ihr Haus nach eigenen Wünschen zu ändern. Sicher ist allerdings, daß diese Wendung ohne Konflikte zwischen Sitte und Überzeugung, Treue und Leidenschaft, auch diesmal nicht wird erfolgen können. Eine Aufklärung mag zu böser Letzt den Mythos und eine profane Intelligenz den Auftrag des Priesters bedrohen. Die Einzelwege sind unerkennbar; unsere Prognose geht hier zu Ende. Sicher ist jedoch anderseits, daß das geschichtliche Wesen künftig mit sich selbst auch angesichts solcher Krisen ungleich besser zurechtkommen wird als bisher. Das Gesamtkunstwerk der Kultur wird sich im Drängen und Fliehen antinomischer Zeitsignaturen, statt daran zu zerfallen, vielmehr wie in Arkadengängen weiten, ausschwingen und runden können. Die zeitlose Logik selber hält es nun ja mit der Zeit wie die Identität mit dem Widerspruch, und gerade also der Weise wird sich zurückstellen hinter das Werden. Er kann sich seine Bahn nicht wählen, sondern hat sie als eine Gegebenheit zu ermitteln und zu durchmessen. Seine Freiheit besteht im Annehmen der Notwendigkeit und sein Ruhen im Sinn der Bewegtheit. Seine Weisheit gleicht einem Nachtlager zwischen zwei Tagesritten.

Anmerkungen

S. 40 (1/I)   Heinrich Rickert, «System der Philosophie», I. Tl., Tübingen 1921, S. 51. «Zum Modell eines logischen oder theoretischen Gegenstandes ist zunächst das ‹leere›, d. h. inhaltlich unbestimmte ‹Etwas› zu rechnen. Mit ihm müssen wir daher, so nichtssagend es scheinen mag, die Philosophie beginnen. Gelingt es uns, von diesem Etwas einen B e g r i f f zu bilden oder es zu denken, so haben wir darin sowohl in objektiver als auch in subjektiver Hinsicht einen rein logischen Begriff. Denn daß es ‹etwas gibt›, ist eine rein logische Voraussetzung ebenso, wie daß das logische Denken überhaupt einen Gegenstand hat oder gegenständliches Denken ist.» In dieser scheinbar selbstverständlichen und «leeren» Formaldefinition ist also der entscheidende Fehler bereits in vollem Umfang begangen.

S. 44 (2/I)   Edmund Husserl, «Logische Untersuchungen», II. Bd. I. Tl., 2. Aufl., Halle 1913, S. 91. «Die tatsächlichen Wortbedeutungen sind schwankend, im Laufe derselben Gedankenfolge oft wechselnd; und zum großen Teil sind sie ihrer Natur nach durch die Gelegenheit bestimmt. Aber genau besehen, ist das Schwanken der Bedeutungen eigentlich ein S c h w a n k e n   d e s   B e d e u t e n s. Das heißt, es schwanken die subjektiven Akte, welche den Ausdrücken Bedeutung verleihen, und sie verändern sich hierbei nicht bloß individuell, sondern zumal auch nach den spezifischen Charakteren, in welchen ihre Bedeutung liegt. Nicht aber verändern sich die Bedeutungen selbst, ja diese Rede ist geradezu eine widersinnige, vorausgesetzt, daß wir dabei bleiben, wie bei den univoken und objektiv festen, so bei den äquivoken und subjektiv getrübten Ausdrücken, unter Bedeutungen ideale Einheiten zu verstehen.»

S. 99 (1/III)   Theodor v. Bernhardi, «Aus dem Leben Theodor v. Bernhardis», II. Bd., S. 347, Leipzig 1893. Zeitgenossen Moltkes und zugleich große Konvertiten wie Langbehn und John Henry Newman äußerten sich in ähnlichem Sinne, und zwar deutlicher und systematischer. Moltke in der zitierten Bemerkung besticht indessen durch seine Schlichtheit, zumal er weder konvertierte noch überhaupt theologisch versiert war: nicht irgendeine Theorie oder dogmatische Einspurigkeit, sondern ein spontaner Kontakt mit den Tiefen des Zeitbewußtseins sprach offenbar aus seinen Worten. Leider vergaß Bernhardi zu fragen, auf welche genauen Gründe sich die eigentümliche Sicherheit der Vorhersage stütze.

S. 109	(2/III)	Wolfgang Wickler, «Sind wir Sünder? Naturgesetze der Ehe», München/Zürich 1972, Tb.
	(3/III)	ebd. S. 50 ff.
	(4/III)	ebd. S. 41
S. 110	(5/III)	ebd. S. 41
S. 111	(6/III)	ebd. S. 42
S. 112	(7/III)	ebd. S. 58 ff.
	(8/III)	ebd. S. 58
	(9/III)	ebd. S. 59
	(10/III)	ebd. S. 59
S. 120	(11/III)	J. Z. Eglinton, «Griechische Liebe», dt. Hamburg 1967, S. 179 f.
S. 121	(12/III)	ebd. S. 181
S. 147	(1/IV)	Edgar Dacqué, «Die Urgestalt», Leipzig 1940, S. 100
	(2/IV)	ebd. S. 100
S. 148	(3/IV)	ebd. S. 100 f.
S. 149	(4/IV)	ebd. S. 101
S. 151	(5/IV)	ebd. S. 101 f.
S. 152	(6/IV)	Lothar Gottlieb Tirala, «Massenpsychosen in der Wissenschaft», Tübingen 1969, S. 9 f.
S. 153	(7/IV)	Oswald Spengler, «Der Untergang des Abendlandes», I. Bd., München 1923, S. 202
	(8/IV)	Tirala, a. a. O. S. 17
S. 169	(1/V)	Wilhelm Becker, «Die Spiralgestalt der Milchstraße», in «Bild der Wissenschaft», Jg. 1969 Nr. 10, S. 922
S. 170	(2/V)	Walter Bargatzky, «Das Universum lebt. Gedanken über den organischen Aufbau des Weltalls», Düsseldorf/Wien 1979, S. 207 f.
S. 171	(3/V)	ebd. S. 263
	(4/V)	ebd. S. 264
S. 173	(5/V)	Albrecht Unsöld, «Der neue Kosmos», Berlin/Heidelberg/New York 1967, S. 313
S. 180	(6/V)	ebd. S. 314
	(7/V)	ebd. S. 313
S. 181	(8/V)	George Gamow, «Die Geburt des Alls», dt. München 1959, S. 39
S. 182	(9/V)	Unsöld, a.a.O., S. 285
S. 186	(10/V)	Jakob Lorber s. Kurt Hutten, «Seher, Grübler, Enthusiasten», 3. Aufl., Stuttgart 1953, S. 258 ff.
S. 195	(11/V)	Pascual Jordan, «Erkenntnis und Besinnung», Oldenburg/Hamburg 1972, S. 140 f.

	(12/V)	ebd. S. 141
S. 203	(13/V)	Tirala a.a.O., S. 23 f.
S. 208	(14/V)	Th. C. Chamberlin, s. Edgar Dacqué, «Organische Morphologie und Paläontologie», Berlin 1935, S. 375
S. 211	(15/V)	Viktor Franz, «Die Geschichte der Tiere», Jena o.J., S. 238 f.
S. 212	(16/V)	s. 14/V, S. 376
S. 215	(17/V)	Max Westenhöfer, «Der Eigenweg des Menschen», Berlin 1942, S. 154
S. 226	(1/VI)	s. 2/I
S. 233	(2/VI)	Martin Buber, «Moses», Zürich 1948, S. 279
S. 249	(3/VI)	August Rüegg, «Miguel de Cervantes und sein Don Quijote», Bern 1949, S. 16
S. 254	(4/VI)	Octave Aubry, «Sankt Helena», II. Bd. «Der Tod des Kaisers», dt. Erlenbach–Zürich/Leipzig, o.J., S. 312
S. 255	(5/VI)	Henry Houssaye, «1815», Bd. II «Waterloo», 3. Aufl. Paris 1898, S. 320 f.
S. 256	(6/VI)	Miguel de Unamuno, «Das Leben Don Quijotes und Sanchos» II Bde., dt. München 1926, besonders I. Bd., S. 83 f., S. 134 ff. und S. 176 sowie II. Bd., S. 24 f., S. 50 f. und S. 287 f. Es wird kaum erstaunen, daß Unamuno mit seinem Donquixotismus auch in anderen Hinsichten bereits ein Vorläufer der nachabendländischen Theologie ist. Er ist es – wie auch schon Cervantes – allerdings nur faktisch und unausdrücklich, bei formal noch bewahrter katholischer Christlichkeit. Immerhin ragen die folgenden Sätze (II. Bd. S. 249) auch theoretisch bereits in der neuen Richtung deutlich über die Konvention hinaus: «Der Gottesbegriff, wie er uns überliefert wurde, war nicht sowohl ein anthropomorpher als vielmehr ein andromorpher Begriff. Wir stellen uns Gott nicht eigentlich als eine menschliche Person, als Homo – sondern als Mann = vir vor; Gott war und ist für uns ein männliches Wesen. Die Art, wie er die Menschen richtet und verurteilt, ist männlich, ist nicht die eines menschlichen Wesens, das über den Unterschied der Geschlechter erhaben ist. Es ist die Art eines Vaters. Um ein Gegengewicht dafür zu schaffen, bedurfte man der Mutter, der Mutter, die stets vergibt, der Mutter, die dem Sohne immer wieder die Arme öffnet, wenn dieser der erhobenen Hand oder der gerunzelten Stirn des erzürnten Vaters entfliehen will, der Mutter, in deren Schoße man Trost sucht in einer dunklen Erinnerung an jenen milden Frieden der Unschuld, die hier, in diesem Schoße, gleich einer sanften Morgendämmerung unserer Geburt vorherging, einen Nachgeschmack von jener süßen Milch, die unsere Unschuldsträume so balsamisch und köstlich machte; der Mutter, die keine andere Gerechtigkeit kennt als die Vergebung, noch ein anderes Gesetz als die Liebe.» Das ist trotz fehlender logisch-allgemeiner Begründung und mindestens noch verschwiegener erotischer Konsequenz fast schon das erste

Kernstück der nachabendländischen Theologie: zum Gotte Nein tritt die Göttin Ja, zum Geist der Unruh der Geist der Ruh! Die Entchristlichung ist um so deutlicher, als sich Unamuno zum Anblick der göttlichen Mutter nicht durch eine biblisch-mythisch erhöhte Maria, sondern durch das schlichte Bauernmädchen Aldonza Lorenzo, die Dulcinea Don Quixotes, angeregt fühlt. «Durch sie, durch deine Aldonza, durch das Weib, schaust du das ganze Universum», sagt Unamuno höchst unmißverständlich zu Don Quixote (II. Bd. S. 248).

S. 285 (1/VII) Friedrich Keiter, «Menschenrassen in Vergangenheit und Gegenwart», Leipzig 1936, S. 109

(2/VII) ebd. S. 109

(3/VII) ebd. S. 16

S. 286 (4/VII) Edwin Hennig, «Zum Enfaltungsvorgang des Lebens», in «Forschungen und Fortschritte», Jg. VII Nr. 10, Berlin 1931, S. 143 f. Geradezu hellsichtig wirkt der dem Zitat unmittelbar folgende Satz: «Gleichsam aus Wurzeltrieben des strauchartigen Ganzen keimt das Überwindertum.»

S. 289 (5/VII) Keiter, a.a.O. S. 19

S. 290 (6/VII) ebd. S. 47

(7/VII) ebd. S. 47

S. 291 (8/VII) ebd. S. 27

S. 292 (9/VII) John R. Baker, «Die Rassen der Menschheit», dt. Stuttgart 1976, S. 94 ff.

S. 295 (10/VII) Carleton S. Coon, «The Origin of Races», Chicago 1962. Coons einschlägige Auffassung ist umstritten, aber im Zusammenhang auch nur als Nebenstütze verwendet. Unabhängig davon spricht für das höhere Alter der negriden Rasse relativ auf die europide noch vieles andere. Insbesondere stellt die «schwarze», pigmentreiche Haut der Negriden, entgegen der ursprünglichen Ansicht, keine Errungenschaft dar. Sie ist vielmehr im Prinzip dieselbe, die sich – unter erhaltengebliebenem Haarkleid – auch bei den Primaten findet. Gerade umgekehrt ist die «weiße» Haut der Europiden, beruhend auf einem Pigmentverlust, eine Neuerwerbung und damit die – notwendig spätere – Überwindung der Urform. Unabhängig von Coon, aber wieder mit ihm im Einklang, fällt auch von hier aus ein Licht auf das mittlere Alter der Mongoliden mit ihrer nicht mehr «schwarzen» und noch nicht «weißen» Hautfarbe.

S. 296 (11/VII) Felix v. Bormann, «Schwarz und/oder weiß?», in «selecta / ein magazin für den arzt», Planegg 1968, Nr. 10, S. 739. Sehr gut dazu auch A. C. Leemann (in «Nation Europa», Jg. XVII Nr. 11, Nov. 1967): «Eines der häufig benutzten Schlagworte ist die Behauptung, der Schwarze unterscheide sich vom Weißen 'nur durch seine dunkle Haut'. Eine morphologische, anatomische, histologische und psychologische Prüfung der tatsächlichen Gegebenheiten widerlegt dieses sehr oberflächliche Argument. Die Bantustämme sind zwar nicht mehr reinrassig; es besteht ein hamitischer Einschlag; aber im großen und ganzen sind die negroiden Merkmale unverkennbar: Prognatismus, sehr breite Nase, wulstige Lippen, besondere Proportionen der Gliedmaßen, ein sehr starkes Pigment, ein besonderer Geruch, wolliges Haar; Schädel oft dolichocephal. Ihr Blut zeigt eine andere Eiweißzusammensetzung als das der Europiden, ihre Knochen sind kräftiger, ihr Gehirn besitzt durchschnittlich 100 g weniger Gewicht als das der Europiden, ihre Gehirnfalten sind weniger tief. Auch ihre Chromosomen weisen typische Abweichungen von denen der Europäer auf. Der Biologe weiß, daß die Körpermerkmale nie alleine stehen; denn die gleichen Gene, die zum Beispiel die Hautfarbe bestimmen, sind auch bestimmend für die seelische Veranlagung. Wer lange unter den Bantus gelebt hat, weiß, daß Denken und Fühlen des Schwarzen von denen des weißen Mannes stark verschieden sind.»

S. 297 (12/VII)   Baker, a.a.O. S. 344 ff.

S. 303 (13/VII)   Karl Fürst v. Schwarzenberg, «Adler und Drache», Wien/München 1958, S. 9

S. 304 (14/VII)   Jacques de Mahieu, «Des Sonnengottes große Reise», dt. Tübingen 1972, S. 60

(15/VII)   ebd. S. 81 ff.

(16/VII)   ebd. S. 89

S. 318 (17/VII)   Spengler, a.a.O. S. 68, «Tafel 'gleichzeitiger' Geistesepochen»

(18/VII)   Heinz Heimsoeth, «Die sechs großen Themen der abendländischen Metaphysik und der Ausgang des Mittelalters», 3. Aufl. Stuttgart 1954

S. 359 (1/VIII)   Instruktive Auswahl etwa bei Johann Christoph Hampe, «Sterben ist doch ganz anders», Stuttgart/Berlin 1975; desgleichen Raymond A. Moody, «Leben nach dem Tod», dt. Reinbek bei Hamburg 1977

S. 370 (2/VIII)   Dacqué a.a.O., S. 84 ff.

S. 372 (3/VIII)   A. S. Strauß, «Psychologie der Götter / Formende Kräfte des Lebens in ihrer psychologischen Bedeutung», Darmstadt 1939, S. 115 f.: «Paläontologisch rechnen wir als erste Phase die Urformation, den saturnischen Zeitstil der Gneis und Granit. Folgt das Jupiterprinzip mit seiner Flora; üppigstes Wachstum zeigt seinen Höhepunkt ebenso wie tropisches Klima. Mit der Marsphase beginnt die Fauna; Höhepunkt: riesige Saurier, ungeheure Fleischmassen mit gewaltigen Kräften, Raubtiere, Raubfische, ungeschlachte bezähnte Vogel-Reptile. Nach Beendigung des martialen Zeitstils mildern sich die Formen, Proportionen treten auf; aus dem vielleicht schon in der Marsperiode vorhandenen Urmenschen wird der Mensch zum fühlenden Wesen, den erst Venus und Merkur aus seiner Primitivität herausheben.»

S. 374   (4/VIII)   Westenhöfer a.a.O., S. 260 ff.

S. 384   (5/VIII)   Arnold J. Toynbee, «Der Gang der Weltgeschichte», dt. Stuttgart 1954, S. 241

S. 391   (6/VIII)   Flavius Josephus, «Kleinere Schriften», dt. Köln 1960, S. 130

S. 393   (7/VIII)   Buber, a.a.O., S. 51

         (8/VIII)   Ernst Sellin, «Mose und seine Bedeutung für die israelitisch-jüdische Religionsgeschichte», Leipzig/Erlangen 1922

S. 395   (9/VIII)   Erwin Rohde, «Psyche», Stuttgart (Tb. Bd. 61), o. J., S. 6 ff.

S. 397   (10/VIII) Buber, a.a.O., S. 77 f.

S. 398   (11/VIII) Karl Jaspers, «Die geistige Situation der Zeit», Berlin/Leipzig 1932, S. 17

S. 403   (12/VIII) Toynbee, a.a.O., S. 28

S. 427   (1/IX)   Kurt Huber, «Leibniz und wir», in «Zeitschrift für philosophische Forschung», Jg. I Nr. 1, Reutlingen 1946, S. 5 f.

S. 434   (2/IX)   Jaspers, a.a.O., S. 17

S. 437   (3/IX)   Nicolai Hartmann, «Hegel», Berlin/Leipzig 1929, S. 14

S. 440   (4/IX)   Jaspers, a.a.O., S. 126

S. 453   (5/IX)   Werner Hegemann, «Fridericus oder Das Königsopfer», Hellerau 1925, S. 485 ff.

S. 467   (6/IX)   Emil Mattiesen, «Das persönliche Überleben des Todes», II Bde., Berlin/Leipzig 1936

S. 471   (7/IX)   Richard Wilhelm, «Weisheit des Ostens», Düsseldorf/Köln 1951, S. 25

         (8/IX)   ebd. S. 28

S. 481   (9/IX)   Jaspers, a.a.O., S. 17

         (10/IX)   ebd. S. 18

S. 484   (11/IX)   Gösta Ehrensvärd, «Nach uns die Steinzeit», dt. Bern 1972

S. 489   (12/IX)   ebd. S. 102 ff.

         (13/IX)   ebd. S. 123

S. 491   (14/IX)   Louis Baudin, «Die Inka von Peru», dt. Essen 1947, S. 37

         (15/IX)   ebd. S. 55

         (16/IX)   ebd. S. 55

S. 492   (17/IX)   ebd. S. 131

         (18/IX)   ebd. S. 80

S. 493   (19/IX)   Johannes Barnick, «Deutschlands Schuld am Frieden», Stuttgart 1965, S. 315 ff.

S. 494   (20/IX)   James Burnham, «Das Regime der Manager», dt. Stuttgart 1948

S. 495   (21/IX)   Baudin, a.a.O., S. 96

Personenregister

Erfaßt sind auch Personen aus Mythos, Dichtung, Märchen und Sage

517

Sach- und Begriffsregister

Hauptstellen sind fett gedruckt. Verbale, adjektivische und sonstige Entsprechungen angeführter Substantive sind im Bedarfsfall miterfaßt. Erwähnungen umgangssprachlichen Sinnes, ohne systematische Erheblichkeit, sind fortgelassen

Judäa 398, 454
Jüdischer Krieg 394
Jugend, Jugendlicher **78 f.**, **112**, **116**,
   119 f., 122, 157, 183, 288 f., 323, 325,
   331 f., 336, 347, 362, 375, 499
«Jugendblüte» 119 f.
Julirevolution, Pariser 210
Jungfernzeugung 103 ff.
Jungsteinzeit s. a. «neolithische Revolu-
   tion», «Steinkupferzeit» 301, **415 f.**,
   418
Jupiter (Planet), Jupitermonde 353, 505

«kämpfende Staaten» 384, 388, 390, 477,
   479, 485
Känozoikum 192
Kaiserreich, chinesisches 383
Kaisertum, indisch-buddhistisches 409
Kambrium s. a. Erdaltertum 191 f., 204,
   217, 219, 371
Kampf ums Dasein 148, 152, 295
Kanada 294
Kapetinger 503
Kapitalismus, Kapitalisten s. a. Geldwirt-
   schaft, Händler 495, 499, 502
Kapstadt 487
Karbon s. a. Erdaltertum 211
Karpaten 448
Karthago, Karthager 100, 380, 479 f., 486
Kaspisches Meer 300
Kaste, Kastenordnung, altindische **311 ff.**,
   316, **407**, 409, 466
Kastenlose 312 f.
Kastensystem (hinduistisches) 405
Kastilien 254
Katharer 455
Katholizität **99**, 132, 471
Katzen 224, **351 ff.**, **365 f.**, 373, 411
Kaufleute s. a. Bürger, Dritter Stand 309
Kaukasus, Kaukasien 290, 293, 448
«kaukasisch» (als Rassenbezeichnung) 289,
   292 f.
Kehrbild («provozierendes») 209 ff., 235,
   319, 324, 328, 376 f., 379, 397, 402 f.,
   418, 421, 424 f. 451
Kehre (wertenden Urteilens): Erste 73,
   76, **87 f.**, 386, 440; — Zweite **87 f.**,
   104, 386
Keim s. a. Ei, Embryo, Morula 101, 158,
   172, 339 f., 357, 445

Keimbahn, Keimzellen 88, 102, 104, 141,
   156 f., 161, 174 f., 179, 211 f., 220,
   342
«Keimbahn», phylogenetische 210, **213**,
   219, 221, 282
Kelten, Keltentum 305, 448 f.
Kerfe s. Insekten
Kiew 487
Kinäde 113, 247
Kind **78**, 81, **83 ff.**, 88, 101, 116, 157,
   162 f., 217, 248, 270, **323 ff.**, 331 f.,
   336, 341, 353, 355, 358, 360 f., 363 f.
«Kindchenschema» **78 f.**, 85, 99, 352,
   414
Kindheit, Kindesalter **79**, 114, 157, 182 f.,
   289, 331, 338, 352, 358 f., 362 ff., 375,
   381, 387
Kirche: christliche 422, 424; — katholi-
   sche 277, 316, 424
Kleiderordnung (numinose) 401
Knossos s. a. Kreta, Minoische Kultur
   400 f.
Körperbau (gegenüber Verhalten) 106,
   109 ff.
Kommentation s. a. Scholastik 316 ff.
Kommunismus s. a. Bolschewismus 495
Kondensationstheorie (astronomische)
   171
Konfuzianismus, Konfuzianer 303, **386**,
   388, 390, 439
Konklusion (begriffslogische) 91
Konkretum, Konkretisierung **30 f.**, 39 ff.,
   79, 138, 149, 237, 327, 337, 391
Konsequenz: begriffslogische **91**; — werdelogische bzw. amphilogische **93**, 95,
   327, 339, 356, 358, 379, 381, 383,
   388, 391, 403
Konservative 273, 309, 391
Konstellation (im viertaktigen Folgen)
   326 ff., 338, 340, 343 ff., 348 ff.,
   355 ff., 361 ff., 366 ff., 375 ff., 383,
   411, 419, 430 f.
Konstellationenfolge s. a. Zustandsfolge
   330, **334 f.**, **337 f.**, **342 ff.**, 350, 353,
   356, 362 f., 372, 375, 406, 411 f., 414,
   430
Kontinentalverschiebung 134
kopernikanisches Weltbild 167 f.
Kopffüßer **206**, 208 ff.
Kopula (im Urteil) 46

weg, Konstellationenfolge, Phasen, Zeitgestalt **54**, **56**, **79**, 81, 83, 91, 101 ff., 114, 117, 128, 157 f., 326, 328, 340, 350, 355 f., 358, 362, 364, 375, 377, 385, 410, 423 f.
Philister 201, 302
Philosophie 122, 152, 155, 167, 435, 439, 451, 456, 465; – Aristotelische 123; – Attische 99, 123, 311, 315, **377 f.**, 390, 394, 397, **444**, 451, 464, 501; – der Gegenwart 29, 31, 439 f.; – positivistische 426; – neuzeitliche 31, 433; – Platonische 121, 123
Phlegma s.a. Gleichmut, jovial, PN-Konstellation 348, 350, 352
Photosynthese 198 f.
Phylogenese 79, 89, 147, 151, 156, 159 f., 162, 209 f., 212, 218, 289, 295, 342, 365, 367, 373
Physik, neuzeitliche 27, 31, 52, 182, 187, 350
Phytikum 191 ff., 196
Pigment, Pigmentierung s.a. Hautfarbe 287, 289 ff.
Pigmentarmut s. Pigment
Pigmentreichtum s. Pigment
Pischon 301
Planeten 55, 168 f., 184, 187 f., 190 ff., 195, 218, 247, 353 f.
Planetenkruste s.a. Erdoberfläche, Kontinentalverschiebung 184 f., 187
Planetenlehre, Hegelsche 505
Planetensystem s.a. Sonnensystem 187, 434
Planetoiden s.a. Ceres 353 ff., 505
PN-Alter, -Typ, -Wert 340, 350, 357; -Konzeption, nachabendländische **445 ff.**, 449, 456, 464, 476 f., 483, **497 f.**, **504**; -Konzeption, indische 466, 473; -Kultur 377, 387, 403 f., **406**, 419; -Kultur der Zukunft 402, 447, 506
pneuma – sarx 112
Polarität, Polarisierung 430, 438 ff., 443, 445, 503 ff.
Politik 116, 118, 153, 264, 309, 314, 379 f., 382 f., 388, 400, 407 f., 421, 446, 478, 492, 495 f., 501, 505
Pollen, Pollentransport 107 f., 202
Polynesier 348

Polytheismus 131, 274, 396, 409, 456, 467, 474
Populationen (biologische) 144, 204, 220, 365
Population (astronomische): – I 176; – II 177
positio 59, 66 f., 93
Position s.a. Bejahung, Ja, *positio*, Setzung 93, 95, 268; – thematische **59 ff.**, **64 ff.**, **68 f.**, 75 f., 87 f., 91, 93 f., 99, 101, 235, 274 f., 323, 327 f., 438; – unthematische **59 ff.**, **68 f.**, 72, 79, 93 ff., 100, 235, 324 f.
positivistisches Chaos 439
PP-Drall 412, **415**; -Konzeption 368, 431; -Kultur **377**, 395, 397, 400, 403, 412 ff., 416; -Phase 414; -Typ 331; -Zeitalter 414
Prädikat, Prädikation 40, 43, 46, 69, 88, 92, 234, 440
«präexistentes Christentum» (Nietzsche) 123, 422, 451
Prämisse: begriffslogische 67, **91 f.**; – werdelogische bzw. amphilogische **93 f.**, 327, 329, 339 f., 376, 379, 388, 392, 403
Priester, Priestertum 117, **308 ff.**, **313 ff.**, 320, 360, 390 f., 396, 399, 405, 407, 409, 415, 449 f., 456, 463; – nachabendländisch **450**, 464 ff., 469, 478, 496, 498, 500, 502, 506 f.
«primäre Qualitäten» (Locke) 434
principium individuationis 146
Prognose (geschichtliche) 164, **423**, 444, 446 ff., 464, 483, 497, 507
«Proklamation an die Völker Europas» (Görres) 253
Prophet, Prophetentum 398 f.
Prostitution, rituelle 233, 247
Proterandrie 105 f.
Protestantismus 464, 472
Protogalaxien 173, 178, 182
Pseudomorphose, wedantische 404
«Psyche» (Erwin Rohde) 395
Psychologie, Psychologen 152, 296, 351, 472
Psychotherapie 463
Pubertät, Pubertieren 84, 119 f., 355, 364
Pulsieren s.a. Zustandsfolge 133

196, 301, 502; – Erste 34, **36 ff.**, 40 f.,
45 f., 48, 50 f., 66 ff., 71, 128, 132,
134 f., 137, 312, 324 f., 376, 378, 434,
440, 443, 471 f.; – Zweite 34, **36 ff.**,
41, 45 f., 48, 50 f., 56, 68 ff., 87, 91 f.,
94, 98, 124, 128, 135, 137, 153, 155,
172, 184, 188, 227, 267, 312, 323 ff.,
327, 347, 376, 386, 419, 425, 443,
501; – objektive 34 ff., 51, 427; –
subjektive 34, 59, 72, 427
Sexualisierung, biologische **105 ff.**, 109,
124, 133, 229, 234 f.
Sexualität **100 f.**, 103 f., 109 ff., 115 f.,
118, 124, 133, 233, 235 f., 240, 247,
272, 275, 285, 332, 338, 355, 361,
363, 401, 498; – «relative» 109 ff.
Siam 410
Sibirien, Sibir 286, 293 f.
Sinai 394
«Sind wir Sünder?» (Wickler) 109
Sinn 28, 42, 54, 68, 70, 72, 85, 101, 105,
108 f., 113, 115, 119, 122 ff., 129, 139,
149, 160, 163, 165, 184 f., 189 f., 192,
196, 200, 202, 204, 221, 226, 244,
262, 280, 286, 307, 311 f., 332, 340,
349, 361 f., 366, 368, 386, 405 f., 423,
425, 464, 470, 497, 499, 501, 507
Sinneserfahrung s.a. Anschauung 29 f., 32,
349
Sinnlogik s.a. Werdelogik 45, 50, 71
Sitte 116, 122, 307, 310, 391, 400, 507
Sittlichkeit s.a. Moral 110, 301, 400, 405,
495
Skandinavien 231, 293 f., 299, 448, 479 f.
Skelett 209, 348
Skepsis 441
Slawen, Slawentum 302, 449
solar (astrologisch) 348
«Sonette an Orpheus» (Rilke) 185
Sonne 29, 55, 176, 187 f., 193, 287,
347 f., 353, 377, 492
Sonnenrad s.a. Kreuz 348
Sonnensystem s.a. Planetensystem 164 ff.,
182 ff., 188 ff., 193, 200
Souverän (als Denkmodell) 137, 203
Sozialgefüge s.a. Gesellschaft, Gesell-
schaftskörper 235, 311 f., 316, 379,
381 f., 387, 400, 422, 445, 456, 499,
502
Sozialisierung s. Sozialismus

Sozialismus, Sozialisten 27, 311, 388,
457, 491, 494 f.
Sozialstruktur, Sozialelemente 115, 118,
457
Spätantike 122, 131, 316, 399, 421, 423,
449, 451, 455 f., 464, 479 ff., 484, 487,
497, 501
Spätzeit, Spätes **78 f.**, 99 ff., 106, 116,
125, 128, 176 f., 235, 250, 289, **306 f.**,
375, 377, **379 f.**, 382 ff., 389, 400 f.,
403, 408, 421, 423 f., 445, 447 f., **455**,
462, 467, **478 ff.**, 483 f., 488 ff., 492,
498
Spanien, Spanier s.a. Kastilien 302, 304,
306, 496, 506
Spannung s.a. Dualismus, Gegensatz,
Neintyp 42, 65, **75**, 99, **224**, 328,
352 f., 376, 402, 408, 421, 476 f.
Sparta 479 f.
Spektrum 349 f.
Spekulation (metaphysische) 326, 428,
440
Spermatophyten s. Blütenpflanzen
Spezialisation, Spezialisierung 86, 117,
148 ff., 176, **198 f.**, 210, **212 ff.**,
286 f., 293, 366 f., 373
Spezialisation, Gesetz der 148
Spezialisiertheit 89, 151, 178, 221, 288
Spezialismus, Spezialisten 476 f., 500
Sphärengötter, Sphärenregenten (astrolo-
gisch) s.a. Intelligenzen 132, 344, 346 f.
Spielleute 261 ff.
«Spiralen», Spiralgalaxien **176 ff.**, 182 f.,
189, 224
spiralgalaktischer «Arm», Spiralarm **169 f.**,
176, 182, **187 f.**
spiralgalaktischer «Kern» 177, 182, 187
spiralige Ausfertigung s.a. Zeitmodell 343,
345, 412
Spiraltendenz, spiralig s.a. Ausfertigung
345, 365 ff., 430
Spiritismus s.a. Okkultismus 476 ff.
Splanchnologie 128
Sprache, Sprachgefühl 32 f., 45, 51, 59 ff.,
63 ff., 80, 85, 127, 143, 149, 227, 258,
275, 305, 307, 315, 323
Sprachen, indogermanische s. Indogermanen
Srinagar 455

Umstülpung (von Axiomen) **69 f.**, 91, 95,
223, 267, 269, 323, 425
Umwelt, Umweltbedingungen 83, 144,
147 ff., 151, 176, 192 f., 208, 252,
286 f., 299
Unberührbare s. Kastenlose
Unbestimmtheit s. a. All 57, **74 f.**, 78, 82,
84 f., 88, 99, 101 f., 104, 106, 141,
147, 150, 177, 179, 200, 212 f., 219,
221, 246, 288, 359, 366
Unbewußtes s. Tiefenpsychologie
Unduldsamkeit 320
Unendlichkeit 133, 137, 160, 165 ff.,
174, 180, 183, 231, 236, 333, 335,
349, 359, 419, 434, 464, 475, 477
Unform, archaische 81, 85, 114
unio mystica 359
universale, Universalien 30, 132
universale reflexum 132
Univeralien s. *universale*
Universalmonarchie, spätzeitliche 494
Universalismus 384, 386, 408, 422
Universalstaat: frühzeitlicher 384 f., 388,
404, 410; – spätabendländischer **480 f.**,
483, 485 f., 492 ff., 496, 500; – spät-
antiker 306, **381**, 486, 500; – spätzeitlicher 317, **382 ff.**, 388 f., 394, 403 f.,
408, 410, 477 ff., 493
Universum, astronomisches s. a. All, räumliches 164, 166 f., 173 f., 179 ff., 186,
189 f., 241
«Unrecht der Geburt» (Anaximander) 328 f.
Unruhe s. a. «Geist der Unruh», Neintyp,
Schweifen **229 f.**, 239, 257, 267, 275,
281, 284, 350, 371, 464 f.
Unsterbliche, Unsterblichkeit s. a. Götter
130 ff., 141, 203, **223 f.**, 227, 236,
239, 241 f., 272, 346, 359, 378, 465 f.,
469
«Unterart» 145
Untergang s. a. Tragik, Tod, zeitlicher
Schluß 28, 86, **97 f.**, 146, 149 f., 254,
381 f., 501
«Untergang des Abendlandes» (Spengler)
442
Untergeschoß (im Zeitmodell) 331, **333 ff.**,
356 ff., 365, 375, 377, 379, 381, 383,
385 ff., 399 f., 406, 408, 417, 421, 445
Unterlassung s. a. Tat, «Tauben und Falken» **74 f.**, 77 f., 279

Unterschicht 301, **305 ff.**, 310, 312,
314 ff., 405, 407
Unzufriedenheit s. a. Neintyp 75
Uranus (Planet) 355 f.
Uratmosphäre 189, 195, 198
Urbild s. a. Gestaltweg **79 ff.**, 138, 148,
159, 178 f., 204, 228, 278, 280, 282
Urchristentum 421
«Urdarmtier» (Victor Franz) 210 ff.
«Urfarben» (Ewald Hering) s. a. Spektrum
349 f., 362
Urfarne 219
Urform, Urgestalt s. a. Grundorganisation,
Typus 82, 85, 147, 197 f., 200, 202,
214, 286, 368, 374, 504
Urkantone, schweizerische 493
Urknall s. a. Kosmogonie 180 f., 183
Urkontinent 194, 218
Urmeer 189, 193 ff., 199 f., 218
Urmollusken s. a. Weichtiere 205, 210
Urozean s. Urmeer
«Urpflanze» 202
Ursäugetier 221, 373
Urteil s. a. Begriff, Prädikat, Sachverhalt,
«Subjekt» **45 ff.**, 67, 71 f., 87, 91, 94,
97, 268
Urteilsbildung s. Urteil
Urvolk, indogermanisches 299
Urwirbeltier 214 ff.
Urzeugung 182, **184**, 193, **195 ff.**, 210
Utopie 136, 311 f., 457, 463

varna 312
Venus (Planet) 347, 353, 505
venusisch (astrologisch) 348, 355 f., 363 f.,
370
Verabsolutierung 38, 41, 100, 312, 325
Verästelungsschub (raumzeitlicher) s. a.
Auszweigungsschub, Formexplosion, radialer Ausbruch, «Strauch» **156 f.**, 160,
180, 211
Vereinigte Staaten 479
Vereinseitigung s. a. Gestaltweg, Tragik
83, 85, **96 ff.**, 101 f., 104, 246, 325,
328, 377, 379, 423
Verfall (geschichtlicher) 116 f., 157, **305 f.**,
481, 487, 501
Vergreisung s. a. Greisenalter 156 f., 183,
358, 375, 377, 381 f., 385, 408, 421,
479, 481, 486

543